谨以此书

献给

中国科学技术大学建校六十周年
中国科学技术大学研究生院建院四十周年

勇立潮头 扬帆前行

中国科学技术大学学位与研究生教育编年史稿

1978～2018　　　　　　　　下册

主　编　张淑林
副主编　裴　旭　李金龙

中国科学技术大学出版社

内 容 简 介

自1978年国务院批准中国科学技术大学创办新中国第一所研究生院至今,中国科大学位与研究生教育与改革开放同步,与时代发展同行,以"勇立潮头、扬帆前行"之姿,在立德树人、学科建设、招生选才、教学培养、学位授予、科教融合、期刊建设、学术研究、导师队伍建设、管理服务创新等工作中探索出了一系列创新做法并取得了诸多傲人成绩。值中国科大建校六十周年校庆、中国科大研究生院建院四十周年院庆之际,本书对中国科大学位与研究生教育四十年(1978~2018年)发展历程做了全面回顾和系统梳理,以此展现中国科大学位与研究生教育的创业历程、育人成就、改革步伐和远航信心,希冀成为中国科大学位与研究生教育创新发展的"里程碑",成为我国学位与研究生教育深化综合改革的"参考之作"。

图书在版编目(CIP)数据

勇立潮头　扬帆前行:中国科学技术大学学位与研究生教育编年史稿(1978~2018)/张淑林主编. —合肥:中国科学技术大学出版社,2018.9
ISBN 978-7-312-04535-6

Ⅰ.勇…　Ⅱ.张…　Ⅲ.中国科学技术大学—研究生教育—校史　Ⅳ.G649.285.41

中国版本图书馆CIP数据核字(2018)第187972号

出版	中国科学技术大学出版社 安徽省合肥市金寨路96号,230026 http://press.ustc.edu.cn https://zgkxjsdxcbs.tmall.com
印刷	合肥华苑印刷包装有限公司
发行	中国科学技术大学出版社
经销	全国新华书店
开本	787 mm×1092 mm　1/16
印张	72.25
字数	1571千
版次	2018年9月第1版
印次	2018年9月第1次印刷
定价	600.00元

编委会

主　　编　张淑林

副 主 编　裴　旭　李金龙

参编人员　张学谦　刘春能　陈宏波　汪明辉
　　　　　叶环瑞　刘　华　袁　玉　胡小丽
　　　　　钱霜霜　李　娜　沈　圣　崔育宝
　　　　　赵强强　钱亚林　王筱萌　张　静
　　　　　李　璐　李芹娜

目 录

上 册

前言 ·· （ⅰ）
1978年及以前 ·· （ 1 ）
1979年 ··· （ 22 ）
1980年 ··· （ 27 ）
1981年 ··· （ 34 ）
1982年 ··· （ 42 ）
1983年 ··· （ 47 ）
1984年 ··· （ 51 ）
1985年 ··· （ 56 ）
1986年 ··· （ 61 ）
1987年 ··· （ 65 ）
1988年 ··· （ 69 ）
1989年 ··· （ 73 ）
1990年 ··· （ 77 ）
1991年 ··· （ 80 ）
1992年 ··· （ 83 ）
1993年 ··· （ 86 ）
1994年 ··· （ 90 ）
1995年 ··· （ 95 ）

1996 年 …………………………………………………………………………… (100)

1997 年 …………………………………………………………………………… (110)

1998 年 …………………………………………………………………………… (118)

1999 年 …………………………………………………………………………… (129)

2000 年 …………………………………………………………………………… (142)

2001 年 …………………………………………………………………………… (149)

2002 年 …………………………………………………………………………… (158)

2003 年 …………………………………………………………………………… (175)

2004 年 …………………………………………………………………………… (192)

2005 年 …………………………………………………………………………… (223)

2006 年 …………………………………………………………………………… (261)

2007 年 …………………………………………………………………………… (303)

2008 年 …………………………………………………………………………… (339)

2009 年 …………………………………………………………………………… (377)

2010 年 …………………………………………………………………………… (439)

下　　册

2011 年 …………………………………………………………………………… (495)

2012 年 …………………………………………………………………………… (555)

2013 年 …………………………………………………………………………… (619)

2014 年 …………………………………………………………………………… (677)

2015 年 …………………………………………………………………………… (731)

2016 年 …………………………………………………………………………… (791)

2017 年 …………………………………………………………………………… (839)

2018 年 5 月以前 ………………………………………………………………… (893)

目 录

附录 ……………………………………………………………………………………（909）

附录1 我校毕业研究生当选中国科学院院士名录 ………………………………（909）

附录2 我校毕业研究生当选中国工程院院士名录 ………………………………（910）

附录3 国务院批准的我校前五批博士学位授权学科、专业和指导教师名单
………………………………………………………………………………（910）

附录4 中国科大历届校学位评定委员会委员名录 ………………………………（914）

附录5 2003～2017年我校教师担任国务院学位委员会学科评议组成员名单
………………………………………………………………………………（915）

附录6 2003～2017年我校教师担任安徽省学位委员会委员名单 ……………（916）

附录7 2003～2017年我校教师担任教育部有关科类全国高校教学指导
委员会（分委员会）成员名单 ………………………………………………（916）

附录8 1985～2017年我校博士学位授予名单 …………………………………（918）

附录9 中国科学技术大学"全国优秀博士学位论文"获得者名录（1999～2013）
………………………………………………………………………………（1009）

附录10 中国科学技术大学"全国优秀博士学位论文提名论文"获得者名录
（2003～2013）……………………………………………………………（1012）

附录11 中国科学技术大学"中科院优秀博士学位论文"获得者名录
（2004～2017）……………………………………………………………（1014）

附录12 中国科学技术大学"安徽省优秀博士学位论文"获得者名录
（2009～2014）……………………………………………………………（1023）

附录13 中国科学技术大学"安徽省优秀硕士学位论文"获得者名录
（2008～2014）……………………………………………………………（1026）

附录14 2017年（首届）"中国科学技术大学优秀博士学位论文"获得者名录
………………………………………………………………………………（1031）

附录15 2017年（首届）"中国科学技术大学优秀博士学位论文提名论文"
获得者名录 ………………………………………………………………（1033）

附录16 我校1991～2017年度"中国科学院院长奖"获得者录 …………………（1034）

附录17 我校2000～2017年度"求是奖学金"获得者 ……………………………（1038）

附录18 我校2010～2012年"博士研究生学术新人奖"汇总表（国家级）………（1041）

附录19 我校2010～2012年"博士研究生学术新人奖"汇总表（校级）…………（1043）

附录20 我校2012～2017年博士研究生国家奖学金获奖学生汇总表 …………（1048）

附录21 我校2012～2017年硕士研究生国家奖学金获奖学生汇总表 …………（1069）

附录22 中国科学技术大学重点学科建设一览表 ………………………………（1116）

附录23 中国科学技术大学一级学科学位授权点一览表 ………………………（1117）

附录 24　中国科学技术大学专业学位授权点一览表 …………………………………（1119）

附录 25　我校研究生院团队近年承担的教育部、国务院学位委员会办公室、
　　　　　中国研究生教育学会重点课题 …………………………………………（1120）

附录 26　我校《研究生教育研究》编辑部团队 2010～2018 年出版著作一览 …（1121）

后记 ………………………………………………………………………………………（1123）

2011年

(一) 管理学院举办 2011 新年管理论坛暨 MBA/MPA 大家庭庆典

2011 年 1 月 3 日下午,中国科学技术大学管理学院 2011 年新年管理论坛暨 MBA/MPA 大家庭庆典活动在安徽省合肥市稻香楼东楼大礼堂隆重举行。

论坛主题是"产业规划与社会发展"。

张淑林副校长代表学校表达了对同学们的衷心祝福和对各界来宾的热烈欢迎。在回顾了管理学院 2010 年的成绩后,她说,一年一度的新年管理论坛与 MBA/MPA 大家庭活动秉承"共同成就、共同分享、共同参与、共同欢乐"的宗旨,持续关注国家特别是安徽省经济社会发展的热点和趋势,推动了我校专业学位教育与地方经济发展的紧密融合,希望新年管理论坛越办越好,祝愿毕业生事业成功、家庭幸福,希望同学们常回家看看。

中国科学院(简称"中科院")政策研究所所长穆荣平研究员和中国人民大学法律社会科学研究所所长周孝正教授,分别做了"战略新兴产业发展若干问题的思考"及"中国社会各阶层分化流动及管理之道"主题报告。

学校和研究生院领导,安徽中烟工业公司领导,安徽省委组织部、省政府办公厅、教育厅等党政部门领导,企业界代表及媒体朋友等应邀出席,管理学院全体教师、MBA/MPA校友,应届毕业生与在校学生等600余人一起见证了此次活动的盛况。

(二) 我校召开研究生培养工作学生座谈会

为进一步落实并推进研究生培养质量工程,充分贯彻以学生为本的办学理念,促进研究生与相关职能部门的相互交流,加深广大学生对我校学位与研究生教育改革进展的认识和了解,提高我校学位与研究生教育的管理与服务水平,我校于2011年1月6日下午在校东区理化大楼一楼科技展厅召开研究生培养工作学生座谈会。各院(系)研究生代表、校研究生会干部、《中国研究生》合肥通联站通信员以及感兴趣的同学100余人参加了座谈会。张淑林副校长以及研究生院、校学位办、学工部(处)、校团委等部门负责人出席座谈会,会议由研究生院副院长屠兢主持。

一年来,研究生院推出了多项与研究生密切相关的创新性工作。在招生方面,调整招生工作重心,积极推进以被动接受的"考"务环节向主动出击的"招生宣传"环节转移,组织导师招生宣讲团,举办暑期夏令营,"走出去"与"请进来"并举,发动学院、学科工作者及导师、研究生全员参与招生;在教学与人才培养方面,实施各类研究生创新计划,创造条件使研究生有机会利用五大公共实验教学中心开展研究生教育创新实践,设立专项资金资助优秀博士生走出国门参加国际学术论坛和国际学术会议,选派优秀研究生参加境内外、国内外联合培养;在培养质量的控制方面,围绕"提高创造性独立开展科研工作的能力和国际化能力"进行了学位标准的修订;在学籍方面,实施完全的弹性学制,体现对学生的人文关怀;在奖助方面,多渠道筹集资金,设立各类奖学金,提高研究生待遇;在简化办事流程和提高服务效率方面,开发了研究生入学、学籍培养、导师联络、论文监控、论文评阅、网络视频监考、离校等网络信息服务系统,打通了学生与导师、家长之间的联系渠道,实现了由被动服务学生向主动服务学生的转变。

张淑林副校长最后代表学校做了总结讲话,感谢同学们对我校学位与研究生教育事业的贡献。她指出,研究生是我校人才培养体系的顶层,是我校科研工作中的重要生力军,在我校创建世界一流研究型大学的征程中起到举足轻重的作用。为此,我校学位与研究生教育的基本方针就是以导师为本、以学生为本。调动导师指导研究生的积极性和学生学习的积极性是所有工作的出发点。

(三) 我校召开"各学院研究生部2010年度工作总结交流与表彰先进大会"

为总结交流各学院研究生部一年来的工作,研讨下一步的工作计划,表彰先进集体与先进个人,我校于2011年1月9日下午召开"各研究生部2010年度工作总结交流与表彰先进大会"。张淑林副校长出席会议。各院（系）研究生部全体成员、"先进个人奖"获奖人员、研究生院有关人员参加了会议。会议由研究生院副院长陈伟主持。

会上对2010年度学位与研究生教育先进集体、先进个人进行了表彰，张淑林副校长为获奖集体与个人颁奖。获本年度"研究生优秀生源组织奖"的集体有生命科学学院、物理学院、合肥微尺度物质科学国家实验室（筹）、核科学技术学院；获"研究生教育管理创新奖"的集体有管理学院、地球和空间科学学院、计算机科学与技术学院、工程科学学院、火灾科学国家重点实验室；获"研究生创新计划项目实施奖"的集体有数学学院、化学与材料科学学院、信息科学技术学院、人文与社会科学学院；获"专业学位教育创新奖"的集体有软件学院、公共事务学院；丁箐等30名教师获"先进个人奖"；马玉婷等33名博士生获校级"博士研究生学术新人奖"；"面向研究生教学与科研的公共实验平台建设"等32项成果获校级首届"研究生教育教学成果奖"（其中特等奖5项、一等奖12项、二等奖15项）。

张淑林副校长强调，要在完善以学位与研究生教育中心、专业学位教育中心、公共支撑中心等三大中心为主体的学位与研究生教育管理框架体系的基础上，进一步规范管理制度，创新运行机制，形成常态化的工作会议交流机制。

（四）我校隆重召开"纪念《中华人民共和国学位条例》实施三十周年座谈会"

2011年1月11日下午，我校隆重召开"纪念《中华人民共和国学位条例》实施三十周年导师座谈会"。100多位导师及研究生教育管理工作者出席了此次座谈会。座谈会由张淑林副校长主持。

参加本次座谈会的导师既有见证我国30年学位教育的资深国批博士生导师（博导），又有从海外学成归国的青年导师才俊；既有20世纪80年代初我校培养的全国首批博士，又有新时期培养出的已在学术界崭露头角的年轻学者。他们在座谈会上畅所欲言，讲述了自己在科大学习、成长的故事，表达了对母校的一份深情，畅谈了《中华人民共和国学位条例》（简称《学位条例》）实施三十周年中的历史变迁，肯定了《学位条例》对我国学位与研究生教育事业及我校研究生教育的深远影响。

会议还专门邀请了我校研究生院首批负责人之一工文涛教授回校与大家共话令人难忘的过去。王文涛教授是我校研究生院的创始人之一，无线电电子学系原主任，尽管年已八十，但依然精神矍铄、神采奕奕。他向大家讲述了全国第一个研究生院即中国科学技术大学研究生院的创办历程，在科大30多年的工作经历让他感触颇深。他说，科大强校之本在于"全院办校、所系结合"，创新精神是科大不断发展的原动力。

会上，范洪义、赵林诚、虞吉林、苏庆德、金正耀、胡化凯、朱近康、钱景仁、汪志勇、胡森等多位教授纷纷就《学位条例》实施以来我校学位与研究生教育发生的变化谈了一些个人体会。

张淑林副校长表示要以纪念《学位条例》实施三十周年为契机，继承我校30年来形成的学位与研究生教育光荣传统,扎实做好为导师与研究生的服务工作,为学位与研究生事业发展营造好的环境与氛围。

据悉,作为纪念《学位条例》实施三十周年的献礼,我校研究生院团队结合多年来的管理实践与思考,编著了《思与行——中国科学技术大学学位与研究生教育创新发展的探索与实践》一书。该书在总结过去30年我校学位与研究生教育工作成果的基础上,对学位与研究生教育进行了全方位的思考。该书所收录的文章,既有对我校学位与研究生教育探索实践的心得,也有对我国学位与研究生教育发展的思考;既有条分缕析的深入研究,也有着眼国内外的全局展望。

我校举行纪念《中华人民共和国学位条例》实施三十周年导师座谈会

张淑林副校长主持会议并做总结发言

《学位条例》实施30年来,我国学位与研究生教育事业取得了巨大成就,实现了研究生教育的历史性突破,跨入了世界研究生教育大国的行列。在这个过程中,我校作为学位与研究生教育的先行者,在全国书写了多项第一。例如:建立新中国第一个研究生院;培养了新中国首批18位博士中的7位;第一次推出学位论文量化评审改革;最早探索把博导作为工作岗位的导师遴选机制改革;最早探索"本科—硕士—博士""直接攻博""硕博连读"等一体化人才培养模式;首倡服务型研究生院建设,推出学位与研究生信息化服务系统等。据统计,30年来我校累计授予博士学位4933名、硕士学位10619名、专业硕士学位6690名。我校培养的研究生已在教学、科研等岗位上做出了重要的贡献,在国内外产生了重大影响。

(五)我校MBA、工程硕士获选"全国专业学位研究生教育综合改革试点"

2011年1月14日,"全国专业学位研究生教育综合改革试点工作会议"在北京召开。教育部党组成员、部长助理林蕙青出席会议并讲话。我校副校长张淑林、研究生院副院长屠兢代表我校参加了会议。此次会议标志着全国专业学位研究生教育综合改革试点工作已全面铺开。

林蕙青助理在会上强调指出,要以试点工作为契机,下大力气解决培养模式和管理体制问题,大力推进我国专业学位研究生教育工作。为保证试点工作的顺利进行,教育部将进一步明确政策导向,加快推进硕士研究生教育的结构调整;改革招生制度,加快推进硕士专业学位研究生招生(研招)考试制度改革;加强部门协调,加快建立硕士专业学位与职业资格考试的衔接制度;制定具体办法,加强对试点工作的监督检查。地方教育主管部门要研究、制定本地区或高校专业学位研究生教育发展规划,大力支持高校开展试点工作,积极统筹本地区院校专业学位研究生教育的改革与发展。各高校要充分认识到专业学位研究生教育在高等人才培养中的重要作用,着力建立符合专业学位教育特点的培养模式和管理制度,办出特色、办出水平、办出优势、办出品牌,同时抓紧制定试点工作的实施细则。全国专业学位研究生教育指导委员会要将指导、推动试点工作作为重点工作,切实发挥积极作用。

据悉,经教育部批准,列入专业学位研究生教育综合改革试点的学校有清华大学、中国科学技术大学等64所高校。我校的MBA、工程硕士(控制工程)专业学位类别获批实施教育部综合改革试点工作。改革试点工作将围绕培养高层次应用型专门人才这个中心任务进行。具体来说,包括以下七项内容。一是课程体系改革。包括两个系统:学校方面,系统设计和开设专业基础课;校企、行业方面,系统设计和开设实践训练课。二是课题和训练项目改革。必须来自实践,并与行业、企业的需求尽可能一致。三是实验室改革。按不同专业学位研究生需要建设培养基地。四是导师队伍建设。由以学校教授指导为主改为教授和企业、行业骨干相结合的双导师制。五是考核方式改革。论文答辩可以是项目完成报告,企业人士参与考核。六是加强专业学位教育指导委员会建设。吸收更多行业、企业的专业人士参与。七是"双证"改"三证"。学生毕业时,有条件的,应争取获得"三证",即毕业证、学位证和职业资格证。

为做好综合改革试点工作,我校此前已于2010年11月3日召开启动工作会议,根据部署,下一步将成立专业学位教育综合改革试点工作领导小组,加强顶层设计和组织协调,制定切实可行的综合改革试点工作具体实施方案,在办学思想、培养目标、培养方案、师资队伍、教育管理体制、课程设计、实习实践基地建设、学位论文等各个环节出台具体的改革措施。

我校专业学位研究生教育起步于1998年,目前已发展到11个专业学位类别、18个工程硕士教育领域,在硕士层面形成了科学学位与专业学位教育并举互促的格局。

(六) 我校1篇论文获"2010年度中国计算机学会优秀博士论文奖"

2011年1月22日,2010年度中国计算机学会(CCF)颁奖大会在北京隆重举行,会上颁发了2010年度"CCF终身成就奖""CCF青年科学家奖"和"CCF优秀博士学位论文奖"。我院陈恩红教授指导的曹欢欢博士生荣获"2010年度CCF优秀博士学位论文奖",获奖的博士学位论文题目为"基于大规模搜索日志挖掘的上下文感知搜索研究"。

"优秀博士学位论文奖"是CCF于2006年新创立的奖项,旨在激励计算机领域的博士生们潜心钻研,解决计算机领域中要解决的理论和实际问题,促进计算机技术的发展和先进技术的应用,使那些做出优秀成果的年轻学者能够得到同行认可并获得成就感。这是CCF作为计算机领域的一个学术团体进行同行学术评价和激励创新的一项重要举措。该奖项不但注重理论成果,而且关注能够解决实际重大工程和关键技术问题的成果。2010年度,共有25所高校或研究所的41篇博士学位论文参与该奖项的角逐。初评采用同行专家函评方式,确定22篇入围论文。终评委员会对22篇入围论文进行了评审,最终有10篇论文获得"2010年度CCF优秀博士学位论文奖",5篇论文获得提名奖。

(七) 我校召开专业学位研究生教育冬季工作会议

为进一步落实教育部关于全面铺开专业学位研究生教育综合改革试点工作的有关指示,启动我校专业学位研究生教育的综合改革试点工作,我校于2011年1月24日下午召开专业学位研究生教育冬季工作会议。校职业学位教育中心全体委员、各专业学位点及工程领域负责人、专业学位教学秘书、相关职能部门负责人参加了会议。

为促进我校专业学位研究生教育的发展,调动专业学位教育工作者的积极性,会议对本年度在专业学位研究生教学、管理和服务工作中表现突出的个人进行了表彰。副校长张淑林、管理学院执行院长梁樑为丁斌等33名获奖者颁发了荣誉证书。

张淑林副校长做了总结讲话,强调指出:目前,国家正在进行研究生结构的战略调整与转型,专业学位教育的综合改革试点工作已全面铺开,社会各界对高层次复合型、应用型人才越来越重视,我校应抓住难得的历史机遇,科学地规划专业学位教育的改革与发展工作,认真做好当前的专业学位教育改革试点工作。在发展战略与整体布局上要着眼于高起点,时刻树立质量和品牌意识,妥善处理好规模与质量的关系,当前要集中优势力量打造以管理学院、软件学院、公共事务学院为主体的专业学位教育三大集团军,建好苏州研究院、上海研究院两大专业学位教育基地。在招生工作中,要不断扩大在职攻读专业学位教育的比例,积极加强与行业、协会、企业、政府的合作,努力探索建立以就业质量为取向的专业学位教育发展调节机制。

(八) 我校召开"'卓越工程师教育培养计划'申报工作进展交流会"

根据《教育部关于实施"卓越工程师教育培养计划"的若干意见》的部署,我校于2011年2月24日上午召开"'卓越工程师教育培养计划'申报工作进展交流会"。张淑林副校长出席会议并对该项工作提出了要求。物理学院、工程学院、信息学院、计算机学院、软件学院、火灾国家重点实验室等单位相关负责人参加了会议。

张淑林副校长介绍了教育部启"卓越工程师教育培养计划"(简称"卓越计划")的相关背景,通报了国务院学位委员会关于开展工程博士专业学位教育试点的相关政策,强调了我校申报卓越计划的重要意义,要求我校拟申报单位把卓越计划的申报与工程博士教育的规划结合起来,申报方案要着眼于高起点、高标准,体现超前布局的意识,通过参与卓越计划以及下一步申报工程博士项目工作,探索高端工程类人才培养的新模式,建立与行业企业联合培养人才的新机制,全面提高我校工程类人才的培养质量。

据悉,"卓越工程师教育培养计划"是教育部为贯彻落实《国家中长期教育改革和发展规划纲要(2010~2020年)》和《国家中长期人才发展规划纲要(2010~2020年)》而启动的重大人才培养计划项目,旨在培养造就一大批面向工业界、面向世界、面向未来的创新能力强、适应经济社会发展需要的各类高质量工程技术人才。卓越计划的实施领域包括传统产业和战略性新兴产业的相关专业,实施的对象包括工科的本科生、硕士研究生和博士研究生。卓越计划的申请由高校自愿提出,教育部根据专家工作组对高校工作方案及专业培养方案的论证意见批准参与资格。作为申报与落实卓越计划的一个重要环节,我校研究生院已在年前组织相关专业与科大讯飞信息科技股份有限公司、微软亚太研发集团、中国通信服务股份有限公司等著名企业联合申报了11个国家级工程实践教育中心。

(九) 我校制定《工程博士专业学位教育实施办法(试行)》

为适应创新型国家建设需要,完善我国工程技术人才培养体系,2011年我国设置工程博士专业学位。根据国务院学位委员会《关于印发〈工程博士专业学位设置方案〉的通知》(学位〔2011〕10号)和《关于下达工程博士专业学位授予单位名单的通知》(学位〔2011〕72号)的精神和要求,为做好工程博士专业学位教育工作,我校于2011年2

月26日出台了《中国科学技术大学工程博士专业学位教育实施办法(试行)》,内容摘录如下:

我校工程博士教育的培养目标是造就工程科技和工程管理方面的高层次领军人才。学位获得者应具有相关工程技术领域坚实宽广的理论基础和系统深入的专门知识;具备解决复杂工程技术问题、进行工程技术创新以及规划和组织实施工程技术研究开发工作的能力;在推动产业发展和工程技术进步方面做出创造性成果。

我校工程博士教育主要采取在职培养模式,面向具有相当工程实践经验,特别是国家重点行业、战略性新兴产业行业中的技术骨干,或参与国家科技重大专项或大科学工程的技术骨干、工程管理骨干,采取校企联合培养的方式,依托国家科技重大专项的研究和我校相关学科资源优势,开设相应的理论课程及实践课程,全面塑造高水平的工程领军人才。

工程博士学位论文选题,须围绕国家重大科技专项研究、重大工程项目中的实际问题或国家重点行业、战略性新兴产业中的前沿技术进行。

工程博士学位论文应能体现作者综合运用专业知识解决重大工程技术问题的能力,同时能够反映作者在参与国家重大科技专项、大科学工程建设等项目中已做出的重要的实质性贡献。

工程博士学位论文应由至少5名教授级专家进行评阅,其中来自校外的专家不少于3名(来自行业、企业的专家不少于2名)。论文答辩委员会应由至少5名教授级专家组成,其中来自行业、企业的专家不少于2名。

工程博士研究生完成课程学习,修满规定学分,课程考试成绩合格,学位论文通过答辩且符合学位申请条件者,经校学位委员会审核批准后授予工程博士专业学位,颁发中国科学技术大学工程博士学位证书。

(十) 我校在常州建立专业学位研究生实践实习教育基地

为适应国家硕士研究生教育结构的战略调整以及对专业学位研究生教育实践实习的要求,2011年2月27日上午,我校与中科院常州先进制造所、常州科教城签约合作共建中国科大常州专业学位研究生实践实习教育基地。我校副校长张淑林,常州市人民政府副市长、常州科教城党工委书记王成斌,常州市市委副秘书长杭勇,中科院合肥研究院副院长、先进制造所所长梅涛,我校研究生院、工程学院、信息学院、计算机学院、软件学院以及中科院常州先进制造所相关负责人等出席签约仪式。

张淑林副校长指出,和中科院常州先进制造所、常州科教城共建专业学位研究生教育基地,是适应当前研究生教育发展形势、落实"科教融合"战略、丰富"所系结合"内涵、共享优质科教资源的重要举措。我校将通过共建基地,积极探索高层次应用型人才培养新模式,提高专业学位研究生教育的水平,促进与地方产学研紧密合作,推进常州地区高层次人才培养。

王成斌副市长希望三方以提高人才培养质量为根本,以产学研合作为纽带,以机制创新为保障,以合作共赢为目标,努力将基地建设成为国内一流的专业学位研究生创新实践示范基地。

签约仪式上,张淑林、王成斌、梅涛分别代表中国科学技术大学、常州市人民政府、中科院常州先进制造所签署了《共建"中国科学技术大学常州专业学位研究生教育基地"协议》,并为基地揭牌。

根据协议规定,三方将主要在专业学位教育层面共同开展应用型人才培养工作,基地的建立将加强三方联系,促进产学研紧密结合,带动三方科技及其他领域的合作,促进共同发展。

(十一) 我校布置新学期学位与研究生教育工作

2011年2月28日下午,我校在东区活动中心五楼会议大厅召开会议布置新学期学位与研究生教育工作,张淑林副校长出席会议并对本学期工作提出新的要求,各学院执行院长、研究生教育分管院长、各学院研究生部全体成员、职业学位教育中心全体成员、公共支撑中心主要负责人参加了会议。

本学期的工作任务与要求主要包括以下几点。第一,各学院研究生部要加强研究生教育的软件建设,要在授权范围内自主做好导师遴选工作,并结合国家学科目录调整进行课程建设,构建与国际接轨的课程体系。第二,积极推进博士生质量工程的实施,坚持"抢抓资源、做好服务"原则,结合各类研究生培养计划的实施,塑造创新计划品牌,进一步营造研究生教育的创新氛围。第三,加大研究生公共实验中心、图书、网络等研究生教育硬件建设,创新管理与服务方法,提高对研究生教育的保障支撑水平。第四,从入口、出口等环节创新研究生教育机制,积极向国家争取更加灵活的招生机制,吸引优秀推免生,提高生源质量;探索实施研究生教育资源配置投放与生源质量、科研绩效挂钩的激励机制,充分调动学院、学科、导师、学生等各类主体的积极性。第五,紧密贯彻国家关于加快硕士研究生教育结构调整的战略部署,推进我校专业学位研究生教育综合改革试点工作,优化研究生教育结构,促进研究生教育发展的多样化。第六,强化资源意识,积极推进新一轮"985工程"建设项目的实施,全力做好"211工程"三期总结验收及新一轮重点学科评审的准备工作,力争在卓越计划、工程博士授权申报等方面取得成功。

(十二) 我校制定"985工程"总体规划(2010~2020年)

2010年3月,我校召开"'985工程'(2010~2020年)建设规划及改革方案编制工作布置与动员大会"和"'985工程'中长期规划——科研平台与自主创新能力规划与改革方案编制工作研讨会"。

2010年4月2日,我校召开第四届学位与研究生教育工作"两院"院士座谈会,广泛听取院士们对我校"985工程"中长期建设规划的意见与建议。王水、何多慧、钱逸泰、施蕴渝、伍小平、周又元、李曙光、张裕恒、俞昌旋等院士参加了会议。

2010年4月5日,我校召开"'985工程'中长期规划——国家重点实验室建设规划研讨会"。

2010年4月15日,侯建国校长主持召开第二十一次校长工作会议。会议讨论了我校"985工程"中长期建设规划及改革方案编制工作。

2010年4月16日,我校召开"'985工程'中长期建设规划及改革方案论证答辩会"。各学院院长先后向评审专家做了学院规划的汇报和答辩,评委就学科建设、队伍建设、创新人才培养、自主创新能力与服务社会能力提升、高水平国际合作与交流等方面汇报情况,对各学院规划进行了分项评定及综合评定。

2010年4月25日,我校就继续实施"985工程"建设事宜召开院长联席会。许武书记提出了"三个统一"的要求:各学院的具体工作思路要和学校的战略思考统一;各学院的规划要统一,要既能体现学校特色,又可操作、可验收;各学院继续实施"985工程"建设的行动要统一,并尽快推进,加强落实,争取在未来5年内实现我校发展的新一轮突破。侯建国校长强调,根据国家部署,"985工程"新一轮建设以及一期、二期建设的侧重项目和平台有所不同,前者要建立一种长期机制。各学院在做继续实施"985工程"建设规划方案时要与我校的发展目标一致,根据当前的发展阶段提出切实可行的规划方案,我校将在综合考虑学院规划的基础上,加强顶层设计,推动"985工程"的继续实施。

2010年10月22日,我校召开"校学术、学位、教学委员会全体会议",通报我校新一轮"985工程"建设的主要思路,并听取各方意见。

2010年10月23日,我校召开"院长联席会议",通报我校新一轮"985工程"建设的主要思路,并安排近期工作。

2010年10月30日,侯建国校长主持召开"第二十八次校长工作会议"。会议审议通过了我校新一轮"985工程"建设规划、改革方案。

2011年2月,我校制定《中国科学技术大学"985工程"总体规划(2010～2020年)》,内容摘录如下:

1. 深化科教融合

在继续实施"985工程",建设世界一流研究型大学期间,我校不仅要继续坚持"所系结合"的传统,还要探索"所系结合"的新机制和新形式,同时谋求在更大深度和广度上的科教融合,系统创新科教融合的体制机制,在学科建设、人才培养、队伍建设等方面不断根植、深化科教融合的理念,将我校打造成为国家中部科教集群、世界大学科教融合的典范。

2. 学科建设

坚持发挥基础前沿科学优势,努力做到优势学科总量不断提升;坚持"顶天、立地、聚焦"的原则,大力发展工程与高技术学科;发挥基础学科优势和理工结合特色,依托科研平台与基地,促进学科交叉,努力培育战略性新兴学科;强化管理人文学科的特色发展。

3. 创新人才培养

坚持"人才培养是学校中心任务,教学质量是学校生命线"的根本原则,建设有中国科大特色的人才培养体系;完善人才培养体系,保持本科生和研究生教育规模的稳定性,进一步优化博士、硕士、学士的比例和学术性人才、应用性人才的结构,按照"稳定规模,内涵发展;优化结构,强化特色;师生为本,机制创新;所系结合,研教互动"的方针,努力建立与世界一流研究型大学建设目标相适应的教育创新体系;加强创新教育,营造创新环境,提高培养质量,推进人才培养的国际化进程。

4. 队伍建设

坚持学术优先、以人为本,坚持引进、培养、稳定并举,坚持"育人—引人—用人"的办学主线;树立"人力资源是第一办学资源"的理念;树立"人才引进和青年教师培养是学科建设要务"的观念,将优化队伍结构和创新人事人才制度作为队伍建设的两项主要内容。努力形成"三位一体"的青年教师培养格局;按照"重教扶青"的原则进行人事人才工作的改革和创新。

5. 现代大学制度建设

坚持民主办学传统,构建学校的决策和工作落实机制;坚持良好学风与学术道德建设,营造学术优先的价值观;坚持推进重心下移、充满活力、体系完备、权责分明的管理制度建设;坚持把建立与世界一流研究型大学相适应的现代大学制度作为学校改革的突破点。

6. 社会服务

围绕国家战略需求,服务社会经济发展;致力以科技创新解决战略性科技问题;建立有利于社会服务职能发展的体制机制。

7. 高水平国际交流与合作

以开展高水平实质性国际科技合作项目,扩大学校与国际知名大学科研机构的合作交流为重点;以加强师资队伍、行政管理人员和技术支撑人员三支队伍的国际化为工作重心;以选派优秀教师和科研人员出国访学、讲学、进修、合作研究和参加国际会议及邀请国际知名学者来校讲学为主体;以积极营造有利于国际学术交流与合作的环境为立足点。充分发挥学校国际交流基础好、科研水平高、教师队伍国际化能力强、海外校友资源丰富等优势和特色,走出一条科大风格的国际化道路。

(三) 我校制定新一轮"985工程"阶段建设重点任务(2010~2013年)

2011年2月,我校制定《中国科学技术大学"985工程"总体规划(2010~2020年)》,其中同时制定了2010~2013年新一轮"985工程"阶段建设重点任务,内容摘录如下:

1. 学科建设

加强基础前沿学科建设,缩小与世界一流大学的差距,力争在若干领域达到世界一流水平。进一步发挥理工结合的传统优势,加强高技术学科建设,发展特色管理和人文学科,提升服务国家战略需求与区域经济社会发展的能力。保持高质量论文数、论文篇均引用率等核心指标稳居国内前列。

2. 拔尖创新人才培养

2010~2013年,我校在拔尖创新人才培养方面的发展目标是按照"规模适度、结构合理、质量优先"的发展原则,完善人才培养体系,优化培养结构,做好招生结构调整、推进招生模式改革。

3. 学术领军人物和创新团队建设

2010~2013年,学校在学术领军人物和创新团队建设方面的发展目标是实现优势学科师资队伍由"人才高峰"走向"人才高原",领军人物、创新团队有明显增加。

4. 提升自主创新和社会服务能力

2010~2013年,学校在提升自主创新和社会服务能力方面的建设目标是努力成为履行社会服务职能的先行者,成为社会发展的智囊团、人才库、助推器,为国家和区域经济社会发展做出重要贡献,为自身发展获取源源不断的动力。

5. 国际合作与交流

2010~2013年,学校的发展目标是努力在高层次人才培养、合作办学、共建研究基地、组织召开有影响力的国际学术会议等方面取得重大进展,形成全方位、多模式的国际交流与合作的新局面。

(十四)国务院第十一批博士硕士授予单位学科点结果公布,我校哲学等5个学科新增为博士点,法学等5个学科新增为硕士点

2011年3月,国务院学位委员会下发《关于下达2010年审核增列的博士和硕士学位授权一级学科名单的通知》(学位〔2011〕8号),正式公布了各学位授予单位在2010年第十一次学位授权审核工作中获得批准的授权学科点名单。我校获准新增哲学、天文学、地质学、工商管理、公共管理5个一级学科博士点,哲学、法学、天文学、地质学、光学工程5个一级学科硕士点,至此我校的一级学科博士点增加到23个。

我校第十一批新增博士、硕士学位授权点名单

序号	学位点名称	层次	序号	学位点名称	层次
1	哲学	博士(一级)	6	哲学	硕士(一级)
2	天文学	博士(一级)	7	法学	硕士(一级)
3	地质学	博士(一级)	8	天文学	硕士(一级)
4	工商管理	博士(一级)	9	地质学	硕士(一级)
5	公共管理	博士(一级)	10	光学工程	硕士(一级)

(十五) 我校部署专业学位研究生教育综合改革试点项目实施工作

为进一步推进我国专业学位研究生教育改革与发展，引导高校科学定位，发挥办学优势与特色，教育部近期连续召开会议，并颁布《关于实施专业学位研究生教育综合改革试点工作的指导意见》等相关政策文件，对专业学位研究生教育综合改革试点工作进行了部署。

为做好我校获批的 MBA、工程硕士（控制工程）2 个专业学位研究生教育综合改革试点项目实施工作，学校于 2011 年 3 月 4 日下午召开试点项目实施工作会议。我校 MBA、控制工程 2 个试点项目单位负责人与项目组成员，11 个专业学位授权点负责人、教学秘书等参加了会议。

张淑林副校长要求各单位切实转变观念，大胆探索，充分认识专业学位研究生教育的重要性，做好此次专业学位教育综合改革试点项目实施工作。在推进试点项目实施工作的过程中，各单位要树立品牌意识和超前意识，无论是队伍建设、培养方案设计都要有国际化的视野；要加强与行业的合作，积极探索与行业、企业共同培养高层次应用型人才的新机制。

据悉，目前全国专业学位研究生教育综合改革试点项目实施工作已全面铺开，国家已下拨改革试点项目的启动支持资金。本次专业学位综合改革试点工作周期为 2010 年 9 月至 2013 年 6 月，教育部将适时组织有关专家对试点工作进行检查、评估和总结。

(十六) 首届国家级、校级"博士研究生学术新人奖"项目正式实施

2011 年 3 月 11 日，教育部正式拨付了首届国家级"博士研究生学术新人奖"专项资助经费。在评选中我校共有 25 名优秀博士生获奖。为充分发挥专项经费在促进博士生参与创新性科学研究中的作用，加强获奖博士生与导师之间的交流，听取获奖师生对研究生培养工作的意见与建议，我校于 3 月 4 日下午在东区活动中心五楼学术报告厅召开"国家级、校级'博士研究生学术新人奖'项目实施工作交流座谈会"。有关获奖学生及导师参加了座谈会。

座谈会上，获奖学生的指导教师陈仙辉、俞书宏、石云里、曾长淦、刘乃安、齐飞、金正耀等做了交流发言，寄语获奖学生要珍惜取得的荣誉，志存高远、夯实基础、练好内功，在学校要养成脚踏实地、科学严谨、淡泊名利的朴实学风。导师们对研究生院启动校级层面"博士研究生学术新人奖"的做法予以充分肯定，认为有利于鼓励和吸引更多有潜力的博士研究生投身于高水平的科学研究和创新研究中，有利于营造科研创新环境。与会导师还对我校博士生培养工作提出了诸多好的建议与意见。

张淑林副校长还强调指出,博士生教育作为我校教育体系建设的收官之作,其质量是衡量我校办学水平、办学声誉的重要体现。为此,我校在博士生培养工作中要坚定不移地坚持精品定位,追求卓越,坚决依靠广大导师,以导师和学生为本,并将努力通过实施学术新人奖项目等一系列举措,为广大导师和研究生营造有利于科研创新的学术生态环境。

"博士研究生学术新人奖"项目由教育部、国务院学位委员会设立,于2010年启动,主要对学业成绩优异、科研创新潜力较大的优秀博士生进行资助。该奖项每年评选一次,评选人数为当年全国博士生招收总数的5%左右,一次性资助3万元~5万元/人。"博士研究生学术新人奖"经费主要用于资助博士生参加高水平国际国内学术交流、参与创新性科学研究、撰写高质量学位论文等。为鼓励和吸引更多具有潜力的博士生投身于高水平的科学研究和创新研究中,我校专门设立了"校级学术新人奖",进一步扩大了评奖范围,形成了校级、国家级博士生学术新人奖两段式奖助模式。"校级学术新人奖"获得者将获得2万元研究经费的资助。

(十七) 化学与材料科学学院召开"学位与研究生工作研讨会"

2011年3月20日,化学与材料科学学院召开"学位与研究生工作研讨会"。学院执行院长杨金龙,分党委书记葛学武,副院长龚流柱、俞书宏和汪志勇,以及学院部分教授和副教授共70多人参加了研讨会。

龚流柱副院长和俞书宏副院长分别做了题为"研究生工作汇报及本学期安排"和"学院科研发展规划汇报"的报告。执行院长杨金龙指出了研究生教育特别是课程设置方面存在的问题,同时就学院的"十二五"规划的制定及发展目标进行了阐释,并希望在座的各位同仁积极展开讨论,就以上的问题各抒己见。

(十八) 我校召开"第五届学位与研究生教育工作院士座谈会"

为深入听取在校院士对我校学位与研究生教育工作的意见和建议,推进我校博士质量工程与学科建设,我校于2011年3月20日召开了"第五届学位与研究生教育工作院士座谈会",在校院士王水、钱逸泰、施蕴渝、周又元、范维澄、郭光灿、李曙光、张家铝、张裕恒、俞昌旋等在百忙之中参加了会议。其他院士尽管由于公务未能参会,但均通过电话等方式表达了对学校学位与研究生教育工作的关心、关注,并对本学期的学位与研究生教育工作提出了宝贵的建议和意见。

会上,张淑林副校长介绍了当前我国学位与研究生教育领域的最新动态,并通报了近期我校在新一轮"985工程"建设项目推进实施、"211工程"三期总结验收筹备、研招资源争取、在校研究生奖助体系调整、专业学位研究生教育综合改革试点、工程博士授权申报筹备等方面的工作。

座谈会现场气氛活跃,各位院士对我校学位与研究生教育事业表现出了强烈的责任感和热情。他们对研究生院一年来推进与实施的招生、培养、信息化建设等各项改革工作给予了充分肯定,认为,"走出去""请进来"的招生创新举措提高了学校的声誉,促进了研究生生源质量的提升;各类创新计划项目的实施为研究生创新能力的培养营造了良性的生态环境;研究生管理工作的信息化简化了工作流程,提高了办事效率,为我校研究生和导师提供了优质的服务平台。院士们希望研究生院能继续围绕"精品培养"的基本定位,以提高培养质量为中心,积极推进实施博士质量工程,坚持"抢抓资源、做好服务",深入推进研究生培养各个环节的创新工作。

院士们还对我校的整体发展战略规划、学科建设、人才队伍建设、科研政策等提出了宝贵的意见与建议:学科布局要以基础研究、重大前沿为核心,重视交叉学科的发展;要充分发挥校学术、学位委员会的作用,学校与学院规划等重大事项要经过学术委员会等科学有效的团体论证,努力营造法制化和学术优先的校园环境;要重视人才队伍建设,科学设计分类考评体系;对于国家重大奖项,学校应积极组织多个优势学科集中统一申报,建立资源分配与奖项挂钩的激励机制等。

院士是我校学位与研究生教育工作极为重要的学术依靠力量,定期召开院士座谈会,听取他们的意见和建议,建立与他们沟通的长效机制,是提升我校学位与研究生教育工作质量的重要保证,也是我校构建服务型研究生院的重要举措。目前,院士座谈会机制已制度化,在我校学位与研究生教育工作中发挥了重要作用。

(十九) 我校举办首届研究生、本科生"科技创新大汇堂"

2011年3月25日下午,我校首届研究生、本科生"科技创新大汇堂"活动在我校东区活动中心广场隆重开幕。校党委副书记鹿明、副校长张淑林、第十二届"挑战杯"校内总决赛评委以及研究生院、教务处、党委宣传部、校团委等单位负责人出席开幕式。开幕式由校团委常务副书记杨正主持。

张淑林副校长致开幕辞。她指出,"科技创新大汇堂"活动是我校学生学术活动和团学活动的一个创新之举,希望同学们继续继承和发扬科大精神,牢记使命,勇担重任,努力提高创新能力,积极投身创造实践,为我校建设世界一流研究型大学贡献力量。

鹿明副书记宣布活动开幕,并对活动的认真筹备、各位老师同学的积极参与给予了充分的肯定。

我校首届研究生、本科生"科技创新大汇堂"为期3天,包括主题科学沙龙、我校优秀科技创新成果图片展示和实物展示等环节。其间,我校知名教授和各学科专家现场巡视作品,并对第十二届"挑战杯"课外学术科技作品竞赛的校内参赛作品进行了最终评审。

3月27日下午,我校首届研究生、本科生"科技创新大汇堂"闭幕式暨第十二届"挑战杯"课外学术科技作品竞赛校内总决赛的颁奖典礼在东区活动中心五楼学术报告厅举行。闭幕式上公布了第十二届"挑战杯"课外学术科技作品竞赛校内总决赛的各项大奖作品。

本届研究生、本科生"科技创新大汇堂"作为我校学生课外科技活动的创新举措,得到了学校领导的高度重视和大力支持。经研究生院、校团委、校研究生会精心组织实施,活动直接参与者超过3000人次,间接影响近万人,在校园内外引起了强烈反响,各新闻媒体也给予广泛关注,此次活动被媒体誉为"科技创新嘉年华"。

(二十) 我校陈华平教授当选全国工程管理专业学位研究生教育指导委员会委员

2011年3月31日获悉,日前,国务院学位委员会、教育部、人力资源和社会保障部三部委联合发布《关于成立全国金融等专业学位研究生教育指导委员会的通知》(学位〔2011〕3号),公布了19个全国新增专业学位研究生教育指导委员会委员名单,我校计算机科学与技术学院执行院长陈华平教授当选新增设的全国工程管理专业学位研究生教育指导委员会委员。

新增设的全国专业学位研究生教育指导委员会委员是在单位推荐的基础上,由国务院学位委员会、教育部、人力资源和社会保障部选聘的。我校除陈华平教授当选为新任专业学位教育指导委员会委员外,副校长张淑林教授任第三届全国工程硕士专业学位研究生教育指导委员会委员,管理学院执行院长梁樑教授任第四届全国工商管理硕士(MBA)专业学位教育指导委员会委员。

(二十一) 我校《教育与现代化》期刊更名为《研究生教育研究》并举行揭牌仪式

2011年4月1日,我校举行《研究生教育研究》期刊揭牌仪式。中国学位与研究生教育学会会长、教育部原副部长赵沁平,中科院人事教育局局长李和风,国务院学位委员会办公室副主任郭新立,哈尔滨工业大学副校长丁雪梅以及我校校长侯建国、副校长陈晓剑等参加了揭牌仪式,仪式由我校副校长、《研究生教育研究》期刊副主编张淑林主持。参加揭牌仪式的还有国务院学位委员会办公室重点建设处处长赵玉霞、综合处处长刘宏,我校各学院主要领导、研究生公共实验中心等有关领导以及师生代表。

侯建国校长在讲话中指出,高等教育发展的新形势对教育类学术刊物提出了新的要求,那就是必须用更高的标准、更开阔的视野、更精准的目光,发现、解析高等教育事业发展中出现的新情况、新现象,进一步研究、总结我国高等教育事业发展的经验和教训,《研究生教育研究》将努力顺应高等教育发展的形势变化,提高办刊质量,秉承我校求真务实的优良传统,认清趋势、遵循规律、准确定位,争取成为我国研究生教育工作者共同的学术园地和精神家园。

郭新立副主任在讲话中指出,《教育与现代化》更改为《研究生教育研究》,标志着期刊跨入了一个新的发展阶段,也是我国学位与研究生教育界一件重要的事。研究生教育是高等教育的顶层,也是最能体现我国高等教育实力的环节,有许多值得研究的问题,希望《研究生教育研究》在办刊过程中保持期刊的学术高度和对新问题的敏感度,抓紧形成刊物特色,尽快成为学术期刊界的强者。

李和风局长在讲话中表示这本期刊的创立,不仅是中国科大的一件大事,也是科学院的一件大事,将为中科院的高层次人才培养提供一个很好的理论探讨园地。同时,作为一份教育学类学术刊物,这本期刊丰富了中科院的期刊出版方阵。

陈晓剑副校长在讲话中表示,《研究生教育研究》作为我校创办的第一份面向全国的教育类学术刊物,责任重大、使命光荣、意义深远。为了保证学术水平,《研究生教育研究》期刊成立了由具有全国影响力的相关领域专家组成的编辑委员会。陈晓剑副校长在大会上宣读了由来自教育部、清华大学、北京大学等19家单位的著名学者组成的首届编辑委员会名单。编辑部主任、发展规划处副处长戚巍向与会人员介绍了《研究生教育研究》期刊的相关情况。

《研究生教育研究》的创刊,还收到了教育部、国内多家兄弟高校的贺信、贺电,高校代表、哈尔滨工业大学副校长丁雪梅应邀出席了揭牌仪式。她在讲话中认为,我国学位与研究生教育和欧美国家的研究生教育相比还有差距,发展空间还很大,相信《研究生教育研究》一定能和所有研究生教育者们共同推动、共同见证我国的学位与研究生教育新一轮的快速发展。

赵沁平院士作为《研究生教育研究》编辑委员会主任,对《研究生教育研究》的发展提出了几点希望:一是要站在全局的战略高度,深刻认识自身肩负的历史使命,努力探索研究生教育的发展规律,反映研究生教育的教学成果;二是要注重办刊质量,树立精品意识,高标准、高质量地创造一些好的品牌栏目;三是要坚持开放意识,不断开拓创新,深入思考和探讨刊物特点,赋予其更加鲜明的时代特色;四是要加强队伍建设,通过办好、办活、办强《研究生教育研究》,带出一支学者型、专家型的编辑队伍,使《研究生教育研究》和编辑实现双丰收、共成长。

主编侯建国校长和编辑委员会主任赵沁平院士共同为《研究生教育研究》揭牌。

《研究生教育研究》的前身为创刊于1986年的《教育与现代化》。1995年,新闻出版署批复同意该刊为季刊并公开发行;经过20多年的努力发展,已经成为《中文社会科学引文索引》(CSSCI)来源期刊、安徽省优秀期刊,获得了良好的社会声誉。在我国研究生教育开始新一轮快速发展的同时,该刊也成功转型,直接面向学位与研究生教育,避免了关注领域的分散用力,定位更加精准。目前,该刊已被中国学位与研究生教育学会指定为会刊。在今后的办刊实践中,《研究生教育研究》将加强组稿力度,对选题策划进行细化开发,努力打破传统的、缺乏生气的坐等稿件上门的氛围,并严格按学科分类编排文稿的编辑方式,同时让编辑充分发挥主体意识和主体个性,使刊物从选题策划到组织实施、从文体风格到版式设计,都体现出与众不同的特质,形成刊物的特有品牌,致力成为研究生教育研究领域内国内一流、国际知名的高端学术期刊。

中国学位与研究生教育学会会刊《研究生教育研究》揭牌仪式会场

中国学位与研究生教育学会会长赵沁平院士、我校校长侯建国院士为期刊揭牌

《研究生教育研究》期刊揭牌仪式参会专家合影

（二十二）教育部"第十六次'211工程'建设项目管理研讨会"在我校隆重召开

2011年4月4日，教育部"第十六次'211工程'建设项目管理研讨会"在我校隆重召开。国务院学位委员会办公室公室副主任郭新立、重点建设处处长赵玉霞等有关领导出席会议，来自清华大学、北京大学、复旦大学、上海交通大学、浙江大学、南京大学、西安交通大学、哈尔滨工业大学和中国科学技术大学等9所大学的相关领导与代表参加了本次研讨会。我校校长侯建国院士到会并致辞。

侯建国校长指出，学科建设是高校建设的基础性工程，需要长期支持，也需要长期积累。当前高等教育面临的新的发展形势对学科建设提出了更高的要求，希望通过本次会议进一步探讨"211工程"建设项目管理经验，创新重点学科建设模式，共同推动"211工程"建设迈上新的台阶。

与会代表围绕"如何做好'211工程'的三期验收工作""以改革创新精神推进新一轮'211工程'建设"两大主题进行了交流与研讨，分别介绍了我校在"211工程"建设项目管理中的经验，对下一步"211工程"的建设提出了宝贵的建议与意见："211工程"建设应常态化、机制化，在坚持重点学科建设的基础上积极探索新的学科建设模式与机制；加大对重点学科建设的投入力度，制定符合国家战略需求、有利于拔尖创新人才培养的新规划；对于重点学科建设，要树立国际化视野，要体现"中国特色、世界一流"，既要加大面向国家重大需求的前沿学科的建设力度，又要充分关注新兴、交叉学科的发展，打破学科壁垒，进行学科群建设和学科体系建设，优化学科生态环境；进一步加强中央政府、高校和地方政府的互动，提高地方政府支持一流大学和重点学科建设的积极性和主动性；要把"211工程"建设项目的经费投入与项目建设效益以及我校整体建设目标的实现情况紧密结合起来，提高资金使用效率和建设效益；积极探索对人文社会科学学科建设成效进行有效评价的新机制等。

郭新立副主任对如何做好"211工程"建设三期验收工作提出了一些要求，希望参会高校高度重视"211工程"三期验收工作，认真凝练建设成果与亮点，充分展示建设成效，以圆满总结"211工程"三期验收工作。在如何推进新一轮"211工程"建设上，郭新立副主任强调，要始终把改革摆在突出的位置，积极优化结构，办出特色，办出水平，努力探索以学科建设绩效为导向的资源配置激励机制，加快推动高水平重点学科建设，充分发挥"211工程"建设在我国高等教育领域的引领作用。

教育部"211工程"建设项目管理研讨会每年举行一次，已成为该领域交流管理工作经验、研讨改革与发展举措的一个重要平台。这是我校首次承办该项会议。本次会议还得到了教育部原副部长、中国学位与研究生教育学会会长赵沁平的关心与指导。

教育部"第十六次'211工程'建设项目管理研讨会"在我校举行

(二十三) 德意志学术交流中心北京办事处负责人访问我校并研讨博士生交流问题

2011年4月6日,德意志学术交流中心(DAAD)北京办事处主任韩北山(Stefan Hase-Bergen)及留德校友项目负责人吴非访问我校。双方就我校学生赴德国及其他欧洲国家攻读博士学位的问题进行了深入的交流。

(二十四) "2011中国高等教育信息化创新论坛暨数字校园'十二五'规划研讨会"在我校举行

为贯彻《国家中长期教育改革和发展规划纲要(2010~2020年)》(简称《纲要》)精神,加快教育信息化进程,促进信息技术与高等教育的深度融合,由教育部科技发展中心主办、《中国教育网络》期刊承办、中国科学技术大学协办的"2011中国高等教育信息化创新论坛暨数字校园'十二五'规划研讨会"于2011年4月14日至15日在我校举行。全国有关省市教育信息化负责人、部分高校信息化主管领导和有关部门负责人、地市教育城域网负责人以及企业代表等共400多人出席了研讨会。

张淑林副校长指出,先行一步的高等教育系统正处于"性能提高"阶段,这意味着高校的信息化建设适时启动流程再造已成为必然选择,希望各位代表、专家通过本次会议,为高校信息化工作的"性能提高"建言献策、共同进步。

中国高等教育信息化创新论坛已经成功举办了五届。本次大会以"十二五数字校园规划与创新"为主题就以下问题进行探讨:如何深化数字校园的应用,推动高等教育资源库的建设;如何促进信息技术相关学科产学研的结合,促进网上科研协作支撑的环境建设,推进高校远程教育等。大会设"教育信息化模式创新高峰论坛",含"高校 CIO 论坛(首席信息官司)""高校信息化'十二五'规划与实践论坛""高校数字校园创新与应用论坛"三个分论坛。

会议期间,教育部科技司陈盈晖副司长做了"教育信息化的现状与展望"专题报告,详细解读了《纲要》关于我国信息化建设的战略部署,分析了我国教育信息化现状及发展趋势。

近年来,我校在学位与研究生教育领域,围绕提高培养质量这一中心目标,面向导师、学生和管理工作的需求,利用信息化技术在学位与研究生教育的各主要环节建立了系统化的信息管理与服务平台,既为师生提供了高效便捷的服务,又实现了无形的质量监控,促进了管理"由有形向无形、由控制向服务"的转变。我校在论坛上的相关交流发言给与会代表留下了深刻的印象。

(二十五) 高校领导在我校纵论信息化发展和数字校园建设

2011 年 4 月 14 日,"2011 全国高等教育信息化创新论坛暨数字校园'十二五'规划研讨会"分论坛"高校 CIO 论坛"在我校举行。来自浙江大学、华南理工大学、电子科技大学、中国科学技术大学等 50 余所大学、高职学院的分管校领导参加了论坛。

本次论坛形成的共识主要有:数字校园"十二五"规划应创新信息化建设管理体制与机制,从顶层设计入手,以需求为导向,对接国家、地方和学校的需求,统一规划;要高度重视,加大投入,成立领导小组和专家委员会推进信息化建设;进一步统筹整合校内资源,建立基于感知的物联网系统和以云计算为基础的数据平台,建立开放式服务供给体系;积极转变服务模式,实现从以供给方为中心向以用户为中心的转变;加强信息化系统的后期维护与更新,重视维护数字校园中的信息安全与主权等。

CIO 的全称为 Chief Information Officer,直译为首席信息官。这一概念始于政府、兴于企业,随后进入高校。其最根本的责任在于为决策者提供所需的切实可靠的信息,有效地帮助决策者为组织制定长期的发展战略。引入 CIO 机制,极大地推动了高校信息化发展和数字校园建设。

(二十六) 教育部科技司副司长陈盈晖考察我校数字化校园建设情况

2011 年 4 月 15 日上午,值参加"2011 全国高等教育信息化创新论坛暨数字校园'十二五'规划研讨会"之际,教育部科技司副司长陈盈晖一行考察了我校数字化校园建设情况。我校副校长张淑林会见了陈盈晖副司长一行,并介绍了我校近年来在"211 工程""985 工程"支持下数字化校园建设的基本情况。

通过所见所闻,陈盈晖副司长对我校近年来在量子信息、超导等科研领域取得的优异成绩给予了高度评价,并对我校数字化校园建设的理念以及学位与研究生教育信息化工作中的创新举措和服务意识给予了充分肯定,希望学校继续努力、不断创新,在科技成果转化及信息化工作等方面做出更多有益的探索。

(二十七) 中国科大-香港城大第五届博士生学术论坛举行

2011年4月18日上午,中国科大-香港城大联合高等研究中心(苏州)"第五届博士生学术论坛暨何稼楠学术会议奖学金颁奖典礼"在我校苏州研究院隆重举行。我校研究生院屠兢副院长、古继宝副院长和陈伟副院长,香港城大骆恪礼(Gregory B. Raupp)副校长和研究生院许溢宏副院长出席了论坛的开幕式。香港城大骆恪礼副校长和我校研究生院古继宝副院长分别致辞。我校及香港城大有关部门负责人、两校联合中心各项目组主要负责人和导师出席了学术论坛的开幕式。开幕式由我校苏州研究院常务副院长黄刘生教授主持。

香港城大骆恪礼副校长希望两校的联合培养项目和合作关系进一步发展,并希望各位同学充分利用博士生论坛这一平台,加深彼此之间的友谊,增强学术交流,分享彼此的科研成果与科研心得。

我校研究生院副院长古继宝教授首先代表张淑林副校长对各位的参与表示热烈欢迎,对论坛的举办表示祝贺。两校联合培养博士生项目实施6年来,两校领导大力支持,双方研究生院通力合作,充分发挥彼此的优势,共享学术资源,努力培养优秀的科研创新人才,目前已有61名同学顺利毕业。

开幕式上还举行了"何稼楠学术会议奖学金颁奖典礼"。

典礼结束后,两校研究生院的老师就如何进一步提高联合培养质量的相关问题进行了深入交流。200多位来自中国科大-香港城大联合培养的博士生、香港城大的博士生同我校本部的博士生相互之间分专业进行学术交流,并与教授们进行热烈讨论。

(二十八) 我校布置2011年博士生招录及研究生教育改革等工作

2011年4月20日下午,我校召开会议布置2011年博士生招录及研究生教育改革等工作,张淑林副校长主持会议并讲话,各学院分管院长、教学秘书等参加了会议。

根据会议部署,近期我校在学位与研究生教育工作中实施的改革主要有以下四方面。一是在招生工作上:在学术型研究生教育领域主要实施长周期的"本-硕-博""硕-博"连读培养模式,生源以校内外推免生、"硕转博"为主;在专业学位研究生教育领域,生源以在职攻读生为主。二是在奖助体系改革方面,启动设立困难研究生励志助学金,帮助经济困难研究生顺利完成学业。三是在学位申请方面,由每年1月、7月2次学位授予增加到3次,每年春季增加1次学位授予,为研究生就业提供方便。四是在导师遴选方面,校学位委员会重点审议副教授申请博导岗位及返聘导师两类情况,教授申请博导岗位主要由学位分委员会根据上岗条件审核。

对于新近启动并实施的这些改革,张淑林副校长要求职能部门和各学院要高度重视,要树立改革意识、超前意识、服务意识和质量意识,确保所推行的改革措施落到实处。

(二十九) 我校 2 名研究生获 2010～2011 年度"百人会英才奖"

2011 年 4 月 25 日,2010～2011 年度"百人会英才奖"颁奖典礼在清华大学举行。我校人文与社会科学学院 2008 级硕士研究生石朝阳、管理学院 2009 级硕士研究生傅兆吉荣获此项奖励并参加颁奖典礼。

(三十) 校学位委员会召开 2011 年春季学位工作会议,决定授予 12 人博士学位、28 人硕士学位

2011 年 4 月 29 日下午,第七届校学位委员会召开本年度第一次工作会议。会议主要对申请 2012 年招收博士研究生的导师资格进行审定,并讨论审议春季各类学位授予事宜。会议由校学位委员会主任委员、校长侯建国院士主持。

在导师遴选审定方面,进一步进行改革,简化上岗申请程序,校学位委员会重点审议副教授申请博导岗位及返聘导师两类情况,教授申请博导岗位主要由学位分委员会根据上岗条件审核。各位委员听取了数学、物理天文、化学材料、生命科学、力学工程、地学环境、电子信息与计算机、管理人文、核科学与技术、智能所等学位分委员会负责人关于本学科副教授申请博导岗位及学位申请者情况的介绍,审阅了申请材料,并在认真讨论的基础上,依据有关规定进行了无记名投票。经表决,共有 3 名副教授通过新增博导资格审定,5 名教授通过博导返聘资格审定。此外,会议决定授予 12 人博士学位、9 人学术型硕士学位、19 人工程硕士学位。

会议还审议成立了公共管理学科学位分委员会,听取了研究生院关于学位标准修订及国内外一流大学研究生课程体系调研的汇报。

为进一步提高学位与研究生教育管理服务水平,为研究生就业提供方便,今年我校首次启动了春季学位授予工作。学位申请与学位授予由每年 1 月、7 月 2 次增加到 3 次,每年春季增加 1 次学位授予。本次为第一次试行,共有 56 名学生申请各类学位。

(三十一) 我校临床医学学科排名进入全球 ESI 排名前 1%

2011 年 5 月 1 日,根据更新的 ESI(基本科学指标数据库)机构排名,我校临床医学学科排名进入全球排名前 1%。至此,加上此前的物理、化学、材料科学、工程、地质、生

物、数学、计算机,我校进入全球 ESI 机构排名前 1% 的学科已达到 9 个。

(三十二) 我校布置学位授权点对应调整工作

根据国务院学位委员会办公室《关于按〈学位授予和人才培养学科目录〉进行学位授权点对应调整的通知》(学位办〔2011〕25 号)文件的要求,我校于 2011 年 5 月 3 日下午召开了学位授权点对应调整工作布置会。副校长张淑林出席会议并讲话,研究生院及相关学院领导、学科负责人参加了会议。

张淑林副校长在会上强调指出:学位授权点对应调整是一项政策性、学术性较强的工作,各相关学院和学科点要以保证学位授予质量为前提,以申报促建设,加强学科交叉、融合,认真整合学科资源,坚持标准,严格要求;学院要高度重视,精心准备,相互协调,全力以赴做好本次学位授权点对应调整申报工作,争取使我校一级学科博士点取得新的增长。

据悉,新的《学位授予和人才培养学科目录(2011 年)》强调按一级学科培养人才,在新学科目录下我校已有 23 个一级学科博士点。本次学位授权点对应调整涉及生态学、统计学、软件工程、安全科学与工程 4 个一级学科。

(三十三) 我校提高研究生基本助学金标准

2011 年 5 月 6 日下午,我校召开研究生奖助工作会议,张淑林副校长主持会议并讲话,各学院分管院长、学工负责人及研究生部成员参加了会议。

为保障研究生基本生活,我校决定再次提高在校研究生基本助学金标准,博士生助学金上调 200 元/月,硕士生助学金上调 100 元/月。新标准从 2011 年 5 月 1 日开始执行,其中 5 月份的补贴将于本月 13 日前落实进卡。

张淑林副校长在会上说,改善研究生学习生活条件是我校研究生培养机制改革的重要目标之一,也是侯建国校长一直关心的大事,近年来随着物价的上涨,他曾多次指示要求研究生院等职能部门积极筹措专项经费,改善研究生待遇,为同学们安心学习创造良好环境。此次普调基本助学金,将缓解物价因素对学生生活的影响。学校通过提高基本助学金保障研究生在校学习期间的基本生活需求,还将对有特殊困难的同学进行补助。同时,鼓励导师用研究项目经费,对科研工作出色的研究生予以额外的激励,切实吸引优秀人才全身心投入学习与科研中,追求卓越、勇于创新。

我校在国内首创并实行了三助岗位资助研究生制度,由学校与导师科研经费配套出资研究生助学金,并由导师主导研究生助学金的等级。该制度从建立运行至今取得了良好的成效,极大地解决了研究生的后顾之忧。今后我校将继续深化研究生培养机制改革,改善研究生待遇,调动研究生的学习积极性。

(三十四) 我校学子在首届全国大学生数据挖掘邀请赛中获佳绩

2011年5月8日上午,首届全国大学生数据挖掘邀请赛复赛答辩环节在我校东区管理科研楼1018室举行,我校代表队从参加初赛的300多支队伍中脱颖而出,与来自北京大学、浙江大学、复旦大学等全国多所著名高校和中科院自动化所的其他15支参赛队伍参加了本次答辩。

由我校计算机学院语义计算与数据挖掘实验室负责人陈恩红教授指导,以宝腾飞、向彪、刘淇3位博士生为主力的RecSys1队获得了研究生组第一名的优异成绩,同时,由该实验室的徐童、曾广翔等研究生所组成的数据掘金队,以及由解浚源等同学所组成的LightSpeed队分获研究生组和本科生组第三名。

(三十五) 我校使用网络答辩系统开展研究生学位论文答辩

为加强学位与研究生教育的国际交流与合作,我校在与香港城大于2011年5月18日下午举行的博士学位论文答辩中,首次使用网络视频答辩系统。张淑林副校长到现场检查网络视频答辩工作,并会见了参与答辩的国外专家。

本次答辩在管理学院举行。答辩委员会中有4位境外专家,其中2位在香港通过网络视频系统参与答辩。答辩全程使用英语进行交流。通过网络视频系统,对香港与合肥两地的答辩现场进行了实况直播。首先,答辩人向两地专家报告了自己的研究工作,并将答辩的PPT文档在两地同步播放;远在香港的专家在网络直播平台上向答辩人随时提问,互动交流。答辩后,两地专家就答辩人的学术水平进行了充分的讨论,并做了网络投票。最后,位于香港的答辩委员会主席向答辩人宣布了答辩结果,对答辩人今后的研究工作提出了建议。整个答辩过程进行了近2小时。我校与香港城大研究生院不但全程参与了网络答辩,而且利用系统做了答辩录像。答辩录像将作为重要的教学档案送给导师和研究生保存。

(三十六) 我校研讨工程博士专业学位设置工作

日前,国务院学位委员会印发《工程博士专业学位设置方案》,工程博士专业学位的设置使我国博士层面专业学位增加到5个种类。

为促进我校相关学科对工程博士专业学位属性的了解,提高对工程博士专业学位在完善我校人才培养体系和完善学位授权体系中的重要性的认识,研讨培养工程博士专业学位人才的必要性与可行性,我校于2011年5月19日下午召开工程博士专业学位设置工作会议。

与会人员就我校培养工程博士专业学位人才的必要性与可行性进行了研讨,一致认为,在博士层面培养造就一批能够发挥领军作用的高端工程技术人才,是实现校企结合、国内与国际合作推进高起点、高质量、高层次工程技术人才培养工作的重要制度创新,有利于提升我校专业学位层次,优化我校学位授权体系结构。

据悉,根据《工程博士专业学位设置方案》规定,工程博士专业学位的招生对象一般应已获得硕士学位,并具有较好的工程技术理论基础和较强的工程实践能力。培养目标是使工程博士学位获得者:具有相关工程技术领域坚实宽广的理论基础和系统深入的专门知识;具备把握产业和工程技术发展方向、规划和组织实施工程技术研究开发工作的知识与能力;在推动产业发展和工程技术进步方面做出创造性成果。工程博士由高校与企业联合培养,由高校授予学位。

根据国务院学位委员会办公室的部署,工程博士专业学位授权申报工作将于近期启动,5月底将下发遴选授权单位文件,7月中旬组织专家答辩,9月份报国务院学位委员会审批授权单位名单。

(三十七) 2011中国服务机器人大赛在我校举行

2011中国服务机器人大赛于2011年5月20至22日在我校举行。本次大赛由中国自动化学会机器人竞赛工作委员会和RoboCup中国委员会主办,中国科学技术大学承办,研究生院、计算机学院和信息科学实验中心协办。来自中国科学技术大学、上海交通大学、中山大学等22所高校的60多支队伍参加了本次比赛和学术研讨。另有多所高校派代表现场观摩比赛。我校获RoboCup@Home、搜寻取物、仿真命令语言组和仿真自然语言组4项冠军,上海交通大学获特定人识别、定位与导航、非限定项目组3项冠军,第二炮兵工程学院获快速跟随项目冠军。

(三十八)"安徽省高校研究生媒体联席会"在我校召开

2011年5月21日,由《中国研究生》合肥通联站主办的"安徽省高校研究生媒体联席会"在我校召开。会议围绕"安徽地区高校研究生媒体的合作机制与发展机制"这一主题展开研讨。教育部学位与研究生教育发展中心《中国研究生》期刊副主编关长空,我校研究生院副院长屠兢、陈伟以及来自中国科学技术大学、合肥工业大学、安徽大学、安徽医科大学等13所高校研究生媒体指导教师及学生代表参加本次会议。

会议还邀请媒体专家围绕校园研究生媒体的采编实务做了专题讲座。与会代表结合各自学校实际做了发言并进行了交流,认为:研究生媒体需要加强深度和广度,注重地域特色;既要以期刊为主线也要兼顾网络、手机等多种媒介平台的交流互动;要注意加强学生通信员专业素质的提高和综合能力的锻炼。最后,各校代表研讨并通过了安徽地区高校研究生媒体合作宣言。各高校表示愿以本次联席会为契机,共同构建和维护安徽地区高校研究生媒体的良性互动机制,并使之常态化、有序化,共同引领安徽地区研究生先进校园文化风气。

由《中国研究生》合肥通联站主办的"安徽省高校研究生媒体联席会"在我校召开

(三十九)"全国博士生招生改革研讨会"在我校召开

为贯彻落实《国家中长期教育教育改革和发展规划纲要(2010~2020年)》及全国教育工作会议关于推进拔尖创新人才培养的战略部署,创新拔尖创新人才选拔机制,全面提高我国博士生培养质量,教育部学生司于2011年5月27日至28日在我校召开"全国博士生招生改革研讨会"。中国科学技术大学、复旦大学、上海交通大学、浙江大学、西安交通大学、南开大学、华东师范大学等高校相关领导和专家出席会议,我校副校长张淑林在会上做专题发言。会议由教育部学生司研招处处长陈瑞武主持。

陈瑞武处长首先分析了当前我国研究生教育特别是博士生培养质量现状和整体发展形势,强调了推进我国博士生招生制度改革与创新的战略意义和必要性,并从人才选拔理念更新、管理体制创新、招考模式创新、机制构建等方面介绍了推进博士生招生制度创新的基本考虑。

我校张淑林副校长介绍了我校近年来在基础学科进行本、硕、博长周期培养的创新做法,阐述了我校精品人才培养的基本理念,并对建立完善我国博士生教育过程分流与招生补偿机制提出了建设性的意见。

会议代表围绕如何推进我国博士生招生制度改革进行了充分的研讨,并形成了诸多共识,认为,当前我国在由研究生教育大国向研究生教育强国转变的过程中面临的突出问题是创新型人才特别是拔尖创新人才培养不足,原因之一是现有的博士生招生制度难以全面综合地评价学生的基础知识、创新能力和综合素质,推进博士生招生制度改革具有迫切性与必要性。建议在下一步的博士生招生制度改革中:应进一步更新理念,创新管理体制,落实"权力下放、重心下移",理顺各方权责关系;要创新招考模式,优化招考方式结构;要通过博士生招生改革探索在基础学科建立长学制培养机制,同时建立博士生培养分流与招生补偿机制、联合招生机制、科学考评机制、监督与质量保障机制等。

（四十）我校新增生态学等4个一级学科博士学位授权点

2011年5月份，国务院学位委员会办公室启动"学位授予和人才培养学科目录"调整工作。我校根据学科建设和发展的实际需要，抓住学科目录调整的机遇，优化学科结构，拓展学科发展空间，通过学科资源凝练、整合及内涵建设，新增获得了生态学、统计学、软件工程、安全科学与工程4个一级学科博士学位授权点。

（四十一）我校科学家报告团全国巡讲暨2012年研招宣讲会正式启动

根据我校研招宣传工作的整体部署，2011年6月1日下午在我校第一会议室召开"科学家报告团全国巡讲暨2012年研招宣传工作动员大会"。

我校2011年采取的"走出去"与"请进来"相结合的研招宣传策略取得了良好效果。2012年将继续加强这一策略的组织实施，集中举办包括物理、化学、生命、数学、地空及交叉学科在内的多个夏令营。科学家报告团将在天津（6月4日）、广州（6月11日）、兰州（6月18日）、长春（6月18日）、沈阳（6月25日）等城市进行全国巡讲。这项举措得到了来自全校相关学院50余位科学家的大力支持。

9月份，研究生院还将组织教授宣讲团在南京、武汉、西安、成都进行更大规模的集中宣讲与提前面试活动。

（四十二）我校召开"工程博士专业学位申报论证工作会议"

根据国务院学位委员会办公室公室《关于开展工程博士专业学位授权点申报工作的通知》（简称《通知》）的部署，为做好我校工程博士专业学位授权申报工作，我校于2011年6月14日下午召开相关领域申报论证工作会议。工程学院、信息学院、计算机学院、软件学院、同步辐射国家实验室、火灾科学国家重点实验室等学院负责人及相关人员参加了会议。

《通知》明确表示工程博士授权点申报仅面向"985工程"高校，申报单位须承担国家重大科技专项，申报工程领域属于所承担的重大科技专项范畴，申报单位与承担国家重大科技专项的相关企业须建立稳定、紧密、高水准的合作关系，申报工程领域须拥有国家重点学科或国家重点实验室，并具有一级学科博士学位授予点。

张淑林副校长要求相关院（系）、学科对此要高度重视，紧密围绕国家高层次人才培养的重大战略需求，认真研讨完善各领域的申报方案，力争获得首批工程博士学位授权资格。

据悉，工程博士专业学位是我国在博士层次设置的第五个专业学位种类，旨在培养工程领域的领军人才。根据部署，国务院学位委员会办公室将于7月中旬组织工程博士专业学位授权申报、审核、答辩事宜,9月份国务院学位委员会将审批授权单位名单。

(四十三) 我校对2011年新增博导进行岗前培训

2011年6月16日,由研究生院、校学位办、公共事务学院联合举办的"2011年新增博导岗前培训研讨会"在我校东区活动中心五楼学术报告厅举行,张淑林副校长主持会议并讲话。培训会分两个阶段:第一个阶段主要由各职能部门负责人介绍与指导研究生相关的各项管理制度;第二个阶段主要是李曙光院士、郑永飞院士、俞书宏教授3位优秀博导与新增导直接交流,畅谈他们在科研和人才培养过程中的心得体会。

化学与材料科学学院副院长、中科院优秀博士学位论文指导教师俞书宏教授谈了指导研究生的体会,包括如何提升学生的修养与综合素质、营造实验室文化氛围、引导学生选择适合自己兴趣的科研方向等问题。中科院院士、全国优秀博士学位论文(简称"全国优博")指导教师郑永飞教授从"钱学森之问——创新人才培养"这一问题出发,生动地阐释了什么是科学、如何克服"赝科学"的影响以及在科研中如何艺术地把握"力-功-速度"的平衡等内容。校学位委员会常务副主任委员李曙光院士语重心长地告诫青年导师要坚守神圣的科学职业道德,珍惜自己和科学家群体的名声,做一名高尚的科学家,培养出一流的人才。

培训结束后,李曙光院士亲自为青年博导颁发培训结业证书,希望他们肩负重托和责任,为我校研究生教育奉献力量。

(四十四) 我校各学位分委员会开展2011年夏季学位申请审核工作

根据我校学位授予工作安排,自2011年6月16日至22日,我校14个学位分委员会相继召开学位工作会议,对1862位学士、1208位硕士、435位博士学位申请者进行学位材料审核,对学位质量严格把关。

各学位分委员会委员对本次学位工作给予了高度重视,在期末各项工作较为繁忙的情况下,各分委员会仍保持了较高的到会率。评审会上,先由各学位点分别介绍本学科研究生学位论文评阅、答辩及学术论文发表情况,再由各位委员根据学位材料对申请者的学籍、课程、论文等信息逐一审阅,对有疑问的地方展开讨论,并就进一步完善我校的学位工作提出了建设性的意见和建议。

近年来,我校通过建立环环相扣、层层把关的质量保证机制,使研究生培养质量逐步提高,社会声誉日益提升。在本次学位申请者中,有4位博士生在《自然》《科学》及其子刊上发表了学术论文;有42%的博士生在SCI二区及以上期刊上发表了学术论文(其中SCI一区占12%),较去年同期增长了5个百分点。

（四十五）我校召开本科毕业生与研究生教学调研座谈会

为进一步推进我校教育教学改革，听取本科毕业生与研究生对我校教学工作的意见和建议，提升我校教育教学水平，2011年6月24日下午，我校先后召开了本科毕业生与研究生教学调研座谈会。侯建国校长主持座谈会，邀请了各学院、国家（重点）实验室的本科毕业生、研究生和代培生代表参与座谈，并表示今天就是要召开一个"意见会"，主要听取同学们对我校教育教学工作的意见和建议。陈初升副校长、张淑林副校长以及教务处、研究生院的相关负责人参加了座谈会。

在本科毕业生座谈会上，同学们认为：一些专业之间相关性很高，国外的交叉研究很热门，但我校专业之间交流不够；考完试查阅试卷有利于了解知识不足，但目前查卷渠道不畅通；某些实验课程内容需进一步优化；希望加强对大一新生的专业介绍，多一些科普性质的报告会；希望开设教授office hour（教授与学生面谈时间）和学生讨论室；等等。

在研究生座谈会上，与会研究生就同学们关心的诸如研究生课程体系设置、实验课程开设、与授课教师交流、人文修养和综合能力培养等问题提出了自己的意见和建议。同学们还表达了做好研究生导师"科研助手"的愿望和信心。

在认真听取了在座同学的发言后，侯建国校长对同学们提出的宝贵意见和建议表示感谢。他说，"十年树木、百年树人"，教育是个复杂、长期的过程，从几千年前孔子提出因材施教，到今天世界各国一流大学的教学改革，对人才培养与教学方式的讨论从未停歇过。他表示，对于同学们提出的合理化建议和反映的问题，学校一定会高度重视。

（四十六）我校博士生在《科学》期刊发表研究成果

2011年6月24日，《科学》期刊以"量子色动力学相图的标度"为题，发表了我校近代物理系2008级博士生罗晓峰与美国、印度科学家合作的研究成果。他们在世界上首次确定了从强子物质到夸克胶子等离子体的相变温度——约为2万亿摄氏度。

（四十七）我校学位委员会召开2011年夏季学位工作会议，决定授予435人博士学位、1208人硕士学位

2011年6月25日下午，第七届校学位委员会召开第九次工作会议。会议主要就2011年夏季各学科学位申请情况进行审议。会议由校学位委员会主任委员、校长侯建国院士主持。

会上，各位委员分别听取了各学位分委员会负责人关于本学科学位申请者情况的介绍，审阅了申请材料，并在认真讨论的基础上，依据有关规定进行了投票。经表决，会议决定授予435人博士学位、1208人硕士学位。

会上,张淑林副校长介绍了国务院学位委员会办公室关于近期学位工作的最新形势及政策动向,并详细通报了近年来我校在全国优博评选、博士学位论文抽查、研究生教育战略转型与结构调整、新增专业学位授权等方面的工作开展情况。

侯建国校长在总结讲话中再次强调了把好学位授予关的重要性。他说,学位授予审核工作是确保研究生培养质量的重要环节,本届学位委员会自成立以来便以提高质量为核心开展工作,放权各学科根据本学科特点修订新的学位质量标准,目前已显现成效。他代表学校对各学位分委员会长期以来的辛勤工作表示衷心感谢,对在座各位委员在学位申请审核工作中认真履行职责、严把出口关予以高度评价!他要求校学位办等职能部门认真听取各位委员的意见和建议,进一步规范和完善学位申请条例,做好服务工作。

据悉,本届学位委员会自成立以来始终坚持"质量、精品、特色"的方针,通过改革培养模式、实施"博士生质量工程"、修订新的学位标准,推动了我校科学学位与专业学位的强劲发展,无论是在"全国优博"评选中还是在提升专业学位办学层次上都斩获了喜人战绩。质量意识已在我校导师、研究生、管理工作者中得到了进一步强化。

(四十八) 我校布置年度国家级"博士研究生学术新人奖"及校级研究生创新计划申报工作

2011年6月29日下午,我校在东区活动中心五楼学术报告厅召开会议,布置本年度国家级"博士研究生学术新人奖"及校级研究生创新计划申报工作,各学院研究生教育分管副院长、院(系)教学秘书参加了会议。

国家级"博士研究生学术新人奖"于2010年正式设立,每年评选一次,主要对学业成绩优异、科研创新潜力较大的优秀在读博士研究生进行资助,该活动是教育部研究生教育创新项目的一个组成部分。今年我校共有25个"博士研究生学术新人奖"名额,将优先考虑全国优博导师推荐的学生,其余部分从去年校级"博士研究生学术新人奖"执行优秀者中产生。据悉,目前,教育部实施的研究生创新项目主要有:全国优博评选、博士学位论文抽查、"博士研究生学术新人奖"评选、研究生学术交流平台(暑期学校、学术论坛)、专业学位综合改革试点、工程硕士教育创新院校等。我校参与了其中的多项,并在全国优博评选等项目中取得了丰硕的成果。

作为教育部研究生教育创新项目的有机衔接,我校自2009年以来配套启动并实施了校级研究生创新计划项目,主要内容有研究生创新论坛、研究生暑期学校、夏令营、研究生公共课程建设计划、研究生网络课堂建设计划、博士生国际学术会议支持计划、校级博士生学术新人奖、博士论文创优支持计划。

(四十九) 我校举行2011年第一次研究生毕业典礼暨学位着装授予仪式

2011年7月3日,我校"2011届研究生毕业典礼暨学位着装授予仪式"在东区大礼堂隆重举行。上午8时30分,参加毕业典礼的逾1500名研究生在家长亲友们的陪同下,身着博士服、硕士服,陆续汇聚到大礼堂。

随着校领导与部分学院导师代表入场,毕业典礼暨学位着装授予仪式正式开始。身着导师服在主席台就座的有:校领导许武、侯建国、窦贤康、叶向东、周先意,校学位委员会副主任李曙光,部分学院院长或执行院长陈旸、李嘉禹、刘万东、杨金龙、陈晓非、陈华平、盛六四,以及作为导师代表的郑永飞院士。大会由副校长张淑林主持。

伴随着激扬的校歌《永恒的东风》乐曲,经礼堂中区座席上全体同学接力,一面巨幅校旗在旗手同学的护卫下从礼堂后方缓缓飘向主席台,随后校旗被悬挂在主席台正中央,全场响起长时间的欢呼声和掌声。

校学位委员会主任、校长侯建国院士发表讲话。他代表全校师生员工向顺利毕业的各位同学表示热烈祝贺,向为同学们的成长付出心血和汗水的各位老师表示衷心感谢,向养育和全力支持同学们的各位家长和亲属们表示诚挚问候。他深情地说:"'一朝科大人,永远科大魂',母校会永远关心你们,支持你们,不论何时何地,不论你们走到哪里,请同学们记住,母校是你们永远的家。"

侯建国校长在讲话中列举了我校近年来在人才培养、科学研究和国际声望等方面取得的长足进步:研究生论文入选全国优博的比例在全国高校中名列前茅;据统计,2000～2009年,我校发表的SCI论文篇均引用率达到9.32次,名列全国高校第一;从2003年至今,已连续8年有成果入选由两院院士评选的年度"中国十大科技进展",我校为全国唯一所入选高校。这些成绩的取得,饱含着广大研究生的智慧与汗水。

侯建国校长还以一位学长和朋友的身份,对即将毕业的研究生们提出四点殷切希望:第一,要热爱祖国,甘于奉献;第二,要坚持学习,提高修养;第三,要脚踏实地,求真务实;第四,要热爱生活,享受人生。他以我校建校元老钱学森、华罗庚、杨承宗等先生的言行故事,勉励科大学子在不同的工作岗位要继承"科教报国"的优良传统。他以古人格言"大事难事看担当,逆境顺境看襟度,临喜临怒看涵养,群行群止看识见",勉励科大学子在未来的岁月里坚持学习,不断从工作和生活中吸取智慧,在为学上坚持开拓进取、不断追求创新,在为人上坚持锻炼品格、提升自身素养,成为有担当、有胸襟、有涵养、有见识的科大人。

随后,研究生导师代表郑永飞院士致辞,他以自己20多年的科研实践现身说法,勉励广大研究生要敢于怀疑,善于跳出习惯思维的框框,开拓新的研究思路,探索新的方法途径。他希望各位学子在未来的人生中要有所追求,"做一个有才能的人,做一个有品位的人,做一个对国家有贡献的人"。

毕业研究生代表、物理学院博士学位获得者马毅超同学在发言中回顾了在科大生活的点点滴滴,表达了对母校难舍难分的依恋,同时也有对母校、对导师那份沉甸甸的感恩。他代表即将毕业的研究生立下豪言壮语:"光阴荏苒,老一辈科大人已然成就科大的辉煌;白驹过隙,新一辈科大人正在镌刻科大的希望。"

毕业典礼上,侯建国校长带领本届毕业研究生进行庄严的毕业宣誓。

在校歌《永恒的东风》的激扬旋律中,全体毕业研究生依次登上主席台,校领导和导师们为他们一一扶正流苏并合影留念。

(五十)化学与材料科学学院召开"研究生教育改革及招生工作研讨会"

2011年7月9日,化学与材料科学学院召开"研究生教育改革及招生工作研讨会"。学院领导、各系主任、总支书记、学位委员会委员及研究生班主任共30人参加了研讨会。

研究生院副院长屠兢表示,希望今后进一步加强与化学与材料科学学院之间的沟通和交流,共同推进学校和学院双方在研究生教育方面的各项工作。杨金龙教授代表学院讲话,他希望学院的研究生培养与改革工作能走在学校改革的前沿,并能在学校的研究生教育改革中起到引领作用。龚流柱教授指出,学院在研究生培养方面还存在一些问题与不足,希望学院老师们积极参与到学院国际化建设的工作中来,共同推动学院研究生教育改革工作快速稳定地向前发展。朱长飞副校长作为学位点负责人认为,研究生课程设置要避免因人设课,要精简课程内容,借助于学院里大师级的优秀师资进行顶层课程设置。

(五十一)我校2011年优秀大学生夏令营开营

2011年7月18日上午,由校研究生院主办的"中国科大2011暑期夏令营集中开营仪式"在理化大楼东三学术会议厅隆重举行。来自全国各著名高校的450余名优秀学子参加了开营典礼。

张淑林副校长希望同学们能把握好此次夏令营的机会,充分利用这个交流平台,提升专业素质、接触科研前沿、拓展学术视野。张淑林副校长热情洋溢的讲话赢得了营员们的阵阵掌声。

其间举行了隆重的授旗仪式,张淑林副校长分别向各夏令营代表授予营旗。

夏令营期间,学校安排了科学家报告会、学术交流、互动学习、参观考察、野外活动等多项内容,精心为广大学子烹饪丰富的学习"盛宴"。

举办暑期夏令营是我校研究生培养质量工程与优秀生源吸引工程的一个重要环节,是展示我校办学成果和校园文化的重要途径,通过暑期夏令营中的专家报告、学术互动、交流学习、野外活动等形式,可以进一步加强我校与国内高水平大学相关院(系)的联系,促进同学之间的交流,为大家提供接触科学前沿、领略大师风采、提升专业素养、感受中国科大校园文化的机会。

最近两年,我校主办的物理化学夏令营、黄山生命科学夏令营、大别山地质考察夏令营已在高校学子之间产生了良好的影响,得到了大家的好评。今年,为了让国内高校更多的学子受益,我校除继续举办物理化学夏令营、黄山生命科学夏令营、大别山地质考察夏令营外,还增加了数学夏令营、交叉学科夏令营。据统计,今年,我校5个暑期夏令营共吸引报名营员1300多人,实际录取营员450余人,营员全部来自"985工程""211工程"等著名高校。夏令营活动已经成为我校研究生教育领域推进招生制度改革的一大亮点,近年来在国内重点高校中产生了强烈影响,使我校生源质量有了跨越式的提升。

(五十二) 我校召开"2011年专业学位教育暑期工作会议"

作为我校专业学位教育交流研讨机制常态化的一个重要举措,学校于2011年7月20日召开了"2011年专业学位教育暑期工作会议"。会议重点围绕我校承担的教育部专业学位教育综合改革和创新院校试点工作进展情况进行了交流与研讨。

对于如何推进下一阶段的专业学位教育工作,张淑林副校长提出了四点意见:一是要进一步树立质量意识、品牌意识,坚定不移地走精品教育之路;二是要积极宣传专业学位教育成果,扩大办学影响,吸引一流生源;三是要整合相关学科的优势资源,在继续建设以管理学院、软件学院、公共事务学院为主体的专业学位教育集团军的基础上,开辟新的专业学位教育增长点,打造新的专业学位教育集团军;四是要进一步提升专业学位教育层次,努力在博士层次取得专业学位授权,实现专业学位结构的优化。

(五十三) 我校2011年优秀大学生夏令营闭幕

2011年7月21日,由校研究生院主办的"中国科大2011暑期夏令营闭幕典礼"在理化大楼东三学术会议厅隆重举行。来自全国各著名高校的450余名优秀学子参加了闭幕典礼。副校长张淑林及物理、化学、生命、微尺度物质科学国家实验室(筹)等院(系)的相关领导出席了闭幕典礼。

物理学院副院长叶邦角首先代表承办单位做了精彩的总结发言。他表示同学们今天因中国科大而欢聚在一起,明天中国科大愿与大家共携手,为"将红旗插上科学的高峰"而奋勇前进。

来自西北农林科技大学生物技术专业的优秀营员乔朝晖代表全体营员衷心祝福中国科大越来越辉煌。

本次共计有67位优秀营员获得"中国科大暑期夏令营优秀学员"荣誉称号。

在热烈的掌声中,副校长张淑林发表了激情洋溢的即兴寄语。她代表中国科大真诚地向各位有志献身于科学的青年发出邀请,诚邀大家继续来科大交流,共同为中国的科技事业书写绚丽篇章。学校将努力创造条件为所有选择中国科大的同学们提供一个高起点的学习平台,帮助同学们实现梦想。

此次主办的物理化学夏令营、黄山生命科学夏令营、大别山地质考察夏令营、数学夏令营以及交叉学科夏令营,通过专家报告会、交流学习、野外活动等多彩形式,在营员中产生了强烈的反响,多数同学表达了加入科大大家庭的意愿。

（五十四）我校召开"2011年学位与研究生教育中心暑期工作会议"

为深入交流各学院近期在研究生招生、研究生创新计划实施、人才培养成果总结等方面的工作，以及部署暑期各项工作，学校于2011年7月24日召开"2011年学位与研究生教育中心暑期工作会议"。

我校下一阶段的学位与研究生教育工作主要有以下五点：第一，各学院研究生部要根据学校研究生教育的整体形势，积极推进管理向服务的转变，不断加强自身队伍建设，努力提高专职队伍的信息化管理服务水平；第二，各学院研究生部的工作重心是，立足于科学学位研究生教育，以博士生人才培养为目标，坚持精品教育，积极培育和竞争国家重点学科、全国优博等；第三，校研究生院要充分发挥宏观引领作用，不断提高服务水平，积极为学校的学位与研究生教育搭建统一的信息管理平台、服务平台、资源竞争平台；第四，要对现有的正在实施的各类研究生创新计划项目进行整合、凝练，努力打造创新计划品牌，坚持优质教育资源面向全校开放，不断扩大品牌创新计划的受益面；第五，要深入总结我校各学科学位与研究生教育30多年来取得的办学成就与办学经验，收集杰出研究生毕业生信息，加大人才培养成果的宣传力度，扩大学校研究生教育的影响力，吸引一流生源。

（五十五）科大"蓝鹰"卫冕2011全国机器人大赛冠军，"可佳"首秀

2011年全国机器人大赛及RoboCup公开赛日前在兰州闭幕。来自约170所高校的1000余支队伍参加了比赛。在保持面向本科生素质教育的普及型项目规模的同时，面向自主机器人前沿研究的RoboCup家庭机器人、救援机器人等研究型项目的参赛规模出现了明显增长。中国科大"蓝鹰"队参加了RoboCup仿真2D组的比赛，并以全胜战绩卫冕冠军。"可佳"机器人本次没有参赛，但承担了一项特殊的任务——在国内首次进行RoboCup服务机器人国际标准测试"超市购物（shopping mall）"，并取得了预期的效果，标志着我校服务机器人工程"可佳"向实用化方向迈出了关键性的一步。

（五十六）教育部"博士生招生计划管理工作座谈会"在我校召开

为贯彻落实《国家中长期教育教育改革和发展规划纲要（2010～2020年）》关于提高研究生尤其是博士生培养质量的重要战略部署，研讨"十二五"期间全国博士生招生计划安排的基本思路和指导意见，教育部于2011年8月9日在我校召开"博士生招生计划管理工作座谈会"。教育部发展规划司副司长张泰青及北京大学、清华大学、复旦大学、上海交通大学、浙江大学、南京大学、西安交通大学、哈尔滨工业大学、中国科学技术大学等高校研究生院的相关领导、专家出席了会议，我校副校长张淑林在会上做了交流发言。

会议由教育部发展规划司事业计划处处长游森主持。

张泰青副司长强调了推进我国博士生招生计划管理工作改革与创新的战略意义,进一步提出了我国博士生招生计划管理改革的方向,希望参会的各校专家能积极献计献策,为改革全国博士生招生计划管理工作机制、制定"十二五"期间全国博士生招生计划安排提供建议。

与会高校代表一致认为:博士生招生计划规模的确定应在尊重教育规律的基础上充分考虑经济建设与社会发展的需求;招生计划管理制度既要尊重历史,又要考虑现实,要在制度完善的基础上体现弹性。建议在下一步的博士生招生计划制度改革中进一步更新理念,创新管理体制和运行机制,落实"权力下放、重心下移",理顺各方权责关系;通过博士生招生计划制度改革探索建立长学制培养机制,同时要在保障博士生培养质量的前提下,创新实施博士生培养分流淘汰机制、招生计划补偿机制、科学考评机制、监督与质量保障机制等;建议在部分办学水平高、办学声誉好的高水平大学实施博士生招生计划管理制度的改革试点,放权对博士生招生计划指标的刚性控制。

会议要求参会的9所高校要进一步开展博士生招生工作和培养工作的专题调研;同时要结合各校实际情况,针对当前博士生招生和培养工作中的不足,提出改进和完善招生计划分配办法的建议,为制定"十二五"期间全国博士生招生计划安排提供规划依据。

(五十七)我校侯建国校长在"一流大学建设系列研讨会——2011"上做报告

2011年8月12日,"一流大学建设系列研讨会——2011"在深圳举行,我校侯建国校长做题为"坚持基础、交叉、前沿,建设一流学科"的大会报告。

(五十八)我校研究生获"第七届中国青少年科技创新奖"

2011年8月22日,在邓小平诞辰107周年之际,共青团中央、全国青联、全国学联、全国少工委在人民大会堂常委会议厅举行了"第七届中国青少年科技创新奖"颁奖大会。中共中央政治局委员、全国人大常委会副委员长王兆国出席颁奖大会并讲话,中共中央政治局委员、国务委员刘延东出席颁奖大会。会议由团中央书记处第一书记陆昊主持。我校化学与材料科学学院2009级硕士研究生尚睿同学获奖,成为我校第八位获此殊荣的同学。

至此我校已连续七届获此殊荣。此前,中国科学技术大学工程科学学院精密机械与精密仪器系2003级硕士生钟小强荣获"首届中国青少年科技创新奖",化学与材料科学学院化学系2002级博士生傅尧和生命科学学院2005级本科生谢鑫森荣获"第二届中国青少年科技创新奖",微尺度物质科学国家实验室(筹)2003级博士生赵爱迪荣获"第三届中国青少年科技创新奖",微尺度物质科学国家实验室(筹)2004级博士生曾杰荣获"第四届中国青少年科技创新奖",物理学院(原理学院)近代物理系2004级博士生周涛荣获"第五届中国青少年科技创新奖",物理学院物理系2008级刘荣华同学荣获"第六届中国青少年科技创新奖"。

(五十九)我校布置专业学位研究生教育综合改革试点迎评工作

2011年8月31日,学校召开会议,布置有关工作,迎接教育部专家组即将对我校进行的全国专业学位研究生教育综合改革试点单位中期检查评估。

全国专业学位研究生教育综合改革试点工作是教育部在高等教育领域启动的一项重大改革,旨在鼓励专业学位研究生培养单位积极探索和创新符合专业学位教育特点、具有鲜明特色的研究生专业学位教育培养模式和管理体制,使研究生专业学位教育更好地适应经济社会发展和满足人民群众的多样化需要。该项工作2010年启动实施,列入改革试点的院校在政策和经费上得到了教育部的支持。我校是首批获批开展研究生教育综合改革试点工作的高校之一,MBA、工程硕士(控制工程)2个类别(领域)被列入改革试点项目,获批项目试点周期为2010年9月至2013年6月。根据教育部《关于委托开展专业学位研究生教育综合改革试点工作检查的函》的部署,2011年9月,有关专业学位研究生教育指导委员会将组织专家,采取会议研讨、专题座谈、实地考察等多种形式,对高校专业学位研究生教育综合改革试点工作进行检查。届时,专家组将根据学校申报时提交的试点工作方案和进度安排表,检查学校试点工作任务进度安排及执行情况,并重点检查已开展的主要工作,包括在管理机制、培养模式方面采取的主要措施、出台的政策文件以及实施的效果等。

(六十)我校苏州研究院理事会召开第四次工作会议

为进一步总结过去一年我校苏州研究院的建设经验,明确下一步发展方向,推进各项事业更好更快发展,苏州研究院理事会于2011年9月2日在安徽省合肥市召开第四次工作会议。合肥方和苏州方共11位理事出席会议,有关单位负责人列席会议。会议由联合理事长、我校校长侯建国和苏州市市长阎立共同主持。

侯建国校长、阎立市长在会议开幕致辞中共同回顾了第三次理事会会议召开以来苏州研究院的发展情况,对苏州研究院的总体建设成效予以了充分肯定,表达了进一步充分发挥各自优势、深化合作,共同将苏州研究院建设成为中国校地合作典范的愿望。

会议双方一致同意继续加大对苏州研究院、纳米学院的政策支持与经费投入力度,进一步深化与美国加州大学伯克利分校联合建设纳米学院的合作,积极探索纳米科技领域顶级人才联合培养的新模式。与会理事还一致建议,纳米学院应充分利用学校在纳米学科领域的领先优势及苏州工业园区业已建立起的纳米科技公共平台资源,瞄准重点发展方向和特色方向,切实推动纳米学院的良性发展。

阎立市长在总结讲话中希望苏州研究院在下一步的工作中应坚持做到：第一，高举中国科大大旗，自强不息，追求卓越，把科大优良的传统、作风以及海内外校友资源等带到苏州，办中国科大特色的苏州研究院；第二，充分将中国科大品牌进一步融入苏州，抓住苏州"十二五"发展规划的重点方向，通过苏州研究院这个平台，为苏州经济发展转型提供智力支持；第三，克服困难，大胆创新，充分利用在计算机、软件工程、纳米科技等领域形成的优势，通过引进结合龙头企业，推动国家级科研平台落户苏州。阎立市长表示，苏州地方政府将在人才队伍、教学实验平台建设等方面全力支持苏州研究院的发展。

侯建国校长在总结讲话中要求苏州研究院进一步明确定位，既要服务于学校创建世界一流研究型大学的需求，又要服务于苏州区域经济发展转型的需求，要认真谋划如何把我校的教育优势、科研优势与苏州的区位优势、成果转化优势紧密结合起来，实现双赢和共同发展。最后，侯建国校长表示我校将珍惜在苏州的发展机遇，全力支持苏州研究院各项事业发展。

会议还审议通过了理事会第四次会议决议。

会上，苏州工业园区工委副书记、管委会主任杨知评与我校副校长张淑林分别代表双方签署了《关于苏州工业园区在中国科学技术大学设立"苏州工业园区奖学金"协议书》。

据悉，自2010年12月第三次理事会工作会议召开以来，在苏州市委市政府、苏州工业园区工作委员会、管委会以及独墅湖高教办的关心和大力支持下，苏州研究院取得了又好又快的发展，人才培养规模不断增加，科研成果及其转化不断丰富，师资队伍不断壮大，社会影响力不断提高。目前，苏州研究院已发展成为我校应用型专业学位研究生培养、科技成果转化、高端人才引进的重要基地和窗口。

中国科学技术大学苏州研究院理事会召开第四次会议

(六十一) 我校开展2011级研究生新生入学教育,本年招收3216名硕士生、798名博士生

2011年9月2日上午,我校2011级研究生新生聚集东区大礼堂接受他们的"入学第一课"。今年我校招收硕士生3216人、博士生798人。由于研究生院实施了"走出去"与"请进来"的招生宣传策略,通过组织科学家报告会、教授招生宣讲团和举办夏令营等措施,今年生源质量较往年有了进一步提高,硕士生中来自"211工程"及以上高校的生源比例由去年的70.3%上升至76%,推免生中97%的生源来自"211工程"以上高校。

今年,我校首次通过网络直播研究生入学教育大会。

8时30分,张淑林副校长宣布研究生入学教育仪式正式开始。在热烈的掌声中,全国人大常委会委员、校长侯建国院士,优秀导师代表李曙光院士,研究生院、校学位办以及有关公共支撑体系单位负责人为研究生新生上了"入学第一课"。

侯建国校长首先代表全体师生员工,对研究生新生的到来表示热烈的欢迎和衷心的祝贺。他说,从今天开始,同学们将在中国科大开启新的人生旅途,研究生将是同学们人生的一个新起点。他以一位学长和导师的身份跟同学们讲了几个科大人的故事,分享了一些做人、做事、做学问的感悟,并对大家今后的学习和研究提出了以下三点希望。一是做人要有高境界、大格局。他以杨承宗先生一生热爱祖国、执着科研、淡泊名利为例,颂扬了他宽广坦荡的胸襟、乐观豁达的精神境界以及爱国、爱校的高尚情怀。二是做事要有担当、敢于负责。他以甘赴国难、终生与科大相守相伴的钱临照先生的感人事迹为例,期望同学们学习老一辈科学家勇于担当责任的气魄,将责任作为自己今后前进的动力,在校期间认真打好专业基础,增强个人创新能力,为承担更大的责任和使命做好准备。三是做学问要勇于创新、持之以恒。他以潘建伟教授、陈仙辉教授的科研历程为例,谆谆告诫大家,欲在探索科学的道路上取得成功,既要有勇于创新、超越自我的精神,也要有坚持不懈、厚积薄发的过人毅力。

侯建国校长最后殷切寄语同学们。他说,同学们将要在这里度过3年或更长的学习与研究时光。大家身处在高度物质化与信息化的社会之中,丰富多彩的世界同时也有许多诱惑甚至浮躁。古语云:"非淡泊无以明志,非宁静无以致远。"希望同学们能够珍惜宝贵的时光,安下心来,潜心读书,用知识与智慧丰富充实自己,修持严谨治学态度,努力培养科学创新精神,提高理性思维能力,开阔国际化视野,在未来成为推动社会发展的骨干和中坚,为中华民族的伟大复兴贡献自己的力量!

我校优秀博导李曙光院士指出,科大诞生于国家对尖端科技人才迫切需求的时刻,建校初便肩负着强国报国的庄严使命,50多年来,科大始终以科教报国作为自己的主流价值观。科学没有国界,但科学家是有祖国的,知识产权是有国界的。做一名"红色科学家"应始终成为我们科大人的主流价值取向。他希望大家在未来的研究学习中,秉持诚实的态度,集中精力于学业,以高标准要求自己,主动思考,脚踏实地,为未来打好坚实的

基础,为建设创新型国家做出应有的贡献。

吴逊尧同学代表全体2011级研究生新生做入学发言,她表示将以饱满的精神状态、严谨的学术作风克服各种困难,积极应对各种挑战,做有理想、有信念、有追求的一代新人!

最后,张淑林副校长表示,在未来3~5年的学习生涯中,学校管理部门、公共支撑体系单位、全体研究生导师将与大家一路同行,为同学们学习、成才提供最好的服务。

伴随着校歌《永恒的东风》,本次研究生新生入学教育圆满落下帷幕!

(六十二) 我校召开新学期学位与研究生教育工作会议

2011年9月8日下午,我校在东区活动中心五楼学术报告厅召开大会,布置新学期学位与研究生教育工作暨2012推免研究生工作。

侯建国校长强调,培养质量是研究生教育的根本,是社会、家长、学生共同关心的大事,要充分认识当前研究生培养质量的重要性和研究生就业形势的严峻性,要学会用发展、变化的视角理解质量的时代内涵。他说,就我校研究生培养来说,无论形势如何变化,精品培养的基本定位都不会改变,但"精品"的内涵应富有时代特色,我们不仅要继续坚持培养一流的科技精英,还要积极探索在应用学科领域培养精英人才的新模式,我们的目标要高远,要承担更多的社会责任,培养更多的在各个领域能担纲挑梁的领军人才,以回馈社会。

关于如何推进新学期学位与研究生教育工作,侯建国校长提出三点新的要求:第一,不仅仅要高度重视研究生课程建设,认真听取广大学生的意见和建议,积极瞄准世界一流大学的课程体系,全面梳理当前我校正在实施的课程体系的不足,还要通过课程改革真正建立起本、硕、博层次分明,基础课程与前沿课程有机衔接,资源集成和优化共享的贯通式课程体系;第二,要认真谋划并探索长周期人才培养的新模式,不仅要继续探索本-硕-博一体化的长周期人才培养模式,还要注意探索本-硕-博培养体系与博士后人才培养体系的对接,拓展长周期人才培养的内涵,充分发挥博士后流动人才培养在学校科研体系中的作用;第三,要定期发布我校研究生培养质量年度评价报告,建立我校研究生培养质量的评价和预警机制,为我校调节研招培养工作、调节研究生教育资源配置提供决策依据。

(六十三) 我校与加州大学伯克利分校联合成立苏州纳米科技学院

2011年9月2日,我校成功召开"苏州研究院理事会第四次工作会议"。会议决定与加州大学伯克利分校联合成立纳米科学技术学院。

2011年9月13日下午,"中国科学技术大学苏州研究院2011级研究生新生开学典礼暨中国科学技术大学-加州大学伯克利分校联合纳米科学技术学院揭牌仪式"在苏州研究院隆重举行。

校长侯建国院士、软件学院院长陈国良院士、化学与材料科学学院执行院长杨金龙教授、苏州研究院常务副院长黄刘生教授以及软件学院、化学与材料科学学院、纳米学院、苏州研究院等有关部门负责人出席了开学典礼。苏州市副市长王鸿声、苏州工业园区管委会主任杨知评、加州大学伯克利分校化学学院院长理查德·麦西斯等应邀出席典礼。软件学院、纳米学院的近600名研究生参加了开学典礼。

会上还举行了"中国科学技术大学-加州大学伯克利分校联合纳米科学技术学院揭牌仪式",侯建国校长、理查德·麦西斯院长、王鸿声副市长、杨知评主任共同为联合纳米科学技术学院揭牌。

其间,苏州市委副书记、市长阎立会见了侯建国校长一行。阎立市长指出,苏州市希望通过与中国科大和加州大学伯克利分校进行三方合作,把联合纳米科学技术学院打造成为高层次复合型纳米技术人才的培养基地、高水平研发和科技成果转化的聚集地,成为纳米科学领域站位最高、最富特色的一面旗帜。侯建国校长对苏州市政府、苏州工业园区一直以来给予苏州研究院的大力支持表示感谢,并表示将珍惜在苏州的发展机遇,不断提升国际化办学的层次与水平,支持苏州研究院各项事业发展。

目前,纳米科学技术学院已正式挂牌,学院以培养专业学位研究生为主,致力打造高层次复合型纳米技术人才的培养基地以及高水平研发和科技成果转化的聚集地。该学院的成立对拓展我校专业学位领域、提升我校专业人才培养水平具有重要意义。

"中国科学技术大学-加州大学伯克利分校联合纳米科学技术学院揭牌仪式"会场

(六十四) 我校控制工程领域专业学位研究生教育综合改革试点工作接受教育部检查

2011年9月21日,教育部专业学位研究生教育综合改革试点工作检查指导会议

(苏、皖地区)在南京工业大学召开。中国科学技术大学、江南大学、河海大学、南京工业大学等4所高校，以及部分研究生联合培养基地代表汇报了专业学位研究生教育综合改革试点中期阶段的工作，接受了专家组的检查指导。浙江大学党委常务副书记陈子辰教授主持本次检查工作会议。

专家组充分肯定了我校专业学位研究生教育综合改革试点工作，对我校采取的多项改革措施表示赞赏。本次检查指导，很好地促进了我校专业学位综合改革试点工作的开展，加强了院校之间的交流和学习，为下一步的专业学位研究生教育奠定了良好的基础。

开展专业学位研究生教育综合改革试点工作，是完善我国学位与研究生教育制度的需要，也是培养经济社会发展亟需的高层次应用型人才的需要。此次检查指导是由教育部学位管理与研究生教育司委托相关专业学位研究生教育指导委员会进行的，旨在检查各高校的试点工作进度安排及执行情况。

(六十五) 我校与中科院合肥物质科学研究院联合成立环境科学与光电技术学院

我校环境科学与光电技术学院是中科院领导在践行科教融合、教育创新的基础上，进一步推进"寓教于研"的重要举措。学院经中科院批准，由中科院合肥物质科学研究院和中国科大共同筹建，由中科院安徽光学精密机械研究所为主，负责落实中国科大环境科学与光电技术学院合作事宜。环境科学与光电技术学院以培养环境科学与光电技术交叉学科方面具有实际科研能力的高层次精英人才和领军人才为目标。

2011年9月28日，白春礼院长出席环境科学与光电技术学院揭牌仪式，并亲自为学院题名。学院将按照科教融合的崭新方式，对学生进行个性化的培养。学生前3年主要完成基础课程和专业基础课程，第四年在中国科大和科学岛完成专业方向课程，并依托科学岛相关研究单元雄厚的科研能力和条件完成毕业论文。研究院所将选派相关领域专家承担相应的教学任务，学生将深入研究院所进行专题讨论和科研实习。在校期间，学院还将选派有丰富经验的教授作为学生的学业导师，并聘请国内一流的院士、专家亲自指导学生的学习和科研工作。按照本-硕-博长周期培养的方式，经推荐，符合学校有关免试研究生条件的可优先获得免试研究生资格，之后将被推荐到国内一流科研院所深造，优秀毕业生可被推荐到国外学习或工作。

(六十六) 我校与中科院合肥物质科学研究院联合组建合肥物质科学技术中心

2011年9月28日，我校与中科院合肥物质科学研究院联合组建的合肥物质科学技术中心成立暨揭牌仪式在合肥科学岛举行，中科院院长、党组书记白春礼为合肥物质科学技术中心揭牌并讲话，副院长詹文龙主持成立仪式，我校校长侯建国代表校院双方做

"科教融合、协同创新,建设合肥物质科学与技术中心"的联合汇报。联合组建该科教融合单元的目标是:建设"一个中心",即面向未来信息、能源、基础交叉科学等领域的科学前沿和国家战略需求,建设国际一流、开放协作的世界物质科学研究中心;开展"一个试点",即探索完善科研组织管理和拔尖人才培养的新模式,使其成为国家科教融合改革试点和国立科研机构建设世界一流研究型大学的典范;在合作方式上,双方采用一校多所多学科的形式,建设科教一体的联合机构——合肥物质科学技术中心既是中科院的科研机构,又是我校的研究生培养机构;在体制机制建设上,充分发挥大学教学与科研资源丰富、研究所前沿平台与人才的优势,采取一系列创新举措,以充分释放人才、信息、技术、资本等创新要素的活力,营造有利于协同创新的环境。

同时,中国科大环境科学与光电技术学院、中科院核能安全技术研究所揭牌,我校与合肥研究院双方各50名教授接受了双岗双聘。

(六十七) 我校3个联合共建项目获中科院科教融合教育创新项目资助

2011年9月29日获悉,日前,中科院发文公布了2011年度中科院科教融合教育创新项目评审结果,我校与研究所联合申报的3个研究生教育共建项目获批,分别是:①"中国科学技术大学医药生物技术系建设"项目,由我校与中科院广州生物与健康研究院共建,项目负责人为周丛照、裴端卿;②"量子通信研究生教学实验平台建设"项目,由我校与中科院上海高等技术研究院共建,项目负责人为彭承志、江玉海;③"科技史经典实验模拟复原教学中心建设"项目,由我校与中科院自然科学史研究所共建,项目负责人为石云里、张柏春。

中科院科教融合项目评选工作于2009年启动,旨在通过项目实施,创新高层次人才培养的模式和机制,推进科教融合,促进研究生教育事业的可持续发展。科教融合项目实施周期为3年,有专项经费支持。此前我校在研究生教育层面共计已有4个共建科教融合项目获得了资助。对于获批项目,中科院实行年度检查、终期评估制度。

(六十八) 教育部"博士研究生招生计划分配改革试点方案研讨会"在我校召开

为进一步听取意见和建议,完善我国博士生招生计划分配改革试点方案,教育部于2011年10月11日在我校召开专题研讨会。教育部发展规划司事业计划处全体同志、我校研究生院相关部门负责人等参加了会议。

会议主要就三个方面的议题进行了较为深入的研讨:一是对由我校负责起草的《全国博士研招计划改革调研报告》进行研讨;二是对8月9日在我校召开的首批9所"985工程"高校博士研招计划改革座谈会会议纪要进行研讨;三是就如何实施全国博士研招计划分配制度改革进行研讨。

会上,游森处长强调指出,博士生招生计划制度改革的取向将体现"效率优选、兼顾公平、分类指导"的原则,博士生招生指标分配将根据各培养单位的培养质量、培养声誉实行动态调整机制,同时考虑区域与结构平衡、学校层次和类型因素。要通过博士生招生计划制度改革,引导各单位进一步重视培养质量,并探索建立质量保证长效机制。

据悉,教育部于今年上半年在全国 60 多高校开展了博士研招计划改革调研工作,并于 8 月 9 日在我校召开了首批 9 所"985 工程"高校博士研招计划改革座谈会,会议征集了 9 所学校对博士研招计划分配改革的相关意见和建议。

我校是教育部遴选参与博士研招计划分配改革试点方案制定的单位之一,负责起草全国调研报告、拟定改革初步方案。本次会上,张淑林副校长表示,我校将认真听取各方意见和建议,进一步完善调研报告,完成教育部赋予的重要任务,做好改革方案的拟订工作。

教育部"博士研究生招生计划分配改革试点方案研讨会"在我校召开

(六十九) 我校代表团到新疆师范大学进行工作访问

2011 年 10 月 17 日,张淑林副校长带队到新疆师范大学进行工作访问。

新疆师范大学周作宇副校长代表新疆师范大学(简称"新师大")全体师生对中国科大给予学校的无私援助表示衷心感谢,并诚挚希望两校间的对口支援工作不断迈上新的台阶。

张淑林副校长表示对新师大的支援是中国科大的应尽职责,学校将一如既往地支持新师大的发展,进一步加大支持工作的广度与深度。

随后,新师大对口院(系)和职能部门负责人分别介绍了自得到我校对口支援建设以来在人才培养、科研能力、管理水平等方面取得的进步,在深表感谢的同时希望得到更大的帮助与支持。我校对口学院的负责人一致表示将不遗余力地全面支持新师大的建设。与会双方围绕如何提升新师大学科建设水平以及如何落实学科建设援助项目进行了深入的交流和研讨,并在相关细节上达成了一致意见。

(七十) 我校入选教育部"卓越工程师教育培养计划"高校

2011年10月26日,日前,教育部公布了第二批"卓越工程师教育培养计划"(简称"卓越计划")高校的名单(教高函〔2011〕17号),我校榜上有名。

教育部"卓越工程师教育培养计划"(简称"卓越计划"),是贯彻落实《国家中长期教育改革和发展规划纲要(2010~2020年)》和《国家中长期人才发展规划纲要(2010~2020年)》的重大改革项目,也是促进我国由工程教育大国迈向工程教育强国的重大举措。该计划旨在通过创立高校与行业企业联合培养人才的新机制,培养造就一大批各类创新能力强、适应经济社会发展需要的高质量工程技术人才,为国家走新型工业化发展道路、建设创新型国家和人才强国战略服务,对促进高等教育面向社会需求培养人才、全面提高工程教育人才培养质量具有十分重要的示范和引导作用。2010年6月,教育部发布《教育部关于批准第一批"卓越工程师教育培养计划"高校的通知》(教高函〔2010〕7号),清华大学等61所高校成为首批"卓越计划"高校。

根据《教育部关于实施卓越工程师教育培养计划的若干意见》(教高函〔2011〕1号)的精神,为进一步深化我校教育教学改革、创新人才培养模式,我校结合实际,于2011年初正式启动"卓越计划"申报工作,成立由张淑林副校长为组长的工作组,积极推进"卓越计划",由研究生院牵头组织项目的调研、论证与申报。为了更加深入地理解"卓越计划"的工作精神,我校组织人力参加了由教育部组织的相关研讨会,并有步骤、有计划地到科大讯飞、微软亚太研发集团等著名企业开展调研工作。学校先后多次召开有关工程类专业"卓越计划"工作研讨会,认真组织"卓越计划"申报工作,对学校工作方案进行充分论证,同时组织校内评审专家对申报试点专业进行评审,组织制定、完善专业培养方案,为成功获批"卓越计划"高校奠定良好的基础。2011年5月,学校将"卓越计划"工作方案上报教育部,经教育部专家工作组论证审核,最终获得批准,成为第二批"卓越计划"高校。

据悉,此次教育部共批准南京大学、武汉大学等133所高校为第二批"卓越计划"高校。此次入选,必将对我校卓越工程师人才培养和人才培养模式改革产生积极的影响。我校将按照教育部文件要求,进一步深化教育教学改革,全面构建和加强与理论课程接轨的实践教育体系,突出应用性和针对性,不断完善"卓越计划"工作方案和各专业培养方案,精心筹划,周密安排,狠抓落实,切实做好"卓越计划"的实施工作。

(七十一) 我校 4 名全国优秀博士学位论文作者获教育部专项资金项目资助

2011年10月27日获悉,日前,教育部发文(教研司〔2011〕19号)公布了高校全国优秀博士学位论文作者2010年专项资金资助项目名单和资助金额,我校4名优秀留校博士申报的项目榜上有名,分别是:① 2008年全国优秀博士学位论文作者张强博士申报的项目"基于周期极化铌酸锂波导的高效率、低噪声上转换探测器研制";② 2010年全国优秀博士学位论文作者李新博士申报的项目"面向等几何分析的几何造型技术研究";③ 2010年全国优秀博士学位论文作者张少兵博士申报的项目"扬子陆块北缘新元古代裂谷岩浆活动与低18O岩浆岩成因";④ 2010年全国优秀博士学位论文作者高鹏博士申报的项目"振荡薄膜流体动力学及表面活性剂影响特性研究"。

"高校全国优秀博士学位论文作者专项资金"是教育部为鼓励和支持全国优秀博士学位论文作者不断产出创造性成果而专门设立的,申请对象为在国内高校工作的全国优秀博士学位论文作者,每个项目的年平均资助经费额度为5万元～15万元,资助周期为5年。

(七十二)"2011年度中科院优秀博士学位论文和优秀研究生指导教师奖"评选结果公布,我校16篇论文入选

2011年10月,中科院发文公布了"2011年度优秀博士学位论文和优秀研究生指导教师奖"评选结果(科发人教字〔2011〕116号),共评选出优秀博士学位论文100篇,优秀研究生指导教师97人。其中我校16位博士毕业生及其导师分获"优秀博士学位论文奖"和"优秀研究生指导教师奖"。

2011年12月22日,"中科院2011年度优秀博士学位论文颁奖会议"在北京举行。应中科院人事教育局邀请,我校副校长张淑林、管理学院执行院长梁樑作为大会嘉宾率部分获奖研究生导师及获奖研究生代表参加了颁奖典礼。中科院副院长詹文龙、人事教育局局长李和风等领导出席会议并为获奖师生代表颁奖。

张淑林副校长作为颁奖嘉宾在大会上宣读了"2011年度中科院优秀博士学位论文获奖名单",并为获奖者颁奖。

中科院优秀博士论文评选工作于2004年启动,每年进行一次,每次评选出的优秀博士学位论文一般不超过50篇。从今年开始,为进一步引导院属各单位重视博士生培养质量,提高中科院(系)统博士生教育的竞争力,营造博士生培养创新的生态环境,中科院优秀博士论文评选数提升至100篇。根据科发人教字〔2004〕317号文的规定,对毕业后仍留中科院工作的优秀博士论文作者,中科院将给予科研启动资金的资助。

(七十三) 我校召开"教育部研究生教育体制改革研究重大教育专项课题第四次研讨会"

2011年11月1日,"教育部研究生教育体制改革研究重大教育专项课题第四次研讨会"在我校举行。哈尔滨工业大学、西安交通大学、复旦大学等单位的研究生院领导、专家等共20余人参加了会议。

研究生教育体制改革研究课题是根据国家教育中长期规划关于完善研究生教育体制、推进研究生培养机制改革的有关精神,由国务院学位委员会办公室组织的专项研究课题,于2010年8月立项。我校为总课题牵头单位,张淑林副校长为总课题牵头负责人。参与单位有复旦大学、哈尔滨工业大学、西安交通大学等高校。

研讨会上,哈尔滨工业大学、西安交通大学、复旦大学和中国科学技术大学的专项课题负责人分别就研招体制改革设计、研究生资助体制研究、研究生教育资源配置体制研究、研究生培养质量与发展质量的评价反馈机制做了专题报告,汇报了各个专项课题的最新研究成果和创新点,围绕课题研究成果的进一步凝练进行了研讨,并就课题结题工作进行了布置。

根据国务院学位委员会办公室的部署,将于2011年12月11日至13日在北京召开"中国学位与研究生教育学会学术交流大会",届时我校将在会上交流该项研究成果。

(七十四) 2011年"全国优秀博士学位论文"结果揭晓,我校5篇入选、3篇为提名论文

2011年11月3日,教育部、国务院学位委员会发布《关于批准2011年全国优秀博士学位论文的决定》(简称《决定》)(教研〔2011〕2号)。《决定》指出,2011年全国优秀博士学位论文评选工作已经全部完成,现批准《"天会"与"吾党":明末清初天主教徒群体之形成与交往研究(1580~1722)》等97篇学位论文为全国优秀博士学位论文,《现代中国"短篇小说"的兴起——以文类形构为视角》等256篇学位论文为全国优秀博士学位论文提名论文。评选全国优秀博士学位论文是贯彻落实《国家中长期教育改革和发展规划纲要(2010~2020年)》,提高研究生培养质量,鼓励创新,促使高层次创新人才脱颖而出的重要措施。各学位授予单位要以优秀论文评选为契机,在研究生中大力倡导科学严谨的学风和勇攀高峰的精神,鼓励研究生刻苦学习,勇于创新;要采取切实可行的措施,加强学科建设,完善质量保障和监督机制,全面提高我国研究生培养质量,为实施科教兴国战略做出新的贡献。

此次评选,我校5篇论文获评"全国优博",入选量居全国高校第二(总量39篇,位列高校第五)。另有3篇博士论文获得"全国优博提名奖"。

(七十五) 我校研究生参与中国第二十八次南极科考

2011年11月3日,执行中国第二十八次南极科学考察(简称"科考")任务的"雪龙号"极地科考船正式出发前往南极。我校的一名学生也已随船出发,并担负相关任务。

我校极地环境研究室主任孙立广教授告诉记者,这次南极科考航行的路线比较长,而且是"一船三站",这三站都有我校学生。其中这次已经跟随"雪龙号"去南极的是我校博士生胡启后,他在这次科考中负责大气化学考察,将到达南极东边的中山站。我校的另一位博士生马大卫1个月后将乘飞机到南极的长城站,负责近地面大气考察。还有一位博士后黄涛将于明年1月到达南极的麦克默多站,与美国科学家一起负责地质考察。

"胡启后是我校地空学院的博一学生,专业功底扎实,这次考察刚好也符合他的博士论文题目。"胡启后的博导谢教授告诉记者:"他负责在'雪龙号'上考察大气化学,即考察南极空气中大气汞的浓度以及生物气溶胶的种类和浓度,以便弄清楚南极大气目前的受污染程度。"

(七十六) 我校代表团访问日本

2011年11月4日至8日,我校副校长张淑林应邀率团访问了日本国立信息学研究所(NII)和日本德岛大学等单位。代表团成员有计算机学院执行院长陈华平教授、赵保华教授,研究生院副院长古继宝教授和研究生院培养办主任蒋家杰。

代表团访问日本国立信息学研究所时,受到了该所所长坂田正夫的热情接待。双方介绍了各自单位的情况,回顾了3年来双方联合培养博士生和科研合作的成果,并就进一步合作交流进行了探讨。

张淑林副校长会见我校在该所的9名博士留学生时,鼓励他们充分利用日本国立信息学研究所的科研优势和各方面资源,早日学成回国。张淑林副校长一行还会见了教育部派驻日中友好会馆留学事务部部长周晓光教授,对他为我校近年来赴日研究和留学人员给予的周到安排表示了感谢。

代表团访问日本德岛大学时,受到了该校国际交流中心长中川福继院士的热情接待,双方就博士双学位的培养达成了一致意见:由我校计算机学院和该校信息学科首先进行博士双学位的培养合作,逐步扩大到其他学科。

代表团还就我校学生赴日实习和联合培养博士生问题与筑波大学进行了交流,并达成了初步的合作意见。

(七十七) 我校成为国家首批工程博士培养单位

2011年11月11日获悉,日前,国务院学位委员会下发了《关于下达工程博士专业学位授予单位名单的通知》（学位〔2011〕72号文件）。我校成为全国首批25个开展工程博士专业学位授予工作的培养单位之一，可在电子与信息和能源与环保两个领域开展工程博士专业学位授予工作。

工程博士是国家为适应创新型国家建设需要，完善我国工程技术人才培养体系，将高层次的人才培养与国家重大需求相结合的一种新型专业学位，通过对工程博士的培养，使其具备解决复杂工程技术问题、进行工程技术创新以及规划和组织实施工程技术研究开发工作的能力。

今年2月，"国务院学位委员会第二十八次会议"审议通过了《工程博士专业学位设置方案》，并成立了全国工程博士专业学位研究生教育咨询专家组。为确保工程博士专业学位研究生培养质量，对申报高校提出了严格的要求：首批试点单位仅面向"985工程"高校，并且申报单位须能承担国家重大科技专项。我校高度重视申报工作，张淑林副校长多次主持召开申报专项会议。申报工作也得到了信息学院、核科学技术学院等相关学院的高度重视，大家凝聚力量，不断完善申报方案。我校提出的工程博士培养理念、培养目标、培养特色和培养方案获得了全国同行的充分肯定。

目前全国批准开展的工程博士专业学位涉及4个领域：电子与信息、生物与医药、先进制造和能源与环保。我校获批的电子与信息和能源与环保两个领域主要依托信息学院、核科学技术学院开展人才培养工作。

开展工程博士专业学位研究生教育意义重大，有助于促进完善我校的学科体系，促进我校工程类领军人才的培养。

（七十八）西安交通大学研究生院代表团访问我校

2011年11月14日，西安交通大学研究生院副院长李秀兵率代表团一行6人来我校就学位与研究生教育工作进行访问与交流。

座谈会上，张淑林副校长指出，当前两校学位与研究生教育发展面临共同的问题，有共同的改革与发展诉求，希望两校互相学习借鉴，继续深化学位与研究生教育领域的合作，共同促进提高和推动发展。

李秀兵副院长介绍了西安交通大学学位与研究生教育的基本情况，表达了进一步加强两校学位与研究生教育交流与合作的良好愿望。

两校研究生院的学籍奖助、教学培养、学位授予等对口部门就服务型研究生院建设、培养机制改革、国际交流与合作、创新计划实施、信息化建设等方面共同关心的问题进行了交流与研讨。

（七十九）我校召开"研招宣传工作总结与经验交流大会"

为深入总结交流本年度我校研招宣传工作经验，探讨下一步研招宣传工作新思路与新举措,我校于2011年11月19日召开"研招宣传工作总结与经验交流大会"。各学院执行院长与分管院长,研招科学家报告团、教授宣讲团全体成员,各学院研究生部主任、副主任、学院秘书共计110余人参加了会议。

我校研招工作从2010年开始进行了重大改革,确定了"请进来"与"走出去"相结合的招生宣传战略,自今年6月份以来,学校相继成功举办了2011年中国科大科学家报告团、中国科大暑期夏令营、中国科大教授研招宣讲团等系列活动,从网报统计信息来看,各项活动均取得了明显的成效,目标生源地学生报考人数明显增长,整体报考情况较去年又有了进一步改善。据网报资料统计,2012年全国共有10160名考生报考我校,报考人数首次突破10000人,较去年同比增长10%,其中推免生1000余人,"985工程""211工程"高校生源比例大幅提升。

会上,各单位研究生部一致建议学校应进一步加大对研招工作的支持力度,重视发挥教授在研招宣传中的主导作用,要继续坚持"走出去"与"请进来"相结合的招生宣传战略,重视研招宣传后续的跟踪交流,注意加强与意向报考学生的沟通联系,不断巩固研招宣传工作取得的成果。

张淑林副校长对下一步如何推进研招宣传工作提出了以下3点新要求:第一,在组织机制上,要着力构建高效、集约、资源共享的统一的招生大平台,优化、整合暑期学校、夏令营、科学家报告会、教授宣讲团等各类活动,汇聚优势力量在学校与学院两个层面打造一支以导师为主体的专业化的高水平研招宣讲队伍,塑造我校研招宣传品牌,扩大我校影响,提升我校声誉;第二,在招生宣传方式上,在继续坚持"走出去"与"请进来"相结合的招生宣传战略的同时,要进一步丰富各项活动的内涵与形式,特别要重视各项宣传活动后续的跟踪与落实工作,提高研招宣传的实效性;第三,在经费保障与队伍建设上,我校将创造条件支持招生宣传工作,各单位要高度重视招生队伍建设,调动导师参与研招宣传工作的积极性。

我校召开"研招宣传工作总结与经验交流大会"

根据会议部署,我校在明年的研招宣传工作中除继续坚持已有的成功做法外,还将推出一些新的工作计划,如举办优秀大学生访学计划、暑期小学期科学家研究计划。在目标生源地选择方面,学校将赴北京、上海等新的生源地开展研招宣讲、举办科学家报告会等;同时,学校为配合研招宣传,还将推出研究生杰出校友风采录等宣传册,以激励更多的优秀学子加入我校研究生教育大家庭。

(八十) 我校各学位分委员会开展 2011 年冬季学位申请审核工作

根据我校学位授予工作安排,2011 年 11 月 14 日至 24 日,我校 14 个学位分委员会相继召开学位工作会议,对 86 位博士、481 位硕士、298 位学士学位申请者的申请材料进行审核,严格把关,这是我校首次在 11 月份开展学位评审工作。

根据我校学位工作部署,学位审核工作重心下移,各学位分委员会参照新的研究生学习培养过程要求,高度重视,严把学位质量关。评审会上,各学位点分别介绍本学科学位申请人的学位论文评阅、答辩及学术论文发表情况,各位委员根据申请人简况表对申请者的学籍、课程、论文等信息逐一审阅,对有疑问的地方展开讨论,并就进一步完善我校的学位工作提出建设性的建议。

近年来,我校研究生培养质量逐步提高,社会声誉日益提升。为进一步了解我校研究生发表学术论文情况,从今年起,学位申请系统与 JCR 数据库及 Google Scholar 做了关联,各位委员及相关管理人员可以直观地看到申请人发表的论文题目、期刊名、期刊所在分区、期刊影响因子等。在本次学位申请者中,有 3 位博士生在《自然》子刊上发表了论文;有 43% 的博士生在 SCI 二区及以上学术期刊上发表了论文(其中 SCI 一区占 17%)。

(八十一) 我校学位委员会召开 2011 年冬季学位工作会议,决定授予 86 人博士学位、480 人硕士学位

2011 年 12 月 3 日下午,我校第七届校学位委员会召开第十次学位工作会议。会议由校学位委员会主任委员、校长侯建国院士主持。

会上,数学、物理天文、化学与材料、地学、生命、工程、电子信息与计算机、核科学与技术、管理人文、智能所、微尺度物质科学国家实验室(筹)、公共管理、专业学位(工程类、管理类)等学位分委员会负责人介绍了本学科学位申请者的基本情况。各位委员认真审阅了学位申请材料,并依据学位条例进行了无记名投票。经会议审议表决,决定授予 86 人博士学位、480 人硕士学位、43 人学士学位。

会上,各位委员还就学位授予审核中的相关规定进行了研讨,提出了完善相关条例的建议和意见。

为方便毕业研究生及时派遣就业,体现对广大研究生的人文关怀,经校学位委员会

研究,自2011年开始对学位授予审核工作进行改革,增加学位授予审核次数,由每年2次增加至3次,分别安排在每年的3月、6月和12月。

(八十二) 我校举行2011年第二次学位授予仪式

2011年12月4日上午,我校2011年下半年学位着装授予仪式在东区大礼堂隆重举行。864名毕业生带着校领导和老师的真挚祝福,即将踏上新的人生征程。许多学生家长和亲友也参加了仪式,见证这一庄严的时刻,分享他们的收获与喜悦。

上午9时,学位着装授予仪式在雄壮的国歌声中拉开帷幕。校学位委员会主任、校长侯建国院士,副校长窦贤康教授以及周又元院士、杨金龙教授、陈发来教授、华中生教授、卫国教授、孙立广教授等在主席台就座。仪式由校学位委员会副主任李曙光院士主持。

在热烈的掌声中,侯建国校长发表了热情洋溢的讲话。他首先代表全校师生员工向通过努力学习顺利获得学位的各位同学表示热烈的祝贺!向为同学们的成长付出心血和汗水的各位老师表示衷心的感谢!向关心学校建设发展、养育和支持同学们奋发成材的各位家长和亲友表示诚挚的问候!

"'一段求学路,一生科大情'。在同学们即将打点行装、奔赴新的工作岗位的时候,变化的只是身份,不变的是科大情结。"侯建国校长以老师和朋友的身份,对同学们提出殷切期望:

第一,坚持理想。秉持科大人淡定坚守、矢志追求的精神,既志存高远,又脚踏实地,在平凡中成就自我。

第二,学会团结与合作。对于个人而言团结是品格,对于组织而言团结是人气,对于干事业、谋发展而言团结是资源。在今后的工作中要能平等待人,融入团体,学会合作,学会必要的妥协,既要善于与意见相同的人合作,也要善于与意见相左的人共事,常怀敬畏之心、感恩之心,才能知荣辱、知艰难、知进退、知轻重。

第三,谦虚谨慎。科大的学习只是人生的一个阶段,之后的生活、工作中还需要大家继续努力,才能获得理想的成绩。

"是那山谷的风,吹动了我们的红旗,是那狂暴的雨,洗刷了我们的帐篷……"导师代表、"全国优博"指导教师孙立广教授回忆起多年毕业的情景,情不自禁地和李曙光院士声情并茂地合唱起了《地质队员之歌》。"流苏从额前飘过,就像雄鹰展开了翅膀"。孙立广教授临别赠言科大学子:一要懂得包容,包容是人生的一种智慧;二要学会随遇而安,学会随机应变,机会是可遇而不可求的;三是要有十分的自重,七分的自信,三分的自尊,自重、自信远比自尊更重要。

生命科学学院博士孟凡涛和管理学院EMBA(高级工商管理硕士)中心硕士、中国自动化集团有限公司副总裁刘宏宇先后发言,表达了对母校和恩师的感激和留恋之情。

在悠扬欢乐的旋律声中,身着学位服的毕业生依次登上主席台,校领导和老师们为他们一一扶正流苏并合影留念。

随后,在侯建国校长的带领下,全体学位获得者庄严宣誓。

在雄浑豪迈的校歌歌声中,学位授予仪式圆满结束。

(八十三) 我校参加全国MBA综合改革中期汇报会

"全国MBA专业学位教育综合改革试点工作检查交流会"于2011年12月4日在昆明举行。参会领导有国务院学位委员会办公室专业学位处处长唐继卫、MBA教指委副主任赵纯均和MBA教指委秘书长仝允桓等。参加改革试点工作的18所院校的管理学院代表参加了会议。

我校对MBA改革高度重视,成立了MBA改革领导组,张淑林副校长任组长。此次我校MBA改革的中期成果主要包括以下3项。① 招生改革。基于两个尊重(分数和业绩)原则的招生机制改革,使得招生更符合MBA培养要求。② 教学改革。主要是实行体验式教学,包括"理论+实践"的教学模式、模拟商务环境下的商务英语教学和MBA三大赛(案例开发大赛、市场调查大赛和创业设计大赛)等。③ 资源建设。包括师资队伍建设、案例建设(包括案例教学视频等)和《MBA/MPA人》期刊改版工作等。

我校MBA体验式教学和案例教学视频《新徽商》呈现出突出亮点,受到兄弟院校的关注。全国MBA教指委秘书长仝允桓教授在总结发言中希望我校在MBA体验式教学方面继续探索下去,同时他还肯定了我校在案例建设方面的创新。一些兄弟院校向我校了解了视频案例的制作情况,希望我校能够在网络上开放视频案例,从而可以共享教学资源。

(八十四) 我校在2011高等教育信息化先进评选中喜获三项表彰

2011年12月6日,由教育部科技发展中心主办的"2011高等教育信息化发展论坛暨教育信息化先进单位及个人评选表彰大会"在北京举行。我校获"高等教育信息化先进单位""高等教育信息化先进个人""高等教育信息化应用创新奖"三项表彰。全国政协委员、教育部原副部长赵沁平出席会议并讲话,教育部科技发展中心主任李志民为获奖代表颁奖。

本次活动共有215所高校参加,组织上报成果536项。经过两轮评审,其中34项成果获"高等教育信息化应用创新奖"。我校学位办和网络信息中心联合开发的"研究生导师门户系统"获奖。校学位办主任倪瑞代表学校参加颁奖仪式,并作为获奖代表发言。

（八十五）我校举办第二届研究生、本科生"科技创新大汇堂"

2011年12月9日上午，我校第二届研究生、本科生"科技创新大汇堂"活动在我校西区活动中心广场开幕。研究生院副院长屠兢，校团委书记、校友总会副会长朱东杰，iGEM参赛指导老师洪洄，RoboGame代表队队员与校内感兴趣师生参加了开幕式。开幕式由校团委常务副书记杨正主持。

此次活动为期3天，包括主题图片展览、主题学术科技沙龙和实物展示等环节。活动期间展出了近年来我校重大的科研成果、学生参与"挑战杯"情况和国内国际重大科技创新类活动介绍3个方面的内容。

展览期间，组织方依次举办了4场相关主题沙龙："我主沉浮""触摸未来""科技前沿""创业新视界"。各场主题沙龙分别邀请了相关参赛队员和科研人员作为嘉宾同参与者分享科研和创新经验，交流心得体会。其间，嘉宾还认真、细致地回答了同学们的提问，现场互动频繁。其中，在"我主沉浮"主题沙龙上，嘉宾还向观众现场演示了他们自己制作的机器人，赢得了同学们的热烈欢迎和一致好评。

12月11日下午，我校第二届研究生、本科生"科技创新大汇堂"在西区活动中心三楼多功能厅落下帷幕。

（八十六）我校在"中国学位与研究生教育学会学术交流大会"中汇报研究生教育体制改革研究成果

2011年12月11日至13日，"中国学位与研究生教育学会学术交流大会"在北京隆重召开，400多家会员单位的800多名代表参加了会议。会议主要就近年来国务院学位委员会办公室立项的重大研究生教育研究专项进行成果汇报与交流。

由我校张淑林副校长牵头负责，中国科学技术大学、西安交通大学、哈尔滨工业大学、复旦大学四校合作的项目"研究生教育体制改革研究"是本次学术大会交流汇报的重要成果之一。我校的研究成果报告从研招机制、资助机制、资源配置机制和质量评价反馈机制4个方面对我国研究生教育体制的历史沿革、现状、问题、改革政策建议等进行了阐述。报告产生了较为热烈的反响，与会代表认为报告具有较强的实效性、针对性，不仅具有理论意义，还具有实践意义，报告提出的政策建议对于改革和完善我国研招机制、资助机制、资源配置机制及评价反馈机制具有重要的理论支撑作用。学会常务理事会会议与学术委员会会议决定继续对相关研究进行支持，建议我校继续深化课题研究，为构建中国特色的研究生教育体制提出更多的改革设想，为教育部与国务院学位委员会办公室等部门的相关决策提供理论支持。

(八十七)我校博士生在"第十一届国际数据挖掘大会(IEEE ICDM)"上获"最佳研究论文奖"

"第十一届国际数据挖掘大会(IEEE ICDM 2011)"于 2011 年 12 月 12 日至 14 日在加拿大温哥华举行,以我校计算机学院博士生刘淇同学为第一作者的论文 Personalized Travel Package Recommendation 荣获"最佳研究论文奖"(Best Research Paper)。这是 IEEE ICDM 自创立以来中国大陆高校首次获得"最佳研究论文奖",该奖是数据挖掘领域有重要影响的论文奖项。获奖论文由陈恩红教授与美国罗格斯大学熊辉教授联合指导,合作作者还包括罗格斯大学博士牛葛永和李仲谋。在我校研究生院的"博士生参加国际学术会议资助计划"等的资助下,刘淇同学参加了本次会议并宣讲了论文。

IEEE ICDM 与 ACM SIGKDD、SIAM SDM 并称为数据挖掘领域的三大顶级国际会议。其中,IEEE ICDM 是唯一实行论文盲审的会议,每年都会吸引大量学者参会。本年度有近 800 篇论文投稿,仅有 101 篇被接受为会议长文。每一届 IEEE ICDM 大会录取的论文中,只有 1 篇优秀论文会被评选为"年度最佳研究论文"。

(八十八)"纪念中国 MBA 教育二十周年大会暨安徽 MBA 教育发展论坛"在安徽合肥举行

2011 年 12 月 17 日,"纪念中国 MBA 教育二十周年大会暨安徽 MBA 教育发展论坛"在安徽合肥天鹅湖大酒店隆重举行。安徽省政府副省长谢广祥,安徽省政协副主席、合肥工业大学副校长赵韩,全国 MBA 教育指导委员会副主任赵纯均,安徽省政府副秘书长吴行,安徽省教育厅副厅长江春,中国科技大学副校长张淑林等 5 所单位的领导、教师和学生代表,企业家代表,新闻媒体代表共 400 多人参加了论坛。

谢广祥副省长希望各 MBA 培养院校以纪念中国 MBA 教育二十周年为契机,总结经验,加强交流和合作,共享发展成果,共同打造、提升安徽 MBA 教育品牌,为提高我省企业管理水平和竞争能力,促进安徽经济又好又快发展做出积极的贡献。

MBA 教指委副主任赵纯均认为,合格评估和中国 MBA 教育的质量论证,是我们推动 MBA 教育质量持续上升的两大抓手。

张淑林副校长代表主办方表示,作为试点单位,我校将以改革为契机,进一步凝练特色、发挥优势、坚持创新、凸显特色,全面提升我校 MBA 的办学实力,并通过 MBA 教育试点工作,带动全省 MBA 教育的整体改革创新和发展。

纪念论坛上,还举行了"2011 年度安徽 MBA 十大精英""2011 年度安徽 MBA 优秀教师""2011 年度安徽 MBA 优秀管理人员""2011 年度安徽 MBA 优秀教学案例"的颁奖典礼。在"安徽 MBA 教育发展论坛"上,由中国科大等 5 所院校组成的"安徽 MBA 院校联盟"正式启动。

（八十九）我校召开"2011年度研究生导师大会"

2011年12月19日，来自16个学院的200多位博导齐聚一堂，参加我校举行的"2011年度研究生导师大会"。导师们听取了我校研究生院、校学位办、各学院研究生部，以及网络中心、图书馆、公共实验中心、苏州研究生院等单位一年来的工作汇报，共同分享了我校学位与研究生教育工作所取得的成果与经验。侯建国校长出席大会并讲话，大会由张淑林副校长主持。

研究生院相关负责人汇报了我校一年来的学位与研究生教育工作。这些工作及成效主要有：一是通过参与学科自行审核申报与学科目录对应调整申报，新增9个一级学科博士点，我校学科体系进一步完善，学科结构进一步优化；二是继续坚持"走出去"与"请进来"的宣传战略，通过科学家报告会、优秀大学生夏令营、教授招生宣讲团等三大研招宣传活动，优质生源吸引工作取得新的突破；三是大力实施博士生质量工程，积极推进研究生教育的国际合作，努力营造研究生教育创新环境，以"全国优博"为代表的各类奖项申报喜获丰收，研究生创新能力得到进一步提高；四是深化培养机制改革，进一步提高研究生奖助水平，研究生学习积极性进一步提高；五是大力推进专业学位综合改革试点，成功取得工程博士专业学位授权、获批"卓越工程师教育培养计划"高校等，推动成立苏州纳米科技学院，我校应用型人才培养体系得到进一步完善；六是积极开展研究生教育年度质量报告编制与优秀研究生人才培养成果调研，研究生培养质量评价和预警机制的创建工作取得有效突破；七是通过积极参与竞争，抢抓各类办学软硬件资源，我校学位与研究生教育的社会影响力不断扩大；八是坚持以导师、学生为本，充分利用信息化手段，完善与构建各类学位与研究生教育信息化管理系统，学位与研究生教育的综合服务水平大大提升。

会议还举行了年度研究生导师工作颁奖仪式。郭光灿等27名导师获"2011年度优秀研究生导师奖"荣誉称号，李建等25名同学获得第二届全国"博士研究生学术新人奖"，潘建伟等132位导师获得首届中国科大"研究生导师招生先锋奖"。侯建国校长为获奖老师和学生一一颁奖，并与获奖者合影留念。

我校召开"2011年度研究生导师工作会议"

关于如何推进下一阶段的学位与研究生教育工作,侯建国校长提出了5点指导意见:第一,加强课程体系改革与建设,深入推进本、硕、博课程体系的贯通衔接,努力探索构建国际一流的研究生教育精品课程体系;第二,充分发挥并利用"科教融合""所系结合"的优势,依托中科院大平台,引导学生积极参与大科学工程、重大科学项目,主动接触科学前沿,培养学生的科学素养与科研创新能力;第三,深入推进研究生培养机制改革,不断完善学制,加大对优秀研究生的资助力度,积极探索博士教育与科研助理相互衔接的创新机制,引导激励研究生做出更大的成果;第四,逐步探索与我校人才培养定位相适应的研究生教育质量评估体系,建立科学的评估方法,引导各院(系)、实验室构建更高的质量标准;第五,导师要切实转变培养观念,始终坚持以学生为本、重视育人为思想起点培育有用人才。

(九十) 我校被评为"全国学位与研究生教育信息工作先进单位"

2011年12月20日,在教育部学位与研究生教育发展中心主办的"全国学位与研究生教育信息工作会议"上,我校被评为"全国学位与研究生教育信息工作先进单位"。国务院学位委员会办公室副主任梁国雄出席会议并讲话,教育部学位与研究生教育发展中心主任李军为获奖单位颁奖。这是我校学位与研究生教育信息工作继12月6日受教育部科技发展中心表彰后再次获教育部相关部门嘉奖。

这是教育部学位与研究生教育发展中心首次在全国高校范围内开展学位与研究生教育信息工作评优活动。本次会议共有200多所高校参加。会议要求各单位更好地贯彻落实《国家中长期教育改革和发展规划纲要(2010~2020年)》,总结经验,加强信息化工作,健全信息制度,不断推动学校的信息管理工作,为学位与研究生教育工作提供更好的服务。

近年来,我校学位与研究生教育信息化工作本着"管理就是服务,服务创造价值"的工作理念,根据学校"135"发展规划及学位与研究生教育"3551工程"的战略布署,面向导师、研究生和管理工作的需求,积极利用信息化技术,在学位与研究生教育的各个环节,建立研究生迎新离校、研究生培养、学位质量监控、导师门户、研究生管理门户等一系列信息平台,打造学位与研究生教育信息高速公路,促使管理由传统的"金字塔"型向"扁平型"过渡,努力实现管理由有形向无形、由控制向服务的转变。

(九十一) 我校36篇论文获评2011年安徽省优秀博(硕)士学位论文

2011年12月22日获悉,日前,安徽省学位委员会办公室下发《关于公布安徽省第三届优秀博士、硕士学位论文的决定》(皖学位秘〔2011〕12号),公布了第三届安徽省优秀博士、硕士学位论文评选结果。本届共评出"省优秀博士学位论文"30篇,"省优秀硕士学位论文"100篇,其中我校有19篇论文入选"省优秀博士学位论文",17篇论文入选"省优秀硕士学位论文"。

评选省级优秀博士、硕士学位论文,是我省实施研究生教育创新计划的重要组成部分,是提高研究生培养质量,促进高层次创新人才脱颖而出的重要举措。文件要求各单位要以优秀学位论文评选为契机,在研究生中大力倡导科学严谨的学风和勇于创新的精神,鼓励研究生刻苦学习,勇于创新;要采取有力措施,提升学科建设水平,完善质量保证和监督机制。

由于近年来我校实施了博士质量工程,研究生培养质量日益提高,社会声誉不断提升。今年,我校以"全国优博"为代表的各类奖项申报喜获全面丰收,其中"全国优博"申报结果最为振奋人心,5篇入选,高居全国高校第二(获奖总量39篇,位列高校第五),同时3篇论文还获"全国优博提名论文"。在本年度"中科院优博"评选中,我校16篇论文入选,居院属单位之首。另外,还有25名在学博士生获得国家级学术新人奖资助。

(九十二)我校召开各学院研究生部与专业学位教育中心冬季工作会议

为交流与研讨学位与研究生教育工作计划,部署下一步的工作,并表彰先进集体与先进个人,学校于2011年12月24日至25日召开各学院研究生部与专业学位教育中心冬季工作会议。

会议发布了我校首次编制的《研究生培养质量年度评价报告》,这是实施研究生质量工程的重要环节,是贯彻以培养质量为核心的"精品"教育理念的重大举措。今年下半年,研究生院、管理学院共同成立了研究生培养质量调研团队和报告编制团队,对我校研究生培养质量进行了全方位调研和分析。内容涵盖科学学位与专业学位两个类别、硕士和博士两个层次,以及招生、培养、学位授予、就业4个专题,既有与国内一流高校的比较,又有同国际一流标杆大学的借鉴。报告的发布有利于完善我校研究生培养质量的评价和预警机制,为我校调节研招培养工作、研究生教育资源配置等提供决策依据。根据部署,以后我校每年都将编制和发布《研究生培养质量年度评价报告》。

另外,为配合研招工作,宣传我校学位与研究生教育30年来人才培养的巨大成就,展示我校研究生人才培养成果和研究生风采,发挥优秀校友在人才培养和优秀生源吸引中的示范引领作用,研究生院于上半年度启动了优秀研究生人才培养成果调研工作。目前,该项工作已取得重要进展,并计划于明年暑期全面完成。

会议还对2011年度学位与研究生教育先进集体、先进个人进行了表彰,张淑林副校长为获奖集体与个人颁奖。物理学院等7个单位获年度"研究生优秀生源组织奖",工程科学学院等5个单位获"研究生教育管理创新奖",管理学院等5个单位获"专业学位教育创新奖"。有32名教师获科学学位教育先进个人奖,20名教师获专业学位教育先进个人奖,34名博士生获第二届校级"博士研究生学术新人奖"。

张淑林副校长就如何推进我校下一步的工作提出了以下要求:

在科学学位教育方面,要牢固树立精品培养的基本理念,以提高质量为中心,适应研究生教育结构调整的社会需求,做好我校研究生的分类招生和分类培养工作;继续坚持"走出去"与"请进来"的宣传战略,吸引更多优秀导师参与研招工作,打造高水平、专业化的招生队伍;充分发挥导师在培养过程中的主导作用,调动导师在研究生培养工作中的积极性和主动性;要整合凝聚优质资源,打造研究生创新计划品牌,营造研究生教育创新环境;推进研究生学籍改革,完善学制,建立激励机制,让优秀的研究生潜心搞学术,争取做出更大成果;重视各类质量评估,完善质量预警和监控体系。

在专业学位教育方面,要继续坚持集团军培养模式,积极探索与行业、企业的联合招生和培养机制;要重视专业学位综合改革试点项目的推进实施,以开展工程博士教育为契机,探索工程领军人才培养的新模式,优化我校应用型人才培养体系。

(九十三)我校与中国科普研究所签署《新闻与传播专业硕士联合培养协议》

2011年12月30日,我校与中国科普研究所在我校签署《新闻与传播专业硕士联合培养协议》。我校副校长兼研究生院常务副院长张淑林、中国科普研究所所长任福君以及双方教学单位代表出席了此次会议。

张淑林副校长希望双方在研究生教育、高层次专业学位教育等方面开展全方位合作,为学生开创更好的发展道路。任福君所长期待与我校开展从本、硕、博乃至博士后的全方位科技传播高端人才联合培养。

中国科普研究所每年拨出100万元经费用于鼓励和支持全国高校在读博士、硕士研究生积极申请科普类研究课题,平均每个研究生课题1万元~3万元不等,我校博士、硕士研究生准备充分且素质较高,去年申请批准率已位列全国第一。张淑林副校长对此大加赞赏,当即表示从学校层面要尽可能提供更多支持,积极拓展该领域在职专业硕士研究生的培养;同时也对我校人文学院科技传播与科技政策系、科学传播研究与发展中心在座领导和老师提出了明确的要求,希望努力加强与中国科普研究所的合作,共同办好新闻与传播专业硕士(MJC)联合培养新模式。

随后,张淑林副校长与任福君所长签署《新闻与传播专业硕士联合培养协议》。

(九十四) 我校2名学生获"2011年度GE基金会科技创新奖"一等奖

2011年12月,"2011年度GE基金会科技创新奖颁奖典礼"在上海的GE(通用电气)中国研发中心举办,我校生命科学学院博士研究生刘熙秋和合肥微尺度物质科学国家实验室(筹)王峰同学的创意设计"化疗耐药患者的福音——一种新型pH响应性载药纳米颗粒用于逆转肿瘤多药耐药性"获得一等奖。

2012年

(一) 我校召开"'211工程'三期建设有关工作会议"

为加快我校"211工程"三期建设进度,提高建设经费的使用效益,高质量完成"211工程"三期建设任务,迎接国家验收,我校于2012年1月5日在办公楼第一会议室召开"211工程"三期建设有关工作会议。各"211工程"建设项目负责人及相关学院负责人,拟申报国家重点学科的相关学科负责人,财务处、资产与后勤管理部等职能部门负责人参加了本次会议。张淑林副校长出席并主持了会议。

张淑林副校长指出,通过"211工程"三个周期的建设,我校重点学科数量、质量实现了跨越式发展,学科结构、生态环境得到了进一步的优化,各学科的国内国际竞争力得到了显著的提升,同时带动了学校的平台基地建设、创新人才培养、师资队伍建设等,提升了学校的整体声誉。同时强调,今年是我校"211工程"三期建设的最后一年,国家将开展总结验收工作,各单位要认真总结建设成果与经验,查找差距和问题,扎实做好校内自检工作,为新一轮国家重点学科申报打下坚实的基础。

"211工程"三期建设始于2008年,今年是建设期最后一年。我校在"211工程"三期建设中重点开展了15个重点学科建设项目以及师资队伍建设、创新人才培养、公共服务体系建设项目。根据会议部署,今年春季校内各项目将开展自我总结检查,并将在此基础上向国家提交我校整体总结报告。

(二)学校召开"工程博士教育启动工作会议"

2012年1月9日下午,学校在东区活动中心五楼学术报告厅召开"工程博士教育启动工作会议"。信息科学技术学院、核科学技术学院、计算机科学与技术学院、软件学院、火灾国家重点实验室等相关单位负责人以及研究生院相关人员参加了会议。

会上,张淑林副校长指出,2011年2月,国务院学位委员会第二十八次会议审议通过了《工程博士专业学位设置方案》,启动首批试点申报工作后,我校高度重视,凝聚了相关领域的力量,积极组织申报与答辩工作。经过研究生院及各有关学院的共同努力,我校提出的工程博士培养理念、培养目标、培养特色和培养方案获得了全国同行的充分肯定,成为全国首批25个开展工程博士专业学位授予工作的培养单位之一,可在电子与信息与能源与环保两个领域开展工程博士专业学位授予工作。

与会人员在多方面达成了共识,认为应找准定位,明确培养目标,制定有针对性的有特色的培养方案和课程设置,积累经验,切实做好工程博士教育试点工作,保证工程博士培养质量,维护我校社会声誉。

工程博士学位是国家为适应创新型国家建设需要,完善我国工程技术人才培养体系,将高层次的人才培养与国家重大需求相结合的一种新型专业学位,通过对工程博士的培养,使其具备解决复杂工程技术问题、进行工程技术创新以及规划和组织实施工程技术研究开发工作的能力。工程博士由高校与企业联合培养,由高校授予学位。目前全国批准开展工程博士专业的领域涉及电子与信息、生物与医药、先进制造和能源与环保。

(三)我校布置参加教育部第三轮一级学科选优评估有关工作

2012年1月9日下午,学校在东区活动中心五楼学术报告厅召开"参加教育部第三轮一级学科选优评估工作部署会"。侯建国校长出席会议并讲话,各学院执行院长、分管院长,国家(重点)实验室负责人,拟参加学科选优评估的各学科负责人及相关人员等参加了会议。

张淑林副校长传达了教育部学位与研究生教育发展中心关于开展全国第三轮一级学科评估工作的有关精神,回顾了我校参加前两轮学科评估的基本情况,对我校参与本轮学科评估的相关工作进行了动员部署。

本轮一级学科选优评估采用"主观评价与客观评价相结合、以客观评价为主"的指标体系。客观评价指标包括"师资队伍与资源""科学研究与创作""人才培养质量",主观评价指标为"学科声誉"。与前两轮学科评估相比,本轮评估进行了五个方面的改革:一是强化质量评价,弱化规模与数量;二是突出人才培养质量评价;三是加强国际化指标,鼓励国际交流与合作;四是加强分类评估,突出学科特色;五是进行分层次评估,促进分层次办学。本轮评估的结果将以全国同类学科排名的形式,通过《中国研究生》杂志、中国学位与研究生教育信息网等媒体向社会公布。

侯建国校长在会上做了重要讲话。他说,我校各个学科要以教育部一级学科选优评估为契机,认真总结学科建设成果与发展经验。同时,结合本次一级学科评估设定的指标体系,加强与国内外一流学科方向的对比研究,找准学科建设中的问题与差距,切实加强学科内涵建设,为后续的国家重点学科建设打下基础。他强调,学院层面要高度重视本轮一级学科评估,通过成立工作小组落实任务与责任,力争在本轮学科评估中取得优异成绩。各相关职能部门要全力配合,确保此次评估工作的顺利开展。

据悉,全国一级学科整体水平评估已分别于 2002～2004 年、2006～2008 年开展过两轮。我校在此前的 2006～2008 年第二轮学科评估中有 10 个学科进入全国前五,其中基础学科排名全部进入全国前五。

(四) 我校召开"生态学一级学科博士学位授权点建设研讨会"

为做好我校新增的生态学一级学科博士学位授权点的学科建设与发展工作,制定并落实人才培养方案,学校于 2012 年 1 月 13 日下午在办公楼第一会议室召开"生态学一级学科博士学位授权点建设研讨会"。

与会专家围绕生态学一级学科研招、培养、管理机制等内容进行了深入研讨,提出了许多建设性的意见与建议。与会人员一致认为,目前我校生态学科研究特色鲜明、人才队伍实力雄厚,应尽快组织申报省部级或国家级创新研究群体;同时,强烈建议通过"所系结合"的办学模式,适应国家发展战略需求,与中科院相关研究机构联合组建生态学研究中心,搭建相应科研平台,在条件成熟时筹建系,以进一步提升我校生态学科的水平和竞争力。

张淑林副校长要求各学科要进一步瞄准生态学国际科技前沿方向,凝练力量,加强内涵建设,提升建设水平,努力将生态学一级学科点打造成为一个高水平的交叉学科平台和本领域的高水平人才培养基地。她表示,我校将在研招、资源配置等方面给予该学科发展支持。

据悉,我校目前在生态学领域已形成了分子生态、水体修复生态、极地生态、水鸟和湿地生态、生态工程等若干有显著特色的研究方向,取得了具有国际国内显示度的研究成果。该领域初步形成了一支由多名教育部"长江学者"、"国家杰出青年基金"获得者、"千人计划"入选者、"中科院百人计划"入选者等组成的高水平学科队伍,有两位教授已获得我校"杰出研究校长奖",并培养出了"全国优博"获得者、"中科院优博"获得者等优秀博士毕业生。

（五）我校召开"'211工程'三期建设国家验收启动工作会议"

根据国家文件要求，国家发展改革委员会、教育部、财政部将于今年上半年对"211工程"三期建设进行验收。本轮验收工作将全面检查"211工程"三期建设的建设目标和建设任务完成情况、资金使用管理情况、项目管理情况以及建设成效等，并在总结基本成绩和成功经验的基础上分析存在的问题，探索继续实施"211工程"建设的新思路和新举措。

2012年2月12日下午，为迎接"211工程"三期建设国家验收工作，我校在行政楼第一会议室召开会议并正式启动"211工程"三期建设校内验收工作。侯建国校长出席会议。"211工程"三期建设各项目及相关学院负责人，人力资源部、财务处、资产与后勤管理部、审计处、研究生院等职能部门负责人参加了本次会议。会议由张淑林副校长主持。

张淑林副校长要求我校各有关项目负责单位以验收为契机，认真总结三期建设成果与经验，扎实做好校内验收工作，为迎接新一期建设工作做好准备。

侯建国校长在会上做重要讲话。他强调，"211工程"验收工作是整个建设过程中的一个重要环节，各有关职能部门和项目负责单位要高度重视，同心协力，全力做好三期总结验收工作；要通过总结验收工作展示我校5年建设的各项最新成果，总结出对指导今后学科建设有价值、有启发的宝贵经验，为新一期"211工程"建设及学校创建世界一流研究型大学奠定更加坚实的基础。

根据安排，我校将于3月初组织校内专家对建设项目进行自检，3月底前向国家提交各类总结验收报告。

（六）我校研讨工程博士教育实施方案

2012年2月13日下午，学校在第三会议室召开会议，研讨我校工程博士教育实施方案。信息科学技术学院、核科学技术学院、计算机科学与技术学院、软件学院、火灾国家重点实验室以及研究生院等单位负责人参加了会议。

会上，张淑林副校长强调，我校工程博士教育要坚持高起点，立足于工程领域领军人才培养，积极探索招生、培养新模式。

我校工程博士教育主要采取在职培养模式，依托国家科技重大专项或大科学工程，面向国家重点行业、战略性新兴产业中的技术骨干和工程管理骨干，通过学校、行业（企业）联合培养的方式，实现培养工程领域高层次领军人才的目标。

我校今年将在获批的电子与信息和能源与环保两个领域的相关方向开展工程博士人才培养工作。

（七）我校部署新学期学位与研究生教育工作

2012年2月16日下午，我校在东区活动中心五楼会议厅召开新学期学位与研究生教育工作会议,各学院执行院长,研究生教育分管院长,各学院研究生部全体成员,职业学位教育中心全体成员,公共实验中心、网络信息中心、图书馆、苏州研究院等单位负责人参加了会议。

根据部署和要求,本学期我校将重点开展和推进以下几项工作。第一,围绕博士生质量工程,大力开展各类研究生教育创新改革活动;进一步明确人才培养定位和目标,在精品培养定位下实现多元、协调、健康发展;继续坚持"走出去"与"请进来"宣传战略,"进军"北京、上海等优质生源集中地,通过科学家报告会、教授宣讲团、夏令营等途径,吸引更多优秀生源;推进研究生教育的国际交流与合作,建设高水平、国际化的研究生课程体系;加大研究生创新计划实施力度,打造品牌,营造创新环境;推进实施教育部专业学位研究生教育综合改革试点工作,积极探索并开展国家首批工程博士教育试点工作。第二,高质量地完成"211工程"三期国家验收工作,通过验收,全面总结、展示我校近5年来的各项建设成果和经验,并在此基础上认真规划"211工程"新一轮建设方案,全面做好新一轮建设的筹备工作。第三,做好教育部第三轮一级学科选优评估工作,以参与评估为契机,认真梳理总结我校学科建设成果与发展经验,力争在本轮学科评估中取得优异成绩;同时结合"211工程"三期国家验收工作,认真做好新一轮国家重点学科申报的各项准备工作。第四,坚持以提升研究生创新能力为导向,进一步加强包括公共教学实验中心、公共课教学平台、图书馆、网络信息中心、苏州研究院在内的各类支撑体系建设,建立开放、共享、优质的与国际一流研究型大学建设相适应的研究生教育公共支撑与服务大平台,包括信息化平台、创新能力提升支撑平台、专业学位教育平台。

(八) 我校计算机科学与技术学院2名博士生获"IBM博士生英才计划"奖学金

2012年3月5日获悉,日前,计算机科学与技术学院2010级博士生王瑞、项利萍获得2012~2013年度"IBM博士生英才计划"(IBM PhD Fellowship)奖学金。今年全球共有84名学生获得该奖项。其中,中国大陆共有来自6所高校的9名学生获奖(中国科学技术大学2名、清华大学2名、上海交通大学2名、北京大学1名、浙江大学1名、西北大学1名)。

"IBM博士生英才计划"是IBM面向全球高校高端人才培养的博士生奖励计划。IBM公司在全球大学中选取信息科学、工程技术科学、数学、物理、化学等学科的优秀博士生参加该项计划,并对选取的博士生进行嘉奖。根据教育部-IBM中国高校合作项目谅解备忘录所确立的合作方针,该项目于2002年被引入中国。IBM期望通过博士生英才计划助力中国高校培养高层次、创新型的高素质优秀人才,为他们提供更好的科研环境、更多的实践机会和奖学金资助。

（九）我校对"211工程"三期建设项目进行验收

2012年3月16日，我校在东区活动中心五楼学术报告厅召开"'211工程'三期建设项目校内答辩验收工作会议"。校党委书记许武、校长侯建国出席会议。

根据教育部的部署，"211工程"三期建设验收工作采取学校自检和国家抽检相结合的方式进行。为做好本次验收工作，我校专门成立了校内验收专家组，验收的主要内容包括：全面检查三期建设项目的建设目标和建设任务完成情况、资金使用管理情况、取得的建设成效和标志性成果、项目管理情况等，并在总结基本成绩和成功经验的基础上，分析存在的问题，探讨继续开展"211工程"建设工作的新思路和新举措。

会上，侯建国校长强调，作为整个建设过程中的一个重要环节，本次校内验收工作对于展示我校5年来各建设项目取得的最新成果、总结建设经验、探讨下一步发展思路具有重要意义。各位专家要以认真负责的态度，严格把关，认真评审，切实做好校内总结验收工作。

专家组认为，各建设项目目标任务完成情况良好，实现了预定的目标；在学科建设、人才培养、科学研究、师资队伍等方面取得了显著的建设成效；经费使用规范合理，效益较高；设备购置规范、管理有序。这些为加快我校创建世界一流研究型大学奠定了良好的基础。同时专家组还就部分项目在学科方向凝练、队伍建设、科学研究等方面还存在的一些问题提出了建议，要求有关建设项目单位进一步总结成果，查找不足，完善总结报告。

验收专家组经过认真讨论和综合评价，认为我校"211工程"三期建设的18个项目均达到了验收要求，验收通过。

根据部署，我校将于3月底上报所有子项目总结报告和学校总体建设总结报告，国家将在各校自查的基础上对部分高校"211工程"三期建设工作进行抽查。

（十）我校获批3个国家级工程实践教育中心

2012年3月，教育部公布了"国家级工程实践教育中心建设项目名单"，我校申报的3个国家级工程实践教育中心获批，分别是中国科大-阿里巴巴（中国）网络技术有限公司工程实践教育中心、中国科大-微软亚太研发集团工程实践教育中心、中国科大-中国通信服务股份有限公司工程实践教育中心。每个中心获支持建设经费200万元。

为贯彻落实党的十七大提出的"走中国特色新型工业化道路、建设创新型国家、建设人力资源强国"的战略部署，落实《国家中长期教育改革和发展规划纲要（2010～2020年）》，培养适应行业（企业）需求的工程人才，教育部专门设立国家级工程实践教育中心。它是高校和企业联合开展工程人才培养的综合性教育平台，主要面向高年级本科生和研究生。

(十一) 我校召开"国家级工程实践教育中心建设启动工作会议"

为推进"工程实践教育中心"项目的顺利实施并确保取得预期成果,我校于2012年3月21日下午召开"国家级工程实践教育中心建设启动工作会议"。

张淑林副校长强调了我校建设国家级工程实践教育中心的重要意义,并就如何推进项目提出了要求。她说,我校获批国家级工程实践教育中心,对于创建与行业企业联合培养人才的新机制,促进与行业企业的协同创新,加强专业学位研究生教育的发展,培养适应行业(企业)需求的工程类领军人才具有重大意义。各项目单位要做好人才培养定位工作,认真总结已有的办学经验,瞄准工程类领军人才培养,创新人才培养模式,要有针对性地设计项目实施方案,方案要体现科大的特色和优势。

会议还重点围绕项目建设目标和项目管理运行机制进行了研讨。会议要求各单位尽快完善项目实施方案。根据教育部的部署,我校将于4月上旬上报项目实施方案。

(十二) 我校各学位分委员会开展2012年春季学位申请审核工作

2012年3月14日至28日,我校数学学科、物理天文学科、化学与材料学科、地学环境学科、生命学科、力学工程学科、电子信息与计算机学科、管理人文学科、核科学与技术学科、微尺度物质科学国家实验室(筹)、专业学位等学位分委员会相继召开会议,审议学位以及博导上岗申请材料。

为方便学生就业,自2011年开始,我校学位授予工作由每年2次改为3次,分别在3月、6月和11月进行。本次共有56位博士生、505位硕士生提交了学位申请材料。委员们在认真审阅申请材料的同时,针对研究生培养过程中出现的新情况展开讨论,并对部分规定做了进一步的明确与规范。

近年来,我校在研招、培养、学位授予等方面推出了一系列新的举措,研究生的培养质量得到了稳步提高,社会声誉日益提升。在本次申请学位的博士生的学术论文中,有35.5%发表在SCI一区和二区期刊上。

(十三) 中科院苏州纳米技术与纳米仿生研究所代表团访问我校

2012年2月,中科院苏州纳米技术与纳米仿生研究所(简称"苏州纳米所")所长杨辉率代表团访问我校,就双方进一步加强联合培养研究生、"所系结合"办好纳米科学技术学院等工作进行交流。

2012年3月23日,我校与中科院苏州纳米所联合培养研究生洽谈会在苏州纳米所召开。

(十四) 我校对"211工程"三期建设成果进行总结

2012年3月,我校发布《中国科学技术大学"211工程"三期建设总结报告》,内容摘录如下:

为全面检查我校"211工程"三期建设目标与任务完成情况,认真总结三期建设的基本成绩、成功的经验和存在的问题,根据国家《关于做好"211工程"三期验收工作的通知》(211部协办〔2012〕1号)的部署和要求,我校成立了专家组,于2012年3月16日对15个重点学科项目、队伍建设项目、创新人才培养项目及公共服务体系项目进行了全面验收。

中科院纳米所与我校联合培养研究生洽谈会暨兼职导师聘任仪式会场

验收专家组依据"211工程"三期建设项目申报书及国家发展和改革委员会的批复、中科院审定的项目实施方案,采取审查材料、听取报告和实地考察等方式,对各项目建设目标与任务完成情况、经费使用情况、仪器设备购置情况、建设效益、标志性成果等做出了全面评价。验收结果表明,我校各子项目目标任务完成情况良好,实现了预定的目标;经费使用规范合理,效益较高;设备购置规范、管理有序;在学科建设、人才培养、科学研究、队伍建设等方面取得了显著的建设效益,有多项指标超出规划目标,为加快创建高水平研究型大学建设奠定了良好的基础。

为实现"211工程"三期总体建设目标和任务,学校在中科院教育部以及安徽省委省政府的领导和支持下,按照统一规划、分步推进、突出重点、整体发展、确保质量的原则,通过深化改革,建立严谨科学且富有活力的创新型教学和科研运行机制,调整生源结构、学科结构和科研结构,重点支持若干优势学科和科研基地建设;大力培养、吸引并用好优秀人才,特别是高层次领军人才;建设一批必要的基础设施和先进的公共服务体系等措施,取得了显著的建设效益。目前学校已圆满完成了在学科建设、人才培养、科学研究队伍建设、公共服务体系建设等方面预定的目标和任务,并在若干学科领域取得了一批具有重要国际国内影响的标志性成果,为全面实现"质量优异、特色鲜明、规模适度、结构合理"的一流研究型大学建设目标奠定了坚实的基础。

"211工程"三期建设期间,学校紧紧围绕建设一流研究型大学的战略目标,进一步优化资源配置,实现了学科建设的重大突破;积极构筑跨学科科技平台,科技创新能力明显增强;实施人才强校战略,师资队伍水平明显提升;完善创新型人才培养体系,人才培养质量稳步提高;注重国际交流与合作,国际影响不断提高;加强公共服务体系建设,整体办学条件显著提升。各项事业得到全面发展,学校综合实力显著增强,办学声誉明显提高,社会影响逐渐扩大,实现了整体跨越式发展,为下一步的建设与发展打下了更加坚实的基础。

(十五) 我校举办"首届研究生化学学术年会"

2012年3月31日至4月1日,我校举行首届研究生化学学术年会。本次学术年会交流形式分为特邀报告、分会场报告、墙报展示、出版会议论文摘要集。年会设置3个分会场,分别为化学类、材料科学类以及生物化学类,分会场报告人为我校在读博士研究生与硕士研究生。

3月31日上午,我校首届研究生化学学术年会开幕式在东区活动中心五楼会议室举行,院士钱逸泰、院士施蕴渝、研究生院副院长屠兢、化学院党委书记葛学武、化学院副院长龚流柱、"青年千人"顾振华教授等出席开幕式,200多位研究生参加了开幕式。特邀报告之后,举行了"首届研究生化学学术年会"的颁奖典礼,葛学武书记和朱彦武、李光水教授为各位获奖选手颁发了获奖证书。

我校"首届研究生化学学术年会"是由校研究生院、化学与材料科学学院主办,化学院分团委、化学院研究生会承办的一次大型学术交流活动,本次活动的目的在于为我校博士研究生和硕士研究生提供口头报告机会,有效地促进了我校化学、生物与材料类相关学科的相互交流。

(十六) 我校36位博导通过2013年上岗资格审查,并决定授予54人博士学位、505人硕士学位

2012年4月4日下午,第七届校学位委员会召开第十一次工作会议。会议主要对申请2013年招收博士研究生的导师进行资格审定,并讨论审议春季各类学位申请工作。会议由校学位委员会主任委员侯建国校长主持。

会上,各位委员分别听取了数学、物理天文、化学材料、地学环境、力学工程、生命科学、电子信息与计算机、管理人文、核科学与技术、智能所、微尺度物质科学国家实验室(筹)等学位分委员会负责人关于各学科申请博导岗位及学位申请者情况的详细介绍,审阅了申请材料,并在认真讨论的基础上,依据有关规定进行了无记名投票。

经表决,36名青年教授通过下一年度(2013年)新增博导上岗资格审定,这36位教授均是近年来学校引进的优秀人才,主要包括青年"千人计划"、中科院"百人计划"、"全国优博"获得者等。同时学位委员会还通过审核决定授予54人博士学位、505人硕士学位。

投票结束后,侯建国校长从人才培养、人事工作、科学研究、校园规划建设等方面向各位委员通报了近期我校各项事业的建设进展情况,深入分析了我校当前面临的发展形势与挑战,并介绍了我校下一步的工作计划及思路。他指出,去年以来,我校各项事业取得了新的进展,但随着国家教育政策、中科院教育发展战略的新变化,我校建设与发展面临诸多新的机遇与挑战。为此,学校要根据新的发展形势,增强危机意识,努力扩大开放与合作,把握机遇窗口,创建协同创新大平台,同时推进机制改革,不断提升治校能力与管理水平,并在传承我校优秀传统文化中推动我校各项事业科学、协调发展,努力使我校的整体办学水平再上新台阶。

听取校情通报后,各位委员表达了对学校建设事业的高度关注,大家结合侯建国校长的报告进行了研讨,并从协同创新平台建设、国际化、人才队伍建设等方面积极为学校建设建言献策。

(十七)我校召开"第六届学位与研究生教育院士座谈会"

我校"第六届学位与研究生教育院士座谈会"于2012年4月5日至6日在常州举行,会议得到了中科院常州先进制造研究所的大力协助。王水、何多慧、钱逸泰、施蕴渝、伍小平、郭光灿、李曙光、张家铝、张裕恒、俞昌旋等10位在校院士出席了会议。

座谈会现场讨论气氛活跃,院士们纷纷发言,对研究生院一年来实施与推进的招生、培养、信息化建设等各项改革工作予以了充分肯定,对我校在学位与研究生教育领域积极参与教育部重大专项策划、重要制度改革酝酿、争取更多教育资源方面的工作表示赞许与鼓励。院士们希望研究生院能继续围绕"精品培养"的基本定位,以"提高培养质量"为中心,积极推进实施博士生质量工程,坚持"抢抓资源、做好服务",深入推进研究生培养各个环节的创新工作。面对国家教育政策、中科院教育战略发展的不断变化,院士们建议学校进一步发扬民主办学的传统,积极探索现代大学制度建设,充分发挥学术委员会、学位委员会在学科发展、学术交流、科研规划等重大事务中的作用。

会议期间,新任常州市委书记、我校校友阎立会见了院士一行,与院士们进行了亲切交谈,期盼母校围绕当前经济社会发展的重大科技问题,继续推进原始创新,加强产学研相结合,在核心、关键、集成技术研发领域,帮助常州从"常州制造"向"常州创造"转变。

随后,在常州先进所梅涛所长的陪同下,院士一行来到位于常州科教城的常州先进所,饶有兴致地参观了研究所各个实验室,考察了其为企业研制的各种复杂的精密加工件与生产线,以及老人服务机器人、餐饮服务机器人等一批机器人与自动化项目,该所在平台建设、孵化企业以及为地方经济建设所做出的贡献等方面给院士一行留下了深刻印象。

我校为适应国家硕士研究生教育结构的战略调整以及满足国家对专业学位研究生

教育实践实习的要求，于 2011 年在常州先进制造所建立了专业学位研究生实践实习教育基地，该基地每年得到常州政府 100 万元的专项经费支持，基地基础设施完善、实验条件优越、功能配套齐全，我校每年派驻一定数量的专业学位研究生到基地实习。

（十八）新疆师范大学代表团访问我校

2012 年 4 月 9 日，新疆师范大学副校长周作宇率代表团访问我校，就新一轮对口支援工作进行交流协商。

我校张淑林副校长对新师大代表团的来访表示热烈欢迎。她总结回顾了实施"援疆学科建设计划"以来两校间的历次工作互访及对口支援工作所取得的成果，对如何落实和推进下一步的对口支援工作提出了意见和要求。新师大副校长周作宇对我校过去 5 年对口支援新师大的工作给予了高度评价，并提出了新一轮对口支援计划。

座谈会上双方校领导共同签署了"十二五"期间的新一轮对口支援协议。与会人员就新一轮对口支援工作的开展和实施、各学院层面的对口支援工作、学科建设以及发展规划等方面展开深入研讨。

为加快新疆高等教育发展，提高新疆高等教育质量，教育部于 2005 年启动"援疆学科建设计划"。"援疆学科建设计划"是教育部为落实西部大开发战略而采取的一项重要举措。我校于 2005 年启动"援疆学科建设计划"，对口支援高校为新师大，学科范围为数学、物理、化学。鉴于双方合作所取得的良好成效，学科合作范围进一步扩大到生物、计算机等学科。

（十九）"中国科大-香港城大第六届博士生学术论坛"举行

2012 年 4 月 10 日上午，"中国科大-香港城大第六届博士生学术论坛开幕式"暨"何稼楠学术会议奖学金颁奖典礼"在我校管理学院学术报告厅举办。我校副校长张淑林、香港城大副校长骆恪礼（Gregory B. Raupp）出席典礼并分别致开幕辞，两校研究生院领导，我校管理学院、化学材料学院、火灾科学国家重点实验室、信息科学技术学院、计算机学院相关负责人，两校博士生联合培养中心各项目组主要负责人、导师及博士生等 200 余人出席了开幕式。

本次论坛的主题为"港陆名校联手，交流助力科研"，旨在进一步推动两校博士生之间的学术交流，深化我校与香港城大研究生教育的合作。

我校张淑林副校长在致辞中指出，两校联合培养博士生项目自 2005 年实施以来，取得了显著的成绩，7 年中，一批批优秀的科研创新型博士生相继踏入社会，得到了用人单位的充分肯定。她希望广大博士生通过参与学术论坛，相互学习，互取所长，激发灵感，拓宽视野，广结良友。

香港城大骆恪礼副校长认为每年一度的两校博士生学术论坛为分享最新研究发现

和交流前沿学术成果提供了理想的平台。在此平台上,来自中国内地、香港和国外的不同学科、不同专业的杰出博士生可以共享彼此的科研成就与科研心得。

随后,论坛举行了"何稼楠学术会议奖学金颁奖典礼",香港城大研究生院副院长许溢宏宣读了获奖学生名单,张淑林副校长和骆恪礼副校长为冯云龙等15名联合培养的优秀博士生颁奖。

开幕式结束后,两校研究生院围绕联合培养项目的招生、培养过程、培养模式、合作机制等相关事宜进行了深入交流与研讨,并达成共识。双方均表示,要进一步总结联合培养经验,创新培养模式,充分利用彼此的优势资源,提升博士生培养质量。

本次论坛除开幕式主会场外,另设商学与管理、环境科学、火灾安全和纳米力学、计算与理论材料物理、控制和机电一体化、互联网服务、应用数学等7个分论坛,中国科大-香港城大联合培养的博士生、香港城大的博士生与我校本部的博士生总计200余人之间分专业展开学术交流,并与教授们进行了激烈讨论。

自中国科大-香港城大联合培养博士生项目开展以来,已有逾80位博士生顺利毕业。博士生学术论坛是两校联合培养项目中的一项重要学术活动。此前在我校苏州研究院已成功举办了五届博士生学术论坛。为提升两校合作规模,加强学术交流深度,让更多联合培养的博士生切身感受科大的校园文化,在高层次学术交流中获益更多,所以本届论坛在我校本部举办。在为期3天的论坛期间,来自中国内地、香港和国外的博士生进行了深入的探讨,在观点碰撞中激发创意风暴,在友谊构建中共享学术智识。

"中国科大-香港城大第六届博士生学术论坛"联合培养优秀博士生合影

(二十)"中国学位与研究生教育学会评估委员会第四届四次会议"在我校召开

2012年4月12日,"中国学位与研究生教育学会评估委员会第四届四次会议"在我校召开。评估委员会主任委员、北京理工大学原校长匡镜明教授,教育部学位与研究生教育发展中心副主任王洪歧,评估委员会培训部部长、我校副校长张淑林等10多位委员及相关人员参加了会议。会议由评估委员会秘书长、教育部学位与研究生教育发展中心评估处处长林梦泉主持。

会议讨论了"第九届学位与研究生教育评估学术会"会议方案、学位与研究生教育学会 第二届学位与研究生教育研究优秀博士学位论文评选方案、评估委员会会费调整方案,传达通报了学位与研究生教育学会近期工作进展,并投票增补教育部学位与研究生教育发展中心副主任王洪歧为评估委员会第四届委员会副主任委员。

鉴于当前我国研究生教育中专业学位的质量保证问题日益受到关注,与会委员重点围绕"第九届学位与研究生教育评估学术会"会议主题进行了研讨,一致建议将"专业学位研究生教育评估与质量保障"定为会议主题。

评估委员会是中国学位与研究生教育学会的分会,是受国务院学位委员会的委托开展学位与研究生教育评估理论和实际问题研究、组织学术交流、开展咨询和培训等活动的学术组织。评估委员会下设培训部和学术部,我校张淑林副校长现为培训部主任,曾连续当选第二、第三、第四届中国学位与研究生教育学会评估委员会委员。

"中国学位与研究生教育学会评估委员会第四届四次会议"在我校召开

(二十一) 学校布置2012年硕转博及"中科院优博"评选校内推荐工作

2012年4月19日下午,学校召开会议布置2012年硕转博以及"中科院优博"评选校内推荐等工作。

招生工作是我校博士生教育的重要环节,吸引一流的生源对我校博士生教育发展具有重要意义。就如何做好今年的博士生招生工作,张淑林副校长指出,博士生招生工作要与学校的人才培养定位相适应,在生源吸引与培养模式上要立足我校学科特点,坚持以学术培养为导向,以本-硕-博、硕-博长周期培养模式为主体,以高端领军人才培养为目标,充分发挥导师在优秀生源遴选中的主导作用;同时在招生中要树立国际化视野,积极探索博士生招生的国际化途径,促进生源的多元化。

根据会议部署,我校硕转博工作将与公开招考工作同步进行,各院(系)、学科专业及博导可根据2012年博士生指标,结合公开招考的博士生生源情况,择优录取。整个博士生招录工作将于6月底全面完成。

(二十二) 中国工程物理研究院来我校商谈研究生联合培养工作

2012年4月20日,中国工程物理研究院研究生部副主任吕旗一行9人来我校就联合培养研究生工作进行商谈交流。

与中国工程物理研究院联合培养研究生,是我校贯彻落实教育部关于《高校和科研机构开展联合培养博士研究生工作暂行办法》精神、推进新形势下"所系结合"战略的重要举措,对于发挥双方资源优势,创新研究生培养模式具有重要意义。近年来我校与中国工程物理研究院在研究生联合培养方面已经开展了有效的合作,并取得了良好成效,截止到今年,双方联合培养硕士、博士研究生共计110余人。

座谈会上,双方围绕推进研究生联合培养工作的合作深度、丰富合作的内容与形式进行了充分的交流与研讨,就落实联合培养过程中的招生、课程、教学、管理、导师指导、学位申请等事宜进行了协商。

(二十三) 国务院学位委员会办公室副主任孙也刚一行来我校开展研究生教育专题调研

2012年4月23日上午,国务院学位委员会办公室副主任、教育部研究生司副司长孙也刚,国务院学位委员会办公室综合处处长卢晓斌一行5人在安徽省学位办主任汤仲胜的陪同下来我校开展"促进研究生培养与科技发展深度融合"专题调研,侯建国校长、张淑林副校长会见了调研组。调研组听取了侯建国校长关于我校近期推进研究生培养机制改革举措的介绍,并与研究生院负责人、研究生导师代表、研究生代表就深化研究生培养机制改革等相关问题进行了交流座谈。

上午8时30分,调研组首先来到中科院量子信息重点实验室对郭光灿院士进行了访谈。郭光灿院士在访谈中说,随着量子信息重点实验室的发展,长周期培养更多肯钻研的优秀研究生致力前沿科研工作,成为目前亟需解决的重要问题。他呼吁教育部加强对国内一流大学、一流实验室创新人才培养的支持力度,并就研究生培养机制改革问题提出"创造条件提升国内高校培养优秀研究生的积极性、改良机制促进本土培养与国外培养优质研究生评价标准的公平性、着力完善以科研创新和培育学生为主导的导师责任制"等建议。

侯建国校长向调研组介绍了我校近期围绕"提升研究生培养质量"这一主题采取的研究生教育改革新举措:调整学位类型结构,推进科学学位和专业学位研招培养的规模结构调整;改革研究生基础课程,重点建设一批学生受益面较大、教学效果显著的示范性精品课程;进行学位标准修订,建立与国际接轨的学位质量标准体系;创新研招举措,采取多样化方式实施优秀生源吸引计划;深化培养资助机制改革,不断提高研究生待遇。

随后,校领导与调研组在理化大楼一层科技展厅举行座谈会。

座谈会分导师和学生两场进行。参加导师座谈的为来自物理、化学、管理、软件、信息科学、生命科学等领域的14名导师代表,他们分别结合自身教学经验与切身体会,对研究生培养问题各抒己见,畅所欲言,展开了充分交流。内容涉及扩大高水平大学博士生招生规模,提升一流大学研究生教育自主权,完善研究生国际国内联合培养制度,建设研究生教育质量体系、导师队伍和相关考核评价机制等多个方面。

在随后的学生座谈中,学位办领导听取了参会的10位学生代表对课程教学、资助体系、生活待遇、联合培养、国际交流等方面的意见和建议。

据悉,国务院学位委员会办公室在全国部分高校开展研究生教育专题调研,是落实教育中长期战略规划、推进我国研究生教育培养机制体制创新、提高我国研究生培养质量的重要举措之一。广泛调研旨在了解我国研究生教育中存在的问题和产生问题的症结,倾听高校领导师生的呼声,听取各方就推进研究生培养机制改革的意见和建议,进而从国家层面对我国研究生教育培养机制改革进行科学、合理的设计。

(二十四) 我校对2012年新增博导进行岗前培训

2012年5月7日至8日,由研究生院、校学位办、公共事务学院联合举办的2012年新增博导培训研讨会在东区活动中心五楼学术报告厅举行。张淑林副校长主持会议并发表讲话。

李曙光院士从客观环境与制度和科学家自身道德修养两个方面提出了维护与提升科学家名声的专业建议。在报告最后,他呼吁博导珍惜自己和科学家群体的名声,身体力行,做一个具有良好声誉的科学家;言传身教,培养具有良好科研职业道德素质的博士生。

化学院执行院长杨金龙教授谈到,博导须以身作则,勤勉研究,注重与学生进行有针对性的交流,并建议新增博导能够切实做到因材施教,在学业上对学生提出严格要求,在生活上对学生给予人文关怀。

培训会上,新增博导就研究生培养工作中的制度政策、指导方法、科研保障等问题与研究生院相关负责人、优秀博导及各院(系)研究生培养工作主要负责人进行了充分交流。

张淑林副校长在讲话中通报了我校的研究生教育历程以及目前所采取的创新措施:调整学位类型结构,实现了研究生教育从以培养学术型人才为主转变为学术型人才和应用型人才培养并重;创新研招举措,采取多样化方式和长周期培养模式实施优秀生源吸引计划;深化研究生培养机制改革,不断提高科学学位研究生培养支持力度;重新修订学位标准,注重精品研究生培养;采用创新型管理体制,推动公共服务体系的信息化建设。她希望各位新增博导能够尽快适应国内环境,珍惜博导荣誉,履行博导职责,在未来的研究生培养征程中迎难而上,为国家、为学校培养更多的优质博士生。

最后,李曙光院士代表校学位委员会为新增博导颁发培训结业证书。

本次新增博导整体年轻化,且大都具有海外留学背景。在全部的 41 名新增博导中,大多为"千人计划""青年千人"与中科院"百人计划"入选者,"国家杰出青年科学基金"与"全国优博"获得者。

(二十五)"《学位与研究生教育》编辑部工作会议"在我校召开

2012 年 5 月 9 日,"《学位与研究生教育》编辑部工作会议暨第五届学位与研究生教育优秀论文评选会"在我校召开。《学位与研究生教育》期刊主编、北京理工大学原校长匡镜明,以及来自全国各知名高校研究生院的 40 多名编辑参加了会议,我校张淑林副校长出席会议并致辞。

张淑林副校长在致辞中回顾了自期刊 1984 年创刊以来她本人从期刊通讯员到编辑的历程,畅谈了与期刊共同成长的心得体会,对期刊在推动我国学位与研究生教育教学研究方面取得的成绩予以了高度评价。

匡镜明主编对期刊社近年来的工作进行了全面总结,通报了期刊社近期开展的相关工作,并介绍了期刊社下一步的工作计划。周文辉社长回顾了期刊创刊以来各届优秀学术论文评优工作的基本情况,介绍了第五届优秀论文评选工作的筹备情况,并详细说明了本次论文的评选办法与评选细则。参会编辑们审核了全国各校推荐申报的优秀论文材料,并进行了认真评议。

"《学位与研究生教育》编辑部工作会议暨第五届学位与研究生教育优秀论文评选会"在我校召开

《学位与研究生教育》期刊由国务院学位委员会主办,是目前我国学位与研究生教育领域影响重大、水平很高的专业性学术刊物之一,在研究生教育界享有较高的声誉。为扩大期刊的影响力,鼓励更多的研究生教育工作者参与教育研究,提升广大研究生教育工作者的理论水平,期刊社和中国学位与研究生教育学会、国务院学位委员会办公室定期开展优秀论文评选工作,截至目前已开展了4次,本次将从期刊近3年刊出的优秀论文中评选出一等奖论文5篇、二等奖论文10篇、三等奖论文20篇。据统计,近3年来,我校研究生院管理团队在该期刊上发表了20余篇论文,发表论文数居全国高校研究生院前列。

(二十六) 我校2名研究生获2011~2012年度"百人会英才奖"

2012年5月15日,2011~2012年度"百人会英才奖"颁奖。我校人文与社会科学学院2009级硕士研究生鄂雁祺、数学科学学院2009级硕士研究生宫成荣获此项奖励并参加颁奖晚宴。

(二十七) 我校科学家报告团全国巡讲暨2013年研招宣讲会正式启动

2012年5月18日至19日,在经过周密部署和精心准备后,我校今年首场科学家报告会暨研招宣讲会同时登陆天津、广州,拉开了我校2013年"'走出去''请进来''再走出去'"大型研招宣讲系列活动的序幕。来自天津大学、南开大学、中山大学、华南理工大学等著名高校的1100多名学子到场听取了我校科学家的精彩报告,并与科学家进行了零距离对话。

18日下午,我校科学家分两路走进校园做宣讲报告。物理学院"长江学者"陈仙辉教授走进中山大学,从超导现象的发现和超导态的基本特性谈起,系统梳理了超导研究的百年历史,并深入浅出地讲解了他在"非常规超导电性铁基和碳氢超导体"领域的研究成果;计算机学院"大师讲席"教授、软件学院首席教授姚新走进天津大学,就"自然计算及其应用"的主题向天大学子介绍了此种具有自适应、自组织、自学习能力的算法的学术动态与应用领域,给他们上了一堂生动的计算机前沿课。

我校科学家报告团在长沙进行研招宣传

19日上午9时,以"对话科学家,成就博士梦"为主题的宣讲会正式开始。

此次我校倾力组建了阵容强大的科学家报告团,覆盖了数学、物理、化学、生命、工程、计算机、地空、微尺度、核学院、同步辐射、火灾等11个学院和国家(重点)实验室,囊括了"长江学者""国家杰青""百人计划"等众多优秀教授和博导。导师们用数据和事例展示着我校科研工作的国际水准,用动画和图片展示着科学研究的无限魅力,或侃侃而谈,或妙语连珠,激起了同学们的浓厚兴趣,会场气氛热烈,掌声不断。

此次科学家全国巡回宣讲是我校2013年研招宣传工作的重要活动之一,根据研究生院部署,继天津和广州之后,还将在上海和兰州(5月26日)、北京和长春(6月2日)、哈尔滨和长沙(6月9日)等六大城市陆续举行。

(二十八) 我校召开"新一轮'985工程'建设阶段检查和总结工作会议"

2012年5月23日,根据教育部有关文件要求,为总结新一轮"985工程"建设的进展情况和改革方案实施情况,交流工程建设的改革思路、做法和经验,我校于5月22日在第一会议室召开"新一轮'985工程'建设阶段检查和总结工作会议"。

侯建国校长主持会议并做总结讲话。他希望各部门认真检查和总结新一轮"985工程"建设实施以来我校在学科建设、创新人才培养、师资队伍建设、公共支撑体系建设、国际合作与交流等方面的进展情况和改革举措。他强调,各部门须在总结工作中通力合作,严格按照经费与预算既定使用要求,积极进行自审自查,详细说明预算执行和专项资金使用管理情况及遇到的问题,重点突出我校"985工程"建设的改革思路、做法和经验,并认真做好本次阶段总结报告的资料汇编与审核工作,最终达到"明确目标、规范建设、加强管理、提高效益"的目的。

会上,张淑林副校长介绍,目前国家正在对新一轮"985工程"建设的进展情况进行审查评估,并将于6月份召开全国"985工程"建设座谈会。她希望我校各相关单位能严格按照国家要求,切实开展自检工作,总结成果,并查找问题和不足。

会上,参会人员围绕"985工程"建设中取得的经验和存在的问题等展开了热烈的讨论。

我校新一轮"985工程"建设始于2010年。根据教育部部署,本次我校自检工作将重点检查阶段建设目标的实现和任务完成情况、改革方案的实施情况、资金使用管理情况以及建设中取得的经验和存在的问题等,并向国家提交阶段性检查与总结报告。

(二十九) 我校研究生在"第三届高校环保科技创意设计大赛"中获得金奖

2012年6月3日,"第三届高校环保科技创意设计大赛决赛"在华南理工大学落下帷幕,我校代表队"中科FNL"在决赛中表现出众,获得金奖与最佳科技展示奖。

我校代表队"中科FNL"由陈乾旺教授担任指导老师,微尺度物质科学国家实验室

(筹)2011级博士生闫楠担任队长,化学与材料科学学院魏凌志、黄一敏和龙琭璐同学为队员。在经过初赛、决赛角逐后,我校代表队获得金奖(大赛共设10项金奖),并以86.7分的现场第二高分获得最佳科技展示奖。

(三十) 我校布置安徽省重点学科建设中期检查工作

为迎接安徽省重点学科建设中期检查工作,我校于2012年6月8日在理化大楼一楼科技展厅召开了"安徽省重点学科建设中期检查及相关工作会议"。

会上,张淑林副校长指出,近年来通过国家重点工程的持续建设,我校学科建设成效显著,目前学校有27个一级学科博士学位授权点、8个一级学科国家重点学科、4个二级学科国家重点学科、2个国家重点(培育)一级学科、1个安徽省A类重点学科、19个安徽省B类重点学科。她要求相关学院充分借助于此次省重点学科建设中期检查评估的机会,认真准备,总结经验,查找不足,为下一步国家级重点学科的申报做好准备。

据悉,本次省级重点学科中期检查以新学科目录为依据,将对我校按一级学科口径进行检查。要求检查评估报告于6月底前提交安徽省教育厅。本次中期检查工作分为学校自查和省教育厅抽检两个阶段进行。

(三十一) 教育部召开"学位与研究生教育改革和发展工作座谈会",我校做大会发言

为深化研究生教育机制改革,提高研究生培养质量,交流各单位深入推进研究生培养机制改革中的思路、成功做法和经验,教育部于2012年6月12日在济南召开"学位与研究生教育改革和发展工作座谈会"。

教育部副部长杜占元、部长助理林蕙青,教育部研究生司司长郭新立、副司长孙也刚等领导,以及来自全国各省、自治区、直辖市的学位委员会、50所研究生院高校、12所地方高校的200多位研究生教育战线上的管理工作者参加了此次座谈会,会议由林蕙青主持。

孙也刚副部长在会上传达了刘延东国务委员在"国务院委员会第二十九次会议""国家教育体制改革领导小组第五次会议"上的重要讲话精神;杜占元副部长就继续深化研究生教育机制改革做了细致的分析和深刻的阐述。他强调,改革要理清思路,要围绕提高质量、满足人才需求这两条主线,落实分类指导、科教融合的方针,全面推进研究生质量保障体系的建设。

由于近年来我校在研究生培养机制改革方面的创新举措在全国学位与研究生教育领域产生了良好的社会影响,我校张淑林副校长应邀做了题为"科教融合,机制创新,全面提高研究生培养质量——中国科学技术大学研究生培养机制改革的理念与实践"的大会发言。张淑林副校长介绍了我校实施培养机制改革的思路和具体的改革措施。她说,

我校自 2008 年启动并实施博士生培养质量工程以来,一直以科教融合为切入点,以培养博士生的创新能力为核心,以提升培养质量为目标,以实施分类培养为抓手,以本-硕-博、硕-博长周期培养模式为主体,以导师为主导,以完善研究生资助体系为保障,成功实施了研究生教育结构的调整,在研究生招生、培养、学籍管理、学位授予等方面进行了多项创新改革,建立了完善的研究生奖助体系和导师激励机制,充分调动了广大师生的积极性,初步建立了以创新为魂、以师生为本、追求卓越的质量保障体系。

根据会议议程,与会代表还分组讨论了《关于深化机制改革、提高研究生教育质量的意见(征求意见稿)》,就各单位改革的思路和经验进行了交流。最后,郭新立司长做了大会总结发言,他充分肯定了研究生教育近年来取得的成绩,分析了存在的问题与不足,提出要解放思想、转变观念,以提高质量为主线,继续深化研究生教育机制改革。

据悉,为进一步深化改革,提高研究生教育质量,教育部还将在今年召开全国研究生工作会议,全面部署研究生教育机制改革任务。

(三十二)"中国科学技术大学酒泉卫星发射中心研究生创新实践基地"揭牌

2012 年 6 月 17 日下午,"中国科学技术大学酒泉卫星发射中心研究生创新实践基地"授牌仪式在酒泉卫星发射中心技术部会议厅隆重举行。与会人员包括酒泉卫星发射中心及所属各部、处领导和部分工作人员,我校副校长窦贤康、张淑林,研究生院副院长屠茂,信息学院副院长王永,自动化系书记郑烇出席授牌仪式。

我校与酒泉卫星发射中心有着长期的合作,为其培养了大批工程硕士,同时也输送了一批以国防生为主体的科研技术骨干,他们在"神舟五号"至"神舟九号"飞船发射等航天测控任务中发挥了关键作用,做出了重要贡献,多人获得嘉奖,为母校赢得了荣誉。值此"神舟九号"载人飞船发射之际,酒泉卫星发射中心为感谢我校长期以来在人才培养方面予以的支持,特邀请我校组团前往参观发射。6 月 16 日"神舟九号"发射当天,窦贤康副校长在发射测控现场为酒泉卫星发射中心有关专家颁发了我校兼职教授聘任证书。

揭牌仪式上,张淑林副校长回顾了我校围绕"两弹一星"事业的创立和创业的发展历程,表示老一辈科学家的国防和航天情结在我校依然代代相传,丝毫没有淡化,科大人仍然随时准备为国防航天事业做出自己应有的贡献。我校在酒泉卫星发射中心设立研究生创新实践基地,将为在酒泉卫星发射中心工作的我校在读研究生、国防生提供良好的创新实践平台,为部队人才培养创造更好的条件。

酒泉卫星发射中心领导在讲话中感谢我校长期以来为中心培养了大量的优秀人才,表示将在现有基础上加大对研究生创新基地的支持力度,在软硬件方面投入更多的资源,为学生提供良好的学习和工作环境,并且热切希望就各类人才培养进一步加强与我校进行全方位合作。

本次揭牌仪式适值"神舟九号"成功发射第二天,与会人员都难掩兴奋之情、自豪之意。随后双方领导共同为研究生创新实践基地揭牌。

揭牌仪式后,在中心领导的陪同下,校领导与在酒泉卫星发射中心工作的我校校友进行了座谈,听取了校友们对各自工作情况的介绍。

(三十三)"中国科学技术大学武昌湖研究生创新基地"揭牌

2012年6月20日,"中国科学技术大学武昌湖研究生创新基地"在望江县举行了揭牌仪式,副校长张淑林、望江县人大副主任谢远才共同为基地揭牌。

谢远才副主任受望江县委、县政府委托向张淑林一行表示热烈欢迎。他希望借助于中国科大的科研实力更好地保护湖区的生态环境,借鉴中国科大的创新理念为当地的环境保护提供新的思路,同时,他代表望江县政府表示将进一步加强对中国科学技术大学武昌湖研究生创新基地的支持力度,努力打造一流的科研服务平台,希望武昌湖研究生创新基地这只"金凤凰"能够在武昌河畔落地生根。

张淑林副校长表示,武昌湖是我校继升金湖之后又一重要的研究生创新基地,是生态环境学科研究生创新能力培养走出象牙塔的重要一步。她代表我校感谢望江县政府给予的支持,并表示我校将会以优异的人才培养和科研成果来回报望江人民。

武昌湖位于皖西南的望江县腹地,是过水型湖泊,湖床呈东西走向,水域面积13万亩(1亩≈666.67米^2)。武昌湖湖面开阔,候鸟成群,水质清澈,水生动植物种类繁多,资源丰富,生态环境优良。近年来,望江县政府和我校生命学院合作,在武昌湖引种了沉水植物,在保证渔业增产的同时,也保护了湖泊的生态环境。武昌湖研究生创新基地的成立为双方进一步合作奠定了坚实的基础,为我校研究生的创新实践及本科生的野外实习提供了良好的平台。

(三十四)我校博士生在"第十三届SNI国际会议"上做口头报告

2012年6月20日至24日,"第十三届SNI国际会议"在美国加州举办。我校生命科学学院免疫学研究所的8位师生参加了本次会议。作为亚太地区仅有的2位会议报告人之一,田志刚教授应邀做大会报告。博士研究生李凤磊做口头报告。

(三十五)我校"蓝鹰队"在机器人世界杯上再获佳绩

"第十六届RoboCup机器人世界杯及学术大会"于2012年6月18日至24日在墨西哥城举行,我校"蓝鹰队"获得自由挑战项目第一名和仿真2D第二名。值得一提的是,团队凭升级版"可佳"智能服务机器人再度进入世界前五名,这是我国迄今唯一进入世界前五的团队。

（三十六）教育部、财政部联合召开"985 工程"建设座谈会，我校做大会交流发言

为总结新一轮"985 工程"建设进展情况和改革方案实施情况，就"985 工程"建设的做法和经验进行交流，研讨建设中存在的问题及解决办法，教育部"985 工程"部际协调办公室、财政部教科文司于 2012 年 6 月 26 日在北京联合召开"985 工程"建设座谈会。

教育部财务司司长吴国生、教育部学位管理与研究生教育司司长郭新立、财政部教科文司司长赵路等领导，以及全国 39 所"985 工程"建设高校的主管校长、财务处处长、"985 工程"建设管理部门负责人等参加了本次座谈会。座谈会由教育部学位管理与研究生教育司副司长黄宝印主持。

赵路司长对开展新一轮"985 工程"建设以来各校取得的成就给予了充分肯定，并就"985 工程"专项资金的使用规范、制度建立、财务管理、监督保障等方面提出了一系列的建设性意见。吴国生司长进一步阐述了中央财政教育资金使用的方针政策，并对"985 工程"建设过程中存在的一些问题提出了针对性的建议、要求和解决办法。郭新立司长强调各校要不断深化对世界一流大学内涵的认识，采取切实措施加快和推进世界一流大学的建设步伐，并就"985 工程"建设过程中存在的有关问题提出了整改要求。

本次座谈会还邀请了中国科学技术大学、北京大学等 10 所"985 工程"建设成效显著、建设经验丰富的高校做了典型发言。

我校张淑林副校长应邀做了题为"借力国家重点建设工程，建设交叉共享平台体系"的大会发言。她充分阐述了我校依托国家重点建设工程，紧紧围绕"提高研究生培养质量"这一中心任务，始终坚持"滚动投入、持续建设"以及"公用、共享"的原则，构筑共享、共用、交叉、综合平台的建设理念与发展思路，全面介绍了我校国家级、省部级、校级三级共享平台体系建设的历程，以及在平台建设机制创新中的做法与实践，展示了我校创新平台建设在支撑科学研究、提升研究生创新能力和服务地方社会经济发展等方面的显著效益。

与会代表还围绕即将出台的《"985 工程"建设管理办法》，就"985 工程"建设的管理模式、改革方案实施、专项资金管理、绩效考评、建设中存在的问题及解决办法等进行了深入研讨。

（三十七）我校各学位分委员会开展 2012 年夏季学位申请审核工作

学位审议是研究生培养质量监控系统的重要组成部分。我校学位审议工作每年开展 3 次，分别在春季、夏季和秋季进行。6 月中旬，我校开始开展本年度夏季学位审议工作，今年总共有 533 位博士生、1228 位硕士生以及 1640 位本科生提交了学位申请。

2012 年 6 月 15 日至 28 日，我校数学、物理天文、化学与材料、地学环境、生命、力学

工程、电子信息与计算机、管理人文、核科学与技术、微尺度物质科学国家实验室（筹）、公共管理、专业学位（管理类）、专业学位（工程类）、智能所等学位分委员会相继召开会议，审议本学科各类学位申请材料。

各学位分委员会委员对本次学位工作给予了高度重视。会上，各学位点分别介绍了本学科学位申请者的学位论文评阅、答辩及学术论文发表等情况，各位委员对申请材料逐一进行审阅，严格把关，对有疑问的地方展开讨论，并就完善学校的学位工作提出了许多宝贵建议。

本次学位申请者中，有43.3%的博士生在SCI二区及以上期刊上发表了学术论文，一区论文比例为15.1%，较去年同期增长了3个百分点，其中有5篇发表在《自然》及其子刊上。我校学位审议工作经过长期实践已制度化，有效地保障了学位与研究生教育质量，提升了学术声誉。

（三十八）我校召开"生态与环境学科建设研讨会"

为进一步整合学科力量，促进我校生态与环境学科建设，我校于2012年6月29日下午召开了"生态与环境学科建设研讨会"。生命学院、地空学院、化学学院、管理学院等相关学科负责人参加了会议。张淑林副校长出席会议并讲话。

张淑林副校长充分肯定了生态与环境学科近年来在人才培养、基地建设、科研创新等方面取得的成绩，并结合我校生态与环境学科的基本现状对该学科下一步的建设与发展提出了指导性意见，希望该学科能围绕科技发展前沿与区域经济建设的需求，凝聚力量，整合优势资源，创建交叉学科基地，争取为创新人才培养、服务区域经济建设、竞争社会资源搭建更好的平台。她表示，学校将全力支持生态与环境学科建设，使之更好地服务区域经济建设，为国家生态与环境保护事业做出贡献。

研讨会上，参会人员围绕生态与环境学科的学科力量整合、学科方向凝练、学科组织运行机制创新、区域经济建设服务、学科资源争取等进行了交流探讨。大家一致认为，为充分发挥我校生态与环境学科在创新人才培养、区域经济建设与社会发展等方面的作用，应将我校与生态、环境等相关学科的优势资源整合起来，搭建全新的生态与环境交叉学科平台。

据悉，我校目前在生态与环境学科领域已形成了分子生态、水体修复生态、极地生态、水鸟和湿地生态、生态工程等若干有显著特色的研究方向，取得了一些具有国际显示度的研究成果，并建立了升金湖、武昌湖等研究生创新基地。该领域初步建成了一支由教育部"长江学者"、"国家杰出青年基金"获得者、"千人计划"入选者、中科院"百人计划"入选者组成的高水平学科人才队伍，有两位教授获得我校"杰出研究校长奖"，并培养出了"全国优博"获得者、"中科院优博"获得者等多名优秀博士毕业生。ESI数据库2012年5月发布的最新统计数据显示，我校环境/生态学首次进入该学科领域全球研究机构排名的前1%。

（三十九）我校研究生在"第九次世界生物材料大会"上获荣誉称号和奖项

2012年6月,"第九次世界生物材料大会"在成都落幕。我校生命科学学院纳米生物材料实验室博一研究生王红霞获得"Young Scientist"（青年科学家）荣誉称号,博三研究生刘熙秋和熊梦华同学获得"Rapid Fire Poster Award"。

（四十）校学位委员会召开2012年夏季学位工作会议,决定授予528人博士学位、1222人硕士学位

2012年7月6日下午,第七届校学位委员会在东区活动中心学术报告厅召开了第十二次工作会议。会议主要就2012年上半年各学科的学位申请情况进行审议。校学位委员会主任委员、校长侯建国院士出席并主持本次会议。

会议听取了数学等15个学位分委员会负责人关于本学科学位申请者的情况介绍,审阅了相关申请材料,并在认真讨论的基础上,依据有关规定进行了投票。经表决,会议决定授予528人博士学位、1222人硕士学位。

会上,张淑林副校长从国家"211工程"三期总结验收、新一轮"985工程"中期检查、研究生培养机制改革等方面通报了国家近期的最新政策动向,并就我校围绕培养质量提升的有关工作部署向各位委员做了全面介绍。

侯建国校长在总结讲话中强调指出,学位授予审核工作是确保研究生培养质量的重要环节,我校自新学位质量标准实施以来,研究生培养质量明显提高,各分学位委员会发挥了基础性的把关作用。面对学位与研究生教育发展的新形势,校学位委员会要进一步调整思路,将工作重心放到规则、条例的制定实施上来,同时要更加充分发挥各学位分委员会的质量把关作用,进一步完善分类培养方案及相关学位标准,突出特色,全面提升我校的研究生培养质量。

近年来,通过改革研究生培养机制、实施"博士生质量工程"、修订新学位质量标准等一系列举措,我校学位授予质量不断提升,社会声誉日益提高,在"全国优博"评选中连年取得佳绩,为学校赢得了荣誉。

（四十一）我校举行2012年第一次研究生毕业典礼暨学位授予仪式

2012年7月7日上午,我校"2012届研究生毕业典礼暨学位着装授予仪式"在东区大礼堂隆重举行。新闻中心记者在现场看到,礼堂内外到处是青春的身影和喜悦的笑脸,洋溢着节日般的氛围。礼堂内两侧的DV视频,播放着老师、校友对同学们的祝福和希望。许多学生家长和亲友也来到现场,用相机记录下这难忘的时刻。

上午9时,毕业典礼暨学位授予仪式正式开始。在热烈的掌声中,校领导许武、侯建

2012年

国、窦贤康、叶向东、陈初升、周先意、朱长飞,校学位委员会副主任李曙光院士,以及部分学院和国家实验室执行院长、主任陈晓非、田志刚、陈华平、王晓平、宋伟身着导师服在主席台就座。大会由张淑林副校长主持。

大会第一项议程是出校旗。30名同学托举着一面巨幅校旗,从后排缓缓移向主席台,最后悬挂在主席台中央,激起阵阵掌声和欢呼声。

侯建国校长发表了热情洋溢的讲话。他首先代表学校向同学们表示热烈祝贺,向为同学们的成长付出心血和汗水的各位老师、各位亲朋好友表示衷心感谢。他说,几年的研究生生涯,同学们不仅打下了深厚的学术功底,还在丰富多彩的校园生活、科研及社会实践中开阔了眼界、磨砺了意志、增长了才干,并为我校的稳健前行做出了重要贡献,学校以同学们为荣。

临别之际,侯建国校长语重心长地对同学们提出了三点希望。一是追求卓越,做"书本人物",勇于承担责任。前校长严济慈先生曾说过:"做学问的人不能满足于做新闻人物,而要扎扎实实做研究工作,对科学的发展做出成绩来,争取做一个'书本人物'——那些对科学做出重大贡献的人物,愈是浅显的教科书愈要提到他们的名字。"希望大家今后继续坚守"追求卓越、敢为人先"的科大精神,力争成为各个行业的"书本人物"。同时,坚守强国报国的信念,"无论社会如何浮躁、如何功利,总有一些理想要有人坚守,总有一些使命要有人承担,这样的坚守,这样的使命,科大人自然当仁不让、责无旁贷"。二是听从内心的召唤,去做自己感兴趣的事情。今后同学们会遇到各种机会和诱惑,希望大家不要太在意自己的选择是否主流、是否时髦,而是要听从自己内心的召唤,选择自己感兴趣的工作和事业,这样才能拥有最饱满的人生。三是从小事做起,学会包容与合作。"用十分的准备迎接三分的工作并非浪费,而以三分的态度来面对十分的工作,将会带来不可逆转的恶果"。同时,希望大家今后能有一颗包容的心,不仅学会与意见相同的人合作,更要善于与意见相左的人共事,从小事做起,"凡事我皆努力,成功必然有我"。

导师代表、人文学院金正耀教授在致辞祝福同学们的同时,阐述了他所理解的科大。科大的大,不大在校园,不大在高楼,而大在精神。科大虽地处江淮一隅,但科大人总是心怀天下,放眼世界。他说,"志存高远"这四个字就是科大的大之所在。同学们是科大精神的践行者、传播者和弘扬者,相信同学们理想的翅膀能够飞多高,科大的精神就能延伸到多远。

毕业生代表、管理学院博士生彭莉君同学在发言中表达了对父母、老师及母校的感恩和依依不舍之情。她表示,无论将来身处何地、从事何种工作、面对怎样的挑战,同学们都将秉承科大精神,时刻铭记科大人肩负的使命与责任,用实际行动诠释"红专并进、理实交融"的校训,努力成为各行各业的栋梁之才。

随后,在侯建国校长的带领下,全体毕业生庄严宣誓:"感恩父母养育,感谢导师教诲,不忘母校培养。我们坚守母校信念,热爱科学、崇尚真理;我们传承母校精神,科教报国、追求卓越。我们用激情和智慧建设祖国,用责任和行动回馈社会,用成就和硕果回报母校!"

最后，在激扬豪迈的校歌旋律中，同学们身着学位服依次登上主席台，校领导和导师为他们一一扶正流苏并合影留念。

毕业典礼暨学位授予仪式是研究生在校的最后一课，学校十分重视，精心设置的各个环节给同学们留下了深刻的印象。为了让不能亲临现场的亲友与毕业生共同见证这一重要时刻，分享成功的喜悦，本次仪式还首次通过网络进行现场直播。

（四十二）我校积极布置迎接"211工程"三期第三方验收工作

日前，教育部发布《关于做好"211工程"三期第三方验收工作的通知》（简称《通知》），为全面贯彻落实《通知》要求，我校于2012年7月7日下午在行政楼第三会议室召开会议，全面布置"211工程"三期第三方验收准备工作。副校长张淑林，校长助理尹登泽，"211工程"办公室、财务处、资产与后勤管理处、研究生院等职能部门负责人参加了会议。

《通知》指出，"211工程"三期国家验收采取的形式有3种，分别是网络验收、抽查验收和第三方验收，其中第三方验收是由国家发展改革委员会、教育部、财政部委托中国国际工程咨询公司、国家投资项目评审中心、中天宏国际咨询有限责任公司和北京华盛中天国际咨询有限责任公司等中介机构，以非现场验收的方式，对列入《高等教育"211工程"三期建设规划》的建设项目的资金使用管理情况、使用效益等进行评审的有效验收形式，是"211工程"三期国家验收的重要组成部分。

此前我校已于3月份全面完成了"211工程"三期校内总结验收工作。校内验收期间，学校就"211工程"三期建设情况召开了多次工作会议，18个建设项目相关负责人就本项目的建设任务、具体指标完成情况、建设效益、标志性成果以及建设的成功经验和存在的问题向专家组进行了全面汇报，并于3月底向国家提交了所有子项目和学校总体建设的总结报告。

学校高度重视此次第三方验收工作，会上，张淑林副校长传达了教育部的相关文件精神，要求各项目单位要认真细致地积极配合中介机构做好第三方验收的各项工作。本着实事求是的原则，对所报材料进行认真审查，确保准确无误，按照要求主动提供"211工程"三期建设专项资金使用和管理验收资料。尹登泽校长助理对相关工作提出了进一步的要求，希望各部门集中时间和人员统筹运作，及时做好协调和分工，保证验收工作按时完成。

根据"211工程"部际协调小组办公室的部署，各校须于7月18日前将"211工程"三期建设专项资金使用和管理验收有关资料报相关中介机构。

（四十三）我校2012年优秀大学生夏令营开幕

毕业季里的科大校园，学位服的热风还未散去，又吹起了一阵文化衫的清风。勤奋路上、也西湖畔，活跃着一个个朝气蓬勃的年轻身影，闪亮着一双双求知若渴的清澈眼眸，回荡着一阵阵兴奋激动的欢声笑语。他们就是我校2012年优秀大学生夏令营的营员们，这些来自祖国各地的莘莘学子，于今夏相约我校，携梦起航。

2012年7月8日上午，由研究生院主办的我校研招系列活动暨2012年优秀大学生夏令营开幕式在西区活动中心礼堂隆重举行。来自全国百余所著名高校的638名优秀学子参加了开幕式。张淑林副校长以及研究生院、数学院、物理学院、化学与材料学院、生命学院、地球和空间学院、微尺度物质科学国家实验室（筹）、同步辐射国家实验室的相关负责人出席开幕式。开幕式由研究生院招生办副主任袁胡骏主持。

"迎接着永恒的东风，把红旗高举起来，插上科学的高峰！"上午8时许，激扬豪迈的校歌又一次在大礼堂响起，这次不是为欢送新一届的毕业生，而是为喜迎新一批的年轻客人。

开幕式上，张淑林副校长代表学校向前来参加夏令营活动的同学们表示热烈的欢迎，并介绍了我校建校50多年来取得的杰出办学成就及追求卓越的办学理念。她说，作为国内一流大学，我校在研究生教育方面拥有一流的导师、一流的平台、一流的学习氛围、一流的学术声誉和成就，有责任为大家搭建一个走进科学大师、了解科技前沿的平台。她表示，暑期这段轻松愉快的时光，将会是同学们收获新的人生经历的好时候，希望所有营员能尽情享受这段美好时光，认真交流研讨，取得学业进步，为今后的人生选择积累基础；同时也希望同学们能够加强合作、增进友谊，为今后的事业发展架起真情桥梁。张淑林副校长激情澎湃的讲话赢得了营员们的阵阵掌声。

研究生院副院长古继宝向营员们介绍了我校学位与研究生教育的办学理念、办学环境、人才培养成果以及相关研招政策，使同学们对我校研究生教育的办学特色、学科结构、个性化培养与弹性化学制以及研究生奖助体系等方面的情况有了比较全面的了解。

在隆重的授旗仪式中，张淑林副校长分别向各夏令营代表授营旗。

来自东北大学的何凯同学代表全体营员做了发言。他说："中国科大，誉响寰宇，这样的一流名校，我们怎能轻易错过？"他代表全体营员郑重承诺，在夏令营活动期间一定用心去感受科大文化的自由与宽厚，努力探究科学世界的博大与高深，不辜负科大的热情，并代表全体营员对研究生院及各学院的精心安排表示真诚的感谢和深深的敬意。

开幕式结束后，营员们期待已久的夏令营正式拉开帷幕。活动期间，学校精心安排了大师讲座、学术论坛、学科竞赛、参观考察、座谈交流、野外活动、素质拓展、电影欣赏、联谊晚会等异彩纷呈的学术交流及文体活动，为广大学子烹饪了一顿丰盛的学习"盛宴"。

近几年,我校在研招宣传工作中成功举办了一系列丰富多彩的全国暑期夏令营活动,在校内外产生了重要影响,得到了国内高校学子的广泛好评。作为我校研究生培养质量工程与优秀生源吸引工程的一个重要举措,暑期夏令营的成功举办不仅展示了我校办学成果,传播了校园文化,还为广大学子提供了接触科学前沿、领略大师风采、提升专业素养、感受我校文化的机会,吸引着越来越多的优秀生源报考科大。

为将更多优秀学子"请进来",今年我校暑期夏令营不仅加大了各营的规模,在继续举办物理化学、生命科学、数学、大别山地质考察、交叉学科等暑期夏令营之外,还新增了高低空大气探测夏令营,全面涵盖了我校的数、理、化、天、地、生等优势学科。据统计,今年我校6个暑期夏令营共吸引1600人报名,实际录取营员638人,比去年增加近200人,营员全部来自"985工程""211工程"等著名高校。夏令营活动作为我校研究生教育领域推进招生宣传工作的一大品牌活动早已深入人心。

2012年优秀大学生夏令营开幕式

(四十四) 我校参加"高等教育改革与发展论坛暨新疆师范大学援疆工作大会"并做报告

为纪念中央新疆工作座谈会召开两周年,推进教育部"高校创新能力提升计划"(即"2011计划")的实施,加强与内地重点高校的联系和深度合作,促进新疆高校教学质量与教学改革工程的提升,"高等教育改革与发展论坛暨新疆师范大学援疆工作大会"于2012年7月10日在乌鲁木齐召开。教育部高教司副司长刘贵芹、新疆维吾尔自治区副主席靳诺等领导出席会议。我校作为对口援助新师大的主要单位,由张淑林副校长率团参加本次会议。参加会议的为来自全国15所高校的代表。

刘贵芹副司长在开幕式上做了重要讲话,指出在高等教育改革和发展进程中要把人才培养作为重要抓手,实现高校改革的跨越式发展。新师大党委书记梁超为论坛做了关于新师大学科发展的报告。参会的各大高校领导围绕中国大学的精神、高等教育协同创新、高等教育质量、地方高校学科及人才队伍建设等内容分别做了报告。

我校张淑林副校长应邀做了题为"坚守特色，协同创新，提升学科发展实力"的大会主题报告。她结合教育部当前实施的"2011计划"，阐述了只有通过协同创新，探索内涵式发展道路，才能不断提高质量的高教改革与发展理念。她说，自2005年"援疆学科建设计划"实施以来，我校与新师大的合作领域不断拓展，合作层次不断深化，已由当初的学科合作扩大为目前的全方位合作。新师大地处祖国西北，文化底蕴深厚，在办学实践中可以借鉴内地其他高校的办学精神和办学理念，但应坚持发扬"胡杨精神"，坚守自己的特色。当前，随着高等教育"2011计划"的实施，新师大应紧紧抓住机遇，寻求协同创新的突破口，开展与行业（企业）的深度合作，适应国家和区域经济发展需要，提升自身造血功能和自我发展能力。我校将一如既往地在学科建设、教学科研、队伍建设等方面给予新师大支持与帮助，通过优质资源共享等形式，促使新师大办学水平再上新台阶。

与会代表还围绕着当前高教改革与发展的机遇与挑战、加强高校间合作互动、促进高教创新和谐有序发展、高校服务国家与地方经济社会发展等议题，结合自身学校情况进行了深入交流与探讨。会后，代表们还参观了建设中的新师大新校区。

为进一步做好对口支援工作，与会期间，我校还在新师大召开了曾在我校在职进修、挂职锻炼的教师座谈会，听取他们对我校援疆工作的意见和建议。自2006年以来，我校已完成了来自新师大20多名青年教师的在职培养，目前这些教师均为新师大重大研究课题及实验室的学科带头人和技术骨干。参加座谈会的有我校研究生院副院长屠兢、信息学院副院长王永、党政办副主任刘天卓及研究生院培养办副主任万洪英。

会议结束后，张淑林副校长一行还会见了总装备部新疆测控站领导，并看望了在此工作的我校控制工程硕士校友。该测控站在我国"神舟九号"载人飞船发射中执行了核心控制技术任务。

（四十五）我校2012年优秀大学生夏令营闭幕

2012年7月12日晚，700余观众齐聚一堂，通过一场由参加本届夏令营的600余名优秀学子自编自导自演的文艺晚会，热烈庆祝我校研招系列活动暨2012年优秀大学生夏令营圆满闭幕。研究生院、数学科学学院、物理学院、化学与材料科学学院、生命科学学院、地球和空间科学学院、合肥微尺度物质科学国家实验室（筹）、同步辐射国家实验室的相关负责人出席闭幕仪式并观看文艺晚会。

13名营员获得"中国科大2012年优秀大学生夏令营最佳表现奖"，15位志愿者获得"中国科大2012年优秀大学生夏令营特别贡献奖"，58名学子获得"中国科大2012年优秀大学生夏令营优秀营员奖"。

2012年优秀大学生夏令营闭幕典礼

(四十六)安徽省增补省级重点学科公布,我校6个学科入选

2012年7月14日,安徽省教育厅近日下发了《关于增补部分省级重点学科的通知》(皖教秘科〔2012〕65号)文件,在全省范围内遴选、增补了一批实力强且特色鲜明的学科为一级安徽省重点学科。我校有6个一级学科在列,详细名单如下:地质学、天文学、生态学、统计学、公共管理、软件工程。

此前,我校已有12个学科被认定为一级安徽省重点学科,分别是:哲学、光学工程、仪器科学与技术、材料科学与工程、动力工程及工程热物理、电子科学与技术、信息与通信工程、控制科学与工程、计算机科学与技术、环境科学与工程、生物医学工程、工商管理。

随着学位与研究生教育改革的深入,越来越多的高校按照一级学科开展研招、培养等工作,因此,一级学科重点学科的建设与发展已成为各一流高校学科建设的重中之重。经过建设,我校目前共拥有了18个一级省重点学科,形成了良好的重点学科体系,为下一步申报一级国家重点学科打下了坚实的基础。

(四十七)我校召开"2012年度专业学位教育暑期工作会议"

专业学位教育是我校研究生教育的重要组成部分,近年来专业学位教育的稳步发展对推进我校研究生教育结构转型、促进分类培养起到了重要调节作用。"定期交流工作经验,研讨下一步工作计划"已成为我校专业学位教育常态化工作机制的一个重要环节。2012年7月17日下午,我校召开"2012年度专业学位教育暑期工作会议",校专业学位教育中心全体委员,相关学院负责人,研究生院、人力资源部、财务部等相关职能部门负责人参加会议。张淑林副校长出席会议并讲话,会议由研究生院副院长古继宝主持。

研究生院副院长屠竞做了我校近期专业学位工作情况的汇报,从专业学位综合改革试点、国家级工程实践教育中心建设、首届工程博士招生、海外合作招生等方面汇报了近期的工作进展,并就下一步如何通过行业合作拓展生源渠道、推进专业学位教育国际化等工作介绍了工作设想。

相关学院负责人先后做了交流发言。与会人员还围绕专业学位教育发展中亟需解决的相关问题进行了研讨。

张淑林副校长做会议总结讲话。她充分肯定了各单位近期所开展的工作及取得的成果,通报了国家关于专业学位教育发展的最新政策,就如何推进我校专业学位教育向高水平、国际化迈进提出几点建议:第一,专业学位发展要始终树立品牌意识,重视质量,各单位要根据本专业(类别)特点制定相应的质量标准,引导各专业学位办出特色;第二,要切实将人才培养作为专业学位教育的第一要务,树立全方位育人的意识;第三,要积极借鉴科学学位"走出去"的招生创新举措,探索专业学位海外招生新模式,推进我校研究生教育的国际化;第四,应进一步规范管理体系,加强各单位的统筹协调,认真做好资源的优化配置,理顺各相关教学单位间的办学关系。

半年来,在校领导的关心与支持下,通过各单位的努力,我校专业学位教育得到了进一步发展:MBA、控制工程领域在通过教育部综合改革试点工作中期检查后,又取得了新的成果;获批3个国家级工程实践教育中心,获资助经费600万元;成为全国首批工程博士授权试点单位,首批招生已圆满完成。

(四十八)我校召开"2012年学位与研究生教育暑期工作会议"

2012年7月18日,我校召开"2012年学位与研究生教育暑期工作会议",各学院执行院长及分管副院长、各学院研究生部成员、学校相关职能部门负责人等参加了会议。会议就近期研究生招生、培养工作进行了深入交流和探讨。张淑林副校长从管理体系、招生培养、学籍管理、质量保障等方面做了讲话,要求各学院研究生部以提高人才培养质量为目标,制定适合自身发展的培养方案,切实做到将研究生教育服务与管理重心前移。会议先后由研究生院副院长屠竞、古继宝主持。

自5月份以来,学校面向2013年研招工作进一步实施"走出去""请进来"的创新举措,通过组织科学家全国巡回报告团、暑期夏令营等研招宣传系列活动,开创了"科学家进校园"的先例,并且成效显著。同时探索实施研究生国际化、个性化的培养计划,博士生海外研修计划,创优支持计划,并且设立优秀博士生助理研究员制度等,这些举措促进了我校学位与研究生教育质量的进一步提高。

会议现场气氛热烈,16个单位负责人先后做了交流发言,围绕学科建设、研招创新举措、研究生创新计划和人才培养等展开了全面总结和深入探讨,并提出了下一步的工作构想和创新思路。

会议最后,张淑林副校长从招生、队伍建设和培养教学等方面进行了具体的任务部署。她提出吸引优质生源是我校研招工作的重中之重,研究生院应充分发挥纽带作用,创新宣传方法,扩大宣传对象,全力搭建好招生平台、信息化平台、公共支撑平台、教学平台等各类平台,做好为各院(系)、导师、研究生服务的工作。进一步树立竞争意识,积极争取各类办学资源;各学院研究生部要进一步加强队伍建设,定期召开导师工作会议,广泛听取意见,做好研究生教学培养的过程管理。根据学科、学生的不同特点,探索制定个性化研究生培养计划,并纳入信息化系统;树立开放的视野,进一步加强研究生教育的国际交流与合作,全面提升我校研究生教育的国际竞争力;进一步完善学制、学籍管理制度和奖助机制,坚持以学生为本,努力为培养高水平人才创造好的条件。

(四十九)我校研究生支教团第十四届支教队出征

2012年7月20日,我校研究生支教团第十四届支教队出征。

(五十)我校参加"全国学位与研究生教育文理科工作研讨会暨2012年学术年会议"并做报告

为进一步提高学位与研究生教育质量,促进各高校间研究生教育与管理工作经验的学习与交流,全国学位与研究生教育文理科工作委员会于2012年7月19日至22日在中共中央党校召开"全国学位与研究生教育文理科工作研讨会暨2012年学术年会"。

中共中央党校副校长李书磊,国务院学位委员会办公室副主任、教育部学位管理与研究生教育司副司长孙也刚,中国学位与研究生教育学会会长赵沁平等领导出席了开幕式。本届年会以"研究生教育的改革与发展"为主题,共吸引了来自全国70所高等院校、14所省委党校近190位研究生教育战线上的管理工作者。文理科工作委员会副主任、我校副校长张淑林主持了大会开幕式。

开幕式上,中共中央党校李书磊副校长发表了热情洋溢的欢迎辞,孙也刚副司长就当下学位与研究生教育的定位、培养、质量保证机制建设等问题做了讲话,赵沁平会长从研究生教育经济学、心理学、方法学以及研究生教育的文化支撑等方面谈了研究生教育的发展规律问题。北京大学严纯华院士从学生和导师的心理分析角度分享了他多年的研究生指导经验。

近年来,我校在研究生教育的质量文化建设方面进行了大量的创新性改革,初步建立了以创新为魂、以师生为本、追求卓越的质量体系,其显著成效在全国的研究生教育领域得到了广泛的关注与好评。应本届年会邀请,张淑林副校长就研究生培养的质量问题做了题为"建立科学的质量标准,营造大学的质量文化"的精彩发言。她以如何评价质量为切入点,深入分析了研究生教育质量的时代性及特定性内涵,认为不同时代存在着不同的质量观,同时特定发展条件下的培养单位也存在着特定的培养质量,培养单位应根据时代的发展、特定的条件建立起科学的质量标准。对于大学如何形成自己的质量文化,张淑林副校长认为,大学应采取各种有效的激励措施,重点加快导师质量意识的形成,加快独具特色的学科质量标准的建立,唯此才能逐步推进大学质量文化的形成,才会进一步推动学生质量意识的建立,引发其自我激励的内在动力的逐步形成。

根据议程,与会代表还分组围绕科学学位研究生培养的质量保障体系、专业学位研究生教育的质量评价体系与标准、研究生学术规范与学术诚信建设等相关议题广泛交流了各单位改革的思路和经验,并展开了深入的研讨。

(五十一)"中国科大生态与环境研究生交叉学科中心"揭牌

为进一步整合我校生态与环境学科力量,加强学科建设,培养相关领域的高水平人才,促进区域经济建设与环境协调发展,经研究,我校于日前成立了"中国科大生态与环境研究生交叉学科中心",并于2012年7月21日上午举行了揭牌仪式与发展研讨会。副校长张淑林出席仪式并讲话,参加仪式的还有研究生院、生命科学学院、地球和空间科学学院、化学与材料科学学院、工程学院、管理学院有关负责人和师生。

张淑林副校长为揭牌仪式致辞,她充分肯定了生态与环境学科近年来取得的成绩,希望相关学科以生态与环境研究生交叉学科中心的成立为契机,以人才培养为目标,以科教融合、校企结合为抓手,加强院(系)、校企之间的联系,积极开展协同创新,增强服务科研、教学和区域经济建设的能力,探索一条产学研联动的全新发展模式。

仪式上,古继宝宣读了《关于成立中国科学技术大学生态与环境研究生交叉学科中心的通知》,由周丛照、陈利顶担任中心的联合主任。张淑林和欧阳志云共同为中心揭牌。

欧阳志云在致辞中介绍了中心共建单位中科院生态环境研究中心的基本情况,表达了与我校加强深层次合作的愿望,希望以交叉学科中心为平台,发挥各自优势,加强学术交流,共享科教资源,共同培养研究生开展科研合作。

揭牌仪式结束后,还召开了交叉学科中心发展研讨会。我校生命学院副院长周丛照、中科院生态环境中心城市与区域生态国家重点实验室副主任陈利顶分别汇报了交叉学科中心建设的进展情况、发展规划。规划提出,按照中科院中国生态系统研究网络台站的标准,建设安徽沿江湖群生态站;以交叉学科中心为依托,联合培养研究生,共同申请国家级科研项目。会议还就大家共同关心的如何整合优势资源、促进学科交叉融合、培养高层次创新人才、参与区域环境建设等议题进行了深入讨论。

中国科大生态与环境研究生交叉学科中心由我校与中科院生态环境研究中心共建,依托生态学、环境科学与工程两个一级学科博士点,涵盖我校生命科学学院、地球和空间科学学院、化学与材料科学学院、工程学院、管理学院等单位相关学科力量。交叉学科中心的建设目标是,通过科教融合、校企联合,培养生态与环境学科领域的高水平人才,开展一流的科学研究,参与并服务区域经济建设,创建国内一流的生态与环境学科人才培养和科研基地。

(五十二)我校召开"国家级工程实践教育中心建设研讨会"

为更好地实施"卓越工程师教育培养计划",推动我校国家级工程实践教育中心建设工作,2012年7月21日下午,我校在第四会议室召开"国家级工程实践教育中心建设研讨会",张淑林副校长出席会议并讲话。信息学院、计算机学院、软件学院、研究生院等单位负责人和相关人员参加了会议。会议由研究生院副院长屠兢主持。

我校此次获批并获得经费支持的有中国科大-阿里巴巴(中国)网络技术有限公司工程实践教育中心、中国科大-微软亚太研发集团工程实践教育中心、中国科大-中国通信服务股份有限公司工程实践教育中心。每个中心项目获支持建设经费200万元。会上,上述3个项目负责人——计算机学院副院长陈恩红教授、信息学院副院长王永教授、信息学院信息安全专业主任俞能海教授——分别汇报了项目建设实施方案。研究生院副院长古继宝简要介绍了我校申报国家级工程实践教育中心的整体情况,并对工程实践教育中心建设及运行管理中的具体问题提出了要求。

会上,张淑林副校长亲自将工程实践教育中心建设经费卡交到每位项目负责人手中,并再次肯定和感谢各有关院(系)在组织申报国家级工程实践教育中心工作中所做出的努力。她说,我校与微软亚太、阿里巴巴、中国通服等著名企业有着悠久的合作渊源,在这一年多的联合申报国家级工程实践教育中心的过程中,更是竭诚合作,保持着密切的联系和交流。中心的获批为双方加深合作提供了平台,各中心要充分利用好这些通过竞争获得的"种子基金",催化我校与行业(企业)的协同创新,推进我校工程类领军人才培养的可持续发展。她还强调中心建设必须要尽早建立健全组织管理体系,不断创新培养模式,并充分依托规划建设中的中国科大先进技术研究院(简称"先研院")这一创新平台,持续巩固和扩大产学研用成果。

建设国家级工程实践教育中心是落实《国家中长期教育改革和发展规划纲要(2010～2020年)》,推进"卓越工程师教育培养计划",创建高校与企业联合培养人才的新机制,加强工程意识和工程实践教育,培养高层次、创新型工程拔尖人才的重要探索。我校本次获批的3个国家级工程实践教育中心,必将对我校探索应用学科卓越人才培养模式产生关键性和示范性的作用。在实施阶段,校企双方将以此为契机,充分发挥各自优势,巩固合作成果,提升共建层次,续写合作共赢新篇章。

(五十三)我校召开"第二届研究生教育教学成果奖评审会"

为鼓励我校研究生教育工作者积极从事研究生教育教学研究和实践,稳步提高教学水平和教育质量,积极探索创新型人才培养模式,我校于2012年8月5日在东区活动中心五楼学术报告厅召开"第二届研究生教育教学成果奖评审会"。张淑林副校长出席会议,会议由研究生院古继宝副院长主持。

张淑林副校长在讲话中强调了研究生教育教学成果奖评选的重要意义。她说,研究生教育教学成果奖评选是我校研究生质量工程建设的重要内容,希望各单位以"研究生教育教学成果奖"评选为契机,认真总结教育教学改革成果,继续深入推进教学方法和教育管理改革,积极参与培养机制改革和创新人才培养,努力提高研究生培养质量。

本次评选活动是我校贯彻国务院《教学成果奖励条例》《中国科学院教育教学成果奖评选管理办法》的文件精神,响应《国家中长期教育改革和发展规划纲要(2010~2020年)》中"教师要把教学作为首要任务,不断提高教育教学水平"的号召,鼓励教师积极进行研究生教育教学研究和实践,稳步提高教学水平和教育质量,不断探索创新型人才培养新模式的重要举措。

自启动本次教育教学成果奖申报工作以来,各单位高度重视并认真总结了近年来教育教学研究和实践的经验,对提交的成果进行了严格的遴选和核。会上,由各研究生培养单位相关负责人组成的评审组认真听取了各教育教学成果完成人的介绍,经过投票,共评出校级研究生教育教学成果奖 28 项。

根据安徽省教育厅《关于做好 2012 年度高校省级质量工程项目申报工作的通知》的有关精神,以及《关于开展中国科学技术大学 2012 年度研究生教育教学成果奖评选工作的通知》的有关安排,我校将在本次校内评选的基础上推荐优秀成果参与"安徽省教育教学成果奖"的竞争申报。

(五十四) 中科院宁波材料技术与工程研究所一行访问我校,就联合培养研究生进行交流

2012 年 8 月 13 日,中科院宁波材料技术与工程研究所崔平所长一行访问我校,就双方加强"所系结合"联合培养研究生进行交流。

(五十五) 2012 年度教育部全国研究生物联网暑期学校在我校举办

为进一步推动物联网研究的有序开展,加强全国各高校和研究单位之间的沟通交流,确保高质量的研究成果输出,培养物联网领域的尖端研究人才,我校研究生院和苏州研究院在继去年成功举办物联网暑期学校的基础上,于 2012 年 6 月 21 日至 8 月 20 日再次联合举办 2012 年度教育部全国研究生物联网暑期学校。

本年度暑期学校聘请了美国亚利桑那州立大学(Arizona State University)、电子电气工程师学会会员(IEEE Fellow)章君山教授和我校邢凯副教授担任任课老师,暑期学校的主题为"物联网的基础理论与实践研究"。暑期学校成员由各相关单位推荐,学员来自中科院上海微系统与信息技术研究所、中国科学技术大学、复旦大学、北京邮电大学、东南大学、华东师范大学、南京邮电大学等 10 余所国内著名高校和科研院所。

通过学员们自身的努力和指导老师的精心指导,在暑期学校期间学员撰写了多篇高

质量的论文,其中已投搞6篇(5篇投稿网络领域顶级国际会议INFOCOM、1篇投稿系统领域顶级国际会议SenSys),另有3篇论文待投。

8月18日至20日,暑期学校举行了为期3天的结业报告,每位学员均结合自身在暑期学校期间的学习和科研体会做了详细的总结发言,最后指导老师做了暑期学校总结,并为学员颁发了结业证书,选出了5位优秀学员。学员们认为,这次暑期学校安排合理,教学形式新颖活泼,受益匪浅。

教育部全国研究生物联网暑期学校由我校计算机学院、苏州研究院黄刘生教授研究团队负责承办,并获得了教育部"2011～2015年全国研究生学术交流平台"项目的支持,是教育部在全国范围内针对物联网领域设立的暑期学校,也是我校为响应教育部促进优质教育、科研资源共享,营造浓厚的研究生教育创新氛围,全面提高研究生培养质量而采取的重要举措。经过连续两年的实施,物联网暑期学校得到了全国有关研究生培养单位的重视,有效促进了各科研单位之间的交流联系,培养了一批物联网领域的优秀科研人才,获得了一批高水平的科研成果,受到了广泛好评。

(五十六)"全国核能与核技术工程领域工程硕士专业学位标准研讨会"在我校举行

"全国核能与核技术工程领域工程硕士专业学位标准研讨会"于2012年8月24日在我校召开,工程硕士专业学位教育指导委员会委员、我校副校长张淑林出席会议并讲话,来自中国科学技术大学、清华大学、北京大学、上海交通大学、南京航空航天大学、海军工程大学、东华理工大学、南华大学、中核集团研究生部以及中科院研究生院等单位的相关专家共20余人参加了会议。会议先后由我校核科学技术学院常务副院长盛六四、副院长叶民友主持。

我校核科学技术学院院长万元熙院士在开幕式上向来自兄弟院校的专家们表示欢迎。他说,此次研讨会,对本领域工程硕士乃至工程博士的培养能起到极好的指导作用。他还向与会专家介绍了我校核科学技术学院近几年来的发展情况。

张淑林副校长对参会专家表示热烈欢迎。她说,我校的专业学位教育正在快速发展,目前拥有包括工程硕士在内的11个类别的专业学位研究生教育,工程硕士教育已发展到18个领域。我校核科学技术学院成立仅3年,但发展迅速,作为全国工程硕士核能与核技术工程领域教育协作组牵头单位,将成为本领域人才培养的重要基地。张淑林副校长还以两任工程硕士教育指导委员会委员的身份,介绍了我国工程硕士专业学位教育的发展状况及教育指导委员会的组织结构,通报了最近召开的全国工程硕士教育指导委员会工作会议的精神。她强调,目前不少领域的工程硕士教育已与行业专业资质认证密切结合,核能与核技术领域学位标准的制定,有利于拥有更多的相关专业资质认证。我校作为牵头单位,欢迎本领域的专家们常来我校,相互交流研讨,完善管理模式,更好地服务核能与核技术工程领域的快速发展。

叶民友副院长汇报了组织起草《核能与核技术工程领域工程硕士专业学位标准(讨论稿)》(简称《学位标准讨论稿》)的工作情况,提出了本领域学位标准旨在培养在核能和核技术工程领域具有宽厚的知识基础、扎实的实验技术、丰富的工程实践经验的应用型人才。会上,我校王相綦教授详细介绍了《学位标准讨论稿》的内容,与会专家对其进行了逐条讨论:清华大学陈少敏教授结合自身人才培养情况强调了知识产权相关事项;北京大学樊铁栓教授介绍了校企联合培养工程硕士的成功案例;我校研究生院副院长屠兢介绍了我校在专业学位研究生培养及学位标准制定方面的经验等。代表们各抒己见,积极对《学位标准讨论稿》提出修改意见,并最终达成共识。

本次会议取得了圆满成功,对《核能与核技术工程领域工程硕士专业学位标准(讨论稿)》进行修改完善,为制定本领域新的学位标准奠定了基础。

(五十七) 我校获第五届《学位与研究生教育》优秀论文一等奖

2012年8月,第五届《学位与研究生教育》优秀论文评选工作结束,有30个单位的论文作者获奖,其中我校有3篇论文获评优秀论文。我校张淑林、裴旭、方俊、朱玉春共同撰写的《我国研究生导师聘任制的历史沿革和未来走向——以中国科学技术大学博导聘任制改革探索为例》荣获本届优秀论文一等奖。另外,古继宝、彭莉君、张淑林共同撰写的《全国优博论文作者与其本科毕业院校的关系研究》和陈伟、裴旭、朱玉春共同撰写的《我国研究生教育质量保障体系构建的有关探讨》荣获本届优秀论文三等奖。

本届优秀论文评选的参评论文范围是《学位与研究生教育》2009年第1期至2011年第12期上刊发的全部文章。论文评优工作于2011年11月启动,截至2012年3月31日,共收到个人自荐、读者推荐和单位推荐的文章160篇。经过期刊社组织相关专家对这些文章进行第一轮的初步评审和筛选,有80篇文章进入第二轮的通信评选;经40名兼职编辑和部分采编中心副主任通信评审和筛选后,共有42篇文章入围。在5月9日召开的编辑部工作会议上,与会的兼职编辑和审稿专家从入围文章中评选出一等奖论文5篇、二等奖论文10篇、三等奖论文20篇。经国务院学位委员会办公室审批,评选结果于2012年8月份公布。

(五十八) 中共中央政治局常委、国务院副总理李克强给我校研究生支教团回信并致问候

2012年9月1日,中共中央政治局常委、国务院副总理李克强给我校研究生支教团第十三届支教队队员回信,向同学们表示诚挚问候,勉励同学们把支教生活作为加油站,更加勤奋地学习工作,在报效社会的行动中创造美好生活。

(五十九)我校开展2012级研究生新生入学教育,本年招收3357名硕士生、958名博士生

金秋科大,人流如织;松柏树下,群英毕至。楼宇之间,东区大礼堂仿若一位儒雅绅士在笑迎学子。

2012年9月6日上午,我校2012级研究生入学教育大会在此隆重举行。今年,我校共招收硕士研究生3357人、博士研究生958人,其中科学学位硕士研究生1589人、专业学位硕士研究生1768人。在数千名与会学子期待的目光和热烈的掌声中,校长兼研究生院院长侯建国院士、优秀导师代表李曙光院士、副校长张淑林教授登上主席台,与研究生院、校学位办以及公共支撑体系单位等有关负责人一起,为研究生新生讲授"入学第一课"。

今日,礼堂内座无虚席,静可听针,学子们翘首聆听首先由侯建国校长为大家带来的入学教育讲话。

"同学们,无论大家来自哪里,从入学的这一刻起,同学们都将拥有一个共同的身份——'中国科大人'。今后,同学们将在这所安静的校园内呼吸质朴的学术风气、享受自由的学术氛围、领略包容的学术精神……"在研究生阶段,他希望大家能处理好三种关系:

一是基础通识教育与专业知识的关系。他简述潘建伟、邓中翰、庄小威等杰出校友在求学与科研中注重培养宽厚的知识基础和运用精深的专业新知解决科学难题的事例,希望同学们能够惜时如金,矢力研读经典,广泛涉猎前沿,在宽积累、厚积淀的基础之上,努力提升自己的专业水平、科研素质与创新能力。

二是独立思考与善于合作的关系。"大科学时代"中,科学共同体使得协同创造成为一种潮流和趋势。潘建伟教授带领他的研究团队在量子通信领域实现了"六个世界第一",表现出了良好的协作精神和创新能力,为中国的量子通信研究做出了杰出贡献。侯建国校长以此为例,要求同学们在挥洒个性、表现特长完成科研任务的同时体现大局意识和服务品质,也希望同学们能够做到勤于研究、乐于创新、善于交流、精于合作。

三是为学与为人的关系。钱学森、华罗庚、郭永怀等老一辈科学家矢志不渝追求真理的执着精神和精严自律的治学风范,已经成为一代代科大人为人治学的道德标杆。侯建国校长希望同学们在求学期间能够继承传统,律己正心,潜心科研,做出国际一流的科研成果。

侯建国校长字字未离治学之道,句句饱含师长深情,台下3000多名学子,无不颔首认同。

讲话即将结束之时,侯建国校长殷切寄语:"同学们,在今后的学习和科研工作中,你们或许会一帆风顺,或许会举步维艰,但无论什么时候都不要放弃希望,不要放弃执着,不要放弃严谨,不要放弃追求,要记住你们是'科大人'。要一如既往地勇

2012年

敢面对工作和生活带给你们的一切挫折和挑战。作为你们的学长,我也衷心希望你们能在科大这所安静的大学中收获知识,收获成果,收获希望,收获科大人所具有的一切优良品格!"

随后,我校优秀博导李曙光院士做了题为"为什么读研究生和科大的主流价值观"的专题报告。他指出,研究生作为百里挑一的精英人才和中坚力量,须有更高理想,在一流学府的深造中应逐渐成为国家和社会的栋梁之才。科大的建校宗旨是培养为中国社会主义建设事业服务的合格的尖端科学技术人才,"科教报国"已经成为科大的主流价值观。希望同学们在为祖国科学事业顽强拼搏、敬业奉献、勇于牺牲的科大精神的熏陶下,成长为一名"红色科学家",需时刻谨记并勇于承担"科技强国"的历史使命。同时希望同学们在未来的研究学习中,努力提升自身阅读文献与自觉学习的能力、批判研究与独立寻找问题的能力、扎实实验与正确观察自然的能力、综合分析数据与严密逻辑思维的能力、运用国际通用语言进行科技写作与交流的能力。

研究生新生杨树同学代表全体2012级研究生做入学发言:"……选择继续深造是我们人生中的一个重要抉择。只有勤于学习、敢于质疑、善于发现、勇于创新,才会使我们在学习、科研及今后的人生道路上走得更远……"她呼吁所有科大青年胸怀擎云之志,秉承严谨求实的学风,振奋精神,为母校、为祖国谱写更加绚烂的科学篇章。

随后,研究生院副院长古继宝详解了我校研究生培养与教育创新计划;校学位办主任倪瑞做了关于学位授予与研究生信息系统的介绍;网络中心主任李京对校园网络及一卡通使用等相关情况进行了说明;校公共实验中心高级实验师罗昭锋就学校公共实验平台的使用做了细致讲解;校图书馆信息咨询部副主任杜进就如何利用图书馆资源助力科研进行了生动介绍。

最后,大会主持人张淑林副校长在总结讲话中说道,迈入科大读研将成为所有在座学子新的人生起点,同学们须肩负学校的光荣与梦想,恪守"勇于创新、追求卓越、科教报国"的科大文化品格,记住校长的深情厚望、导师的谆谆教诲,不负重托,提升自我,成为一名优秀的"科大人"。她表示,在未来3～5年的学习征程中,学校管理部门将为同学们提供最好的服务,各类公共教育资源系统将努力创造条件为同学们提供成才的肥沃土壤!

此时,校歌《永恒的东风》奏响,伴随着雄浑的歌声与如雷的掌声,我校2012年研究生入学教育大会圆满落幕。

至此,研究生新生入学教育第一课的前两个阶段已经结束。据部署,从今日下午起至9月20日,所有新生将进入入学教育第一课的第三个阶段。在这个阶段,各院(系)将结合本院特点开展独具特色、丰富多样的新生入学教育。

（六十）侯建国校长在2012级研究生新生入学教育大会上的讲话

同学们：

大家上午好！

今天是个令人高兴也是值得纪念的日子，我们大家齐聚一堂，隆重举行我校2012级研究生新生开学典礼和入学第一课。首先，我代表学校全体师生员工对同学们的到来表示热烈的欢迎！同时也向你们的家人与亲友表示衷心的祝贺和诚挚的问候！

同学们，无论大家来自哪里，从入学的这一刻开始，你们都将拥有一个共同的身份——"科大人"。在今后的几年，大家将在我们这个安静的校园里，呼吸质朴的学术风气，享受自由的学术氛围，领略包容的学术精神，并逐步成长为高层次的专业人才。学生在大学的本科阶段，主要是掌握独立学习的能力，而在研究生阶段，同学们要掌握的是独立研究的能力，也就是发现问题和解决问题的能力。今天同学们都是新生，大家处在同一个起跑线上，但我相信未来10年、20年后，甚至在毕业的时候，大家就会有不同的成果、不同的收获。在研究生阶段，要培养发现问题的眼光、提高解决问题的能力，就此我希望同学们能够学会处理好以下三种关系：

一是基础通识教育和专业知识的关系。科大首任校长郭沫若先生有一个"斧头理论"，可论证基础与专业的辩证关系："基础是斧背，专业是斧刃。斧背要厚，斧刃要尖，这样的斧头才会锋利无比。"也就是说，"为学要宽厚"且"为学要专精"。有宽厚的基础知识做保证，大家才能在快速发展和变化的时代，始终站在科学的前沿，成为可以应对各种问题的"多面手"；同时，在某一专业领域有精深的理解和掌握，大家才能成为"能够解决问题"和"善于解决问题"的专家，才能推动科学的发展和社会的进步。我校自创办起，就始终坚持"基础宽厚实"的人才培养特色，注重学生的基础素质和整体素养，为国家和社会培养了一大批科技英才。因为具备了宽厚的基础和精深的专业知识，许多校友在非常年轻的时候就取得了巨大的成功。同学们进入科大后，要静下心来，重视基础课程的学习，珍惜在科大的这段时间，研读经典、涉猎前沿，在宽积累、厚积淀的基础之上，努力提升自己的专业知识、科研素养与创新能力。

二是独立思考与善于合作的关系。创新意味着"与众不同"，意味着对传统认知的挑战与革新。中国本科生和研究生的特点是学习能力和掌握知识的能力很强，但和欧美一流大学的学生相比，在提出问题方面还需要进一步加强。同学们不愿提出问题，也就失去了在提出问题的过程中学习和锻炼的机会，研究生阶段非常重要的一点，就是要在导师的指导下加强独立思考的能力，敢于和善于提出问题，这是创新的第一步。但独立思考并不意味着独来独往，目前我们处在一个"大科学"的时代，科学上的重大突破和复杂问题的解决，都需要多学科交叉和团队合作，一个人独自埋头研究已无法适应当前日益艰巨、繁杂的科研要求，团队协作已成为一种趋势。以潘建伟教授为例，他领导的研究团队在量子信息领域先后实现了六个世界第一，今年又成功实现了百公里量级的自由空间量子隐形传态和纠缠分发。这个团队之所以能够取得这么大的成功,原因就在于他们有非常好的相互合作、相互支持的环境和氛围。希望同学们在今后的科研工作和未来的事业发展中,在挥洒个性、表现特长的同时,更要体现协作精神和大局意识,善于发现别人的优点,善于与别人合作。

三是为学与为人的关系。科学的本质是求真求实,容不得半点虚假,这是做学问的起码要求,也是为学者的良心所在。爱因斯坦曾经说过,造就伟大科学家的不是才智,而是人格。钱学森、华罗庚、郭永怀等老一辈科大人是我们学习的榜样,他们矢志不渝追求真理的执着精神和严于自律的治学风范,已经成为一代代科大人心目中的道德标杆。我希望同学们在求学期间,能够继承和发扬科大传统,求真务实,律己正心,潜心科研,做出国际一流的原创性成果。同学们能够来到科大学习,应该说是"幸运儿",对正在和曾经帮助过自己的人要心存感激,要学会感恩。在今后的学习和生活中,大家总会遇到一些不顺心的事情,但希望大家不要在第一时间做出抱怨和过激的反应,要学会换位思考、学会包容,用积极的态度去面对问题,因为包容是个人成长过程中必须拥有的人格力量。梁启超先生曾经说过,进学校求学问的目的是"学做人",专业知识不过是"做人"所需的一种手段。我希望同学们在今后的几年时间里,为学上锐意进取、勇于创新,为人上锻炼品格、提升修养,不要让人格上的缺陷成为你们成功"木桶"上的一块短板。

同学们,研究生阶段是你们人生中最为重要的求知、做人、做学问的阶段。在今后的学习和科研中,你们或许会一帆风顺,或许会举步维艰,但无论什么时候都不要放弃希望,不要放弃执着,不要放弃严谨,不要放弃追求。要记住,你们是"科大人",要一往无前地勇敢面对工作和生活带给你们的一切挫折和挑战。作为你们的学长,我也衷心希望你们能在科大这所安静的校园中收获知识、收获成果、收获友谊,收获科大人所具有的一切优良品格!

最后,祝同学们在科大期间生活愉快、身体健康、学业有成!

谢谢大家!

(六十一)我校举行2012秋季MBA/MPA新生开学典礼暨入学教育

金秋送爽,秋色宜人,蒙蒙细雨中的中国科大校园里处处洋溢着喜悦和新鲜的气息。2012年9月8日上午,我校2012秋季MBA/MPA新生开学典礼在东区理化大楼东三报告厅隆重举行,500多名怀揣梦想的新同学在这里开启人生的新征程。我校副校长张淑林、研究生院副院长陈伟、校学位办主任倪瑞应邀出席典礼。管理学院执行院长梁樑、分党委书记曹威麟、副院长华中生、副院长赵定涛、副书记芮锋,校友总会副秘书长胡韶山,MBA/MPA中心领导及工作人员,全体MBA/MPA新生及班主任参加了此次典礼。

MBA教育除了对学生的管理能力进行培养外,更为重要的是对学生的人文熏陶,从人格上、精神上影响一个人的发展,新生入学教育不应该是简单的形式,而应该是一场意义深远的文化仪式。为了让来自不同行业、具有不同文化背景的500多位MBA/MPA

学生从踏进校园的第一天开始,就能切身感受到科大的文化底蕴和科学魅力,以尽快融入科大文化氛围,管理学院 MBA/MPA 中心精心安排新生入学教育活动,以培养具有综合管理能力的未来领导者为目标,以隆重的开学仪式为导引,开展了为期两天的入学教育,内容充实,丰富多彩,相关活动包括专题报告、入学教育报告会、班级建设与文化传承以及 MBA/MPA 杰出校友报告会等。

(六十二)苏州研究院举办"中国科大-香港城大 2012 级联合培养博士生开学典礼"

2012 年 9 月 10 日上午,"中国科大-香港城大 2012 级联合培养博士生开学典礼"在苏州研究院举行。香港城大副校长、研究生院院长骆恪礼教授,我校研究生院副院长陈伟以及两校联合培养研究生项目的有关负责人和导师出席了开学典礼,典礼由我校苏州研究院副院长李彬主持。

陈伟副院长和骆恪礼副校长在致辞中均表示,联合培养博士生项目自实施以来,在两校的共同努力下,取得了显著的成效,不仅加强了两校的合作与交流,也培养出了一批批高水平的博士生。双方将进一步总结联合培养经验,创新培养模式,加深合作层次,充分利用彼此的优势资源,不断提升博士生培养质量。

新生单雪影同学代表全体参与联合培养的博士生做了发言。

开学典礼结束后,现场导师与同学开展了学术研讨交流茶话会。双方研究生院的相关负责人就共同招收港澳台及海外研究生、联合培养模式、明年中国科大-香港城大博士生论坛等事宜进行了交流和磋商,并达成初步共识。

(六十三)我校召开"常州研究生培养基地发展研讨会"

2012 年 9 月 11 日,我校"常州研究生培养基地发展研讨会"在中科院常州先进制造技术研究所(简称"先进制造所")举行,张淑林副校长率团出席并主持会议。参加会议的还有我校信息学院副院长王永、工程学院副院长竺长安、计算机学院副院长陈恩红、软件学院副院长李曦、研究生院副院长屠兢、校学位办主任倪瑞等;中科院合肥物质科学研究院副院长、先进制造所所长梅涛,先进制造所副所长骆敏舟、孔令成等;常州市委常委、科教城党工委书记徐光辉,科教城管委会主任陈建新也出席了会议。

张淑林副校长在会议致辞中说道,常州市科教城的发展定位很高,从规模化的职业教育到高端的研究生教育等方面都非常有特色,对行业(企业)发展起到了很好的促进作用。常州科教城的发展之路,也是科研教育体制改革的探索之路。希望我校与先进制造所进一步做好"科教融合、所系结合",在研究生教育,尤其是专业学位研究生培养层面上,能起到引领作用,在常州研究生培养实习实践基地,探索工程硕士教育新模式,培养出一批适合先进制造产业发展的高层次人才,为国家、区域产业发展做出应有贡献。

徐光辉书记在致辞中感谢中国科大对常州科教城高端人才培养的支持。他说,常州是发展非常迅速的城市,民营企业十分发达,目前担负转型升级、创新发展的重任。中国科大在先进制造所成立研究生培养基地,对于当地产业转型升级具有重要的战略意义。科教城对研究生培养基地的发展高度重视,积极给予政策、经费上的支持,包括即将设立的专项研究生奖学金。科教城在下一个十年发展中,要更加重视专业人才培养与引进,把高端技术转化为现实生产力,围绕智能、设计、信息3个主攻方向,推动常州的产业化发展。

梅涛所长在研讨会上做了题为"中国科大常州研究生培养基地2011～2012年度工作总结暨2012～2013年度工作计划"报告,详细汇报了上一年度培养基地的工作,并对下一年度工作计划做了介绍。

围绕如何更好地培养研究生,与会代表分别结合学科专业特点发表意见,并展开热烈讨论,在研究生招生、培养、科研项目合作等方面达成共识。希望以培养基地为纽带,充分发挥政府、高校、研究所三方优势,在科研实习、就业实践、职业资质认证等更广领域和更深层次展开合作,切实做到资源共享,以达到互促多赢、共同发展的目的。

我校常州研究生培养基地依托常州科教城和中科院常州先进制造所,主要定位于工程硕士培养。近年来,在三方的共同努力下,常州研究生培养基地在吸引优质生源、提高研究生教育质量、导师队伍建设等方面取得了长足的进步,为探索高端应用型、复合型人才培养,构建研究生培养新模式、新机制积累了丰富的经验,已初步成为研究生培养机制改革创新的试验基地,成为相关行业领域技术创新、成果孵化和转化的基地。

我校召开常州研究生培养基地发展研讨会

(六十四)我校领导参加"苏州纳米科技协同创新中心暨'2011计划'项目共建单位联席会议"

2012年9月14日下午,"苏州纳米科技协同创新中心暨'2011计划'项目共建单位联席会议"在苏州工业园区举行,会议由园区管委会副主任、科教创新区管委会主任夏芳主持。我校副校长张淑林、西安交通大学副校长宋晓平、东南大学党委副书记刘京南、苏州大学副校长路建美、中科院苏州纳米所副所长陈立桅、江苏省纳米技术产业创新联盟秘书长陆丽华等"2011计划"项目共建单位代表共20余人参加会议。

苏州纳米科技协同创新中心旨在通过中心建设,形成完善的人才、学科、科研、产业四位一体的融合体制机制,共同致力推动纳米科技创新与产业化发展,将苏州工业园区建设成为国内发展水平最高、国际一流的纳米科技协同创新示范区。

张淑林副校长在会上发言,她首先感谢苏州工业园区和共建单位在项目筹建过程中付出的辛勤劳动,并对项目建设目前取得的工作进展表示肯定。她表示,我校在纳米领域有着较强的学科基础,并在苏州建立了纳米学院,与中科院苏州纳米所等单位保持着良好的合作关系,我校愿意与参加项目的其他共建单位一起共同努力,为园区的纳米科技协同创新工作、共同的"2011计划"做出重要贡献。

会上,"2011计划"项目共建单位代表就协同创新中心运行机制、学科建设、科研创新和人才培养等方面进行了深入详细的交流和商讨。

我校参与苏州纳米科技协同创新中心建设:一方面,在国内最具规模的纳米科技创新和产业化资源集聚地进行学术研讨、技术研发,有利于我校相关专业的学科建设;另一方面,在国内发展水平最高、竞争力最强的高科技园区建立纳米科技的实践基地,有利于帮助我校在相关学科尽快形成科教融合、协同发展的良好局面。

(六十五)"第八届全国工程硕士研究生教育工作研讨会"在西安举行,我校代表做大会发言

由全国工程硕士专业学位教育指导委员会主办、西安电子科技大学承办的"第八届工程硕士研究生教育工作研讨会"于2012年9月20日至21日在西安隆重召开,大会主题为"协同提升教育质量,服务产业创新发展"。来自近200所高校的500余名代表参加了本次会议,我校研究生院副院长屠兢、软件学院副院长吴敏出席会议。

国务院学位委员会办公室副主任孙也刚在大会开幕式上做了重要讲话。他指出,工程硕士在目前的39种专业学位中规模最大、领域最广,工程硕士研究生教育一直走着探索、创新、发展之路,对整个专业学位研究生教育起到示范带动作用。当前的专业学位研究生教育要以全面提高质量、适应社会发展需求为主线,改革和建设要更加突出创新、突出科教融合。改革要把握四个原则:一是适应需求,特色多样;二是创新模式,能力为重;三是学生为本,导师为要;四是单位为主,开放合作。

全国工程硕士教指委委员兼秘书长、清华大学贺克斌教授对近两年来教指委的工作做了回顾和总结,并做了题为"协同提升教育质量,服务产业创新发展"的报告;华南理工大学、西安电子科技大学代表分别做了题为"华南理工大学全日制工程硕士培养体系建设与体会""电子信息类工程硕士培养体系研究与实践"的大会发言。

来自中国科学技术大学、清华大学、上海交通大学和南京大学等高校的26位代表在

4个分会场上做了专题报告。我校软件学院副院长吴敏教授做了题为"以专业性和情景化为导向的工程硕士英语课程改革"的发言,详细介绍了教育部工程科技人才培养专题项目所取得的阶段性成果——工程硕士基础英语的改革方案及其教材《信息技术高级英语教程》的教学设计与编写原则。该教材的开发和编写团队由专职英语教师、有海外或海外企业工作背景的专业课教师、企业专家和教学设计与教育技术专业人员组成,教材各单元选题和教学内容直接来源于生产实际;教学方法为课前自主学习单元主题内容,课堂以具体任务和活动等围绕主题教学和讨论,课后练习和扩展;教材已经以创新型的学习型电子书形式由上海外语教育出版社出版发行,成为国内首种学习型英语教材电子书,现已经在我校软件学院2012级新生工程硕士基础英语课程中使用。

我校的专题发言引起了与会代表的关注,认为我校以专业性和情景化为导向的工程硕士英语课程改革具有示范性,值得借鉴与学习。一些学校的代表希望来我校考察学习课程改革的经验。

(六十六)我校布置新学期学位与研究生教育工作

为全面部署2012年下半年学位与研究生教育工作,推进研究生培养质量工程的实施,9月21日下午,我校于东区活动中心五楼学术报告厅召开"新学期学位与研究生教育工作会议"。各学院执行院长、分管副院长、研究生部全体成员、职业学位教育中心全体成员、公共支撑中心负责人及相关职能部门负责人参加了会议。张淑林副校长主持会议并讲话。

本学期的学位与研究生教育工作整体部署主要包括以下三个方面:

第一,在科学学位研究生教育方面,继续坚持以"长周期、高质量"的人才培养模式为工作重心,研招工作要在坚持"走出去""请进来""再走出去"策略的基础上,加大力度,"重拳出击",打造研招大平台;对于培养工作,要进一步树立国际化的视野,加大对研究生国际学术交流的支持力度,积极推进完善各类研究生创新计划的实施,做好本-硕-博课程一体化的改革探索;学位工作要重视推进我校新的学位标准的实施,严把出口质量关,进一步完善数据共享、立足服务、质量为本、科学管理的信息化大平台建设;努力推动各研究生部的队伍建设,争取为科学学位研究生人才培养工作打造一支高质量的服务团队。

第二,在专业学位研究生教育方面,要进一步做好专业学位综合改革试点国家验收的准备工作;统筹协调好全日制专业学位与非全日制专业学位研究生教育的关系;积极探索与境外高校联合招生、培养的合作新机制;进一步扩大与政府、行业的合作,加强校地、校所之间的互动关系;依托"专业学位集团军"培养基地,深化苏州研究院建设,充分利用合肥先研院建设契机,创建我校专业学位研究生教育大平台。

第三,在公共支撑体系建设方面,要在规范管理的基础上进一步做好服务推送工作。做好第六大公共实验中心即微纳加工中心的建设,扩大优质教育资源的受益面;提升信息化服务的层次与水平,着力培植信息共享体系,实现管理与质量评估从"有形"向"无形"的转变。

上半年以来,我校学位与研究生教育工作围绕学校党政工作的整体部署,以"提高质量"为中心,开展了卓有成效的工作。在科学学位研究生教育方面,学校顺利完成并通过了国家"211工程"三期验收、"985工程"三期中期检查任务;获批19个一级学科安徽省重点学科,列入教育部首批博士生招生计划弹性管理改革试点高校;组织科学家报告团、教授宣讲团400余人次到全国12个大城市进行研招宣讲;举办了6个夏令营;实施各类研究生创新计划300余项。在专业学位研究生教育方面,我校成为全国首批工程博士试点培养院校,获批9个国家级工程实践教育中心;顺利完成MBA、控制工程两个专业学位综合改革试点国家中期检查评估任务。在公共支撑体系建设方面,开始筹建微纳加工中心,启动并实施了公共仪器改进、性能开发基金项目;积极落实图书馆新馆建设;拓展服务内容和服务形式,进行全校共享数字平台建设和省网节点建设;建设了网络视频课程,开通了网络课堂,提高了利用信息化手段服务教学、科研的水平。

(六十七) 我校布置年度研究生推免及博士生学术新人奖评选工作

2012年9月26日,我校召开"年度研究生推免及博士生学术新人奖评选工作会议",各学院学生工作负责人,本科、研究生教育分管院长,研究生教学秘书以及研究生院、教务处、学工部(处)等职能部门负责人参加了工作会议。会议由张淑林副校长主持。

我校每年的研究生推免工作由研究生院、教务处、学工部(处)共同负责组织实施。会上,研究生院副院长古继宝首先简要介绍了2013级校内研究生推免工作的基本原则和指导思想。教务处处长蒋一、副处长李蓓,学工部(处)长董雨,研招办室副主任袁胡骏分别就推免工作的学业成绩审定、综合素质考核、推免程序及时间节点进行了详细说明与布置。根据会议部署,我校2013级校内本科生免试攻读研究生工作本月底启动,预计10月20日公示拟录取的学生名单,将于10月底进行网上报名和现场确认。

随后,会议布置了本年度国家级和校级博士生学术新人奖评选相关工作,研究生院培养办副主任万洪英就奖项评选相关事宜做了说明。国家级博士研究生学术新人奖主要针对科研成绩优异、创新能力较强的在读博士生进行资助,每年评选1次,今年我校获得25个国家级博士生学术新人奖名额,届时将优先考虑"全国优博"获得者的导师推荐的学生和上一年度"校级博士生学术新人奖"获得者。

最后,张淑林副校长传达了教育部拟于近期启动的一系列关于提高研究生教育质量的相关指导意见的精神,要求各单位认真围绕教育部的部署,以提高质量为核心,认真对待校内推免生工作和"国家级博士生学术新人奖"评选工作。要珍惜推免指标,严格把关,确保选拔一批优秀的、具有科研潜力的学生进入研究生阶段进行深造,同时加强跟进联系"走出去""请进来"的校外优秀推免生,吸引更多的优秀学生来我校学习和开展科研工作。各单位要积极申报"国家级博士生学术新人奖",激励优秀博士生刻苦学习,为我校博士生培养营造创新学术环境,共同提升我校博士生的培养质量和科研水平。

(六十八)我校研究生院召开2012级代培生座谈会

为进一步改善东区家属楼代培生的居住和生活条件,听取同学们的意见和建议,2012年10月11日下午,研究生院在学生服务中心二楼会议室召开东区家属楼代培生座谈会。出席会议的有研究生院、资产与后勤管理部、保卫处负责人,相关班级的班主任及代培生代表,会议由研究生院副院长屠兢主持。

会上,各职能部门负责人就学校前期所做的相关工作分别进行了介绍。

座谈会上,围绕班主任和同学们关心的问题,与会人员进行了认真、细致的讨论。对于可以立即解决的问题,如热水、路灯、门窗、用电安全等问题,各职能部门都分别给出了切实有效的解决办法。如给每个宿舍更换大电热水壶,配备大容量的暖水瓶,配备灭火器,加派人手在代培女生宿舍附近重点巡逻,增亮教学楼到宿舍路段的路灯,加固宿舍一楼院墙,以保证学生的生活安全和人身安全。

最后,屠兢副院长说,每年中科院各院所到我校的代培研究生有1000多人,学校各级领导非常重视代培生在我校的学习、生活,同时希望同学们在学习生活中遇到问题时,能随时与学校相关部门保持及时有效的沟通,学校将为大家提供满意的学习和生活环境。

(六十九)我校与中科院南京土壤研究所联合推出的"所系结合"课程"土壤学"在我校开讲

2012年10月13日,由我校与中科院南京土壤研究所联合推出的"所系结合"课程"土壤学"在我校开讲。上午,赵其国院士、张甘霖研究员和蒋新副所长分别做题为"土壤科学发展战略方向""典型亚热带地区土壤风化与酸化速率研究""土壤环境与农产品质量安全"的报告;下午,周东美研究员、张佳宝研究员和沈仁芳所长分别做题为"土壤重金属污染化学与风险评价""土壤物质迁移过程与模拟""植物如何协调适应土壤多种共存胁迫因子"的报告。

(七十)"第四届C9高校学位办主任工作交流研讨会"在我校举行

2012年10月18日上午,"第四届C9高校学位办主任工作交流研讨会"在我校举行。我校张淑林副校长出席研讨会并讲话。来自中国科学技术大学、北京大学、清华大学、复旦大学、上海交通大学、浙江大学、南京大学、西安交通大学、哈尔滨工业大学等C9高校学位办主任,教育部学位与研究生教育中心、安徽省学位办、《学位与研究生教育》期刊社、《研究生教育研究》期刊社、万方数据股份有限公司等单位相关负责人，以及我校研究生院负责人等参加了会议。会议先后由我校研究生院副院长古继宝、屠兢主持。

会上，张淑林副校长结合自身近30年的学位与研究生教育管理工作经历，就新形势下学位管理工作的创新致辞。她认为，学位管理工作应始终把研究生学位质量监管和研究生培养质量评价作为两项核心任务，常抓不懈；当前，在管理中应积极适应信息化的宏观趋势，推动信息化管理平台、服务平台、质量监控平台的科学建设；要增强服务意识，积极探索创新举措，推进管理体制机制改革；各校之间应加强联动交流，互学所长；在培养单位内部，要注意充分调动导师的积极性，重视学校质量文化的营造。她希望与会人员能够充分交流C9高校已有的学位管理工作经验，深入探讨新形势下学位与研究生教育面临的新问题，碰撞出学位与研究生教育改革的智慧火花，为C9高校乃至全国高校的学位制度建设献计献策，在新时期学位与研究生教育工作的转型调整中继续引领时代潮流。

安徽省学位办副主任黄飞在发言中就我省学位与研究生教育的基本情况做了通报，安徽省下一步的学位与研究生教育工作将以"优化教育布局、注重培养质量"为中心任务，致力整合省内外高等教育优质资源，积极探索学位与研究生教育改革发展的新思路。

教育部学位与研究生教育中心主任助理赵瑜在讲话中表示，C9高校各具特色，各有所长，长期以来一直在中国的学位制度改革中处于排头兵的地位。参与C9高校学位与研究生教育工作交流研讨会议，借鉴各校的成功经验，将有助于学位中心后续相关工作更好地开展。

会上，我校学位办主任倪瑞做了题为"利用信息技术，实现管理向服务转变"的专题报告，分别从学位管理、导师服务、学生服务以及产生影响等4个方面详细生动地阐述了我校近年来开展信息化大平台建设的理念、进展情况以及有关的经验总结。

听取报告后，与会人员交流了各校学位管理工作的经验与体会，重点围绕学位与研究生教育管理工作中的信息化平台建设、专业学位研究生教育质量评价、工程博士培养方案设置、交叉学科学位论文评定标准等相关问题展开了深入交流。

据了解，自2009年始，"C9高校学位办主任工作交流研讨会"相继在哈尔滨工业大学、浙江大学、西安交通大学、中国科学技术大学成功举办，已形成全国顶尖高校学位工作交流的常态机制，已成为向教育主管部门建言献策的重要平台。经本次会议讨论决定，"第五届C9高校学位办主任工作交流研讨会"将于明年在北京大学召开。

（七十一）四川大学研究生院代表团访问我校

2012年10月25日，四川大学研究生院副院长朱天率代表团来我校就信息化建设、博导遴选等工作进行访问与交流,我校研究生院、校学位办等部门负责人参加了交流与研讨。

研究生院副院长屠兢会见了朱天副院长一行,并对他们的来访表示热烈欢迎。校学位办主任倪瑞重点介绍了我校学位与研究生信息化建设的实践和经验,从学位质量监控、导师服务、学生服务、成绩影响 4 个方面阐述了我校研究生院利用信息化技术服务于师生,实现管理向服务转变的创新实践。

朱天副院长对我校的热情接待表示感谢,之后介绍了四川大学学位与研究生教育工作基本情况,对我校在学位与研究生教育信息化建设工作的改革和创新予以高度评价,希望通过双方深入的交流,学习和借鉴我校学位与研究生教育信息化建设的经验,进一步推动两校之间的交流与合作。

双方还就学位与研究生教育管理信息系统的架构、建设、推广、升级、运行和维护等方面工作进行了深入交流与研讨。

(七十二) 2012 年"中科院优秀博士学位论文"结果公布,我校 16 篇入选

2012 年 10 月,中科院发文公布了 2012 年"中科院优秀博士学位论文"(简称"中科院优博")和"优秀研究生指导教师奖"评选结果,共评选出优秀博士论文 99 篇,优秀研究生指导教师 97 人。其中我校 16 位博士毕业生及其导师分获"优秀博士学位论文奖"和"优秀研究生指导教师奖"。

为表彰优秀,促进广大学子勤奋学习,探究科研,激励导师投身教书育人事业,受中科院人事教育局的委托,今年将在我校年度研究生导师大会上对上述获奖者进行表彰,并颁发荣誉证书。2004 年,中科院正式启动优秀博士学位论文评选工作,每年举行一次,每次评选出的优秀博士学位论文一般不超过 50 篇。自 2011 年始,"中科院优博"评选量提升到 100 篇。在以往九届的"中科院优博"评选中,我校共有 94 篇论文获奖,是院属系统获奖论文数最多的单位。根据科发人教字〔2004〕317 号文规定,对毕业后仍留中科院工作的优秀博士论文作者,中科院将给予科研启动资金的资助。

(七十三) 微尺度物质科学国家实验室(筹)举办第六届研究生学术论坛

为加强不同学科间的学术交流,营造良好的科研学术氛围,促进研究生创新意识与创新能力的培养,第六届研究生学术论坛于 2012 年 11 月 3 日至 4 日在东区理化大楼顺利举办。

11 月 3 日上午 8 时 30 分,学术论坛在理化大楼西三报告厅拉开帷幕,微尺度物质科学国家实验室(筹)研究生部主任石磊教授主持开幕式,张淑林副校长希望国家实验室继续总结论坛举办经验,吸引更多的一流专家参与,让更多的研究生受益。微尺度物质科学国家实验室(筹)副主任王晓平教授介绍了前五届学术论坛举办的基本情况,表示将把

论坛打造成研究生交流学术、增进相互了解与合作的重要平台。

开幕式结束后,来自物理、化学及生物方向的3位学科带头人陈仙辉教授、俞书宏教授及王均教授分别做了精彩的大会特邀报告。在随后的两天会议中,来自不同学科方向的3位优秀青年科学家陆朝阳教授、张国庆教授、张智教授先后带来了关于量子计算、功能荧光材料以及慢性疼痛抑制方面的分会特邀报告。与此同时,41位优秀的研究生也陆续报告了自己在各自专业领域里的最新科研进展。丰富多彩的报告内容激发了在场听众的广泛兴趣,他们接二连三的提问将整个会场气氛推向高潮。

会后经教授评审组的认真讨论和无记名投票,刘建伟、张尧、冯浩、肖翀、李凤磊、张进一等6位同学获得了学术论坛报告一等奖,杜宏建、蔡昕东、陈昊泽等12位同学获得了学术论坛报告二等奖,王阳等22位同学获得了学术论坛报告三等奖。国家实验室副主任陈旸教授、徐春叶教授、吴文彬教授、魏海明教授等为一等奖、二等奖获奖同学颁发了获奖证书。至此第六届微尺度物质科学国家实验室(筹)研究生学术论坛圆满落幕。

(七十四) 我校研究生参与中国第二十九次南极科考

中国第二十九次南极科考队乘坐的"雪龙号"极地科考船于11月5日上午从广州南沙码头起航奔赴南极,执行预计为期162天的科考任务。

2012年11月5日上午11时,我校地空极地环境研究室研二学生储著定在为南极科考做最后的准备,此时,他的两位同学(我校地空极地环境研究室研二学生张禄禄和邢洁)已经在我国极地考察船"雪龙号"上开始我国第二十九次南极科考活动。1个多月后,他也将与这支由241人组成的大洋科考队在南极会合。

"坐'雪龙号'从广州去南极要1个月时间,回来也需要1个月时间。"11月5日傍晚,储著定在接受记者采访时说。不过对于历时100多天的科考行程来说,路途上的2个月并不是难捱的时光,因为很多项目要在这个过程中完成,"比如邢洁,她就要在船上待足162天,她的考察任务是监测沿线大气中的多项化学成分,定时记录数据的变化。"

与邢洁不同,张禄禄则要下船干活。当"雪龙号"到达南极中山站后,他所在的内陆考察队将下船改乘雪地车前往昆仑站,结束后再返回中山站。他要在南极内陆工作生活50多天。

储著定的考察任务是采集长城站附近湖泊沉积物样品,出于气候的需要,他的行程要比其他人晚1个多月,也要选择不同的交通工具。"我是坐飞机从智利前往长城站的,在飞机上要耗费三四天的时间。"他将在长城站工作2个月左右,预计明年3月结束考察后返回。

储著定说,在未来1个多月,他希望通过邮件的形式,了解张禄禄和邢洁在船上的情况。

"南极是一片受人为影响较小的地方,通过对南极环境的研究,可以为研究全球气候变化提供参照。"对于接下来的行程,储著定充满向往。

据了解,中国第二十九次南极科考将采取"一船两站"的方式进行,即搭乘"雪龙号"先后对中山站、昆仑站进行考察。此次南极科考将完成31项站区科考和8项南大洋科考项目,执行12项后勤保障任务。计划总航程约2.7万海里(1海里=1852千米),将4次穿越西风带,于2013年4月上旬返回上海。

科考队于5日从广州出发后,计划中途在澳大利亚弗里曼特尔进行补给,12月初抵达我国南极中山站进行物资卸运后将赴南极大陆罗斯海沿岸考察,之后将至澳大利亚霍巴特港停靠补给,2013年2月再次回到中山站卸货并进行为期1个月的南大洋考察,3月11日离开中山站回国,再次途经弗里曼特尔补给后于4月上旬抵达上海。

据了解,考察期间,科考队将继续在南极周边海域和南极大陆开展极地环境综合考察与评估专项工作,考察南极周边海域和南极大陆重点地区环境要素。同时实施考察站站务工程,为中国第四个南极科考站选址调研、进行昆仑站二期工程建设,提高南极考察站的后勤保障能力。

自1984年我国首次组织南极科考以来,我国已经在南极建立了长城站、中山站和昆仑站3个科考站,成功组织了28次南极科考和5次北冰洋科考。

我校参与我国第二十九次南极科考的研究生邢洁和她的队友

(七十五)"2012年安徽省科学道德和学风建设宣讲教育报告会"在我校举行

2012年11月7日下午,由安徽省科协、省教育厅联合主办,我校承办的"2012年安徽省科学道德和学风建设宣讲教育报告会"在我校东区大礼堂举行。我校李曙光院士、安徽大学程桦校长应邀做主题宣讲报告。中国科学技术大学、合肥工业大学、安徽大学等省内12所高校研究生培养单位的研究生教育分管负责人、青年教师代表和研究生代表共1800余人认真聆听了两位专家的精彩报告。我校张淑林副校长,安徽省科学道德和学风建设宣讲教育活动领导小组组长、省科协党组书记周建强出席报告会并致辞。会议由安徽省科学道德和学风建设宣讲教育活动领导小组副组长、省教育厅副厅长李和平主持。省科协副主席王海彦、副巡视员蔡士祥,省教育厅学位办主任汤仲胜等参加了此次报告会。

张淑林副校长在致辞中说道,科学道德和良好学风是大学精神的集中体现,是高校的立校之本、发展之魂。加强科学道德和学风建设,是我国由高等教育大国向强国迈进过程中为提高教育质量而采取的一项重要举措,对于高校人才培养、科学研究、社会服务、文化传承与创新等各项工作具有重要的保障作用。她介绍了近年来我校在加强科学道德和学风建设、营造学术和校园质量文化氛围方面所开展的卓有成效的工作,如开设"新生入学教育第一课"、举办"研究生导师岗前培训班"、创办"班主任、辅导员学校"、制定研究生学术道德规范管理条例等。张淑林副校长希望大家像爱护自己的眼睛一样爱护自己的学术人格,珍惜自己的学术声誉、坚守科学道德、维护学术尊严,努力学习,努力成才,努力做人。

安徽省科学道德和学风建设宣讲教育活动领导小组组长、省科协党组书记周建强在致辞讲话中强调了科学道德和学风建设宣教工作的重要意义,并就进一步加强我省宣教活动提出了以下3点意见:一是要把加强科学道德和学风建设作为科技界、教育界的一项共同使命和长期任务;二是要认真总结经验,扩大宣教对象,提高宣教活动的效果,建立科学道德教育长效机制,确保做好2012年安徽省的宣教活动;三是希望广大师生通过宣教活动能够做到坚守学术诚信,维护学术尊严,遵守科学道德,建设优良学风。

随后,我校李曙光院士做了题为"科学家的名声问题——从另一个角度谈科学道德问题"的精彩报告。在报告中,他将科学道德提升到与科技进步、社会发展和大学教育密切相关的高度,并从社会、教育和体制等多方面分析了当前社会存在的科学研究不端和学术泡沫等违背科学道德的现象。李曙光院士结合自身丰富的治学经历提出了"诚实、认真、合作、自我反省、开阔胸怀和尊重前人工作"等6种从事科学研究的品格,以此激励科技工作者远离"学术污点",坚守科学道德。

安徽大学校长程桦教授在题为"践行科学道德,树立良好学风"的报告中说道,科学精神是科学道德的思想内涵,科学伦理是科学道德的反映,遵守科学道德是科学研究的行为要求,加强科学道德和学风建设对推动科技进步和提高社会的思想道德水准有巨大的促进作用。

今年以来,为贯彻中国科协、教育部、中科院、社科院、工程院《关于做好2012年科学道德和学风建设宣讲教育有关工作的通知》以及全国科学道德和学风建设宣讲教育工作会议精神,安徽省科协、省教育厅印发了《关于开展科学道德和学风建设宣讲教育活动的通知》,专门组建了安徽省科学道德和学风建设宣讲团支持各有关单位开展宣讲活动。本次宣讲报告会得到了我校校领导和相关部门的高度重视,为做好本次宣讲报告会,校研究生院、学工部(处)、党政办、保卫处、宣传部等部门进行了认真筹备,以确保报告会的顺利进行。

"2012年安徽省科学道德和学风建设宣讲教育报告会"在我校举行

(七十六)"2012年中国研究生媒体联席会议暨庆祝《中国研究生》期刊创刊十周年研究生媒体发展论坛"在我校举办

冬景益然似春华,五湖学子聚科大。2012年11月29日,由教育部学位与研究生教育发展中心、《中国研究生》期刊主办,我校承办的"2012年中国研究生媒体联席会议暨庆祝《中国研究生》期刊创刊十周年研究生媒体发展论坛"在我校举行。

我校张淑林副校长,教育部学位与研究生教育发展中心副主任、《中国研究生》期刊执行主编王立生,国务院学位委员会办公室、教育部学位管理与研究生教育司综合处副处长张帅,安徽省教育厅学位办副主任黄飞出席会议并致辞。会议由《中国研究生》期刊副主编关长空主持。出席本次会议及论坛的还有我校研究生院、校学位办相关负责人屠兢、古继宝、陈伟、倪瑞。来自全国各地80多家研究生媒体160余名师生代表参加了本次会议及论坛。

张淑林副校长向参加本次会议及论坛的各位研究生媒体指导老师和学生代表表示热烈欢迎,并对《中国研究生》期刊创刊十周年表示祝贺。她向与会代表们介绍了我校建校以来的发展历程和学位与研究生教育概况,高度评价了《中国研究生》期刊在推动学位与研究生教育事业、助力研究生创新与成才方面做出的突出成绩,充分肯定了研究生校园媒体在校园文化建设和研究生教育方面的重要作用。她希望全国研究生在《中国研究生》期刊这个优质平台上绽放青春,挥洒激情,并期望《中国研究生》期刊及全国研究生校园媒体成长为研究生学子的心灵家园。

张帅副处长在致辞中对中国研究生媒体联席会议这一全国性的研究生交流平台给予了高度肯定,她建议研究生校园媒体能进一步发挥政策宣传和舆论引导作用,积极参与学位与研究生教育改革,激发研究生的创新热情和意识,促进研究生综合素质和创新能力的提高。

黄飞副主任在致辞中说,本次会议及论坛选定在安徽省举办,这既是学位与研究生教育发展中心对安徽省学位与研究生教育的信任和鼓励,也是一次弥足珍贵的学习和交流良机,祝愿本次会议及论坛取得圆满成功,同时祝愿全体与会代表在安徽期间度过美好时光。

王立生主编向全体与会师生介绍了《中国研究生》期刊的创刊历程、办刊经验和未来发展蓝图。自2002年创刊以来,《中国研究生》期刊牢固树立大局意识、质量意识和服务意识,逐渐成为我国研究生媒体中的领军者,其主办的研究生媒体联席会,有效搭建了高校之间沟通交流的平台,大大促进了我国学位与研究生教育的改革。在未来的发展中,《中国研究生》期刊将着力发挥研究生、高校教师和管理干部掌握权威资讯和学术交流的平台作用,扩大期刊发行和通信联络站的覆盖范围;继续以质量为抓手、以期刊为纽带,积极开展校园文化活动和学术研究活动;打造经典栏目,充实、巩固和提高期刊的影响力。

随后,优秀研究生校园媒体系列奖项颁奖典礼开始。本次评审共设"优秀校园媒体""优秀人物访谈""优秀专题""优秀栏目""优秀专刊""优秀视觉设计""优秀深度报道"等7个奖项,来自全国10余家媒体榜上有名。《中国科大研究生教育》期刊获得了"优秀校园媒体""优秀人物访谈""优秀专题""优秀栏目""优秀专刊"等5项大奖,创该刊在历届联席会上获奖之最,充分反映了评审委员会对我校合肥通联站工作的高度认可。

颁奖典礼之后,40余家研究生校园媒体进行了媒体展示与资料交流,丰富多彩的展览内容、设计精美的宣传彩页、热情踊跃的交流氛围给全体师生代表留下了深刻的印象。在媒体展示中,《中国科大研究生教育》期刊以清新活跃的视觉风格、独特贴近的报道视角赢得了与会代表的好评。

下午,来自复旦大学、吉林大学、山东大学、四川大学、中南财经政法大学、贵州大学、华南师范大学、华东师范大学、哈尔滨医科大学及中国科学技术大学等学校的研究生校园媒体学生代表就"研究生校园媒体发展探析"这一主题做专题发言。我校研究生代表李金龙结合《中国科大研究生教育》的办刊特色、理念和团队培育经验做了精彩发言。

我校题为"融入研教实践,培育专业团队,打造独具理工特色的优质研究生媒体"的报告引起了全体与会师生的关注。师生代表在交流研讨中一致认为,《中国科大研究生教育》和我校合肥通联站在"深度参与研究生教育实践,服务学校研究生教育战略发展大局"方面的经验与做法值得借鉴。近年来,《中国科大研究生教育》期刊、我校合肥通联站根据研究生院的部署,广泛参与我校"科学家报告会""研招教授宣讲团""优秀大学生夏令营"等品牌活动,并高质量地完成了学位与研究教育课题及系列专著的调研、编写工作,加之深入基层完成新闻采风和邀请专家学者进行团队培训等工作,使期刊成为活跃于理工科大学中一份具有可持续发展潜力和浓郁理工特色文化印记的权威纸媒。

下午6时许,舒缓的钢琴曲响起,伴随着悠扬的歌声与如雷的掌声,"2012年中国研究生媒体联席会议暨庆祝《中国研究生》期刊创刊十周年研究生媒体发展论坛"圆满落幕。

据了解,《中国研究生》期刊在全国省会城市及研究生教育发达地区已发展33家地区通信联络站。我校合肥通联站于2007年9月正式挂牌成立。5年来,合肥通联站的发展一直得到了《中国研究生》期刊和我校研究生院领导的大力支持和指导,不仅为期刊社输送了众多优秀稿件,也为传播科大文化、弘扬科大精神、宣传科大学位与研究生教育事业做出了突出贡献,已逐渐成长为宣传我校乃至安徽区域学位与研究生教育事业的重要阵地。经全体与会代表表决,"2013年中国研究生媒体联席会议"将在哈尔滨工程大学举办。

"2012年中国研究生媒体联席会议暨庆祝《中国研究生》期刊创刊十周年研究生媒体发展论坛"在我校举行

(七十七) 校学位委员会召开2012年冬季学位工作会议,决定授予126人博士学位、402人硕士学位

2012年11月29日下午,第七届校学位委员会在理化大楼一层科技展厅召开第十三次工作会议,讨论2012年下半年学位授予等工作。会议由校学位委员会主任委员、校长侯建国院士主持。

会议听取了各学位分委员会负责人关于本学科学位申请者的情况介绍,审阅了相关申请材料,并在认真讨论的基础上,依据有关规定进行了投票。经表决,决定授予126人博士学位、402人硕士学位。

会上,张淑林副校长从学科建设、学位与研究生教育以及公共服务体系建设3个方面向各位委员通报了2012年我校在"211工程"三期验收、"985工程"建设,以及研招、培养、学位质量监控、信息化管理等方面的主要工作。

侯建国校长在总结讲话中分析了近期教育部学科评估的趋势和原则,指出各学位分委员会应更加充分发挥质量把关作用,进一步完善分类培养方案及相关学位标准,突出特色,全面提升我校的研究生培养质量。

(七十八) 我校举行2012年第二次毕业典礼暨学位授予仪式

2012年12月1日上午,我校"2012年冬季毕业典礼暨学位着装授予仪式"在东区大礼堂隆重举行。礼堂内外,台上台下,到处都是热情绽放的笑脸,洋溢着节日般的气氛。带着校领导和老师们的真挚祝福,500多名学子即将踏上人生新的征程。许多学生家长和亲友也远道而来,分享这一激动人心的时刻。

上午9时,在热烈的掌声中,校领导侯建国、窦贤康、周先意、朱长飞,部分学院执行院长刘万东、陈晓非、陈华平,以及导师代表曾长淦身着导师服到主席台就座。大会由张淑林副校长主持。

大会第一项是请出校旗。30名校旗护卫队同学高高举起一面巨幅校旗,从后排缓缓移向主席台。校旗从同学们的头顶掠过时,激起阵阵掌声和欢呼声,最后悬挂在主席台中央。

随后,全体起立,奏唱《中华人民共和国国歌》。

会上,窦贤康副校长宣读了学校关于授予博士和硕士学位的决定,程正杰等126人获得博士学位,刘春竹等402人获得硕士学位,常菁原等40人获得学士学位。

侯建国校长发表了热情洋溢的讲话。他首先代表全校师生员工,向通过努力学习顺利获得学位的各位同学表示热烈的祝贺!向为同学们的成长付出心血和汗水的各位老师表示衷心的感谢!向关心学校建设发展、哺育和支持同学们的各位家长和亲友们表示诚挚的问候!他说,同学们生活在充满机遇的时代,在这片充满机遇的大地上,同学们的成就一定会比父辈更大、更好,将逐步成为社会的中坚。同时,同学们要肩负起比父辈更多的责任和义务,去推动社会文明的进步和科学技术的发展。

"一段求学路,一生科大情。"临别之际,侯建国校长语重心长地对同学们提出两点希望。首先,希望同学们能够成为善于独立思考、有长远眼光的人。人生的路总要自己走,不要拿别人的地图找自己的路。他以科大校友庄小威的经历为例,教导大家敢于直面人生,迎接挑战。2006年,34岁的庄小威成为哈佛大学化学与化学生物系、物理系的双聘正教授。今年,她又当选美国科学院院士。其次,希望同学们秉持科大人求真务实、脚踏实地的精神,坚守科大优秀的传统与价值观,从点滴做起,努力把工作做到极致,在各自平凡的岗位上,实现不平凡的伟业。

导师代表、物理学院曾长淦教授在致辞中表达了自己的依依不舍之情,对大家的未来充满期待。首先,他希望大家发扬科大的优良传统,坚持自我,在各行各业中成就卓越;其次,他希望大家不要过分较真,对别人多宽容,多看别人的长处,不要有道德洁癖,善于团队合作,培养自己的领导能力;此外,他还希望大家善于表达自己,充分抓住机遇,实现人生价值的最大化。

毕业生代表、生命科学学院博士生张云娇同学在发言中表达了对老师及母校的感恩之情。她表示,在未来前行的日子中,要传承和发扬科大精神,既志存高远,又脚踏实地,即使遇到低谷,也不会忘记抬起头仰望星空。不管遇到什么样的困难,都不放弃坚持自己的理想,要勇于承担起国家、民族伟大复兴的重任。专业学位获得者代表赵加明在发言中表示,在科大的学习生涯是人生重要的基石,大大开阔了视野,改造和提升了整个知识结构,学会了分析和思考,学会了合作和竞争,学会了继承和创新,也学会了如何不断突破自己而成长,这将是自己一生无尽的财富。

在侯建国校长的带领下,全体毕业生庄严宣誓:"感恩父母养育,感谢导师教诲,不忘母校培养。我们坚守母校信念,热爱科学、崇尚真理;我们传承母校精神,科教报国、追求卓越。我们用激情和智慧建设祖国,用责任和行动回馈社会,用成就和硕果回报母校!"

最后,在激扬豪迈的校歌旋律中,同学们身着学位服依次登上主席台,校领导和导师们为他们一一扶正流苏并合影留念。

毕业典礼暨学位授予仪式是科大学子在校的最后一课,学校十分重视这个神圣而庄严的时刻,对每个环节精心设计,巧妙安排,专人负责。为便于同学们赶到会场,校车队还增派班车,在西区图书馆和南区图书馆前接送参加仪式的同学。在大礼堂外,还放置了毕业留影背板,专门用于毕业生拍照留念。为了让远方的亲友与毕业生共同见证这一重要时刻,分享成功的喜悦,还通过网络对本次仪式进行了现场直播。

(七十九) 我校举办第三届研究生、本科生"科技创新大汇堂"

2012年12月7日下午,我校第三届研究生、本科生"科技创新大汇堂"活动在东区第二教学楼开幕。张淑林副校长出席开幕式,开幕式由校团委副书记杨晓果主持。研究生院、教务处、科技处、校团委有关负责人,第十三届"挑战杯"全国大学生课外学术科技作品竞赛校内选拔赛决赛评委老师以及各位参赛选手参加了开幕式。

张淑林副校长为活动致开幕辞。她强调,我校一直高度重视学生的学术素养和创新能力提升,瞄准世界科技前沿,服务国家发展战略大局,不断向"世界一流研究型大学"的目标迈进。她对每一位科大学子寄予厚望,希望同学们勇担使命、凝心聚力、拼搏前行,规划好个人学术科研发展的同时,为学校的发展建设和国家的科教发展贡献自己的力量。

工程科学学院孔凡让教授作为评委老师代表做了精彩讲话。他指出,中国近代漫长的屈辱史反映了中国教育体制的弊端,他以中日教学模式的差异性对比为例向大家阐明了科教创新对于中国现代化建设和青年教育的重要性。杜松明同学代表参赛选手做发言,他认为"科技创新大汇堂"为广大同学提供了一个在实验室外徜徉科研的平台,很好地激发了同学们的创新精神。

开幕式上宣读了对在第三届"科技创新大汇堂"活动中组织学生参赛方面表现突出的单位的表彰决定,信息科学技术学院分团委获得优秀组织奖特等奖,工程科学学院分团委等3个单位、核科学技术学院团总支等5个单位、生命科学学院团总支等3个单位分别获得优秀组织奖一、二、三等奖。

作为一个展示我校先进科技成果、激发同学们学术研究热情的平台,本届"科技创新大汇堂"活动在12月7日至9日的3天时间内,举办了我校优秀科技创新成果图片展示、实物展示、主题"科学沙龙"和有奖问答等一系列精彩的活动。

(八十) 我校召开"2012年专业学位教育冬季工作会议"

为深入交流各单位半年来在专业学位教育方面的工作,部署下一阶段的工作,我校于2012年12月8日召开"2012年专业学位教育冬季工作会议"。校专业学位教育中心全体委员、各专业学位教育单位相关负责人参加了会议。张淑林副校长出席会议并讲话,会议由研究生院副院长屠兢主持。

半年来,根据学位与研究生教育工作的整体部署,我校积极推进专业学位教育各项工作,并取得了新的阶段性成果,这些新成果主要有:MBA专业学位综合改革试点工作取得新进展,如"案例建设""视频教学"成果丰硕,6篇案例入选首届"全国百篇优秀教学案例",在年度"国际企业管理挑战赛"中取得7个奖项。苏州研究院通过努力获得了苏州地方政府的进一步支持,新增了教学办公用房,发展空间得到了进一步拓展。软件学院面对新的教育形势进行了转型,加大了结构调整力度,全日制专业学位教育与在职攻读教育实现了有机协调发展,国际化办学进程进一步加快,目前已和日本、欧洲等多所高校开展了合作办学。新成立的纳米科技学院的教学工作已完全规范化,学生实习基地建设得到强化。在取得授权后,工程博士培养方案的制定与首届学生的招生工作顺利完成。信息学院、计算机学院等单位与相关国有大型企业共建的国家级工程实践中心建设正在稳步推进。公共事务学院在高端培训和国际交流合作方面取得了新进展。

为促进我校专业学位研究生教育的更好发展,调动专业学位教育工作者的积极性,会议还进行了表彰和颁奖。张淑林副校长为"2012年度专业学位教育中心先进个人奖"获得者颁发了获奖证书。

张淑林副校长结合当前专业学位教育的整体发展形势,对我校专业学位教育下一步工作提出了以下几点要求:第一,专业学位教育面对新的形势要勇于创新,大胆改革,始终要坚持以质量为中心,重视品牌建设;第二,各单位要充分利用苏州研究院、常州研究生培养基地等平台,进一步加强与政府、企业的合作,促进产学研结合,扩大我校专业学位教育影响;第三,要积极适应专业学位教育结构调整的需要,协调好全日制专业学位教育与在职攻读专业学位教育的关系。

(八十一) 我校"211工程"三期建设项目通过检查验收

2012年12月11日,"211工程"部级协调小组办公室发布《关于反馈"211工程"三期国家验收结果的通知》(211部协办〔2012〕8号)。文件表明,我校"211工程"三期建设成果通过国家验收。同期,教育部办公厅、国家发展改革委员会办公厅、财政部办公厅联合发文《关于对"211工程"三期建设成效显著的高校给予奖励的通知》,决定对包括我校在内的28所在"211工程"三期建设中取得显著成效的高校给予专项资金奖励。

(八十二) 我校研究生获得"2012年度GE基金会科技创新大赛"多个奖项

2012年12月12日,"2012年度GE基金会科技创新大赛"颁奖典礼在上海的GE中国研发中心举办,来自国内清华大学、中国科学技术大学、上海交通大学等9所知名高校的硕士和博士研究生共计50人汇集颁奖典礼。

在本届创新大赛上我校学子表现突出,化学与材料学院博士研究生陈武峰和李会会分别以"泡泡启发下石墨烯薄膜材料的制备与应用探索"和"简单有效方法制备低成本高活性三元低铂燃料电池催化剂"的创新设计方案获得一等奖,熊梦华同学获得二等奖,郭建华、冯绪勇、张临超获得三等奖,生命科学学院的研究生毛成琼、李文清以及火灾科学国家重点实验室的王鑫同学的创意设计均获得三等奖。我校是本届参赛单位中唯一一所获得两个一等奖的学校。

据悉,本届创新大赛在清华大学、上海交通大学、中国科学技术大学、电子科技大学、浙江大学、西安交通大学、哈尔滨工业大学、西安电子科技大学和华中科技大学等9所大学中引起了热烈响应。大赛设有一、二、三等奖,优秀学生将有机会到通用电气中国研发中心实习。

通用电气(GE)基金会科技创新大赛由GE基金会出资,由GE中国研发中心与国际教育协会合作举办。大赛面向中国在校研究生,覆盖能源、水处理、电子与电气工程、机械与制造工程、化学工程及材料科学等领域。相比其他学术类竞赛,它更注重实用性技术。自2002年创办至今,已有近300名学生获得此项荣誉。

(八十三) 上海交通大学高等教育研究院一行访问我校

2012年12月12日,上海交通大学高等教育研究院刘念才院长一行来我校就公共实验中心建设等工作进行调研。张淑林副校长会见了来宾一行并进行了座谈。校公共实验中心、研究生院、发展规划处等相关部门负责人参加了座谈会。

张淑林副校长在调研座谈会上简要回顾了我校公共实验中心的创建历程,介绍了中心实行的"学校统管、学院协管、主任负责、专家决策"的管理运行机制,阐述了中心"集中投入、开放公用、资源共享"的建设经验,总结了中心的建设成效。希望两校进一步加强交流,相互取长补短,共同促进公共支撑体系建设,为建设一流大学提供更好的服务。

刘念才院长介绍了上海交通大学分析测试中心建设的有关情况,对我校在公共实验中心等支撑平台建设工作中的改革和创新举措给予了高度评价,希望通过双方深入的沟通交流,学习和借鉴我校公共实验中心建设工作经验,进一步推动两校间的交流与合作。

校公共实验中心鲁非主任向来宾详细介绍了我校公共实验中心目前的建设情况。座谈会上,双方就公共实验中心的建设定位、大型仪器设备的共享、技术支撑队伍建设、个性化服务以及管理机制等问题进行了交流与讨论。

（八十四）中科院广州能源研究所代表团来我校访问

2012年12月18日，中科院广州能源研究所党委书记、副所长马隆龙一行访问我校，主要就双方加强"所系结合"联合培养研究生进行交流。座谈会由我校副校长张淑林主持，广州能源研究所人教处和我校研究生院、工程科学学院、热科学和能源工程系、化学系相关负责人参加了座谈会。

张淑林副校长首先对广州能源研究所代表团的来访表示热烈欢迎，并简要介绍了近年来我校研究生教育的发展情况。她指出，多年来，广州能源研究所与我校一直保持着密切的合作关系，建立了深厚的感情和合作基础。希望通过加强交流，进一步推动双方在人才培养方面的合作，以专业学位研究生教育为切入点，大胆尝试和推动工程硕士、工程博士研究生联合培养，探索崭新的"所系结合"办学模式。

马隆龙书记对双方在人才培养、学科建设和科研等方面取得的合作成果给予了高度评价。他表示，广州能源研究所师资力量雄厚，研究生就业前景广阔，希望通过设立奖学金和参与项目等形式，吸引更多的优质生源到广州能源研究所学习和工作。他希望双方继续扩大联合培养研究生的范围，以专业学位研究生培养为结合点，共同探索科教融合的人才培养新模式。

双方就专业学位研究生的培养模式、管理机制及招生选拔等具体问题进行了深入讨论和交流，为下一步双方开展专业学位研究生联合培养奠定了基础。

访问期间，广州能源研究所还在工程科学学院举行了第二届中科院广州能源研究所奖教金、奖学金颁奖仪式。所长助理徐刚、研究员阴秀丽分别为工程科学学院师生做了题为"太阳能热利用关键材料研究"和"生物质气化合成液体燃料研究进展"的学术报告。

（八十五）我校召开2012年度博导大会

2012年12月20日下午，我校在东区活动中心五楼召开2012年度博导大会。来自全校各学院、国家（重点）实验室的近300位博导参加了本次会议。侯建国校长出席会议并发表讲话，大会由张淑林副校长主持。

研究生院古继宝副院长、校学位办倪瑞主任在会上首先汇报了我校2012年度学位与研究生教育的主要工作。一年来，研究生院、校学位办根据学校创建世界一流研究型大学的整体部署，围绕研究生"精品培养"的基本定位，以科教融合为切入点，以提升培养质量为目标，以实施分类培养为抓手，强化"985工程""211工程"重点工程建设、推进研招宣传工作机制创新与教学改革、实施博士生培养质量工程、完善信息化质量监控体系等一系列改革创新举措在以下几个方面取得了显著的成效：

在"985工程""211工程"与学科建设方面：第一，"211工程"三期建设成效以"优异"成绩通过国家验收，并获国家专项绩效资金奖励；第二，"985工程"三期中期建设取得重要阶段性成果并顺利通过国家中期检查,我校"建设交叉共享平台体系"的建设经验被教育部推广;第三,以一级学科为主体的学科体系建设得到进一步加强,18个一级学科被认定和批准为一级学科安徽省重点学科;第四,我校积极组织参与教育部第三轮一级学科选优评估,为新一轮国家重点学科竞争申报奠定了坚实的基础。

在科学学位研究生教育方面:第一,坚持以学术培养为导向,以本-硕-博、硕-博长周期培养模式为主体,进一步调整研究生培养模式,推进培养机制创新;第二,加大研招宣传力度,继续坚持"走出去""请进来""再走出去"的宣传战略,形成了"科学家报告会""优秀大学生夏令营""教授招生宣讲会"三大研招宣传品牌活动,建立了一支以博导为主体的研招宣传"铁军";第三,推进实施包括研究生创新论坛、暑期学校、网络课堂建设、学术新人奖、博士论文创优支持计划等在内的各类创新计划,营造研究生培养的创新生态环境;第四,积极推进包括国际学术会议、国际比赛、博士生海外研修计划等在内的各类国际学术交流与联合培养工作,提高我校研究生教育的国际影响力;第五,积极参与教育主管部门立项的"博士生招生计划分配弹性管理""博士生分流淘汰补偿机制"等重大课题,推动主管部门的决策,争取主管部门的政策支持;第六,全面实施新的学位标准并取得良好效果,学院、学科、导师的质量意识进一步提高;第七,大力推进教育教学改革,积极组织申报评选教学成果;第八,完善学籍管理,推行弹性学制,建立"研究生助理研究员"等助研激励机制,研究生待遇进一步提高;第九,构建基于信息化平台、面向过程的研究生培养质量监控与服务新体系,通过设计并完善研究生教学管理系统、培养方案自动审核系统等信息化系统,提升我校学位与研究生教育工作的管理与服务水平。

在专业学位研究生教育方面:第一,取得了"电子与信息"和"能源与环保"领域工程博士授权点并完成首届招生,促进了我校应用型学科建设和工程类领军人才的培养;第二,专业学位综合改革试点在招生机制、教学模式、资源建设、案例教学、师资队伍建设等方面取得新进展;第三,获批3个国家级工程实践教育中心,目前各项建设工作稳步推进;第四,苏州研究院、软件学院、纳米学院、公共事务学院等基地建设呈现新面貌;第五,全面开展与研究机构、行业、产业的协同创新,积极拓展新的专业学位教育实习实践基地;第六,积极推进与境外高校专业学位教育的合作与交流,已与境外多所知名高校签订了专业学位联合办学协议。

研究生院、校学位办2012年度学位与研究生教育工作汇报结束后,"优秀研究生导师奖"颁奖仪式开始。张淑林副校长宣读了有关表彰和奖励的决定,授予"全国优秀博士学位论文""全国优秀博士学位论文提名论文""中科院优秀博士学位论文""中科院院长特别奖""中科院院长优秀奖"获得者指导教师共计83人"2012年度优秀研究生导师奖"。侯建国校长为获奖导师颁奖并合影留念。

随后,与会导师进行了交流发言,他们结合自己在海外求学、进行学术交流的经历,就研究生培养经验、创新研究生管理机制、提升研究生创新能力、优化导师与研究生沟通机制等谈了体会,并就如何改进我校研究生培养工作提出了宝贵的意见和建议。

导师交流发言结束后,侯建国校长做了重要讲话。他首先代表学校向一年来辛勤工作、付出心血汗水的各位导师致以诚挚的谢意和衷心的感谢,对一年来的学位与研究生教育工作给予了充分肯定,并结合当前研究生培养工作面临的形势强调指出,近年来我校人才队伍的大力引进、科研平台的强化建设、科研经费的大幅增长等,为我校研究生培养提供了良好的环境与土壤,但与建设世界一流研究型大学的目标要求、社会对我校人才培养的期望还有一定的差距,为此,我们要有清晰的认识,必须未雨绸缪。

如何推进下一阶段的学位与研究生教育工作,侯建国校长提出了几点指示要求:第一,要进一步发挥导师在研究生培养中第一责任人的重要作用,导师要关心学生,言传身教,注重细节,要探索建立教学相长、师生共进的互动机制;第二,要加大研究生课程体系改革的力度,研究生课程既要瞄准前沿,又要夯实基础,当前要科学地处理好必修课与选修课的关系,重视通识教育,做好本、硕、博课程体系的衔接,注重发挥网络平台的重要作用;第三,要完善研究生培养质量监测体系和预警体系建设,定期发布质量评估报告,探索建立依据质量动态调节研究生培养的新机制;第四,要打造研究生跨学科交流的平台,举办多种形式的学术交流活动,促进研究生交流与合作,增强研究生群体的凝聚力和对学校的归属感。

(八十六)2012年"全国优秀博士学位论文"结果揭晓,我校1篇入选,14篇为提名论文

2012年12月28日,教育部、国务院学位委员会正式发布《关于批准2102年全国优秀博士学位论文的决定》(简称《决定》)(教研〔2012〕1号),《决定》指出,2012年全国优秀博士学位论文评选工作已经全部完成,现批准《资本流动视角下外部不平衡的原因和治理研究》等90篇学位论文为全国优秀博士学位论文;《清末民初小说内外的女学生》等278篇学位论文为全国优秀博士学位论文提名论文。评选全国优秀博士学位论文是贯彻落实《国家中长期教育改革和发展规划纲要(2010~2020年)》,提高研究生培养质量,鼓励创新,促进高层次创新人才脱颖而出的重要措施。各学位授予单位要通过优秀论文评选工作,在研究生中大力倡导科学严谨的学风和勇攀高峰的精神,鼓励研究生刻苦学习,勇于创新;要采取切实可行的措施,加强学科建设,完善质量保障和监督机制,全面提高我国研究生的培养质量,为建设创新型国家做出新的贡献。根据《决定》,我校共有15人获奖,其中1人获"全国优秀博士学位论文奖",14人获"全国优秀博士学位论文提名奖"。

据统计,截至2012年,我校共有40篇论文获"全国优秀博士学位论文奖",居全国高校第五;46篇论文获"全国优秀博士学位论文提名奖",居全国高校前列。我校"全国优博"取得的优异佳绩与我校坚持精品教育的基本定位、导师的严格质量把关以及博士生质量工程的实施密不可分。经过全国优秀博士学位论文评选工作,我校将继续大力倡导研究生培养的"精品意识",完善质量保障和监督机制,全面提高研究生培养质量。

(八十七) 我校召开"2012年度优秀研究生颁奖大会"

2012年12月30日下午,我校于东区活动中心五楼学术报告厅召开"2012年度优秀研究生颁奖大会"。研究生院、校学位办有关负责人及来自全校各学院、国家实验室的获奖研究生参加了本次会议。侯建国校长出席会议并讲话,大会由张淑林副校长主持。

会上,研究生院副院长陈伟、古继宝首先宣读了有关表彰文件及获奖名单。2012年度,我校有1名博士生荣获"全国优秀博士学位论文奖"、14名博士生荣获"全国优秀博士学位论文提名奖"、16名博士生荣获"中科院优秀博士学位论文奖"、10名研究生荣获"中科院院长特别奖"、60名研究生荣获"中科院院长优秀奖"、312名研究生荣获"研究生国家奖学金"、25名博士生荣获"国家级博士研究生学术新人奖"、34名博士生荣获"校级博士研究生学术新人奖"。侯建国校长为获奖研究生颁奖并合影留念。

随后,获奖博士生代表达博同学做了发言。他说,获得奖项既是一种荣誉,也是一种鞭策自己攀登科学高峰的动力;在科大这样一个名家云集、学术氛围浓厚的校园里,获奖者的荣誉得益于师友的帮助、母校的培养和国家的支持。他呼吁获奖研究生能够继续刻苦钻研,不骄不躁,用思辨的态度、创新的精神迎接新的挑战。

颁奖仪式结束后,侯建国校长做了重要讲话。他代表学校向472位获奖研究生表示衷心的祝贺,向为培育优秀研究生付出辛勤汗水与心血的导师们致以诚挚的谢意,并结合当前我校研究生在学术领域中做出的优异成绩强调指出,近年来我校日益优化的学习、科研环境为研究生成长成才提供了肥沃的土壤,研究生已经成为我校科学研究中一支重要生力军,而在座获奖者能从全校研究生中脱颖而出,是大家在日常的学习科研中积极进取、精益求精的努力成果。为大家颁奖,他感到十分高兴,同时也以一位学长身份对获奖的优秀研究生提出以下4点希望。一是要继续保持谦虚谨慎。研究生各奖项是对优秀研究生之前成绩的肯定,也是对其今后工作的督促,大家要继续保持谦虚态度、虚心求教,为今后取得更大成就、获得更高荣誉而不懈努力。二是要脚踏实地。"空谈误国、实干兴邦",中国未来的长足发展需要更多脚踏实地的科技工作者付出心智与汗水。大家要注重实干、踏实为学,为国家建设奉献真才实学。三是要懂得感恩。获得荣誉纵然是自身努力的结果,但也与同学、师长、父母、学校以及国家的支持和帮助息息相关,大家要常怀感恩之心,今后用知识和能力回馈社会。四是要更加注重创新。在今后的科研与工作中,大家要更加注重提高自己发现、分析、解决问题的能力,要从掌握知识的被动者转变为创造知识的主动者,以创新的姿态承担起新时代赋予大家的责任与使命。

讲话结束时,侯建国校长向获奖研究生赠送了一句话:"励志如山,行道如水,不如山则不能坚定,不如水则不能通达。"他希望我校研究生能够坚定信念,明确目标,为成为国家未来各个领域的中坚力量而勇于克服困难,在实现目标的过程中善于创新,灵活求变,在面临挑战时战胜挑战。他也期待全校研究生既能志存高远,又能脚踏实地,通过自身的努力实现自己的梦想,在不同领域中创造一番事业,为母校增光添彩。

最后，张淑林副校长在总结发言中语重心长地说，包括"全国优博""中科院优博"等在内的8项大奖是国家、中科院和学校授予优秀研究生的最高学术荣誉，这也必将成为大家人生中一个新的起点。"科学的高峰在不断创造，高峰要高到无穷"，2013年即将到来，我校建校55周年的喜庆日子也即将到来，希望同学们牢记校长、师长嘱托，珍惜母校荣誉，将获奖作为人生中新的起点，在新的科研征程中不断拼搏，不断奋斗，让同学们的名字更多记载在科大光辉的学术史册上！

据了解，包括"全国优秀博士学位论文奖""中科院优秀博士学位论文奖""研究生国家奖学金"等在内的8项大奖是为发展中国特色研究生教育、促进研究生培养机制改革、鼓励研究生学术创新、提高研究生科学研究积极性、优化研究生培养质量而专门设立的重要学术荣誉，在我校集中召开颁奖大会颁发优秀研究生奖项尚属首次，今后学校每年都将举行一次颁奖大会，对优秀研究生予以表彰。

校长侯建国院士与我校2012年度优秀研究生合影

（八十八）我校出台《研究生国家奖学金评审实施办法》

2012年，根据财政部、教育部印发的《研究生国家奖学金管理暂行办法》，同时结合我校特点，学校制定了《中国科学技术大学研究生国家奖学金评审实施办法》，内容摘录如下：

研究生国家奖学金设立旨在促进研究生培养机制改革、提高研究生培养质量。研究生国家奖学金名额向基础学科和国家亟需的学科（专业）倾斜。学校统筹研究生国家奖学金和其他研究生奖学金的名额分配、评审与发放工作，充分发挥各类奖学金的激励作用。

研究生国家奖学金基本申请条件：热爱社会主义祖国，拥护中国共产党的领导；遵守宪法和法律，遵守高校规章制度；诚实守信，道德品质优良；学习成绩优异，科研能力显著，发展潜力突出。

研究生国家奖学金分配以学院为单位，在考虑各学院全日制研究生规模的基础上，突出对基础学科、重点学科倾斜。

2013年

(一) 常州科教城代表团访问我校

2013年1月4日,常州科教城徐光辉书记代表团一行13人访问我校,就高端应用型人才培养合作等事宜进行交流和商谈。

张淑林副校长希望常州科教城代表团在访问期间能够充分考察我校相关学院,与我校就人才培养等事宜进行深入交流,探讨出一条既能发挥我校教育优势和常州区位优势,又能推动我校教育质量和服务经济建设能力提升的合作发展之路。

徐光辉书记希望我校能在人才培养等方面给予常州支持,常州市政府及常州科教城也将充分利用已有的产业优势、区位优势、政策优势、配套资源优势为合作院校及科研机构提供良好的发展空间。

双方围绕高端应用型人才教育合作进行了深入研讨,并达成了共识。双方一致认为,推进人才培养的深入合作,不但对常州市产业升级具有重大推动作用,而且对我校服务国家社会经济、提升人才培养质量具有十分重要的意义。双方通过交流研讨在培养高端应用型人才方面达成了初步合作意向,并表示将逐步落实,争取早日取得实质性进展。在我校访问期间,常州科教城代表团与公共事务学院、管理学院相关负责人就人才培养与科研合作等事宜做了进一步交流。

常州科教城代表团访问我校

(二) 管理学院举行 EMBA 2012 届毕业典礼

2013年1月6日,我校"2012届EMBA毕业典礼暨EMBA、EDP 2013新年酒会"在世纪金源大饭店举行。我校副校长张淑林、安徽省政协原副主席方兆本、安徽省商务厅副厅长张光建、安徽省经济和信息化工作委员会副巡视员陈家宝、我校管理学院执行院长梁樑等出席典礼,并与现场500多名学院师生同嘉宾一起见证毕业典礼激动人心的时刻。毕业典礼后,举行了EMBA、EDP 2013新年酒会。

张淑林副校长回顾了2012年国家、高等教育事业和我校在科研人才培养等方面的发展,希望同学们在未来人生路上勇创佳绩,用"大爱"的胸怀去关注社会、关注他人,并常回母校看看。

管理学院执行院长梁樑希望在座的同学们积极投身到使社会进步、经济繁荣的事业中,不断提升理论素养,以实际行动加速中国梦的实现。

毕业典礼上,大家观看了EMBA 2010级回顾视频,曾经的学习生活剪影一幕幕印刻在同学们的脑海中。随后,校领导和嘉宾向荣获2010级卓越服务奖和优秀毕业生奖项的学员颁奖,对他们在校期间的优异表现给予了充分的肯定与鼓励。

(三) 我校召开"研究生部年终总结与表彰大会"

为深入总结我校各学院研究生部2012年在学科建设、招生培养、研究生创新计划实施等方面的各项工作,表彰在研究生教育工作中做出突出贡献的先进集体和先进个人,并研讨下一步的工作思路,学校于2013年1月8日召开"研究生部年终总结与表彰大会"。各学院研究生部全体人员参加了会议。张淑林副校长出席会议并讲话。

一年来,各学院研究生部根据学校的整体部署,除积极参与研究生院组织的科学家报告团、暑期夏令营、研招教授宣讲咨询会等活动外,还结合本学院学科的特点开展了卓有成效的研究生培养创新工作,产生了良好的效果。例如,数学科学学院领导和学科负责人带队到浙江大学、厦门大学进行招生宣传,并面向全国举办偏微分方程暑期学校;物理学院面向全国优秀本科生实行"优秀本科生创新研究计划",吸引优秀生源,并建立研究生学术活动三大品牌:学术沙龙、学术论坛、学术年会;化学与材料科学学院举办首届研究生化学学术年会,并成功举办全国手性物质科学暑期学校;合肥微尺度物质科学国家实验室(筹)举办大型研究生学术论坛,邀请国内外顶级专家做特邀报告;同步辐射国家实验室举办国内外专家系列报告会;生命科学学院创新研究生助研岗位设置机制,提高研究生待遇;工程科学学院编印《博士生学术论坛论文集》;管理学院改进和优化与境外高水平大学联合培养博士生的合作模式等。

会议对年度研究生教育先进集体和先进个人进行了表彰,张淑林副校长为获奖的先进集体和32位先进个人颁奖,先进集体奖项包括"研招先锋奖""研究生教育管理创新奖""专业学位突出贡献奖""专业学位优秀组织奖"。

关于如何推进下一步的工作,张淑林副校长要求各单位要坚持做到以下几点:一是要坚持质量不动摇,脚踏实地、尽心尽力做好各单位的本职工作;二是要全面梳理我校研究生教育办学经验,总结人才培养成果与人才培养规律,为即将到来的学校55周年校庆献礼。最后,张淑林副校长通报了教育部"211工程"三期项目评估排名结果,激励大家在新一年的工作中"雄关漫道真如铁,而今迈步从头越",坚持以师生为本,积极探索研究生培养的国际化和个性化,为我校培养高水平创新人才贡献"正能量"。

(四)我校举行"研究生核磁共振实验训练中心揭牌仪式暨建设研讨会"

2013年1月22日下午,我校"研究生核磁共振实验训练中心揭牌仪式暨建设研讨会"在生命科学学院会议室举行。张淑林副校长、生命科学实验中心专家组组长施蕴渝院士出席了揭牌仪式。校公共实验中心及各分中心负责人、生命科学学院、研究生院有关负责人及相关人员参加了揭牌仪式。仪式及研讨会先后由生命科学学院副院长周江宁、校公共实验中心主任鲁非主持。

张淑林副校长表示学校将继续积极争取资源,不断加大对公共服务体系的投入。施蕴渝院士希望实验训练中心要注重人才队伍建设,特别是要加强高级实验技术带头人的挖掘与培养工作。仪式上,张淑林副校长和施蕴渝院士共同为"研究生核磁共振实验训练中心"揭牌。

此次设立的研究生核磁共振实验训练中心将整合生命科学实验中心和理化科学实验中心的师资人员和仪器设备,开设相关的理论课程并进行仪器操作培训,包括核磁共振一维和二维实验脉冲序列原理,样品制备,仪器构造,核磁实验参数设置及相关软件使用,二维核磁共振谱图的采集、处理和分析,生物大分子和化学小分子的结构解析等。

据悉,为促进研究生实践创新能力的提高,我校公共实验中心已成立了研究生电镜实验训练中心、材料力学性能实验训练中心和先进网络通信技术实验训练中心,为有科研实际需求的在校研究生提供一定学时的课程学习和实验培训。学生经考核合格后,可取得相应的仪器操作资格证书。

(五)我校研究生院出版《中国研究生教育体制改革研究》

2013年1月,由我校副校长张淑林、裴旭、万明、古继宝、彭莉君担任主编的《中国研究生教育体制改革研究》出版。

为了加强和深入对我国研究生教育体制改革的研究,国务院学位委员会办公室和中国学位与研究生教育学会设立了"研究生教育体制改革研究"这样一个专项研究课题。在获准承担该项课题的研究任务后,课题组进行了多次研讨,明确了课题分工,指明了各项子课题的研究任务。课题组一致认为,该项课题设立的目的就是要让研究生教育的管理者和指导者、从事研究生教育的工作者能够深刻认识建设创新型国家战略对研究生教育的挑战和要求,深入了解研究生教育体制改革的重点内容,明确当前研究生教育体制改革的任务和方向,并且能够给出操作性较强的政策建议。因此,课题组确立了以下几个研究重点:我国研招制度改革设计、我国研究生资助体制研究、我国研究生教育资源配置体制研究以及研究生培养质量与发展质量的评价与反馈机制研究。为了更好地完成课题的研究任务,课题组进行了分工,我校承担研究生培养质量与发展质量的评价与反馈机制研究的研究任务,并负责总报告的撰写、修改与统稿工作。该书在研究报告的基础上形成。

(六)全国第三轮学科评估结果公布,我校9个一级学科进入前五

2013年1月,教育部学位与研究生教育发展中心正式发布了2012年学科评估结果。我校申请参评的20个一级学科中,进入排名前五的学科有9个(其中理学7个),进入排名前十的学科数为14个。14个国家重点(及培育)学科均进入排名前十。我校数学、物理、生物、天文、地学等基础学科均进入国内高校学科排名前五,继续保持国内优势地位。

我校参评学科在全国第三轮学科评估中的排名结果

学科名称	第三轮排名	参评单位数
物理学	1	87
地球物理学	1	7
天文学	2	5

续表

学科名称	第三轮排名	参评单位数
科学技术史	2	10
核科学与技术	2	10
安全科学与工程	2	21
数学	4	102
地质学	5	16
生物学	5	100
化学	6	82
统计学	8	87
力学	9	39
管理科学与工程	9	102
计算机科学与技术	9	120
软件工程	13	106
环境科学与工程	14	82
信息与通信工程	14	74
控制科学与工程	17	83
材料科学与工程	23	98
生态学	27	78

目前,学校一级学科博士授权点覆盖率已达到人才培养学科面的100%。在27个一级学科中,有一级学科国家重点学科8个,二级学科国家重点学科4个,国家重点培育学科2个,一级学科安徽省重点学科18个,实现了我校博士生培养的"高起点、高水平、高目标"。

(七)我校召开"硕士研究生复试录取工作及新学期学位与研究生教育工作部署大会"

2013年3月1日上午,各学院执行院长、研究生教育分管院长、各学院研究生部全体成员、专业学位教育中心全体成员、公共支撑中心负责人齐聚东区活动中心五楼报告厅,参加我校"硕士研究生复试录取工作及新学期学位与研究生教育工作部署大会"。张淑林副校长主持会议并讲话。

张淑林副校长对研究生复试录取工作提出了要求,希望各单位高度重视研究生复试录取工作,在严格执行国家相关招生政策,确保"公正、公平、公开"原则的基础上大胆创新;复试工作要有利于选拔综合素质高、科研潜质大的优秀学生,要有利于促进学校高水平拔尖创新人才的培养。

随后,会议部署了新学期我校学位与研究生教育工作:一是推进"985工程"项目实施进度,总结凝练成果,查找问题与不足,为迎接"985工程"三期国家验收工作做好扎实准备;二是全面谋划"211工程"四期建设工作,着力瞄准学科前沿,在进一步总结三期建设经验的基础上,积极谋划"211工程"四期建设的立项、规划工作,努力在学科建设上有更大突破;三是结合我校参与教育部第三轮学科评估的相关结果,全面梳理我校学科建设的成果与不足,追踪国内外相关高校同类学科的发展动态,做好第四次国家重点学科申报准备工作,力争取得更加优异的成绩;四是全面贯彻落实教育部关于完善研究生教育投入机制的工作部署,深化研究生培养机制改革,完善分类培养模式与资助体系,改善研究生学习、科研和生活条件,提高研究生培养质量;五是进一步加大"走出去""请进来""再走出去"的研招宣传力度,瞄准优质生源地,通过科学家报告会、教授宣讲团、夏令营等方式,组织更大规模的导师参与研招工作,吸引更多优秀学生报考我校;六是全面提升学校学位与研究生教育"三大中心"的管理及服务能力,认真总结"三大中心"的工作经验,对外加大资源竞争力度,对内提升服务层次与水平。

(八)教育部召开"华东片区'211工程'三期总结交流会",我校做大会交流发言

为深入贯彻党的十八大精神,全面总结和交流"211工程"三期建设的成绩和经验,研讨建设中存在的问题及下一步建设思路,教育部学位管理与研究生教育司于2013年3月5日在上海召开了"华东片区'211工程'三期总结交流会"。本次交流会邀请了中国科学技术大学、复旦大学、上海交通大学、浙江大学等8所华东片区"211工程"三期建设成效显著、建设经验突出的高校做了典型发言。

我校张淑林副校长应邀做了题为"促进学科交叉融合,创建世界一流学科"的大会发言。她从学校始终坚持瞄准世界科技前沿、探索解决面向国家重大战略需求的问题、促进大跨度创新平台构建以及推动高质量的拔尖创新人才培养等4个方面,全面阐述了我校在"211工程"三期建设中以促进多学科"交叉融合"为特色的建设理念及具体实践历程,充分展示了我校多学科"交叉融合"在推动重大科技成果产生、服务国家重大战略需求、支撑科学研究以及培养创新人才方面的显著成效。我校的交流经验得到了与会专家的充分肯定,并在他们之间产生了共鸣。

会议进行了分组讨论,与会代表围绕对"211工程"重点建设道路的充分认识、建设形势与任务的准确把握、建设中问题的正确对待、与其他教育重点工程的关系处理等问题进行了深入研讨,并就新一轮"211工程"建设的总体思路、建设目标和原则、主要任务等提出了许多建议。

教育部召开"华东片区'211工程'三期总结交流会",张淑林副校长做大会交流发言

(九)化学材料与科学学院召开"研究生教育工作暨导师交流会"

2013年3月9日,化学与材料科学学院召开"研究生教育工作暨导师交流会"。执行院长杨金龙、分党委书记葛学武等学院领导及研究生导师、学院新进青年教师共近80人参加会议。

国家自然科学基金委员会化学部副主任陈拥军以"中国科技界素描——浅谈科学评价"为题,结合自己多年的工作经验和感触,围绕我国科学研究现状、西方科学家对我国科学研究的评价、中西方文化的差异和科学研究关系、我国科学研究面临的问题、我国科学研究评价存在的问题、如何评价科学研究等内容进行了精彩的报告。

导师交流会上,郭庆祥教授结合自身多年的教学体会就如何培养学生进行交流发言。他强调在学生的培养过程中要重视对学生创新能力的培养,要以平等的姿态与学生交流,相互学习,互相促进;要鼓励学生掌握真知和深知,"知道别人都知道的",这是创新的前提;要激发学生的学习兴趣,培养他们独立思考问题的能力和远大的胸怀,"想到别人没想到的",这是创新的灵魂;要培养学生坚定的毅力,认准方向毫不动摇,"做到别人做不到的",这是创新的关键。葛学武书记强调导师要加强与学生之间的沟通,建立和谐的师生关系,帮助学生树立正确的人生观和远大志向,做好问题学生的心理疏导和管理工作等。刘世勇教授汇报了学院研究生培养和招生的相关工作和成绩,并提出了学院研究生教育的下一步工作计划。

杨金龙执行院长在总结讲话中强调,导师要处理好与学生之间的关系,人性化对待学生换导师的问题;在研招工作中,导师要慎重把好面试关,权衡好学生指标与质量之间的关系。他还强调要做好实验室的安全隐患排查工作、制定清晰的实验室规章制度等,共同营造一个舒适、美观、安全的实验环境。

（十）中科院人教局李和风局长来我校调研学科建设等工作

在近期落幕的教育部第三轮学科评估中，我校取得了佳绩，中科院院长白春礼对我校学科评估取得的成绩表示了祝贺，詹文龙副院长于近日就学科评估结果做了重要批示，要求中科院相关司局进一步支持中国科大学科建设，通过科教协同发展进一步提升中国科大学科水平。为进一步落实中科院的重要批示，推进我校重点学科建设工作，2013年3月12日上午，中科院人事教育局（人教局）李和风局长、教育与培训处张洁处长、杨鹏副处长一行来我校做专题调研。

张淑林副校长通报了我校参与教育部第三轮一级学科评估的结果以及"211工程"三期验收的相关情况，介绍了我校下一步学科建设以及人才培养的基本设想与目标，希望中科院人教局继续给予我校支持。

听取汇报后，李和风局长就我校如何进一步通过加强科教融合促进重点学科建设提出几点要求与希望：第一，希望我校再接再厉，通过本次学科评估认真总结经验，争取在新一轮国家重点学科申报中取得佳绩；第二，要根据中科院关于加强科教协同创新的整体战略部署，充分利用中科院在合肥试点建设人才培养创新单元的机遇，探索与院属研究机构建立科教融合、学科共建的长效机制；第三，要结合我校自身的学科优势，积极吸纳融合院属各研究所的学科力量，围绕国家战略需求，瞄准国际科技前沿，开展高水平学科建设，探索中科院特色的学科共建模式；第四，要以学科共建为纽带，充分利用中科院相关研究所的优质资源，按照研究型人才长周期培养的需要，积极探索更加有效的人才培养模式。

李和风局长最后表示，中科院人教局将会认真听取我校的意见和建议，继续加大对我校学科建设与创新人才培养的支持力度，为我校创建一流的重点学科搭建更好的平台。

作为院教育对口管理部门，中科院人教局近年来在推进我校与中科院研究所科教融合、学科共建等方面推出了一系列的创新举措和激励机制。自2009年以来，先后启动实施了"科技英才班""所系联合共建""研究生公共教学实验平台"等科教融合项目，我校通过申报获得了多个项目的支持，实施效果良好，促进了学校的学科建设，带动了研究生培养模式的创新及培养质量的提高。

（十一）我校MBA、控制工程两个国家级专业学位综改试点项目通过校内验收

根据教育部研教司〔2013〕3号通知要求，为做好迎接专业学位教育综合改革试点项目国家验收的准备，2013年3月22日下午，我校对MBA、控制工程两个国家级专业学位教育综合改革试点项目进行了验收答辩。我校专门成立了验收专家组，组长由分管副校长张淑林担任，专家组成员由省学位办副主任黄飞、校专业学位教育委员会委员等组成。

经认真评议,专家组一致认为我校控制工程、MBA专业学位研究生教育综合改革试点工作取得了重要进展,达到了预期目标,在项目实施过程中创新之处较多,值得在同类专业学位研究生培养项目中推广,并建议我校深化专业学位研究生教育综合改革,形成长效机制,为我国控制工程、MBA专业教育做出更大贡献。

我校自2010年成功获批为教育部专业学位研究生教育综合改革试点单位以来,专门成立了由张淑林副校长任组长的MBA、控制工程综合改革领导小组。近3年来,我校MBA、控制工程试点工作推进有序,成绩突出。在MBA专业学位综合改革工作中,项目单位提出并实施MBA体验式教学模式,首创"新徽商"MBA课程和视频案例开发。举办全体MBA成员参加的"三大赛"(创业计划大赛、企业案例开发大赛、市场调查大赛),探索模拟商务环境下的体验式教学,将MBA学习与IPMP认证相结合,从能力建设和制度建设上组织教师进行教学案例开发。其中"MBA体验式教学创新与实践探索"获得了"安徽省2012年优秀教学成果特等奖",6个教学案例获得了"全国百篇优秀管理案例奖",49个案例入选中国管理案例共享中心案例库,MBA学员在国内外竞赛中获得了多个大奖。在控制工程专业学位综合改革工作中,项目单位与总装备部等开展深入合作,共计培养了174名优秀的专业技术人才,解决了"神舟飞船"系列发射中的一批科技难题,1人荣获一等功,5人荣获二等功,20余人获得职务晋升,获得军队科技进步奖13项;项目单位通过改革的推进在中科院常州先进制造技术研究所建立了大型实习实践基地,并与当地大批企业、院所建立了良好的产学研合作关系。

根据部署,专业学位研究生教育综合改革试点工作经学校验收后,教育部将于2013年上半年组织有关专家对全国专业学位研究生教育综合改革试点工作进行国家检查、评估和总结。对于评估优秀的项目,教育部将予以全国推广,并继续加大支持力度。

(十二) 我校召开"研究生课程建设研讨会"

为了进一步推进我校研究生课程教学改革,全面提升我校研究生培养能力及水平,2013年3月26日下午,学校召开了"研究生课程建设研讨会"。

会上,与会专家围绕如何完善课程体系建设、加强研究生教学改革展开了深入研讨并达成共识:一是要面向低年级研究生进一步加强重要专业基础课程建设,重视专业基础课程教学培养;二是要进一步改进研究生课程教学绩效评价机制,发挥导师教学的积极性;三是要积极探索精品课程创建及重点学科领域特色教材编写,打造特色品牌;四是要积极探索本科生与研究生课程衔接体系,完善研究生知识结构体系;五是要进一步优化助研助教岗位配置,发挥研究生参与课程教学改革的积极性。

作为研究生培养过程中的一个关键环节,课程学习在提升研究生专业知识水平方面发挥着重要的基础性作用。近年来,我校深入实施研究生课程教学改革,在公共英语课程及公共政治理论课程改革中大胆创新,创建了"英语语言实践中心",增加了政治理论课的网络教学、课内外实践、专家讲坛等教学形式,丰富了授课内容,增强了授课效果。此次会议重点围绕研究生专业课程体系的完善展开研讨,对把我校研究生基础课程教学改革引向深入具重要意义。

(十三)我校各学位分委员会开展2013年春季学位申请审核工作

根据学校工作安排,2013年3月18日至3月26日,我校13个学位分委员会相继召开工作会议,审议学位授予、博导上岗等工作。本次会议共有56位博士生、702位硕士以及66位新增博导提交了申请材料。

各学位分委员会对本次学审核工作给予了高度重视。会上,各学位点分别介绍了本学科研究生学位申请者的学位论文评阅、答辩及学术论文发表情况,各位委员对申请者的学籍、课程、论文等信息逐一进行审阅,严格把关,对有疑问的地方展开讨论,并就完善学校的学位工作提出了许多宝贵的建议。

学位审议工作是研究生培养质量监控体系的重要组成部分,长期以来在我校已制度化,有效地保障了学位与研究生教育的质量,提升了我校的学术声誉。

(十四)我校65位博导通过2014年上岗资格审查

2013年3月31日下午,第七届校学位委员会在东区活动中心五楼学术报告厅召开第十四次工作会议,讨论2013年春季学位授予及博导上岗审定等工作。会议由校学位委员会主任委员、校长侯建国主持。

会议认定了65名青年教授担任博导的资格。本次新增博导呈现整体年轻化趋势,且大都具有海外留学背景。在全部65名新增博导中,多数为"千人计划""青年千人""百人计划""全国优博"的入选者。

(十五)我校学位委员会召开2013年春季学位工作会议,决定授予55人博士学位、702人硕士学位

2013年3月31日下午,我校第七届校学位委员会在东区活动中心五楼学术报告厅召开第十四次工作会议,讨论2013年春季学位授予及博导上岗审定等工作。会议由校学位委员会主任委员、校长侯建国主持。

按照会议议程安排,数学、物理天文、化学与材料、地学环境、生命科学、力学工程、电子信息与计算机、核科学与技术、管理人文、微尺度物质科学国家实验室(筹)、智能所、专业学位(管理类、工程类)等学位分委员会负责人分别介绍了本次学位申请情况及新增博导上岗审定情况。校学位委员会审阅了两项工作的申请材料,并就其中存在的问题进行了细致审核和认真讨论。随后,全体与会校学位委员会成员对本次学位申请者和新增博

导进行了投票表决。

经表决,会议决定授予55人博士学位、702人硕士学位、90人学士学位。自我校博士生质量工程实施以来,在学位分委员会、学位点、导师等层层质量把关控制下,博士生培养质量日益提升,多位博士学位申请者在国际高影响因子期刊上发表了学术论文,多篇博士学位论文成功入选"全国优博"或被提名。

审议工作结束后,侯建国校长通报了我校近期学科建设发展、人才培养及师资队伍建设进展情况,并对我校未来学位授予工作和新增博导工作提出了要求,希望在高层次学术人才培养中继续创新举措,严把质量关,不断提升学生的科学研究水平与论文发表质量。他希望新增博导进一步提升业务能力,积极为博士生创造良好的科研条件及平台,努力使其成为国家、社会和学校的一流学术人才。

(十六)我校两项国家级研究生教育创新计划项目获批

2013年3月,教育部发文批准我校实施"现代同位素地质年代学研究生暑期学校"和"先进反应堆工程研究生暑期学校"等两项国家级研究生教育创新计划项目。

(十七)我校召开第七届学位与研究生教育院士座谈会

为深入听取在校院士对我校学位与研究生教育工作的意见和建议,2013年4月3日获悉,日前,我校召开了第七届学位与研究生教育院士座谈会,王水、何多慧、周又元、张裕恒、郭光灿、李曙光、俞昌璇等在校院士出席了会议。侯建国校长、张淑林副校长先后主持会议。

侯建国校长通报了我校近期学科建设方面的一些情况,并就我校学科布局与跨越式发展中面临的机遇与挑战进行了深入分析,表示我校将充分利用国家提出的创新驱动发展战略、协同创新战略等有利政策,发挥我校科教融合和英才培养的优良传统,依托中科院、安徽省政府等联合共建人才培养基地,大力加强高层次人才队伍建设,培育新兴交叉学科竞争优势,加快将我校建设成为规模适度、特色鲜明的世界一流研究型大学。

会上,各位院士进行了研讨,并积极建言献策。在学科建设方面,院士们希望研究生院认真做好学科建设的经验总结工作,查找问题与不足,做好新一轮"211工程"规划立项工作与第四次国家重点学科申报工作。在科教融合方面,建议进一步加强与中科院相关研究所的科教融合,充分吸纳融合院属相关研究机构的学科力量,围绕国家战略需求,开展高水平的学科建设。在研究生教育方面,希望研究生院推动研究生培养机制的深化改革,规范与完善研究生奖助体系;进一步加大"走出去""请进来""再走出去"的研招宣传力度,吸引更多的优质生源;深化研究生课程体系改革,做好本、硕、博课程体系的贯通与衔接;要重视研究生导师队伍建设,充分发挥导师在研究生培养中第一责任人的重要作用，积极为青年研究生导师搭建成长的平台；重视研究生学术道德建设，营造诚信、求真的学术风气。在信息化平台建设方面，建议进一步加强公共教学实验中心、公共课教学平台、图书馆、网络信息中心等支撑体系建设，为研究生培养提供一流的环境与条件。

院士们对2012年学校学位与研究生教育领域开展的各项创新工作给予了充分肯定，认为：过去一年来研究生院、校学位办在"211工程"三期验收、教育部一级学科评估、研招宣传、学位信息化服务与管理、研究生创新奖助计划实施等方面的努力取得了积极成效；优化信息化服务大大简化了校内师生工作流程，提高了管理服务水平；以"科学家报告团""暑期夏令营""教授研招宣讲团"等为品牌项目的招生创新举措大幅提高了我校研究生生源质量，提升了学校声誉。

张淑林副校长向各位院士通报了近期国家关于"985工程"与"211工程"建设、研究生培养机制改革、新一轮国家重点学科申报的政策动态，介绍了我校学位与研究生教育下一步工作的计划与设想，并表示学校将认真考虑各位院士提出的意见和建议，进一步推进各项学位与研究生教育改革与创新工作，对外积极参与各类资源竞争，对内努力做好为师生服务的工作。

我校召开"第七届学位与研究生教育院士座谈会"

(十八) 中国科大-香港城大第七届博士生学术论坛举行

2013年4月9日上午,"中国科大-香港城大第七届博士生学术论坛暨何稼楠学术会议奖学金颁奖典礼"在香港城大深圳研究院举行。香港城大叶豪盛副校长、研究生院许溢宏院长,我校研究生院古继宝副院长出席论坛开幕式。香港城大及我校有关部门负责人、两校联合培养博士生各项目组主要负责人和导师参加开幕式。开幕式由香港城大研究生院麦苗主任主持。

香港城大副校长叶豪盛教授在论坛上致辞,高度评价了我校的学术地位,称中国科大-香港城大联合培养博士生项目是校与校之间合作的典范。他还介绍了香港城大深圳研究院的基本情况。

我校研究生院副院长古继宝代表张淑林副校长对参加论坛的教授和学生表示热烈的欢迎,对论坛的召开表示祝贺。开幕式上还举行了"何稼楠学术会议奖学金颁奖典礼"。

典礼结束后,两校代表参观了香港城大深圳研究院,与联合培养博士生各项目组的老师进行了交流。随后,两校研究生院的老师就如何进一步提高联合培养博士生质量的相关问题进行了深入交流。100多名博士生参加了9日至10日的论坛活动。

(十九) "首届中国科大-中科院上海硅酸盐所-中科院半导体所研究生材料科学学术交流会"举行

2013年4月11日,"首届中国科大-中科院上海硅酸盐研究所-中科院半导体研究所研究生材料科学学术交流会"在合肥微尺度物质科学国家实验室(筹)举行。

本次三方研究生学术交流会得到了中国科学技术大学、中科院上海硅酸盐研究所和中科院半导体研究所各级领导及研究生管理部门的大力支持,共邀请了15位同学做各自研究工作的学术报告,我校材料科学与工程系还组织了武晓君("百人计划")、朱彦武("青年千人")、向斌("青年千人")、杜平武("青年千人")等优秀青年人才全程主持本次交流会,累计共吸引了100多名研究生前来参与。

(二十) 新疆师范大学代表团访问我校

2013年4月15日,新疆师范大学党委副书记杨海萍率代表团访问我校,就深入开展对口支援工作和完善学校内部管理进行调研交流。我校副校长张淑林会见了新师大代表团一行,物理学院、化学与材料学院、信息科学技术学院、计算机科学与技术学院以及人力资源部、研究生院、校学位办、党政办等单位负责人参加了座谈。

张淑林副校长总结回顾了实施"援疆学科建设计划"以来两校间的工作互访及对口

支援工作所取得的成果，并表示我校将一如既往地支持新师大的建设和发展。

杨海萍副书记介绍了此次调研访问的主题，希望通过两校间的定期互访，进一步加深沟通和交流，更好地推动学校的改革和发展。

座谈会上，与会双方代表就对口支援工作的开展和实施、学科建设、人才队伍建设、发展规划以及校区管理等方面进行了热烈讨论。

(二十一) 九江学院副校长一行至我校进行专题调研学习

2013年4月18日，江西省九江学院副校长杨焱林携学位与学科建设办、电子工程学院、信息学院等单位负责人一行5人至我校，就学科建设及专业学位研究生教育工作进行专题调研学习。

(二十二) 我校布置"全国工程硕士实践成果和做出突出贡献获得者" 优秀推荐申报工作

根据教育部全国工程硕士专业学位教育指导委员会关于开展"工程硕士实习实践优秀成果获得者"和"第二届做出突出贡献的工程硕士学位获得者"评选活动的通知的部署与要求，我校于2013年4月22日下午召开会议布置推优申报工作。信息学院、计算机学院、软件学院、工程学院、生命学院、管理学院、公共事务学院和火灾科学国家重点实验室等相关单位负责人出席会议。

全国工程硕士专业学位教育指导委员会委员、我校副校长张淑林要求各单位高度重视此次推荐评选工作，通过总结我校工程硕士培养经验与成果，进一步提升工程硕士培养质量，增强学校与学科影响力的高度，认真梳理，切实将在实习实践中表现优秀的全日制工程硕士，以及在经济建设等方面做出突出贡献的工程硕士学位获得者推荐参选，以树立榜样。

近年来，我校工程硕士专业学位研究生教育得到快速发展，已成为我校专业学位中覆盖领域最广的一种学位类型，由于坚持以质量为本，学校在控制工程、计算机工程、软件工程、安全工程、机械工程等领域已涌现出一批在实践中表现优秀、成果突出的全日制工程硕士，以及在经济发展、社会安全、国防建设等方面做出突出贡献的工程硕士学位获得者，赢得了社会的广泛好评。在2005年"首届做出突出贡献的工程硕士学位获得者"的评选中，我校两名学子获此殊荣，为我校赢得了荣誉。为扩大本次评优影响力，我校还将同步开展"校级工程硕士实践成果和做出突出贡献获得者"评比颁奖活动。

(二十三) 我校与合肥物质科学研究院召开研究生教育共建座谈会

为贯彻中科院关于推进新形势下"科教融合"的战略部署，落实《中国科学技术大学、合肥物质科学研究院、中国科学院大学关于三方共建研究生教育的合作协议》(简称《共建研究生教育合作协议》),2013年4月23日,我校与合肥物质科学研究院在我校召开研究生教育共建座谈会。我校副校长张淑林、合肥物质科学研究院副院长蔡伟平、双方单位研究生教育管理部门相关负责人等参加了协商座谈。

张淑林副校长表示学校会认真贯彻落实中科院的相关战略部署,认真做好双方研究生教育资源的整合,把研究生教育共建工作落到实处。

蔡伟平副院长提出了共建合作中的一些他关切的问题,并希望能一如既往地得到我校的大力支持。

座谈会上,双方进行了交流研讨,一致认为:在新的历史时期双方合作共建应继续坚持好的传统,合作要重在内涵,做到优势互补、互惠双赢;合作要坚持有利于促进重点学科建设,有利于促进学科交叉融合,有利于提升学科竞争力;共建合作的管理体系要有利于凝聚学科力量,有利于调动双方学科、导师的积极性。

为贯彻中科院关于推进"科教融合"的战略部署,创新我国高层次拔尖人才培养模式,此前,中国科学技术大学、合肥物质科学研究院、中国科学院大学三方共同签署了《共建研究生教育合作协议》。根据协议,合肥物质科学研究院的研究生教育体系将从中国科学院大学转入我校,由我校负责统一管理。根据规划目标,我校与合肥物质科学研究院将通过强强联合,致力创建"科教融合"大型人才培养基地,引领我国研究生教育发展。

根据本次会议协商,2013年招生年度,我校按过渡期先行划拨出60个博士生指标用于合肥物质科学研究院。待归口调整完成后,从2014年招生年度起,合肥物质科学研究院的研招工作将纳入我校进行。另外,双方还将在后续的商讨中进一步落实招生宣传、教学培养、学位授予、学籍管理、导师遴选等管理工作细节。

(二十四)华中农业大学研究生院访问我校

2013年4月23日,华中农业大学学位办主任胡文率代表团访问我校,就学位与研究生教育信息化建设工作与我校进行交流,研究生院、校学位办等部门工作人员参加了座谈会。校学位办主任倪瑞介绍了我校研究生院利用信息化技术服务广大师生,建立基于过程管理的学位与研究生教育质量监控系统的管理实践。胡文主任希望通过本次访问,借鉴我校学位与研究生教育信息化建设经验,推动两校部门间的交流与合作。与会人员还就学位与研究生教育管理信息系统的开发、推广、运行、维护等方面工作进行了深入而细致的交流与研讨。

(二十五)中国学位与研究生教育学会会长赵沁平一行来我校考察

2013年4月25日下午,中国学位与研究生教育学会会长、教育部原副部长赵沁平,国务院学位委员会办公室副主任、教育部学位管理与研究生教育司副司长孙也刚,国务院学位委员会办公室综合处处长卢晓斌等一行来我校考察,并实地参观了合肥物质科学研究院,对我校与合肥物质科学研究院研究生教育共建工作进行调研。我校党委书记许武、副校长张淑林、核学院院长万元熙、合肥物质科学研究院院长王英俭、副院长李建刚与蔡伟平陪同考察。

赵沁平一行先后参观了中科院等离子体所、中科院强磁场科学中心、中科院环境科学与光电技术学院以及中科院大气成分与光学重点实验室,听取了相关人员的介绍,了解了合肥物质科学研究院的研究现状、科研条件、人员组成以及研究生教育近况。考察结束后,赵沁平、孙也刚对我校和合肥物质科学研究院在研究生共建方面所取得的进展表示肯定,并就双方在合作共建中的问题与许武书记和张淑林副校长交流了意见。

(二十六)"中国学位与研究生教育学会第四届学术委员会第二次工作会议暨《研究生教育研究》编辑委员会工作会议"召开

2013年4月26日,"中国学位与研究生教育学会第四届学术委员会第二次工作会议暨《研究生教育研究》编辑委员会工作会议"在我校召开。会议主要对2013年学会启动的重大研究课题进行立项评审,讨论今后3~5年学会工作计划和工作目标,研讨学会会刊《研究生教育研究》期刊规划与发展。

赵沁平会长指出,学会通过组织开展学位与研究生教育理论和实际问题的相关研究和学术交流,不仅出版(发表)了一批有价值的学术专著(学术论文),还锻炼培养了一支高水平研究队伍,形成了一批研究基地,为促进我国研究生教育的改革、健全和完善我国研究生教育体系做出了贡献。他希望各位学术委员本次评审严格把关,争取遴选出一批高水平的研究课题。

孙也刚副司长对学会开展研究生教育研究工作提出了以下几点希望:一是希望学会的研究工作紧紧围绕教育部与国务院学位委员会办公室的重点改革工作展开,"围绕中心、服务大局",致力解决研究生教育改革实践中的难点问题;二是希望学会的课题立项能够加大覆盖面,重点支持重大项目,广泛覆盖面上项目,让战线上更多的同志参与,弘扬人人参与研究、参与思考的好风气,调动会员单位的积极性;三是希望通过课题研究工作培育一支专兼职结合的研究队伍,解决理论研究与实践脱节的问题。

学会学术委员会委员、我校张淑林副校长表示我校将在学会的指导下更有成效地开展研究生教育研究工作,积极申报相关研究课题,争取为我国学位与研究生教育事业做出更大贡献。

据悉,2013年课题指南公布了13个研究生教育研究方向,201个会员单位参与了此次课题申报,共收到有效课题申报书686项。会上,各位委员对各单位的课题申报书进行了认真审阅,并依据学会的相关评审规则进行了打分评审和立项投票。

在下午的会议上,《研究生教育研究》期刊编辑部汇报了期刊创刊后的发展情况。与会编辑部委员围绕期刊的稿源组织、选题方向、审稿发行等进行了研讨,并提出了建设性的意见与建议。

中国学位与研究生教育学会是由依法从事学位与研究生教育工作的高等院校和相关机构组成的全国性学术团体,共有会员单位500多个,下设学术委员会,其职能主要是组织开展学位与研究生教育理论和实际问题的研究。我校副校长张淑林现为学会学术委员会委员,近年来所带领的我校研究团队承担了多项学会重大重点研究课题,并取得丰硕的成果,在同行中产生广泛影响,如出版《中国研究生教育体制改革研究》(高等教育出版社)、《思与行——中国科学技术大学学位与研究生教育创新发展的探索与实践》等专著,已发表相关研究论文50余篇,并且在学位与研究生教育管理方面形成了一支专兼职研究队伍。

(二十七)我校研究生骨干"党的十八大精神"学习研讨班开班并开展社会实践

2013年4月21日,我校举行研究生骨干"党的十八大精神"学习研讨班开学典礼。

2013年4月27日,研讨班全体学员前往中国科大先进技术研究院(简称"先研院")和合肥渡江战役纪念馆开展社会实践。

(二十八)我校召开"2013年硕转博工作及研究生教育创新计划项目布置会议"

2013年5月3日下午,我校在东区活动中心五楼学术报告厅召开"2013年硕转博工作及研究生教育创新计划项目布置会议",会议由张淑林副校长主持。各学院执行院长、分管院长,各学科点负责人、研究生教学秘书等参加了本次会议。

会上,张淑林副校长结合本次会议的工作安排对各研究生培养单位提出了新要求:一要珍惜博士学位指标,认真审核申报材料,严格筛选读博对象,确保选拔出一批具有较强创新精神和科研能力的优秀硕士生继续攻读博士学位;二要立足精品培养,努力创造条件让更多的研究生参与创新计划项目,全面提升研究生创新能力及实践能力;三要坚持质量第一,集中优势的教育资源,为研究生培养营造良好的学术环境,争取为国家、为学校培养更多高端领军人才。

鉴于博士生人才培养的长周期特点及规律,我校近年来在博士生生源选拔模式上进行了改革创新,生源选拔由过去的公开招考模式为主转向长周期的连读模式,目前博士生生源主要有硕转博和本科直接攻博、本-硕-博连读3种模式,而面向社会公开招考的硕士起点的三年制博士主要以在职攻读为主。据2013年我校研究生教育创新计划项目安排,本年度我校共设有"研究生高水平学术讲座""博士生学术论坛""研究生教育创新其他专项"三大类,学校将根据评估结果对各项目的支持额度进行动态调整,并依据项目的实施质量实行绩效考核。

(二十九)我校"国家级工程实践教育中心"在北京揭牌

2013年5月8日,张淑林副校长率团先后访问了微软亚洲研究院、中国通信服务股份有限公司(简称"中国通服"),并分别为共建的"国家级工程实践教育中心"揭牌。研究生院、工程实践教育中心的有关领导陪同访问。

在上午的"中国科大-微软国家级工程实践教育中心"揭牌仪式上,张淑林副校长表示,我校将一如既往地与微软在研究生教育领域开展合作,充分依托中国科大-微软国家级工程实践教育中心这一平台,不断深化合作,积极拓展新的合作领域,建立稳定长久的合作机制。

微软亚洲研究院院长洪小文希望双方更加深入紧密合作,争取把中心建设成为同类高校领先、具有示范辐射作用的国家级工程实践教育中心。

在下午的"中国科大-中国通服国家级工程实践教育中心"揭牌仪式上,中国通服董事长李平表示,中国通服将以这次揭牌仪式为契机,进一步明确工程实践教育中心的工作目标,细化实施方案,落实重点项目,使中心成为联系我校和中国通服的重要桥梁,成为推动双方创新发展的重要基地。

张淑林副校长表示,此次"中国科大-中国通服国家级工程实践教育中心"的揭牌,是我校与中国通服合作的一个重要里程碑,必将对学校进一步推动"卓越工程师教育培养计划"发挥关键性和示范性作用。我校将借助于这一平台,立足教育创新,在实践教育中主动服务于企业需求,与企业联合培养英才,形成"紧密合作、优势互补、资源共享、互惠互利、共同发展"的双赢格局。

"中国科大-微软国家级工程实践教育中心"在北京揭牌

"中国科大-中国通服国家级工程实践教育中心"在北京揭牌

(三十) 我校科学家报告团全国巡讲暨 2013 年研招宣讲会正式启动

2013 年 5 月 11 日,我校科学家报告会暨 2014 年研招宣讲咨询活动同时走近上海、天津、长春、哈尔滨 4 个城市,拉开了我校"走出去""请进来""再走出去"大型研招宣讲系列活动的序幕。4 个城市十几所知名高校的 2000 余名优秀学子现场聆听了科学"大牛"的精彩讲演,并与我校科学家展开了深度对话。

窦贤康副校长代表我校对上海站优秀学子表示欢迎。他表示,我校非常欢迎到场学子到我校深造,我校将会为大家营造最纯净的科研氛围和最舒适的学习生活环境。施蕴渝院士是我校备受尊敬的科学家,她向到场学子们讲述了我校生命科学院最新的科研成果和发展态势,强调和鼓励学生把研究生阶段作为自己科学研究开始的重要时期,踏踏实实学习,认认真真投入科研。

此时,我校天津站科学家报告会暨 2014 年研招宣讲咨询活动同步举行。天津大学、南开大学等高校 400 多名学子让天津站会场一下变得拥挤起来。来自我校 8 个学院和国家实验室的 12 名教授满载天津学子的期盼,倾心奉献了一场长达 4 小时的科学"申烧",赢得了到场学子、天津各大媒体的一致好评。

在长春站,合肥微尺度物质科学国家实验室(筹)陈旸教授说"一颗喜爱科研的心是科研人员第一需要的东西";物理学院张强教授以"追求卓越——Be Cool"为主题向学子们展示了"最牛学院"的风采。

到达哈尔滨站的陈仙辉教授从超导现象的发现和超导态的基本特性谈起,系统梳理了超导研究领域的最新进展和研究热点,讲解了他和科研团队在"非常规超导"领域的研究成果。

本次报告会得到了校领导的关心与高度重视,侯建国校长、张淑林副校长在出征前做了鼓舞人心的动员讲话。另外,为保证科学家报告团活动的顺利进行,我校研究生院从人员组织、后勤保障、会场协调、学生动员等方面做了大量的准备工作。

上海、天津、长春、哈尔滨为本年度科学家报告会暨研招宣讲咨询活动的第一站,之后我校科学家报告团还将奔赴大连、北京、济南、长沙(5月18日至19日)、杭州、厦门、兰州、广州(5月25日至26日)等8个城市与学子们进行零距离交流。

窦贤康副校长在我校科学家报告会暨2014年研招宣讲咨询活动现场讲话

参加我校科学家报告会暨2014年研招宣讲咨询活动的部分科学家合影

(三十一) 我校召开"第四次研究生代表大会"

2013年5月18日上午,我校"第十九次学生代表大会、第四次研究生代表大会"开幕式在东区水上报告厅举行。校党委书记许武、副书记鹿明,共青团安徽省委常委、学校部部长谢海,校团委书记杨正,安徽省学生联合会主席邱霖熹、执行主席季节等出席开幕式。来自全校各单位的71名学生代表大会代表和115名研究生代表大会代表,肩负着学校18000多名学生的期望和重托,参加了此次盛会。

(三十二)华中科技大学等高校研究生院来我校调研

2013年5月21日,华中科技大学研究生院代表团访问我校,就研究生教育管理、培养机制改革、资助体系调整、创新人才培养、信息化平台建设等进行专题调研。

我校在研究生培养机制改革、创新人才培养、研究生教育信息化平台建设等方面的示范性和引领性成果,引起了全国兄弟院校的广泛关注,自3月份以来,暨南大学、华中农业大学、中国人民解放军国防大学、北京交通大学、中国海洋大学、重庆大学、华中科技大学等7所大学研究生院相关负责人先后率团来我校调研、参观、学习和交流。

在我校调研期间,研究生院、校学位办相关负责人向各来访学校代表团介绍了我校在研究生分类培养、学科结构调整、研招宣传、博士生质量工程、专业学位综合改革、研究生教育信息化服务系统与质量监控体系等方面的创新举措。双方相互交流了研究生培养工作中的一些做法与经验,并就研究生培养中共同关心的问题进行了探讨。来访学校代表团还在校学生服务中心实地观摩了我校学位与研究生教育信息化平台的运行情况。

(三十三)我校生命科学院举办第六届研究生学术交流年会

2013年6月2日,由研究生院、生命学院主办,生命学院科研办与院研究生会承办,合肥微尺度物质科学国家实验室(筹)协办的"第六届中国科学技术大学生命科学学术交流年会"在我校生命学院落幕。

本届年会共有40多位教授及400多名研究生参加,活动共收到全院39个实验室累计240余篇会议摘要、180份墙报作品、35篇优秀论文,59位研究生和13位博士后受邀做口头工作报告。整个年会由研究生墙报展示、主会场院士报告、分会场报告3个部分组成,并进行了墙报评选、优秀论文评选和口头报告评选,历时7天。

6月2日上午,中国科协副主席、上海交大医学院陈赛娟院士在生命学院一楼礼堂做题为"治愈白血病,实现我们共同的梦想"的特邀报告。

继陈赛娟院士的报告后,由各实验室推选出的包括博士后在内的72位优秀研究生分别在细胞、结构、免疫、神经和博士后5个分会场进行了精彩的工作汇报,介绍了各自的研究课题所取得的最新进展。每位同学口头报告结束后,师生积极对各自感兴趣的问题踊跃提问并进行了热烈讨论,每个分会场均由评审团评选出一、二、三等奖。

(三十四)我校博士生在英国《自然》期刊发表研究成果

2013年6月6日,英国《自然》期刊在线发表了由我校侯建国院士领衔的单分子科学团队董振超研究小组的研究成果,该小组在高分辨化学识别与成像领域取得重大突破,在国际上首次实现了亚纳米分辨的单分子光学拉曼成像。文章的共同第一作者为微尺度物质科学国家实验室(筹)的博士生张瑞和张尧同学。

(三十五)信息科学技术学院研究生获"IEEE ICC 2013 最佳论文奖"

2013年6月11日,在匈牙利首都布达佩斯召开的IEEE(美国电器和电子工程师协会)会议上,来自我校信息学院朱祖勍博士团队提交的题为"Bandwidth Defragmentation in Dynamic Elastic Optical Networks with Minimum Traffic Disruptions"(动态弹性光网络中具有最少交通中断的带宽碎片整理)的论文获得了大会颁发的"最佳论文奖"(Best Paper Award)。该论文的第一作者是信息学院电子工程与信息科学系2012级硕士研究生张明洋,他的导师、信息学院副教授朱祖勍博士是通信作者,其余合作作者分别为史蔚然、龚龙和卢薇,我校信息学院是论文的第一单位,也是唯一单位。

(三十六)"中国学位与研究生教育学会第四届文理科工作委员会第三次理事会议"在我校召开

2013年6月14日,"中国学位与研究生教育学会第四届文理科工作委员会第三次理事会议"在我校召开,20余位文理科理事会委员参加了会议。会议由文理科理事会副主任委员兼秘书长、北京大学研究生院副院长高岱主持,文理科理事会副主任委员、我校副校长张淑林,安徽省教育厅学位办主任汤仲胜出席会议并致辞。

张淑林副校长表示我校将在中国学位与研究生教育学会和文理科工作委员会的指导下卓有成效地开展相关理论与重要课题研究工作,争取为我国学位与研究生教育事业做出贡献。

安徽省学位办主任汤仲胜希望各委员单位为安徽省学位与研究生教育事业的改革与发展建言献策。

本次理事会议主要围绕学科评估对推动学校学科建设的作用和意义、2013年学术学会暨全体会员大会议题、文理科工作委员会2014年工作计划等相关议题展开了深入研讨,各位委员还介绍了各单位近期在学位与研究生教育领域的改革举措,相互交流了学科建设及提高研究生培养质量的举措。

(三十七)我校各学位分委员会开展2013年夏季学位申请审核工作

2013年6月7日至17日,我校各学位分委员会相继召开学位工作会议,审议2013年度夏季学位申请工作。会上,各学位点分别介绍了各学科研究生学位申请者的学位论文评阅、答辩及学术论文发表情况,各位委员对申请者的学籍、课程、论文等学位申请信息逐一进行审核,对特殊情况展开讨论,最后投票表决。同时,各分委员会委员就完善学校的学位与研究生教育等方面的工作提出了许多宝贵的意见和建议。

随着学位标准的不断提升和学位审核工作的日益规范,经各学位分委员会的严格把关,研究生发表学术论文的数量与质量都有了进一步的提高。全校博士生人均发表SCI论文篇数同比去年增加了6.5%;博士生发表SCI一、二区论文的比例同比去年增加了3个百分点,其中博士生发表SCI一区论文的比例由去年的15.1%增至22.1%,增加了7个百分点。

我校学位工作长期以来坚持制度化建设,学位审定工作已成为研究生教育质量监控系统的重要组成部分,在确保我校学位授予质量和声誉方面发挥了积极的作用。

(三十八) 校学位委员会召开2013年夏季学位工作会议,决定授予530人博士学位、1388人硕士学位

2013年6月20日下午,第七届校学位委员会在理化大楼一楼科技展厅召开第十五次工作会议。会议主要就2013年上半年各学科申请的各类、各层次学位进行审定。校学位委员会主任委员、校长侯建国主持会议。

本次我校申请各类、各层次学位人数共计3648人。其中,530人申请博士学位,1388人申请硕士学位(科学学位695人,专业学位693人)。

会上,各学位分委员会的负责人分别汇报了分委员会学位申请审核情况,与会委员仔细审阅了相关申请材料,并在认真讨论的基础上,依据我校学位条例进行了投票表决。经表决,决定授予530人博士学位、1388人硕士学位。

与会委员还结合学位审核中发现的一些问题,就完善提高我校相关学科学位标准、强化导师责任等提出了宝贵的意见与建议。

研究生院副院长古继宝还从开课依据、开课计划、课程调整等方面汇报了我校研究生课程规范管理的基本设想;校学位办主任倪瑞通报了2005~2013年我校博士生发表SCI论文的统计情况;与会委员围绕我校研究生课程规范管理进行了研讨,并提出了诸多建设性意见。

侯建国校长在会议总结讲话中通报了教育部近期拟在研究生招生、中期分流淘汰、学制弹性化、课程建设、培养规模确定等方面的政策动态,强调了提高我校研究生培养质量的重要性,要求研究生院、校学位办认真听取落实与会委员关于我校提高研究生培养质量及学位质量的意见与建议,完善我校学位质量保证体系。

近年来,我校通过优化学科结构、加大研招宣传力度、实施新的学位质量标准等一系列举措,学位授予质量得到不断提升,社会声誉日益提高。据统计,2005年以来,我校博士毕业生人均发表SCI论文数量与质量不断攀升,其中SCI一区论文的比例明显提高,一些优秀的在读博士生在《自然》《科学》等国际顶级期刊发表了高水平学术论文,引起了国际学术界的关注,为我校赢得了荣誉。我校博士生群体已成为学校科研体系中的一支

重要生力军,为我校创建世界一流研究型大学做出了重要贡献。

第七届校学位委员会第十五次工作会议

(三十九) 我校举行"2013届研究生毕业典礼暨学位授予仪式"

2013年6月22日上午,我校"2013届研究生毕业典礼暨学位着装授予仪式"在东区大礼堂隆重举行,近2000名研究生毕业生与导师、家长、亲友汇聚于此,共同见证这一重要时刻。

上午9时,毕业典礼正式开始。在同学们的欢呼声中,校领导许武、侯建国、窦贤康、叶向东、陈晓剑、周先意、朱长飞,校学位委员会副主任李曙光院士,部分学院执行院长李嘉禹、刘万东、杨金龙、陈华平,以及导师代表董振超身着导师服在主席台就座。毕业典礼由张淑林副校长主持。大洋洲汤加王国驻华特命全权大使西亚梅利耶·拉图先生及其家人也作为远道而来的特邀嘉宾来到现场。

校学位委员会主任、校长侯建国在典礼上发表讲话。他首先代表学校对毕业生表示最热烈的祝贺。他指出,2013年对我校来说是值得纪念的一年,今年是学校建校55周年,是首批本科生毕业50周年,同时也是首批博士生毕业30周年。1978年,我校成立了新中国第一个研究生院,并率先建成了本、硕、博一体化的人才培养体系。30年来,我校累计授予博士学位6000多人,累计授予硕士学位20000多人,如今这些硕士、博士都已成为各个领域的骨干力量和领军人才。在研究生生涯的几年时间里,同学们不仅圆满完成了学业,逐步成长为我校科研队伍中令人瞩目的生力军,还在丰富多彩的社会实践和公益活动中锻炼了自己的综合素质,母校为你们感到骄傲和自豪!

侯建国校长以60年前詹姆斯·沃森和弗朗西斯·克里克在《自然》期刊发表关于DNA双螺旋结构的论文为例,阐述了原始创新的重要性。他指出,目前中国已是一个科研大国,但远非一个科研强国,缺乏原始创新已成为中国发展的一个瓶颈,希望同学们继承和发扬科大人勇于创新、敢为天下先的精神,在未来成为推动各自领域创新发展的领导者。

侯建国校长还为现场的同学们讲述了《自然》期刊上刊登的5个漫长的科学实验,认为重大成果的取得往往需要一个很长的过程。他希望同学们今后无论从事什么样的事业,都要有足够的耐心和信心,要经得住时间的考验,耐得住寂寞,经得起挫折,通过执着的努力去成就最好的自己。最后,他祝福即将毕业的各位同学,作为科大撒向社会的种子,在不同的土壤里扎根、成长,以聪明才智实现自己的人生价值,为国家、为母校做出积极的贡献。

导师代表董振超教授与即将毕业的同学们分享了自己做研究的几点体会:第一,听从内心的呼唤,遵循内心的兴趣和爱好,以积极、乐观、主动的健康心态去对待学习和工作;第二,在学习和工作中要向他人学习,善于与人交流和合作,怀着感恩的心去对待每一个人生机缘,虚心求教,广收博览,并将知识一步步融会贯通;第三,在学习和工作中要有韧劲,对于自己做出的选择要有矢志不渝、坚持不懈、持之以恒、百折不挠的精神,在遇到困难时要有坚守的勇气,这往往是事业成功的关键。

毕业生代表、化学与材料学院博士学位获得者徐俊表示将带着母校的关爱,带着科大人求真务实、自强不息的精神,带着梦想再次出发,在未来前行的日子中绽放独具科大魅力的光芒。

随后,全体毕业生起立,在侯建国校长带领下庄严宣誓:"感恩父母养育,感谢导师教诲,不忘母校培养。我们坚守母校信念,热爱科学、崇尚真理;我们传承母校精神,科教报国、追求卓越。我们用激情和智慧建设祖国,用责任和行动回馈社会,用成就和硕果回报母校!"

最后,在校歌的乐曲声中,同学们身着学位服依次走上主席台,校领导和导师代表们为他们一一扶正流苏并合影留念。

(四十) 我校获机器人世界杯"1金1银"

在荷兰举行的"第十七届RoboCup机器人世界杯及学术大会"于2013年6月30日落幕,我校机器人团队获得冠、亚军各一项,是所有中国参赛队中成绩最好的团队。仿真2D再次获得冠军,已连续9年保持世界前二,以4金5银高居榜首。自主研发的可佳机器人在服务机器人赛决赛中屈居亚军,但在主体测试中总分第一,是美、德、日之外第一支主体测试排位第一的团队,标志着我国服务机器人研究水平进入世界领先行列。

我校机器人团队在"第十七届 RoboCup 机器人世界杯及学术大会"上获得 2D 组冠军

(四十一)我校召开"2013 年学位与研究生教育中心暑期工作会议"

2013 年 7 月 2 日,"2013 年学位与研究生教育中心暑期工作会议"在我校理化大楼科技展厅召开,会议主要对上半年度的学位与研究生教育工作进行了总结,并部署了暑期各项工作。各学院执行院长及分管副院长、各学院研究生部成员、学校相关职能部门负责人等参加了会议。

半年来,我校围绕提高研究生培养质量这一中心任务,通过实施科学家报告团、研究生创新计划、参与学科评估、严格学位审核等举措,研究生生源质量不断攀升,研究生培养声誉日益提高。在生源质量方面,2013 年学校累计招收科学学位研究生 1589 人,其中推免生达到 1119 人,来自"985 工程""211 工程"大学的生源比例较往年又有攀升;在招生宣讲方面,5 月份组织的科学家报告团累计在 12 座城市进行了专场报告,覆盖了全国 31 所重点高校,256 位导师参与其中,参与学生高达 6000 余人,极大地提高了我校的知名度和美誉度;在学科评估方面,教育部第三轮学科评估中我校申请参评的学科均进入全国前列,其中 14 个学科进入全国排名前十,我校基础学科群的优势地位得到进一步体现;在学位授予方面,近年来全校博士生人均发表 SCI 一、二区论文数呈现逐年上升趋势,年均增长约 7%,博士生培养数量和质量得到同步提升。

上半年,学校各研究生部以提高研究生培养质量为核心,展开了富有特色和创新力的研招培养相关活动:物理学院建立了研究生学术活动的"三大品牌"——学术沙龙、学术论坛、学术年会;化学与材料科学学院举办以"迈出象牙塔、走进红四方"为主题的高管论坛;生命科学学院举办研究生年会——成果展览、现场海报评审等。通过这些系列活动营造出了创新氛围,提升了研究生培养质量。

各学院汇报结束后,张淑林副校长希望各学院积极贯彻中科院关于推进"科教融合"的战略部署,认真谋划与合肥物质科学研究院(筹)在研究生教育与学科建设领域的合作共建,创建研究生教育和谐大家庭,提升我校研究生教育的整体竞争力,引领我国研究生教育的改革与发展。

(四十二) 我校博士生出席"第六十三届诺贝尔奖得主大会"

2013年6月30日至7月5日,"第六十三届诺贝尔奖得主大会"在德国林道召开,此次盛会的主题是"化学"。34名诺贝尔奖得主以及来自78个国家和地区的625名青年学者齐聚一堂,我校合肥微尺度物质科学国家实验室(筹)博士生刘建伟、郭昌通过遴选参加了此次盛会。

大会举办方为中国提供了25个名额。2004年至今,我校已有12名优秀博士生受邀参加了林道大会。本次会议期间,我校参会的年轻博士生面对面地与诺贝尔获得者进行了交流,聆听了来自科学世界最前沿的声音,并获得了与世界各国优秀科学接班人相识和交流的机会。会后,他们还访问了德国的大学和研究机构,进一步认识和了解了德国。

(四十三) 我校2013年优秀大学生夏令营开幕

2013年7月8日上午,由研究生院主办的"中国科大研招系列活动暨2013优秀大学生夏令营开幕式"在西区活动中心大礼堂隆重举行。

开幕式上,张淑林副校长希望所有营员都能充分利用参加夏令营的机会,围绕学科前沿,认真交流研讨,提升专业素养,也希望大家能够扩大交流、加强合作、收获友谊!

在隆重的授旗仪式中,张淑林副校长分别向各夏令营代表授予营旗。

开幕式结束后,2013年优秀大学生夏令营正式开营。

优秀大学生暑期夏令营是我校研招系列品牌活动之一。为将更多优秀学子"请进来",今年我校除了设置物理化学、生命科学、数学、大别山地质考察、交叉学科、高低空大气探测等暑期夏令营外,还新增了力学与工程科学夏令营,全面涵盖了我校的优势学科。除此之外,我校还加大了各营的规模,据统计,全国共有2658人报名参加今年中国科大举办的7个暑期夏令营,实际录取营员1261人,其中A类营员805人,B类营员456人,总数较去年增加了600多人,营员绝大部分来自"985工程""211工程"等全国99所知名高校。

2013年优秀大学生夏令营开幕式上第三届交叉学科夏令营营员合影

(四十四) 我校举办第一届安徽省高校研究生信息素养夏令营

2013年7月9日上午,安徽省首届高校研究生信息素养夏令营在我校东区水上报告厅正式开营。夏令营旨在培养高校研究生在科研学习活动中的信息获取、信息挖掘分析、信息处理能力,来自合肥工业大学、安徽大学等省内19所高校的225名研究生参加了本次夏令营。我校副校长张淑林、安徽省教育厅高等教育处处长储常连出席开营仪式并致辞。

安徽省高校研究生信息素养夏令营是依托安徽省高校数字图书馆举办的首届有关文献信息交流方面的夏令营活动,在省内乃至全国均属首次。活动将持续到7月12日,云集一线科研导师"大牛"和全国优秀信息资源培训老师,内容涵盖数据库介绍、电子资源使用、科研文献信息挖掘分析、论文写作、国家实验室参观等诸多内容。此次活动由我校图书馆筹备主办,得到了安徽省教育厅和学校的大力支持,在省内高校引起了热烈反响。

(四十五) 我校2013年优秀大学生夏令营闭幕

2013年7月12日晚,1261名优秀大学生夏令营营员齐聚一堂,参加2013年优秀大学生夏令营闭幕仪式。

研究生院副院长古继宝登上舞台,受张淑林副校长委托代表研究生院向本届夏令营全体参与人员表达谢意和祝福。古继宝副院长语调高昂地说道:"一入科大门,永远科大人,一拉科大手,永远是朋友,无论你身在何方,科大是你们永远的家,欢迎你们常回家看看!"

闭幕式上,10位志愿者获得"中国科大2013年优秀大学生夏令营特别贡献奖"。

中国科大2013年优秀大学生夏令营闭幕式

(四十六)我校举行研究生支教团第十四届支教队工作汇报暨交接仪式

2013年7月12日下午,校研究生支教团第十四届支教队工作汇报暨交接仪式在218楼会议室举行。校党委副书记鹿明,研究生院、招生就业处、人文学院、校团委负责人以及第十四、第十五届支教队全体队员等参加了会议。交接仪式上,鹿明副书记代表学校勉励两届支教队队员继续学习李克强副总理回信精神,将志愿服务精神发扬光大,希望同学们珍惜这笔宝贵的人生财富,在未来的道路上走得更坚定、更顺畅。会上,第十四、第十五届支教队进行了团旗交接仪式。交接仪式后,与会老师和同学们进行了亲切的交流,高度赞扬了队员们无私奉献的高尚精神,同时对促进我校研究生支教工作的进一步发展以及切实解决支教队队员的学习生活困难提出了宝贵意见和建议。两届支教队队员进行了工作交接和充分交流,第十四届支教队队员鼓励第十五届支教队队员在支教地发扬志愿者精神,不怕困难,圆满完成支教工作。

(四十七)我校召开"2013年专业学位教育中心暑期工作会议"

2013年7月16日下午,我校于苏州研究院召开"2013年专业学位教育中心暑期工作会议"。张淑林副校长出席会议并讲话。校专业学位教育中心全体成员及相关职能部门负责人等参加了会议。会议由研究生院副院长屠兢主持。

软件学院、管理学院和公共事务学院负责人做了重点专题发言。其他专业学位点负责人就各学院专业学位教育发展中积累的经验和面临的问题进行了交流。

最后,张淑林副校长向各单位提出了如下5点需求:第一,在培养上,要把专业学位学生的职业竞争力作为检验专业学位点办学质量的重要标准,重视专业学位学生实践能力和应用能力的培养;第二,在招生工作方面,专业学位教育中心各单位要积极借鉴科学学位"走出去"的创新举措,拓展招生行业领域,创新选材方式;研究生院也要做好专业学位研招服务工作,全力搭建专业学位研招宣传平台;第三,在资源共享方面,各单位要树立整体观,对于好的教育教学资源要做到集约共享和高效利用;第四,要充分借助于苏州研究院这一得天独厚大平台的独特优势,以若干重点培养基地为依托,面向社会需求培养复合型、应用型人才,共同做好我校专业学位教育发展大文章。

(四十八)我校博士生暑期调研团前往中国电子科技集团公司第十四研究所参观交流

2013年7月15日至19日,我校博士生暑期调研团前往中国电子科技集团公司第十四研究所进行参观交流。此次活动由中国电子科技集团公司第十四研究所主办,邀请了来自中国科学技术大学、清华大学、上海交通大学和西安电子科技大学等4所高校的50多名博士生、硕士生前来参观学习和交流。

中国电子科技集团公司第十四研究所王德江副所长希望师生们能够对所里的科研工作和发展现状有更为深入的了解和认识,希望有志于此的同学加盟十四所的科研团队,共同为国家的国防事业做贡献。

在研究部工作区,同学们参观了高科技、高效率的产品研发系统,对信息技术与产品设计的交汇融合有了全新的认识;在工厂区产品生产线上,同学们详细了解了各个生产环节;在场外实验基地参观各种国产雷达时,同学们抓住机会与第一线的科研技术人员进行充分交流,科研工作者对同学们关心的技术问题做了详细的解答。

在专题报告活动中,十四所首席专家张良向大家详细介绍了雷达技术在国内外的发展历史,以及十四所从事的科研领域和有关的雷达知识。

(四十九)我校召开"研究生课程体系改革与建设研讨会"

为切实提高我校研究生培养质量,强化研究生培养过程的管理,全面提升我校研究生的综合素质,2013年7月24日,我校召开了新一轮"研究生课程体系改革与建设研讨会",各学院分管研究生教学副院长、教学秘书及研究生院相关部门负责人参加了会议。

会议首先传达了校领导对于课程体系改革的指导意见:研究生课程是研究生培养体系的重要组成部分,当前我校研招质量和学位标准都已得到大幅提高,但与国际一流高校相比我校现有的研究生课程体系尚存在一些问题,如课程设计未能从研究生全面成长的角度考虑;课程设置有一定的随意性,一些课程主要根据教师需求与兴趣开设;研究生课程学习内容难度和创新度不够,在深度与宽度方面缺乏精心设计;研究生课程学习对于研究生整体素质提升的贡献度有待提高。改革研究生课程体系、加强研究生培养过程管理应成为今后研究生培养工作的重点。研究生课程设计不仅要服务于研究生科研能力的提升,更重要的是要在研究生综合素质的培养中发挥重要作用;研究生课程培养方案的设计应从研究生培养的需求出发加大整体设计,借鉴国际一流高校课程体系建设的优秀做法,减少课程数量,精心设计课程的深度与广度,科学分配课堂学习时间与课后学习时间的比重,全面提高研究生课程质量。因各学院和不同学科课程要求差异较大,各学院可结合自身特色进行差别化设计,研究生院将给予大力支持和积极配合。

各学院分管副院长就如何推进研究生课程体系改革提出了许多宝贵的意见和建议,认为课程改革必须妥善处理好改革中遇到的相关问题。例如,研究生入学基础参差不齐与课程难度设置之间的问题;导师科研项目要求与学生课程学习之间的时间关系;课程难度、教学要求提高与授课师资配置之间的关系等。

根据会议布署,7月底至8月下旬,各学院将展开研究生课程体系改革的调研和初步方案设计工作,同时研究生院将展开管理方案的调研和设计工作;9月初我校将组织召开研究生课程体系改革与建设进展交流会,就课程改革的总体思路、调研方案和改革设想方案等进行更深入的交流和探讨,后续将进行调研补充和方案完善,征求各方的反馈意见;10月下旬,学校将召开研究生教育工作会议,全面推进新的课程体系建设。

(五十)教育部发展规划司来我校调研博士生招生计划管理改革试点工作

为进一步推进实施博士生招生计划管理改革试点工作,及时总结试点工作实施两年来的经验和成效,教育部发展规划司于2013年8月7日来我校开展试点工作实地调研。张淑林副校长会见了调研团并主持调研工作会议。调研期间,调研团听取了张淑林副校长关于我校博士生招生计划管理改革中的新思路、新举措、新成效、新经验和新问题的总体介绍,并与研究生院负责人、博导代表、博士生代表就招生录取方式、博士生课程设置、科研参与进度、博士生待遇及分流等有关问题开展了座谈会。

会上,张淑林副校长在谈及如何深化博士生招生计划管理改革时,张淑林副校长建议继续坚持给予并扩大试点高校的自主权,要更加注重和突出博士生的科研能力及综合能力培养,进一步完善试点高校的博士生分流淘汰制度建设。

教育部发展规划司事业计划处徐小强副处长介绍了此次调研的原因和目的。他说,之所以将我校作为调研工作的首站,是因为我校是博士生招生计划管理改革的首倡高校和试点单位,其严谨的教学与科研风气和精品培养理念为试点工作提供了坚强保障,此行即以我校为窗口,全面梳理和总结试点工作开展以来的经验和成效。

座谈会分博导代表座谈和博士生代表座谈两场进行。

我校实施博士生招生计划管理改革两年来,始终以精品培养和全过程弹性管理为基本定位,以提升博士生培养质量和充分结合学校学科优势及人才培养特点为改革宗旨,在以下4个方面采取了诸多创新举措:

在招生计划分配方面,坚持以招收培养长周期硕-博贯通的博士生为主的总体思路,增量指标面向国家重点学科、大科学工程和国家重点实验室、高水平导师、科教融合等领域倾斜;扩大长周期硕-博连读直接攻博的招生比例,减少3年制公共招考的博士生招生规模,优化了博士生招生规模与结构。

在培养过程改革方面,推行"三步走"全过程弹性管理,重设"三位一体"的课程体系,强调博士生课程的深度、广度和新度,注重理论性专业与实践类专业课程的分类设计;提高各学科的博士学位标准;设立了博士生国际学术交流基金,启动了博士生创新能力提升支持计划,建设了本-硕-博一体化的创新教育教学实验基地。

在择优分流机制建设方面,各学科在博士生招生上采取本-硕-博、硕-博长周期培养模式,实施"跨栏跳"全过程质量控制战略;实行博士生资格考试和资格审查制度;对于博士生阶段,实行课程学习、年度考核、学术论文发表、国际学术交流能力、学位论文开题、学位论文评审与答辩等环节的质量控制;学校每年对博士生开展学业进展考核。

在校内资助水平方面,为鼓励博士生做出重大科研成果,我校首创了博士生助理研究员制度;为提高博士生对科研学习的积极性,完善了博士生奖学金体系;为解除博士生的基本生活顾虑,提高了博士生的助学金待遇。

博士生招生计划管理改革试点工作优化了学校的研究生教育资源配置,带动了全方位的研究生培养机制改革,引导建立了多环节的质量保证机制,激活了研究生导师与研究生参与培养工作的积极性。博士生招生计划管理改革实施两年来,得到了我校导师、相关联合培养单位的欢迎,在未来的工作中,我校将进一步采取多种举措深化博士生招生计划管理改革。

(五十一)"2013年全国先进反应堆工程研究生暑期学校"开学典礼在我校举行

2013年8月12日,由教育部主办、国家自然科学基金委员会资助,我校承办的"2013年全国先进反应堆工程研究生暑期学校"开学典礼在我校举行。

(五十二)"全国现代同位素地质年代学研究生暑期学校"开学典礼在我校举行

2013年8月19日,"全国现代同位素地质年代学研究生暑期学校"开学典礼在我校举行。

(五十三)我校研究生获"第八届中国青少年科技创新奖"

2013年8月22日,在邓小平诞辰109周年之际,中国共产主义青年团中央委员会、全国青年联合会、全国学生联合会、少年先锋队全国工作委员会在人民大会堂常委会议厅举办"第八届中国青少年科技创新奖"颁奖大会。国务院副总理刘延东、国家副主席李源潮出席颁奖大会。我校微尺度物质科学国家实验室（筹）2011级博士生张尧生同学和高分子科学与工程系2007级博士生熊梦华同学获奖。至此我校学生连续8届共计10名同学获此殊荣。

（五十四）我校召开"先进技术研究院研究生教育专项校务工作会议"

2013年8月30日下午，我校召开"先进技术研究院研究生教育专项校务工作会议"，对先研院的园区建设工作及研究生入住工作具体事宜进行梳理、布置。侯建国校长出席会议并讲话。副校长陈晓剑，我校相关学院院长、书记及研发单元代表，先研院相关部门负责人参加会议。会议由张淑林副校长主持。

会议听取了先研院综合管理部与研究生部关于建设配套情况和学生入住问题的汇报，要求按时、按质推进工作进程，并对研究生入住工作做了要求部署，要求各学院和研发平台立足自身研究生管理的模式，保持原有隶属关系不变，管理体系要及时延伸过去。先研院要全力配合入住研究生的学习、生活所需，做好衔接服务。会议期间，相关学院负责人及研发单元代表从学生管理服务及对园区建设配套的需求提出了建议，并与先研院工作人员进行了沟通和研讨。

侯建国校长在讲话中强调，先研院既要保证工程进度推进，也要做好运行管理。相关学院和院（系）要从自身发展、学科建设的高度来认识先研院的研究生教育工作，在制定入住先研院的研究生培养方案时，有意识地和安徽省、合肥市的产业布局方向做好对接，同时要注重学生管理的方式方法，保证先研院的研究生教育工作能让省、院、市、校四方满意。

根据先研院工作推进安排及省市政府的要求，计划首批研究生在2013年9月中下旬入住先研院。为做好研究生入住及后期学习、管理工作，多位校领导先后赴先研院建设现场，调研学习、生活等设施建设进展，合肥市也专门召开了包括公共交通、公安、消防、卫生、商业等多家单位参与的先研院服务设施建设现场督导会，协调市、校相关部门，做好各项预案，保证先研院研究生教育工作顺利推进。

（五十五）化学与材料科学学院召开"研究生课程体系改革与建设研讨会"

为推进落实研究生课程体系改革与建设方案，化学与材料科学学院于2013年8月31日召开"研究生课程体系改革与建设研讨会"。学院领导、系主任、各学科点负责人及部分研究生课程授课老师参加了会议。

化学与材料科学学院从2011年就开始了研究生课程体系改革试点工作，各学科点分别选取了5个左右的国外著名高校作为标杆，经过两年多的调研、讨论和设计，大部分学科专业基本完成了课程体系改革。经交流讨论，大家在充分肯定改革后的课程体系的基础上，认为还有部分基础课和专业课有待进一步改进与完善，并对学院下一步的改革工作提出了许多建议，如加强课程组建设、建立跨学科课程组、改进课程考核方式、开设研讨（Seminar）课程、对博士生全面推行累计考核、加强教学督导等。

（五十六）我校范维澄院士接受拉夫堡大学授予的名誉博士学位

2013年8月，我校火灾科学国家重点实验室主任范维澄院士在英国拉夫堡大学接受了拉夫堡大学授予的名誉博士学位。

（五十七）我校开展2013级研究生新生入学教育，本年招收3446名硕士生、995名博士生

秋雨绵绵，来自祖国四面八方的莘莘学子充满着对研究生生活的期待和渴望迈入了我校校门。随着迎新工作的结束，我校研究生新生入学教育系列活动也拉开了帷幕。2013年9月3日上午，我校2013级研究生入学教育"第一课"在东区大礼堂举行。本年，我校共招收995名科学学位博士生、3446名硕士生，其中有1589名科学学位硕士生、1857名专业学位硕士生。

侯建国校长、张淑林副校长、李曙光院士，以及研究生院、校学位办、校公共支撑体系等单位的有关负责人共同为研究生新生讲授了入学教育"第一课"。值得注意的是，今年首次纳入我校研招体系的来自合肥物质科学研究院的60名学子与我校2013级全体研究生共同聆听了入学教育"第一课"。本次入学教育大会由张淑林副校长主持。

侯建国校长首先代表全校师生对研究生新生的到来表示热烈欢迎。他说，研究生阶段是人生成长道路上的又一次跨越，在此阶段努力学习，打下坚实的学业基础和掌握独立从事专业工作的能力至关重要。

侯建国校长在讲话中以一名导师和学长的身份与新生们分享了做人、做事、做学问的宝贵经验，并对新同学提出了以下3点希望：一要在学习过程中打下坚实的学业基础，为未来的论文研究和职业生涯铺平道路；二要勇于创新、善于独立思考，更多地培养自己的独立工作能力；三要在发展个性的同时学会包容与合作，要包容不同的观点，要善于发现别人的优点，善于合作，取长补短。

"研究生阶段可能是你们迈向更高学术生涯的开始，也可能是你们开创未来事业的起点，研究生阶段所培养的科学精神、所锻炼的各种能力会让你们受益一生。"侯建国校长说，"科大为同学们提供了自由的研究平台和广阔的发展空间，希望你们通过3~5年甚至更长时间的努力，在科大尽情探索真知，潜心做好研究，努力增长才干，为自己铺设一条坚实的道路通向自己心中的梦想。"

接着，我校优秀博导、校学位委员会副主任李曙光院士从"为什么读研究生、什么是科大主流价值观、如何培养研究生、如何当好研究生"等4个问题出发，为新生讲解了科

大使命、学术规范、科研道德、师生关系等知识。在他看来,"科教报国"是每一个科大人的主流价值取向,发展科技、建立创新型国家、实现科技强国是新一代人的使命。他希望作为社会知识精英的研究生在未来的学习与科研进程中,要将主要精力集中于学业,以诚实、勤奋、主动的态度和勤于思考、乐于协作的精神走好眼下的每一步,为未来打好坚实的基础,为建设创新型国家做出应有的贡献。

随后,2013级研究生新生代表顾亚菲同学做入学发言。她表示选择继续深造是她人生中的一个重要抉择,在今后的学习、科研、工作中她会一直秉承科大精神,勤于学习、敢于质疑、善于发现、勇于创新。

入学教育活动的最后,张淑林副校长表示,在未来的3~5年的学习征程中,学校管理部门将为同学们提供最好的服务,各类公共教育资源系统、全体研究生导师将与同学们一路同行,努力为同学们的成长、成才提供最好的条件与服务。

《永恒的东风》再一次唱响在礼堂中,我校2013年研究生入学教育"第一课"在经久不息的掌声中落幕。根据安排,入学教育"第二课""第三课"……其他丰富多彩的入学教育由各学院、各学科点自行安排。

(五十八) 我校布置新一轮"985工程"建设阶段检查工作

为落实教育部、财政部《关于做好"985工程"(2010~2013年)阶段检查工作的通知》的部署,我校于2013年9月9日下午在218楼会议室召开会议,全面布置新一轮"985工程"阶段检查工作。侯建国校长、张淑林副校长、尹登泽校长助理,以及研究生院、科技处、财务处、人力资源部、教务处、发展规划处、公共支撑中心、资产和后勤管理部等相关职能部门负责人参加了会议。

侯建国校长就如何做好"985工程"阶段检查工作提出了如下要求:一要以阶段检查工作为契机,做好标志性成果的凝炼工作和学校建设亮点及特色的总结工作,下大力气对本阶段建设绩效进行分析和展示;二要明确阶段检查工作的重要性和全局性,各部门要在学校的统一部署下加强联动,通力配合,确保在规定的时间内圆满完成阶段检查工作。

张淑林副校长简要回顾了我校"985工程"的历程及建设管理工作情况,解读了《关于做好"985工程"(2010~2013年)阶段检查工作的通知》文件的精神,指出阶段检查工作时间紧、任务重、要求高,希望各部门全力做好建设成效的总结梳理工作。

新一轮"985工程"建设项目于2010年正式实施,今年是第四年,通过建设,我校在学科建设、拔尖创新人才培养、学术领军人物和创新团队建设、自主创新和社会服务能力、提升国际交流与合作等方面取得显著的建设成效,为创建世界一流研究型大学奠定了坚实的基础。本次阶段性检查的重点主要包括阶段建设目标和任务完成情况、改革方案实施情况、资金使用管理情况、项目管理情况、建设中存在的问题以及阶段建设绩效情况等。根据教育部的部署,各校须在自查的基础上,分别形成《学校"985工程"(2010~2013年)建设情况报告》、《学校"985工程"改革方案实施情况报告》以及《标志性成果简介》,并在规定的时间提交到指定的信息平台上,由教育部统一公布,以促进学校之间的相互学习和监督。

(五十九)华中科技大学常务副校长邵新宇一行来我校调研研究生教育工作

2013年9月11日上午,华中科技大学常务副校长邵新宇一行访问我校,就研究生教育管理、培养机制改革、信息化平台建设等工作进行调研。我校张淑林副校长会见了邵新宇一行并与来宾进行了座谈交流,研究生院、校学位办等单位负责人参加了座谈会。

张淑林副校长介绍了我校的办学理念,重点从信息化质量监控与服务系统建设、公共支撑体系建设、研究生分类培养等3个方面向来宾介绍了近年来我校在学位与研究生教育方面的主要改革举措。

听取介绍后,邵新宇副校长对我校的办学理念、学风校风、人才培养质量、研究生教育改革创新举措等给予了高度评价。

会上,华中科技大学来访人员就所关切的研究生培养中培养机制改革、导师队伍建设、教学评价、信息化管理等问题与我校研究生院对口部门进行了探讨与交流。

(六十)物理学院召开"研究生课程体系改革研讨会"

为全面贯彻落实学校关于研究生课程体系改革与建设的会议精神,物理学院在2013年9月10日下午召开了"研究生课程体系改革研讨会"。学院领导、各系主任、各学科点负责人和部分导师代表参加了会议。

会上,叶邦角教授介绍了普林斯顿大学、剑桥大学、麻省理工学院、加州理工学院等4所国外著名高校物理学的课程体系,认为物理学院的研究生课程应与国际相近学科设置的通行课程接轨,目前使用的培养方案虽然打通了各学科的限制,但是在实施过程中也发现了一些问题,如部分课程内容重复、层次不明、设置不合理、前沿性不足,课程的压力不足,学生的主动学习能力欠缺等。物理学院研究生课程体系改革当务之急是结合本单位学科特色和优势,抛开原来的课程体系,集中打造2门或3门能够反映出本学科重要前沿的领域、传授本学科创新思想和方法的主干课程,每门课程都要精心设计,包括教学用书、教学方法、阅读书单、课程内容、课程要求、考核方式等。各学科精选出跨学科与交叉学科性质的研究型课程,激发出研究生的积极思维和探索欲望,培养研究生的研究与创新能力,课程的设置和内容应注重广泛性、基础性、前沿性、综合性和交叉性。

与会人员就存在的问题展开了积极的讨论,并提出了很多建议,如加强和完善资格考试(qualify exam)环节、适量引入淘汰机制、学生的奖励制度应与课程学分挂钩、加强主干课程的考核比重、全院范围内开始学生研讨(student seminar)课程、由退休的老教师和年轻教员同时承担主干课程的授课等,各学科要进一步探讨和细化本学科的课程方案。

2013年

(六十一) 我校召开"新学期学位与研究生教育工作部署大会"

2013年9月12日下午,我校于东区活动中心五楼学术报告厅召开"新学期学位与研究生教育工作部署大会"。张淑林副校长主持会议并讲话,各学院执行院长、研究生教育分管院长、各学院研究生部全体成员、专业学位教育中心全体成员及公共支撑中心单位负责人参加了会议。

根据部署,我校下半年学位与研究生教育工作的基本思路是:以提高研究生培养质量为核心,围绕创建世界一流大学的总目标,认真贯彻落实国家三部委关于研究生教育工作的重要指示,全面深化我校研究生教育综合改革,完善科学学位与专业学位研究生教育的分类培养,构建各学科自我评估、自我约束的质量保障体系,调动导师"教"与学生"学"两个积极性,培养一流的拔尖创新人才。

围绕该思路,我校下半年学位与研究生教育工作的重点是:

第一,在科学学位研究生教育方面:继续"重拳出击",坚持"走出去""请进来""再走出去"招宣传策略,打造研招大平台;以国际化为导向,以创新能力提升为核心,大力推进研究生课程体系改革与建设,强化过程管理,质量控制重心由"撑杆跳"转向"跨栏跳";全面贯彻国家关于实施研究生教育投入机制改革,构建新的奖助体系;进一步完善新的学位标准,探索国际化的学位质量评价体系;落实我校与合肥物质科学研究院的研究生教育共建工作,做好将合肥物质科学研究院的研究生培养体系并入我校的工作。

第二,在专业学位研究生教育方面:充分利用苏州研究院园区用地扩大的机遇,结合"2011协同创新计划",进一步加强与苏州地方政府、行业(企业)的联系,并依托苏州研究院大平台,打造国内外一流的软件学院、纳米学院;以获得国际资质认证为目标,提升MBA/EMBA国际影响力;建设好若干个国家级继续教育基地,做好高端人才培训工作;以合肥先研院为平台,加强与合肥地方政府、行业企业的联系,增强我校专业学位教育服务国家经济社会发展的能力。

第三,在公共支撑体系建设方面:做好第六个公共实验中心微纳研究与制造中心的建设工作,扩大我校公共实验中心的开放度,为校内外科研提供良好的支撑服务;充分利用参与国家"中西部高等教育振兴计划"的机遇,建设一流的数字化图书馆和 流的网络信息平台,提高图书情报系统、网络信息系统的服务质量。

(六十二) 火灾科学国家重点实验室召开"研究生课程改革研讨会"

为全面提升研究生培养质量,进一步发挥研究生课程学习对于研究生培养的作用,火灾科学国家重点实验室研究生部根据学校研究生课程体系改革工作部署的要求,于2013年9月19日下午组织召开了"研究生课程改革研讨会"。

课程体系改革调研小组的相关老师对前期开展的工作进行了汇报。杨立中教授汇报了实验室在2012年全国高校学科评估中的优劣势,特别指出了课程和教材建设方面存在的不足,提出了未来课程改革的初步设想;李开源老师汇报了欧美6所著名大学(美国加州大学伯克利分校、美国马里兰大学、美国伍斯特理工学院、德国慕尼黑工业大学、英国爱丁堡大学、瑞典隆德大学)相关学科研究生专业课程设置的调研情况,并对其进行了分析和讨论。

随后,与会老师展开热烈讨论,认为需要深入研究生当中去了解学生的需求,进而调整和优化现有课程,注重课程质量;导师应根据研究方向、论文进程筛选课程,规避学生混学分的现象。同时认为应根据本学科特点,密切联系社会实际需求,增加消防规范和设计课程;为提高学生的实际操作技能,还须增设实验课程。

(六十三)我校博士生荣获《等离子体物理与受控聚变》"最佳墙报奖"

2013年9月16日至20日,在意大利古城帕多瓦举行的第十九届仿星器和第十六届反场箍缩装置联合学术会议上,我校物理学院博士生尤玮同学的墙报荣获由《等离子体物理与受控聚变(PPCF)》期刊颁发的"最佳墙报奖"。

(六十四)我校召开"研究生推荐免试工作及国家奖学金评审工作会议"

2013年9月22日下午,学校在东区活动中心五楼会议室召开会议布置2014级研究生推荐免试工作及2013年国家奖学金评审工作,各学院执行院长、研究生和本科生分管院长、研究生部全体成员、研究生和本科生教学秘书、有关部门负责人等参加了会议。会议由张淑林副校长主持。

推免研究生是我校研究生生源的重要组成部分,近年来在校领导、各职能部门、各学院及广大导师的共同努力下,通过"走出去""请进来""再走出去"系列举措,我校接收校内外优秀本科生推免攻读研究生的工作取得了重要成效,推免生的数量与质量得到了同步提升,为我校研究生优秀生源的选拔和培养质量的提高创造了有利条件。为此,张淑林副校长强调,各学院要以提高质量为核心,认真对待校内推免生工作,珍惜推免指标,严格遵照国家的相关政策规定,在坚持公平、公正的基础上,确保选拔一批优秀的、具有科研潜力的学生进入研究生阶段继续深造。同时,在国家奖学金评审工作方面,张淑林副校长也提出了要求与希望,要求通过评审优秀奖学金吸引优秀生源,引导研究生刻苦读书与献身科学,希望国家奖学金能真正发挥对研究生的激励导向作用。

(六十五)研究生院党支部召开"党的群众路线教育实践活动"主题学习座谈会

2013年9月25日上午,研究生院党支部召开"党的群众路线教育实践活动"主题学习座谈会。会议由研究生院党支部书记屠兢主持,校第五督导组全体成员、研究生院各部门负责人及党员参加了学习。

屠兢书记介绍了研究生院党支部开展党的群众路线教育实践活动的总体学习情况。6位同志在座谈会上就个人学习心得和自身工作实际进行了交流发言,就校务公开、研招与教学改革及办学环境优化等有关学校发展的问题提出了意见和建议。

随后,陈晓剑副校长与会同志介绍了学校近5年的发展情况与规划思路,并就如何进一步推动党的群众路线教育实践活动扎实开展提出了以下3点要求:一是要加强学习,认真阅读党的历代领导人关于群众路线的主要论述及相关材料,准确把握和领会中共中央精神与要求;二是要反思问题,继续组织好党的群众路线教育实践活动的后三段工作,对照《党章》和中共中央"八项规定",查找差距与不足,正视问题,改正缺点;三是要多提意见和建议,结合自身工作体会,围绕学校发展多提好的意见及建议,推动学校事业更好、更快地发展。

(六十六)加拿大滑铁卢大学 David Cory 教授一行访问我校并就联合培养等工作进行交流

2013年9月25日至26日,加拿大滑铁卢大学 David Cory 教授一行3人访问我校。在我校访问期间,研究生院领导及各职能处室负责人会见了来宾一行,双方就研究生联合培养、研究生教育国际交流与合作等事宜进行了交流。

研究生院副院长古继宝向来宾一行介绍了我校与国外高水平大学联合培养研究生,以及研究生参与国际学术会议、短期交流、公派出国留学等方面的情况。

David Cory 教授,是加拿大量子信息领域的领军人物之一,对我校在物理、化学、数学、生物等基础学科领域的高水平研究工作称赞有加,认为这些领域的研究水平处于国际一流水平,并希望今后能与我校在这些领域有更深入的交流。

在会谈中,双方还就研究生教育、学科建设、科研氛围、奖助体系等进行了交流,讨论了研究生领域的相关合作空间。

加拿大滑铁卢大学是一所以研究为主的公立大学,也是北美地区的优秀大学,2011~2013年,该校一直稳居《麦克林杂志》评选的加拿大综合性大学排名的第三位,其数学、计算机科学和工程学科教学水平居世界前列。David Cory 教授现担任滑铁卢大学量子信息处理领域的加拿大卓越研究主席,他本人也是这一前沿领域的先驱。在此之前,他曾是美国麻省理工学院核工程教授。他也是加拿大的周边理论物理研究所副研究员,加拿大高级研究所顾问委员会主席。

(六十七)美国弗吉尼亚大学大学化学系教授 James N. Demas 访问我校并为研究生授课

2013年10月8日,美国弗吉尼亚大学大学化学系教授 James N. Demas 应化学与材料科学学院邀请访问我校,并开始为研究生讲授20学时的"Luminescence:Practice and Application"(化学发光:实践与应用)课程。

(六十八)"一流大学建设系列研讨会-2013"在安徽合肥开幕

2013年10月10日上午,由我校承办的"一流大学建设系列研讨会-2013"在安徽合肥开幕。来自中国9所首批"985工程"高校(C9)的领导,澳大利亚8校联盟(Go8)、美国大学联盟(AAU)和欧洲研究型大学联盟(LERU)负责人,以及美国麻省理工学院和中国香港的3所大学校长相聚合肥,就"面对变化的世界——一流研究型大学的责任与作为"这一主题展开研讨。国家自然科学基金委员会、国务院学位委员会办公室、教育部有关司局、中科院前沿科学与教育局、安徽省教育厅等有关领导出席开幕式。

我校侯建国主持开幕式,他对参加会议的嘉宾表示热烈欢迎,向各级领导和兄弟院校一直以来对我校的关心和支持表示衷心感谢。他说,今年恰逢我校建校55周年,在兄弟院校的支持下,我们非常荣幸能够承办本届一流大学建设系列研讨会,这为我们提供了一次学习借鉴各兄弟院校成功经验的难得机会。

我校党委书记许武在开幕式上致欢迎辞。他希望依托研讨会这一良好平台,进一步加强与国内兄弟院校和海外大学的交流,分享办学理念和办学经验,凝聚各方智慧,形成广泛共识,进一步推进一流大学的建设进程。

国务院学位委员会办公室副主任、教育部学位管理与研究生教育司副司长黄宝印指出,重点建设一批世界一流大学是我国长期的发展战略,经过若干年的重点建设,我国高水平大学建设成果显著、成绩斐然。相信经过大家的共同努力,中国一流大学建设一定会取得更大成果,希望一流大学建设系列研讨会越办越好。

随后,国家自然科学基金委员会主任杨卫应邀做题为"基础研究——研究型大学永远的高地与责任"的特邀报告。在报告中,杨卫主任阐述了创新驱动的机制体制变革、专利和基础研究的三类源头,说明了科学源于技术、基于技术、用于技术、化于技术、高于技术的5种关系。他介绍了国家自然科学基金委员会与基础研究"筑探索之渊,浚创新之源,延交叉之远,遂人才之愿"的关系,阐明了基础研究对C9高校的学科高地的作用以及C9高校对基础研究的始终追求,介绍了国家自然科学基金委员会完备的人才资助系列、经费管理改革、设备专项、重大科学计划以及近几年的20项重要成果。

会上,为感谢杨卫主任一直以来对一流大学建设系列研讨会发展做出的贡献,侯建国校长代表主办方向杨卫主任赠送了纪念牌。

本次研讨会为期1天,出席会议的高校校长和大学联盟负责人围绕"面对变化的世界——一流研究型大学的责任与作为"做13场主题报告。会议期间,中国9所高校将与澳大利亚8校联盟、美国大学联盟、欧洲研究型大学联盟共同签署旨在阐明现代研究型大学的特质与使命的《合肥宣言》。

据了解,一流大学建设系列研讨会于2003年由首批进入"985工程"的北京大学、清华大学、中国科学技术大学、复旦大学、上海交通大学、南京大学、浙江大学、西安交通大学、哈尔滨工业大学等9所高校共同发起,旨在推动我国一流大学的建设,探讨问题、交流经验,推动校际合作。于2003年在清华大学举办了首届研讨会,此后每年召开1次,由各校轮流承办。C9高校代表就一流大学建设、研究型大学在我国高等教育大国向高等教育强国转变中的重要作用、如何加强各校之间以及与国际大学联盟之间的交流与合作等诸多重要问题进行研讨,提出了很多有价值的建议,并形成了一系列共识,推动了C9高校之间、中国大学与国际大学联盟之间的合作。

(六十九) 我校多个信息化建设项目获安徽省高等教育"振兴计划"支持

2013年10月17日获悉,日前,省教育厅、省财政厅公布了《2013年安徽省高等教育振兴计划部分项目名单》,我校多个信息化建设项目获批。其中,张淑林副校长主持的"信息化环境下,学位与研究生教育质量保证与监控体系的构建"项目获安徽省教学成果特等奖;由我校牵头的安徽省研究生教育联盟项目"安徽省研究生课程网络共享机制研究"获重大教学改革研究项目支持;"学位论文网络评阅系统的建设与应用"项目获安徽省教学成果二等奖。另外,我校图书馆作为"安徽省数字图书总馆",网络信息中心作为"安徽省教育科研网中心",获创新与公共服务平台建设计划支持,合计获得经费1550万元。

(七十) 我校博士生荣获"第十一届全国博士生学术年会优秀论文奖"

2013年10月18日至20日,"第十一届全国博士生学术年会"在四川成都隆重召开,来自中国科学技术大学、北京大学、清华大学等单位的200多名博士生参加交流。我校近代力学系2013级博士生范煜同学参加了节能环保与污染防治技术专题,做了题为"利用水蒸气异质凝结促进PM2.5清除的多参数分析"的口头报告,并被评选为优秀论文。

(七十一) "C9高校研究生学籍学生事务与奖助学金管理工作交流会"在我校召开

2013年10月22日上午,"C9高校研究生学籍学生事务与奖助学金管理工作交流会"在我校召开。我校张淑林副校长、教育部学生司学籍学历管理处解汉林处长、教育部全国学生资助管理中心高校处吕杰老师、安徽省教育厅高校学生处左其琨处长,以及C9高校研究生院相关学籍事务与奖助学金管理工作的负责老师参加了会议。

会上,张淑林副校长希望与会代表能够借助于工作交流会这一平台,深入交流创新管理举措,互学所长,充分发挥C9高校在研究生学籍学生事务与奖助学金管理工作中的引领与示范作用。

解汉林处长表示,教育部相关部门一定会大力支持C9高校在探索学籍管理、完善奖助体系等方面的改革,做好宏观服务工作。

随后,吕杰老师为大家解读了教育部、财政部关于研究生奖助学金制度的最新政策,介绍了我国研究生教育奖助体系的基本情况。

在交流研讨阶段,各校代表就本校的研究生学籍管理、奖助学金管理、研究生管理信息系统建设等方面的创新举措及工作中遇到的突出问题进行了全方位探讨,并就研究生教育管理与服务方面的政策性和操作性问题提出了宝贵的意见和建议。在学籍管理方面,希望学籍申报能简化流程、减少审批环节;优化学信网信息系统,使国家层面的数据信息系统能兼容共享;在确保规范性和严肃性的前提下,学籍管理适度柔性化等。在奖助体系方面,希望国家奖学金能向办学声誉好、培养质量高的高水平研究型大学以及特色性大学给予更多的倾斜;国家在宏观指导的基础上,在奖学金指标内部分配、评审程序、申请标准等方面给予各研究生培养单位更多的自主权,使真正优秀的研究生获得这一荣誉,从而更好地发挥国家奖学金的激励调节作用。会上,针对各单位提出的相关共性问题,教育部学籍学历管理处与学生资助管理中心负责人给予了政策解答。

"C9高校研究生学籍学生事务与奖助学金管理工作交流会"在我校召开

(七十二) 我校对2013年新增博导进行岗前培训

2013年10月25日,由研究生院、校学位办、公共事务学院联合举办的"2013年博导培训研讨会"在合肥物质科学研究院强磁场中心五楼会议室举行。我校2013年新增博导及合肥物质研究院双聘博导代表参加了培训。我校张淑林副校长、合肥物质科学研究院王英俭院长出席会议并讲话。

上午的博导培训研讨会上,王英俭院长首先代表合肥物质科学研究院向参加培训的各位新增博导及双聘博导表示热烈欢迎。他表示对双方研究生教育体系融合的前景充满信心。

下午,会议进入主题培训阶段。我校化学与材料科学学院"全国优博"指导教师、"长江学者"俞汉青教授以"研究生培养的几点研究"为题向新增博导及双聘博导做了精彩报告。在报告中,他说:"研究生大致可以分为听从型、自主型和开拓型,无论遇到何种类型的学生,对于教师而言,都要把握好'因材施教、全程管理和人文关怀'这3个原则,鼓励支持学生投身科研、勇敢创新。"

为了此次培训研讨,我校校学位委员会副主任委员、地球和空间科学学院李曙光院士专程从外地赶至会场,向与会博导做了专题报告。李曙光院士从自己长期从事学术评审及人才培养的经验出发,痛批学术不端行为并分析了其根源,详谈了人才培养的注意事项及重要意义:"研究生培养教育是一个'慢工',学术研究更是一个'细活',两者都不容许有一点点的疏忽和大意,每一位教授、每一位博导都要对其进行'精雕细琢'。"报告最后,李曙光院士还向年轻的博导们提出了期望:诚实、认真,尊重前人工作,要有自我反省的精神、要有开阔的胸怀。

主题培训结束后,张淑林副校长离开座位,手捧博导聘任证书走到每一位新增博导和双聘博导面前,将聘任证书郑重地交到了他们手中,并充满激情地说道:"将证书送到每一位导师的手上,就是将沉甸甸的人才培养的责任和学校对每一位导师的信任交到了导师们的手上。希望各位导师珍惜学术声誉、注重人才培养质量如同生命一样,将育才重任和质量意识背在肩头,记在心里,踏踏实实,不断努力,奋力打造我校的'质量长城'。博导培训研讨会虽然结束了,但培养更高水平人才的征程才刚刚开始,研究生院将与各位博导一路同行,努力为各位博导的科学研究与研究生培养事业做好一切服务工作!"

培训会议结束后,合肥物质科学研究院党委书记匡光力教授专程赶赴会场,看望了各位与会博导,会见了张淑林副校长及研究生院领导一行,并就双方研究生教育的整合与我校进行了交流座谈,表示合肥物质科学研究院一定会认真贯彻中科院党组关于推进科教融合的战略部署,做好双方研究生教育的整合工作,全力支持双方携手开展高水平研究生人才培养工作。

(七十三) 教育部学位管理与研究生教育司梁国雄副司长来我校调研

为广泛听取专家对我国科教融合培养高端人才的意见与建议,探索依托国家重大科技专项在战略领域培养领军人才的新机制,2013年10月28日,教育部学位管理与研究生教育司梁国雄副司长、国务院学位委员会办公室任增林处长率专家团来我校调研。侯建国校长、张淑林副校长会见了梁国雄副司长一行并与来宾进行了座谈交流。我校量子信息与量子科技前沿领域的研究团队负责人参加了座谈会并接受了调研专家组的专访。

座谈会上,侯建国校长介绍了近年来我校瞄准国家战略发展方向,依托大科学项目、大工程设施、大基地平台推进学科交叉,科教融合培养拔尖创新人才的培养理念与经验,希望借助于此次调研,学校能与教育部专家共同探讨科教融合培养创新人才的新举措、新机制,为我国高端人才培养模式的创新做出贡献。

听取介绍后,梁国雄副司长、任增林处长对我校长期以来坚持的科教融合培养高层次人才的办学理念及取得的人才培养成果予以了高度评价,介绍了开展本次专项调研的背景与目的。

我校量子信息与量子科技前沿领域的与会专家围绕人才培养模式创新改革所需的配套支持等提出了意见和建议。例如,郭光灿院士认为,培养领军人才与创新领袖须具备瞄准国际前沿的重大科研项目、完备的科研条件和潜心做学术的科研氛围等三大条件;杜江峰教授建议在量子信息等新兴战略领域建立人才培养"特区",人才培养"特区"要有充足的优秀生源,能够得到国家政策的全面支持;其他接受专访的教授还就研究生生源选拔、学术领军人才培养、人才培养方式的国际化等做了发言。

(七十四)教育部"学术型学位研究生教育改革与制度创新研究重大教育专项课题开题研讨会"在我校举行

2013年10月29日,由国务院学位委员会办公室牵头的"学术型学位研究生教育改革与制度创新研究重大教育专项课题开题研讨会"在我校举行。教育部学位管理与研究生教育司梁国雄副司长、国务院学位委员会办公室任增林处长,中国科学技术大学、复旦大学、哈尔滨工业大学、中山大学、北京航空航天大学等单位的领导、专家等参加了会议。

"学术型学位研究生教育改革与制度创新研究"课题是根据《国家中长期教育改革和发展规划纲要(2010~2020年)》《关于深化研究生教育改革的意见》关于完善研究生教育体制、推进研究生教育改革的有关精神,由国务院学位委员会办公室牵头的重大教育专项课题,于2013年4月启动立项。参与单位有中国科学技术大学、复旦大学、哈尔滨工业大学、中山大学、北京航空航天大学等5所高校。

研讨会上,梁国雄副司长希望通过本课题研究,全面总结我国学术型研究生教育人才培养规律,探索学术型研究生培养的新机制、新制度,为政府及教育主管部门推出重大改革提供理论支撑和决策依据。

国务院学位委员会办公室任增林处长认为本课题应聚焦于学术型学位研究生教育领域的重大现实问题,以问题为纲,围绕存在于学术型学位研究生教育中的关键问题开展深入、扎实、细致的研究。

会议就课题的研究内容、研究方案、计划进度、任务分工等细节工作进行了布置。

根据规划,本课题组将在后续工作中聚焦我国理科、工科、人文社科等学科研究生教育中的重大问题开展专题研究与调研,拟向教育主管部门提交高水平的研究咨询报告,为国家启动研究生教育领域的重大改革提供决策依据。

(七十五)我校2名研究生获2012~2013年度"百人会英才奖"

2013年10月30日至31日,"2012~2013年度'百人会英才奖'颁奖晚宴暨百人会第五届大中华地区会议"在北京四季酒店举行。我校地球和空间科学学院2012级博士研究生刘少辰、火灾国家重点实验室2013级博士研究生王禹荣获此项奖励并参加颁奖晚宴。

(七十六) 2013年"中科院优秀博士学位论文"结果公布,我校15篇入选

2013年10月,中科院公布了2013年度优秀博士学位论文评审结果,我校15篇入选。

(七十七) 我校对新一轮"985工程"(2010~2013年)建设成果进行总结

2012年5月22日,学校召开"新一轮'985工程'建设阶段检查和总结工作会议",总结新一轮"985工程"建设进展情况和改革方案实施情况,交流工程建设的改革思路、做法和经验。

2012年6月26日,教育部、财政部联合召开"985工程"建设座谈会,我校张淑林副校长应邀做题为"借力国家重点建设工程,建设交叉共享平台体系"的大会交流发言。

2013年10月,我校发布《中国科学技术大学"985工程"(2010~2013年)建设情况的报告》,内容摘录如下:

在新一轮"985工程"建设中,学校确立了"135"创新发展思路。一个目标:努力建成世界一流研究型大学。三角协调:在学校战略发展层面,构建"目标、管理、资源"协调发展三角形。五个重点:把探索"所系结合"的新形式和新内容作为人才培养的创新点;把高端人才引进和青年教师培养作为队伍建设的支撑点;把通过系科调整、提高学科竞争力和活力作为学科建设的着力点;把围绕国家战略需求、服务区域经济社会发展作为社会服务的立足点;把建立与世界一流研究型大学相适应的现代大学制度作为学校改革的突破点。

学校在建设过程中始终坚持以下原则:一是继续坚持科教融合的办学模式;二是继续坚持厚植基础的英才培养理念;三是继续营造自由探索、宽容失败的良好氛围;四是继续发挥基础学科优势与学科交叉的传统;五是坚持理工结合,服务国家战略需求。

新一轮"985工程"建设开始后,学校紧紧围绕建设一流研究型大学的总体战略目标和阶段目标,进一步优化资源配置,实现了学科建设的重大突破;积极构筑跨学科科技平台,科技创新能力明显增强;实施人才强校战略,师资队伍水平明显提升;完善创新型人才培养体系,人才培养质量稳步提高;注重国际交流与合作,国际影响不断提高;加强公共支撑体系建设,整体办学条件显著提升。各项事业得到全面发展,学校综合实力显著增强,办学声誉明显提高,社会影响逐渐扩大,实现了整体跨越式发展,为下一步的建设与发展打下了更加坚实的基础。

我校建校55周年以来,始终坚持"规模适度、精英教育"的理念,以培养拔尖创新人才为核心,以构建一流的学科体系为基础,以汇聚一流的师资人才队伍为根本,以创新管

理体制和运行机制为保障,以公共服务体系建设和国际交流与合作为支撑,进一步整合和集成办学资源,突出和强化特色,巩固和发展优势,不断提高教学科研水平和办学质量与效益,学术声誉日益提升,向建设世界一流研究型大学稳步迈进,努力成为世界名校中的"黄山"。

(七十八)微软全球资深副总裁里克·雷斯特被授予中国科大名誉博士学位

2013年11月1日下午,微软公司全球资深副总裁、微软研究院创始人、美国国家工程院院士里克·雷斯特名誉博士授予仪式暨学术报告会在我校东区活动中心五楼学术报告厅举行。我校校长侯建国、信息学院院长李卫平、微软亚洲研究院院长洪小文、副院长李世鹏和相关项目负责人,以及我校研究生院相关负责人出席仪式,信息学院、计算机学院相关教授及200多位其他师生参加了授予仪式和学术报告会。

侯建国校长在致辞中高度评价了里克·雷斯特教授为计算机科学的发展以及创新人才的培养所做出的重要贡献。他说,我校非常荣幸授予里克·雷斯特教授名誉博士学位,此后我们又多了一位闻名世界的校友。我校之前授予的3位名誉博士都是自然科学领域的杰出学者,里克·雷斯特院士是我校授予的第一位工程技术领域的杰出学者。他希望里克·雷斯特院士一如既往地支持微软亚洲研究院和我校的紧密合作,继续推动我校在高新技术领域的前沿研究和人才培养,携手将双方的合作推上一个新台阶。

张淑林副校长宣读国务院学位委员会《关于同意授予里克·雷斯特名誉博士学位》的文件后,侯建国校长向里克·雷斯特颁发了名誉博士学位证书并为其佩戴中国科学技术大学校徽。

随后,里克·雷斯特教授发表讲话并做了题为"基础研究在创新中的作用——回顾与展望"的主题报告。他说:"我很荣幸能够得到中国科大的荣誉博士学位,中国科大是微软研究院卓越的合作伙伴。"在报告中,他与大家分享了自己超过40年的研究经历,阐述了基础研究在未来科技领域将要发挥的重要作用。

中国的名誉博士学位是经国务院学位委员会批准而授予的一种荣誉称号,旨在表彰有关人士杰出的学术成就和对中国的贡献,我校此前只授予了3位诺贝尔物理学奖得主,他们分别是:第三世界科学院院士、已故巴基斯坦物理学家、诺贝尔物理学奖获得者萨拉姆教授,美籍华裔物理学家、诺贝尔物理学奖获得者丁肇中教授,著名物理学家、诺贝尔物理学奖获得者特霍夫特教授。里克·雷斯特是我校授予的第四位名誉博士。

里克·雷斯特教授是微软公司全球资深副总裁、微软研究院创始人、美国国家工程院(NAE)院士、美国艺术与科学研究院(AAAS)院士,他创立的微软研究院拥有850余名科学家,是工业界具有代表性的基础科学研究院。1998年,里克·雷斯特教授主持创立了微软中国研究院(2001年更名为微软亚洲研究院),在他的大力支持下,微软亚洲研究院已成为微软在美国本土外最大规模的基础性研究机构。通过微软亚洲研究院这一平台,里克·雷斯特教授与中国的政府部门、科研院所和高校开展了广泛合作,兑现其"身在微软、服务中国"的承诺,极大地推动了我国信息领域的快速发展。

里克·雷斯特教授还是创新人才的培育者,他不但为微软培养了众多顶级计算机科学家,而且致力与中国高校联合培养尖端人才。在他的积极推动下,微软亚洲研究院与我校在人才培养、基础研究、学术交流等方面开展了卓有成效的合作。截至目前,双方共建了多媒体与通信教育部重点实验室、教育部创新人才培养试验区、国家级工程教育实践中心、中国科大-微软软件工程中心等;双方已联合培养57名博士生,有32名博士生获得"微软学者"奖学金,24名本科生获得"微软小学者"奖学金,420余名学生到微软亚洲研究院访问和学习,这些精英人才将成为推动中国IT领域发展的新动力。

里克·雷斯特名誉博士学位授予仪式

侯建国为名誉博士学位获得者里克·雷斯特颁发学位证书

(七十九) 合肥微尺度物质科学国家实验(筹)室举办第七届研究生学术论坛

2013年11月9日至10日,合肥微尺度物质科学国家实验室(筹)召开第七届研究生学术论坛。11月9日上午8时30分,为期2天的研究生学术论坛正式拉开了序幕。张淑林副校长指出合肥微尺度物质科学国家实验室(筹)具有多学科交叉的优势,研究生学术论坛已连续开展了7年,对于促进不同学科研究生的交流、提升研究生创新能力是一项非常有意义的活动。实验室副主任王晓平教授希望通过学术论坛的交流,研究生们以更加饱满的创新热情投入未来的科研工作中。会议期间,有近20位来自物理、化学、生物等不同方向的教授参加了论坛,并对研究生的论坛报告进行了点评。经评议,季思聪、黄璞、高强、张伟杰、蔡昕东、王俊听、张龙、李敏、张敏等9位同学获得了学术论坛报告一等奖,梁琳等19位同学获得了学术论坛报告二等奖,张玉祥等21位同学获得了学术论坛报告优秀奖。

(八十) 我校研究生院承办"教育部推荐优秀应届本科毕业生免试攻读研究生工作研讨会"

2013年11月12日,由我校研究生院承办的"教育部推荐优秀应届本科毕业生免试攻读研究生工作研讨会"在合肥物质科学研究院强磁场中心五楼会议室举行。合肥物质科学研究院匡光力书记,我校副校长张淑林,教育部高校学生司研招处李强处长一行,北京大学等18所有关高校的研究生院、教务处、学工部门负责人,以及部分省级教育招生考试管理机构负责人参加了会议。

本次会议的议题主要包括:总结2014年推免工作情况,研讨如何落实《教育部办公厅关于进一步加强推荐优秀应届本科毕业生免试攻读研究生工作的通知》(教学厅〔2013〕8号),提高推免生选拔质量,推动推免生校际交流;研讨加强推免工作管理,建立推免工作网上管理系统。

张淑林副校长希望以此次会议为契机,各院校结合推免工作中存在的问题,共同探讨研究生推免工作长效机制,推动推免工作科学、规范发展。

匡光力书记希望与会各高校能够推荐优秀本科人才来合肥物质科学研究院深造攻读硕士、博士学位。

李强处长通报了全国优秀本科生推荐免试攻读研究生工作的宏观态势与具体要求。他说,优秀本科生推免制度是现行研招制度体系中的重要组成部分,是培养单位多年来吸纳优质人才的重要渠道,其在运行进程中的公平性与科学性问题日益受到媒体、社会的强烈关注;当前各培养单位应在提高研究生培养质量与坚持育人为先理念的指引下,转变传统观念,加强优秀本科生的校际交流,采取多种举措提升推免制度的信度与效度,共同维护、保持推免制度的活力与生命力。

会上,北京大学、清华大学、中国科学技术大学、北京教育考试院、江苏省教育考试院等与会高校及省级招考管理机构负责人结合本单位优秀本科生推免工作经验,就如何科学有效地做好推免工作谈了体会,并围绕推免制度的优化与推免工作的科学、规范发展进行了深入研讨,提出了改进与完善推免工作的意见和建议。例如,教育主管部门要加强对全国高校推免工作的分类分层指导,避免"一刀切";优化推免计划分配方案,推免指标配置要在适当兼顾区域公平的基础上向办学声誉好、科研实力强的高校倾斜;要探索科学合理的推免工作绩效评价机制,建立完善的奖惩制度;在推免工作中要注重发挥信息化手段的管理、监控及服务作用,尽快开发出全国推免工作网络管理信息平台;推免工作要始终坚持"以学生为本",充分尊重与保障学生的自主选择权利等。

我校承办"教育部推荐优秀应届本科毕业生免试攻读研究生工作研讨会"

(八十一) 国家同步辐射实验室"2013年核科学与技术研究生学术论坛"圆满结束

交流学术成果,走进科学前沿。2013年11月13日下午,国家同步辐射实验室"2013年核科学与技术研究生学术论坛"在实验室2号楼报告厅举办,30多名研究生为大家带来了精彩的报告。本次论坛由"同步辐射及应用"和"核技术及应用"两个分论坛组成,为兼顾活动的趣味性,每个分论坛均分为学术类和科普类两类报告进行,学术类报告还设有评委提问环节和观众问答环节。实验室党总支书董赛、实验室副主任李为民、研究生部主任高琛等数十位资深教授作为本次论坛的评委。范其瑭和邹俊颖同学分别摘得了两个分论坛学术类的桂冠,崔昆鹏、樊乐乐、许少峰、栗武斌等荣获二等奖,王海波、程位任、吴芳芳、李伟伟等荣获三等奖;获得两个分论坛科普类优秀奖的同学分别是邱洪波和罗楚文。

(八十二) 我校博士生受邀在英国《自然》期刊子刊《自然·纳米科技》发表评论

2013年11月19日，我校量子信息与量子科技前沿协同创新中心和合肥微尺度物质科学国家实验室（筹）博士生何玉明受邀在英国《自然》期刊子刊《自然·纳米科技》上对各自在纳米科学方面所受的研究生教育发表了评论。何玉明是亚洲地区唯一被邀请的学生。

(八十三) 我校博士生获得"2013年宝钢优秀学生特等奖"

2013年11月20日，我校火灾科学国家重点实验室2011级博士生钱小东同学获得"2013年宝钢优秀学生特等奖"。

(八十四) 我校数学科学学院主办"中国科学技术大学上海金融与交叉学科建设研讨会"

我国金融开放程度的不断提高、金融及相关行业的快速发展，对推动金融与交叉学科在国内的快速发展具有重要的意义。2013年11月24日，由数学科学学院主办的"中国科学技术大学上海金融与交叉学科建设研讨会"成功召开。本次会议以讨论我校在上海建设金融交叉学科的可行性为核心，理顺项目的意义和发展空间，通过专家的深度研讨进而明确项目的最优模式和发展路径。经过与会专家的认真讨论，我校上海金融与交叉学科中心的名称拟定为"中国科学技术大学（上海）量化金融中心"。本次研讨会的成功举办，为我校金融与交叉学科建设项目的可行性、商业模式、资源协调和团队组建等建设发展问题提供了有价值的意见和建议，为项目的顺利开展拉开了序幕，同时也为金融相关领域的专家学者搭建了一个深层次交流的平台。未来我校将和中科院数学与系统科学研究院、上海财经大学等兄弟单位密切合作，取长补短，为办好上海量化金融中心而共同努力。

(八十五) 我校各学位分委员会开展2013年冬季学位申请审核工作

2013年11月13日至25日，我校数学学科、物理天文学科、化学与材料学科、地学环境学科、生命科学学科、力学工程学科、电子信息与计算机学科、管理人文学科、核科学与技术学科、微尺度物质科学国家实验室（筹）、智能所、专业学位（管理类）、专业学位（工程类）等学位分委员会相继召开会议，审议本年度冬季学位申请工作。本次共有142位博士生、554位硕士生以及47位本科生提交了学位申请。

各学位分委员会对本次学位审议工作高度重视。会上，各学位点负责人分别介绍了本学科博士、硕士学位申请者学习科研方面的情况，委员们对申请者的学籍、课程、学位论文评阅、答辩及学术论文发表等信息进行认真审核,对有疑问的地方展开讨论。部分委员还对强化研究生过程管理、完善学位标准、加强质量监督等方面提出了许多建设性的意见与建议。

近年来,我校在研究生培养工作的各个环节推出一系列新举措,"监管分离"的学位审核制度与信息环境下的学位质量监控体系相结合,已成为我校研究生教育管理体系的一个重要组成部分,在保障研究生教育质量、提高我校社会声誉方面发挥着积极的作用。

(八十六)我校研究生院党支部换届,屠兢同志任党支部书记

2013年11月28日,我校研究生院党支部完成新一届支部委员换届选举。根据选举结果,屠兢同志任新一届支部书记,倪端同志任组织委员,林红同志任宣传委员。

(八十七)校学位委员会召开2013年冬季学位工作会议,决定授予137人博士学位、552人硕士学位

2013年11月29日下午,第七届校学位委员会在理化大楼一楼科技展厅召开第十六次工作会议。本次会议主要对我校2013年下半年各类学位申请情况进行审定。校学位委员会主任委员、校长侯建国院士主持会议。

按照会议议程安排,数学、物理天文、化学与材料、地学环境、生命科学、力学工程、电子信息与计算机、核科学与技术、管理人文、微尺度物质科学国家实验室(筹)、智能所、专业学位(管理类、工程类)等学位分委员会负责人分别介绍了本次学位的申请情况。校学位委员会审阅了申请材料,并在认真讨论的基础上,依据我校学位条例进行了投票表决。本批次我校决定授予各类各层次学位人数共计736人,其中授予博士学位137人,硕士学位552人。

学位审议工作结束后,侯建国校长充分肯定了本届校学位委员会在学位申请、导师遴选、学位质量标准制定、研究生培养方案审定等方面所发挥的把关作用,并结合学位审查中发现的相关问题对我校未来学位授予工作提出了新要求,希望各学科学位分委员会严把质量关,注重加强研究生的学术训练,提升各学科的学位标准,不断提升研究生的科研水平,维护我校学位授予声誉。

会议最后,张淑林副校长从"985工程"三期验收、2012年学科评估、研招、"全国优博"评审、国家最新奖助政策、研究生创新计划实施、新学位标准实施、科教融合、与合肥物质科学研究院研究生教育体系融合等方面详细通报了2103年我校学位与研究生教育工作的开展情况,并介绍了我校学位与研究生教育的下一步工作设想。

(八十八)我校联合顶尖高校举办"2013年度物理学一级学科重点学科战略发展研讨会"

2013年11月29日至12月1日,北京大学、复旦大学、中国科学技术大学、南京大

学、清华大学等 5 所具有物理学一级学科国家重点学科的大学的物理学院在安徽合肥联合举办了"2013 年度物理学一级学科重点学科战略发展研讨会",会议由我校物理学院承办。此次会议议题包括物理学一级学科重点学科战略发展研讨会的定位、五校合作的总结、近期合作措施以及未来发展的展望等。

经过认真讨论协商,决定筹划成立中国物理学一级学科重点学科大学联盟。联盟的简称取五校英文首字母组成"PFUNT"(朴方图),寓有"Physics Five Universities, the National Top"之意。与会者认为,以联盟的形式固化五校在人才培养、学生交流、学科发展、人才引进等相关领域的交流合作,将会使合作更加深入有效,竞争更加合理有序,可以更好地发挥五校在我国物理学及相关领域人才培养中的关键性作用。

会议首先回顾了 2013 年"APS March Meeting"(美国物理学会 3 月会议)上"中国之夜华人学者招待会"的举办情况,总结了经验并讨论了 2014 年的筹备工作。代表们达成共识,举办五校华人学者招待会的目标是扩大中国大学物理学的影响,吸引国际物理学领域的杰出人才回国效力,进一步推动国内物理学科的发展。随后会议围绕教育部"2011 计划"协同创新中心、教育部"试点学院"、基础学科拔尖学生培养试验计划等工作进行了深入讨论。

与会专家交流了各校本科生暑期学校、研究生学术论坛的举办情况。一致认为,五校需针对不同年级本科生,兼顾各自学科特长,联合举办暑期学校,以加深学生对物理学科和不同学校教学体制及培养方案的认识和了解。会议建议,五校积极推行暑期小学期课程互选、学分互认,实现资源共享;按不同学科定期联合举办研究生学术年会。

(八十九) 我校举行"2013 年冬季毕业典礼暨学位着装授予仪式"

2013 年 12 月 1 日下午,我校"2013 年冬季毕业典礼暨学位着装授予仪式"在东区大礼堂举行。600 多名学子身着学位服,在亲友的陪同和见证下,分享这一激动人心的时刻。

下午 2 时 30 分,在热烈的掌声中,校领导侯建国、窦贤康、叶向东、周先意、朱长飞,部分学院领导陈华平、张和平、周学海、华中生,以及导师代表曹垒身着导师服到主席台就座。大会由张淑林副校长主持。

侯建国校长向全体毕业生送上了临别寄语。面对即将过去的 2013 年,侯建国校长首先与全体毕业生分享了 100 年前两位企业家的故事:

1913 年,美国企业家亨利·福特建立了全世界第一条汽车流水装备线,不仅改变了人类的生产生活方式,还推动了 20 世纪工业化大生产的变革,对现代社会和文化产生了巨大的影响,而他成功的主要原因就是"有工作能力和思考能力"。

侯建国校长希望,在信息化时代的背景下,作为中国科大毕业生,能够把握机遇,积极进取,努力成为时代变革浪潮的引领者和推动者。

作为"陈嘉庚奖"的获得者,侯建国校长还分享了中国企业家陈嘉庚的故事:

作为一位成功的华侨实业家,陈嘉庚认为,振兴工商业的目的在于报国,而报国的关键在于提倡教育。1913年起,陈嘉庚在家乡集美兴资办学,陆续创办了师范、水产、航海等10余所学校,1921年又创办了厦门大学。陈嘉庚始终以兴办教育为己任,一生用于办学的款项超过了1亿美元,为了支持国家的教育事业,陈嘉庚先生倾其所有。

侯校长说,亨利·福特和陈嘉庚,一个立志为平民造汽车,一个倾力兴教、为国育才,他们用事业与人格的魅力,承担起推动人类进步和民族复兴的使命。

侯建国校长告诫同学们,前进的路上并不全是成功和荣耀,一定也会有失败和平凡。他以今年获得诺贝尔物理学奖的两位物理学家为例:在两位获奖者背后,有着众多科研人员的默默奉献,虽然获奖者名单上没有他们的名字,他们却用自己持之以恒的工作为人类科学发展贡献了伟大的一页。人生的每一种经历都是一笔财富,他希望同学们正确看待人生中的得与失,就像我校原创动漫电影《扭转乾坤》中的"孺子牛"机器人足球队一样,发扬科大人百折不挠的精神,在平凡的岗位上以脚踏实地做出不平凡的成绩。

导师代表、生命科学学院曹垒教授分享了自己的4点感悟:职业选择中兴趣的重要性,在职业生涯中如何通过诚信、智力和精力获得成功,男女平等的观念,生态保护的重要性。她希望同学们能够不断探索,从事自己喜欢的职业,努力建设自由、公正、科学和生态文明的社会,拥有美好的生活并担负起国家和民族的重任。

毕业生代表、生命科学学院博士生孙德猛同学代表科学学位获得者表示,会发扬科大人所具有的一切优良品质,志存高远、脚踏实地,要作为科大精神的践行者和弘扬者,借助于理想的翅膀,将科大精神传播得更广、更远。

毕业生代表、MBA学员丁彦同学代表专业学位获得者表示,将带着科大MBA赋予的使命和力量,开启新的人生旅途,迈出更加坚实的脚步。

在侯建国校长的带领下,全体毕业生庄严宣誓。

最后,在豪迈的校歌旋律中,同学们身着学位服依次登上主席台,校领导和导师们为他们一一扶正流苏并合影留念。

我校2013年冬季毕业典礼暨学位着装授予仪式

(九十) 我校博士生获"第九届新材料和器件的原子级表征国际研讨会"优秀学生奖

2013年12月2日至6日,在美国夏威夷举行的"第九届新材料和器件的原子级表征国际研讨会"上,我校合肥微尺度物质科学国家实验室(筹)博士研究生阮瞩同学的工作受到了广泛好评,被授予优秀学生奖。

(九十一) "物联网与智能服务"研究生学术论坛在我校举行

2013年12月7日,由长三角研究生教育创新计划协作委员会主办,安徽省政府学位委员会办公室和我校承办的长三角"物联网与智能服务"研究生学术论坛在我校举行。

(九十二) 武汉大学发展规划与学科建设办公室来我校考察调研

2013年12月12日,武汉大学发展规划与学科建设办公室一行访问我校,就重点建设工程、学科建设、人才培养、公共支撑服务平台等问题进行专题调研。我校张淑林副校长会见了武汉大学来宾,研究生院相关职能部门有关人员与来宾进行了交流座谈。

张淑林副校长希望两校能就学科建设及公共支撑体系建设中的管理运行机制、经验与做法等共同关切的问题进行深入交流,相互借鉴、取长补短,共同探讨管理创新举措。

随后,与会双方代表就公共支撑服务体系的建设举措与经验、校内支持政策与考核方式、相关职能部门的协同配合、学科建设运行体制与管理机制等方面的问题进行了热烈的讨论和交流。武汉大学来宾特别对我校集中有限的资源,着力建设公用、共享、开放的公共实验中心的做法给予了高度评价,认为非常值得借鉴学习。

(九十三) 学校召开"2013年度研招宣传工作总结与经验交流大会"

2013年12月13日下午,我校在合肥物质科学研究院强磁场中心五楼会议室召开"2013年度研招宣传工作总结与经验交流大会"。各学院执行院长与分管院长,本年度研招宣传科学家报告团、暑期夏令营、教授宣讲团全体成员,各学院研究生部主要负责人等100余人参加了交流大会。会议由张淑林副校长主持。

2009年以来,我校相继启动实施"教授宣讲会""暑期夏令营""科学家报告会"三大研招宣传品牌活动。三大活动的社会影响不断扩大,参与导师及接受咨询服务的学生逐年增多。据统计,今年我校"教授宣讲会""科学家报告会"活动遍及全国16个生源集中的大城市,参与博导400余人次、接受学生咨询万余人次;"暑期夏令营"覆盖学科不断扩大,今年在物理化学、生命科学、数学、大别山地质考察、交叉学科、高低空大气探测、力学与工程科学等学科举办了7个优秀大学生暑期夏令营,录取营员1000余人。三大活动成效显著,近4年在保持科学学位硕士研究生规模(每年1500人左右)稳定的基础上,生源质量逐年攀升。目前,优秀推免生已成为我校科学学位硕士研究生的主体,我校在学科规模体量较小的情况下接收的校内外优秀推免生人数持续增长。

会上,相关各学院负责人介绍了本单位研招宣传工作的创新做法。例如,物理学院实施优秀大学生创新研究计划(IRPU计划),探讨物理学科顶级高校学生互推计划等;生命学院创新研究生复试流程;微尺度物质科学国家实验室(筹)发动学生志愿者回母校宣传;信息学院充分利用网络新媒体等手段广泛发布研招信息,发动在校研究生以学生视角撰写招生宣传稿,在各校BBS上发布信息、建立QQ群,开辟腾讯微博、新浪微博、人人网等平台为考生答疑解惑。

会议对在我校研招宣传工作方面做出突出贡献的导师进行了表彰。

典型发言与交流结束后,张淑林副校长受许武书记、侯建国校长委托代表学校向各位参加学校研招宣传工作的博导和工作人员表示感谢,她对下一步更好地推进研招宣传工作提出了以下几点要求:第一,研招宣传工作要坚持依靠导师、相信导师,研招宣传队伍要以导师为主体,职能部门要做好为导师服务的工作,搭建好平台,放权导师去遴选培养的"原材料";第二,研招宣传工作要以学生为本,注重细节,每一步工作都要做实做细,尤其要做好意向考生的跟进落实工作;第三,研究生选材要树立宽阔的视野、博大的胸怀,"不看出身",重在考察学生的综合素质、天赋、潜质、能力、兴趣;第四,"走出去"招生宣传责任重大,使命光荣,要宣传学校招生政策,通过开展咨询活动把科大人追求科学、追求卓越的精神传播出去,使我校成为吸引有志青年学子的"磁场";第五,要注意把招生宣传工作与国家即将实施的新的奖助政策紧密结合起来,通过机制创新提高优秀学生的吸引力;第六,各单位要注意加强招生宣传工作的经验交流,相互学习,取长补短。

近年来,围绕提高研究生教育质量这一根本任务,我校对研招制度进行了改革,在我校科学学位硕士研究生招生上,生源以接收校内外优秀推免生为主;在博士生招生上,主要实施硕-博连读长周期培养模式,加大连读生在博士生源中的比例。为适应这一新的培养模式,学校围绕调动导师、院(系)的积极性对招生宣传工作进行了创新,主动调整招生工作重心,进行了3个转变:在工作环节上,由过去的以考务环节为中心向以招生宣传为中心进行转变;在理念上,由被动等待报考向主动出击的招生模式转变;在招生团队上,由单一依靠研究生院宣传力量向依靠院(系)、导师等综合力量转变。目前,我校以教授(导师)为主体的高水平研招宣传队伍已初步形成。我校推出的"走出去""请进来""再走出去"的创新研招宣传模式在全国产生了重要的社会影响。

(九十四)研究生院举行中科院代培女生安全知识讲座

2013年12月15日,研究生院学生服务中心邀请保卫处的贾梁燕老师在东区5104教室,为住在东区家属楼的170余位代培女生举办了一场安全知识专题讲座。此次讲座,贾梁燕老师就消防安全、交通安全、财务安全、人身安全4个方面对学生展开了多方面的教育。讲座上,贾老师通过近年来社会上和学校内发生的一系列真实案例,让同学们真真切切地感受到安全的重要性。同时贾老师详细讲解了各种意外情况下应该采取的相应措施,并示范了灭火器的正确使用方法。

(九十五)我校常州研究生培养基地第二届理事会第一次会议召开

2013年12月15日,我校常州专业学位研究生培养基地第二届理事会第一次会议在东区218楼二楼会议室举行,会议由我校副校长张淑林和常州市市委常委、科教城党工委书记徐光辉共同主持,来自常州科教城、中科院常州先进制造技术研究所、我校相关学院以及研究生院、校学位办等单位的20多位理事出席了会议。

本次会议议程主要包括:听取常州研究生培养基地近3年的工作报告;续签培养基地三方共建协议;讨论通过新一届理事会理事人选;审议修订培养基地章程。

先进制造技术研究所副所长梁华为首先就培养基地工作做报告。报告提出在今后工作中将紧紧围绕"提高培养质量"这一主题积极探索和实践,力争使培养基地的发展迈上新台阶。会议审议通过了工作报告。

会议审议通过了第二届理事会人选与培养基地章程,决定推选张淑林副校长为第二届理事会理事长,徐光辉书记、梅涛所长为副理事长。理事会上,中国科学技术大学、常州科教城、先进制造技术研究所三方一致同意继续共建常州研究生培养基地,并续签了三方共建协议。

在总结讲话中,张淑林副校长希望我校常州研究生培养基地进一步总结经验,顺应新形势,追求新发展,努力争创一流,力求做到让常州政府满意、让学校满意,既要为常州区域经济建设与社会发展培养创新人才,又要带动相关学科的建设与发展。中国科学技术大学、常州科教城、先进制造技术研究所三方要以研究生培养基地为纽带,发挥政、校、企的合作优势,互惠互利,实现协同创新与共同发展。在促进学科建设方面,要以常州先进制造技术研究所机器人与智能装备技术优势为基础,加强与我校信息、控制、机械、力学、仪器科学、计算机等相关学科的合作,通过深度合作提升学科水平。她强调,常州研究生培养基地条件良好,相关学院要鼓励学生到各类培养基地实习实践,提高实际动手能力。

我校常州专业学位研究生培养基地创建于2011年2月,培养基地实行理事会领导下的主任负责制。培养基地依托常州科教城和常州先进制造技术研究所,主要定位于工程硕士培养。3年来,在三方的共同努力下,常州研究生培养基地在吸引优质生源、提高研究生教育质量、导师队伍建设等方面取得了长足的进步,为探索高端应用型、复合型人才培养,构建研究生培养新模式、新机制积累了丰富的经验,已初步建设成为研究生培养机制改革创新的试验基地,成为相关领域技术创新、成果孵化及转化的基地。

（九十六）我校博士生获 2013 年度 GE 基金会科技创新大赛一等奖两项

2013 年 12 月 16 日，2013 年度 GE 基金会科技创新大赛颁奖典礼在上海 GE 中国研发中心举行。我校化学与材料科学学院博士研究生陈武峰和生命科学学院博士研究生王红霞分别以"石墨烯氧化物替代二氧化锰用于干电池的探索"和"肿瘤微环境响应型纳米药物治疗肿瘤"的创新设计方案获得一等奖。

（九十七）物理学院举办研究生第三届学术年会

2013 年 12 月 21 日至 22 日，物理学院举办"研究生第三届学术年会暨中国科大-南京大学研究生联合学术年会"。

（九十八）我校新一轮"985 工程"建设阶段项目（2010～2013 年）通过检查验收

2013 年 12 月 24 日，教育部发布《关于反馈"985 工程"（2010～2013 年）建设情况评审结果及意见建议的函》（教重办〔2013〕4 号）。文件表明，我校较好地完成了"985 工程"（2010～2013 年）阶段建设任务目标，标志着我校新一轮"985 工程"建设阶段项目通过检查验收。

（九十九）我校博士生在并发程序精化验证领域取得突破

2013 年 12 月 26 日，我校计算机科学与技术学院、中国科大-耶鲁高可信软件联合研究中心博士生梁红瑾和导师冯新宇教授等人在并发程序精化验证领域取得突破，提出了一种基于依赖-保证的模拟技术（RGSim），用以支持并发程序间的精化关系的模块化验证。

（一百）"中国学位与研究生教育学会第五次会员代表大会"在北京召开，我校获多项殊荣

2013 年 12 月 28 日至 29 日，"中国学位与研究生教育学会第五次会员代表大会"在北京召开，来自全国 500 余家会员单位的 800 多名会员代表参加了会议。会议听取了学会第四届理事会工作报告与学术汇报，修改了学会章程，选举产生了学会第五届理事会成员，表彰了学位与研究生教育优秀博士学位论文获得者和为学会做出显著贡献的个人。

教育部副部长杜占元出席开幕式并讲话。他指出,经过30年的改革,我国研究生教育取得了举世瞩目的巨大成就,已经进入以全面提高质量为核心任务的新的发展时期。在新形势下研究生教育改革与发展要以服务国家需求为引领,以提高质量为主线,办让群众满意、适应国家和社会需求的研究生教育。

教育部原副部长、学位与研究生学会会长赵沁平院士对新一届学会的定位与工作目标进行了规划,表示学会将继续发挥服务会员、社会与政府的职责,积极开展研究生教育研究,搭建好研究生教育领域的信息平台、研究平台、交流平台、评价平台、咨询平台、培训平台等,做政府决策的好帮手。

29日上午的会议上,国务院学位委员会办公室副主任、教育部学位管理与研究生教育司司长郭新立做了"我国研究生教育形势与任务"主题报告,表示下一步将重点推进以下3个方面的工作:第一,加强对学位与研究生教育的战略规划研究与制度的前瞻性设计;第二,深入推进研究生教育综合改革;第三,整体推进一流大学和一流学科建设。

大会选举了学会新一届理事会。经全体会员投票,赵沁平院士续任学位与研究生教育学会第五届理事会会长,我校副校长张淑林当选学会副会长,其他当选副会长的还有四川大学校长谢和平、浙江大学原常务副书记陈子辰、北京大学副校长陈十一、清华大学副校长姜胜耀、哈尔滨工业大学副校长丁雪梅、中国政法大学副校长马怀德、苏州大学校长朱秀林、清华大学研究生院常务副院长杨斌。

大会对为中国学位与研究生教育学会工作做出显著贡献的个人进行了表彰,我校副校长张淑林、研究生院副院长陈伟获"学会显著贡献个人奖"。

大会还对第三届"学位与研究生教育优秀博士学位论文"作者(共3人)进行了表彰,我校古继宝教授、张淑林教授指导的博士生彭莉君获此殊荣,并作为获奖代表进行了大会发言。

中国学位与研究生教育学会是由依法从事学位与研究生教育工作的高等院校和相关机构组成的全国性学术团体,目前共有会员单位519家,其主要职能是开展学位与研究生教育理论和实际问题的研究,组织学术交流,加强与社会各界的联系与合作,开展咨询、培训等活动。学会下设8个工作委员会:文理科工作委员会、工科工作委员会、农林学科工作委员会、医药科工作委员会、师范类工作委员会、信息管理委员会、评估委员会、德育委员会。近年来,学会及各工作委员会的工作,为推动我国学位与研究生教育的改革、建设和完善中国特色社会主义学位制度和研究生教育体系做出了重要贡献。

2014年

(一) 我校出台研究生学业奖学金管理办法

2014年1月1日,我校研究生院发布《中国科学技术大学研究生学业奖学金管理办法》(研字〔2014〕2号),内容摘录如下:

根据财政部、教育部印发的《研究生学业奖学金管理暂行办法》,从2014年秋季学期起,学校设立研究生学业奖学金。

研究生学业奖学金设立旨在激励研究生勤奋学习、潜心科研、勇于创新、积极进取,在全面实行研究生教育收费制度的情况下更好地支持研究生顺利完成学业。

研究生学业奖学金名额向基础学科和国家亟需的学科(专业、方向)倾斜。学校统筹研究生学业奖学金和其他研究生奖学金的名额分配、评审和发放工作,充分发挥各类奖学金的激励作用。

全校硕士研究生享受学业奖学金的平均比例占符合申请条件研究生的70%,全日制博士研究生100%享受学业奖学金。

研究生学业奖学金申请基本条件:热爱祖国,拥护中国共产党的领导;遵守宪法和法律,遵守高校规章制度;诚实守信,品学兼优;积极参与科学研究和社会实践。

（二）我校召开"2013年度学位与研究生教育工作总结会议"

2014年1月14日，我校于东区活动中心五楼学术报告厅召开"2013年度学位与研究生教育工作总结会议"。

会上，我校各学院研究生部汇报了2013年度学位与研究生教育工作进展情况。2013年度，我校各研究生部除积极参与研究生院部署的各项活动外，还结合自身学科特色自主开展了多项创新活动。例如，物理学院积极构建研究生创新培养体系，全力打造研究生"学术沙龙""学术论坛""学术年会"等三大品牌学术活动，建立了基本物理学术沙龙、物理论坛报告、身边物理学家报告等三大高水平学术讲坛；生命学院创新研招复试流程，强化研究生培养过程质量控制，特设A++、A+、C+等助研岗位以鼓励优秀研究生潜心做科研；管理学院积极尝试推免生招生改革，在英语笔试中引入开放式立论作文形式，改进推免生面试形式与内容，着重考查申请人发现和解决问题的能力，考核学生的全面素质及未来发展的潜力等。

一年来，在各研究生部的共同努力下，我校继续深入实施研究生培养质量工程，积极推进研究生教育改革，在提升研究生生源质量和创新能力方面取得了一系列成果：三大研招宣传活动成效显著，科学学位硕士研究生生源质量逐年攀升。据统计，我校科学学位硕士研究生中推免生人数已从2009年的584人增长到2014年的1109人，接受的外校推免生人数从2009年的231人增长到2014年的612人，接受的外校推免生数量居全国高校前列，科学学位研究生中来自"211工程"大学以上的生源比例已达76%；在第三轮一级学科整体水平评估工作中取得丰硕成果，数学、物理、生物、天文、地学等9个学科进入国内高校学科排名前五，继续保持国内优势地位，14个国家重点（及培育）学科均进入排名前十，总体学科实力稳中有升；"全国优博"评选取得佳绩，来自物理、化学学科的5篇博士论文入围，居全国高校前列。

张淑林副校长在会议总结发言中要求各研究生部立足学科特色与培养优势，明确自身定位与发展方向，坚持以服务国家需求为导向，积极推进研究生教育管理体制改革与服务机制创新，不断提升我校研究生的培养质量。

为促进我校学位与研究生教育从管理向服务转换，调动学校各单位进行学位与研究生教育工作的积极性，学校决定设立"研招先锋奖""研究生教育管理创新奖"，对2013年在学位与研究生教育工作中做出突出贡献的单位予以表彰，张淑林副校长为2013年度学位与研究生教育先进集体颁发了获奖证书。

张淑林副校长为获奖单位和个人颁奖

(三) 校领导调研我校苏州研究院建设与发展工作

为贯彻落实党的群众路线教育实践活动的要求，深入了解并推进我校苏州研究院的建设与发展情况，2014年1月15日上午，张淑林副校长实地调研了苏州研究院。

张淑林副校长对研究院及相关学院的未来发展提出了以下几点要求：第一，始终将"全力培养高端人才"作为研究院发展第一目标，采取多种举措提升研究生的实践能力和创新能力；第二，要以政府、社会与市场需求为导向，注重稳步发展，不断增强服务能力和自我造血功能；第三，要加快国际合作办学步伐，整合优质教育教学资源，与国外知名高校联合培养具有国际视野的复合型人才；第四，要充分利用参与苏州纳米科技协同创新中心的历史机遇，积极推动和中科院苏州纳米技术与纳米仿生研究所（简称"中科院纳米所"）等单位的深度合作，为国家、为社会培养更多创新领袖与行业领军人才。

2013年，在我校的持续努力和苏州地方政府的大力支持下，苏州研究院园区的产权得到了落实，解决了办学的"落地生根"问题，发展空间得到了进一步的拓展。另外，苏州研究院进一步强化与各类院所、地方政府合作，作为重要成员参与的苏州纳米科技协同创新中心获国家批准建设；作为首支入驻高教区的高校，我校苏州研究院的辐射和示范效应日益显著。软件学院依托软件工程、计算机科学与技术等一级学科，在专业学位教育领域建立了本-硕-博一体化的人才培养体系，并积极对外开展国际交流，扩大学院国际办学影响；纳米学院依托苏州研究院，与中科院纳米所开展了深度合作，并初步建立起了规范的专业学位教育体系。

(四) 我校召开"2013年度专业学位教育年度工作总结大会"

2014年1月17日下午,我校于东区活动中心五楼学术报告厅召开"2013年度专业学位教育工作总结大会"。校专业学位教育中心全体委员、各专业学位教育培养学院相关负责人及相关职能部门负责人参加了会议。

一年来,我校相关培养单位结合各院学科特点开展了一系列富有特色的创新教育活动,取得了很好的社会影响。例如,管理学院MBA综合改革推出视频案例教学创新模式,在安徽电视台推出"新徽商"品牌栏目;以AACSB(国际商学院促进协会)认证为契机,打造MBA、EMBA、EDP三大教育品牌。软件学院拓展国际合作项目,与法国SKEMA商学院开展交流合作,积极推进国际化办学。公共事务学院新获批成为国家专业技术人员继续教育基地,增强了服务区域经济建设与社会发展的能力;信息学院、计算机学院依托合肥先研院建设国家级工程实践教育基地等。

会议表彰了2013年度为专业学位教育做出突出贡献的先进集体。

2013年,我校专业学位教育坚持以培养职业能力为导向,通过综合改革试点、国际交流、实习实践基地建设、产学研结合等举措,取得了新的阶段性成果:第一,建立了以管理学院、软件学院、公共事务学院、人文学院、纳米学院为主体的专业学位教育集团军培养新模式;第二,在合肥先研院开辟新的专业学位人才培养基地;第三,实现了苏州研究院办学的"落地生根";第四,工程博士教育、专业学位综合改革试点、国家级工程实践教育中心建设取得新进展;第五,我校多名教授在各类专业学位教育组织中担纲任职,如张淑林副校长担任第四届全国工程专业学位研究生教育指导委员会副主任委员,管理学院华中生副院长担任第五届全国工商管理专业学位研究生教育指导委员会委员。

(五) 我校博士生在德国《先进材料》杂志上发表研究成果

2014年1月22日,德国《先进材料》期刊发表了我校合肥微尺度物质科学国家实验室(筹)的博士生丁怀义和潘楠副研究员等人的文章。他们提出了一种新颖的纳米线界面掺杂策略,通过发展CVD再生长技术,制备出具有"核-界面-壳"结构的ZnO纳米线,其电导率高达4×10^4 S/m,比常规纳米线提高一个量级以上,不仅电子浓度高一个量级,迁移率也明显改善,而且其带边发光强度也高出一个量级。

(六) 信息学院研究生获IEEE ICNC 2014最佳论文奖

2014年2月5日,在美国檀香山召开的美国电气与电子工程师协会国际计算、网络与通信大会(IEEE ICNC 2014)上,我校信息学院副教授朱祖勍团队的论文《基于弹性光网络体系的跨数据中心网络中动态任播技术研究》(*Dynamic Anycast in Inter-Data-*

center Networks over Elastic Optical Infrastructure)获得了大会颁发的最佳论文奖(Best Paper Award)。该论文的第一作者是信息学院电子工程与信息科学系 2011 级硕士研究生章亮,他的导师、信息学院副教授朱祖勋为通信作者,科大信息学院是文章的第一单位并且是唯一单位。

(七)我校博士生在美国《物理评论快报》期刊上发表研究成果

2014 年 2 月 7 日,美国《物理评论快报》期刊发表了我校中科院软物质化学重点实验室、合肥微尺度物质科学国家实验室(筹)、物理系徐宁教授研究组的研究成果。该组博士生王利近和徐宁教授研究发现,玻璃化转变温度完全可以由零温玻璃的结构和振动特性来预言,从而从固体视角对玻璃化转变做出了崭新的诠释。

(八)我校研究生担纲《人民日报》"科普之窗"栏目

2014 年 2 月 17 日,新年伊始,《人民日报》"科技视野"版正式开辟"科普之窗"栏目,该栏目由我校人文与社会科学学院科技史与科技考古系研究生科普创作团队担纲,旨在通过向读者介绍中外科学史上的创新案例和创新故事,从而普及科学知识、弘扬科学精神、提升公民科学素养。栏目一般为每周一期,每期刊发一篇科普作品。

目前,该栏目已发表我校研究生撰写的《是谁发明了手机》(1 月 10 日)、《量子通信如何做到安全保密》(1 月 20 日)、《防火——古今各有高招》(1 月 24 日)和《太空望远镜——揭开星空的面纱》(2 月 7 日)等 4 篇科普作品,稿件被人民网、新华网、科技日报网等网络媒体广泛转载。

(九)我校地球和空间科学学院与麻省理工学院地球、大气与行星科学系签署协议,将互派研究生

2014 年 2 月 26 日,我校地球和空间科学学院与美国麻省理工学院地球、大气与行星科学系正式签署协议,自 2014 年起,两校在固体地球物理、空间物理、地球化学、大气科学与环境科学等 5 个学科互派本科生和研究生,在对方学校从事科研项目和选学课程。双方学校免除学费,每名学生访问期限为 3~12 个月,每年双方可以各自选送 10 名学生。

(十)中国地质大学研究生院一行来我校调研研究生教育工作

2014 年 2 月 28 日上午,中国地质大学研究生院一行访问我校,就研究生教育改革系列工作进行调研。我校研究生院、校学位办等相关单位负责人参加了座谈会。

应中国地质大学研究生院一行调研访问要求,我校学位办及研究生院招生办、培养办、学籍办等部门与会负责人分别从研招机制创新、国际化交流与培养、课程体系改革、奖助学金发放、专业学位培养实践等方面介绍了我校学位与研究生教育工作的总体概况与创新举措。听取介绍后,来宾就研究生课程设置、毕业论文学位质量控制、全日制专业学位实践基地建设及管理、研究生教育信息化平台建设等问题与我校研究生院对口部门进行了探讨与交流。

(十一) 芬兰阿尔托(Aalto)大学的设计工厂的 4 名研究生来到我校交流

2014 年 3 月 1 日至 11 日,应信息学院李卫平院长邀请,芬兰阿尔托(Aalto)大学的设计工厂的 4 名研究生在 1 名助教的带领下来到我校进行为期 10 天的"设计创新课程"交流访问。

(十二) 学校召开"2014 年新学期学位与研究生教育工作会议"

2014 年 3 月 11 日下午,我校于东区活动中心五楼学术报告厅召开"2014 年新学期学位与研究生教育工作会议"。各学院执行院长、研究生教育分管院长、各学院研究生部全体成员、专业学位教育中心全体成员、公共支撑中心负责人参加了会议。张淑林副校长主持会议并部署工作。

我校新学期的学位与研究生教育工作部署如下:

第一,继续深入推进研究生分类培养工作。全面贯彻落实教育部、国家发展和改革委员会、财政部《关于深化研究生教育改革的意见》的部署,坚持以培养研究生创新能力为核心,积极推进研究生教育综合改革与研究生培养质量工程建设,完善科学学位与专业学位协调发展的分类培养模式,不断提高研究生培养质量。

第二,积极推进我校世界一流大学与一流学科建设进程。进一步总结"985 工程""211 工程"建设成效和经验,做好新一轮重点建设的规划与布局工作,深入推进一流大学建设与一流学科建设。

第三,加大研招宣传力度,创新研招思维。在总结近年来我校研招经验的基础上,积极规划,缜密安排,争取以更早的研招部署、更新的研招思路、更好的研招举措和最新的奖助政策,吸引优秀生源。

第四,在科学学位研究生培养上全面实现与合肥物质科学研究院的融合。认真贯彻落实中科院关于加强科教融合的战略部署,在科学学位研究生培养上,全面做好与合肥物质科学研究院研究生教育的实质性整合工作,尽早实现统一招生、统一培养、统一管理、统一授予学位。

第五,在专业学位研究生培养上继续坚持职业化培养导向和集团军式培养模式,打造专业学位教育品牌。做好合肥先研院,并充分利用合肥先研院、苏州研究院、常州研究院等平台,探索适合区域经济建设与社会发展需要的创新人才培养新途径,增强我校专业学位教育的社会服务能力。

第六,在公共支撑体系建设方面努力提升社会服务能力。在继续发挥公共支撑体系服务学校教学、科研、人才培养的基础上,充分利用参与中部振兴计划的机遇,不断提升我校公共支撑体系的社会服务能力,提升自我造血功能。

第七,做好新一届校学位委员会、学位分委员会的换届工作。按照"监管分离"的原则,做好新一届校学位委员会、学位分委员会的换届工作,并积极推进各学科创建与实施符合学科特色的、更加优化的学位标准体系。

第八,进一步加强研究生教育管理与服务体系队伍建设,调动各学院研究生部、导师、管理人员协同参与我校学位与研究生教育的积极性。

(十三) 2013 年"全国优秀博士学位论文"评选结果揭晓,我校 5 篇入选, 5 篇为提名论文

2014 年 3 月 14 日,教育部、国务院学位委员会发布《关于批准 2013 年全国优秀博士学位论文的决定》(简称《决定》)(教研〔2014〕1 号),《决定》指出,2013 年"全国优秀博士学位论文"评选工作已经全部完成。现批准《〈中观心论〉及其古注〈思择炎〉对外道思想批判的研究》等 100 篇学位论文为"全国优博",《汉越语关系语素层次分析》等 273 篇学位论文为"全国优博提名"。评选全国优秀博士学位论文是贯彻落实《国家中长期教育改革和发展规划纲要(2010~2020 年)》,提高研究生培养质量,鼓励创新,促进高层次创新人才脱颖而出的重要措施。各学位授予单位要通过优秀论文评选工作,在研究生中大力倡导科学严谨的学风和勇攀高峰的精神,鼓励研究生刻苦学习,勇于创新;要采取切实可行的措施,加强学科建设,完善质量保证和监督机制,全面提高我国研究生培养质量,为建设创新型国家做出新的贡献。我校 5 人获"全国优博",居全国高校第三(仅次于北大、清华);我校另有 5 人获"全国优博提名"。

"全国优博"是国内公认的衡量高校研究生培养质量和社会声誉、反映研究生教育竞争力的一项重要指标。我校"全国优博"取得的佳绩为学校赢得了荣誉,扩大了学校的社会影响力。这一成绩的取得与我校优良的校风,学子刻苦学习、勇于创新的精神,导师科学严谨、勤奋敬业的指导以及近年来实施的博士生质量工程是密不可分的。我校将在此基础上,继续坚持精品培养理念,深化研究生教育改革,完善质量保障与监督体系,进一步提高研究生培养质量。

开展"全国优博"评选的 15 年里(1999~2013 年),我校坚持研究生教育精品站战略,实施博士生培养质量工程,获奖论文总量高达 45 篇,居全国高校第五,优秀论文产出率居全国高校第二。

1999～2013 年全国高校"全国优博"入选量排名前十单位

排名	学位授予单位	数量
1	清华大学(含医学部)	121
2	北京大学	101
3	复旦大学	58
4	浙江大学	49
5	中国科学技术大学	45
6	南京大学	44
7	上海交通大学	38
8	中国人民大学	28
9	西安交通大学	27
10	中山大学	27

(十四) 我校华中生当选全国工商管理专业学位研究生教育指导委员会委员

2014 年 3 月 14 日,我校管理学院华中生教授当选全国工商管理专业学位研究生教育指导委员会委员并应邀参加在南开大学召开的五届一次全体会议。

(十五) 我校召开医学学科建设工作研讨会

为进一步落实近期召开的我校新学期学位与研究生教育工作会议的精神以及与安徽省省立医院签订的全面战略合作框架协议,2014 年 3 月 18 日下午,我校于安徽省省立医院召开医学学科建设工作研讨会。张淑林副校长、研究生院古继宝副院长、校学位办倪瑞主任以及医学中心田志刚主任、胡世莲副主任、许戈良副主任、廉哲雄副主任、王均副主任及多位教授参加了会议。会议由周丛照副院长主持。

省立医院党委书记兼医学中心副主任胡世莲教授首先对省立医院的历史、医疗与科研进展、学科建设等情况进行了介绍。随后田志刚教授从医学中心的筹建开始,细致回顾了我校医学学科的发展和建设历程,汇报了我校与省立医院联合建设医学中心的进展,并对我校医学学科的总体现状进行了分析;省立医院院长许戈良教授对临床医学学科的建设情况进行了分析和展望。参会的各位教授对我校医学学科的建设和发展进行了热烈讨论,并提出了许多建设性的意见和建议。

张淑林副校长建议进一步融合学校和省立医院的学科优势、资源优势和人才优势,加强医学学科建设和研究生培养工作,推动以基础医学、临床医学和药学相结合的转化医学研究的医学学科建设快速发展。

(十六)校领导率团访问中科院苏州生物医学工程技术研究所

为推动"全院办校、所系结合"工作,张淑林副校长率有关学院和机关部门负责人于2014年3月20日访问了中科院苏州生物医学工程技术研究所,就如何进一步加强合作进行座谈交流。

唐玉国所长希望今后以联合培养研究生为桥梁,在研究生管理队伍及制度建设、基础研究和技术管理等方面开展深层次的合作。

张淑林副校长希望通过加强交流,进一步推动双方在人才培养方面的合作,走出自己的特色,以专业学位研究生教育为切入点,推动工程硕士、工程博士研究生联合培养;以软件学院、纳米学院为平台,为研究所提供研究生教育方面的支持,利用研究所的研发实力进行强强联手,实现高水平的产学研一体化,建设一批"所系结合"的创新单元,共同推进人才培养和科学研究迈上新台阶。

座谈会上,双方还就联合培养、成果转化、管理机制、平台建设等问题进行了深入讨论和交流。

(十七)我校与法国SKEMA商学院联合培养双硕士学位研究生项目正式签约

2014年3月20日下午,我校张淑林副校长代表学校与法国SKEMA商学院总校长Alice Guilhon女士正式签署联合培养双硕士学位研究生项目合作协议。此前,侯建国校长代表学校与该校签署了两校全面战略合作框架协议,联合培养双硕士学位研究生项目是该框架协议的具体落实,分别由我校软件学院和SKEMA中国校区具体实施,这将为我校国际化办学再添一抹亮色。

签约仪式在苏州举行。出席仪式的还有我校研究生院、软件学院、苏州研究院有关领导。来访的法方代表团一行10人,由SKEM总校长Alice Guilhon女士带队,包括该校董事会主席、副主席及各分校区相关负责人。双方首先举行了友好会谈,就联合培养既具有软件工程和理工背景又懂管理的高端复合型人才,以及加强两校的全面交流和合作等事项进行深入探讨。

交流会上,软件学院副院长吴敏教授介绍了双硕士学位研究生培养的背景及前期工作,SKEMA总校长Alice Guilhon介绍了SKEMA的基本情况和近年来的发展,SKEMA的几个校区分设在法国、美国和中国的著名高科技产业区,为高新和创新企业培养了大批管理人才。Alice Guilhon表示,该校本部将全力支持与我校的合作项目。张淑林副校长介绍了我校的优势学科建设与发展、软件学院和苏州研究院在苏州的办学情况,并表示将全力推进该合作项目的实施。

联合培养双硕士学位研究生项目将面向欧洲、中国和世界其他国家招收硕士研究生,采用"1+1+1"全英文模式培养;被两校录取的学生,第一学年在我校软件学院学习软件工程专业硕士课程,第二年赴 SKEMA 法国或美国校区学习高科技创新与创新项目管理硕士课程,第三年在中国、法国等国家的企业实习并完成硕士学位论文。

目前,随着高科技产业尤其是 IT 产业的进步,以及世界经济的一体化和全球化,高科技创业与创新企业、模式及管理创新企业不断出现,亟需一大批懂技术的管理人才。尤其是目前我国这类企业不仅需要优秀的技术人才,更急缺的是懂技术、英语好的管理人才。正是在此背景下,我校与 SKEMA 将双方优势学科结合,我校发挥理工科优势,SKEMA 发挥商管学科优势,合作开展软件工程和管理学双硕士学位的联合培养。

(十八) 我校举办"第四届研究生、本科生'科技创新大汇堂'"

2014 年 3 月 23 日晚,"第四届研究生、本科生'科技创新大汇堂'"开幕式在我校东区水上报告厅隆重举行。副校长张淑林、教务处处长蒋一、校团委书记杨正、研究生院培养与评估办公室副主任万洪英等出席开幕式。开幕式由校团委副书记张平老师主持。

张淑林副校长为活动致开幕辞并宣布"第四届研究生、本科生'科技创新大汇堂'"活动正式开幕。她希望同学们勇担使命、凝心聚力、拼搏前行,在规划好个人学术科研发展的同时,不断为学校的发展建设和国家的科教发展贡献自己的力量。

"国家自然科学一等奖"获得者陈仙辉教授分享了他对科研与创新的 6 点看法,并着重激励在场的广大同学必须怀揣对科研的激情,拥有对科研的自信,不断建立自己的科学敏锐性,力争解决现有的科研顶尖问题。

第四届研究生、本科生"科技创新大汇堂"

作为一个展示我校先进科技成果、激发同学们进行学术研究热情的平台,由研究生院、校团委联合主办的"科技创新大汇堂"已连续举办四届,受到了校内广大师生的热烈欢迎。本届"科技创新大汇堂"活动在3月23日至30日的8天时间内,以一系列的主题科学沙龙、科技创新成果展示、知名教授报告会等多种形式,为全校师生奉上一场科技创新的饕餮盛宴!

(十九)我校各学位分委员会开展2014年春季学位申请审核工作

2014年3月12日至26日,我校数学、物理天文、化学与材料、地学环境、生命科学、力学工程、电子信息与计算机、管理人文等14个学位分委员会相继召开会议,讨论本年度春季学位授予及博导上岗审议工作。本次会议共有57位博士生、580位硕士生提交了学位申请,561位教授提交了博士生招生申请,其中30位教授首次申请上岗招生。

各学位分委员会上,委员们对学位申请者的学籍、课程、论文评阅、答辩及学术论文发表等信息逐一审核,严格把关,对有疑问的地方展开讨论,并就完善学位与研究生教育工作提出了许多宝贵的建议。近年来,我校博导队伍不断壮大。自2009年以来,平均每年新增博导45人,平均年龄37岁,其中3/4为"千人计划""青年千人""百人计划"等各类引进人才。

近年来,我校通过强化过程管理、构建学位与研究生教育质量保障体系,在提高研究生培养质量方面发挥了重要作用。

(二十)我校张淑林副校长当选全国工程类专业学位研究生教育指导委员会副主任委员

2014年3月,国务院学位委员会、教育部、人力资源和社会保障部三部委联合印发《关于全国工程等专业学位研究生教育指导委员会换届及更名的通知》(学位〔2013〕43号),公布了第四届全国工程专业学位研究生教育指导委员会(简称"教指委")成员名单,我校副校长张淑林当选副主任委员,并参加2014年3月25日在北京召开的"第四届全国工程专业学位研究生教育指导委员会成立大会暨第一次全体会议"。

成立大会后,教指委召开了第一次全体会议,审议了教指委工作重点、2014年工作计划。依据教育部、国家发展改革委员会、财政部《关于深化研究生教育改革的意见》,教指委成立了战略研究组、工程博士教育研究与工作组、教学研究与培养工作组、基本要求与质量跟踪工作组、职业资格认证对接研究与工作组等5个工作组。各工作组分别召开了第一次会议,讨论了各专项工作等事项。

我校副校长张淑林兼任教学研究与培养工作组组长,主持召开了教学研究与培养工作组第一次会议,从历时沿革视角阐述了教学研究与培养工作组的定位与任务,在充分肯定了第三届教指委课程建设研究组所做工作的基础上,进一步指出教学研究与培养工作组面临与亟需解决的重要问题,主要包括以下五大方面:如何采用或借鉴信息化网络化教学(MOOC)推进教学方式改革;如何处理好领域核心教材与专业教材的关系以促进教材质量与使用范围的双提升;如何引入专业机构推进师资质量保障体系建设;如何通过全日制与非全日制工程硕士公共知识体系设置推进培养模式创新;如何衔接好教育内部(学校)与教育外部(企业)两大主体促进培养体系的建立健全。

同时,张淑林副校长还参加了工程博士教育研究与工作组的讨论,提出开放单证、在职培养等新理念与新观点。我校研究生院副院长屠兢为基本要求与质量跟踪组成员,研究生院副院长古继宝为教学研究与培养工作组成员,分别参加了工作组会议讨论。

(二十一)我校研究生获评"第二届做出突出贡献的工程硕士学位获得者"

2014年3月,由全国工程专业学位研究生教育指导委员会组织评审并经教指委第一次全体委员会议表决通过,"第二届做出突出贡献的工程硕士学位获得者"评选结果揭晓,我校2006级控制工程领域工程硕士姜晓东入选。

姜晓东是总装某基地总工程师,2006年3月入学在职攻读我校控制工程领域硕士学位,师从我校自动化系丛爽教授,2008年12月通过论文答辩,同年获得控制工程硕士学位。读研期间,姜晓东主持了多项武器试验的专项课题,并主持了基地某新靶场的论证、评审、验收和移交工作,为我军新型靶场的建设做出了突出贡献。同时,他作为全国测控军标委委员审查国军标3项,申报科技学术成果4项,其中多个测试技术为此领域的国内首创。2011年1月获得"全军优秀专业技术人才奖"。

我校自动化系从2002年开始连续为总装培养了4期控制工程领域工程硕士,为我军培养了一批优秀的技术人才和管理人才,这些学员分布在总装各基地,在航空航天领域、武器测试领域做出了突出的贡献。其中不少学员活跃在"神舟""嫦娥"等国家航天领域关键性工程中,荣获多项军队奖项。2010年10月,我校获批成为教育部专业学位研究生教育综合改革试点单位,我校自动化系承担了其中的控制工程领域的试点工作,在学位与研究生教育的入学、培养、答辩和管理等多个方面做出有益的尝试,探索研究生培养、管理模式上的新路子。在2011年4月结题时,一些做法和成果得到了教育部有关专家的高度认可。

(二十二)"中国科大-香港城大第八届博士生学术论坛"举行

2014年3月31日至4月1日,"中国科大-香港城大第八届博士生学术论坛"在我校成功举行。

3月31日上午,"中国科大-香港城大第八届博士生学术论坛开幕式暨何稼楠学术会议奖学金颁奖典礼"在我校管理学院学术报告厅举办。我校张淑林副校长、香港城大教授 Robert M. Davison 出席典礼并分别致开幕辞。

张淑林副校长希望两校联合培养项目负责人加强沟通,为两校未来的深入合作和项目的长足发展谋篇布局,同时也希望香港城大师生在合肥期间与我校学子坦诚交流,互结良友,并于闲暇之时赏皖春风景,论学术人生。

香港城市大学 Robert M. Davison 教授指出,2014 年是特殊的一年,它不仅是香港城大成立 30 周年,也是中国科大-香港城大联合高等研究中心(苏州)成立 10 周年。他希望两校能深化合作关系,让更多研究生受益于两校的优质师资力量。

随后,论坛举行了"何稼楠学术会议奖学金"颁奖仪式。张淑林副校长和 Robert M. Davison 教授为孙见山等 15 名联合培养优秀博士生颁奖。

开幕式结束后,香港城大教授 Honghai Liu 与 Robert M. Davison 做了专题报告。Honghai Liu 讲述了将人手运动能力转移到假肢上的运算法则。Robert M. Davison 向在场博士生分享了研究设计中的背景问题。

4 月 1 日上午,中国科大-香港城大研究生院视频交流会在我校 218 楼召开。我校张淑林副校长与香港城大吕坚副校长出席视频会议,就两校联合培养系列问题展开磋商。会上,两校研究生院负责人认真讨论了 2015 年联合培养招生、第九届联合培养博士生论坛、联合答辩具体安排、硕-博连读导师确认等问题,达成了初步共识,并拟于今后开展形式更为多样、方式更为灵活的联合培养项目。

本届学术论坛为期两天。联合培养博士生们带着自己的科研论文在各分论坛上一展风采。在各分论坛中,一篇篇来自应用数学、环境科学、火灾与纳米力学、管理科学、互联网服务等学科的优秀论文引起了激烈的讨论和强烈的共鸣。4 月 1 日下午 4 时,各分论坛学术交流圆满完成。

"中国科大-香港城大第八届博士生学术论坛"在我校举办

(二十三）校学位委员会召开 2014 年春季学位工作会议，25 位导师通过 2015 年博导上岗资格审查，并决定授予 57 人博士学位、580 人硕士学位

2014 年 4 月 1 日下午，第七届校学位委员会在理化大楼一楼科技展厅召开第十七次工作会议。会议主要就 2015 年新增博导上岗资质、2014 年春季各学科学位授予情况进行评议，并听取我校医学中心医学学科建设进展的汇报。校学位委员会主任委员、校长侯建国院士主持会议。

会议听取了数学、物理天文、化学材料、生命科学、力学工程、地学环境、电子信息与计算机、核科学与技术、管理人文、微尺度物质科学国家实验室（筹）、智能所等学位分委员会负责人关于各学科博导申请人及学位申请者情况的详细介绍。

在认真审阅申请人个人材料并集体讨论后，依据相关规定进行了投票。经表决，通过了 25 名新增博导的上岗资格申请，并决定授予 57 人博士学位、22 人科学硕士学位、558 人专业硕士学位。

会上，侯建国校长结合本次学位授予工作现状，强调了提高我校研究生培养质量的重要性，要求各学位分委员会像爱护自己的眼睛一样珍视我校的人才培养声誉，严格遵守学校制定的学位标准，进一步完善分委员会学位申请规则并认真执行，充分发挥其在人才培养质量方面的把关作用。

随后，生命科学学院院长、医学中心主任田志刚教授向校学位委员汇报了我校医学学科初期建设情况。近年来，生命科学学院多次邀请国内基础医学顶尖学者来校汇报交流，与国家肿瘤临床中心、安徽省立医院签订了合作协议，并多次举办医学前沿学术论坛或年度会议，还专门组织学院医学方向师资力量试点培养医学研究生人才，并取得了显著成效。目前，生命科学学院正以学科建设为关键环节、以研究生教育为纽带，全力打造我校医学学科新高地。

听取汇报后，各位委员表达了对医学学科建设事业的高度关注和重视，一致认为我校医学学科建设应立足于学校理工基础学科优势，大力推进与物质科学学科群的深度融合。

（二十四）量子信息与量子科技前沿协同创新中心颁发 2013 年度优秀研究生奖生奖

2014 年 4 月 4 日，量子信息与量子科技前沿协同创新中心举行"首批优秀博士后授聘和 2013 年度优秀研究生奖授奖仪式"。

（二十五）软件学院首次采用计算机在线考试的方式进行研究生复试，对学生的综合素质进行评测

2014年4月4日，软件学院首次采用计算机在线考试的方式进行研究生复试，对学生的综合素质进行评测。

（二十六）我校研究生参与中国第三十次南极科考

历时160天、经历史上"最波折"的航程之后，"雪龙号"极地考察船载着第三十次南极科考队于2014年4月15日回到上海极地考察基地码头。4月17日，在我校校园内，记者采访了第三十次南极科考队的3名队员，他们回忆了南极科考的难忘历程，称在搜寻马航失联客机过程中不敢掉以轻心，生怕错过任何一个线索。

去年11月7日，中国第三十次南极科考队乘坐"雪龙号"离开上海，开启南极科考征途。在这期间先后完成泰山站主体工程建设、维多利亚地新建考察站地质勘测调查、格罗夫山地区考察，参与营救俄罗斯绍卡利斯基"院士号"和在南印度洋搜寻疑似马航MH370失联客机残骸的行动。

我校地球和空间学院的博士研究生楼创能、杨文卿和硕士研究生孙晨参与了此次南极科考，分别在南极生态、大气科学等方面进行考察。

在格罗夫山地区考察的杨文卿介绍，去年12月3日从"雪龙号"下船后，主要考察任务是采集岩石等生物样品。在内陆的30多天里，除了每天完成例行的考察任务外，还负责在冰上的碎石带捡陨石，以供研究使用。他说，陨石很难捡，常常"白跑一趟"。

楼创能则主要考察长城站的度夏工作。他介绍道，在长城站7级风以下的天气没几天，大部分都是风雪天气，偶尔下点雨，所以出门干活很不方便，工作范围虽很小，但偶尔也会迷路，风险最大的情况就是，白白的冰盖上会有无法预知的缝隙，曾经有同伴一条腿已经掉进缝隙，好在安全措施到位，同伴间的安全绳发挥作用，总算"有惊无险"。

孙晨同学此次则全程随"雪龙号"进行大气科考。他说，历时半年终于可以停靠澳大利亚进行最后补给、休整回国。但3月21日"雪龙号"在澳大利亚珀斯正式接到前往疑似海域执行搜救任务指令，当晚6时，在补给并不充分的情况下，前往搜寻地点开展搜寻任务。他说，其所在的大洋队全部留在船上参与搜救工作，虽可以申请回国，但是没有一个人这样做，都选择留下。

孙晨同学介绍，他也曾有设想"发现残片怎么办？"等情形，在搜救过程中，海面太开阔，风浪卷起浪花，给瞭望造成一定困难，但是每个人都不敢掉以轻心，一个人一份责任，生怕错过任何一个可能的线索，很可惜瞭望中仅发现了渔网的漂浮物和矿泉水瓶。到3

月底,"雪龙号"在更多专业搜救力量达到搜寻区域后,申请撤出搜寻任务。

我校研究生参与中国第三十次南极科考

(二十七)我校组织召开全国工程专业学位教育教学研究与培养工作研讨会

2014年4月18日,全国工程类专业学位教育指导委员会(简称"教指委")教学研究与培养工作组第二次研讨会在郑州召开,会议由组长单位中国科学技术大学主办,郑州大学承办。国务院学位委员会办公室孙也刚副主任应邀出席会议并讲话,参加研讨会的有来自全国14所高校的18位教指委委员及相关专家。教指委副主任委员、教学研究与培养工作组组长、我校副校长张淑林主持会议。

孙也刚副主任在讲话中结合当前我国研究生教育结构调整与改革的新形势,对全国工程类专业学位研究生教育教学与培养工作给予了指导性意见,希望教指委教学研究与培养工作组紧密围绕国家与社会发展需求,积极改革与创新工程专业学位研究生教育的培养模式,不断加强与行业、产业的协同创新,探索建设联合培养基地、实习实践基地,推动工程专业学位研究生教育与职业资格的认证与对接,以提升工程专业学位研究生教育质量。

本次会议研讨了工作组下一步的工作重点、工作思路及任务分工,并围绕以下8个方面的教学培养工作进行了富有成效的讨论:一是如何推动工程专业学位研究生联合培养基地建设及开展专业学位研究生教育实践基地的评优工作;二是如何利用大规模开放课程推进教学方式向信息化网络化改革;三是如何吸引、挖掘优质资源,在实践教育等方面鼓励工程师"上讲台";四是如何推进工程专业学位研究生教育公共课程(如英语、自然辩证法、数学、知识产权、文献检索等)的改革与建设,以提高课程的应用性与针对性;五是如何推进工程硕士专业学位"基本要求"中的各领域核心知识体系、相关教材与精品课程建设的适配性;六是如何在部分工程领域启动相关课程的案例教学,推进教学方法的改进;七是如何以研究生教育教学成果评选为抓手,推进工程专业学位研究生教育质量与教学水平的提升;八是如何通过重大研究课题的引领,推进工程专业学位研究生教育理论研究的模块化与系统化。

全国工程类专业学位教育教学研究与培养工作研讨会在我校召开

(二十八)我校研究生赢得"全球地球物理学生挑战杯知识竞赛"中国赛区冠军

2014年4月23日,国际勘探地球物理学会(SEG)和中国地球物理学会在北京国际地球物理大会期间联合举办中国赛区的"全球地球物理学生挑战杯知识竞赛"(SEG Student Challenge Bowl),我校地球和空间科学学院的两名地球物理专业研究生蒋昊和张超同学组队参加了比赛,并赢得中国赛区冠军。

(二十九)我校地球空间科学学院与美国斯坦福大学地球物理系签署校际协议,将互派研究生

2014年4月23日,我校地球和空间科学学院与美国斯坦福大学地球物理系签署校际协议,自2014年起,我校固体地球物理专业和斯坦福大学地球物理系互派研究生,分别在对方学校从事科研项目和选学课程。

(三十)我校张淑林副校长当选第五届全国学位与研究生教育评估委员会副主任委员

2014年4月25日,"中国学位与研究生教育学会评估委员会换届暨第五届一次委员

会会议"在重庆召开。会议的主要内容是听取第四届评估委员会工作总结报告,选举产生第五届评估委员会主任委员、副主任委员及秘书长,商议评估委员会2014年度工作。

教育部学位与研究生教育发展中心李军主任希望评估委员会做好定位,继续发挥服务高校、师生、社会与政府的职能,积极开展各类学位与研究生教育评估新业务,搭建好学位与研究生教育评估领域的研究平台、交流平台、咨询平台、培训平台等,做教育主管部门决策的好帮手。

会议选举产生了新一届评估委员会主任委员、副主任委员及秘书长。经投票,北京理工大学原校长匡镜明教授续任委员会主任委员,我校副校长张淑林新当选为委员会副主任委员。本届评估委员会主任委员、副主任委员是从318个会员单位、35个委员单位、39名候选委员中层层投票选举产生的,他们在学位与研究生教育评估领域均具有较深的学术造诣、较高的管理水平与强烈的奉献精神,为我国学位与研究生教育事业做出了突出的贡献,有较大的社会影响。

评估委员会是中国学位与研究生教育学会的分会之一,是受教育部、国务院学位委员会的委托开展学位与研究生教育评估理论与实践研究,组织相关学术交流、咨询、培训等活动的学术组织。我校张淑林副校长历任第三届、第四届评估委员会委员及培训部部长,并多次获得评估委员会的荣誉表彰。

(三十一) 我校纳米科学技术学院、加州大学伯克利分校化学学院、苏州工业园区管委会共商博士生联合培养事宜

2014年4月30日下午,我校纳米学院副院长王文楼、加州大学伯克利分校化学学院杨培东教授、独墅湖科教创新区管委会常务副主任蒋卫明等分别代表三方就如何继续执行《苏州工业园区管委会、中国科学技术大学纳米科学技术学院、加州大学伯克利分校委托培养博士研究生协议》进行了会谈。

杨培东教授介绍了第一批去伯克利的3名委培生情况,他们已顺利通过伯克利的资格考试,即将进入博士生阶段学习。他对已赴伯克利化学院学习的6名学生的表现表示非常满意。园区管委会领导对项目前期进展给予肯定并表示要继续坚定不移地支持纳米学院与国外高水平大学保持深度合作,将纳米学院的品牌进一步做强。纳米学院对于园区管委会一贯持有的真诚和全力支持的态度表示感谢,对杨教授极力促成此协议的继续执行给予的支持表示由衷的谢意。纳米学院将继续深化与伯克利化学学院在留学生联合培养及产学研领域的合作,为园区纳米技术产业升级发展做好人才储备和科研支撑工作。

会后,杨培东教授和即将赴美的3位学生孔桥、张浩、赖敏良就赴伯克利联合培养事宜进行了简短的交流,鼓励3位学生向受益于此项目的已经在伯克利取得一定成果的师兄师姐们学习,扎实做科研,放眼于未来。

（三十二）德国科学院院士 Gerhard Wörner 教授来我校访问并为研究生做学术报告

2014 年 4 月，本月德国科学院院士、德国哥廷根大学 Gerhard Wörner 教授来我校进行为期 12 天的访问，其间分别于 10 日、15 日、17 日为地球化学和环境科学系的研究生进行了长达 6 小时的系列学术讲座。

（三十三）中国工程物理研究院来我校调研研究生联合培养工作

2014 年 5 月 5 日上午，中国工程物理研究院研究生部主任孙承纬院士一行访问我校，就进一步推进研究生联合培养工作展开调研。

张淑林副校长代表学校对孙承纬院士一行的来访表示欢迎，她希望与会双方以此次调研为契机，深入发掘联合培养工作中存在的突出问题并认真研讨，力求探索出更具创新性、更加有效的联合培养新模式、新机制。

听取介绍后，孙承纬院士希望双方在未来的研究生联合培养工作中充分发挥高校的教学优势和科研院所的平台优势，加强协作，深入交流，联合培养出符合国家战略需求的高层次创新型工程科技人才。

座谈会上，双方进行了充分的交流与研讨，一致认为双方应认真梳理与总结过去积累的联合培养经验，共同推动联合培养工作由"行政推动"向"机制牵引"的模式变革，不断增强此项工作的制度化、规范化水平，真正发挥高校与科研院所的协同育人优势，切实实现资源共享、强强联合。

（三十四）我校召开"2014 年硕转博工作及近期研究生工作布置会议"

2014 年 5 月 5 日下午，我校在理化大楼一层科技展厅召开"2014 年硕转博工作及近期研究生工作布置会议"。

张淑林副校长对各单位下一步的工作提出了以下几点要求：一要继续坚持近年来业已形成的以三大中心为主体的研究生教育管理模式，认真总结经验，提高管理与服务水平；二要立足当下，踏实做好硕转博人才选拔工作，真正选拔出一批具有较强创新精神和科研能力的优秀硕士生继续攻读博士学位；三要认真谋划未来，做好学位委员会与分委员会换届、2015 年研招宣讲、暑期夏令营营员遴选与动员等工作；四要进一步解放思想，锐意改革，以更新的举措调动导师参与研究生教育工作的积极性。

2014 年，我校在研招工作方面将出现一些新的变化：合肥物质科学研究院的研招工作整体纳入我校，由我校统一部署；量子信息与量子科技前沿协同创新中心将于本年度开始招收研究生；本年度我校将加大研招"请进来"力度，扩大暑期夏令营开营数量与营员规模,并以更加先进的宣讲媒介、更加集中的宣讲资源吸引全国知名高校优秀学子。

目前,我校博士生培养以长周期连读模式为主,硕转博模式是博士生生源的主体,而面向社会公开招考的硕士起点的三年制博士生主要以在职攻读为主。根据我校2014年硕转博工作部署,拟申请硕转博的研究生须为我校2012级在读硕士生及部分2011级硕士生,并须于5月15日前在博士生报名系统完成网上报名;拟申请招收硕转博研究生的博导应于5月24日之前将应填写资料报送所在院(系、室);在硕转博选拔工作结束后,各院(系、室)须于5月31日前将相关资料交至研究生院招生办公室。

(三十五)地球和空间科学学院召开2014年研究生学术论坛

2014年5月10日上午,地球和空间科学学院2014年研究生论坛在东区水上报告厅开幕,共300多人参加了开幕式。我校副校长张淑林、地球和空间科学学院执行院长陈晓非出席论坛开幕式并讲话。

张淑林副校长在开幕式上表示,研究生学术论坛是我校研究生进行学术交流的一项重要活动,非常有意义,预祝活动取得圆满成功。陈晓非对参加本次活动的师生表示热烈欢迎和衷心感谢,同时希望大家都能有所收获。

简短的开幕式后,五场精彩的科普报告让大家对地球科学有了非常好的认识。本届研究生学术论坛为我校地球和空间科学学院研究生提供了一个学术交流的平台,同学们积极报名,认真准备,通过报告展现自己的研究成果,同时也锻炼了表达和沟通的能力。而五场精彩的特邀科普报告,让一流的科学家从不同的角度来解读我们的地球和地球以外的大气和空间,让更多的人对地球和空间科学产生了兴趣,起到了很好的科普效果。

(三十六)中国人民解放军第二炮兵工程大学一行来我校调研研究生教育改革经验

2014年5月13日上午,中国人民解放军第二炮兵工程大学王耀鹏校长一行访问我校,就院校建设和研究生教育改革经验展开调研。侯建国校长在座谈会前会见了王耀鹏校长。张淑林副校长与王耀鹏校长一行进行了亲切座谈。

张淑林副校长指出,在35年的研究生教育实践中,我校注重研究生教育质量保障体系的构建与拔尖人才创新能力的培养,为国家发展和国防建设培育了一大批具有创新精神和实践能力的高端人才。

王耀鹏校长希望借助于此次调研,学习与总结我校及其他名校在院校建设和研究生教育改革方面的先进举措,为学校高等军事工程科技人才的培养提供可资借鉴的宝贵经验。

座谈会上,双方相关单位负责人围绕高校发展战略规划制定、学科专业建设、拔尖创新人才培养、重点实验室建设等方面工作进行了充分的交流与研讨,并在高端人才联合培养工作方面达成了初步合作意向。

(三十七) 物理学院举办 2014 年第四季研究生学术论坛

2014 年 5 月 23 日下午,"2014 年物理学院第四季研究生学术论坛"在我校二教举办。来自物理学院各专业的近 100 名研究生参加了本季论坛。

研究生院副院长古继宝表示研究生院会一如既往地支持物理学院研究生教育创新的各项工作和活动。物理学院分党委书记兼副院长叶邦角希望在座的同学能够珍惜这次宝贵的机会,不同学科的研究生能在面对面的交流中碰撞出意想不到的思想火花。

简短的开幕式结束后,评审老师和参加报告的研究生分赴 4 个会场。评审委员会综合考虑了参赛者的学术贡献、研究内容的创新性、独立完成工作的能力、语言表达能力和综合素质等方面,经过认真的评议,评出了一、二、三等奖。评委们一致认为本次学术论坛的水平高于上届,通过报告在较短时间内能言简意赅地表达出自己的工作,说明同学们都做了充分的准备,希望同学们能多参加此类学术交流活动,从而锻炼表达和思维能力,提高科研水平。

在随后举办的闭幕式上,各评审老师为获奖同学颁奖,并与获奖同学合影留念。至此,本次物理学院研究生学术论坛圆满闭幕。

(三十八) 苏州纳米科技协同创新中心召开理事会第二次会议

2014 年 5 月 27 日上午,"苏州纳米科技协同创新中心理事会第二次会议"在苏州独墅湖科教创新区举行。本次会议主要审议批准协同中心下设各专业中心主任人选及中心经费分配方案,听取各专业中心建设进展汇报,研讨中心的管理体制及运行机制。

张淑林副校长表示,我校在纳米领域有着较强的学科基础,并在苏州建立了纳米学院,我校愿意在人才培养、基础研究和成果转化等多个方面与参加项目的其他共建单位优势互补,协同发展,为园区的纳米科技协同创新工作做出重要贡献。

会议审议通过了协同中心下设各专业中心主任的人员名单,我校化学与材料科学学院俞书宏副院长当选为纳米环保材料中心主任。理事会围绕协同创新中心的体制机制建设、经费分配方案、专业中心建设、绩效激励评估等方面进行了研讨。与会人员一致认为,苏州纳米科技协同创新中心是实现人才、学科、科研三位一体融合发展的重大项目,是整合地方资源、推进校企合作、实现科教创新的重大举措,各参与单位应在地方政府部门的协调下,紧扣纳米技术应用产业的发展需求,发挥中心团队的优势,积极利用园区特色的平台资源、产业资源和市场资源,共同把协同创新中心建成纳米行业的学术高地、研发基地、人才产地和转化阵地。

(三十九)"高水平大学优秀研究生生源互推联盟2014年研讨会"在我校召开

2014年5月28日,"高水平大学优秀研究生生源互推联盟2014年研讨会"在我校召开。我校张淑林副校长出席会议并致辞。东北大学、中国科学技术大学、厦门大学、山东大学、武汉大学、华中科技大学、湖南大学、中山大学、华南理工大学、四川大学、重庆大学、西安交通大学、西北工业大学、兰州大学、中国矿业大学(北京)、中国地质大学(武汉)、中南大学、大连理工大学等19所高校的研招工作负责人参加了会议。会议由我校研究生院古继宝副院长主持。

本次会议的议题主要包括:研究教育部即将推行的推荐免试管理服务系统及其对互推联盟的影响;讨论如何推进与落实互推联盟信息共享平台建设;交流联盟高校在提升研究生生源质量方面的有益经验。

张淑林副校长指出:吸引优质研究生生源已成全国高水平大学共同面临的重要任务,既需各高校依据自身优势学科特色创新人才选拔方式与培养机制,又须与其他知名高校协同构建多边合作关系;在我国研究生教育行政主管部门不断放权的宏观背景下,由19所知名大学组建的互推联盟将成为国内最重要的高校研招合作组织与研招机制创新力量。

中南大学研究生院副院长刘少军教授代表互推联盟秘书处做了《互推联盟2013~2014年度工作报告》。刘少军宣布大连理工大学成为互推联盟第十九名成员。他希望联盟高校携手共进,以更大的智慧和勇气推进优质生源校际交流与合作事业。

2013~2014年,互推联盟开展的主要工作及成效如下:第一,成功召开第三次互推联盟研讨会,共同签署《高水平大学优秀研究生生源互推联盟章程》;第二,部分互推联盟高校之间相互开展招生宣传;第三,初步完成互推联盟信息平台网站设计工作;第四,扎实推进定向定额互推计划,执行情况良好;第五,深入开展研招工作理论研究并征集优秀论文,我校投送的一篇论文发表于CSSCI源刊《现代大学教育》之上;第六,生源校际交流成效显著,互推联盟内高校互推生源数量不断增长。在未来工作中,互推联盟将继续实施定向定额互推计划,加强学院、学科之间的合作,创新并规范互推生源的复试工作,并完善信息沟通与信息共享机制,以更加有效的举措鼓励优质生源报考互推联盟高校。

2011年4月成立的互推联盟是国内第一个专门以研招合作为目的的多边合作组织,是目前成员最多、层次最高、地域分布最广的高校研招合作团体。互推联盟确定每年召开一次研讨会,由各签约高校轮流承办,我校是2014年度轮值主席单位。自互推联盟成立以来,各成员高校在招生宣讲、生源互推、复试机制改革等方面做出了有益探索,为高水平大学及应届优秀毕业生提供了极大便利,受到了社会及媒体的广泛关注。自我校加入互推联盟以来,每年接纳互推联盟高校生源的数量不断增加,我校研究生生源质量不断提高。

"高水平大学优秀研究生生源互推联盟2014年研讨会"在我校召开

(四十) 我校组织召开"全国工程类专业学位教育指导委员会教学研究与培养工作组第三次研讨会"

2014年5月30日,"全国工程类专业学位教育指导委员会教学研究与培养工作组第三次研讨会"在蚌埠市召开,会议由组长单位中国科学技术大学主办,河海大学承办,淮河水利委员会(河海大学研究生联合培养基地)协办。来自全国13所高校的24位教指委委员及相关专家参加了研讨会。

国务院学位委员会办公室专业学位研究生教育处唐继卫处长希望教学研究与培养工作组积极探索工程硕士专业学位研究生实践基地建设机制,通过示范性实践基地的评选实现基地与培养单位的双赢,促进工程专业学位研究生能力的提升及联合培养的可持续发展;以案例教学建设为抓手,推动工程专业学位研究生教学与培养工作的科学化与规范化。

根据工作组第二次会议任务分工,各任务组汇报了相关工作进展。在此基础上,与会委员及专家对各任务组的工作成果进行了广泛、深入的讨论:一是审议并修订了工程硕士专业学位研究生实践基地评选方案(草案);二是审议了全国工程专业学位研究生教育重大研究课题立项书;三是确定了工程硕士专业学位研究生教育教材改革中的"分层建设"与"三位一体"的思路;四是启动了"自然辩证法"等部分公共课程及石油与天然气领域系列课程的案例教学建设工作;五是探讨了在线教学模式(MOOC)在工程硕士专业学位研究生教学中的实施方案。

(四十一) 我校博士生的论文被"第十九届 IEEE Real-time 学术会议"评为获奖学生论文

2014 年 5 月 25 日至 30 日,在日本奈良举行的"第十九届 IEEE Real-time 学术会议"上,我校近代物理系物理电子学 2012 级博士生祁宾祥提交的论文被评为 4 篇获奖学生论文中的第三名,是唯一一篇来自中国的获奖论文。

(四十二) 我校常州研究生培养基地召开校友产学研对接会

2014 年 6 月 8 日下午,我校常州研究生培养基地携手我校常州校友会、常州武进绿色建筑示范区联合举办校友项目产学研对接会,出席会议的有常州市委书记阎立、副市长王成斌等市、区领导,我校副校长张淑林及党政办、研究生院负责人出席了会议。50 多位来自各行各业的科大校友齐聚一堂,共叙友情,共谋发展。

对接会上,常州的各位校友对一些重点项目进行了路演,10 多位即将落户常州的校友对自己的项目进行了简单介绍。各位校友与出席对接会的各位领导进行了现场咨询与互动,整个会场的气氛轻松欢快,笑声不断。张淑林副校长与常州市领导分别回答了校友们提出的各种问题,包括研究生培养基地情况、常州龙城英才计划、创业环境等问题。校友们在对接会上找到了好项目、好成果和好技术,也得到了好的资金与政策支持。母校情、师生情、同窗情、科大情,都浓浓地凝结在校友们的心中,令人倍感激动。

(四十三) 致公党中央副主席严以新来我校调研研究生教育改革发展情况

为总结我国研究生教育改革先进经验、探索研究生教育质量保障创新举措,全国人大常委会、致公党中央副主席严以新,教育部学位与研究生教育司副司长孙也刚一行于 2014 年 6 月 9 日来我校调研。校党委书记许武在座谈会前会见了严以新副主席一行。安徽省政府副省长谢广祥、安徽省教育厅副厅长李和平及相关处室负责人陪同调研。张淑林副校长与来访嘉宾进行了亲切座谈。

严以新副主席介绍了本次调研活动的背景与目的。他表示,研究生教育改革及其质量保障体系的构建已成为国家关注的重要议题,此次调研意在切实获取高水平大学在研究生培养模式改革、质量保障体系建设等方面的先进经验、现存问题与实际困难,在此基础上形成重要调研成果并报送相关部门,以推动研究生教育改革进一步深化、研究生教育质量进一步提升。同时,严以新副主席还对安徽省政府和中国科大的大力支持及协助配合表示衷心感谢。

张淑林副校长代表我校向严以新副主席一行介绍了我校研究生教育改革所秉承的基本理念及所推行的重大举措。她说,35 年来,我校研究生教育坚守"精品办学"理念,注重研究生教育质量保障体系的构建与拔尖人才创新能力的培养,并探索出了符合"精品大学、英才教育"办学定位的高端人才培养模式;在学术型研究生教育方面,我校围绕"顶天"做文章,依托大科学项目、大工程设施推进学科交叉,"科教融合"培养拔尖创新人才;在应用型研究生教育方面,我校围绕"立地"下工夫,瞄准国家区域需求,借助于专业学位实践基地平台,打造专业学位教育"五大集团军"。她还表示,我校在未来的研究生教育事业中将继续深化改革,锐意进取,力争为中国培养更多的学术领军人物和行业领袖人才。

座谈期间,调研专家与我校师生代表进行了充分的交流与研讨,一致认为在未来的研究生教育改革中,国家与高校应推进分类改革,加快构建差异化的专业学位、科学学位研究生的培养模式;制定更加严格的博士生选拔制度,建立有效畅通的研究生淘汰退出机制;正确处理管理、办学和评估的关系,加快推进高等教育管、办、评分离步伐;加快政府职能转变,提升高校办学自主权;推进高水平大学的开门办学进程,提升大学的国际化水平和国际竞争力。

通过座谈,我校与会师生代表还向高等教育主管部门提出了诸多合理建议。例如,建议放开招生指标控制,逐步探索建立招生指标与拨款相分离的指标资源配置机制;建议在宏观管理中实行"分类管理"原则,在资源配置中充分体现"效率优先"原则;建议进一步加大放权力度,给予高水平大学更多的办学自主权,为高校营造更为宽松的改革与发展环境;建议加大对优秀研究生及导师的激励力度,给予潜力巨大的优秀学子更为优厚的奖助学金,给予指导学生成果显著的优秀导师更具实效的绩效鼓励等。

(四十四)我校各学位分委员会开展2014年夏季学位申请审核工作

2014年6月10日至17日,我校14个学位分委员会相继召开工作会议,讨论审议本年度夏季学位授予工作。本轮会议,全校各学科共有534位博士生和1423位硕士生提交了学位申请。

2010年,我校对各学科学位标准进行了修订,随着新学位标准的全面实施,研究生发表学术论文的质量有了显著提高。本轮学位申请中,有4篇论文发表在《自然》及其子刊上。与去年同期相比,物理天文学科博士生发表SCI一、二区论文比重提高了15%;地学学科博士生发表SCI论文比重提高了14%;生命科学学科博士生发表SCI一区论文比重提高了9%;力学工程学科博士生发表SCI、EI论文比重提高了19%;电子信息与计算机学科博士生发表SCI、EI论文比重提高了12%;核科学与技术学科博士生发表SCI一、二区论文比重提高了15%;管理学科发表SCI、SSCI论文比重为34%,提高了20%。

近年来,我校在学位与研究生教育工作各方面推出系列创新举措,利用现代信息技术构建了学位与研究生教育质量管理体系,在保障我校研究生教育工作高效运行、提高研究生培养质量等方面发挥了重要的作用。

(四十五) 我校召开"2014年度专业学位教育夏季工作会议"

2014年6月18日下午,我校于东区活动中心五楼学术报告厅召开"2014年度专业学位教育夏季工作会议"。

半年来,管理学院将MBA中心作为该学院AACSB(国际商学院促进协会)国际认证示范样板,其综合改革成果和经验已在我校其他相关专业及兄弟院校中广泛推广应用;公共事务学院大力开展订单式继续教育,结合区域与行业新需求探索产学研长期友好合作的多赢模式;软件学院总体生源质量进一步提高,就业率、首次就业年薪(平均达13.5万)等指标仍保持较高水准;纳米学院首届毕业生一次就业率达94.7%,由其参建的苏州纳米科技协同创新中心已进入实质运行阶段;人文学院科技传播与科技政策系与麻省理工学院合作开发"Co-design"课程,并将于7月初与皖新传媒股份有限公司合作共建我校先研院新媒体研究院。

随后,我校三大专业学位研究生教育基地负责人做了交流发言。目前,苏州研究院教育基地已成为苏州工业园区品牌声誉极佳的研究生教育平台,其所采取的公共课程园区高校共享、基础专业课程由我校专兼职师资承担的教学模式受到了相关教育单位的普遍关注和认可;常州先进所研究生教育基地为每名工程硕士研究生安排一个纵向课题与一个横向课题并配备相应的指导老师,为提高其科研能力与实践能力提供保障;先研院教育基地先后引进科教创新高端人才约40名,积极与世界一流大学、国际国内知名企业共建研发中心(研究院),全力探索适用于高技术产品研发转化和推广应用的工程类专业学位硕士研究生培养模式。

会议对我校专业学位教育的下一步工作做了部署。第一,充分整合"五大集团军"和"三大基地"现有教育资源,加快资源共享与优势互补进程,合力打造我校专业学位研究生教育优质品牌;第二,进一步加强国际合作,加大开门办学步伐,以更加创新的举措吸引国际留学生来我校就读;第三,探索建立"双学位制"培养模式,面向全校其他非本专业学位的研究生提供可选择的专业学位课程教育,提升我校研究生就业竞争力;第四,研究生教育基地要努力争取更多资源,充分利用已有资源,打造专业学位研究生教育优质平台;先研院要采取多种激励措施调动相关专业与师资赴先研院开展教学活动与研究生培养工作,各项工作须做到实处,做出实效。

(四十六) 校学位委员会召开2014年夏季学位工作会议,决定授予520人博士学位、1415人硕士学位

2014年6月19日下午,第七届校学位委员会在东区活动中心五楼学术报告厅召开第十八次工作会议,对我校2014年夏季各学科学位、硕士、博士学位申请情况进行审定。包括17位两院院士在内的34名校学位委员会委员参加了本次会议。校学位委员会主

任委员、校长侯建国院士主持会议。

会上,校学位办相关负责人汇报了我校博士研究生发表学术论文的整体情况。随着 2011 版新学位标准的全面实施,研究生发表学术论文的质量有了显著提高。本次申请中,共有 4 篇学术论文发表在《自然》及其子刊上;与去年同期相比,全校博士生发表 SCI、EI 论文的比重上升了 9%。

按照会议安排,数学、物理天文、化学材料、地学环境、生命科学、力学工程、电子信息与计算机、核科学与技术、管理人文、智能所、微尺度物质科学国家实验室(筹)、公共管理等学位分委员会负责人分别介绍了本次学位申请者的学术概况。第七届校学位委员会委员审阅了申请材料,并在认真讨论的基础上依据学位授予相关规定进行了投票。经表决,我校决定授予 520 人博士学位、1415 人硕士学位。

学位审议工作结束后,侯建国校长对本届学位委员会全体委员为学校学位工作做出的重要贡献表示感谢,并要求各学位分委员会进一步细化学位审核标准,认真总结学位申请工作中出现的新情况和新问题,提升学位申请工作制度化建设水平,确保我校每一名毕业生的学位授予质量。他希望我校各位导师能够在教学、科研的同时,进一步关爱学生的身心健康与发展,加强师生之间的沟通和交流,以浓厚的人文关怀培养全面发展的优秀人才。

(四十七)我校举行"2014 年第一次研究生毕业典礼暨学位着装授予仪式"

2014 年 6 月 22 日上午,我校"2014 年第一次研究生毕业典礼暨学位着装授予仪式"在东区大礼堂隆重举行,近 2000 名研究生毕业生与导师、家长、亲友汇聚于此,共同见证这一重要时刻。

上午 9 时,毕业典礼正式开始。在同学们的欢呼声中,校领导侯建国、窦贤康、朱长飞、蒋一、王晓平,部分学院(重点实验室)执行院长(常务副主任)陈旸、刘万东、陈晓非、陈华平、张和平,以及导师代表郭庆祥,身着导师服在主席台就座。毕业典礼由张淑林副校长主持,香港城大的特邀嘉宾也来到典礼现场。

伴随着《永恒的东风》的激昂旋律,30 多名同学托举着巨幅校旗,从礼堂后方缓缓向主席台前进,当校旗到达主席台时,典礼现场响起长久的欢呼声和掌声。

校学位委员会主任、校长侯建国作为学长和师友,表达了自己对毕业生的临别祝福。他首先代表学校对毕业生表示最热烈的祝贺。他说,过去几年,我校的科学研究始终保持了高质量和高水平,论文篇均引用率、"表现不俗"论文比例、自然出版指数等均多年蝉联中国高校第一,这其中凝结了在座很多研究生及导师的心血与汗水。6 月 9 日,习近平总书记在两院院士大会上指出,"科技是国家强盛之基,创新是民族进步之魂",并特别强调,"未来总是属于青年人的,拥有一大批创新型青年人才是国家创新活力之所在,也是科技发展希望之所在"。我校从建校之初献身"两弹一星"的国防科技事业,到如今在量子通信、高温超导、纳米材料、火灾科学、语音技术等领域跻身世界前沿,始终以源源不断的创新成果为国家发展提供有力支撑。

侯建国校长随后与大家分享了两个故事：

第一个是关于幕后英雄的故事。英国晶体学家罗莎琳德·富兰克林在DNA分子双螺旋结构模型建立的过程中做出了重要贡献，虽然她没能与沃森和克里克共享诺贝尔奖，但作为幕后英雄却永远被世人铭记。侯建国校长说，我校校友中也有很多幕后英雄。国防科技战线上，除了涌现出的20多位耀眼的科技将军外，还有数千名科大人在不为人知的岗位上为国防现代化事业默默奉献。这种精神也传承给了年轻一代，如学校的研究生支教队，15年来"志愿服务、报效社会"，在条件艰苦的西部进行爱心接力。侯建国校长希望同学们继承和发扬科大人"科教报国、甘于奉献"的优良传统，淡泊名利、放下得失，在各自的岗位上脚踏实地，努力实现自身价值。

第二个是关于先行者的故事。他以新创基金会主席张树新校友在互联网进入中国之初的创业经历为例，鼓励同学们发扬科大人"追求卓越、敢为天下先"的精神，勇于尝试前人没有走过的道路，努力成为各行各业的领军人物。

侯建国校长深情地表示，同学们在迈向无限精彩未来的同时，母校会在大家身后默默地祝福和支持，并希望同学们努力把科大人的精神品格融入血液、化为行动，以谦虚平和的心态看待世间的沉浮和荣辱，用稳健踏实的步伐践行人生的价值和意义。

导师代表郭庆祥教授与同学们分享了自己的两点学习心得。第一是思想方法，也就是看问题要采取什么样的态度。他说，看问题至少要看到问题的两面，如硬币，要正反两面都看到才能认清全貌。郭老师强调，人是千差万别的，而最根本的区别就是优秀和平庸的差别，学会多方面看待问题会让我们明白，优秀和平庸是自己可以选择的。第二是人生体会，就是选择优秀，拒绝平庸。郭老师列举了一个研究生毕业后在单位怀才不遇、痛苦不堪时，被一老者点化启迪的故事，说明是金子总会发光，是珍珠即便掉在沙粒堆里，也会被发现。郭老师深信，我校的毕业生都是闪闪发光的珍珠，都是人群中的优秀者，希望大家选择优秀，拒绝平庸。

毕业生代表、物理学院博士学位获得者申屠国樑在发言中表达了对母校、老师的感谢。他表示，在以后的道路上，成功时会保持科大人不骄不躁、自强不息的优良作风，低谷时会仰望星空、竭力追求，永远不会忘记自己是科大人。

随后，全体毕业生起立，在侯建国校长的带领下庄严宣誓。伴随着熟悉的校歌旋律，同学们身着学位服依次走上主席台，校领导和导师代表们为他们一一扶正流苏并合影留念。

(四十八)《研究生教育研究》正式归口挂靠我校研究生院

2014年6月份，由中国学位与研究生教育学会和我校联合主办的学会会刊《研究生教育研究》由校规划处正式归口挂靠至我校研究生院。

（四十九）香港中文大学罗胜强教授来我校开设"管理研究的实证方法"暑期研究生课程

2014年7月2日至4日，在我校研究生创新计划的支持下，国际著名管理学专家、香港中文大学罗胜强教授应邀来我校开设"管理研究的实证方法"暑期研究生课程，公共事务学院、管理学院、人文学院以及来自其他学院的200余名师生听取了此暑期课程。

（五十）我校召开"2014年度学位与研究生教育暑期工作会议"

2014年7月3日下午，我校在东区活动中心五楼学术报告厅召开"2014年度学位与研究生教育暑期工作会议"。会议总结了上半年我校学位与研究生教育工作的主要进展，并对暑期工作做了部署。

各单位研究生部负责人介绍了本单位近期在研究生培养方面一些好的做法与经验。例如，物理学院积极开展"优秀大学生创新研究计划"（IRPU），借助于导师的科研项目吸引来自"985工程""211工程"大学的优秀学子；地空学院积极探索教学改革，推进英文授课，提高研究生的国际学术交流能力；计算机学院首开优秀大学生夏令营并受到国内知名高校学子的踊跃参与，报名人数达300余人；微尺度物质科学国家实验室（筹）多途径、多举措吸引优秀生源，生源质量显著提高，2014年新生中近九成来自"985工程""211工程"大学；整合到我校研究生教育体系的合肥物质科学研究院积极参与举办夏令营，并全力打造学习型、文化型研究生部，为研究生创新能力培养营造文化氛围。

根据部署，近期及今后一段时期尤其需要重点推进以下几个方面的工作：第一，各单位要全力办好即将开幕的优秀大学生夏令营，积极营造和谐、温馨、创新的校园文化氛围，努力使夏令营成为广大营员青春时代难忘的科学之旅、文化之旅；第二，进一步创新研招举措，站在学生与家长的角度开展研招宣传，并充分借助于新媒体，以更具冲击力、更具针对性、更具人情味的宣传方式吸引更多优秀学子来我校深造；第三，认真梳理近年来我校实施的研究生创新计划活动，总结通过创新计划实施取得的研究生培养成果及经验，努力打造创新计划活动的特色与品牌；第四，各研究生部要重视队伍建设，通过培训、学习等多元化手段努力提高管理队伍的信息化管理水平；第五，研究生院要继续做好对内服务工作及对外资源争取工作，为各单位开展学位与研究生教育工作提供良好的环境。

（五十一）校研究生支教团举行"第十五届支教队工作汇报暨第十六届支教队出征仪式"

2014年7月4日下午，校研究生支教团"第十五届支教队工作汇报暨第十六届支教队出征仪式"在我校东区 218 楼二楼会议室举行。

会上,第十五届、第十六届支教队队员分别进行了简要的自我介绍。随后,两届支教队进行了团旗交接。

蒋一副书记代表学校欢迎第十五届支教队队员回家。他充分肯定了第十六届支教队队员的各项培训,希望大家做好克服困难的思想准备,并引用习总书记五四青年节前夕给河北保定学院西部支教毕业生群体代表的回信来勉励第十六届支教队队员在西部奉献青春。

"中国青年志愿者扶贫接力计划研究生支教团"项目是由团中央、教育部 1999 年启动的,每年面向部分高校招募志愿者到中西部贫困地区支教 1 年。作为全国首批参加此项目的高校之一,16 年来,我校响应团中央的号召,积极开展西部支教活动。7 月 23 日,第十六届支教队出发前往支教地。

(五十二) 我校 2014 年优秀大学生夏令营开幕

2014 年 7 月 6 日上午,由我校研究生院主办的"2014 优秀大学生夏令营开营仪式"在我校东区大礼堂隆重举行。校党委书记许武、校长侯建国、副校长张淑林、研究生院和各学院有关领导,以及 1000 余名营员参加了开营仪式。

开营仪式由张淑林副校长主持。她希望同学们在夏令营期间认真学习、真诚交流,认真领悟科大精神,勇于担当科教报国的使命。

侯建国校长做开营致辞,他首先代表我校向参加夏令营的各位同学表示热烈欢迎,向为夏令营筹备付出辛勤汗水的老师和学生志愿者们表示衷心感谢。他说,近年来,我校根据不同学科的专业特点,举办了丰富多彩的夏令营,既为优秀大学生提供了交流和学习的平台、接触科学前沿的机会,也通过夏令营向大家传递了我校严谨治学、追求卓越的优良校风。

侯建国校长说,今年的夏令营又增加了 3 个,学科覆盖更广泛、营员规模更大,能使更多学子从我校夏令营中受益。他表示,夏令营期间,我校将努力创造条件,为同学们提供一个高起点的学习、交流、互动平台,希望所有营员都能不虚此行,收获知识,收获友谊,收获成长,并期待能和大家再度相约科大。

西安交通大学的李磊强同学代表全体营员做了发言。他代表 1000 余位营员郑重承诺,在夏令营活动期间,一定遵守各项规章制度,认真履行营员职责。

在热烈的掌声中,校党委书记许武和各学院领导上台参加授旗仪式。张淑林副校长宣布我校 2014 优秀大学生夏令营正式开营。

据了解,今年我校夏令营达到 10 个,分别是第五届物理化学夏令营、第七届黄山生命科学夏令营、第四届大学生数学夏令营、第四届交叉学科夏令营、第五届大别山地质考察暑期夏令营、第三届高低空大气探测夏令营、第二届力学与工程科学夏令营,以及新增的第一届技术物理夏令营(合肥物质科学研究院主办)、第一届信息科技夏令营、第一届计算机科学夏令营。这些夏令营几乎覆盖了我校所有的理工专业。

夏令营营员主要面向"985工程""211工程"高校相关专业招收本科三年级、有志于从事科学研究、学习成绩优秀并有较强研究能力的学生。夏令营为期一周，其间同学们将参观我校相关国家（重点）实验室和省部级重点实验室，聆听国内外知名学者讲座，听取专业介绍，与导师及在读研究生进行面对面交流。

为吸引全国优秀大学生参加，我校今年的夏令营启用微信、腾讯QQ、人人网和保研论坛等社交媒体平台进行广泛宣传。同时，还发动各重点高校的800多名学生志愿者，以张贴海报、发放宣传资料等多种方式，向有志于读研的同学介绍我校的招生政策、招生信息，以及学校的文化精神、校风学风等。据统计，今年全国共有2800余人报名，实际录取营员1360人，其中A类营员1000人，B类营员360人。

（五十三）我校承办召开"教育部专业学位研究生教育案例教学改革与联合培养基地建设研讨会"

2014年7月9日，由国务院学位委员会办公室主办、我校承办的"教育部专业学位研究生教育案例教学改革与联合培养基地建设研讨会"在我校苏州研究院召开。国务院学位委员会办公室专业学位研究生教育处处长唐继卫出席会议并讲话，来自中国科学技术大学、北京大学、清华大学、中国人民大学、复旦大学等10所高校的专家和江苏、山东、上海等省级学位办的负责人参加了研讨会。会议由国务院学位委员会办公室专业学位处副处长朱瑞主持。

唐继卫处长希望省级学位办加强与教指委的合作，支持区域内各培养单位的专业学位研究生教育发展；希望与会专家通过本次会议的深入研讨，推进专业学位研究生案例教学改革和联合培养基地建设的实施。

"教育部专业学位研究生教育案例教学改革与联合培养基地建设研讨会"
在我校苏州研究院召开

我校副校长、全国工程类专业学位教指委副主任委员张淑林通报了全国工程类专业学位教指委认真落实教育部领导关于做好专业学位研究生教育培养工作的重要指示,切实推动工程专业学位研究生培养模式改革的情况,并介绍了我校积极实施研究生教育案例教学改革与联合培养基地建设的进展情况。

与会专家围绕教育部《关于加强专业学位研究生教育案例教学的意见》及《关于加强专业学位研究生联合培养基地建设的指导意见》(征求意见稿)(简称《指导意见》)进行了充分研讨,提出了完善的修改意见,建议有关专业学位教指委应遵照教育部《指导意见》文件,结合各专业类别学科特点,制定相应的案例教学改革、联合培养基地建设实施办法。会议还讨论并布置了专业学位研究生培养模式改革项目的组织申报工作和相关时间节点安排。

(五十四)我校2014年优秀大学生夏令营闭幕

2014年7月10日晚,东区大礼堂乐声四起,灯光绚烂,来自全国209所大学的1360名优秀学子参加了我校2014年优秀大学生夏令营闭营晚会。研究生院古继宝副院长受张淑林副校长委托,代表研究生院向2014年夏令营优秀大学生传达祝福和希冀。他希望所有营员能在未来的求学生涯中一如既往且常怀科大精神,勤奋钻研、勇于探索、胸怀寰宇、誓做英才,并真诚地邀请有志献身于科学事业的青年赴我校深造。闭营晚会上,74名营员获得"中国科大2014年优秀大学生夏令营优秀营员"荣誉称号,21位志愿者获得"中国科大2014年优秀大学生夏令营特别贡献奖"。

(五十五)我校举办第二届安徽省高校研究生信息素养夏令营

2014年7月14日上午,安徽省高等教育网络课程建设校长论坛暨2014安徽省高校研究生信息素养夏令营在我校东区理化大楼西三报告厅正式拉开帷幕。

我校谢毅院士做了题为"二维世界的新化学"的首场报告。教育部在线教育研究中心副主任、清华大学副秘书长聂风华教授和弗吉尼亚理工大学图书馆资深馆员Jennifer Talbot Nardine分别做了以"MOOC:教育创新的探索"和"MOOCs at Virginia Tech Libraries and Beyond"为题的报告。

与此同时,夏令营的营员活动拉开序幕,在接下来的一周内,同学们与国内外知名专家、学者和培训老师一起交流MOOC时代下信息获取、分析、管理与利用等方面的经验,与各种文献信息资源相伴,借此感受、领会信息资源带来的无穷魅力。

(五十六)我校博士研究生获"Early Career Scholarship"

2014年8月2日至7日,在美国哈特福德市举行的"第六届国际微束分析会议暨显微学与显微分析2014年会"上,我校微尺度物质科学国家实验室(筹)博士研究生阮瞩和物理系博士研究生邹艳波同获"Early Career Scholarship"(早期职业生涯奖学金)。

(五十七) 我校博士生荣获由国际燃烧学会颁发的"Bernard Lewis 奖"

2014年8月3日至9日,"第三十五届国际燃烧会议"在美国旧金山召开。来自我校的齐飞教授课题组的王占东博士生荣获由国际燃烧学会颁发的"Bernard Lewis 奖"(伯纳德·刘易斯奖)。

(五十八) 我校研究生获"第九届中国青少年科技创新奖"

2014年8月20日,中国共产主义青年团中央委员会、全国青年联合会、全国学生联合会、中国少年先锋队全国工作委员会在人民大会堂举行"第九届中国青少年科技创新奖"颁奖大会。我校微尺度物质科学国家实验室(筹)2011级博士研究生黄璞同学获奖,至此我校学生连续九届、总计共11名同学获此殊荣。

(五十九) 我校举行2014级研究生新生开学典礼暨入学教育,本年招收3488名硕士生、947名博士生

金风送爽迎英才,丹桂飘香醉科大。2014年9月3日上午,我校2014级研究生开学典礼在东区大礼堂隆重举行。本年度,我校共招收947名博士生、3488名硕士生,其中科学学位硕士生1586人,专业学位硕士生1902人。

校党委书记许武教授、校长侯建国院士、副校长窦贤康教授、副校长张淑林教授及数学学院、物理学院、化学学院、计算机学院、地空学院、管理学院执行院长出席典礼并在主席台就座,合肥物质科学研究院副院长(兼我校副校长)江海河研究员应邀参加典礼。开学典礼由校党委副书记蒋一教授主持。

上午9时整,蒋一副书记宣布我校2014级研究生开学典礼正式开始。

侯建国校长走上讲台为全体研究生新生带来了一场言语朴实、寄望殷切的致辞:创新已经成为时代的主旋律,科技人才和科技创新能力也成为世界各国的核心竞争力。习近平总书记指出,"在激烈的国际竞争中,唯创新者进,唯创新者强,唯创新者胜"。就此,侯建国校长谈了自己的几点思考:

一是创新需要献身科学的使命感和理想主义精神,要具备一种以科学为一生奋斗之事业的精神和情怀。侯建国以郭永怀、钱临照两位先生心系祖国、执着科研、为国家科技事业献身的故事为例,期望研究生新生能够怀抱理想、呵护理想,珍惜科大优越的科研环境和学习条件,勤奋学习、潜心研究,为实现自己的理想而不懈奋斗。

二是要在创新征程中经得起挫折和失败。侯建国校长以中科院院士、我校合肥微尺度物质科学国家实验室(筹)谢毅教授在科研道路上遭遇瓶颈,却甘耐寂寞、敢啃"硬骨头"

并最终取得突出成就为例,叮嘱同学们做好迎接困难和挑战的心理准备,在课题研究和论文写作中保持淡定从容的心态,要有上下求索的执着、持之以恒的毅力和乐观主义的精神。

三要恪守道德底线和学术规范。侯建国校长强调,科研诚信是每一个科研人员必须坚守的道德底线和生命线,任何投机取巧的学术不端行为都会给个人事业造成无法抹去的污点,还会给母校、国家和社会带来危害。他希望各位新生恪守学术规范,去浮去躁,静心研究,即便暂时没有取得好的成果,导师、同学、学校和社会也都会为青年学子踏踏实实的努力而感动和骄傲。

讲话即将结束之时,侯建国校长殷切寄语:越是伟大的事业,往往越是充满艰难险阻,越是需要开拓创新。希望同学们珍惜研究生阶段的黄金时光,通过修德、修学、修身,不断增长才干、提升境界,以只争朝夕、时不我待的紧迫感,投身民族复兴的宏图大业,激发创新潜能,迸发创造活力,努力成为未来各行各业的中流砥柱,为国家富强和人类文明做出一个科大人应有的贡献。

随后,导师代表、"青年千人"入选者、"国家杰青"获得者余玉刚教授与研究生新生分享了求学生活、科学研究等方面的心得体会。

研究生新生代表彭宇轩同学在发言中吁请各位新生与自己一起珍惜读研时光,刻苦钻研,探索新知,提高团队合作能力,积极参加学校各类活动,文理兼修,拥抱真理,强健体魄,全面升华,誓做英才!

上午9时40分,我校2014级研究生入学教育活动开始。校学位委员会副主任李曙光院士以及研究生院相关职能部门负责人以其专业讲解,为全体研究生新生即将开始的学术生涯指引航向。

在研究生新生以热烈掌声传递的深切期盼中,李曙光院士为青年学子送来了一席逻辑严谨、言辞恳切的研究生新生寄语。他希望研究生新生在未来的科研学习进程中,注重科研实践与学术训练,善于思考,勤于动手,提升独立从事科研的能力;以国际一流标准要求自己,提升外语运用水平,锻炼与国际学术同行的交流能力;注重集体攻关与合作创新,积极主动与导师、团队合作,培养良好的协作精神与协作能力。

我校举行2014级研究生开学典礼暨入学教育

本次入学教育活动还对程志南、郭会东等16位为研究生招新工作做出突出贡献的志愿者进行了表彰，张淑林副校长亲自为他们颁发奖牌。

最后，张淑林副校长满怀激情地寄语广大研究生新生，希望我校研究生在未来数年的求学生涯中以实际行动秉承我校"红专并进、理实交融"的校训精神，践行我校"科教报国"的历史使命，勤于学习，敢于质疑，善于发现，勇于创新。

我校2014级研究生新生入学教育仪式在掌声雷动中结束，与此同时，各院（系）各具特色的系列入学教育活动即将开启。

（六十）我校布置2015级研招推免工作

2014年9月4日下午，我校于东区活动中心五楼学术报告厅召开会议，布置2015级研招推免工作，各学院执行院长，研究生和本科生分管院长及教学秘书，研究生部全体成员，专业学位教育中心全体成员，研究生院、教务处、学工部等部门负责人参加了会议。鉴于本年度我国研招及推免工作政策发生重大变革，校领导高度重视此项工作，张淑林副校长、陈初升副校长、蒋一副书记等共同出席会议，合力布置该项工作。

据悉，与往年相比，本年度国家研招推免工作政策有了较大变化：自本年度起，所有推免生均享有依据招生政策自主选择报考招生单位和专业的权利，所有推免名额（除有特殊政策要求的专项计划外）均可向其他招生单位推荐。推荐高校要充分尊重并维护考生自主选择志愿的权利，不得以任何形式限制推免生自主报考。教育部下达推免名额时不再区分科学学位和专业学位，不再设置留校限额。推荐、接收工作在时间上分为互不交叉的两个阶段。推荐工作统一于今年9月25日前结束，推荐工作结束后启动接收录取工作，接收录取工作统一于今年10月25日前结束。

根据部署，9月10日至14日，我校各单位开始遴选推免生；9月15日至17日，教务处、学工部负责对各单位推免生汇总表进行资格审核；9月18日，研究生院将经过审核的推免生名单统一公示。为降低学生赴考成本，体现对考生的人文关怀，今年我校推免面试工作将在部分学科试点开通网络视频面试系统，并对其过程进行全程录像。

张淑林副校长做总结讲话，她强调新的推免政策和研招形势为我校研招带来了机遇与挑战，各部门、各学院要在深入理解教育部相关政策文件精神的基础上创新研招思路，未雨绸缪，主动出击；要以选拔高质量人才为核心，加快完善全面考察、综合评价、择优选拔的推免生评价体系和工作机制；在推免工作中要突出能力考查，注重考生的一贯表现，真正选拔出具有科研创新潜质和专业能力倾向的优秀学生。

（六十一）我校召开"研究生国家奖学金、学业奖学金评审工作布置会议"

2014年9月4日下午，我校于东区活动中心五楼学术报告厅召开会议，布置研究生国家奖学金、学业奖学金评审工作。

根据《研究生学业奖学金管理暂行办法》要求,自 2014 年秋季学期起,学校在 2014 级新生中设立研究生学业奖学金,旨在激励研究生勤奋学习、潜心科研。学校将根据研究生学业成绩、科研成果、社会服务等因素进行评定,确定学业奖学金奖励等级。会议还布置了 2014 年国家奖学金的相关评审工作。

根据财政部、教育部印发的《研究生学业奖学金管理暂行办法》文件精神,我校今年专门制定了《中国科学技术大学研究生学业奖学金管理办法》,向基础学科和国家亟需学科(专业、方向)倾斜。全校硕士生享受学业奖学金的比例占符合申请条件研究生的 70%,全日制(非在职)博士生 100% 享受学业奖学金。

(六十二)"首届科技考古国际联合实验室研讨会暨研究生论坛"在我校召开

2014 年 9 月 5 日,由我校和美国威斯康星大学两校科技考古实验室联合举办的"首届科技考古国际联合实验室研讨会暨研究生论坛"在我校召开。此次论坛的主题为"跨越国界——青铜时代的中国和亚洲",我校科技考古实验室师生和来自威斯康星大学、中国社会科学院考古研究所、香港大学的多位学者与研究生,报告了近年来关于黄河流域、长江流域以及东南亚地区青铜文明研究的最新进展。

7 位专家和 6 名研究生分别报告了 13 项最新研究成果,内容包括:商周联算铜甗的结构分类与制作工艺研究、同位素示踪方法在矿料来源与人口迁徙研究中的应用、释光技术与考古材料受热历史研究、越南最新考古发现与早期国家的建立、用 SR-CT 无损扫描技术分析古代漆器遗留样品等。会上我校几位研究生的报告,均是从校科技考古实验室参加"2014 年印度-太平洋史前考古会议"(IPPA 2014,柬埔寨暹粒)、"2014 年国际东亚考古学会议"(SEAA 2014,乌兰巴托)和"2014 国际释光年代学会议"(LED 2014,加拿大)的研究生报告中遴选出的报告。其中与威斯康星大学联合培养的博士生张兴香提交的柬埔寨 IPPA 会议关于红河流域人骨遗存的研究报告,已于此次会议前两周正式刊载于考古界国际旗舰期刊 *J. of Archaeological Science*(《考古科学杂志》)。

(六十三) 我校研究生荣获 2014 年度"微软学者"奖学金

2014 年 9 月 16 日,2014 年度"微软学者奖学金"评审结束,我校两位博士生获此殊荣。分别是信息科学技术学院李斌教授和微软亚洲研究院孙剑研究员联合指导的博士生任少卿,信息科学技术学院王永教授和微软亚洲研究院院长、微软亚太研发集团主席洪小文博士联合指导的博士生胡文凭。

（六十四）我校常州研究生培养基地被评为"全国示范性工程专业学位研究生联合培养基地"

2014年9月16日至17日，"第九届全国工程专业学位研究生教育工作研讨会暨全国工程领域工程硕士教育协作组组长第六次全体会议"在河南郑州召开。我校常州工程专业学位研究生联合培养实践基地通过初选、复选等竞争程序后，在会上被评为"全国示范性工程专业学位研究生联合培养基地"，并由全国工程专业学位研究生教育指导委员会授牌。

本次大会共吸引了来自全国340多家工程硕士培养单位的800余名代表参会。大会以"建合作共赢的联合培养基地，促服务需求的培养模式创新"为主题。大会对全国工程专业学位研究生教育指导委员会近2年的工作进行了全面总结，部署了下一阶段的工作，表彰了部分工程硕士联合培养实践基地，并决定授予这些基地"全国示范性工程专业学位研究生联合培养基地"称号。全国工程专业学位教育指导委员会副主任委员、我校副校长张淑林应邀主持了16日上午主题报告阶段的大会。

国务院学位委员会办公室李军主任受教育部杜占元副部长的委托出席大会并讲话。他希望教育指导委员会及各培养单位工作紧密围绕国家与社会发展需求，积极改革与创新工程专业学位研究生教育的培养模式，不断加强与行业、产业的协同创新，探索联合培养基地、实习实践基地建设的新举措，努力提升工程专业学位研究生的教育质量。

据悉，自2009年全日制工程硕士专业学位研究生教育开展以来，全国工程专业学位研究生教育指导委员会采取了多项举措以提高工程硕士培养质量，如建设联合培养实践基地、开展优秀毕业生和实习生评选。为促进各培养单位对实践基地的建设，今年6月起，全国工程教育指导委员会启动了首届"全国示范性全日制工程硕士专业学位研究生联合培养实践基地"评选工作。我校此次获批的常州工程专业学位研究生联合培养实践基地建于2011年，由我校与合肥物质科学研究院先进制造技术研究所共建。联合培养实践基地成立以来，先进制造所积极创造条件，为我校全日制工程硕士专业学位研究生提供了相匹配的技术和工程问题、科研平台和生活保障支撑条件，配备了高水平的指导教师队伍，制定了完善的规章制度等，形成了紧密和稳定的产学研合作，基本实现了高校、合作单位及其联合培养的全日制工程硕士专业学位研究生的多方共赢。目前，实践基地培养出的全日制工程硕士专业学位研究生表现出了较强的就业竞争力和职业胜任力。据统计，基地成立以来已在机械工程、控制工程、计算机应用技术等工程领域累计接收我校实习实践学生100余人。

（六十五）我校两位研究生获"IUMAS-6国际会议 Early Career Scholarship"

2014年9月18日获悉，近日，"第六届国际微束分析会议暨显微学与显微分析2014

年会"[6th Meeting of the International Union of Microbeam Analysis Societies (IU-MAS) conjuncted with Microscopy & Microanalysis (M&M) 2014]在美国哈特福德市举行。会上,我校合肥微尺度物质科学国家实验室(筹)博士研究生阮瞩和物理系博士研究生邹艳波同获"Early Career Scholarship"。

(六十六)我校团队获"2014中国(国际)传感器创新大赛全国总决赛"三等奖

2014年9月20日至22日,"2014年中国(国际)传感器创新大赛全国总决赛"在北京举行。经过3天激烈的角逐——作品展示和答辩,专家现场打分,最终我校"O-range"团队的低温漂高分辨率电涡流位移传感器荣获"创新设计类"三等奖,团队是我校唯一一支参赛队伍。此前,于8月22日在上海大学延长校区举行的华东赛区决赛中,"O-range"团队的作品以绝对的优势从30支代表队中脱颖而出,荣获华东赛区一等奖,晋级全国总决赛。

(六十七)天津大学研究生院学科办一行来我校调研学科建设工作

2014年9月29日,天津大学研究生院学科办一行访问我校,就学科建设相关工作经验及创新举措进行专题调研。我校研究生院屠兢副院长、陈伟副院长和其他相关工作人员,以及量子信息与量子科技前沿协同创新中心相关工作人员接待了天津大学来宾一行,并与来宾进行了座谈交流。

座谈会上,双方首先互相介绍了各自在学科布局与学科建设等方面的基本情况。随后,根据天津大学学科办此行的调研提纲请求,我校研究生院及量子协同创新中心行政办相关老师就我校学科规划与评估、上一阶段"985工程"建设、协同创新中心体制机制改革等方面的基本经验及创新举措进行了详尽的介绍。

(六十八)2014年"中科院优秀博士学位论文"结果公布,我校16篇入选

2014年9月,中科院发文公布了2014年度院优秀博士学位论文和优秀研究生指导教师奖评选结果(科发前字[2014]139号),共评选出优秀博士论文100篇,优秀研究生指导教师100人。其中,我校16位博士毕业生获得"优秀博士学位论文奖",其导师获得"优秀研究生指导教师奖"。

(六十九)我校荣获国家级教学成果二等奖两项

2014年9月份,我校申报的"信息化环境下新型研究生教育管理模式的探索与实践"

和"中国科大MBA体验式教学创新与实践探索"两项教学成果荣获国家级教学成果二等奖。这两项教学成果对于我校教学改革、提高人才培养质量具有积极的促进作用。

(七十) 侯建国校长到中科院苏州纳米所进行工作调研

2014年10月10日下午,我校侯建国校长、张淑林副校长一行访问了中科院苏州纳米技术与纳米仿生研究所,就新形势下如何落实中科院"三位一体"战略、进一步推进科教融合、联合培养高端人才和开展高水平科研合作等工作进行调研。随行的有我校苏州研究院、化学学院、纳米学院以及党政办、研究生院负责人。苏州纳米所杨辉所长、刘佩华书记会见了侯建国校长一行,并专门召开了调研工作座谈会。

近年来,苏州纳米所采用多种方式吸引凝聚高端科研人才,建立起了一支包括中科院院士、"千人计划"、"国家杰青"等在内的高水平、多学科交叉型师资队伍,并形成了纳米科技在信息、能源、环境、生命医学等领域的研发布局,构建了科研与产业紧密结合的转化平台和公共支撑服务平台,为地方经济发展和高端人才培养提供了有力支持。

会上,杨辉所长对侯建国校长一行表示热烈欢迎,希望在贯彻实施"中科院率先行动计划"的进程中能与我校进一步拓展合作空间,创新合作模式,促进共同发展。

侯建国校长表示,我校与苏州纳米所已经建立了良好的合作关系,"中科院率先行动计划"和"三位一体"战略以及国家层面的"2011计划"为我校与苏州纳米所的全面、深入合作带来了新的机遇,希望我校与苏州纳米所双方能互取所长,有效整合各自拥有的优势资源,积极探索科教融合的有效机制。

张淑林副校长表示我校苏州研究院和中科院苏州纳米所是服务区域发展需求、培养应用型人才的重要平台,双方"本是同根生"并具备良好的合作基础和强烈的合作意愿,未来双方应瞄准经济社会发展最新需求,不断创新合作模式,拓展合作领域。

座谈中,双方与会人员围绕如何利用区位优势增进交流、如何发掘各自优势加强合作、如何整合既有资源培养人才、如何构建有效机制推进研发等问题进行了充分的交流与研讨。一致认为双方应发挥各自优势,积极推进在化学、物理、材料、生物等学科领域的实质性融合。

(七十一) 我校常州"全国示范性工程专业学位研究生联合培养基地"揭牌

2014年10月11日,我校常州"全国示范性工程专业学位研究生联合培养基地"在常州科教城揭牌。侯建国校长出席揭牌仪式并为基地揭牌,张淑林副校长、常州市科教城党工委徐光辉书记出席仪式并致辞。

举行揭牌仪式前,常州市委副书记、常州市长费高云会见了侯建国校长一行。费高云市长对我校优良的学风校风和育人成果予以了高度评价,介绍了近年来常州社会、经济、科教发展的概况,对我校长期以来为常州"三位一体"战略推进、区域经济社会发展提供的人才支撑表示感谢，希望在未来的校地合作中，我校能够充分发挥人才培养和科技创新等方面的优势，助力常州经济转型和产业升级。侯建国校长表示，科学研究、人才培养、服务社会是高等院校的重要使命，我校将以全国示范性基地揭牌及建设为契机，进一步加强与先进制造所的交流与合作，培养高端应用型人才，为推动区域经济社会转型发展贡献力量。

11日14时，我校常州"全国示范性工程专业学位研究生联合培养基地"揭牌仪式正式举行。常州市委常委、科教城党工委书记徐光辉为揭牌仪式致辞。徐光辉书记表示，常州科教城将积极探索工程硕士培养的新机制、新方法，不断加强学科建设，提升内涵发展水平，努力把基地建设成为培养高层次应用型、复合型创新创业人才的沃土，成为技术创新、成果转化和产业孵化的摇篮。

揭牌仪式上，张淑林副校长希望示范基地在未来的建设中既要发挥科教融合优势，致力打造领军人才高地，也要全力建设理实对接平台，为区域发展提供人才支撑与智力服务，还要构建科学运行模式，力争成为全国联合培养基地的"排头兵"和"领头雁"，为国家示范基地的科学发展探索出一条可资借鉴的创新之路。

侯建国校长和徐光辉书记共同为我校常州"全国示范性工程专业学位研究生联合培养基地"揭牌。

(七十二) 中科院金属研究所一行来我校就科教融合工作进行座谈

2014年10月13日，中科院金属研究所杨锐所长、卢柯院士、张哲峰副所长以及研究所部主任刘敏一行访问我校，就落实"率先行动"计划、进一步推进双方科教融合工作进行座谈。我校许武书记、侯建国校长、张淑林副校长参加了座谈会。

会上，杨锐所长、卢柯院士希望在双方已有合作的基础上，进一步深化双方在人才培养、学科建设等方面的合作，建设高水平的人才培养基地。

许武书记、侯建国校长、张淑林副校长在座谈中发表讲话。他们表示，金属研究所在材料科学方面具有非常雄厚的科研实力，双方已经具有良好的合作基础，2009年双方就成立了师昌绪材料科技英才班，共同培养材料科学与工程领域的青年人才。在中科院推进"三位一体"战略、"率先行动"计划，教育部实施"2011"计划的战略机遇下，要进一步发挥各自的人才优势和科技研发优势，以沈阳材料国家实验室建设为契机，探索校所深入融合的新机制，以及本-硕-博长周期人才培养的新模式，提升我校材料学科的发展水平。

双方还决定成立科教融合联合工作小组，作为联络机构，负责具体工作的推进。

(七十三) 电子科技大学研究生院一行来我校调研研究生教育工作情况

为学习我校研究生教育工作经验及创新举措，电子科技大学研究生院副院长兰中文一行于2014年10月20日来我校调研,并开展座谈会。

会上,双方首先互相介绍了各自研究生教育工作的基本情况。随后,根据电子科技大学的调研提纲请求,我校研究生院领导及相关部门负责人详细介绍了我校教学管理信息化建设方面的情况。双方就如何推进信息系统建设、如何运营与维护信息系统等问题进行了深入交流。

(七十四) 我校召开专业学位教育中心工作会议

2014年10月24日,我校专业学位教育中心召开工作会议,布置启动学校学位授权点合格评估、专项评估、专业学位学生质量评估等相关工作。

会上,张淑林副校长对我校专业学位授权点评估工作和专业学位教育改革发展工作提出了以下几点要求:第一,充分利用合格评估、专项评估等契机,认真检查学校专业学位授权点研究生培养体系的完备性,全力准备评估材料,进一步规范学校研究生培养方案、课程体系、学位授予标准等;第二,目前学校的专业学位研究生教育已形成"一个中心、两类教指委、六大'集团军'"的管理体系,各教指委委员和专业学位教育工作负责人要重视即将开展的合格评估和质量评估等工作,并不断改革管理方法和服务模式,全力推进专业学位教育规范、协调发展;第三,进一步加强我校专业学位研究生教育的创新力度,认真组织开展校级专业学位研究生教育基地孵化、创新创业课程体系建设、优质研究生教育资源共享等工作,培养符合社会经济发展需求的高水平应用型人才。

国家决定于2014年起开展学位授权点合格评估、专项评估工作。评估工作分为学位授予单位自我评估和教育行政部门随机抽评两个阶段,其中2014～2018年为自我评估阶段,2019年为随机抽评阶段,其目的是推动学位授权点进行全面的自我检查,针对自身存在的问题制定科学完善的改进方案,促使我国学位授权点办出特色、办出水平。

(七十五) 我校承办召开"第三届C9高校研招工作研讨会"

2014年10月28日,"第三届C9高校研招工作研讨会"在合肥物质科学研究院强磁场中心五楼会议室召开。合肥物质科学研究院王英俭书记、我校张淑林副校长、教育部发展规划司事业计划处龚卫华处长、安徽省教育厅发展规划处刘业勋副处长以及C9高校研究生院分管副院长、招办主任及相关老师参加了会议。

本次会议的主题为"针对研招计划改革、弹性管理机制改革、推免工作改革等议题,研讨新形势下高水平大学研招工作的机遇、挑战与创新之路"。

张淑林副校长在致辞中结合我国研招工作所面临的新形势,希望与会代表借助于研招工作研讨会这一平台,深入交流,加强合作,充分发挥C9高校在研招管理与改革事业中的引领作用。

龚卫华处长指出,完善博士学位制度、创新学籍学历管理机制、推进科教融合、加强博士生质量评估等内容将继续成为国家关注的重点工作,希望 C9 高校与会代表能够就招生计划改革、弹性学制等问题进行充分研讨,为教育部规划司乃至全国高校的研招制度建设工作提供意见和建议。

C9 高校研招工作研讨会在国家首批 9 所"985 工程"大学中轮流召开,目前已成为我国高水平大学研招工作问题探讨、经验分享的常态机制。经会议商讨,2015 年"第四届 C9 高校研招工作研讨会"将在复旦大学召开。

(七十六) 我校博士生在英国《自然》期刊子刊《自然·通信》上发表研究成果

2014 年 11 月 6 日,英国《自然》期刊子刊《自然·通信》发表了我校合肥微尺度物质科学国家实验室(筹)博士生郑方才和材料系硕士生杨阳(导师陈乾旺教授)的合作研究成果。他们通过理论模拟计算,提出了边缘氮掺杂和孔洞额外储锂的思想,并设计出了一种能实现边缘氮掺杂、避免边缘被羧基、羟基修饰的氮掺杂类石墨烯粒子的制备工艺,制备了高氮掺杂的多孔类石墨烯粒子,作为锂离子电池电极材料表现出优异的储锂性能。

(七十七)《学位与研究生教育》期刊社一行来我校调研工作

2014 年 11 月 10 日下午,《学位与研究生教育》期刊社周文辉社长一行访问我校,就推进《学位与研究生教育》与《研究生教育研究》两期刊的深入合作问题进行调研交流。《研究生教育研究》副主编、我校副校长张淑林会见了周文辉社长一行并与来宾进行了亲切座谈。研究生院、《研究生教育研究》编辑部相关老师参加了座谈会。

会上,张淑林副校长对周文辉社长一行表示诚挚欢迎。她要求年轻的《研究生教育研究》期刊虚心向具有 30 年办刊经验的《学位与研究生教育》期刊学习,并希望双方以此次调研为契机,深入交流,加强联动,探索构建常态性业务协同机制和学术交流机制。

座谈交流期间,与会人员就定期举办全国性研究生教育学术论坛、举办高水平研究生教育研究学术会议、合作开展研究生教育专项课题研究、共同培养专兼职编辑队伍等问题进行了探讨与交流。

(七十八) 我校对 2014 年新增博导及科教融合单位导师进行岗前培训

2014 年 11 月 10 日,我校"2014 年研究生导师培训研讨会"在东区活动中心五楼学术报告厅举办。我校 2014 年新增博导及中科院南京分院 40 余名年轻导师共同参加了此次培训。侯建国校长、中科院南京分院杨桂山副院长出席会议并讲话。张淑林副校长、校学位委员会副主任委员李曙光院士、"长江学者"俞汉青教授应邀为年轻导师做专题报告。

侯建国校长结合学校的研究生培养理念、价值追求及取得的成绩,向与会导师提出了以下3点希望:一是明确自身定位,恪守教书育人天职,努力为国家和社会培养优秀人才;二是树立质量意识,始终将人才培养质量放在首位,既要注重培养研究生的科研能力,也要注重提高学生的综合素养;三是要正确处理好师生关系,导师要针对学生的特点制定个性化培养方案,在培养过程中双方相互促进、教学相长,建立亦师亦友、健康良好的师生关系。最后,他希望导师们能时时处处牢记教育使命,用心教导学生,为国家和社会培养更多品学兼优的一流人才。

杨桂山副院长在致辞中认为,此行不仅可以使南京分院各研究所的年轻导师与中国科大优秀导师一起交流研究生培养心得,学习治学育人的宝贵经验,还能近距离感受到中国科大闻名全国的优良传统与治学风范。

随后,李曙光院士从为什么谈科学家声誉、影响声誉的主要问题,以及如何珍惜声誉、遵守职业道德等3个方面剖析了研究生导师珍惜科学声誉的重要性、必要性和实践路径。李曙光院士希望导师们从现在做起,身体力行,誓做一名有良好声誉的科学家;要言传身教,努力提升研究生的科学研究职业道德素养。

会上,张淑林副校长做了题为"中国研究生教育的回顾、展望及导师的责任"的专题报告。她指出研究生培养工作的核心是调动导师和学生两大主体的积极性。她希望每一位导师都能充分发挥"教"的积极性,尊重并适应新时代学生的多元化特征与个性,采取多种举措充分调动学生"学"的积极性,从一个优秀的科学家转变为优秀的教育者,真正成为人类灵魂的工程师。

下午,我校化学与材料科学学院"全国优博"指导教师、"长江学者"俞汉青教授带来了题为"研究生培养的几点体会"的精彩报告。俞汉青教授认为在研究生培养进程中,导师要遵循"因材施教、全程管理和人文关怀"等三项原则,认真观察学生的个性与特长,制定个性化培养方案,给予学生及时的、有针对性的科研学习指导与成长成才指导,采取综合性举措激发学生的学习兴趣,鼓励学生从事独立的科学研究,使其在感兴趣的研究领域内尽量发挥创新创造潜力。

研讨会结束后,张淑林副校长代表学校为各位新导师颁发了培训结业证书。

(七十九)我校研招宣传微电影《溯跑·时光》首映

为增强我校研招实效、创新研招宣传形式、弘扬我校校园文化,校研究生院于2014年组织研究生创作团队,倾力打造了"时光"系列微电影。2014年11月11日18时15分,我校"时光"系列微电影第一部《溯跑·时光》首映式暨研招宣传学生志愿者工作总结会议在东区理化大楼一楼科技展厅举行,引来诸多学生观看,全场座无虚席。

(八十)语音及语言信息处理国家工程实验室首届研究生学术论坛圆满落幕

2014年11月13日,为活跃国家工程实验室学术氛围、促进各学科交流、培养研究生创新能力,语音及语言信息处理国家工程实验室在科技实验楼西楼会议厅举办了"首届语音及语言信息处理研究生学术论坛"。

本届论坛主要由大会报告和论文展示两个部分组成。在上半场大会报告环节中,空时信息处理研究方向博士研究生鲍光照、语音情感计算及多模态研究方向博士研究生张敬分别做了题为"稀疏表示和字典学习在欠定语音分离中的应用""多源图像的超分辨率重建"的学术报告。在下半场的论文展示环节中,展示了智能语音信息处理、语义计算及数据挖掘、语音情感计算及多模态、空时信号处理研究方向的21项研究成果。活动现场学术气氛浓厚、交流踊跃。经过现场审核、问答等评选方式,陈丽萍、张义、罗常伟和童仁杰4位研究生获得了论坛设置的优秀论文奖。

(八十一)"安徽省计算机学会年会暨大数据分析与应用博士生论坛"在我校召开

2014年11月15日至16日,"安徽省计算机学会年会暨大数据分析与应用博士生论坛"在我校召开。我校党委书记许武、安徽省科学技术协会党组书记王洵、安徽省经济和信息化委员会副巡视员陈家宝、安徽省教育厅人事处处长李方泽、安徽省民政厅民管局副处长许静静等领导应邀出席大会开幕式。共有近200名高校教师和企业代表参加了本次大会与论坛。开幕式由安徽省计算机学会秘书长、我校计算机学院陈恩红教授主持。本次大会与论坛由安徽省计算机学会主办、中国科学技术大学承办。

(八十二)校领导到中科院南京分院调研"所系结合"工作

2014年11月17日,校党委书记许武、副校长张淑林率我校职能部门负责人及相关院(系)专家等16人访问中科院南京分院,就如何深入推动"所系结合"工作进行座谈研讨。南京分院院长周健民,党组书记朱怀诚,副院长杨桂山、杨涛,院属各单位主要领导,相关部门负责人及相关工作人员参加了座谈会。

周健民院长简要介绍了南京分院(系)统各单位的基本情况,希望与会人员在科教融合、研究生培养及导师合作方面进行充分探讨,积极寻求合作途径。他还提出了双方共建学院的设想,指出中国科大与南京分院各所在天文、资源环境学等方向具有良好的合作前景。

许武书记做了题为"全院办校、所系结合"的报告,详细介绍了我校"所系结合"的进展情况以及新时期"所系结合"的设想。希望通过这次交流,进一步明确同南京分院(系)统各单位的全面合作和"所系结合"模式。

南京分院(系)统各单位领导分别介绍了本单位与我校交流合作及研究生培养情况,我校相关院(系)负责人也相继介绍了各学院的基本情况。双方积极交流,深入探讨合作的切入点。大家一致认为,统一研招、培养与管理以及共建学院是全面深化"所系结合"的良好方式,将学院作为平台进行科教融合,可以实现研究所人才链与我校人才链的有效对接,为进一步全方位合作打下坚实的基础。

会后,许武书记一行分别走访了南京土壤研究所、南京地质古生物研究所和南京地理与湖泊研究所,并赴苏州分别与苏州纳米技术与纳米仿生研究所和苏州生物医学工程技术研究所相关人员进行了座谈交流。

(八十三) 我校各学位分委员会开展2014年冬季学位申请审核工作

2014年11月17日至25日,我校14个学位分委员会相继召开会议,讨论和审议本年度冬季学位申请审核工作。本轮会议中,各学位分委员总共审议了166位博士生、476位硕士生以及82本科生的学位申请材料。

会上,各学位点分别介绍了本学科各类学位申请者的学位论文评阅、答辩及学术论文发表情况,各位委员对申请者的学籍、课程、论文等信息逐一进行审阅,严格把关,对有疑问的地方进行详细核实和讨论。会上,委员们还对本届学位分委员会的工作做了总结,就研究生培养和学位授予质量展开深入讨论。

(八十四) 我校先研院举行"首届博士生应用创新成果展暨项目资本对接会"

2014年11月18日,"首届博士生应用创新成果展暨项目资本对接会"在我校先进技术研究院未来中心举行。中国科大、省教育厅、省科学技术厅、合肥市政府、合肥市市直部门有关领导、相关部门负责人及投资机构、金融机构等40多家单位代表出席对接会,参观博士生成果展,参加颁奖仪式,观看博士生创新应用成果路演。

我校校长侯建国院士表示,我们鼓励参展和获奖成果能够利用先研院金融和创业平台资源,在成果转化和创业方向上迈出新的一步。也希望把科技成果展和对接会办成常态的促进科技成果有效转化和帮助青年人圆创新创业梦想的平台。发源于硅谷的知名投资机构赛伯乐中国投资有限公司投资总监姚梁宇认为,当天展示的很多项目质量很高,经过进一步的辅导很快就能产业化。我校2014级博士生刘路青认为:"这次产品对接会让我们更好地了解了产业的需要,指导了我们的科研方向,能使我们更好更快地将成果转化为真正能够使用的产业,造福于社会。"

自今年8月份开始,我校博士生创新应用成果展正式启动,开始征集我校各院

（系）（实验室）、合肥物质科学研究中心、我校上海研究院等博士生的应用创新成果。截至10月10日，共征集作品92项，其中专利46项、软件19项、产品27项，涵盖物理、化学、工程、信息、生命科学、火灾等学科门类，经过评审委员会初评，遴选出9项优秀作品进入决赛。

（八十五）我校召开"安徽省学科建设重大项目建设进展交流会"

2014年11月20日上午，我校在218楼二楼会议室召开"安徽省学科建设重大项目建设进展交流会"。生态学、计算机科学与技术、动力工程及工程热物理、控制科学与工程等学科建设项目负责人及研究生院相关人员等参加了会议。安徽省学科建设重大项目是"安徽省高等教育振兴计划"的重要组成部分，于2013年启动实施。该项目旨在为安徽省培养优秀人才，打造结构合理的高水平学术梯队，形成一定数量较高水平的科研成果，从而推动区域经济建设和社会发展。项目实施以来，我校通过竞争申报，目前已有生态学、计算机科学与技术、动力工程及工程热物理、控制科学与工程等4个学科获批为"安徽省学科建设重大项目"。根据要求，本次"安徽省学科建设重大项目"须重点就以下建设内容与实施情况进行检查交流：项目实施总体情况；年度目标任务完成情况；体制机制改革和特色创新情况；团队建设情况；公共服务及开放共建情况；取得的成果情况；项目经费情况等。

（八十六）"第一届工程科技研究生学术论坛暨安徽省'江淮杯'工业设计大赛"校内选拔赛在我校举行

2014年11月23日，"第一届工程科技研究生学术论坛暨安徽省'江淮杯'工业设计大赛"校内选拔赛在我校举行。副校长张淑林、工程科学学院分党委书记刘明侯出席开幕式并致辞，校团委书记杨正，工程科学学院竺长安教授、孙德军教授、孔凡让教授、裴刚教授和胡隆华副研究员，论坛参会同学等共计300余人参加了论坛开幕式。

张淑林副校长在致辞中希望工程科技学科的研究生们不仅要有精英科学家的头脑，还要有实干工程师的勤奋精神，在学术研究和技术开发等领域取得更多的创造性成果。

开幕式后，孙德军教授、孔凡让教授、裴刚教授、胡隆华副研究员分别为参会师生做了题为"工程科学思想及案例""世博会背后的故事""太阳能利用进展""城市高层建筑火灾的特点与科学问题"的特邀报告。

在下午的作品展示环节中，来自化学与材料科学学院、信息科学技术学院、核科学技术学院、国家同步辐射实验室和工程科学学院等5个单位的33名同学做了墙报展示，其中8名同学做了口头报告。经评议，刘晓毅同学的《石墨烯及其复合材料的力学行为研究》、颜刚毅和王雪艳同学合作的《新型压电微泵的研究》等2件作品获得一等奖，高东奇同学的《"螺旋桨-仿生"组合推进 UUV》等 5 件作品获得二等奖,陆思良同学的《类人双臂还原魔方机器人》等 8 件作品获得三等奖。

(八十七) 我校布置"试办国家示范性微电子学院"申报工作

2014 年 11 月 24 日,我校于 218 楼会议室召开会议,布置"试办国家示范性微电子学院"申报工作。张淑林副校长出席会议并部署有关工作。先进技术研究院、信息科学技术学院、软件学院等单位的相关学科负责人参加了会议。

根据国家关于鼓励软件产业和集成电路产业发展的相关政策要求,教育部等部委决定从今年起开展"试办国家示范性微电子学院"申报工作。试点学院将重点布局在京津、长三角、珠三角等集成电路产业发达地区,主要面向微电子相关学科专业优势明显的高校,旨在通过校企协同方式培养一批创新能力强、产业亟需的高质量微电子相关学科专业工程型人才。

即将开展的示范性微电子学院建设将更注重综合改革和产学合作,拟申报示范性微电子学院的高校需具备完备的办学条件、雄厚的师资力量、良好的产学合作培养人才的基础、强有力的组织和政策保障等条件。

张淑林副校长要求各相关负责人深刻理解国家政策精神,利用安徽融入长三角战略规划的历史机遇,瞄准国家区域集成电路产业的发展需求,整合校内微电子相关学科优势资源,加强与微电子重点行业和大型企业的合作力度,争取地方政府的政策支持,尤其要充分利用我校的先进技术研究院、微纳研究与制造中心等研发平台,全力做好我校示范性微电子学院的申报工作。

近年来,我校在整合微电子相关学科力量的基础上,于 2012 年开始依托先研院展开了中国科大微电子学院的筹建工作,初步开展了微电子领域的人才培养、科学研究、成果转化、校企合作、国际交流等工作,旨在打造具有国内领先水平的微电子高层次人才培养基地、微电子高技术成果研发与转化中心。

(八十八) 我校成立第八届校学位评定委员会

2014 年 11 月 28 日上午,我校第八届校学位评定委员会在东区活动中心五楼学术报告厅召开第一次工作会议。会议公布了新一届校学位评定委员会的组成名单,审核了我校 2014 年下半年各学科学位的申请情况,讨论修订了《中国科学技术大学学位评定委员会章程》,听取了关于学校学位与研究生教育近期工作的汇报。校学位评定委员会主任委员、校长侯建国院士主持会议。

会议伊始,侯建国校长宣读了《关于公布第八届中国科学技术大学学位评定委员会组成人员名单的通知》。本届校学位评定委员会主任委员由校长侯建国院士担任,副主任委员由副校长潘建伟院士担任,秘书长由副校长张淑林教授担任。本届校学位委员会由我校在校两院院士、国务院学科评议组成员、相关学院执行院长、获得海外知名高校博士学位的青年教授以及合肥物质科学研究院的专家领导组成。

根据《中国科学技术大学学位评定委员会章程》，校学位评定委员会是负责学校学位与研究生教育管理的学术机构，领导全校的学位及学科建设工作，其主要职能为：论证审核学位与研究生教育发展规划、学科建设与发展规划；审定各学科研究生培养方案及学科授予标准；在国务院学位委员会授权职责范围内负责各类学位授权点增列与动态调整工作；遴选研究生指导教师；做出授予各类学位的决定或撤销已授学位的决定；决议处理各类学位授予中有争议的问题；检查、评估各学科学位授予质量；审议学校学位与研究生教育工作中的其他重大问题等。

随后，会议分别听取了各学位评定分委员会负责人对本次博士、硕士学位申请情况的汇报和教务处对学士学位申请审核情况的汇报。各位委员在审阅申请材料并认真讨论的基础上，依据学位授予相关规定进行了投票表决，决定授予157人博士学位、475人硕士学位、82人学士学位。

会上，各位委员围绕《中国科学技术大学学位评定委员会章程（修订稿）》进行了讨论，提出了进一步修改与完善的建议。

接着，张淑林副校长向委员会介绍了学位评定分委员会设定的原则方案，通报了国家近期在学位与研究生教育方面的最新政策动向和我校学位与研究生教育近期的工作，重点就如何进一步推进我校学位与研究生教育的综合改革谈了相关设想。

根据"学科相近"原则和学校的学科与机构设置需要，学校共设立14个学位评定分委员会，分别为数学学科、物理与天文学科、化学与材料学科、地学与环境学科、生命科学学科、工程科学与技术学科、电子信息与计算机学科、核科学与技术学科、管理科学学科、公管与人文学科、微尺度物质科学国家实验室（筹）、合肥物质科学研究院、专业学位（管理人文类）、专业学位（工程类）学位评定分委员会。

各项工作结束后，侯建国校长做总结讲话。他向各位委员传达了"全国研究生教育质量工作会议暨国务院学位委员会第三十一次会议"的有关精神，就落实国家研究生教育发展指导意见、深化学位与研究生教育综合改革、质量保证和监督体系建设、推动研究生教育内涵发展等方面的工作部署做了介绍。侯建国校长强调人才培养质量是学校办学质量的第一体现，是大学生存和发展的基础。他希望新一届校学位评定委员会委员能够认真履行相关职责，充分发挥质量把关作用。随后，侯建国校长重点就目前我校研究生课程建设方面存在的问题谈了几点看法，要求各级学位评定委员会主动承担研究生教育课程体系改革重任，根据我校学科特点和创新型人才培养需要，做好课程体系改革中的过程指导、质量把关和教学管理等工作，大力提升我校研究生课程的宽度、厚度和深度，以系统、科学、国际化的课程体系保障我校高端人才的培养质量。

(八十九) 合肥微尺度物质科学国家实验室(筹)举办"第八届研究生学术论坛"

2014年11月29日至30日,合肥微尺度物质科学国家实验室(筹)召开"第八届研究生学术论坛"。实验室各年级班主任及约200位感兴趣的研究生参加了报告会。

张淑林副校长出席开幕式并讲话。她希望同学们以优秀的报告者为榜样,分享同伴之间的成果,提升自己。实验室副主任陈旸教授指出,学术交流是一种思想的碰撞,能迸发出新的火花,无论是讲者还是听者都将从中获益。

开幕式后,论坛进入大会特邀报告环节,来自微尺度低维物理与化学研究部的刘世勇教授联系自己的科研工作经历,做题为"漫谈科研——个人感想与体会"的报告。原子分子科学研究部做关于"亚纳米分辨的单分子拉曼光谱成像"的学术前沿报告。生命学科的柳素玲教授针对近年来乳腺癌发病率上升但依然不能根治的状况做了精彩的研究进展报告。在随后的会议中,两位不同研究方向的优秀青年学者陆朝阳教授、江俊教授受特邀分别为参会同学们做了精彩的报告,实验室在读的多名博士生和硕士生在会上报告了自己的最新研究成果,内容涉及凝聚态物理、低维物理化学、单分子科学、材料物理与化学、生化与分子生物学、神经生物学、高分子物理与化学等研究领域。来自物理、化学、生物等不同方向的与会老师和同学们就报告中的疑问展开了热烈的讨论。

经过教授评审组评议,涂乐义、尹华磊、蒋卓睿、张荣荣、李星星、林玲、卢秀芳、汤艳琳等8位同学获得学术论坛报告一等奖,毕文团、陈胜、蔡昕东等14位同学获得学术论坛报告二等奖,陈功、冯冯、富尧等23位同学获得学术论坛报告优秀奖。

(九十) 我校硕士生在《美国计算机学会图形学汇刊》发表研究论文

2014年11月,《美国计算机学会图形学汇刊》发表我校数学科学学院国家数学与交叉科学中心(合肥)图形与几何计算实验室在3D重建、3D打印、计算几何等领域的3篇研究论文。这些论文在刚刚结束的计算机图形学领域顶级会议"Siggraph Asia"上宣读过,第一作者分别为我校数学科学学院特任副教授张举勇、周世哲与硕士研究生熊诗尧。

(九十一) 我校博士生在英国《自然》期刊子刊《自然·通信》发表研究成果

2014年12月4日,英国《自然》期刊子刊《自然·通信》发表了我校地球和空间科学学院"千人计划"张捷教授、"青年千人"张海江教授,计算机科学与技术学院"杰出青年科学基金"获得者陈恩红教授、博士生郑毅,地球和空间科学学院博士生况文欢及张雄等6名地球物理交叉学科科研团队成员的合作研究成果。他们经过3年多的科研努力,在地震预警与速报领域实现了重要突破。

(九十二) 我校举行 2014 年第二次研究生毕业典礼暨学位授予仪式

2014 年 11 月 30 日上午，我校"2014 年冬季毕业典礼暨学位着装授予仪式"在东区大礼堂举行。700 多名毕业生及亲友来到现场，共同分享这一激动人心的时刻。

校领导许武、侯建国、蒋一，部分学院及国家重点实验室领导陈旸、汪毓明、陈华平、余玉刚、张和平，以及导师代表曾建雄身着导师服在主席台就座。毕业典礼由张淑林副校长主持。

侯建国校长以学长和朋友的身份与毕业生进行了一场真诚的谈话。侯校长首先谈到，我校"千人计划"陈秀雄教授、孙崧博士生和英国数学家唐纳森合作，于今年 5 月成功破解了第一陈类为正时的"丘成桐猜想"，给出了卡勒-爱因斯坦度量存在性之"丘成桐猜想"的完整证明。这一研究成果在国际上引起了强烈反响，标志着卡勒几何的研究达到了一个全新的高度。陈秀雄教授是著名几何学家卡拉比教授培养的最后一位博士，而孙崧又是陈秀雄教授的博士研究生，三代师生、两代科大人，半个世纪的科研接力，充分体现了"脚踏实地、持之以恒的科研精神"。他希望大家在未来的工作中，继承和弘扬科大人追求卓越的信念和永不服输的精神，坚持脚踏实地、一步一个脚印，努力成就一番事业。

侯建国校长与大家分享了一个热词"创客"，源于英文单词"Maker"的"创客"以用户创新为核心理念，努力把各种创意转变为现实。他说，在风靡世界的创客运动中，活跃着很多我校师生和校友的身影：推出语音云服务平台的科大讯飞，引领趣味科普潮流的果壳网 CEO、科学松鼠会创始人姬十三，创作《美丽化学》影片并登上《时代》期刊官网的人文学院教师团队，以及依托我校先研院转化创新成果、孵化创业梦想的青年学子……侯建国校长希望同学们继承科大奠基者们的创新基因，学以致用，努力成为新思想的创造者、新领域的开拓者，进而成为新时代的领导者。

侯建国校长以阿里巴巴融资 250 亿美元成就史上最大规模的 IPO (首次公开募股) 为例，激励同学们着眼未来，永远保持脚踏实地、积极进取的心态，通过开拓创新实现自我价值，在尽情品尝创新自由与快乐的同时，积极服务国家和社会，努力使世界变得更加美好。他希望大家能够记住中国古人说的一句话："日日行，不怕千万里；常常做，不怕千万事。"

导师代表、化学与材料科学学院曾建雄教授和同学们分享了自己的人生经验。他希望同学们在今后的学习工作中能够做到以下几点：第一，制定目标和期限，让自己产生紧迫感；第二，展示独立程度，结果很重要，过程更精彩；第三，强调人际交往的技能。

毕业生代表、生命科学学院博士生林俊同学代表科学学位获得者发言。她表示，博士生毕业既是终点也是起点，作为即将踏上新征程的"科大人"，会不忘初心，竭力追求，"今天我以科大为荣，明天科大以我为荣"。

毕业生代表、MBA 学员余海燕同学代表专业学位获得者发言。她表示将以"科大MBA 人"为新起点，开启新的人生旅途。

在侯建国校长的带领下，全体毕业生庄严宣誓。最后，在豪迈的校歌旋律中，同学们身着学位服依次登上主席台,校领导和导师们为他们一一扶正流苏并合影留念。

冬季毕业典礼暨学位着装授予仪式

(九十三) 我校 2 名研究生获 2013～2014 年度"百人会英才奖"

2014 年 12 月 16 日,"2013～2014 年度'百人会英才奖'颁奖晚宴"在北京举行。我校工程科学学院 2013 级博士研究生范煜、物理学院 2013 级博士研究生屈直获此项奖励,并参加颁奖晚宴。

(九十四) "第一届五校联盟博士生学术论坛暨第四届中国科大物理学院研究生学术年会"举办

2014 年 12 月 18 日下午,由国内物理学一级学科重点学科的 5 所高校(北京大学、复旦大学、中国科学技术大学、南京大学和清华大学)主办的"第一届五校联盟博士生学术论坛"正式开幕。

我校副校长张淑林希望同学们能珍惜这次难得的机会,通过这次活动与科大结缘,在以后的研究中和科大有更好的合作,研究生院将会给予这种活动更强有力的支持。物理学院执行院长杜江峰教授希望 5 所学校的同学之间能珍惜这次难得的学术交流机会,广泛交流、开阔视野、启迪思维、收获友谊。

简短的开幕式结束后,会议进入特邀报告阶段,我校杜江峰教授、清华大学姜开利教授、南京大学刘辉教授、复旦大学吴施伟教授、北京大学肖云峰研究员就各自所在领域的现状、前沿进展及热点问题做了特邀报告。

19 日,进入博士生报告环节,分为凝聚态物理,光学、声学、天文学,量子调控,以及近代物理 4 个部分 5 个会场同时进行,80 多位同学先后报告自己的科研成果。论坛闭幕式于 20 日上午举行。论坛组委会还颁发了"优秀墙报奖""口头报告三等奖""口头报告二等奖""口头报告一等奖",68 位同学获殊荣。

本次年会覆盖物理学及其交叉学科的各个分支,是物理学研究生介绍、展示物理学领域的前沿问题,展现研究生在各自领域的探索之路和取得的成果,交流创新思想的大舞台,为与兄弟院校研究生进行学术交流、开展科研合作搭建的一个良好的平台。此后"五校联盟博士生学术论坛"将每年举行一次,并由各校轮流承办。

(九十五)我校举办"2014'科大-温馨家园'第十一届代培生联谊晚会"

2014 年 12 月 21 日晚,我校"2014'科大-温馨家园'第十一届代培生联谊晚会"在西区活动中心二楼礼堂举行。许武书记希望代培生能够学有所成,充实并愉快地享受科大生活。代培生联谊活动已经成功举办了 10 余年,成为我校的一个品牌,今后还将继续举办,让代培生切实感受到科大是大家共同的温馨家园。

在"全院办校、所系结合"的办学方针指导下,我校在人才培养、科学研究、学术交流、师资队伍建设等方面都取得了长足的进步,同时中科院各院所的代培生也已成为我校学生群体中密不可分的重要组成部分。代培生们入学后都积极主动地融入科大这个大家庭,积极组织参与各项学术、文体活动,并取得了优异的成绩,科大校园也因他们的加入而更加鲜活,更加精彩。我校自 2004 年举办代培生联谊晚会起,今年已是第十一届,每年的这个时候,代培生们都会尽情展示自己的才艺,与全校师生共度一段美好时光。

(九十六)"中国学位与研究生教育学会成立 20 周年纪念大会"在北京召开,我校获多项表彰及荣誉

2014 年 12 月 22 日,"中国学位与研究生教育学会成立 20 周年纪念大会"在北京召开。本次大会的主题是"面向未来,深化改革,建设高质量研究生教育"。教育部副部长杜占元,国务院学位委员会办公室副主任、教育部学位管理与研究生教育司司长李军,中国高等教育学会会长瞿振元,中国学位与研究生教育学会会长赵沁平,学会副会长、我校副校长张淑林等参加大会。来自全国 608 家会员单位的 800 余名会员代表参加了会议。

会上,教育部副部长杜占元代表国务院学位委员会和教育部向中国学位与研究生教育学会成立 20 周年表示祝贺,他充分肯定了学会成立 20 年来为我国学位与研究生教育事业做出的重要贡献。

会长赵沁平院士在开幕式致辞中指出,20 年来,学会秉承宗旨,汇聚力量,大胆探索,勇于创新,围绕"提高质量是核心任务、建设高等教育强国是基本要求"的方针,大力推动学位与研究生教育事业更好地服从、服务国家发展战略目标。

大会邀请了部分大学校长和知名学者就当前研究生教育改革与发展中的重要议题做主题报告,我校研究生院副院长古继宝、公共事务学院博士李金龙应邀在分论坛做了专题研究报告。

大会公布了"关于表彰2014年中国学位与研究生教育学会研究生教育成果奖"的决定,我校研究生教育综合改革成果"基于科教融合的两段式交叉型人才培养模式的探索与实践"荣获学会"首届研究生教育成果一等奖"。

会议还对为中国学位与研究生教育学会各项工作做出突出贡献的25名同志予以表彰,并授予"学会建设突出贡献奖",我校研究生院综合办主任裴旭获得这一荣誉。会议还评选出了"学会成立20周年学术交流会优秀论文"10篇,我校研究生院团队提交的《论研究生教育学学科建构的合用性、合法性与合理性》被评为优秀论文。

会议期间,中国学位与研究生教育学会文理科工作委员会进行了换届选举,我校张淑林副校长续任学会第五届文理科工作委员会副主任委员。

由我校主办的中国学位与研究生教育学会会刊《研究生教育研究》在本次大会上受到了教育部、学会领导及会员代表的充分关注。会上,杜占元副部长、赵沁平会长均对《研究生教育研究》会刊的办刊定位、刊物对学会发挥的作用给予了充分肯定,并希望《研究生教育研究》在今后的办刊历程中,深入践行"鼓励探索、激励创新、倡导求真"的期刊宗旨,以更加严谨、专业的办刊态度展示研究生教育研究的高水平学术成果,为广大会员单位在研究生教育研究领域的优秀学术成果搭建好展示平台。

(九十七) 我校翻译专业学位授权点专项评估工作启动

2014年12月31日下午,我校在218楼二楼会议室召开会议,布置启动翻译专业学位授权点专项评估相关工作。

根据国务院学位委员会、教育部《关于开展2014年学位授权点专项评估工作的通知》,自2014年开始,国务院学位委员会办公室委托国务院学位委员会学科评议组和全国专业学位研究生教育指导委员会对2009~2011年新获得授权的科学学位和专业学位授权点进行专项评估。全国翻译专业学位研究生教育指导委员会于2014年下半年起对144所相关院校的翻译专业学位授权点硕士研究生培养体系的完备性进行专项评估。本次专项评估工作将在院校自评的基础上,结合会议评议和专家组进校考察等方式,重点就翻译专业学位研究生教育的办学理念、师资队伍、人才培养和质量保证等方面的指标进行评估。按照部署,全国翻译专业学位研究生教育指导委员会将于2015年4月对参评院校进行会议评议。

(九十八) 我校博士生在美国《物理评论快报》期刊发表研究成果

2014年12月31日,美国《物理评论快报》期刊发表我校合肥微尺度物质科学国家实验室(筹)博士生秦维的研究成果。他在量子材料的理论研究中取得了重要进展,为实现手性拓扑超导体和马约拉纳费米子提出了新的可行体系。

（九十九）我校研究生院团队荣获"首届中国学位与研究生教育学会研究生教育成果一等奖"

2014 年 12 月，中国学位与研究生教育学会发文《关于表彰 2014 年中国学位与研究生教育学会研究生教育成果奖的决定》（学会〔2014〕7 号），正式公布了"首届中国学位与研究生教育学会研究生教育成果奖"名单，其中，特等奖成果 1 项，一等奖成果 10 项，二等奖成果 30 项。

为鼓励教育创新、深化教育改革、促进研究生培养质量持续提高，中国学位与研究生教育学会于 2014 年启动了"首届中国学位与研究生教育学会研究生教育成果奖"评选活动。本次申报的教育成果共计 256 项，按照评选办法，经过形式审查、专家网评、复评答辩、审核批准等程序最终确定入选成果 41 项。我校研究生院团队申报的教学成果"基于科教融合的两段式交叉型人才培养模式的探索与实践"在经过多项评选程序后，荣获"首届中国学位与研究生教育学会研究生教育成果一等奖"。

"基于科教融合的两段式交叉型人才培养模式的探索与实践"是近年来我校研究生教育综合改革的重大成果之一。该成果的主要内容包括模式创新、方法设计、机制探索。其中，模式创新重点分析与探索了科教融合模式与复合多元模式。在科教融合培养研究生的方法设计上，包括共享科研平台、共享学科资源、共建学院、融合导师队伍并实现 5 个统一——统一招生、统一培养与学籍管理、统一学位授予、统一信息管理、统一机构设置，最终实现两大机制——多元融合机制与资源共享机制。近年来，学校通过探索实践基于科教融合的两段式交叉型人才培养模式，我校研究生教育水平不断提升，研究生科研创新能力和就业竞争能力不断提高，受到上级部门的高度评价，得到用人单位和国内外同行的高度认可，为我国研究生人才培养提供了新模式和新思路，在推进研究生教育改革、促进研究生教育质量提升和内涵发展方面起到了引领、示范作用。

据悉，为贯彻落实教育主管部门"管办评分离"的改革原则，适应政府职能转变的新要求，今后教育主管部门将不再直接组织评选各类教育教学成果奖，各类优秀成果评选活动这一职能将由各类学会履行承担。作为推进政府职能转变的一项改革举措，今年教育部、国务院学位委员会办公室委托中国学位与研究生教育学会组织我国研究生教育优秀成果的评选工作。本次评选优秀研究生教育成果奖在我国研究生教育领域尚属首次，根据国家相关规定，该奖项今后将每两年评选一次，旨在奖励在研究生教育的理论与研究生教育教学实践工作中开拓创新、做出突出贡献、取得显著成效的集体和个人。

2○15年

(一) 我校成立新一届各培养单位研究生部

2015年1月5日,我校研究生院发布《中国科学技术大学关于成立新一届各培养单位研究生部的通知》(研字〔2015〕1号)。近年来,学校创立了"学校研究生院—学院研究生部"两级管理新模式,并对二者功能进行了科学定位,充分调动了各研究生培养单位参与研究生教育工作的积极性,促进了我校研究生教育的健康发展。为适应创建世界一流研究型大学及我校学位与研究生教育改革和发展需要,进一步发挥各培养单位在研究生教育工作中的积极性、主动性和创造性,根据《中国科学技术大学章程》有关精神,学校经研究,决定在我校各研究生培养单位成立新一届研究生部,其主要职责是负责各培养单位研究生教育工作各个环节的组织实施与运行管理。校研究生院工作重在对外积极争取资源,对内强化调控与服务。

(二) 我校成立"中国科学技术大学研究生院科学岛分院"

经与中科院合肥物质科学研究院协商,合肥物质科学研究院研究生教育自2014年起归口中国科学技术大学。根据归口实施方案,学校经研究,决定成立中国科学技术大学研究生院科学岛分院。科学岛分院在学校指导下,全面负责合肥研究院的研究生教育工作。2015年1月7日,"中国科学技术大学研究生院科学岛分院"在合肥物质科学研究院强磁场中心揭牌。我校侯建国校长、张淑林副校长、研究院匡光力院长等领导出席揭牌仪式并揭牌。参加揭牌仪式的还有我校党政办、研究生院、物理学院、信息学院、核学院负责人,以及研究院各研究所负责人、研究生处相关老师。研究院万宝年副院长主持揭牌仪式。

上午10时,"中国科学技术大学研究生院科学岛分院"揭牌仪式正式举行。

首先,我校张淑林副校长宣读了《关于成立中国科学技术大学研究生院科学岛分院的通知》,宣布中国科学技术大学研究生院科学岛分院正式成立,院长由万宝年教授担任,吴海信担任常务副院长,李贵明担任副院长。

匡光力院长为揭牌仪式致辞。匡光力表示,合肥物质科学研究院与我校已有30余年的科研教学合作基础,并在2014年实现了双方研究生教育工作的完全融合;今日双方携手成立中国科学技术大学研究生院科学岛分院,必将成为载入科学岛研究生教育事业发展史册的重要事件;作为中国科大研究生院的分支,分院将严格按照中国科大研究生教育的各项规章制度开展人才培养活动,依托科学岛完善的科研平台和中国科大良好的师资力量不断提高人才培养质量,争取成为"科教融合"方面的典范。

侯建国校长也发表了致辞。他说,我校与合肥物质科学研究院积极参与中科院的"率先行动"计划,积极贯彻落实中科院"科教融合"战略,在过去一年中双方的研究生教育体系完成实质性融合,目前亟需在合肥物质科学研究院设立与我校研究生教育体系对接的、服务于高端人才培养的研究生教育管理平台;今天,我校研究生院科学岛分院正式揭牌,标志着我校和合肥物质科学研究院在共同培养研究生、产学研协同育人方面迈出了新的、重要的一步。他希望研究生院科学岛分院在今后的工作中,注重发挥"科教融合"的特色与优势,促进高层次创新人才培养,并坚持以质量为核心,推进研究生培养的各项改革工作,力争以完备的高端人才培养体系、优异的高端人才培养成绩为我国的高水平研究生培养探索出一条可资借鉴的创新之路。

随后,侯建国校长、张淑林副校长、匡光力院长和万宝年副院长共同为"中国科学技术大学研究生院科学岛分院"揭牌。

(三) 我校召开"2014年度学位与研究生教育冬季工作会议"

2015年1月8日,我校于东区活动中心五楼学术报告厅召开"2014年度学位与研究生教育冬季工作会议"。各学院执行院长与分管院长、各学院研究生部全体成员参加了会议。

2014年度,我校以培养研究生创新能力、提升研究生教育质量为核心,全面推进研究生教育综合改革,着力开展了以下诸方面的工作:

在学科建设与学科评估方面，学校布置并启动了学位授权点合格评估、专项评估等相关工作，实施了"安徽省学科建设重大项目"建设，并瞄准国家一流大学行动计划，组织谋划新一轮重点建设方案。

在科学学位研究生教育方面，学校通过举办"优秀大学生夏令营"、成立"研招宣传智囊团"、搭建各类网络研招宣传新平台、实行网络面试等创新举措，2014年度我校优质生源推免生的接收数量质量同步提升；在部分学院开始尝试实行博士生招生"申请-考核"制，并加大了研究生教育创新计划项目的实施力度；推进了研究生课程体系改革，完善了研究生奖助体系；加大了学位管理信息化建设力度；成立新一届学位委员会及学位分委员会。

在"科教融合"工作方面，成功推动了与合肥物质科学研究院研究生教育的实质性融合，成立了中国科学技术大学研究生院科学岛分院、合肥物质科学研究院学位评定分委员会，理顺了管理体制，实现了统一招生、统一教学培养、统一管理、统一学位授予，示范引领了我国研究生教育的发展；与中科院南京分院、苏州纳米所、常州制造所、沈阳金属所等相关科研院所在研究生教育层面开展了进一步的合作。

在专业学位教育工作方面，常州专业硕士培养基地获评为首批"全国示范性工程专业学位研究生联合培养基地"；启动了创新创业教育课程调研工作；申报获批了国际商务、光学工程等专业学位硕士点；组织了相关单位申报"国家示范性微电子学院"。

会议还举行了2014年度学位与研究生教育颁奖仪式。侯建国校长、张淑林副校长为"2014年度国家级教学成果奖"获得者、"2014年度中国学位与研究生教育学会研究生教育成果奖"获得者颁发了获奖证书，并为2014年度优秀研究生导师颁发了荣誉证书。

（四）我校举办"第五届研究生、本科生科技创新大汇堂"

我校"第五届研究生、本科生科技创新大汇堂"于2014年12月19日开幕，副校长张淑林、研究生院副院长屠兢等出席开幕式。张淑林副校长在讲话中充分肯定了历届"大汇堂"的工作，对本届"大汇堂"将创业理念融入创新工作的做法表示赞赏，并强调要进一步推进学生创新创业工作，为学生提供创新交流平台。

2015年1月9日，"第五届研究生、本科生科技创新大汇堂闭幕式暨第十四届'挑战杯'全国大学生课外学术科技作品竞赛校内赛评审及颁奖仪式"在物理学院会议室举行。

我校"研究生、本科生科技创新大汇堂"于2011年首次举办，旨在展示年度学校科技成果，选拔优秀学生作品，塑造全校的学术科技和创新创业氛围，举办5年来，受到了师生的重视和欢迎。

（五）我校研究生网络课堂访问人次突破 150 万

截至 2015 年 1 月 12 日，我校研究生网络课堂(http://wlkt.ustc.edu.cn/)的总访问人次突破 150 万，日均访问量超过千人次。

研究生网络课堂的创意最初产生于 2011 年，同年 5 月正式上线，经过 3 年多的不断累积发展，目前，研究生网络课堂包含各类教学视频近 7000 集，其中专家讲座 2000 多场，课堂教学 4000 余集，内容涉及理学、工学、管理、人文等各类学科。网站平均每天保持 5 集以上的视频更新，我校 180 多位教师参与了课程录制，专题讲座涉及国内外专家 1200 余人。

（六）我校多名研究生获得"安徽省十佳大学生"称号

2015 年 1 月 13 日，2014 年"安徽省十佳大学生"评选工作揭晓。我校 2009 级量子信息物理专业博士研究生黄璞、2009 级精密仪器及机械专业博士研究生丁国亮、2013 级微电子专业博士研究生屈直分别在科技创新类、自主创业类、国际交流类获得"安徽省十佳大学生"称号。

（七）我校布置"法律硕士专业学位授权点"专项评估工作

2015 年 1 月 16 日下午，我校在 218 楼二楼会议室召开法律硕士专业学位授权点专项评估工作会议，布置相关工作。张淑林副校长、法律硕士专业学位授权点相关人员、研究生院有关负责人及相关人员参加了会议。

张淑林副校长希望该学位点以此次国家专项合格评估为契机，以评促建、以评促改、全面盘点、总结经验、凝练特色、查找问题，严格按照评估方案要求开展自我评估工作；同时，在今后的发展中更加注重师资队伍建设水平和法律硕士人才的培养与发展质量。

根据国务院学位委员会、教育部《关于开展 2014 年学位授权点专项评估工作的通知》，国家此次将对 2009~2011 年获得授权的 36 个法律硕士专业学位授权点研究生培养体系的完备性进行专项评估。各受评学位点首先应就师资队伍、人才培养和质量保证等方面指标进行自我评估，并于 2015 年 3 月 31 日前提交评估材料，全国法律专业学位研究生教育指导委员会将于 2015 年 4 月组织专家对评估材料进行评议。

（八）我校博士学位论文入选 Springer Theses（《施普林格论文》）丛书

2015 年 1 月 19 日，工程科学学院热科学和能源工程系李晶特任副研究员近日在 Springer(施普林格)出版了英文专著 Structural Optimization and Experimental Investigation of the Organic Rankine Cycle for Solar Thermal Power Generation。作为 Springer Theses 丛书之一,该著作既体现了作者在中科院太阳能光热综合利用示范中心攻读博士学位期间的成果,又注重后续工作的补充。内容包括有机朗肯循环(ORC)的技术特性及其在太阳能热发电领域的应用前景分析、太阳能 ORC 热发电不可逆损失研究、系统结构及运行方式优化、变工况条件下 ORC 性能研究、ORC 冷凝温度设计等。在此之前,李晶的博士学位论文入选了 2012 年度中科院优秀博士学位论文,指导老师为季杰教授和裴刚教授。

(九)我校举行"常州专业学位研究生培养基地第二届理事会第二次会议"

2015 年 1 月 21 日,我校"常州专业学位研究生培养基地第二届理事会第二次会议"在常州举行。我校副校长张淑林,研究生院、信息学院、软件学院、工程学院、公共事务学院等相关负责人,常州科教城管委会、中科院合肥物质科学研究院常州先进制造所等相关负责人出席了会议。

本次会议议程主要包括:听取常州研究生培养基地 2014 年工作报告及 2015 年工作计划;讨论并通过了理事会成员增补名单;研讨培养基地下一步工作。

会上,张淑林副校长对培养基地成立 5 年以来所取得的成绩给了了肯定,指出常州培养基地的创建促进了我校相关学科的建设,带动了复合型、应用型人才的培养;培养基地是一个很好的创新创业平台,基地应在下一步的发展中积极探索创新创业教育新模式。

常州科教城管委会许小波主任表示,科教城将继续不遗余力地支持培养基地的建设。

会议听取了研究生培养基地的工作报告。报告详细总结了 2014 年基地在研究生培养、导师队伍建设、强化研究生培养过程、实验平台建设、研究生参与的创新成果、示范基地申报等方面所做的主要工作和取得的成绩,并提出了下一步的工作目标和计划。

(十)管理学院 MBA 团队在国际企业管理挑战赛中获佳绩

2015 年 1 月 31 日至 2 月 1 日,"第三十五届国际企业管理挑战赛暨第十九届中国赛区总决赛"在北京举行。我校管理学院由分党委副书记芮锋和 MBA 中心副主任段元应带队的两支团队共 10 名 MBA 学员携手进入总决赛 8 强,双双获得中国赛区团队一等奖;MBA 中心张圣亮老师和朱宁老师均获得"金牌指导教师"称号;我校管理学院荣获全国比赛一等奖和最佳组织奖以及华东赛区冠军等集体奖。

(十一) 我校布置学位与研究生教育近期工作

2015年3月3日上午,我校在东区活动中心五楼学术报告厅召开会议,布置2015年学位与研究生教育近期工作及硕士研究生复试录取工作。张淑林副校长出席会议并讲话。各学院执行院长、研究生教育分管院长、各学院研究生部全体成员参加了会议。

根据安排,学校各院(系)将成立复试工作领导小组,并于3月8日对外公布硕士复试分数线并报教育部备案;3月中下旬开展研究生复试工作,复试将采取笔试和面试形式进行,重点考查学生的专业素质和综合素质;复试成绩占录取总分的30%~50%。4月份,学校将开展博士生招生考试工作和研究生创新计划。

(十二) 我校召开"2015年春季研究生教学秘书工作研讨会"

2015年3月9日下午,研究生院在东区理化大楼一楼科技展厅召开"2015年春季研究生教学秘书工作研讨会",布置交流本学期研究生招生、培养和学位授予等相关工作。各院(系)研究生教学秘书以及研究生院相关部门负责人参加了会议,会议由研究生院副院长倪瑞主持。

会上,研究生院古继宝副院长强调了开展研究生教学秘书定期工作交流与研讨的重要性,介绍了近期学位与研究生教育工作的总体安排。学科管理与评估办公室介绍了本学期优秀博士学位论文评选相关工作;研招办公室介绍了硕士生招生复试、博士生考试命题等工作的组织安排,研招宣传视频的制作以及研招系统的操作和使用;教学与学籍办公室介绍了本学期研究生毕业派遣、教学选课、学籍管理、助研助教申报等具体工作安排;学位授予办公室介绍了近期开展的博导上岗审定以及春季学位申请审核相关工作。

(十三) 我校对翻译硕士专业学位授权点进行校内专项评估

2015年3月11日下午,我校于218楼二楼会议室召开"翻译硕士专业学位授权点专项评估校内评审会议"。

我校于2010年8月获得翻译硕士专业学位授予权,2011年开始招收研究生。4年多来,翻译硕士专业学位点开展了卓有成效的学科建设工作。例如,立足区域发展,适应本地区翻译市场的实际需求,所培养的研究生参与本区域大量的翻译任务,为本地区的外宣工作做出了应有贡献;以前沿科技成果翻译为核心,参与《亚洲农业研究》国际期刊的组稿、翻译任务,并在国内前沿科技成果翻译实践中形成了科技翻译专业特色;加强研究生翻译实践能力培养,鼓励研究生学习期间承接中国古典文学与当代文学名著、外研社双语工程的翻译任务,实现学习过程与翻译实践无缝对接;依托我校国际化优势与平台,积极开拓与境外高校的交流合作范畴,与港、澳、台高校联合培养具有开阔国际视野的优秀翻译人才。

张淑林副校长就翻译专业学位的未来发展提出了以下几点建议:第一,瞄准国家与区域需求,进一步提升研究生的实践能力,培养具有良好职业竞争力的翻译专业人才;第二,进一步凝练专业特色,依托我校的学科与资源优势,下大力气、下真功夫打造科技翻译专业方向;第三,加快研究生教育教学模式改革步伐,以翻译硕士等学位点为试点,探索实行研究生"双学位""主-辅修"制度,全力满足我校研究生能力提升与职业竞争等多方面的需求。

(十四) 我校布置应用统计、文物与博物馆硕士专业学位授权点专项评估工作

2015年3月17日下午,我校在218楼三楼会议室召开"应用统计、文物与博物馆硕士专业学位授权点专项评估会议",布置启动相关工作。

与会人员就如何做好此次专项评估工作进行了讨论交流。张淑林副校长要求参评学科点高度重视此次专项评估工作,全面梳理建设成果与建设经验,认真剖析问题,切实做好第一阶段的自评工作;在后续建设中要坚守我校传统,发挥理科优势,突出专业特色,立足我校"精品培养、英才教育"的办学定位和"科教融合、理实交融"的办学理念,积极探索独具特色的专业学位研究生培养模式。

(十五) 我校对法律硕士专业学位授权点进行专项自评

2015年3月24日下午,我校在218楼二楼会议室召开"法律硕士专业学位授权点专项评估校内评审会议"。张淑林副校长、法律硕士专业学位授权点相关负责人、校管理人文类专业学位教育指导委员会有关委员、研究生院相关人员参加了会议。

我校于2009年取得法律硕士专业学位授予权,5年多来,法律硕士专业学位点依托我校理工优势学科背景,以提升学生职业胜任力为目标,坚持质量与内涵建设,取得了较为显著的学科建设成效和人才培养成效:第一,形成了以知识产权法、科技法为主体的特色性学科方向;第二,获批建立了国家知识产权培训(安徽)基地、全国版权教育示范基地等若干具有重要影响的国家级人才培养、培训基地;第三,形成了集法律教学、实务、考试、培训于一体的系统化、集成化的教学培养体系,如设立全国专利代理人资格考试(合肥)考点,与相关司法部门共建实习实践基地等;第四,开展了一系列以提升学生国际视野为目标的教育教学活动,如邀请境外专家做高水平学术报告、招收外国留学生等,在知识产权、科技法领域产生了较好的国际学术影响;第五,承担了一批具有重要社会影响的法律专项课题,如"数字出版中的著作权问题研究""我国专利池的反垄断规则和管理模

式研究"等；第六，出版了一批高水平的知识产权专著，如《知识产权管理》《知识产权管理指南》等。

会上，校管理人文类专业学位教育指导委员会各位专家就法律硕士学科的建设情况进行了评议，并对法律硕士专项评估自评报告的完善提出了意见和建议。张淑林副校长要求大家高度重视此次专项评估工作，要以此次评估为契机，以评促建、以评促改，既要总结成绩、经验，又要认真查找问题、改进不足；在今后的建设中要进一步突出特色，坚持高起点、高水平、国际视野，形成我校法律硕士教育的品牌。

（十六）我校推出研究生系列创新创业课程

2015年3月19日，为贯彻国家《关于大力推进高校创新创业教育和大学生自主创业工作的意见》以及《教育部关于全面提高高等教育质量的若干意见》等相关文件精神，创新研究生教育模式，提高我校研究生的创新创业意识，提升我校研究生的创新创业能力、职业竞争能力和社会适应能力，校研究生院与管理学院、信息学院等单位联合推出了首批研究生系列创新创业课程。

首批研究生系列创新创业课程包含"商业模式""创业管理""创新思维"等3门课程。目前，这3门课程均已纳入学分管理，完成1门课程即可获得2个学分。

研究生系列创新创业课程的推出是我校完善研究生培养模式、全面推进研究生教育综合改革的重要举措之一，受到了校领导的高度重视。张淑林副校长曾要求研究生院及各学院协同做好研究生创新创业教育工作，在全校营造良好的创新创业氛围。一年来，研究生院联合管理学院、工程学院、信息学院、软件学院等招收专业学位研究生的单位积极谋划研究生创新创业教育教学工作，开展了10余次课程教学研讨会，并组织力量对国内创新创业教育开展较早的高校进行调研，目前，我校已初步形成了较为系统的创新创业教育课程建设方案。

（十七）"中国科大-香港城大研究生院交流会议"在我校举行

2015年3月20日上午，"中国科大-香港城大研究生院交流会议"在我校举行。我校副校长张淑林、香港城大副校长吕坚、两校研究生院领导和相关负责人出席会议，我校研究生院副院长古继宝主持会议。会议就两校招生相关细节展开讨论。

两校围绕本-硕-博连读培养项目（"4＋2＋3"培养模式）生源录取、名额分配、合作机制、学位授予、资助费用、第九届博士生学术论坛暨中国科大-香港城大联合培养博士生项目十周年的筹备情况，以及质素核证等事宜进行了深入交流与研讨，并达成了共识。两校均对新的培养模式寄予很大期望，并表示将尽快落实相关实施细则。

(十八) IEEE NPSS News 专文介绍我校博士生获奖论文工作

2015年3月,IEEE NPSS 通信快报 2015 年春季版以文章的形式专文介绍了我校核探测与核电子学国家重点实验室博士生祁宾祥(导师是近代物理系刘树彬教授)等人的获奖论文 *A Compact PCI-based Measurement and Control System for Satellite-Ground Quantum Communication* 的相关工作。这是核探测与核电子学国家重点实验室的学术论文在 NPSS 通信快报上首次被专文介绍。

该论文曾于 2014 年在日本奈良举行的第十九届 IEEE NPSS Real-time 学术会议上被评为优秀学生论文。

(十九) 我校各学位分委员会开展 2015 年春季学位申请审核工作

2015 年 3 月 25 日至 4 月 8 日,我校各学位分委员会相继召开会议,审议本年度春季学位申请及博导上岗工作。本次共有 84 位博士生、559 位硕士生和 11 位本科生提交了学位申请,28 位导师提交了博导上岗申请。

本次会议为新一届学位分委员会召开的首次会议。根据"学科相近"原则与机构设置需要,我校共设立 14 个学位分委员会,分别为数学学科、物理与天文学科、化学与材料学科、地学与环境学科、生命科学学科、力学与工程学科、电子信息与计算机学科、核科学与技术学科、管理科学与工程学科、公共管理与人文学科、微尺度物质科学国家实验室(筹)、科学岛分院、管理人文类专业学位、工程类专业学位分委员会。

分委员会上,研究生院相关负责人首先宣读了委员会委员名单及委员主要职责。随后,委员们认真学习了本学科研究生培养过程要求及学位授予条例。依据条例,委员们对本次学位申请者的学籍、课程、论文评阅、答辩及学术论文发表等信息逐一审核,严格把关,对有疑问的地方展开讨论。为了进一步提高研究生的培养质量,委员们还就研究生课程设置、学习年限、中期考核、论文开题、论文发表等培养环节进行讨论,对部分培养要求及条例做了补充。

会上,委员们还对本学科博导申请者的学术经历、研究背景、论文发表、科研项目等信息进行了审议。近年来,我校博导队伍不断壮大,自 2009 年以来,平均每年新增博导 42 人,平均年龄为 38 岁,其中 3/4 为"千人计划""青年千人""百人计划"等各类引进人才。

(二十) 我校召开研究生教育学会会刊《研究生教育研究》建设工作研讨会

2015 年 4 月 9 日下午,我校于 218 楼二楼会议室召开了"《研究生教育研究》建设及学会新一轮课题申报工作研讨会"。

近年来,《研究生教育研究》的来稿量逐年攀升,据不完全统计,2011~2014 年,期刊来稿总量达 4013 篇。期刊还建立了新网站,实现了平台展示和办公自动一体化;开发了远程稿件处理系统,实现了编审的流程化与规范化;开通了微博、微信公众平台,实现了信息交流的快捷化。根据规划设计,期刊将通过与国内著名师范类院校教育学科共建研究生教育研究稿源基地、全力打造微信公众平台和兼职编审团队等举措,进一步扩大期刊的学术影响力,充分提升其质量和品牌形象。

随后,由我校牵头实施的中国学位与研究生教育学会重大课题"学术型学位研究生教育改革与制度创新"、独立承担的学会重点课题"协同创新环境下研究生联合培养"两课题组分别汇报了课题研究的进展情况。

会上,张淑林副校长对《研究生教育研究》期刊工作及课题研究工作予以了充分肯定并提出希望和要求。她说,《研究生教育研究》拥有庞大的读者群和丰富的稿源,在国内研究生教育领域具有一定的影响力,希望大家怀抱信心,大步向前,将期刊越办越好。她指出,网络与新媒体环境下,年轻人的阅读方式有了极大改变,编辑部要善于运用新的传媒手段和方式,充分发挥微博、微信公众平台的作用,以全媒体方式全面推动期刊发展。最后,张淑林副校长部署了新一轮学会课题申报的选题工作,并与与会人员就新一轮的课题申报工作进行了讨论,希望大家瞄准当前研究生教育领域中的热点和改革问题,积极申报课题,并通过课题研究提升业务水平。

《研究生教育研究》为中国学位与研究生教育学会会刊,由我校承办。目前,本刊已被国家哲学社会科学学术期刊数据库、中国期刊全文数据库、万方数据库、中文科技期刊数据库等重要数据库及有关报刊网全文收录,成为我国研究生教育研究者和管理者重要的学术交流平台。

(二十一)"第八届中法粒子物理联合实验室学术研讨年会"在我校举办

2015 年 4 月 8 日至 10 日,"第八届中法粒子物理联合实验室学术研讨年会"在我校召开,来自中法两国 25 个研究所和高等院校的 114 名科学家参加了会议。会议为期 3 天,旨在研讨中法双方在粒子物理相关各领域的研究进展和现状,并展开深入交流,同时研讨双边在相关领域的合作。

中法双方人员共做了近 50 个学术报告,内容涉及强子对撞物理、重离子对撞物理、正负电子对撞物理、中微子物理、天体粒子物理和宇宙学、探测器和电子学技术、未来加速器技术以及大型计算机和数据处理技术等多个方面,形式包括亮点报告、综述报告和研究报告等。这些学术报告回顾了大型强子对撞机上包括 ATLAS、CMS、LHCb 和 ALICE 等实验在第一阶段运行中取得的重要物理成果,并展望了它们在即将进行的第二阶段运行中的美好前景;汇报了北京正负电子对撞机上的物理成果和相关理论研究;综述了中法双方在天体物理和宇宙学领域各自的研究状况,以及在暗物质寻找和高能宇线物理等多方面的研究成果和进展,介绍了中国空间物理研究计划;报告了多个实验上的升级计划、未来加速器实验项目提案 CEPC 和一些未来粒子天体物理实验项目的现状与前景,以及针对这些实验计划在探测器和电子学等方面的研发工作。本次会议上还有一批实验室联合培养的研究生做的报告,显示了他们在联合培养中受到了良好训练并做出了重要成绩,体现了联合实验室在研究生联合培养上发挥的重要作用。

(二十二) 新疆师范大学校长卫利·巴拉提一行来我校调研

2015 年 4 月 13 日,新疆师范大学校长卫利·巴拉提率代表团访问我校,就深化校际交流、促进两校多领域合作等议题进行调研交流。我校校长万立骏、副校长张淑林会见了新师大卫利·巴拉提校长一行。物理学院、生命科学学院以及党政办、教务处、研究生院、资产后勤处、人力资源部、财务处等单位负责人参加了座谈。

万立骏校长对卫利·巴拉提校长一行的来访表示热烈欢迎。他表示,自 2006 年"对口支援西部高校教师进修和干部锻炼工作"开展至今,新师大每年选派教师和干部到我校进修学习,此举不仅为新师大培养了一批学术人才和管理干部,也让我校有机会与新师大开展科研教学经验交流,实现了双方优势互补,希望两校能够以此为基础,加强交流,互取所长,在未来的科学研究、人才培养、干部进修等工作中开展更加深入的合作。

卫利·巴拉提校长对我校长期以来给予新师大的对口援助表示衷心感谢。他在详细列举了有关数据后说道:10 年来,中国科大为新师大培养了数十名博士人才与挂职干部,其间两校也建立了"亲戚"般的深厚情谊;于合作 10 周年之际专程到中国科大"走亲戚",目的是进一步加强两校联系,并期望中国科大能一如既往地支持新师大的建设与发展。

会上,张淑林副校长总结回顾了"援疆学科建设计划"及"对口支援西部高校教师进修和干部锻炼工作"开展 10 年来两校在学科共建、人才培养、干部交流等项目上付出的努力和取得的成果,并表示,我校将继续大力支持新师大的人才培养与科学研究工作,加强交流,增进友谊,与新师大携手打造校际合作交流新常态。

根据教育部《对口支援西部地区高校教师进修和干部学习锻炼的指导意见》,我校对口支援的西部高校为新师大。在教师进修方面,自 2006 年起,新师大累计有 27 人来我校攻读博士学位;每年有 10 余名硕士生来我校进修研究生课程;在管理干部学习锻炼方面,2006 年至今平均每年有 5 人到我校研究生院、招生就业处、物理学院、化学院、公共事务学院等单位挂职,参与研究生教育、就业管理、科研管理等工作。

(二十三) 校学位委员会召开 2015 年春季学位工作会议,决定授予 77 人博士学位、559 人硕士学位,25 位博导通过 2016 年上岗资格审查

2015 年 4 月 14 日下午,我校第八届校学位评定委员会在东区活动中心五楼学术报

告厅召开第二次工作会议。会议公布了第八届校学位评定委员会主任委员调整的通知，审核了新增博导及2015年春季各学科学位申请者情况，听取了近期学校学位与研究生教育工作的汇报。校长万立骏院士主持会议。

会议伊始，校学位委员会秘书长张淑林副校长宣读了《关于第八届中国科学技术大学学位委员会主任委员调整的通知》。根据《中国科学技术大学章程》和《中国科学技术大学学位评定委员会章程》的相关规定，万立骏校长任第八届中国科学技术大学学位评定委员会主任委员兼研究生院院长。

随后，会议分别听取了各学位评定分委员会对本次新增博导及硕士学位、博士学位申请审核情况的汇报和教务处对学士学位申请审核情况的汇报。在认真阅读申请材料和集体讨论的基础上，经表决，通过了25名新增博导的上岗资格申请，并决定授予77人博士学位、559人硕士学位。

接着，张淑林副校长向与会的各位委员介绍了全国学位与研究生教育事业的发展形势、最新政策和我校在学科建设、一流大学建设、近期学位与研究生教育工作等方面的新情况，并就学科评估、一流大学建设、研究生教育综合改革等问题谈了我校的下一步工作计划和建设构想。

最后，万立骏校长做总结讲话。他首先表示非常荣幸能够得到各位委员的信任与认可，成为校学位评定委员会的一员，并向各位委员长期以来在人才培养和学位把关方面付出的辛勤工作表示衷心感谢，希望与各位委员一起为中国科大、为国家高端人才培养做出新的贡献。在简要剖析了我校在新形势下面临的机遇与挑战后，万立骏校长强调，我校应以国内外顶尖大学为标杆，积极、率先争创世界一流大学。他希望全体委员、全体导师齐心协力，不断学习吸收新精神，一起研究解决新问题，以高端人才培养为抓手将我校打造成产出一流人才、一流成果、一流思想和一流管理的高地；并希望全校导师和各学科分学位委员会委员进一步增强质量意识，加强过程管理，重视研究生科学学位论文质量把关和学术道德培育，从小事做起，从点滴做起，一步步将我校高端人才培养和世界一流大学建设大事业做实、做好。

（二十四）我校工程与材料科学实验中心通过国家计量认证复查评审

2015年4月17日至18日，国家资质认定(计量认证)高校评审组对我校工程与材料科学实验中心(简称"工程中心")进行了国家计量认证复查评审。评审组由北京师范大学、北京科技大学、武汉理工大学和安徽省质量技术监督局等单位技术专家组成。

通过为期2天严格细致的评审，评审组一致认为：工程中心是中国科学技术大学法人授权的第三方检测机构，有保证第三方公证检测的声明和措施，具备独立检测的责任能力，有保证检验工作的公正性和独立性的措施；工程中心质量体系文件框架齐全；能够根据要求配备资源和人员，满足申请项目检测能力的需要。最终同意通过国家资质认定(计量认证)3大类7小类22个参数的复查评审。

国家资质认定(计量认证)复查换证评审工作每3年1次。我校工程中心于2004年首次通过国家计量认证审核,获得计量认证证书,之后分别于2009年和2012年通过国家计量认证复查换证。此次工程中心再次通过国家资质认定(计量认证)复查换证评审,是工程中心长期以来在测试服务规范和技术人员培训等方面与时俱进,不断努力提高服务水平,满足校内外测试服务工作需求的结果。

(二十五)中国地质大学、中国石油大学研究生院来我校调研研究生教育工作情况

2015年4月21日上午,中国地质大学和中国石油大学研究生院一行访问我校,就研究生教育工作情况进行调研。我校研究生院相关部门负责人接待了来宾,并与两校来宾进行了座谈交流。

在听取了我校关于研究生教育培养和教学系统信息化建设的基本情况和相关经验后,与会人员围绕研招制度、教学培养、教学管理信息系统建设、研究生质量保障等方面的议题进行了详细讨论和深入交流。

(二十六)我校召开"工程管理硕士专业学位授权点建设研讨会"

为进一步推动我校工程管理硕士专业学位授权点建设的健康发展,我校于2015年4月22日下午召开"工程管理硕士专业学位学位授权点建设研讨会"。张淑林副校长出席会议并讲话。管理学院、工程学院、合肥物质科学研究院及研究生院相关负责人等参加了会议。

与会人员围绕我校工程管理硕士专业学位教育的人才培养领域、学科方向、生源组织、培养方式、管理模式等进行了深入研讨,并形成了初步的建设与发展规划。校学位办主任陈伟还解读了国务院学位委员会近期关于开展工程管理专业学位授权点专项评估工作的相关文件精神。

工程管理硕士是我国于2010年新设置的一个专业学位,我校是全国首批获得工程管理硕士专业学位授予权的高校之一。我校软件学院执行院长陈华平教授现为全国工程管理专业学位研究生教育指导委员会委员。

(二十七)我校12名教授受聘国务院学位委员会第七届学科评议组成员

2015年4月27日获悉,国务院学位委员会日前发布《关于印发国务院学位委员会第七届学科评议组成员名单的通知》(学位〔2015〕7号)文件,我校12名专家当选第七届学科评议组成员,其中3名专家为所在学科组召集人。我校当选的专家分别是万立骏(化学,学科召集人)、陈晓非(地球物理学,学科召集人)、侯建国(化学,学科召集人)、

潘建伟（物理学）、陈发来（数学）、杨金龙（化学）、田志刚（生物学）、郑永飞（地质学）、刘文清（环境科学与工程）、齐飞（核科学与技术）、谢毅（材料科学与工程）、张和平（安全科学与工程）。

我校第七届学科评议组专家成员较上一届增加3人，新增3个学科，分别是地质学、材料科学与工程、环境科学与工程。

学科评议组是国务院学位委员会领导下的从事我国学位与研究生教育的咨询、研究、监督和审核等工作的重要专家组织，按一级学科或几个相近一级学科分别设立。学科评议组成员均为本学科领域学术造诣精深的专家学者，每届任期为5年。学科评议组的主要任务是：就学位与研究生教育发展和改革的重大问题进行研究，向国务院学位委员会提供咨询或提出建议；对新增、调整和撤销学位授予单位及其学位授权学科进行评议；对调整和修订学位授予和人才培养的学科目录进行研究，提出意见或建议；参加质量检查和监督，对学位授予和人才培养的质量进行调查研究，向国务院学位委员会和教育部就学位授予单位的学科建设、人才培养和学位授予等工作提供咨询或提出意见；承担国际交流中学位相互认可及评价等专项咨询工作等。

国务院学位委员会文件

学位〔2015〕7号

国务院学位委员会关于印发国务院学位委员会第七届学科评议组成员名单的通知

中国科学技术大学：

根据《国务院学位委员会学科评议组组织章程》的有关规定，经国务院学位委员会批准，国务院学位委员会第七届学科评议组业已组成。现将你单位被聘为第七届评议组成员的人员名单及有关文件发给你单位，请支持和协助有关专家参与和承担学科评议组的工作，共同为我国学位与研究生教育的发展做出贡献。

附件：1. 你单位被聘为国务院学位委员会第七届学科评议组成员的人员名单
2. 国务院学位委员会学科评议组组织章程

国务院学位委员会关于印发国务院学位委员会第七届学科评议组成员名单的通知

(二十八) 我校布置2015年博士生录取及近期研究生教育工作

2015年4月29日上午,我校于东区活动中心五楼学术报告厅召开"2015年博士生录取及近期研究生教育工作会议",张淑林副校长主持会议并部署相关工作。我校各学院执行院长、分管院长、研究生院科学岛分院和各研究生部相关成员等参加了会议。中科院沈阳金属研究所研究生部一行也参加了会议,这是沈阳金属研究所教育归口我校后该所相关负责人首次参与我校研究生教育工作会议。

近年来,我校博士生培养以"长周期"和"硕-博连读"模式为主,"硕转博"是博士研究生生源的主体,面向社会公开招考的3年制博士生则主要以在职攻读为主。根据我校本年度"硕转博"工作部署,拟申请"硕转博"的研究生须为我校2013级在读硕士生及部分2012级硕士生,应于5月6日前完成网上报名;拟申请招收"硕转博"研究生的博导应于5月12日之前将应填写资料报送所在院(系、室);在"硕转博"选拔工作结束后,各院(系、室)须于5月31日前将相关资料交至研究生院招生办公室。

会上,张淑林副校长要求各学院及各部门在博士生录取工作方面,严格遵循博士生招生录取相关规定,认真遴选读博对象,确保选拔出一批具有突出科研能力和创新潜质的优秀人才;在研招宣传方面,充分发挥网络平台和信息化系统的传播速度快、覆盖面广等优势,并革新研招宣传举措方法,用贴近时代要求、贴近学生心声、贴近年青一代的内容与形式吸引优秀学子报考我校;在增强我校研究生的学术素养与创新精神方面,研究生院要主动联合全校各部门协同打造"创新大讲堂",并增加学术规范与科研道德系列课程,全力培养具有崇高理想和道德的科技社会进步推动者;在提升我校应用型研究生的职业胜任能力方面,要求各培养单位加大"创业教育"课程建设与职业伦理教育力度,增强我校研究生适应社会、服务社会的本领与素养。

(二十九) "全国工程类专业学位教育指导委员会教学研究与培养工作会议"在我校召开

2015年5月8日,"全国工程类专业学位教育指导委员会教学研究与培养工作组工作会议"在我校召开。来自清华大学、武汉大学、西安电子科技大学、西北工业大学等高校的部分教指委委员、相关工程领域专家参与了研讨会。

会议听取了教指委重大研究课题(由我校牵头承担)"工程硕士研究生教育规律与培养模式研究"课题组负责人关于课题研究进展情况的汇报,就《全国工程硕士专业学位研究生教育指导委员会推荐规划教材管理办法》(草案)、全国示范性全日制工程硕士专业学位研究生联合培养实践基地建设巡礼,以及教学研究与培养工作组的下一步工作重心、工作思路等进行了专题研讨。

据悉,本次会议是全国工程类专业学位教育指导委员会教学研究与培养工作组自

2014年3月成立以来举办的第四次研讨会。我校副校长张淑林担任组长以来,工作组在推进信息化教学手段、核心教材建设、职业资格对接等方面取得了积极进展。根据本次会议研讨确定,教学与培养组下一步将推出《全国工程硕士专业学位研究生教育指导委员会推荐规划教材管理办法》,以指导各工程领域教学培养工作。另外,还将组织出版《全国示范性全日制工程硕士专业学位研究生联合培养实践基地建设巡礼》,全面总结全国各示范基地建设成果、建设特色以及示范性推广经验。

(三十)张淑林副校长一行赴上海研究院调研

2015年5月20日下午,我校张淑林副校长一行来到上海研究院进行调研指导工作。管理学院执行院长余玉刚等陪同调研。

调研期间,副校长张淑林、潘建伟以及上海研究院的管理和科研骨干进行了工作座谈。座谈会上,潘建伟副校长介绍了目前上海研究院建设情况以及下一步的总体发展规划。余玉刚院长就管理学院未来在上海的初步发展设想做了详细的汇报。

其间,张淑林副校长一行参观了量子信息与量子科技前沿创新中心实验室及管理学院教室等。张淑林副校长认为上海研究院发展得越来越好,取得了不错的成绩,认为成果来之不易。

(三十一)华东理工大学来我校调研研究生教育工作情况

2015年5月21日,华东理工大学研究生院、信息学院一行访问我校,就研究生教育管理信息系统建设、招生生源质量、学籍学历管理与奖助体系设置进行调研。我校研究生院相关职能部门负责人与来宾进行座谈交流。

华东理工大学一行对我校的人才培养质量、研究生教育信息化系统、研究生教育招生培养等改革创新举措给予了高度评价。

(三十二)我校召开"研究生创新论坛工作布置与研讨会"

为贯彻落实国务院办公厅《关于深化高校创新创业教育改革的实施意见》等文件精神,进一步提升我校研究生的创新活力和创新能力,2015年5月22日上午,我校于东区活动中心五楼学术报告厅召开"研究生创新论坛工作布置与研讨会",张淑林副校长主持会议并部署相关工作。各学院研究生部主要负责人、相关部门负责人、感兴趣的教师参加了会议。

"研究生创新论坛"项目主要包括以下内容:各院(系)设立或认可的高水平学术讲座、暑期学校、研究生学术论坛;学校各有关部门举办或资助的复兴论坛、英才论坛、传播论坛等学术交流活动。

会上,与会人员对学校整合各类创新计划项目、集中资源打造"研究生创新论坛"品牌的举措予以充分肯定,分别介绍了本单位在举办学术讲座、论坛、沙龙等活动方面的一些好的做法和经验,重点围绕"研究生创新论坛"项目实施的细节问题(如论坛认定范围、学分认定、论坛管理等)展开了激烈的研讨,并提出了宝贵的意见和建议。

最后,张淑林副校长要求研究生院相关部门在认真总结凝练既有经验、充分听取意见和建议的基础上,制定更加科学、更加完善的"研究生创新论坛"项目实施办法,希望在研究生院的牵引下,学校各学院和各有关部门协同推进项目进程,汇聚创新人才培养力量,全力打造"研究生创新论坛"品牌,实现优质学术交流资源和创新教育要素的整合、优化与共享。

根据会议部署,"研究生创新论坛"项目将于6月份启动,目前《中国科学技术大学"研究生创新论坛"项目实施办法(试行)》正在进一步修订完善中;拟于下学期举办"研究生创新论坛"经验交流会,并在此基础上将"研究生创新论坛"项目正式纳入研究生培养方案。

(三十三) 我校举办"第十三届'三星奖学金'颁奖典礼"

2015年5月27日中午,我校在西区科技实验楼西楼118会议室举办"第十三届'三星奖学金'颁奖典礼"。校党委副书记蒋一,颁奖嘉宾三星南京研究所所长韩伯熙、人事总监姜性烈、人事主管姜海燕、高级工程师吴亮,"第十三届'三星奖学金'全体获奖同学参加了典礼"。

校领导、颁奖嘉宾为获奖学生一一颁发了获奖证书,并和获奖同学合影留念。三星公司自2002年10月在我校设立"三星奖学金"以来,迄今获奖学生共计197人,其中本科生137人、硕士研究生40人、博士研究生20人。

(三十四) 我校生命科学学院举办第八届研究生学术交流年会

2015年5月30日,由研究生院主办、合肥微尺度物质科学国家实验室(筹)协办、生命科学学院承办的"第八届中国科学技术大学生命科学学院研究生学术交流年会"在生命学院落幕。

本届年会共有20多位教授及500多名研究生参加,活动共收到全院44个实验室累计251篇会议摘要、168份墙报作品、32篇优秀论文,2位教授和14位发表了高水平论文的研究生受邀做大会报告。整个年会由研究生墙报展示及大会报告两个部分组成,会上进行了优秀墙报评选、优秀论文评选和优秀口头报告评选,历时7天。

本届年会是历年来投稿量最多的一届盛会。年会上,墙报展示与口头报告相结合,教授现场将自己的工作与同学互动,集中展示了生命科学学院研究生的科研成果,受到了老师以及同学们的一致肯定,促进了各实验室科研方法的相互借鉴和学习,加深了各实验室的相互了解和合作,同时也极大地锻炼了研究生做科研报告和墙报展示的能力,促进了全院的学科交叉与合作。

(三十五) 我校校友捐50万元设生命科学学院"杰出论文研究奖"

2015年5月底,一位不愿具名的年轻校友向我校捐赠人民币50万元,在生命科学学院设立"杰出论文研究奖",以激励该学院一线年轻学者在世界一流研究期刊发表成果。

生命科学学院"杰出论文研究奖"评奖范围是生命科学学院未获固定教职的一线年轻学者,包括特任副教授(特任副研究员)、博士后、研究生与优秀本科生。每年奖励5位年轻学者,每位奖金1万元,他们须在生命科学相关领域顶尖科学期刊上以第一作者(或通信作者)发表论文,且第一署名单位为生命科学学院。"生命科学相关领域顶尖科学期刊"由生命科学学院学术委员会认定,原则上影响因子在相关领域非综述类学术期刊中排名前五。

该奖实施细则规定,如在《细胞》《自然》和《科学》主刊以第一作者(或通信作者)发表论文,且第一署名单位为生命科学学院,则自动获奖。学院可在60日内颁发奖金2万元。奖金由捐赠人在当年度单独追加,不受名额限制。生命科学学院"杰出论文研究奖"通过我校新创校友基金会建立。据悉,生命科学学院正在探讨建立学院发展基金的可能性,并筹备组建生命科学学院校友分会。

(三十六) 我校举办"第一届合肥IC设计研究生学术论坛"

2015年6月2日,由中国科大-联发科技高速电子集成电路与系统联合实验室及我校微纳电子系统集成研究中心共同主办的"第一届合肥IC设计研究生学术论坛",在我校先进技术研究院未来中心举行。本论坛是"联发科技联合实验室成立周年项目汇报暨研究生学术讨论"的扩展,意在邀请更多精英参加共创中国江淮硅谷IC设计大智汇。来自合肥的集成电路产业的企业及学术界专家、学者和学生代表共50余人参加了本次活动。

本届研究生学术论坛共邀请了博士生、硕士生共计16人做学术报告。在合肥市科学技术局、我校先进技术研究院以及合肥工业大学和安徽大学等兄弟院校的大力支持和赞助下,论坛有望于明年扩大成为合肥地区集成电路设计领域的研究生学术盛会,以研究生学术论坛为平台,促进合肥地区集成电路产业的人才和技术交流。

(三十七) "中国科大-香港城大第九届博士生学术论坛"举行

2015年6月6日至7日,"中国科大-香港城大第九届博士生学术论坛暨联合培养博士生项目成立十周年庆典"在我校苏州研究院举行。

6月6日上午,学术论坛开幕式及庆典活动在苏州研究院唯真楼学术报告厅举办。我校张淑林副校长、香港城大吕坚副校长出席典礼并分别致开幕辞。两校研究生院及相关学院负责人、博导、联合培养博士毕业生代表及参加论坛的全体博士生参加了开幕式。

开幕式上还举行了"何稼楠学术会议奖学金"颁奖仪式,张淑林副校长和吕坚副校长为杨辰等16名联合培养优秀博士生颁奖。

开幕式结束后,两校研究生院就联合培养项目的有关事宜进行了进一步交流。双方围绕2016年联合培养招生、第十届博士生学术论坛安排、联合培养新模式的实行等问题展开了深入交流和讨论。

本届博士生学术论坛为期2天,分设应用数学、工商管理、材料科学、控制科学、环境科学、火灾科学、管理科学、信息工程、互联网服务等分论坛。各位博士生在论坛交流阶段热烈讨论前沿议题,坦诚交流个性观点,争鸣思辨之声随处可闻,启思明智之叹不绝于耳。来自西安交大的现于香港城大参与联合培养项目的刘林林博士生表示,此行收获颇多,深切感受到了两校年轻学者扎实研究、致力学术的努力与严谨,并期望能够继续参加下一届博士生论坛,与更多学术良友共同发现新知、构筑友谊。

(三十八) 我校各学位分委员会开展2015年夏季学位申请审核工作

根据学校学位授予工作安排,自2015年6月8日至13日,我校数学、物理与天文、化学与材料等14个学位分委员会相继召开会议,讨论审议本年度夏季学位授予工作。本次学位审核共有542位博士生和1586位硕士生提交了学位申请。

在本次学位审议中,科学岛分院学位分委员会工作会议是合肥物质科学研究院研究生教育并入我校以来的首次会议,会议审议了17位博士生、22位硕士生的学位申请。科学岛分院学位分委员会的召开,标志着双方研究生教育从招生、培养到学位授予的全面融合。

学位申请审议工作作为研究生培养质量管理中的一个重要环节,各学位分委员会给予了高度重视。会上各位委员依据学位条例对本次学位申请者的课程学习、学位论文送审、答辩及发表学术论文等信息仔细审核,对有疑问的地方进行充分讨论、反复核实。同时,各位委员就进一步完善学位与研究生教育工作提出了许多建设性的建议。

随着各学位分委员会新学位标准的全面实施,我校研究生发表论文的质量持续提升。本次学位申请中,共有11篇论文发表在《自然》及其子刊上,分别由物理天文学科和微尺度物质科学国家实验室(筹)的8位导师指导完成。全校博士生人均发表SCI论文2.19篇,比去年同期增长11%,其中力学与工程、电子信息与计算机学科均比去年同期增长30%。全校博士生人均发表SCI一、二区论文1.25篇,比去年同期增长21%,其中力学与工程、地学学科比去年同期翻了一番。全校博士生人均发表SCI一区论文比去年同期增长33%,其中化学与材料学科比去年同期增长34%。

(三十九)"全国 MPA 核心课程'公共政策分析'师资研讨会"在我校举行

2015年6月13日至14日,"2015年全国 MPA 核心课程'公共政策分析'师资研讨会"在我校举行。此次会议由全国 MPA 教育指导委员会主办、我校公共事务学院承办。来自北京理工大学、上海交通大学、武汉大学、山东大学等 80 余所高校的 110 余名教师骨干以及我校师生共计 160 多人参加研讨会。本次研讨会是 MPA 举办的师资研讨会参会人数最多的一次。

此次研讨会包括课程大纲讲授、教学示范、案例方法研究等 4 个单元。朴实高效的开班仪式结束后,陈振明教授从课程性质、课程地位、教学目标、教学理论体系及内容、教学安排、教学要求及考核方式等方面对"公共政策分析"课程教学大纲进行了介绍。

每个单元还设有互动交流环节。现场互动气氛热烈,观点精彩纷呈。陈振明教授、胡象明教授、丁煌教授、宋伟教授分别和与会师生互动,使与会者在研讨会期间,理清并把握"公共政策分析"课程的基本内容与要求、教学重点与难点、教学方式方法、科技政策研究方法等核心内容,研讨会取得了良好的效果。

(四十)校学位委员会召开 2015 年夏季学位工作会议,决定授予 537 人博士学位、1583 人硕士学位

2015 年 6 月 17 日上午,我校于东区活动中心五楼学术报告厅召开第八届校学位评定委员会第三次工作会议,对本年度夏季各学科学位申请者情况进行全面审议。校学位评定委员会主任委员、校长万立骏院士主持会议。

会议听取了各学位评定分委员会、教务处关于本次硕士学位、博士学位和学士学位审核情况的汇报,并检查了各学科博士学位、硕士学位申请者(含留学生)的课程、科研或实践、学位论文评审及答辩等环节的培养情况。在认真阅读申请材料和集体讨论的基础上,经投票表决,决定授予 537 人博士学位、1583 人硕士学位、1635 人学士学位。

会上,张淑林副校长向与会各位委员通报了我国学位与研究生教育工作的最新政策与形势,并重点就如何进一步推进我校研招与宣传、新一轮学科评估、博士学位论文抽检质量保障、研究生教育综合改革与创新、C9 联盟高校研究生教育合作与交流等工作谈了相关设想。

随后,各位委员围绕学位授予标准修订、"申请-审核"制的实施、研招及宣传、淘汰机制建设与实施、留学生培养制度建设等有关问题展开了热烈讨论,并提出了多项宝贵意见与建议。

在完成各项会议议程后,万立骏校长做总结讲话。他对校学位委员会、各学位分委员会委员及相关部门工作人员在学位申请审核工作中付出的辛苦劳动表示衷心感谢。之后,他结合当前学校学位与研究生教育的发展形势,对学位审核、研究生教育、留学生

培养等工作等提出了以下几点要求：一是各学位分委员会要强化责任意识和质量意识，对待学位审核工作要认真负责，严把人才出口质量关；二是各院（系）及研究生教育归口我校管理的科研院所要强化过程培养意识，不断完善研招、课程教学、科研实践、学位授予全过程管理机制，严把培养过程质量关；三是要进一步完善学位授予标准，校学位委员会及各学位分委员会要继续就学位授予标准进行研究论证，提高其科学性和合理性；四是要进一步做好留学生培养、管理及制度建设，各学位分委员会要根据留学生学习情况和学科要求完善学位授予标准，不断提高留学生培养质量。

（四十一）我校举行"2015届研究生毕业典礼暨学位着装授予仪式"

2015年6月21日下午，我校"2015届研究生毕业典礼暨学位着装授予仪式"在东区大礼堂隆重举行，2000余名研究生毕业生与导师、家长、亲友汇聚在大礼堂，共同见证这一重要时刻。

典礼现场，大屏幕上播放了我校学生拍摄制作的视频《让我们荡起双桨》，以及学生原创歌曲MV《我在科大的日子》和《自由星空》，熟悉的场景、优美的旋律引起了毕业生的共鸣，现场掌声不断；校学生合唱团以朴实而深沉的情感，演绎了动人的《共和国之恋》和《雨中即景》，表达了莘莘学子对母校的不舍和依恋。

下午3时，毕业典礼正式开始。在同学们的欢呼声中，校领导许武、万立骏、陈初升、蒋一，导师代表陈旸、李嘉禹、杜江峰、杨金龙、陈华平、汪毓明、宋伟、陆亚林、张和平身着导师服在主席台就座。毕业典礼由张淑林副校长主持。

典礼第一项，伴随着校歌《永恒的东风》激昂的旋律，30多名同学托举着巨幅校旗，从礼堂后方缓缓向主席台前进，当校旗经过毕业生头顶时，现场响起长久的欢呼声和掌声。

张淑林副校长宣读了学校关于授予博士学位和硕士学位的决定，授予杜洁等537人博士学位、陈楷等1583人硕士学位。

校学位委员会主任、校长万立骏院士向全体毕业生送上了临别的祝福和希望。他首先代表全校师生员工向获得学位的各位同学表示祝贺，向毕业生的家长、老师和朋友表示感谢。他说，从跨入科大校门选择读研深造的那一天起，同学们就选择了一条不甘平庸、追求卓越的人生道路。近几年我校的科研创新能力不断提升，其中发表的高质量学术论文数量、学术论文的篇均引用率、自然出版指数等指标均位居全国高校前列。今天的中国科大建设，有在座各位同学的青春和汗水，同学们为我校建设世界一流大学做出了重要贡献。

在同学们即将踏上新征程的时刻，万立骏校长提出了以下几点希望。一是勿忘"红专并进、理实交融"的校训。"红"与"专"是我校始终秉持的"科教报国、追求卓越"的办学理念。希望同学们以创校先贤和一代代科大人为榜样，将个人发展与国家民族的复兴结合起来，尽一生所学报效祖国。二是坚持创新。科学精神的内涵就是独立思考、勇于创新，创新已经成为我校的标志性基因，我校的发展和成长就是不断创新的过程。在"大众创业、万众创新"的新时代,希望同学们要有创新意识,坚持创新。三是学会谦让包容。他以一位校友写的一篇文章为例,希望大家学会谦让包容、诚以待人,学会与他人合作,学会尊重他人,多换位思考、少求全责备,严于律己、宽以待人。四是培养高尚的人生品格、热爱生活。希望大家常读经典、崇尚高雅、理性思考、明辨是非,形成高尚的人生品格,要热爱生活、珍惜青春、心怀感恩、回报社会、快乐工作、快乐生活。

万立骏校长最后深情地说:"无论你们走向何处,奔向何方,科大是你们永远的精神家园;无论你们走得多远,走得多快,科大永远是你们力量的源泉。相信你们一定会通过才华和品格向全世界传播中国科学技术大学的崇高声誉。"

导师代表杜江峰教授首先向大家表示祝贺,随后他分享了自己对今年江苏省高考语文作文题"智慧"的一些感悟和思考:生活中有一类人,追求个人的成功和荣耀,追求个人的名或利,但是如果对个人的得失看得太重,心胸和视野就会相对狭窄,最后成为事业的屏障,这点值得警惕和深思;还有一类人,不计小我的荣辱得失,将个人奉献到利于大众的事业中,如钱学森、郭永怀、赵九章,他们既是"两弹一星"元勋,也是任教于科大的第一代科大人,"两弹一星"精神一直传承在科大人的血液中。他希望同学们不论今后从事何种事业,都能够在有益自己的同时,有益他人、社会、民族、国家和全人类,这是作为科大人的担当。

毕业生代表、信息科学技术学院博士学位获得者刘震在发言中表达了对母校、老师和亲友的感谢。他说,科大对毕业生来说不仅是一所大学的名字,更是记忆中的一个重要组成部分,是深深的认同、情感的共鸣和联系的纽带。他表示,在未来前行的日子中,即使遇到低谷,也不会忘记抬头仰望星空,发扬从科大学习的一切优良品格,勇敢面对工作和生活中的一切挫折和挑战。在生命的跌宕中,绽放出科大人的美丽光芒。

随后,全体毕业生起立,在万立骏校长的带领下庄严宣誓:"感恩父母养育,感谢导师教诲,不忘母校培养。我们坚守母校信念,热爱科学、崇尚真理;我们传承母校精神,科教报国、追求卓越;我们用激情和智慧建设祖国,用责任和行动回馈社会,用成就和硕果回报母校!"

庄重的宣示结束后,激昂而熟悉的校歌旋律在礼堂里再次响起,全体毕业生再次高唱《永恒的东风》。

最后,伴随着熟悉的校歌旋律,同学们身着学位服依次走上主席台,校领导和导师代表们为他们一一扶正流苏并合影留念。

我校精心设置了研究生毕业典礼的各个环节:在学校礼堂前,精致的毕业背景板供毕业生和亲友合影留念;学校还对毕业典礼进行了网络同步直播,让毕业生的亲友不论身处何方,都能见证这一神圣时刻;为方便西区毕业生到东区参加毕业典礼,我校还增开校车。细致、人性化的措施为毕业季增添了一抹温馨的色彩。

(四十二) 我校召开"研究生学籍管理及研究生综合改革推进工作研讨会"

为进一步完善我校研究生学籍管理制度,推进落实研究生教育综合改革任务,2015

年6月25日下午,我校在东区活动中心五楼学术报告厅召开会议,研讨研究生学籍管理及双学位、辅修专业项目启动实施工作,并通报近期研招宣传工作相关信息。张淑林副校长主持会议并部署工作,各学院教学副院长、学工负责人、研究生班主任、教学秘书等参加了会议。

各学院相关负责人详细汇报了本单位超期博士生具体情况,并重点围绕超期研究生学籍管理、双学位及辅修专业制度的实施等问题进行了深入研讨。一致认为实行研究生分流学籍管理办法,开通博转硕、学硕转专硕的双渠道,对于完善研究生学籍管理制度、创新研究生培养机制、促进研究生健康全面成长具有重要意义。

(四十三)"《中国研究生教育研究进展报告(2015)》编写进展交流研讨会"在我校召开

2015年6月27日至28日,该报告是由中国学位与研究生教育学会组织编制的年鉴性系列研究生教育出版物中的一本。来自清华大学、中国科学技术大学、北京理工大学、北京工业大学、中国科学技术大学出版社、《学位与研究生教育》期刊社等单位的30余名课题组专家参加了会议。教育部高等教育教学评估中心副主任、《中国研究生教育研究进展报告》副主编王战军教授,中国学位与研究生教育学会副会长、我校副校长张淑林教授出席会议并讲话。

《中国研究生教育研究进展报告(2015)》共分9个章节。它以"梳理研究生教育研究脉络、展示研究生教育研究成果、引领研究生教育研究方向、促进研究生教育水平提高"为定位,对我国年度研究生教育研究进展进行梳理和展示,帮助读者从宏观视角认知中国研究生教育研究的主要领域和重点问题。该系列书自2011年首本图书出版以来,我校研究生院及《研究生教育研究》编辑部连续4年参与其中3个章节的编写工作,现已成为该书起草组的重要力量。

该书9个章节的编纂专家从文献分布、编写体例、编写内容等方面详细汇报了编制进展情况,深入研讨交流了编写过程中遇到的问题以及后续编写的有关设想。

(四十四) IEEE-CIS 2015暑期学校在我校举办

2015年7月6日至8日,为期3天的IEEE-CIS 2015暑期学校在我学校举行,经报名、选拔,来自全国各地高校与科研机构的近百名师生参加了此次暑期学校。

IEEE-CIS是指电气与电子工程师学会的计算智能学会(Computational Intelligence Society)的专业学会,每年都在不同国家举办针对高年级大学生、研究生和年轻学者的暑期学校,旨在帮助有志在计算智能领域学习和研究的年轻人了解更多该领域的最新发展情况,激发他们从事该领域工作的兴趣。

本次暑期学校邀请了墨西哥国立理工学院(Instituto Politécnico Nacional)Carlos

Artemio Coello Coello 教授、日本大阪府立大学(Osaka Prefecture University)Hisao Ishibuchi 教授、荷兰莱顿大学(Leiden University)Michael Emmerich 教授以及英国伯明翰大学(University of Birmingham)Xin Yao 教授作为讲课嘉宾。

(四十五)我校MBA在全国管理案例精英赛华东一区晋级赛上摘取桂冠

2015年7月11日,在由南京大学商学院承办、华东地区10所知名院校15支队伍参赛的"第三届全国管理案例精英赛华东一区晋级赛"上,我校MBA派出的两支队伍皆获得佳绩,其中"中国科大一队"以绝对优势力压群雄摘取桂冠,"中国科大二队"仅以0.03分之差与季军擦肩而过荣获第四名,MBA中心主任张圣亮老师获得最佳教练奖。

(四十六)"中科院壳幔物质与环境重点实验室第五届地球化学与环境科学研究生学术论坛"举行

2015年7月11日至12日,"中科院壳幔物质与环境重点实验室第五届地球化学与环境科学研究生学术论坛"在我校东区环资楼一楼学术报告厅隆重举行。此次学术论坛在学校研究生院"研究生教育创新计划"项目资助下,由中科院壳幔物质与环境重点实验室主办。通过积极的宣传和精心的准备,近80名地球化学专业和环境科学专业的教师、研究生参加了这次学术活动。

此次论坛为期一天半,共有31位研究生做了精彩的学术报告,他们分别报告和展示了近期取得的科研成果。评审教师和与会研究生根据报告内容提出问题,进行了深入的学术探讨。最后,评审教师根据学术报告过程的表现,评出了研究生报告一等奖3名、二等奖7名、三等奖10名。本次论坛加强了师生的沟通交流和学科的交叉,提高了研究生展示科研成果的能力。与会研究生纷纷表示,参加此次学术论坛在深化学术思想、开阔研究视野和坚定科研决心方面均有很大的收获。

(四十七)万立骏校长到中科院苏州纳米技术与纳米仿生研究所、苏州生物医学工程技术研究所进行工作调研

2015年7月13日,万立骏校长一行访问了中科院苏州纳米技术与纳米仿生研究所(苏州纳米所)和苏州生物医学工程技术研究所(苏州医工所),就进一步推进"科教融合"、联合培养高端人才和开展高水平科研合作等工作进行调研。随行的有我校苏州研究院、软件学院、纳米学院和党政办公室、党委组织部、研究生院负责人。

7月13日上午,苏州纳米所杨辉所长、刘佩华书记会见了万立骏校长一行,邀请万立骏校长一行参观了纳米加工平台,并专门召开了调研工作座谈会。座谈中,双方与会人

员围绕如何发掘各自优势加强合作、如何整合既有资源培养人才等问题进行了充分的交流与研讨。

7月13日下午,万立骏校长一行访问了苏州医工所,苏州医工所所长唐玉国、副所长武晓东及相关部门负责人参与座谈。座谈会后,万立骏校长一行还参观了苏州医工所相关实验室。

(四十八) 万立骏校长考察我校苏州研究院建设与发展情况

为深入了解并推进苏州研究院的建设与发展,2015年7月14日上午,万立骏校长在张淑林副校长和苏州研究院、软件学院、纳米学院以及党政办、研究生院等单位负责人的陪同下,对苏州研究院进行了考察。万立骏校长对苏州研究院在人才培养、教学改革、基地建设等方面做出的成绩给予了充分肯定,对研究院及相关学院的未来发展提出了以下几点要求:第一,希望苏州研究院及相关学院要更好地为学校的发展争取资源;第二,依托软件工程、计算机科学与技术等一级学科,为学校的发展提供更多的增量和更好的发展思路;第三,苏州研究院拥有吸引人才的优势、良好的办学条件和地方政府的支持,要在这些良好的基础上注重稳步发展,力争各项工作再上新台阶。

张淑林副校长希望学校继续支持和关心苏州研究院的建设与发展,致力打造成高水平的产学研一体化平台。

(四十九) "中国学位与研究生教育学会第五届学术委员会暨《研究生教育研究》编辑部工作会议"召开

2015年7月13日至14日,"中国学位与研究生教育学会第五届学术委员会暨《研究生教育研究》编辑部工作会议"在我校召开。会议主要对学会2015年立项的各类研究课题进行评审,研讨部署今后一段时间的研究生教育研究相关工作,听取学会会刊《研究生教育研究》编辑部近期工作汇报。

教育部原副部长、中国学位与研究生教育学会会长赵沁平院士,国务院学位委员会办公室综合处处长卢晓斌,我校副校长张淑林等以及30多位学会学术委员会委员参加了会议。会议由学术委员会主任委员、浙江大学原党委常务副书记陈子辰教授主持。

会上,学会学术委员会秘书长、浙江大学研究生院常务副院长王家平教授首先代表学术委员会秘书处就学会2015年研究课题申报及前期网络评审情况做了报告。各位委员依据中国学位与研究生教育学会相关课题申报评审办法,对全国各会员单位申报的900余项课题材料进行了认真审阅,就拟立项的若干重大课题进行了研讨,并严格依照相关评审规则进行了投票打分。

我校主办的学会会刊《研究生教育研究》编辑部相关负责人从期刊近期发展情况、当前重点建设思路、稿源质量提升等方面向与会委员做了相关汇报。各位委员围绕期刊稿源基地建设、信息化平台建设、编审队伍建设等问题进行了研讨,并提出了建设性的意见。

(五十)我校举办第三届安徽省高校研究生信息素养夏令营

2015年7月13日至17日,安徽省第三届高校研究生信息素养夏令营在我校东区理化大楼西三报告厅拉开帷幕。全省21所院校的200多名夏令营师生共同参加了开幕式。

(五十一)我校博士生实践服务团赴旌德县开展实践服务

为更好地服务社会,全面提高研究生的社会实践能力,我校博士生实践服务团于2015年7月14日至7月18日赴宣城市旌德县进行实践服务工作。

博士生实践服务团由我校在校优秀硕、博研究生组成,以"勤学、修德、明辨、笃实"为纲领,以"理实交融、服务地方"为主题。本次调研中,我校部分老师和杰出校友也参与其中,主要围绕旌德县经济、社会、文化、生态等重要领域,赴县委、县政府等相关职能部门、企事业单位和基层一线进行实践服务、交流学习,并结合我校理工科专业背景,深入研究并形成相关调研报告,力争服务当地发展。本次暑期博士生实践服务团在校团委指导下,由校研究生会负责组建,实践活动得到了旌德县相关领导的高度重视和大力支持。

(五十二)我校"蓝鹰队"在第十九届RoboCup机器人世界杯大赛上斩获2金1银

2015年7月19日,"第十九届RoboCup机器人世界杯赛及学术大会"在安徽合肥开幕,中科院科学传播局局长周德进、我校副校长张淑林出席开幕式。在19日至23日期间,来自中国、美国、日本等47个国家和地区的300多支队伍共计3000多名代表在激烈鏖战中奉献了一场精彩的科技盛宴。

作为大赛东道主之一,我校在本届大赛中取得2项冠军、1项亚军的优异成绩:我校"蓝鹰队"的"可佳低成本移动平台"获得专业组服务机器人精确测试项目冠军,"蓝鹰机器人足球队"斩获机器人足球(仿真2D组)冠军,服务机器人"可佳"获得家庭服务机器人项目亚军。

(五十三)我校2015年优秀大学生夏令营开营

2015年7月20日上午,由我校研究生院主办的2015年优秀大学生夏令营开营仪式在东区大礼堂举行。校党委书记许武、副校长张淑林,相关学院、国家实验室负责人,研究生院、党政办相关领导,1000余名营员及志愿者参加了开营仪式。许武书记和各学院领导上台参加授旗仪式。张淑林副校长宣布我校2015年优秀大学生夏令营正式开营。

我校根据不同学科的专业特点,不断完善夏令营的学科范围和规模。本次夏令营更加充实饱满、涵盖学科更加广泛,从而可使更多学子从活动中受益。据了解,今年的夏令营从开营数目和人员规模上继续扩大,共有12个分营,包括:第五届大学生数学夏令营、第六届物理化学夏令营、第八届生命科学夏令营、第三届力学与工程科学夏令营、第二届信息科技夏令营、第二届计算机科学夏令营、第四届大气科学与空间物理夏令营、第二届技术物理夏令营(科学岛)、第六届大别山地质考察暑期夏令营、第五届交叉学科夏令营、第五届材料科学夏令营,以及新增的第一届核科学与技术夏令营。

夏令营营员主要面向"985工程""211工程"高校相关专业招收本科三年级有志于从事科学研究、学习成绩优秀并有较强研究能力的学生。今年夏令营共收到5000多名优秀学子报名,其中84%来自"211工程""985工程"高校,共录取营员2140名。

夏令营为期一周,其间营员们将参观校史馆和实验室、聆听学术报告,夏令营将以冷餐会、羽毛球比赛、素质拓展、地质实地考察、闭幕晚会等丰富多彩的形式展开,旨在增进优秀大学生对我校的了解,让他们走进我校实验室,与科学家们深度对话,体验科大文化,品味科大精神与学术氛围,激发同学们对科学的兴趣。

(五十四) 管理学院开展AMBA国际组织预认证

2015年7月21日,AMBA(英国工商管理硕士协会)中国区代表、浙江大学管理学院王重鸣教授作为AMBA代表来我校对管理学院进行AMBA预认证。根据AMBA认证流程,王重鸣教授针对学院的准备情况及认证报告进行评估和指导。

AMBA自审报告讨论在912会议室进行。在听取余玉刚院长关于学院总体使命、愿景、战略、师资、科研和MBA/EMBA情况的报告后,王重鸣教授对学校以及学院的现状和发展给予了充分的肯定,同时对报告中存在的问题进行了分析和梳理,与在座的老师展开了认真而细致的讨论。他强调AMBA认证的理念是"从优秀到卓越",并就报告中学院的发展战略、课程设置、国际化发展等方面提出了建设性的意见。

讨论结束后,王重鸣教授分别与授课教师代表、学生雇主、MBA、EMBA在校生和校友进行了座谈,进一步了解学院MBA和EMBA教育的情况和结果。最后,王重鸣教授对学院正式认证的准备工作提出了具体的指导和建议。

我校管理学院AMBA认证于2014年12月份正式启动,经过几个月的准备,顺利完成了预认证访问。这标志着学院在年初通过AACSB认证后,在又一个国际认证进程中取得了重大进展,MBA项目的质量得到了进一步认可。学院将针对整改意见进一步改进和提升,积极迎接正式认证。

(五十五)我校 2015 年优秀大学生夏令营闭营

2015 年 7 月 24 日晚,以"创意青春、扬帆远航"为主题,我校 2015 年优秀大学生夏令营在东区大礼堂闭营晚会上画上句号。来自全国上百所高校的 2000 余名优秀学子齐聚一堂,满怀着激动与不舍,在流光溢彩的大礼堂共同见证了一场由营员自编自导、精彩绝伦的视听盛宴。

130 名学生获"中国科大 2015 年优秀大学生夏令营优秀营员"荣誉称号。22 名志愿者获"中国科大 2015 年优秀大学生夏令营特别贡献奖"。

(五十六)研究生院举办优秀大学生夏令营微视频大赛

2015 年 7 月 28 日,优秀大学生夏令营微视频大赛颁奖仪式举行。此项活动由研究生院主办,旨在激扬创意活力、展示科大风采、彰显青春朝气。各分营发挥创意,挥洒青春,各展其才,拍摄以"创意科大、青春我营"为主题的微视频,为我校优秀大学生夏令营倾情打造了一场视觉盛宴。微视频大赛是我校 2015 年优秀大学生夏令营创新主题的一个缩影,各营大显神通做出来种种创意活动。

(五十七)"第四届全国免疫学博士生论坛"在我校举行

2015 年 8 月 2 日至 4 日,由中国免疫学会主办,中国科学技术大学免疫学研究所、中科院天然免疫与慢性疾病重点实验室承办的"第四届全国免疫学博士生论坛"在我校生命科学学院举行。本届论坛的主题为"免疫调节与疾病机理"。来自全国 20 多所高等院校和科研机构的 30 多名从事免疫学研究的青年学者及博士生代表参加了本届论坛。

"全国免疫学博士生论坛"旨在为免疫学专业博士生和刚刚博士毕业的青年学者提供交流学习和展示才华的舞台,培养富有科研热情和创造力的免疫学青年学者,为中国免疫学学科建设和发展增添新动力。该论坛是我国免疫学青年学者和博士生加强学术交流、及时了解免疫学国内外发展态势与前沿热点的重要平台之一。论坛采取博士研究生自行组织、自主学习的方式进行。本次论坛的组委会主席为我校免疫学研究所博士生余家力和第二军医大学免疫学研究所博士生周烨,来自中国科学院、中国医学科学院、军事医学科学院、北京大学、吉林大学、山东大学、复旦大学、上海交通大学、浙江大学、第二军医大学、第三军医大学、第四军医大学、华中科技大学和中国科学技术大学的 30 多位参会博士生,围绕"免疫细胞的功能调控""功能性细胞亚群与疾病""重大疾病机理研究""肿瘤免疫""抗感染免疫""免疫反应的调节机制"等 6 个专题进行了报告并且展开了热烈的讨论。

（五十八）我校博士生实践团赴中国工程物理研究院交流学习

为增进与中国工程物理研究院（中物院）的学术交流，实地了解中物院的科研环境与就业情况，我校化学学院与微尺度物质科学国家实验室（筹）博士生暑期社会实践团一行16人，于2015年8月下旬来到位于四川省绵阳市科技城的中物院科研基地，开展了一系列的参观交流和学习活动。

团队首先参观了中物院科学技术馆、激光聚变研究中心、流体物理研究所、化工材料研究所和材料研究所。同时，团队成员也汇报了各自的科研成果和发展规划，结合各所、室的特色研究方向，与相关领导、研究员充分交流了科研工作与个人发展方面的感想。

（五十九）中科院金属研究所暨材料科学与工程学院举行2015年新生开学典礼

2015年8月26日上午，"中科院金属研究所暨中国科学技术大学材料科学与工程学院2015年度研究生开学典礼"举行。

典礼以全场齐唱《中华人民共和国国歌》开始，雄壮的国歌令人激动和自豪，这是中科院金属研究所研究生教育归口到我校后的首次开学典礼，显得意义非凡。研究所学位评定委员会主席李依依院士，学位评定委员会委员柯伟院士、叶恒强院士，党委副书记郝欣，副所长张哲峰、张健，导师代表马秀良、徐坚、王振尧、李峰、韦华等，授课教师代表王崇琳和辅导员代表都祥元、刘岗、刘洪阳、邰凯平等，与2015级全体新生共同出席了开学典礼。

郝欣副书记在致辞中对同学们提出以下3点希望。一是严谨治学，学有所成。要确立明确的学习目标，要树立良好的学风，严守学术规范和学术道德，刻苦钻研，打牢基础，锤炼意志。二是全面发展，整体提升。同学们不仅要学知识，更要学做事，学做人。培养自己的高尚情操和综合能力，保持身心健康，乐观进取，快乐地享受学习和科研的过程，把每一天都过得充实而有意义。三是志存高远，勇于担当。同学们要勇于承担历史责任，树立远大的志向，潜心学习，积累能量，将来无论走上什么岗位，都要牢记使命，勇于担当，像一代代老科学家那样，成为国之栋梁。

本年度中科院金属研究所共录取263名（含国外留学生20名）研究生，其中博士生141名，硕士生122名，至此在读研究生达到791人。

（六十）我校10个学科进入ESI世界前1%学科领域，4个学科进入前1‰

根据美国ESI（基本科学指标数据库）2015年1月至8月的统计数据，我校有数学、物理、化学、材料、工程、地学、生物/生化、临床医学、环境/生态、计算机等10个学科进入ESI世界前1%学科领域,物理、化学、材料、工程等4个学科进入ESI世界前1‰学科领域。

在泰晤士高等教育的学科专业世界排行榜中,我校生命科学专业排名世界第95位(全国第1位),自然科学专业排名世界第78位(全国第3位),工程技术专业排名世界第64位(全国第4位)。

(六十一) 我校与中国科学院金属研究所联合共建材料科学与工程学院

2015年3月,中国科学院金属研究所研究生教育归口我校管理。至此,我校与合肥物质科学研究院、中科院金属所实现了研究生教育"统一招生、统一教学培养、统一管理、统一学位授予",以及"导师、学科、平台"三位一体的深度融合。

2015年9月2日,我校发布《关于与中国科学院金属研究所联合成立材料科学与工程学院的通知》(校办字〔2015〕144号),决定与中科院金属所联合成立材料科学与工程学院,学院纳入我校"科教融合共建学院"进行规划建设,依托化学与材料科学学院管理运行。

(六十二) 斯坦福-中国科大-麻省理工2015年地球科学夏令营开营

2015年9月7日下午,斯坦福-中国科大-麻省理工(SUM)2015年地球科学夏令营在我校水上报告厅举行开营仪式。本届夏令营对象覆盖广义的地球科学学科,34名优秀营员分别来自地球物理、大气科学、空间物理及环境科学等不同专业。本届营员中,12名是来自美国斯坦福大学和美国麻省理工学院的研究生和博士后,17名是我校研究生,还有5名是北京大学等国内其他高校地球科学专业的研究生。

本届夏令营历时近10天,活动丰富多彩。夏令营精心安排了两场专业学术研讨会,作为SUM 2015的重点活动。其一是9月8日在我校举办的"地球科学研讨会"(Geoscience Symposium),与我校地球和空间科学学院各专业紧密结合;其二是9月13日在北京举办的"中国青年勘探地球物理学术报告会"(SUM-SEG Conference),由SUM与国际勘探地球物理学家学会中国代表处和中科院地质与地球科学研究所共同承办,主要探讨勘探地球物理学术热点。所有营员都在研讨会中以口头报告或论文展板的形式展示了自己的研究成果,同时也邀请了国内许多高校青年学者与学生参加会议并做学术交流。

SUM的营员以美国斯坦福大学、中国科学技术大学和美国麻省理工学院3所著名高校的研究生为主,他们掌握的先进科研技术和方法具有巨大的商业价值。本次夏令营将组织参观调研我校先进技术研究院及其孵化的高科技企业、科大讯飞公司等。此外,夏令营还将组织一系列的文体交流活动。

SUM系列活动作为美国斯坦福大学、中国科学技术大学和美国麻省理工学院三校师生交流与合作的平台,始于2012年,从起初的地球物理学学科,到2013年的物理、化学和地球科学3个学科的三校教授论坛,2014年的管理科学与商学研究生探讨创新计划,到今年回归地球科学领域。几年来交流范围不断扩大,我校31位学生在SUM协议下先后赴美国麻省理工学院和斯坦福大学免学费短期学习,两校教授也多次来我校开设课程。

(六十三)我校举行2015级研究生新生开学典礼暨入学教育,本年度招收硕士研究生4600人、博士研究生1305人

2015年9月8日上午,我校隆重举行2015级研究生开学典礼。校领导万立骏、陈晓剑、周先意、蒋一、王晓平、黄素芳及中科院合肥物质科学研究院副院长万宝年出席开学典礼。典礼由副校长张淑林主持。本年度我校招收硕士研究生4600人,其中科学学位硕士研究生1990人、专业学位硕士研究生2610人;招收博士研究生1305人,其中科学学位博士研究生1287人、专业学位博士研究生18人。

物理学院执行院长杜江峰,化学与材料科学学院执行院长杨金龙,生命科学学院执行院长薛天,工程科学学院党委书记、副院长刘明侯,信息科学技术学院副院长李厚强,计算机科学与技术学院副院长陈恩红,地球和空间科学学院执行院长汪毓明,管理学院执行院长余玉刚,公共事务学院党总支书记、副院长李晓纲,核科学技术学院执行院长秦宏,软件学院常务副院长李曦,国家同步辐射实验室主任陆亚林,合肥微尺度物质科学国家实验室(筹)常务副主任罗毅,火灾科学国家重点实验室主任张和平等出席开学典礼并在主席台就座,有关部门负责人和部分研究生新生参加了典礼。

上午9时许,张淑林副校长宣布我校2015级研究生开学典礼正式开始。26名旗手托举巨幅校旗,缓缓移向礼堂前方,同学们随即起身,双手接过校旗,深感光荣与神圣。旗帜徐升,旋律渐响,全体师生高昂齐唱国歌。

万立骏校长以一席朴实之话寄语全体新生:"身为一名科大人,不仅要延续科大的光荣与自信,也要承载科大的使命与梦想。"他通过三则故事向研究生新生诠释了科大人的品格和科大精神,希望大家能从中有所启发,有所收获,度过有意义且愉快的研究生学习时光。

一是关于"大爱"的故事。"两弹一星"元勋郭永怀先生,心系祖国、献身科学,始终坚信:世界上没有科学不能到达的地方,也没有爱不能到达的地方。他鼓励同学们学习郭永怀先生的感人事迹,保有仁爱之心,继承科大人的特征品格,爱祖国、爱人民、爱科学,成为一名拥有健全人格的科研工作者。

二是关于"科研"的故事。科研无坦途,我校年轻的中科院院士谢毅教授的研究团队在历经两年研究瓶颈期后,依然奋力前行,甘耐寂寞,最终啃下"硬骨头",取得突出成就。万立骏校长以此事迹勉励同学们要做好迎接困难和挑战的心理准备,在课题研究和论文

写作中,要有持之以恒的毅力,一丝不苟、严肃认真、实事求是的治学精神,要有乐观主义和淡定从容的心态,还要常备自信心,这样才能不断克服困难,跨过难关,在科学上有所建树,在人生的道路上有所成就。

三是关于"创新"与"合作"的故事。我校"蓝鹰队"自成立以来,在历届机器人世界杯大赛中收获了 12 个世界冠军和 12 个亚军。他指出,"蓝鹰队"成员既充满激情、敢于创新,又精诚团结、密切合作,"蓝鹰队"的成功是"创新"与"合作"的成功,是科大人追求卓越的创新文化和团结合作的优良传统的成功范例。

最后,万立骏校长鼓励同学们要以老师和学长为榜样,珍惜我校优越的治学环境和科研条件,潜心研究、团结合作、不断创新,为实现自己的人生理想而不懈奋斗。

导师代表、化学与材料科学学院执行院长杨金龙教授结合自己 30 年来的从教、从研经验与研究生们分享了自己的科研、学习心得。他叮嘱道,进入研究生学习阶段,同学们要明确读研目标,做好人生规划,有序开展科学研究;要转变学习观念,灵活掌握学习技巧,从实践、问题中寻求研究方法;要提高沟通能力,积极广泛交流,及时调整科研压力;要加强体育锻炼,提高身体素质,以饱满的精神投入科研事业。

2015 级研究生新生代表朱哲圣同学同大家一起分享了收获的喜悦,代表新生表示将珍惜在科大的学习时光,充分发扬科大精神,不骄傲、不虚度、不满足、不放弃,以"乘风破浪会有时,直挂云帆济沧海"的魄力开启人生新的篇章。

典礼行将结束时,张淑林副校长充满深情地寄语广大新生:"未来的几年,你们将成长于科大,汲取科大赋予你们的知识与智慧。请你们记住校长的嘱托和师长的叮咛,牢记作为一名中国科大研究生的责任和使命,努力学习,做有梦想、有信念、有追求、有责任的新一代科大人,为学校创建世界一流研究型大学添砖加瓦!"

余音未了,校歌《永恒的东风》已响彻礼堂,激励着在场的每位学子。至此,我校 2015 级研究生入学典礼圆满落下帷幕。

志存高远勇攀科学高峰,科教报国牢记庄严使命。为让全体研究生新生了解科大精神,融入科大文化,更快适应全新的学习与科研环境,今天上午,我校在东区大礼堂还隆重举行了 2015 级研究生新生入学教育活动。

本次入学教育活动在张淑林副校长的精彩开场白中拉开序幕。张淑林副校长指出,我校以"治学严谨、办学纯粹"享誉海内外,作为一名科大人应当承担何种科研使命、具备何种学术价值观以及如何科学规划今后的科研进程,是入学伊始萦绕在每一位新生脑海中的疑问。为解答各位同学的诸多疑惑,课堂特意请来了校学位委员会以及研究生院相关职能部门负责人,请他们以专业的讲解为同学们即将开始的学术生涯指引航向。

在雷鸣般的掌声中,李曙光院士为新生们带来了入学教育的第一课。"天下兴亡、匹夫有责。攀登科学技术的高峰是时代赋予你们的使命。"李曙光院士与在座的学子们分享了"科教报国"的科大主流价值观。他强调,国家的命运和科学家的命运是密切联系的,科大精神就是为了祖国的科研事业顽强拼搏的精神,敬业奉献的精神,勇于牺牲的精神。他向所有加入科大的新同学提出了期望和要求:独立的科研能力是研究生教育的培养目标,希望同学们能够解决思想认识上的偏差,努力求知、奋力科研,注重自身能力的培养;坚守科学道德,维护学术尊严,杜绝学术不端的行为;自觉以国际一流的标准严格要求自己,勤思考、多动手,不断加强逻辑思维能力的锻炼;学会欣赏、善于沟通,在团队协作和集体攻关中全力成才。

随后,研究生院古继宝副院长介绍了我校研究生培养制度和教育创新计划。他从整体概况和培养目标、学科基础、总体思路、培养方案、奖助体系5个方面详细介绍了与各位同学的学业休戚相关的培养环节。其精彩的讲解让在场的新生对科大的培养标准、培养特色以及培养制度有了清晰和全面的了解。此后,研究生院副院长倪瑞为现场同学带来了我校学位授予与研究生教育信息化的全面介绍。为应对研究生教育的快速发展,不断提高工作效率和服务质量,研究生院利用信息技术开发了从招生录取到离校管理的一系列信息管理系统,通过即时通信、新媒体、网络视频、网络数据库四大平台为师生的生活学习提供个性化的服务。研究生院招生办副主任杜进还为在场同学详细介绍了如何在科大合理利用与准确获取科研学习所需的电子文献与学术资源,带领新生们提前领略了英才书苑、数据库地图、手机图书馆等学术利器的强大功效。

紧接着,黄学龙等26名获得我校"研究生招生优秀志愿者奖"的同学上台接受表彰。张淑林副校长为获奖志愿者们颁发奖牌,并对志愿者们的无私付出表达了最诚挚的感谢。

最后,张淑林副校长做了总结讲话。她殷切寄语广大研究生新生,希望大家能牢记自己的时代使命,用自己的实际行动诠释科大精神的深刻内涵。她表示,我校将努力提供一流的育人环境,把每一位学子培养成为具备突出创新能力的寰宇英才。

我校2015级研究生新生入学教育活动在阵阵掌声中画上了完美的句号。从9月9日起,我校陆续开展了各院(系)的入学教育系列活动,丰富多彩的新生入学教育活动为同学们指引了方向,开启了同学们学习生活的新篇章。

(六十四)信息学院举行"2015级研究生新生入学教育大会"

2015年9月9日上午,信息学院组织召开了"2015级研究生新生入学教育大会",院领导吴枫、王永、李厚强、谢超、各系党政领导、院(系)教学主管等出席会议,全体2015级研究生参加了大会。

会上,李厚强副院长激励大家认真学习,刻苦钻研,珍惜并充分利用信息学院诸多高水平学术与研究平台进行高水平的研究,注重将科研学习转化为工程应用。副院长王永教授告诫大家只有先学会做人,做到诚实、守信、忠诚,才能更好地进行科学研究。科研需要创新,但是严禁学术不端、学术不规范形为。信息学院院长吴枫教授在总结发言中强调,研究生在学习期间既要注重研究方向的创新性,更要关注研究成果的实用性,要注重提升个人动手能力、思维能力,发挥自己的潜力。

(六十五）化学与材料科学学院召开"2015级研究生新生入学教育大会"

2015年9月10日,化学与材料科学学院在微尺度物质科学国家实验室(筹)东三报告厅召开"2015级研究生新生入学教育大会"。学院执行院长杨金龙教授,分党委书记葛学武教授,副院长侯中怀教授、徐铜文教授,"千人计划"入选者罗毅教授,各系党总支书记,班主任和学院2015级全体研究生共500多人参加了会议。

侯中怀副院长分别从学院概况、人才培养、毕业去向、学科简介和学术研究5个方面全面介绍了学院的历史发展概况。罗毅教授做了关于"做,学,问"的精彩报告,他告诫同学们要学好基础知识,在实验室踏踏实实做事,加强自己的学习能力和交流能力,并用事例说明合作和学科交叉的重要性。葛学武书记从事实出发,强调了实验室安全、网络安全和心理健康等方面的安全教育的重要性,并布置了入学教育之后实验室安全教育的具体安排,要求所有新生接受6次实验室安全教育培训,培训结束后将进行考核,考试通过后予以颁发合格证书。

(六十六）我校布置2016级研招推免和新学期学位与研究生教育工作

2015年9月11日下午,我校在东区活动中心五楼学术报告厅召开会议,就2016级研招推免和新学期学位与研究生教育工作进行布置。

今年国家研招推免政策与去年总体保持一致,所有具有推免资格的考生均享有依据招生政策自主选择报考单位和专业的权利,所有推免名额(除有特殊政策要求的专项计划外),均可向其他招生单位推荐,不再区分科学学位和专业学位,不再设置留校限额。根据会议部署,为做好今年研招推免工作,我校将继续健全组织,规范领导,各院(系)将成立推免工作领导小组及工作小组,制定本学院(系)推免工作细则,进一步规范程序和制度,确保推免工作公正、公平、科学。

张淑林副校长强调推免工作政策性强,社会关注度高,各单位务必要严格遵守国家政策,切实维护学生利益;指标分配既要考虑学院、学科现有规模,又要综合考虑基础学科、合作院所、国家战略需求等各种因素,推免工作的核心是要选拔到最优秀的学生。她就新学期即将推进的各项学位与研究生教育工作提出了以下几点要求:第一,研招工作要树立危机意识,要坚持不断创新,要在总结经验的基础上推出更好的创新举措;第二,要进一步完善研究生学籍和奖助体系,努力创造条件提升学生待遇,激励在读研究生勤奋学习,潜心科研;第三,要积极响应国家学位证书新政策,广纳校友和社会各方面的智慧,设计出兼具科大特色和国际通行标准的毕业证书;第四,要紧密围绕中科院关于推进科教融合工作的战略部署,进一步加强与相关科研院所在研究生教育领域的实质性融合,通过共享各类优质资源,带动促进我校各类学科水平;第五,在专业学位教育方面,要抓住获批建设的国家级工程实践示范基地、微电子学院等机遇,不断提升我校专业学位教育服务区域经济建设、社会发展的水平；第六，要认真学习领会国家新近批复的《统筹推进世界一流大学和一流学科建设总体方案》的精神，汇聚力量，做好我校一流大学和一流学科建设方案的设计和规划工作。

(六十七) 化学与材料科学学院开展研究生实验室安全知识培训

为了进一步提高广大师生员工的安全意识，建立实验室安全工作的长效机制，化学与材料科学学院经过长达一年的准备工作，对所有将进入化学实验室的学生进行系统的实验室安全教育。培训首先对新进校的研究生开展，计划分6次课程讲授，涵盖实验室安全形势、消防安全常识、危化品安全管理、气瓶安全使用、操作安全与防护、危险废物处置等6个部分内容，将分别由学院安全与环境保护委员会委员季恒星、闫立峰、徐航勋、路军岭、王细胜和盛国平6位教授担任主讲老师。课程培训结束后，将安排实验室安全知识考核，考核合格者予以颁发培训合格证，以表明已具备了进入实验室从事科学研究的资格。学院希望同学们完成安全教育培训课程并顺利通过安全知识考核，本着对自己的生命安全负责的态度，自觉学习实验室安全相关法律法规，将来进入实验室后能付诸行动，做到学以致用，并以身作则带动周围同学一起做好实验室安全工作，共同创造一个良好的实验环境。2015年9月12日下午，首次实验室安全知识培训课程在理化大楼东三报告厅举行，学院2015级400余名研究生参加了培训。

(六十八) 我校对光学工程、工商管理学科学位授权点进行校内专项评估

2015年9月17日下午，我校于218楼二楼会议室召开光学工程、工商管理学科学位授权点校内专项评估评审会议。张淑林副校长、光学工程及工商管理学科学位授权点评审专家、研究生院相关人员参加了会议。

随后，与会评审专家围绕我校光学工程、工商管理学科授权点的人才培养领域、学科方向、生源组织、培养方式、管理模式等进行了深入研讨，并给出了相关的完善建议。

据悉，我校光学工程学位授权点成立于2002年，基于国家同步辐射实验室、国家环境光学检测仪器工程技术研究中心、中科院量子信息重点实验室、中科院环境光学与技术重点实验室、安徽省光电子科学与技术重点实验室等5个大型科研平台，目前已经成为国内光学工程的主要创新基地和创新人才培养基地，取得了丰硕的科研成果，培养出了一批光学工程领域的高端人才。

工商管理学位授权点在我校已有近20年历史，2006年获得硕士学位授予权，2010年获得博士学位授予权。工商管理学科拥有一支以中青年教授为主的具有较强科研能力的团队，3年内共发表国内外核心期刊论文200余篇。借助于工商管理学科的发展，管理学院于2015年2月16日获得AACSB（国际商学院促进协会）国际认证，并成为全球首家按照AACSB最新标准获得认证的单位。

(六十九)创新"所系结合"模式——我校与中科院广州能源研究所研讨会召开

2015年9月25日,我校研究生院副院长屠兢、所系结合领导小组办公室主任何淳宽、工程科学学院分党委书记兼副院长刘明侯与热科学和能源工程系班子成员等一行7人访问了中科院广州能源研究所(简称"广州能源所")。广州能源所党委书记兼副所长马隆龙、天然气水合物中心首席科学家李小森、组织人教处处长余颖琳、科技处副处长姜洋以及研究生部老师参加了座谈。双方就加强所校结合、共建"热科学和能源工程系"工作进行了深入的探讨。

研讨会上,马隆龙副所长代表广州能源所表达了热烈的欢迎,并简要回顾了自2006年我校与广州能源所签署全面合作协议以来,双方在学科建设、人才培养、科学研究与学术交流等方面的显著成效,并本着优势互补、互惠互利、讲求实效的原则,提出了进一步合作的意见。屠兢副院长、何淳宽主人、刘明侯副院长等就探索"科教融合、所系结合"方针的新途径、新模式,促进科教资源共享和双方的建设与发展方面提出了建设性的想法。双方就新形势下的深入合作达成了初步意向,一致认为今年要在共建联合实验室、互聘兼职教授、共建新能源精英班等方面开展工作,为双方的深入合作打下基础。

(七十)我校启动新版学位证书设计方案征集活动

日前,国务院学位委员会、教育部制定并印发《学位证书和学位授予信息管理办法》,决定自2016年1月1日起颁发给博士、硕士和学士学位获得者的学位证书由各学位授予单位自行印制,且不得使用国徽图案。同时,国务院学位委员会办公室印制的学位证书不再使用。

2015年9月25日下午,根据有关文件精神,我校召开专题协调会,研究启动新版学位证书设计方案征集活动。与会人员围绕新版学位证书版式与内容设计、征集活动组织分工、总体方案完善、时间安排及投稿要求等问题展开了深入研讨。

据悉,学位授予单位颁发给学位获得者的学位证书,自1981年我国实行学位制度以后,除了1985~1992年期间,本科毕业证书和学士学位证书合一制发并由高校自行设计印制外,均由国务院学位委员会和教育部制定格式和统一印制。

(七十一)我校IGEM代表队再创佳绩

当地时间2015年9月24日至28日,国际遗传工程机器设计竞赛(International Genetically Engineered Machine Competition,IGEM)在美国波士顿Hynes Convention Center举办,我校两支代表队USTC和USTC-Software参加比赛,并取得优异成绩,其

中 USTC-Software 代表队斩获金牌,而 USTC 代表队由于在比赛流程中的失误憾失奖牌。

IGEM 是为推动合成生物学的发展而于 2003 年开始发起的一项国际性学术竞赛,同时也是涉及数学、物理、电子、计算机等多领域交叉合作的跨学科竞赛。今年的 IGEM 竞赛吸引了来自多个国家的 280 支队伍参赛,参赛队伍数量众多,竞争十分激烈,其中包括麻省理工学院、哈佛大学、剑桥大学、加州大学伯克利分校、斯坦福大学等世界顶尖学府的代表队。各参赛队伍使用主办方提供的标准生物元件,完成参赛项目,并通过网站、演讲、墙报等形式进行展示交流和评比。我校从 2007 年成立队伍参赛以来,至今已收获 13 金、1 银、1 铜,并获 3 个单项奖,获得金牌和奖牌数在亚洲高校中名列前茅。

(七十二) 我校对公共管理学科学位授权点进行校内专项评估

2015 年 10 月 15 日下午,我校于 218 楼二楼会议室召开公共管理学科学位授权点专项评估会议。

与会评审专家围绕我校公共管理学科学位授权点的生源组织、课程教学、培养方式、质量保障等方面进行了深入探讨,并给出了相关的完善建议。

我校公共管理学科教育始于 2000 年,2006 年获得硕士学位授予权,2010 年获得博士学位授予权,2012 年增补为安徽省省级重点学科。目前公共管理学科具有高等教育与管理、科技管理与知识产权、传媒管理、行政管理与公共安全以及环境治理与政策 5 个特色鲜明的学科方向,研究内容主要涉及研究生教育管理,公共组织的权力、结构、过程、功能、行为、规则,以及公共组织与社会环境之间的关系。目前,本学位授权点研究生培养体系完备,在师资队伍、学术研究、人才培养、社会服务、国际合作等各方面具有较强的优势,拥有一支以中青年教师为主的具有较强科研能力的师资队伍,4 年间已在国内外核心期刊上发表学术论文 200 余篇。

(七十三) 我校获"第六届《学位与研究生教育》期刊优秀论文一等奖"

2015 年 10 月 16 日获悉,近日,"中国学位与研究生教育学会暨第六届《学位与研究生教育》期刊优秀论文"评选结果公布,评选出一等奖 5 篇,二等奖 10 篇,三等奖 20 篇。我校副校长张淑林教授等发表的《我国研究生教育体制改革价值取向的思考》论文荣获一等奖。本次优秀论文是从近 3 年《学位与研究生教育》(国务院学位委员会办公室主办)期刊中发表的近 600 篇论文中,历经学校自荐、专家通信评审、专家会议评审等多个环节评选产生的。

《我国研究生教育体制改革价值取向的思考》是我校张淑林教授等于 2012 年 9 月发表在《学位与研究生教育》上的论文,该论文提出我国研究生教育体制改革的有效性主要取决于研究生教育体制的集权与分权、计划与市场、效率与公平这 3 个方面的关系问题,并在此基础上探讨了我国研究生教育体制改革的价值取向。

此外,我校李金龙博士等于2014年9月发表在《学位与研究生教育》上的《协同创新环境下的研究生联合培养机制改革》一文荣获三等奖。

"中国学位与研究生教育学会暨《学位与研究生教育》期刊优秀论文"评选工作已开展了五届,每两年评选一次,旨在鼓励广大研究生教育战线上的人员加强理论研究,促进研究生教育领域的学术繁荣。自评选活动开展以来,以我校张淑林教授为首的团队已连续三届获"中国学位与研究生教育学会暨《学位与研究生教育》期刊优秀论文一等奖"。

(七十四) 李克强总理向我校研究生支教队队员表示问候

"一年的支教工作不仅帮助支教地的孩子们认识了外面的世界,也极大地锻炼了自己,对自身生活、工作能力的提升帮助很大……"2015年10月19日上午,我校召开研究生支教团历届队员座谈会,传达国务院总理李克强同志向我校支教队队员的问候。校党委副书记蒋一、校党委宣传部长蒋家平,以及在校历届支教队队员参加了座谈会。座谈会由校团委书记张平主持。

因公出差在外的校党委书记许武委托有关部门对支教队同学们的工作给予高度肯定。他说,积极参加社会实践和志愿服务工作,向生活学习、向群众学习、向社会学习,这是青年学生开阔视野、磨炼意志、增长才干的重要途径。李克强总理对我校支教工作的持续关注和肯定,体现了对青年大学生成长成才的殷切期望,希望同学们认真学习、努力工作、勇于担当,在实践中认识社会、历练成长,为实现中华民族伟大复兴的中国梦贡献自己的聪明才智。

此前,从宁夏海原完成一年支教工作的我校第十六届支教队的8名同学给李克强总理写信,汇报了支教过程的心得感悟、与当地学生的共同成长经历,并随信呈上我校学生原创的支教主题歌曲《如果不是你》MV。10月11日,李克强总理在中科院白春礼院长转呈我校支教队队员的心得感悟信上批示:"请转达对支教队队员的问候!"

座谈会上,蒋家平部长传达了李克强总理对支教队同学们的问候,以及白春礼院长在信件中对我校支教队队员们卓有成效的社会志愿服务工作的高度肯定与赞扬,并和大家重温了2011年李克强总理视察我校时给我校支教队的题词"志愿服务、报效社会",以及2012年给我校第十三届支教队队员的回信精神。

座谈中,同学们结合李克强总理2012年给我校支教队队员的回信精神,畅谈了参加西部支教活动的感悟和收获,纷纷表示不负总理嘱托,积极践行当代青年"志愿服务、报效社会"的价值追求。

(七十五) 我校团队获"首届中国'互联网+'大学生创新创业大赛总决赛金奖"

由教育部会同国家发展改革委员会、工业和信息化部、人力资源和社会保障部、中国共产主义青年团中央委员会、吉林省人民政府共同主办,吉林大学承办的"首届中国'互联网＋'大学生创新创业大赛总决赛"于2015年10月19日至20日在吉林大学举行。我校原力科技团队作品"车停哪儿"智慧停车项目获得总决赛金奖。

10月20日下午,国务院副总理刘延东、教育部部长袁贵仁来到现场,与参赛选手亲切交流,赞扬了部分参赛作品,并代表中央人民政府对此项赛事表达了高度重视。

"车停哪儿"智慧停车项目团队由我校在读博士生、硕士生组成,团队成员基于自主开发的室内高精度地图导航技术,开发出了"智停"手机客户端、室内停车场管理系统、室外停车场管理系统三大核心技术产品,重点解决车主找车位难、停车场车位管理难和交管部门交通管理难的问题。该项目曾在9月4日至6日举行的"首届安徽省'互联网＋'大学生创新创业大赛总决赛暨首届中国'互联网＋'大学生创新创业大赛选拔赛"中获得冠军,此团队是由校团委青年创新创业中心培育扶植的。

(七十六）我校与中科院广州能源研究所签署《共建热科学和能源工程系合作协议》

2015年10月21日上午,中国科学技术大学与中科院广州能源研究所《共建热科学和能源工程系合作协议》签署仪式在我校举行。仪式由党委书记许武主持,校长万立骏参会并致辞,副校长张淑林代表我校与广州能源所所长马隆龙签署合作协议。我校相关院(系)、相关部门负责人参加会议。广州能源所党委副书记、副所长夏萍,副所长李海滨、李小森以及相关部门负责人参加会议并见证了协议签署。

许武书记代表学校向广州能源所新一届领导班子成立表示热烈祝贺,对马隆龙所长一行表示热烈欢迎。他指出,广州能源所新领导班子刚一上任就来到我校签署合作协议,充分显示了广州能源所对与我校合作的高度重视。他对广州能源所长期以来对我校发展的帮助和支持表示衷心感谢。

万立骏校长在致辞中回顾了我校与广州能源所的合作历程。他说,我校和广州能源研所合作已有20多年的历史,在人才培养、学科建设和科研合作等方面取得了非常丰硕的成果。此次合作协议的签署,标志着我们的"所系结合"工作进入了一个新的阶段。希望双方以此为契机,进一步加强合作与交流,在科学院"三位一体"的战略架构下,在"率先行动"计划中发挥更大的作用,做出更大的贡献。

马隆龙所长在致辞中高度赞扬了我校的人才培养质量,并指出了进一步深入合作对广州能源所发展的重要意义。他说,以签署协议为新的开端,双方优势互补,必然会在学科建设、人才培养、科学研究和团队建设等方面取得更显著的成果,有助于保持长期稳定的合作关系。

之后,张淑林副校长和马隆龙所长在与会领导的共同见证下签署了《共建热科学和能源工程系合作协议》并合影留念。

(七十七) 我校调整研究生基本助学金标准，提高研究生待遇

2015年10月23日上午，我校召开全校校务工作会议，指出我校将从今年9月份起全面调整研究生基本助学金标准，新的调整方案将于近期以校研字〔2015〕178号文公布。

新的方案涉及我校在学的国家计划全日制非在职研究生，调整后的研究生基本助学金由国家助学金和学校配套资助两个部分组成，本次我校配套资助额度为博士生300元/月、硕士生200元/月，配套后的研究生基本助学额度分别为博士生1300元/月、硕士生700元/月。

实施新的研究生奖助方案，是我校推进世界一流大学、培养拔尖创新人才的重要举措之一，体现了我校对广大在学研究生的关怀。今年，万立骏校长多次深入有关职能部门、院（系）以及在学研究生开展调研，全面了解目前我校研究生培养情况以及研究生生活资助现状。据此对如何结合我校实际，进一步提高研究生待遇，激励研究生安心学习、全身心投入科研，多次给予相关职能部门指示，并提出指导意见。在校长工作会和党委常委会上，许武书记也明确指出，尽管学校用于人员支出的经费不富裕，还是要千方百计增加研究生的基本助学金，要尽力改善在读研究生的学习生活条件。

新的研究生助学方案对激励在学研究生勤奋学习、安心从事科研以及吸引优秀生源必将产生重要的作用。另外，我校今后还将进一步多方筹集办学经费，提高在学研究生待遇，完善研究生奖助体系，保障在学研究生潜心学业，早日成才。

(七十八) 我校研究生院党支部赴巢湖开展2015年主题党日活动

为增强党支部凝聚力，促进党员间的深入交流，2015年10月24日，我校研究生院党支部开展了"缅怀革命先烈，毅行金色巢湖"主题党日活动。

下午2时，支部一行抵达滨湖渡江战役纪念馆。毅行前，支部一行首先参观了渡江战役纪念馆。随后，支部一行从渡江战役纪念馆出发，开始了巢湖毅行之旅。本次毅行路线从渡江战役纪念馆至长临河古镇，全程共15公里，经过逾3小时的努力，参加毅行活动的20多名党员、入党积极分子全部走完全程，顺利到达目的地。

本次活动让党员们重温了渡江战役历史，是一次触动心灵的红色之旅；让党员们用毅行磨炼意志，是一次增强身体素质的意志之旅；也让党员们互帮互助、集体合作，是一次增进感情的友谊之旅。

(七十九)《统筹推进世界一流大学和一流学科建设总体方案》出台，我校校长、研究生院院长万立骏发表专题文章

2015年10月24日，国务院发布《关于印发〈统筹推进世界一流大学和一流学科建设

总体方案〉的通知》(国发〔2015〕64号),指出,到2020年,部分大学进入世界一流行列,若干学科进入世界前列;到2030年若干大学进入世界一流大学前列;到2050年,中国整体成为高等教育强国。以此方案为标志,我国启动了"双一流"建设征程。为此,我校校长、研究生院院长万立骏院士受邀撰写《瞄准世界一流,全面改革创新,努力创建独具中国科大风格的世界一流大学》专题文章,并在教育部官网全文发表,全文如下:

近日,中央全面深化改革领导小组召开第十五次会议,审议通过了《统筹推进世界一流大学和一流学科建设总体方案》(简称《统筹推进方案》)。会议强调要全面贯彻党的教育方针,遵循教育规律,以立德树人为根本,以中国特色为统领,以支撑创新驱动发展战略、服务经济社会为导向,推动一批高水平大学和学科进入世界一流行列或前列,提升我国高等教育综合实力和国际竞争力,培养一流人才,产出一流成果。要引导和支持高等院校优化学科结构,凝练学科发展方向,突出学科建设重点,通过体制机制改革激发高校内生动力和活力。

如果说,已实施多年且成效卓著的"211工程""985工程"是我国高校汇集办学资源、提升科教实力的"集结号",那么即将启动实施的"统筹推进两个一流"就是中国大学冲刺国际前列、打造顶尖学府的"冲锋号"。学校作为国家重点建设的研究型大学,积极响应《统筹推进方案》战略部署,加快推进学校综合改革与立体创新,建成独具中国科大风格的世界一流大学,既是我们的夙愿,也是我们的使命。

1. 国家使命:中国科大应在"统筹推进两个一流"中成为先锋高校

世界一流大学是基础科学研究和工程技术创新的重要源头,是科学理论探索和文化传承创新的主要力量,是优秀师资汇聚和高端人才培养的示范基地,是大学体制改革和教育制度创新的领军方阵。西方发达国家依托一流大学带动国家富强、引领世界潮流的发展路径表明,一流大学在国家崛起、民族复兴、社会进步、产业革命、文化繁荣中始终肩负着重大使命并担当重要角色,成功建设一批世界一流大学已成为国家高等教育发展水平乃至综合国力的重要体现,也是一个国家的经济、科技、社会、文化、教育发展到较高水平或新的阶段后的迫切需要。

特别是十八大以来,我国经济社会发展步入以"速度变化、结构优化、动力转化"为主要特征和基本要求的新常态阶段,其对高等教育事业提出了"更加注重内涵发展、更加注重特色打造、更加注重创新引领、更加注重需求导向"的系统要求。作为高等教育序列中的第一梯队,我国的高水平大学应根据国家现实发展和长远利益需要,在经济社会新常态下"有所作为、有所必为、大有所为",主动承担时代与国家赋予的重要使命,力争在国际科教、文化和人才竞争中发挥新的中坚作用、在实现中华民族伟大复兴的征程中做出更大贡献。

即将启动实施的《统筹推进方案》将"提升科学研究水平、着力推进成果转化、传承创新优秀文化、建设一流师资队伍、培养拔尖创新人才、提升大学治理能力"作为高水平大学建设一流大学和一流学科的主要任务和基本目标,并为中国顶尖高校全面改革创新、冲刺世界一流大学制定了"路线图"与"时间表"。中国科大作为重要的研究型大学、高水平大学和"中国顶尖大学",应根据《统筹推进方案》设计蓝图,敢为人先、勇挑重担,在"统筹推进两个一流"中成为先锋高校,这主要是因为:

长期以来,中国科大始终坚持"基础立校、创新为魂"治学思路且成就斐然。研究型大学应成为创造性产出基础理论和开展基础研究的学术重镇。自1958年建校以来,中国科大就重视基础科教体系构建,通过协同开展基础科学研究、基础学科建设和基础知识传授,努力提高学术研究水平和科研创新能力及科研竞争力,取得了一批具有世界领先水平的原创性科技成果,汇聚了一大批能力卓著的高层次教学科研人才。立校57年,中国科大尖端成果不断涌现,量子通信、铁基超导等基础研究成果屡次入选"世界科技十大进展""国内十大科技进展""中国高校十大科技进展"等评选;理工学科长足发展,物理等10多个基础学科均列全国前五,数学等10个学科进入ESI近10年数据统计全球学科排名前1‰;基础教学师资优良,学校现有博导1082名(含兼职导师),中科院和中国工程院院士46人,一大批年轻学者入选"千人计划""青年千人""国家杰青"等评选,在基础课程教学和基础理论探索方面凝聚了一支具有持续创新力和国际竞争力的一流师资队伍。

长期以来,中国科大始终秉承"人才为本、科教融合"育人理念且成果卓著。高水平大学应成为拔尖创新人才和复合应用人才的摇篮。在人才培养方面,学校坚持"精品大学、英才教育"的定位,坚持"科学与技术融合""理论与实践融合""教学与科研融合"的原则,遵循"基础宽厚实、专业精新活、注重培养创新精神和全面素质"的思路,瞄准国际前沿和国家重大需求,积极推动学科交叉和前沿创新,依托一流学科体系和研究平台创造性地开展教育教学工作,为培养创新人才和贡献创新成果提供坚实的学科基础和平台支撑。建校至今,中国科大本科生"基础宽厚、专业精深",在50000余名毕业生中共产生了54位两院院士,素有"千生一院士"之美誉,并产生了一大批学术领军人物、战略科学家和高水平创新团队;中国科大研究生"勤奋、创新、宽厚、优异",其学位论文共有45篇被评为"全国优博",入选比例居全国高校前列,并有一大批研究生成长为具有创新精神和实践能力的一流科学家、高级工程师及各行业骨干人才。

长期以来,中国科大始终依托"全院办校、所系结合"发展方式且成效明显。从国际经验来看,世界一流大学必须建基于充足的资金资源、良好的人才资源、强大的平台资源和优质的声誉资源之上。作为中科院举全院之力创办的新型理工大学,中国科大在建设世界一流大学征程中全力依托中科院有利条件和有力支撑,形成并发扬"全院办校、所系结合"优良传统,与科学院所构建全面战略合作关系,推进校所协同;推进双方教学研究人员互聘交叉,共享人力资源;共建新型学院及诸多战略性新兴学科专业,实现优势互补;加强科研合作、项目交流、设施公用、平台共建,提升科教能力。"全院办校、所系结合"办学模式使学校迅速形成并长期保持突出的科教优势和育人声誉,已成为中国乃至世界高等教育界中的典范之举。

从1995年的"211工程"到1998年的"985工程",中国科大一直是国家首批重点建设的国内一流大学;从1998年的"国家知识创新工程"到2014年的"率先行动计划",中国科大一直是中科院重要乃至唯一支持高校。受益于各项重点建设工程的强大支撑,学校全面改善了办学条件和科研装备水平,提高了人才培养、知识创新和科研成果转化的能力,有力推动了管理体制改革,在增强我国高等教育综合实力和国际竞争力中占据了重要一席。因此,在即将启动实施的"统筹推进两个一流"中,学校有条件、有义务瞄准世界一流,全面改革创新,率先建成中国特色、科大风格的世界一流大学。

2. 建设举措:中国科大须在"统筹推进两个一流"中推进全面改革

建校至今,特别是"211工程""985工程"实施的20年中,中国科大办学条件和科教水平早已不可同日而语。然而,与加州理工、麻省理工等世界一流大学相比,中国科大仍有较大差距;与国家和人民对学校的殷切期望相比,中国科大仍有较大差距;与学校必须承担的历史使命与时代重任相比,中国科大仍有较大差距。故此,在"统筹推进两个一流"中,学校将同力协契,奋勉直前,突出"学科建设""制度构建""协同育人"三大主题,开展综合改革,实施立体创新,推进多元协同,奋力实现学科体系一流、体制机制一流和科教水平一流。

(1) "三位一体",围绕学科建设基本任务,实施学科体系整体跨越计划

一流大学建设的基本任务和核心工作是学科建设,拥有若干一流学科是世界一流研究型大学的基本标志。在"统筹推进两个一流"新的征程中,中国科大将充分整合学科资源,构建并实施"基础学科群、工程与高技术学科、新兴交叉学科"三位一体的学科体系整体跨越计划,建设中国科大风格与特色的世界一流学科:

一是实施"基础学科群争创一流计划"。基础学科是中国科大的立校之本和发展之基。学校将强化基础学科创新传统和集群优势,发挥其先锋引领作用,率先进入国际一流行列,以此带动学校整体学科水平的提升。在"统筹推进两个一流"期间,学校将全力加强在基础学科和前沿领域的布局,通过"鼓励自由学术探索"和"参与重大基础研究"的双元支持模式增强学校在原始创新和拔尖创新人才培养方面的能力;瞄准科学前沿问题、技术前沿问题和人类前沿问题,形成基础学科和前沿研究课题项目群、科研平台群、创新团队群和学术领袖群,构建基础前沿学科活力保持与提升机制,全力产出世界一流的科研创新成果;重点加强数学物理学科群、化学材料学科群、生命科学学科群、地球空间学科群、医学学科建设,重视基础研究应用化和产业化辐射作用,以基础学科的系统性原始创新为牵引,带动和促进学校工程技术等学科整体实力的提升。

二是实施"工程与高技术学科高峰计划"。在中国科大创办之初,就形成了"理工结合、科学与技术结合"的学科融合发展模式,依托强大理学基础发展高水平工程与高技术学科是中国科大长期葆有的鲜明特色。在"统筹推进两个一流"期间,中国科大将继续秉承传统,发挥优势,坚持"瞄准国家战略需求、服务区域创新发展、依托重大科技专项"的"顶天、立地、聚焦"原则,全力推动工程与高技术学科由"学科高地"向"学科高峰"的转变。未来一段时期,学校将紧紧围绕信息技术、纳米材料、先进制造、智能装备、能源环保、公共安全等工程科技前沿的重大问题,凝聚工程学科群力量,在重点领域取得重大工程技术研发突破;依托大科研平台、大科学工程和大科技装置等创新平台的构建和重大科技专项的组织申请,推进高技术学科的集群式、协同化、板块型快速发展,在基础理论、

关键技术和系统平台开发应用等层面上开展高技术学科群协同创新研究和高端人才联合培养工作。

三是实施"新兴交叉学科率先突破计划"。在亟需、空白、尖端、前沿领域奋力探索，发展新兴交叉学科，服务国家战略部署，既是中国科大的立校初衷，也是中国科大的办学担当。在"统筹推进两个一流"期间，学校将根据国家中长期科技发展规划战略部署，结合本校学科优势和特色，瞄准理工学科前沿，优化基础与应用学科结构，构建有利于协同创新的机制体制和组织模式，打破学科壁垒，促进学科交叉融合。建立健全有利于交叉学科融合的评价体系，制定更加灵活的人才聘用与职务晋升政策、建立更加科学的交叉学科研究团队工作绩效考评标准；设立交叉学科研究和人才培养专项基金，在资源配置上对新兴战略交叉学科建设与发展给予倾斜。

(2)"三制并举"，围绕综合改革重要部署，构建现代大学先进制度体系

从组织管理的角度来看，世界一流大学是由先进的科研体制、完善的制度体系和有效的运行机制构成的具有良好治理生态的学术体。《统筹推进方案》也将现代大学先进制度生态构建作为国内高校冲刺世界一流大学的重要突破口。据此，学校将围绕一流大学综合改革重要部署，实施"三制并举"：推进以建设卓越科技创新体系为目标的科研体制改革、推进以深入实施《中国科学技术大学章程》为抓手的现代大学制度建设、推进以人才队伍优化为重点的内部治理机制优化。

一是推进以建设卓越科技创新体系为目标的科研体制改革。构建卓越的科技创新体系是建设世界一流大学的必由之路。在"统筹推进两个一流"期间，学校将建立适合大学的卓越科技创新体系，不断提升原始创新能力，催生变革性技术，更好地服务国家战略与经济社会发展。完善科技战略规划与学术决策机制，成立学校科技发展战略咨询委员会，加强顶层设计与战略规划，并积极组织杰出学者参与国家科技计划的酝酿，为国家承担更多的重大科研任务；建立适应不同类型科研活动特点、跨学科层面的科研组织模式，构建以重大平台为依托、以服务国家战略需求为目标导向的集体攻关模式和以学院为支撑、以重点实验室为节点的卓越科技创新体系；改革适合大学科研活动的特色管理模式，建立项目(人才)、平台、成果一体化的科研管理体系；探索建立政、产学研、资结合的科技成果转移转化体制机制，构建高效的科技成果转移转化体系，推动人才培养、科学研究、市场应用和资本运营的有机结合。

二是推进以实施《中国科学技术大学章程》为抓手的现代大学制度建设。现代大学制度是学校依法自主办学、保障民主管理、推进科学发展的制度基础。在"统筹推进两个一流"期间，学校将以《中国科学技术大学章程》为蓝本，加强顶层设计，理顺内外关系，为各项改革任务的深入推进提供制度保障。坚持和完善党委领导下的校长负责制，坚持党委的领导核心地位，保证校长依法行使职权，建立健全党委统一领导、党政分工合作、协调运行的工作机制；进一步落实大学办学自主权，探索建立政校分开、管办分离、依法办学、社会参与的现代大学治理体系；探索学术权力与行政权力协调互动的治理体制，进一步完善"党委领导、校长负责、教授治学、民主管理"的大学治理架构；探索新形势下校、院

两级的权力结构形态和管理职能定位,在增强学校层面的宏观调控能力的同时,适当扩大学院的资源支配权和办学自主权,充分发挥学院的办学积极性和主动性。

三是推进以人才队伍优化为重点的内部治理机制优化。建设世界一流大学,人事制度的改革与创新是先导,人才队伍的引进与培养是核心。在"统筹推进两个一流"期间,学校将深化人事制度改革,重视海外人才引进与后备师资培养,构建以世界一流大学为目标的持续、协调、有效的人才队伍建设体系。探索与学科特点相适应的人才队伍建设模式,以保持优势学科、加强重点发展学科、支持新兴交叉学科为出发点,优化各学科教师的比例和结构;建立完善的高层次人才引进机制,加大海外高端人才引进力度,推进人才队伍的国际化,并推行柔性考核制度,完善引进人才考核评价体系;加强青年教师培养,推进、深化学校、学院和青年教师"三位一体"的青年教师培养体系;实行三元结构薪酬制度,构建以岗位绩效薪酬为主体、兼顾公平的薪酬分配体系,同时建立健全构建于相应的考核评价体系之上的动态调整机制。

(3)"三元融合",围绕人才培养根本目标,创新产学研及中外协同育人模式

培养一流人才是一流大学的基本使命和核心职责。《统筹推进方案》要求高水平大学实现关键环节突破,加快推进人才培养模式改革,推进产教融合、科教协同育人,完善高水平科研支撑拔尖创新人才培养机制。在"统筹推进两个一流"中,学校将立足"科教融合、协同育人"的高端人才培养特色与传统,进一步适应国家与社会对人才的需要,联合政产学研用等多元组织,立足学术型、应用型和国际化人才培养,推进科教、研用、中外"三元融合",协同构建"科教融合培养拔尖创新人才、研用结合培养复合应用人才、中外联合培养国际化人才"的立体化、全方位、创新型高端人才培养模式。

一是科教融合培养拔尖创新人才。"所系结合、科教融合、理实结合"是中国科大培养拔尖创新人才的重要法宝。在"统筹推进两个一流"期间,学校将依托重大科研平台,培养优质学术人才。完善"两段式、三结合、长周期"的人才培养模式,进行本研一体化长周期培养,探索培养国际一流的基础学科拔尖人才和技术类高端人才的有效途径;全力依托学校微尺度、同步辐射、沈阳材料科学三大国家实验室和稳态强磁场和托卡马克等重大装置以及2011协同创新中心、中科院合肥大科学中心、国家重点实验室等国家级创新平台,实现理工一级学科大跨度整合发展,产出重大成果,培育一流团队,培养一流人才;联合中科院合肥物质科学研究院、南京分院、沈阳金属所等科研院所,以共建大科学中心、推进双方研究生教育深度融合等举措为抓手,探索形成研究型大学与科研机构深度融合、协同培养拔尖创新人才的创新型办学模式。

二是研用结合培养复合应用人才。培养高级应用型人才是高水平大学在新形势下履行其"人才培养"和"社会服务"双重职能的有效途径。在"统筹推进两个一流"期间,学校将重点结合区域发展需求,进一步推进复合应用人才培养工作。探索校地合作新模式,积极争取国家、地方政策支持,把世界一流大学建设、应用型人才培养与服务区域经济社会发展相统一;充分利用苏州研究院、国家示范性微电子学院、常州联合培养基地等实践平台,进一步推进产学研合作,加快相关领域技术研发与成果转化进程,联合培养专

业学位研究生；以先研院建设为抓手，探索与各类科研院所、大中型企业联合建设应用型科技平台、中试基地和产业化基地的模式，提升学校服务区域经济发展的能力和影响力，为学校应用型人才培养提供实践实训机会；开展创新创业教育，打造理论与实践相结合的创新创业课程体系，与国内知名企业签署联合建设创新创业培养体系合作协议，帮助大学生和研究生掌握创业技能，提高创业管理能力，为国家孕育一批高素质的创业者。

三是中外联合培养国际化人才。国际化是世界一流大学建设的基本特征。在"统筹推进两个一流"期间，学校将继续坚持以科研国际化带动人才培养国际化的战略，通过加强与国外著名高校和科研机构的实质性合作，积极引进海外优质资源，以全球视野来提升学校的办学水平和国际竞争力。充分利用学校科研国际化优势，加大对国际一流人才的吸引力度，面向全球招聘师资，同时引进国际著名大学的教授利用学术休假到我校开设长期课程；建设具有特色的国际学院，逐步提高学校专业英文课程的覆盖面，力争形成若干个以一级学科（覆盖本、硕、博）为基础的全英文学位课程体系；加强与中科院相关研究所的留学生教育培养合作，发挥研究所在导师队伍、科研实践训练及国际科研合作等方面的优势，在留学生培养中提高质量、扩大规模、增大国际影响力。

3. 大学愿景：中国科大要在"统筹推进两个一流"中跻身世界前列

从规模扩张的外延式发展到追求质量的内涵式发展，从建设世界一流大学到建成世界一流大学，以《统筹推进方案》的颁布实施为标志，我国高等教育在新的历史阶段有了新的、更加清晰的发展目标。这要求我们必须用更高的标准、更开阔的视野、更长远的目光增强建设高等教育强国的使命感和责任感，以更大的勇气和魄力推进世界一流大学建设、推进世界一流学科建设，进而产出世界一流学术成果、产出世界一流高端人才。

"211 工程""985 工程"等重点建设项目实施以来，中国科大获得了持续支持，按照现代大学发展规律，借鉴世界知名大学建设经验，实现了跨越式发展，走出了一条有质量的科学发展之路，在推进世界一流研究型大学的建设中迈出了坚实的步伐。

未来，中国科大将根据《统筹推进方案》部署，按照总体规划、分步推进的原则，全力推进学科建设、科学研究、综合改革各项工作，培养造就更多具有现代知识结构和持续创新能力的科技英才，成为具有较强原始创新和技术创新能力，并在若干领域达到国际先进水平的科研基地。到 2020 年，基本完成综合改革各项任务，建立符合中国特色的现代大学制度，实现主要可比性指标达到世界顶尖大学水平，发展成为人才培养高地、国家科教中心、创新文化殿堂和学术交流圣地，建成与科研机构深度融合且具有世界水平、中国特色、科大风格的世界一流大学，为国家战略、区域发展和高端人才培养事业做出新的更大的贡献。

（八十）诺贝尔化学奖获得者 Kurt Wüthrich 教授来校与研究生进行交流

应我校生命科学学院施蕴渝院士和中科院合肥大科学中心的邀请，2002 年诺贝尔化学奖获得者、美国斯克利普斯研究所（Scripps Research Institute）著名核磁共振专家Kurt Wüthrich 教授携夫人于 2015 年 10 月 25 日至 26 日到我校进行了学术交流。Kurt Wüthrich 教授参观了中科院合肥大科学中心与我校的相关磁共振设备，并与相关科研人员及高年级研究生进行了深入的交流和探讨。

其间，Kurt Wüthrich 教授做客中国科大诺贝尔奖论坛，并给来自中国科大、中科院合肥物质科学研究院的 200 余位师生做了题为"From the Physics Phenomenon of NMR to Applications in Medical Diagnosis and in Structural Biology"的精彩学术报告。

Kurt Wüthrich 教授表示将成为合肥大科学中心的国际高端用户，依托中心的优质大科学装置资源，尤其是磁共振设施，开展进一步的合作研究。

Kurt Wüthrich 教授在 1964 年从巴塞尔大学获得博士学位，在 1969~2000 年期间历任 ETH Zurich 助理教授、副教授、教授，从 2001 年至今任美国斯克里普斯研究所的教授。他是美国科学院外籍院士、英国皇家学会外籍院士、国际磁共振学会（ISMAR）以及多个国际学会的执委。2002 年 Kurt Wüthrich 教授因改善核磁共振技术、用其测定蛋白质大分子的空间结构（his development of nuclear magnetic resonance spectroscopy for determining the three-dimensional structure of biological macromolecules in solution）而荣获诺贝尔化学奖。

（八十一）火灾科学国家重点实验室举行 2015 届工程硕士毕业典礼暨奖学金颁奖仪式

2015 年 10 月 29 日，我校火灾科学国家重点实验室在特种实验楼学术报告厅隆重举行了 2015 届安全工程工程硕士毕业典礼暨"甬港现代""立安消防工程"奖学金颁奖仪式。会议表彰了火灾实验室 2015 届优秀工程硕士毕业生、优秀学位论文和优秀学生干部以及获得"甬港现代""立安消防工程"奖学金的工程硕士。

（八十二）2015 年"中科院优秀博士学位论文"评选结果公布，我校 16 篇入选

2015 年 10 月，中科院发文公布了"2015 年度院优秀博士学位论文"和"优秀研究生指导教师奖"评选结果（科发前字〔2015〕137 号），共评选出优秀博士学位论文 100 篇，优秀研究生指导教师 100 人。其中，我校 16 位博士毕业生及其导师分获"优秀博士学位论文奖"和"优秀研究生指导教师奖"。

"中科院优秀博士学位论文"（简称"中科院优博"）自 2004 年开始评选，每年举行一次。截至目前，我校"中科院优博"入选数量高居院属各培养单位之首。评选"中科院优博"旨在加强高层次人才创造能力的培养，提高中科院博士生教育质量，激励博士生开展原创性的研究工作。对获得优秀博士学位论文奖的作者及指导教师，中科院将颁发获奖

证书并给予一定的奖励；对毕业后仍留中科院工作的博士，还将给予科研启动资金的资助。

(八十三) 我校布置网络空间安全一级学科博士学位授予权点申报工作

为加快网络空间安全高层次人才培养，国务院学位委员会日前发布《关于开展增列网络空间安全一级学科博士学位授权点工作的通知》，在全国启动网络空间安全一级学科博士学位授权点申报工作。根据部署，2015年11月4日，我校于218楼会议室召开会议布置申报工作。张淑林副校长出席会议并讲话，数学学院、物理学院、信息学院、计算机学院等单位的相关学科负责人参加了会议。会议由研究生院副院长屠兢主持。

网络空间安全学科是为适应国家网络空间安全领域重大战略需求，由国务院学位委员会、教育部于今年6月批准新设立的一级学科。该一级学科隶属工学学科门类，旨在培养具备技术创新能力和自主学习能力、目标结构机理的剖析能力、系统对抗思维和动态实战对抗能力的高层次人才。

据悉，拟申请新增网络空间安全一级学科博士学位授权点的基本条件是：应同时具有计算机科学与技术一级学科、信息与通信工程一级学科、数学一级学科(或密码学二级学科)的博士学位授权；在网络空间安全方面应具有3~5个特色鲜明、相对稳定的学科方向，有一支年龄、知识结构合理的高水平师资队伍，整体学术水平较高，科研能力较强；在相关学科下正在开展网络空间安全方面的研究生培养工作，与网络空间安全相关领域的研究机构或企业有良好合作。

(八十四) 我校召开专业学位教育中心工作会议

2015年11月6日下午，我校在东区218楼二楼会议室召开专业学位教育中心工作会议，会议通报、交流、研讨并部署了近期工作。

自2015年开始，我校专业学位教育中心根据学校研究生教育的总体部署，紧紧围绕提升培养质量和社会声誉这一核心任务，以提升职业竞争力为重点，全面推进各项工作，并取得了重要进展。例如，2015年我校根据教育部的部署对专业学位授权点进行了合格评估，金融、应用统计、法律、翻译、新闻与传播、文物与博物馆、工程博士、工程管理等8个专业学位授权点顺利通过了国家合格评估；开展了首届校级"工程硕士实习实践优秀成果获得者"评奖活动，表彰了45位在实习实践中表现优秀、成果突出的全日制工程硕士，为申报国家级工程硕士实践优秀奖奠定了良好的基础；积极参与全国第二批工程硕士教育示范基地申报，组织申报了"苏州独墅湖科教创新区-中国科学技术大学工程硕士专业学位研究生联合培养基地"；启动了我校专业学位奖助方案设置的相关工作等。

(八十五) 我校蝉联"国际大学生 RDMA 编程竞赛(中国赛区)一等奖"

2015年11月9日,由国际高性能计算咨询委员会(HPC Advisory Council)在中国举办的第三届大学生 RDMA(Remote Direct Memory Access,远程直接数据存取)竞赛结果在江苏无锡揭晓,51支大学生参赛队伍中的7支队伍最终赢得比赛。我校代表队与国防科技大学代表队双双摘取一等奖,西北工业大学代表队和西安电子科技大学代表队获得二等奖,重庆大学代表队、华中科技大学代表队和中国海洋大学代表队获得三等奖。

(八十六) "国务院学位委员会第七届安全科学与工程学科评议组第一次会议"在我校召开

根据国务院学位委员会的工作要求和安排,第七届安全科学与工程学科评议组第一次会议于2015年11月10日在我校火灾科学国家重点实验室召开。学科评议组召集人范维澄院士、冯长根教授,成员李树刚教授、张和平教授、张来斌教授、邹树梁教授及秘书申世飞教授出席会议,校党委书记许武出席会议并致辞,武汉科技大学、福州大学和火灾科学国家重点实验室相关人员20余人参与会议。会议开幕式由张淑林副校长主持。

许武书记致欢迎辞,他指出安全科学与工程学科虽然是新成立的一级学科,但为我校的工科发展做出了表率,希望学科组各位委员能够持续支持我校相关学科的发展,并预祝本次会议圆满成功。范维澄院士代表学科评议组发表讲话,感谢学校对本次会议的大力支持,同时感谢各位专家在百忙之中莅临合肥参会。范维澄院士还回顾了我国安全科学与工程学科的发展,并简要介绍了我国当前公共安全的科研态势。

随后,范维澄院士主持了安全科学与工程学科学位授权点专项评估工作。学位授权点单位武汉科技大学和福州大学负责人汇报了各自单位的情况,与会评议组成员进行了质询,对两个单位学位授权工作给出了具体建议,对两个单位的学位授权点评估情况进行了投票表决。

本次会上,学科评议组还对本学科如何支持国家安全发展、如何使本学科进入世界一流行列、本学科的"十三五"规划等问题进行了重点讨论。

会后,评议组成员还参观了火灾科学国家重点实验室。

(八十七) 我校对2015年新增博导及科教融合单位导师进行岗前培训

2015年11月12日至13日,连续两日阴雨绵绵,而我校东区活动中心五楼报告厅气氛热烈,我校2015年博导培训研讨会在此隆重举行。今年参加培训交流的年轻导师多达200余人,较往年有很大增长,除我校今年新晋博导外,还有融入我校研究生教育体系的来自中科院合肥物质科学研究院、沈阳金属研究所、南京分院的近200位年轻导师。

"一校四地"导师共聚我校交流探讨研究生培养心得、共商研究生培养事业发展属首次，开启了我校"科教融合、所系结合"事业的新篇章。我校党委书记许武教授出席会议致辞并做专题报告，南京分院周健民院长、合肥物质科学研究院万宝年副院长出席会议并讲话。我校张淑林副校长，全国优秀博士学位论文指导教师杨金龙教授、俞汉青教授应邀做专题报告。

许武表示，在新时期，我校将一如既往地把"全院办校、所系结合"当作学校的立校之本、办学之基，并希望在原有合作的基础上，继续保持与中科院各研究院所的深入联系，积极发现"所系结合"的新增长点，积极探索"所系结合"的新模式，创造新经验。

根据本次研讨会形成的共识，"一校四地"年轻导师交流研讨会将形成常态机制，每年定期举办。研讨会期间，不仅安排培养经验丰富的优秀导师做专题报告，还将举办相关对口学科导师座谈会、学术报告会等，进一步丰富导师培训交流会的形式和内容。

(八十八) 瑞士联邦材料测试与研究实验室 Manfted Roth 教授为金属所研究生开设专业课

2015年10月31日至11月13日，EMPA（瑞士联邦材料测试与研究实验室）的 Manfted Roth 教授应中科院金属所研究生部的邀请到金属所为全体研究生开设"先进材料技术"专业课。该课程是在我校研究生院创新项目的资助下开设的。在研究所期间，他还为高年级研究生修改学术论文16篇。

Manfted Roth 教授主要从事材料的失效分析与防护、修复以及焊接界面技术的研究与开发等，受邀多次出席国际学术会议并做特邀报告，发表学术论文60余篇。他于1981年毕业于德国爱尔兰根大学并获博士学位，1982～1985年在世界著名瑞士公司 ABB 研发中心工作，从1985起在瑞士联邦材料测试与研究实验室工作，2009年被聘为中南大学客座教授，目前担任瑞士联邦材料测试与研究实验室主任、高级研究员。

研究生教育创新计划涉及研究生教育的各个方面，中科院金属所进一步贯彻"所系结合"的精神，积极参与该计划项目，为同学们打开了不出国门体验国外教学的窗口。

(八十九) 华东师范大学一行来我校调研研究生教育信息化工作

2015年11月17日上午，华东师范大学研究生院一行12人访问我校，就研究生教育信息化建设工作进行调研。

座谈会上，张淑林副校长首先就我校研究生教育实施信息化管理的背景进行了介绍，并对华东师范大学研究生院一行的来访表示欢迎。研究生院副院长、招生办公室主任倪瑞详细介绍了我校研究生信息系统在招生宣传、学位授予、质量监控、导师服务、学生服务、系统的建设运行维护等多个方面的实践和经验。

双方就研究生教育信息化建设在招生、学籍、培养、学位、专业学位培养等方面进行交流研讨。

(九十) 我校各学位分委员会开展2015年冬季学位申请审核工作

2015年11月16日至23日,我校数学、物理与天文、化学与材料、地学与环境、生命科学、力学与工程、电子信息与计算机、核科学与技术、管理科学与工程、公共管理与人文、微尺度物质科学国家实验室(筹)、科学岛分院、管理人文类专业学位、工程类专业学位等14个学位分委员会分别召开会议,讨论审议2015年度冬季学位授予工作。本次共有190位博士生、535位硕士生以及64本科生提交了学位申请。

会议中,各学位分委员会从自身学科特点出发,对各种类型学位申请者的学籍、课程学习、学位论文评阅、答辩以及发表的学术论文等情况进行了认真审议。委员们严格把控学位质量,对审议过程中存在疑问的地方进行详细讨论及核实。同时,委员们还对强化研究生过程管理、完善工程博士学位标准、加强质量监督等提出了许多建设性的意见。

我校每年开展3次学位授予工作,分别在春季、夏季和冬季进行。学位授予工作的规范化、制度化,保障了我校研究生的培养质量,提升了我校的社会声誉。

(九十一) 校学位委员会召开2015年冬季学位工作会议,决定授予185人博士学位、534人硕士学位

2015年11月25日上午,校第八届学位评定委员会在理化大楼一楼科技展厅召开第四次工作会议。会议审核了我校2015年下半年各学科的学位申请情况,讨论了工程博士学位申请的学术成果要求,听取了关于留学生申请博士学位的相关补充规定以及学位与研究生教育近期工作的汇报。校学位评定委员会主任委员、校长万立骏院士主持会议。

会议首先听取了各学位评定分委员会负责人对本次博士学位、硕士学位申请和教务处对学士学位申请审核情况的汇报,并检查了各学科学位申请者在课程学习、科研实践、学位论文评阅及答辩等培养环节中的完成情况。在认真阅读申请材料和集体讨论的基础上,经表决,会议决定授予185人博士学位、534人硕士学位、64人学士学位。

随后,与会委员就工程博士学位申请的学术成果要求进行了讨论,并提出了进一步修改与完善的建议。会议还听取了校学位办关于来华留学生申请博士学位的相关补充规定。

会上,张淑林副校长通报了近期教育部、国务院学位委员会办公室、中国学位与研究生教育学会在一流大学建设、学位与研究生教育等方面的最新政策动向,介绍了近期我校在组织学位点合格评估、研究生教育科教融合、网络空间安全一级学科点申报、学位论文抽查、新版学位证书设计、招生宣传等方面的工作进展,并就下一步如何做好我校"统筹推进两个一流"建设方案、新一轮学科评估等谈了初步设想。

万立骏校长最后做总结讲话,代表学校对各位委员在学位授予审核、研究生培养质量把关中的辛勤付出表示感谢,并就如何进一步提高我校研究生培养质量和学科建设水平提出了以下几点要求:第一,在研究生培养中要坚持我校精英培养的传统,继承和发展我校人才培养的特色和优势;第二,在学位审核中要切实按照精英教育标准,严格把关,担起重责,确保人才出口的高质量;第三,在学位标准上要坚持高起点、高目标、高视野,向一流看齐,不断提高完善学位标准;第四,在学科建设上,要紧紧抓住当前中科院推进实施"科教融合"战略的机遇,做好与相关研究所教育资源、学科资源的整合,探索所系结合的新模式。

(九十二)微尺度物质科学国家实验室(筹)召开第九届研究生学术论坛

为贯彻落实微尺度物质科学国家实验室(筹)"更新观念、推进创新,促进优质资源共享,营造创新氛围"的主旨,加强研究生的学术交流,充分发挥实验室学科交叉的优势,营造良好的科研学术氛围,实验室于2015年11月28日至29日在理化大楼举行了第九届研究生学术论坛。实验室和来自其他院(系)200多位感兴趣的老师和研究生参加了报告会。本次会议经过教授评审组评议,赵旭、谈军军、骆阳、姜艳、项子霁、陈锟、郁云杰、江嵩、李周、邢璐等10位同学获得了学术论坛报告一等奖,米赛、李亚民等15位同学获得了学术论坛报告二等奖,顾川川、张小强等21位同学获得了学术论坛报告优秀奖。

(九十三)我校召开"第一届化学与材料科学研究生英文学术年会"

2015年11月28日至29日,我校"第一届化学与材料科学研究生英文学术年会"成功举办。本届年会由校团委、研究生院、化学与材料科学学院分团委共同主办,化学与材料科学学院研究生会承办。年会共安排有开幕式、分会场报告、墙报展示、闭幕式等主要内容和环节,自11月初启动以来,就受到了广大研究生的广泛关注,共收到学术成果报告50余篇,最终选录39篇优秀报告的报告人参加分会场报告。

本届学术年会共筛选出39名研究生进行了英文口头报告,报告人准备充分,思路清晰,报告流畅,并与评委老师、在座同学进行了积极热烈的探讨交流,使大家对我校无机化学、有机化学、物理化学与材料、高分子类等各个实验室的研究工作有了较深入的了解。与此同时,本届年会还在二教一楼大厅通过展板的形成对优秀研究工作成果进行了展览,并在化学与材料科学学院分团委的微信公众平台上设置了微信投票环节以评选出最佳人气奖,受到了同学们的广泛关注与支持。

在本届学术年会中,分会场报告采用英文口头报告的形式,以训练学生英文口头报告的能力,适应不断增加的国际学术交流的需要,为研究生口头报告的训练提供了一个新思路。

(九十四) 物理学院举办"第五届博士生学术年会"

2015年11月28日下午,"第五届物理学院学术年会"在5403教室成功召开,本届会议由物理学院研究生部、物理学院分团委主办,物理学院研究生会承办。来自量子信息、光学、物理电子学、粒子物理与原子核物理、凝聚态物理、等离子体物理、天体物理以及原子分子物理方向的16位评委老师、各专业的64名参赛者,以及部分物理学院留学生和本科生200多人参加了本届年会。

本届年会包括量信分会场、光学分会场、凝聚态分会场、物电与粒子物理分会场、等体天体及原分5个分会场。

闭幕式上,评委老师段昌奎教授和郑坚教授对本次活动进行了点评。段昌奎教授提出了自己的六字感受——羡慕、嫉妒、希望:"羡慕"大家有很好的条件来开展个人研究;"嫉妒"同学们利用聪明才智,做出了出色的工作;同时看到了"希望",看到了同学们在科学前沿领域取得的突破。郑坚教授首先肯定了同学们出色的工作,希望同学们在今后的工作中能够更加了解自己做的工作是为解决什么问题、基本思路是什么、结论对今后的科研有什么作用等,还对同学们的报告技巧加以指导。

报告结束后,评审委员会从参赛者的学术贡献、研究内容的创新性、独立完成工作的能力、语言表达能力和综合素质等方面综合考虑,经过认真评议,分别评出了每个会场的一等奖、二等奖和三等奖以及优秀墙报奖。最后由评委老师为同学们颁奖并合影留念。

(九十五) 我校举行2015年第二次研究生毕业典礼暨学位授予仪式

2015年11月29上午,我校"2015年冬季毕业典礼暨学位着装授予仪式"在东区大礼堂举行。700多名学子身着学位服,在亲友的陪同和见证下,分享这一激动人心的时刻。

上午9时,在热烈的掌声中,校领导许武、万立骏、窦贤康、叶向东、朱长飞,以及部分学院、国家重点实验室领导李嘉禹、叶邦角、葛学武、李厚强、汪毓明、余玉刚、张和平,身着导师服到主席台就座。大会由张淑林副校长主持。

典礼第一项是"出校旗"。校旗护卫队的同学们高高擎起一面巨幅校旗,从后排缓缓移向主席台,最后将校旗悬挂在主席台中央。校旗从同学们的头顶掠过时,礼堂中响起阵阵掌声和欢呼声。

随后,全体人员起立,奏唱《中华人民共和国国歌》。

会上,校党委常务副书记、副校长窦贤康宣读了学校关于授予博士、硕士和学士学位的决定,本批次我校共授予各类各层次学位人数共计783人。

在同学们毕业的庄严时刻,校学位评定委员会主任委员、校长万立骏院士代表全校师生员工,向顺利完成学业、获得学位的各位同学表示热烈的祝贺,向为同学们的成长付出心血和汗水的老师和亲友们表示衷心的感谢。

对大家即将开启的人生新征途,万立骏校长表达了以下几点期待。一是保持进取心,树立高远目标和理想。希望同学们无论何时何地、遇到什么困难,都要积极上进,坚定信念,把国家和社会的需求与个人的奋斗目标结合在一起,努力实现更大的人生价值。二是坚持学习,从社会和实践中汲取营养和智慧。希望同学们在今后的工作和生活中,始终保持谦虚谨慎的态度,养成终身学习的习惯,把向社会学习、向劳动大众学习当作一种生活态度和生活方式,坚持独立思考、明辨是非,在科学上要不断追求卓越,在技术上要不断追求极致,在通往崇高理想的道路上要不断前行。三是运用所学知识,大胆创新,造福人类。他为大家讲述了我校陈本峰校友发明云适配技术,并以微软最有价值专家的身份回国创业的奋斗故事,鼓励大家学以致用,坚持理论和实践相结合,坚持"不唯书、不唯上、只唯实",大胆尝试,勇于创新。四是培养吃苦耐劳、脚踏实地的务实精神。希望同学们今后无论是继续攀登科学高峰,还是开始"朝九晚五"的上班族生活,无论是在机关抑或工厂,还是自己创业,都要继承和发扬科大求真务实的优良传统,培养吃苦耐劳的精神,坚持脚踏实地,坐得了冷板凳,耐得住寂寞,努力把工作做到极致。五是常怀感恩之心,修身立德。希望同学们在未来的道路上,能够常怀感恩之心,严于律己、宽以待人,修身立德,学会做人、做事,成为一个对社会、对国家有贡献的人。

最后,万立骏校长充满深情地对大家寄语:同学们承载着中国科大57年的光荣与梦想起航,今后无论身在何方,母校永远是同学们创新创业、成就辉煌的坚强后盾。他衷心祝愿各位同学身体健康、家庭幸福、前程似锦,开始快乐而又充实的新的人生旅程!

导师代表、地球和空间科学学院执行院长汪毓明教授与同学们分享了自己的人生经历与体会。他说,今年是自己在科大学习与工作的20周年,在这里,他实现了自己的角色转化:20年前来到科大学习到如今在科大任教,已从学习知识的角色转变为传授知识的角色;从12年前博士毕业到如今担任地空学院执行院长,已肩负起学院发展与学生培养的重担。他告诉同学们,毕业意味着一段全新旅程的开启,希望同学们在面对不断变化的社会时,不要胆怯,而要在坚守正确价值观的同时,快速适应环境的变化;希望同学们时刻做好准备,并勇于坚持,迎接人生路上的各种挑战与机遇;希望同学们时刻记住自己身上科大人的烙印,心系母校发展,常回来看看。

生命科学学院博士毕业生刘茜代表科学学位获得者发言,表达了对母校和师长悉心培养的敬意与感谢。她说,身为科大学子是幸福的,也是肩负重任的。作为即将迈出校门的科大人,将以创校先贤和一代代科大人为榜样,将个人发展与国家民族的复兴结合起来,尽一生所学报效祖国;将牢记科大的精神和理念,秉承"红专并进、理实交融"的校训,在未来的工作岗位上独立思考,坚持创新,不忘自己肩负的使命和责任。

毕业生代表、MBA学员李瑞娟同学代表专业学位获得者发言。她回顾了在科大学习期间的许多细节,并表示,在科大的收获,不仅在于学习了知识,开阔了视野,收获了友谊,也在于更进一步地学会了分析与思考,学会了如何不断超越、突破自己的极限去发展、去面对挑战;在科大,学到的不仅是思维方式和研究方法,更是面对逆境、迎接挑战时应表现出的人生态度。

在万立骏校长的带领下,全体毕业生庄严宣誓:"感恩父母养育,感谢导师教诲,不忘母校培养。我们坚守母校信念,热爱科学、崇尚真理;我们传承母校精神,科教报国、追求卓越。我们用激情和智慧建设祖国,用责任和行动回馈社会,用成就和硕果回报母校!"

在激扬的旋律声中,全体毕业生再次唱响了校歌《永恒的东风》。

最后,在豪迈的校歌旋律中,同学们身着学位服依次登上主席台,校领导和导师们为他们一一扶正流苏并合影留念。

为了让远方的亲友也能见证这一激动人心的时刻,本次毕业典礼同时通过网络进行了现场直播。

(九十六)我校两位博士生荣获2015年度"微软学者"奖学金

2015年11月,在刚刚结束的2015年度"微软学者"奖学金评审中,我校博士生潘滢炜、张婷同学荣获该项殊荣,并在刚刚结束的"21世纪的计算"大会上与其他11位获奖者一起,接受了微软全球资深副总裁周以真博士以及微软全球资深副总裁、微软亚洲研究院院长、微软亚太研发集团主席洪小文博士的颁奖。

我校强调对基础学科的培养,同时注重学生的实验能力,使学生在日新月异、竞争激烈的科研领域能够把握住科学的最前沿,把握科研变化节奏的同时具有强有力的竞争力。潘滢炜、张婷同学获此殊荣,使我校成为中国大陆唯一一所自该奖项设立以来连续17年均有学生获奖的高校。

(九十七)我校召开"国家示范性微电子学院发展建设研讨会"

2015年12月9日,学校于218楼会议室召开会议,研讨与中科院长春光学精密机械与物理研究所(简称"长春光机所")共建国家示范性微电子学院,推进"所系结合"迈上新台阶。参加会议的有长春光机所副所长张涛一行,信息学院、计算机学院、软件学院、物理学院、先研院、微纳研究中心及教务处、所系结合领导小组办公室、研究生院等单位相关负责人。校党委书记许武出席会议并致辞,会议由张淑林副校长主持。

许武书记首先对张涛副所长一行表示热烈欢迎,对长春光机所与我校不断深入合作,促进互利共赢,在人才培养与科学研究等方面做出的努力表示真诚感谢,他希望双方抓住共建契机,体现共建特色,推动所系结合进一步深化,让"科教融合"与"所系结合"在新形势下迸发新的活力。

张涛副校长在致辞中表示,长春光机所与我校的合作源远流长,双方在基础科学领域和工程技术领域基础雄厚,为共建带来了良好的合作基础。双方必将发挥各自优势,共同推进国家示范性微电子学院的建设发展。

随后,张淑林副校长做总结发言。她要求学校在示范性微电子学院建设上要坚持高端定位,体现我校与长春光机所的精品特色,将示范性微电子学院建设成为学科交叉的大平台和科教融合的联合体,源源不断地为国家输送微电子学科领域的高素质人才。

根据国家关于鼓励软件产业和集成电路产业发展的相关政策要求,教育部等部委于2014年开展试办示范性微电子学院申报工作,并于2015年6月支持建设示范性微电子学院。学校于2012年开始依托先研院展开了中国科大微电子学院的筹建工作,初步开展了微电子领域的人才培养、科学研究、成果转化、校企合作、国际交流等工作。此次与长春光机所的合作为我校微电子学科的建设与发展带来了契机,必将进一步推动我校微电子学院的建设发展。

(九十八) 中科院武汉分院代表团访问我校

2015年12月10日下午,中科院武汉分院院长袁志明和党组书记、副院长陈平平率武汉分院机关和院属单位党政领导班子成员一行近40人访问我校。校党委书记许武、校长万立骏会见了袁志明院长、陈平平书记一行,并在西区活动中心学术报告厅召开交流座谈会。张淑林副校长以及相关学院和机关职能部门负责人参加了座谈交流,座谈会由万立骏校长主持。

座谈会上,许武书记希望双方在中科院党组的领导下,在原有合作基础上积极发现"所系结合"的新增长点,积极探索"所系结合"的新模式,创造新经验,就"所系结合"工作的思路多交流。万立骏校长指出,"全院办校、所系结合"是我校的办学方针,也是我校在新时期创建世界一流研究型大学的重要支撑,希望武汉分院与学校能进一步深化合作,争取双赢。张淑林副校长介绍了我校参与国家统筹推进世界一流大学和一流学科建设及与中科院相关研究院所开展研究生教育融合的情况。

袁志明院长希望双方未来能进一步探讨科教融合的可能途径,共谋发展。陈平平书记希望双方携手贯彻中科院党组在"科教融合"方面的部署,共创美好未来。

中科院武汉分院筹建于1956年,1958年7月正式成立,包括8个独立法人单位和非独立法人的中科院武汉教育基地,现有5个国家重点实验室、2个国家级工程技术研究中心、7个中科院重点实验室,于2004年6月与我校签署全面合作协议,与我校共建了中科院吴文俊数学重点实验室和天眷英才班。

(九十九) 安徽省2015年科学道德和学风建设集中宣讲教育报告活动在我校举办

2015年12月11日下午,安徽省2015年科学道德和学风建设集中宣讲教育报告活动在我校西区活动中心礼堂举办。我校副校长张淑林,安徽省科学技术协会副主席蔡士祥,安徽医科大学党委书记李俊,合肥研究生培养单位的分管领导、相关职能部门负责人、新晋研究生导师以及在读研究生参加了报告活动。我校李曙光院士出席报告会并做主题报告,安徽省委教育工作委员会常务副书记高开华主持开幕式并讲话。

高开华在讲话中说道,学术道德是科学研究的基本伦理规范,是提高学术水平和研究能力的重要保证,是人才培养的重要内容,与学风、校风、教风建设相互促进、相辅相成。加强科学道德和学风建设是全面提高高等教育质量的必然要求,必须始终贯穿在高等教育人才培养、科学研究、社会服务和文化传承与创新等各项工作中。希望各研究生培养单位充分认识到培养科学道德、学风建设的重要性,不断增强做好宣讲教育的责任感、紧迫感,从源头上、根本上和思想深处抓起,注重教育引导,强化政策导向,坚持不懈地在师生中加强学术规范和科学精神教育。

张淑林副校长在致辞中表示,科学道德和良好学风是大学精神的集中体现,是高校的立校之本、发展之魂。我校自创办起,就十分注重科学道德的培育和优良学风教风的养成。在我校老一辈科学家道德力量的感召下,"育人为本、学术为根、报国为魂"的科大精神得以形成并传承至今。近年来,我校在全面贯彻落实中国科协、教育部发布的《关于切实加强和改进高校学风建设的实施意见》,加强科学道德和学风建设,营造学术氛围和校园质量文化方面进行了卓有成效的探索,对强化科学道德和学风建设起到了重要保障作用。希望大家像爱惜自己的眼睛一样爱护自己的学术声誉,坚守科学道德,维护学术尊严。

在报告会中,李曙光院士以"科学家的名声问题——从另一个角度谈科学研究职业道德"为题做专题报告。他分别从"为什么从科学家名声角度谈""影响名声的主要问题""为什么科学研究不端行为增多""学术不端是竞争压力过大造成的这一错误观点""如何解决科技界的浮躁问题""科学研究为什么要遵守职业道德""职业道德的两个关键点""我们对科学知识产权的认识误区""如何改进自然科学评价体系"等9个方面谈了目前学术界存在的不良现象、现象产生的根源以及具体的解决办法。

本次宣讲活动由安徽省教育厅、安徽省科学技术协会、中科院合肥物质科学研究院主办,中国科学技术大学承办。

(一百)我校举行2015年光华奖学金颁发仪式

2015年12月14日下午,我校在东区水上报告厅隆重举行2015年光华奖学金颁发仪式。校党委副书记蒋一,颁奖嘉宾、光华教育基金会代表贾宁先生,各院(系)、直属单位学生工作负责人,275名光华奖学金获得者参加了颁奖仪式。

光华教育基金会自1989年成立以来,共投入16亿元人民币用于祖国的教育、扶贫、赈灾等工作,其中11亿元用于设置、发放各类奖学金,已有14万多学生受益。光华奖学金的设立和评颁有以下几个特色:一是鼓励学生热爱祖国、报效社会;二是强调少数民族同学获奖比例;三是到各设奖学校为获奖同学"送奖";四是设奖不求回报,只愿获奖者今后有条件帮助别人,实现社会和谐、薪火相传。

今年我校共有275名同学获得光华奖学金，其中本科生60名，研究生215名，获奖额度为每人1000元人民币。

（一百零一）我校博士生在"2015年度GE基金会科技创新大赛"上创佳绩

2015年12月16日，"2015年度GE基金会科技创新大赛颁奖典礼"在上海举行，上海市科学技术委员会总工程师傅国庆、上海市科学技术协会副主席陆檩、GE全球副总裁兼中国研发中心总裁陈向力博士出席颁奖典礼。来自中国科学技术大学、清华大学、上海交通大学、香港科技大学等15所我国知名高校的优秀研究生参加了颁奖典礼。

经过激烈角逐，今年11月毕业于我校微尺度物质科学国家实验室（筹）的李军配博士后以"一种基于3-羟基-4-吡啶酮类化合物合成的高分子铁螯合剂及其应用"这一作品最终脱颖而出摘得本次大赛的桂冠，来自化学学院的2013级在读博士生李维汉以"空气活化制备多孔碳纳米纤维及其在高性能柔性锂离子电池中的应用"这一创新设计方案获得二等奖。我校学子表现优异，包揽了前四名中的两名。

（一百零二）中科院金属所召开研究生导师工作研讨会

为了适应研究生教育的新形势新变化，2015年12月17日上午，中科院金属所在郭可信楼310多功能报告厅召开研究生导师工作研讨会，杨锐所长、谭若兵副所长、张哲峰副所长和全所近170名导师出席会议，本次会议的主题是"适应变化、因材施教、保证质量"。为加强研究生教育管理，中科院金属所自2013年起聘任青年导师担任研究生辅导员，近期又首次从各研究部聘任了研究生教育秘书。会上，杨锐所长为教育秘书和新聘任的研究生辅导员颁发了聘书。

（一百零三）国家同步辐射实验室举办2015年研究生学术论坛

为了拓展研究生科研视野，提供学术交流平台，活跃学术气氛，国家同步辐射实验室于2015年12月19日举办了"国家同步辐射实验室2015年研究生学术论坛"。本次论坛由国家同步辐射实验室主办，实验室研究生部承办。

本次论坛特别邀请了中国工程物理研究院、中科院上海应用物理研究所、中科院近代物理研究所、中科院高能物理研究所以及中国科学技术大学等单位的相关领域前沿科学家参加并做精彩的学术报告。

报名参加本次论坛的研究生围绕论坛主题"核科学与技术"，展示了各自的研究成果，内容涉及同步辐射实验技术与方法、同步辐射在催化科学、材料科学、高分子物理化学等领域的应用，加速器物理、加速器技术等研究领域学。经过教授评审组综合评分，叶逸凡、蔡亮、黄瑞萱3名同学获得本次学术论坛一等奖，张科、孔帅、周宇、梁知挺4名同学获得二等奖,林元菲、侯双月、赵江涛、宋丽贤、李为5名同学获得三等奖。

(一百零四)"第四届南京大学-合肥工业大学-中国科学技术大学矿物科学与工程学科研究生学术交流年会"举行

2015年12月21日至22日,"第四届南京大学-合肥工业大学-中国科学技术大学矿物科学与工程学科研究生学术交流年会"在我校举行。此次学术交流年会由中科院壳幔物质与环境重点实验室主办,共有近百名来自南京大学、合肥工业大学以及中国科学技术大学的矿物学科的教师、研究生参会。

此次年会为期1天,鉴于参与主体是三校研究生,年会由研究生自主主持。年会上共有13位来自南京大学、合肥工业大学和中国科学技术大学的博士后、研究生,围绕"矿物结构和矿物晶体化学、生物矿化和微生物-矿物相互作用、成岩成矿矿物学、计算矿物学和环境矿物学"等主题做了精彩的学术报告,展示了近期取得的科研成果。

此年会作为一个研究生交流平台,不仅为青年学子提供了校际交流和创新研究展示的机会,而且也对研究生的创新意识、创新思维和创新能力培养产生了积极作用,同时,促进了各高校新方法、新技术的交流与合作。

(一百零五)我校建立工程博士研究生教育质量保障体系

2011年,国务院学位委员会批准25个学位授予单位开展工程博士专业学位教育工作,涉及电子信息、生物医药、先进制造、能源环保4个领域。我校获得电子信息、能源环保2个领域的授权,并同意在这2个领域招收工程博士专业学位研究生,成为安徽省首个工程博士招生的单位。为做好工程博士专业学位教育工作,2015年,学校在招生、培养和学位授予等环节明确要求,严把质量,形成了一套完整的质量监控体系。

1. 招生方式和报考条件

工程博士招生主要面向国家重点行业、战略性新兴产业行业中的技术骨干,或参与国家科技重大专项或大科学工程的技术骨干、工程管理骨干。招生采用笔试和面试相结合的方式,择优录取。

2. 培养目标和方式

工程博士的培养目标是造就工程科技和工程管理方面的高层次领军人才。采取在职培养模式,面向具有相当工程实践经验特别是国家重点行业、战略性新兴产业行业中的技术骨干,或参与国家科技重大专项或大科学工程的技术骨干、工程管理骨干,采取校企联合培养的方式,依托国家科技重大专项的研究和我校相关学科资源优势,开设相应理论课程及实践课程,全面塑造高水平的工程领军人才。

工程博士研究生由学校、行业(企业)联合培养,实行弹性学制和学分制,学习年限通常为3~5年。学校、行业(企业)联合组建导师组负责工程博士研究生的指导与培养。

通过"双导师制"具体实施工程博士研究生的培养计划、培养进度考核、学位论文评审和答辩等工作。

3. 工程博士学位授予

工程博士学位论文选题,须围绕国家重大科技专项研究、重大工程项目中的实际问题或国家重点行业、战略性新兴产业行业中的前沿技术进行,体现作者综合运用专业知识解决重大工程技术问题的能力,同时能够反映作者在参与国家重大科技专项、大科学工程建设等项目中已做出重要的实质性贡献。工程博士学位论文评审和答辩应由企业和学校专家共同完成。

工程博士研究生完成课程学习,修满规定学分,课程考试成绩合格,在校期间作为主要研究人员参加国家级或省部级重大、重点项目,作为主要撰写人完成综合性工程科技报告,并公开发表与研究项目相关的学术成果,符合学位申请条件者,颁发中国科学技术大学工程博士学位证书。

4. 工程博士质量监控

学校成立工程博士教学指导委员会和工程博士专业学位分委员会两个委员会宏观指导工程博士的培养工作。教学指导委员会聘请校外专家参与,校内、外专家共同负责工程博士培养政策的制定,指导培养方案的实施。工程博士专业学位分委员会对工程博士培养方案进行审核,对工程博士学位授予进行审定,监控工程博士培养过程,不断提高工程博士的培养质量。

2016年

(一) 我校发布《中国科学技术大学学位与研究生教育年度质量报告(2015)》

当前,研究生教育质量问题已成为社会关注的焦点,质量提升日益成为社会共同的期待。可以说,我国的研究生教育事业正站在一个新的起点上,向以质量提升为显性特征的新常态迈进。如何认识这一新常态、适应这一新常态,进一步总结办学经验,全面分析发展新阶段的矛盾与问题,科学把握面临的新机遇、新挑战,谋划研究生教育事业的新发展,是当前和今后一个时期各个高校学位与研究生教育事业发展的大逻辑。

为主动应对新常态下研究生教育面临的机遇与挑战,2015年,我校发布并实施了《中国科学技术大学综合改革方案》。该方案明确了创新人才培养体系等33项改革核心任务,为在我校内部建立起适合科教融合和符合世界一流大学要求的办学机制、治理结构、创新文化描绘了清晰的路线图。一年来,我校根据该方案要求,全面深化学位与研究生教育综合改革,不断创新人才培养模式,积极实施科学学位研究生硕-博一体化培养机制改革,继续深化专业学位研究生培养模式改革,探索建立需求导向的学位授予模式,努力建设服务型、数字化研究生院,进一步提高了研究生的培养质量,提升了研究生教育的国际竞争力和社会声誉度。

为主动接受各界人士对我校学位与研究生教育事业发展的评议和监督,我校决定于2016年1月1日向社会公开发布《中国科学技术大学学位与研究生教育质量报告(2015)》。

此次编制并公布的《中国科学技术大学学位与研究生教育质量报告(2015)》,用客观数据和具体事例反映我校过去一年来在学科建设、招生培养、学位授予、质量保障、国际合作交流等方面采取的综合改革创新举措、所取得的成绩、依然存在的主要问题以及未来的工作规划等,以期为我校学位与研究生教育事业发展和社会的监督评价提供科学的分析依据。

(二) 我校与长春光机所共同筹建"国家示范性微电子学院"并揭牌

2015年7月,教育部、国家发展改革委员会、科学技术部、工业和信息化部、财政部和国家外国专家局六部委联合发布《关于支持有关高校建设示范性微电子学院的通知》,支持北京大学等9所高校建设示范性微电子学院,中国科学技术大学等17所高校筹备建设示范性微电子学院。

2015年12月29日,我校发布《关于与中国科学院长春光学精密机械与物理研究所联合成立中国科学技术大学国家示范性微电子学院的通知》(校办字〔2015〕219号),决定与中国科学院长春光学精密机械与物理研究所(简称"长春光机所")共建国家示范性微电子学院(简称"微电子学院"),学院纳入我校科教融合共建学院进行规划建设,依托信息科学与技术学院管理运行。

2016年1月5日上午,我校与长春光机所共建的"国家示范性微电子学院"揭牌仪式在长春光机所隆重举行。参加揭牌仪式的有我校党委书记许武、副校长张淑林一行,长春光机所所长贾平、副所长张涛、所长助理王建立及所内相关部室、公司负责人。揭牌仪式由张涛副所长主持。

揭牌仪式上,贾平所长表示长春光机所将全力支持微电子学院的建设,双方共同努力将微电子学院打造成高端微电子人才的培养基地,助推我国微电子产业的快速发展。

我校许武书记希望通过共建微电子学院,进一步发挥双方优势,探索新形势下的人才培养模式,为国家微电子领域培养更多的优秀人才,真正办出具有特色的示范性微电子学院。

之后,我校张淑林副校长宣布微电子学院成立,并公布了微电子学院理事会成员及学院领导班子成员:吴枫任微电子学院院长、王欣洋任微电子学院长春分部院长、王永任常务副院长。最后,我校许武书记和长春光机所贾平所长共同为微电子学院揭牌。

(三) 我校研究生获得"'中国好创意'CCF全国青年大数据创新大赛特等奖"

2016年1月10日结束的2015年"'中国好创意'CCF全国青年大数据创新大赛"上，由我校信息科学技术学院电子工程与信息科学系研究生翟耀和陈冬冬组成的"hczh队"一举夺魁，获得了本赛事的综合特等奖。翟耀和陈冬冬是我校2010级本科生，也是2013年度国家奖学金获得者。2014年，二人均通过参加我校和微软亚洲研究院的联合培养项目成为保送研究生，其校内指导教师分别是李厚强教授和俞能海教授。

(四) 我校召开"2015年度学位与研究生教育冬季工作会议"

2016年1月12日，我校"2015年度学位与研究生教育冬季工作会议"在东区水上报告厅召开，会议主要传达国务院学位委员会第三十二次会议精神，交流各单位研究生培养工作经验，表彰研究生教育优秀导师，部署下一年度研究生教育重点工作。校长万立骏院士出席会议并讲话，各学院执行院长、分管院长、研究生部全体成员，以及纳入我校研究生教育体系的中科院合肥物质科学研究院、中科院金属研究所等单位相关负责人参加了会议。会议由张淑林副校长主持。

万立骏校长重点传达了中共中央政治局委员、国务院副总理刘延东同志在国务院学位委员会第三十二次会议上关于"十二五"期间学位与研究生教育改革发展的讲话精神，介绍了国务院学位委员会2016年度拟重点推进的几项工作：科学制定研究生教育发展"十三五"规划，研究完善学科与专业学位类别设置管理工作机制，进一步改进学位授权审核工作，统筹推进世界一流大学和一流学科建设，推进学位工作与研究生教育综合改革试点，等等。他指出，国家拟推进的这些改革将更加突出发展质量和效应、培养模式创新、结构调整优化、各方资源的协同参与、对外开放发展，将给我校学位与研究生教育改革事业带来新的战略机遇和挑战。万立骏校长希望各学院、各相关部门认真领会国家关于推进研究生教育改革的精神，紧紧瞄准世界一流大学和一流学科建设目标，准确把握研究生教育发展新常态，抓住新机遇，直面新挑战，以"提升质量"为核心，以"综合改革"为抓手，坚持"科教融合"优良传统，苦干实干，继续打造我校学位与研究生教育品牌，为学校创建世界一流大学提供坚强支撑。

张淑林副校长强调，各单位要继续坚持完善两级管理模式，加强管理队伍建设，精心部署好下一年度研招宣传工作，尤其要高度重视学科选优评估、合格评估、学位论文抽查评估等工作，坚持质量为魂，坚持声誉至上，坚持师生为本，争取在新一轮重点工程建设及学科选优评估中交上一份满意的答卷。

此外,2015年,我校共获"中科院优秀博士学位论文"16篇,陈发来等16位研究生导师获得"中科院优秀研究生指导教师"荣誉称号。会上,张淑林副校长宣读了学校有关表彰和奖励决定,万立骏校长为这16位获奖导师颁发了证书。

(五) 中国中医科学院研究生院访问我校

2016年1月14日,中国中医科学院研究生院学位办杨卫彬主任、学生处杜新亮副处长一行4人访问我校,就学位与研究生教育信息化建设工作开展调研交流。研究生院屠兢副院长、倪瑞副院长,以及研究生院、学位办相关部门负责人接待了来宾,并与来宾进行了座谈交流。双方与会人员就研究生教育信息化建设在招生、学籍、培养、学位、导师服务等方面的应用,以及系统的开发、推广、运行、维护等方面进行了深入的交流研讨。

(六) 我校获批增列网络空间安全一级学科博士学位授权点

2016年1月28日,国务院学位委员会下发《国务院学位委员会关于同意增列网络空间安全一级学科博士学位授权点的通知》(学位〔2016〕1号),经国务院学位委员会第三十二次会议审批,同意我校增列网络空间安全一级学科博士学位授权点。

该学科是适应国家网络空间安全领域重大战略需求,由国务院学位委员会、教育部于2015年6月批准新设立的一级学科。该一级学科隶属工学学科门类。2015年10月,国务院学位委员会下发《关于开展增列网络空间安全一级学科博士学位授权点工作的通知》,启动了首批网络空间安全一级学科博士学位授权点的申报工作。我校积极组织信息学院、数学学院、物理学院、计算机学院、微尺度物质科学国家实验室(筹)等相关单位开展了该学科的论证工作。经反复研讨,形成了较为完善的申报方案。

我校在网络空间安全领域的人才培养和学科建设工作已有多年历史积淀,早在20世纪70年代,我校就开设了编码与密码专业,经多年建设与发展,我校已形成了量子信息安全、密码学、网络安全与应用、计算机系统安全、组合网络等多个特色性方向,并同多个国家级的网络空间安全研究机构或部门建立了牢固的合作关系,取得了一系列公认的丰硕成果。此次网络空间安全一级学科博士点的批准,对进一步优化我校学位授权体系结构、带动相关学科发展、促进高水平人才培养具有重要的意义。

国务院学位委员会文件

学位〔2016〕1号

国务院学位委员会关于同意增列网络空间安全一级学科博士学位授权点的通知

中国科学技术大学：

经国务院学位委员会第三十二次会议审批，现函您你校增列网络空间安全一级学科博士学位授权点。请进一步整合资源，加强学科建设，做好网络空间安全人才培养工作。

抄送：教育部、有关省级学位委员会

我校获批增列网络空间安全一级学科博士学位授权点

（七）我校3名留学研究生荣获教育部"优秀来华留学生奖学金"

2016年1月，2015～2016学年教育部"优秀来华留学生奖学金"公布了获奖名单，我校推荐的3名留学生均榜上有名。

教育部"优秀来华留学生奖学金"首次面向全国269所"中国政府奖学金"院校设立开放名额201个，供所有在读二年级（含）以上的本科生和研究生公开竞争，每校可推荐3名候选人，由国家留学基金管理委员会组织专家根据各校推荐人选的学业情况、科研能力、在华表现等方面进行评审。

我校荣获"优秀来华留学生奖学金"的3名留学生分别是：Ghulam Nabi，公共事务学院巴基斯坦籍博士研究生，导师是宋伟教授；Shamim Akhtar，地球和空间科学学院巴基斯坦籍博士研究生,导师是杨晓勇教授;Erigene Bakangura,化学与材料科学学院卢旺达籍博士研究生,导师是徐铜文教授。

(八) 我校召开"环境科学与工程、光学工程学科建设研讨会"

为进一步规划我校环境科学与工程、光学工程学科的建设与发展,2016年3月3日下午,我校于理化大楼一楼会议室召开"环境科学与工程、光学工程学科建设研讨会"。张淑林副校长出席并主持会议。环境科学与光电技术学院(简称"环光学院")、物理学院、化学与材料科学学院、地球和空间科学学院等单位相关学科负责人及专家代表、研究生院相关人员参加了会议。

会上,环光学院副院长谢品华教授从学科特色、研究方向、导师队伍、科研平台、科研项目及成果等方面全面汇报了环光学院相关学科的有关建设发展情况。环光学院执行院长刘文清院士等与会专家围绕如何深化科教融合、所院结合,共同推进环光学院建设,做强做大环境科学与工程、光学工程学科,以及在新一轮国家学科评估中如何加强协同合作等问题进行了深入研讨,并提出了相关建议。

会上,张淑林副校长要求校内相关单位积极支持环光学院建设与发展,在国家新一轮学科选优评估中各单位要围绕建设目标通力配合,认真整合学科资源,科学凝练学科方向,力争在本轮学科评估中取得优异成绩;研究生院等相关职能部门要全力做好服务对接工作。

(九) 我校召开新学期学位与研究生教育工作布置会

2016年3月9日下午,我校在理化大楼一层科技展厅召开"2016年春学期学位与研究生教育工作布置会"。各学院执行院长、研究生教育分管院长、各学院研究生部全体成员、专业学位教育中心全体成员以及融入我校研究生教育体系的中科院合肥物质科学研究院、金属所、南京分院相关负责人等参加了会议。万立骏校长出席会议并讲话,张淑林副校长主持会议并部署工作。

万立骏校长就我校如何做好新学期学位与研究生教育工作提出了以下4点要求:第一,要进一步提高研究生教育水平和培养质量,各学科要不断提高质量标准,强化质量意识,加强质量管理,始终坚持把提升质量作为研究生教育工作的生命线;第二,要不断提高我校研究生教育的治理水平,既要发挥研究生院等职能部门的协调服务职能,也要激发各学院尤其是研究生导师的主体作用,充分调动各个方面的积极性;第三,要充分发挥我校与研究所以及各学科之间在研究生培养上的相对优势,加强交流,相互学习、相互借鉴,取长补短,促进共同发展;第四,要进一步增强研究生培养工作的责任心和荣誉感,通过举措使责任心、荣誉感成为每位导师的主动诉求和内生动力。

我校新学期的学位与研究生教育工作部署主要包括以下几点。第一,根据国家即将出台的"统筹推进两个一流"建设实施方案的部署,凝心汇智,群策群力,设计规划我校建设实施方案,扎实推进一流大学与一流学科建设。第二,进一步深化与中科院合肥物质科学研究院、南京分院、金属所等的教育融合,共建研招大平台、教学大平台、学科大平台。第三,根据国家启动的学科合格评估、选优评估的部署,认真做好我校部分学科的合格评估以及各一级学科的选优评估工作。通过合格评估查摆不足,以评促建,以评促改;通过选优评估,提升我校学科排名,提升学科影响力和竞争力。第四,进一步加大研招宣传力度,充分利用现代信息化手段,通过发挥院(系)、师生的积极性,构建线上与线下相结合、"走出去"与"请进来"相结合、学校层面与学院层面相结合、导师与学生志愿者相结合的多维研招宣传新体系。第五,深化教学培养工作改革,加大研究生课程体系改革力度、研究生创新创业教育投入力度、研究生创新计划实施力度、研究生国际学术交流推进力度,营造研究生创新生态环境,提升研究生创新能力。第六以各类学位论文抽查为契机,强化培养过程管理,健全质量监控机制,全面构建从入口到出口的全方位、全过程的研究生教育质量监测体系。第七,进一步加强研究生教育管理队伍建设,不断提高学校、院(系)两级管理队伍基于信息化的管理水平和服务水平,调动导师与学生两大主体的积极性,构建与我校研究生教育创新体系相适应的现代治理体系。

(十) 我校与中科院苏州纳米技术与纳米仿生研究所及苏州生物医学工程技术研究所召开学科共建研讨会

为进一步做好"所系结合"、学科共建等相关工作,2016年3月10日至11日,张淑林副校长率领相关学院及职能部门负责人访问了中科院苏州纳米技术与纳米仿生研究所(简称"纳米所")、中科院苏州生物医学工程技术研究所(简称"医工所"),就如何进一步探索学科共建等相关工作进行协商研讨。

在纳米所,杨辉所长希望双方多加强交流协商,并通过优势互补,积极探索在物理、化学、生物、材料、信息等多个学科方向上的共建工作,实现更深层次的科教融合。

张淑林副校长表示,纳米所研究生教育纳入我校后,校内相关学院和职能部门将会积极做好对接支持服务工作。相关学院要加强与纳米所的沟通交流,深入研究优势学科互联共建,共同打造国内纳米科学领域高端人才培养的优质基地。

在医工所,唐玉国所长表示,所内研究生教育归口我校,不仅为医工所人才培养事业带来新的契机,更为医工所科研事业发展开辟了新的空间。医工所将会全面融入科大教育体系,积极主动加强对接交流,协同校内有关学院不断整合资源,强化生物医学工程等相关学科的建设力度。

张淑林副校长希望双方以教育融合为基点,创新举措,拓展渠道,积极吸引国内外优势科研力量,推进多方科研融合,形成科教融合平台。她要求相关学院和职能部门主动开展对接工作,了解研究所需求,争创"所系结合"新的典范。

2015年,为贯彻落实中科院党组关于"率先行动"计划的战略部署,加强科教协同创新,促进科教资源共享,中科院商请教育部将南京分院所属紫金山天文台、南京地质古生物研究所、南京天文仪器研制中心、苏州纳米技术与纳米仿生研究所、苏州生物医学工程技术研究所等5家单位研招计划划归我校,研究生教育及学科建设整体纳入我校研究生教育体系。

我校与中科院苏州纳米所、苏州医工所召开相关学科共同建设研讨会

(十一)我校各学位分委员会开展 2016 年春季学位申请审核工作

2016年3月17日,随着数学学科学位分委员会的召开,我校2016年春季学位授予及博导上岗审议工作全面展开。在半个月时间内,物理与天文、化学与材料、地学与环境、生命科学、力学与工程、电子信息与计算机、核科学与技术、管理科学与工程、公共管理与人文、微尺度物质科学国家实验室(筹)、工程类专业学位、管理人文类专业学位、科学岛分院、金属所等14个学位分委会相继召开会议,讨论审议77位博士生、550位硕士生、12位本科生的学位申请以及103位新增博导的上岗申请等工作。

各学位分委员会围绕提高研究生培养质量这一中心目标,兼顾学科特色,严把学位质量关。会上,各位委员对学位申请者的课程成绩、评阅意见、发表论文等信息以及博导申请者的学习科研经历、承担科研任务、指导研究生情况等信息进行了认真细致的审核,对有疑问的地方反复咨询,充分讨论,同时还就学位授予标准、论文发表期刊、学位论文抽检、留学生培养等方面提出了诸多建设性的意见和建议。

近年来,我校博导队伍不断壮大。自2009年以来,平均每年新增博导45人,平均年龄为38岁,其中3/4为"千人计划""青年千人""百人计划"等各类引进人才。

随着"全院办校、所系结合"工作的深入推进,中科院金属所和合肥物质科学研究院的研究生教育归口到我校,并成立了中国科大金属所学位分委会和科学岛分院学位分委会。两个单位研究生教育的融入,深化了科教融合,促进了学科建设和人才培养,丰富了我校研究生教育的形式和内涵。

(十二)新疆师范大学巫文武书记一行来我校访问

为进一步深化对口支援工作,商讨续签两校新一轮对口支援协议,新疆师范大学巫文武书记率代表团于3月24日来我校访问。校党委书记许武在座谈会前会见了巫文武书记一行。张淑林副校长与来宾进行了亲切座谈。我校党政办、组织部、宣传部、研究生院、教务处、科研部、人力资源部等相关职能部门负责人参加了座谈会。

巫文武书记真诚希望两校继续加强在学科共建、人才培养、干部进修等方面的合作,共同推进对口支援工作迈上新台阶。

张淑林副校长表示,随着"一带一路"国家战略的全面实施,我校将与新师大迎来全新的发展机遇,我校将继续大力支持新师大的教育发展,深化双方合作,加强交流学习,抓住历史机遇,共促双方教育事业的腾飞。

座谈期间,与会双方代表就高校文化宣传、组织及人事、学科布局及一流学科建设、科研管理等方面的工作进行了热烈讨论和经验交流。

(十三)金属所学位评定分委员会召开第一次工作会议

为深化科教融合、协同创新,丰富"全院办校、所系结合"的新形式和新内涵,促进学科建设和人才培养,2016年1月21日的校长工作会议讨论通过材料科学与工程学院成立金属所学位评定分委会,由李依依院士任主任,张哲峰副所长任副主任。3月24日,分委会召开首次会议,李依依主任主持会议。

会议通过了1名博士学位申请者的学位初审,决定报校学位评定委员会终审。各位委员依据金属所研究生指导教师任职条件,认真审核了博导资格申请者的申报材料,通过不记名投票方式表决,8名研究员通过分委会的博导资格初评,决定报学校进行终评。同时还进行了2016年度研究生"师昌绪奖学金"的评审。

会议对学位申请者科研成果要求进行了充分讨论,通过了《中国科学院金属研究所-中国科学技术大学材料科学与工程学院学位申请者科学研究成果要求》,该要求适用于在金属所培养的学籍为我校的学位申请者。

随后,刘敏副院长向各位委员传达了学校近期的几个重要文件,包括《关于增补中国科学技术大学学位评定委员会成员的通知》《关于成立中国科学技术大学金属所学位评定分委会的通知》《关于张哲峰等任职的通知》。各位委员就研究生教育自我评估工作深入交换了意见,同意成立材料科学与工程学院(金属研究所)研究生教育自我评估工作领导小组,领导小组建议名单和评估工作安排经所务会研究通过后报研究生院备案。

(十四) 校学位委员会召开2016年春季学位工作会议，决定授予77人博士学位、550人硕士学位

2016年4月6日上午，第八届校学位评定委员会在理化大楼一楼科技展厅召开工作会议。会议审核了学校2016年春季各学科学位申请情况，听取了新增博导审核情况的汇报。校学位评定委员会主任委员、校长万立骏院士主持会议，各位委员以及中科院合肥物质科学研究院、中科院金属研究所的相关学位工作负责人参加了会议。

会议首先听取了各学位分委员会对本次博士、硕士学位申请以及教务处对学士学位申请审核情况的汇报，抽查了部分申请者的学位申请材料。经审议表决，同意授予77人博士学位、550人硕士学位。

随后，会议听取了各学位分委员会关于本年度新增博导审核情况的汇报。经审议表决，103位青年教授通过了新增博导上岗资格审定。本批次新增博导主要为"青年千人""百人计划"等各类引进人才，包括纳入我校研究生教育体系的中科院合肥物质科学研究院、金属所的申请者。

会上，张淑林副校长通报了国家即将启动的新一轮学科选优评估、双一流建设等工作的最新动态，介绍了我校在学科选优评估工作方面的准备情况，以及下一步学校学科点调整、优化的基本设想。

最后，万立骏校长做总结讲话，对各位委员在学位质量把关中付出的辛勤劳动表示感谢，强调了学科建设质量、学位授予质量对维护学校声誉的重要性，并就如何做好下一步工作提出以下两点要求：一是要高度重视即将启动的国家新一轮学科选优评估工作，各学院、各学科要瞄准高目标，凝聚力量，整合资源，科教协同，争取在激烈的选优评估中获取佳绩；二是要高度重视维护我校研究生培养品牌和培养声誉，各学位分委员会在学位标准设定、导师上岗审定条件上要向国际一流大学看齐，不断提高标准，确保研究生培养质量不断提升。

(十五) 我校举行"新版学位证书启用暨2016年春季学位着装授予仪式"

2016年4月10日上午，"新版学位证书启用暨2016年春季学位着装授予仪式"在我校理化大楼东三报告厅举行。500余名学子身着学位服，在亲友的陪同和见证下，分享这一激动人心的时刻。校领导万立骏、窦贤康、叶向东、周先意、蒋一，部分学院领导杜江峰、杨金龙、陈华平，以及导师代表黄方等身着导师服在主席台就座。仪式由张淑林副校长主持。

校学位评定委员会主任委员、校长万立骏院士为新版学位证书揭牌。新版学位证书由内芯、隔纸、封面和证书盒四部分组成，包括校徽、校名、校训、科大使命、科大星、梅花以及孺子牛、科技之花、一鉴亭、东西区校门等10余种科大元素。其中博士学位证书颜

色以红色为主,硕士学位证书颜色以蓝色为主,学士学位证书颜色以绿色为主。新版学位证书中彰显的"梅与牛"的科大精神,正是科大师生勤勉治学、刻苦钻研、勇攀科学高峰的真实写照。

万立骏校长对新版学位证书进行了文化和历史解读。他说,新版学位证书设计独具一格、制作精美,着力突出了代表科大文化和科大精神的元素,凝聚了学校师生及相关部门的辛劳和智慧,凝聚了海内外校友的关注与期盼。新版学位证书的启用,体现了学校的特色,体现了中国从国家学位制度向校本学位制度的转变。"士不可以不弘毅,任重而道远",今天的学位授予仪式后,改变的只是同学们从学生到校友的称呼,不变的是科大人代代相传的创新基因、永不服输的精神和母校对大家永远的期许和关注。

万立骏校长深情地寄语同学们:不管未来是一帆风顺还是风雨兼程,相信大家都会一往无前、无所畏惧,达到理想的彼岸,实现自己的人生梦想,实现中华民族伟大复兴的中国梦。母校始终期待着大家用理想的光芒超越现实,用实干的力量实现梦想,为闪耀在浩瀚星空的中国科大星增光添彩。

在万立骏校长的带领下,全体毕业生庄严宣誓:"感恩父母养育,感谢导师教诲,不忘母校培养。我们坚守母校信念,热爱科学、崇尚真理;我们传承母校精神,科教报国、追求卓越。我们用激情和智慧建设祖国,用责任和行动回馈社会,用成就和硕果回报母校!"

伴随着豪迈的校歌旋律,同学们身着学位服依次登上主席台,校领导和导师们为他们一一扶正流苏并合影留念。

根据国务院学位委员会、教育部〔2015〕18号文件规定,自2016年1月1日起,学位证书由各学校自行印制,国务院学位委员会办公室公室印制的学位证书不再使用。我校新版学位证书设计方案征集活动自2015年9月启动,面向全校师生、校友和社会大众公开征集。校学位办共收到20余套作品,经过两轮3000余人次参与的公开投票、百余次的修改,形成了最终的新版学位证书。新版学位证书总体设计风格具有国际视野,富有文化内涵,样式简明,寓意深刻。

(十六) 中国科学技术大学新版学位证书解读

2016年4月10日上午,中国科学技术大学新版学位证书启用仪式在我校理化大楼隆重举行,校长万立骏院士为新版学位证书揭牌。至此,我校自主设计的新版学位证书开始启用。新版学位证书传承着"创寰宇学府、育天下英才"的办学使命,彰显了"梅花香自苦寒来,俯首甘为孺子牛"的文化精神。

在设计理念上,新版学位证书着力突出我校的文化精神。我校在各个历史时期的内外环境和文化特质,是科大文化基因形成的历史渊源。证书以"梅与牛"为核心,经过艺术加工,赋予其独特的文化情感体验。"梅与牛"是科大文化的代表元素:梅花来源于科大校徽,是科大人勤奋刻苦、追求真知、百折不挠、永不言败的品格象征;孺子牛代表着科大人追求卓越、勇攀科学高峰的科学精神。"梅与牛"的文化精神，正是科大师生勤勉治学、刻苦钻研、勇攀科学高峰的真实写照。学位证书也成为彰显学子理想、连接母校与学子情感的一种有效媒介和精神寄托。

在设计风格上，新版学位证书分为博士、硕士和学士三种类型，每种类型的学位证书又有中、英文两种版本。博士学位证书颜色以红色为主，硕士学位证书颜色以蓝色为主，学士学位证书颜色以绿色为主。证书设计以彰显"梅与牛"的精神为主线，包括校徽、校名、校训、科大使命、科大星、梅花、孺子牛、科技之花、一鉴亭、东西区校门等10余种科大元素。图案整体采用手绘风格，希望每一次的翻阅，都能唤起同学们在科大生活的点点滴滴，同时也希望科大学子牢记母校培养，传承母校精神。

在设计内容上，新版学位证书由内芯、隔纸、封套和外盒4个部分组成。

内芯：尺寸为A4大小，方便携带、复印。从使用的长期性和通用性考虑，证书内芯的设计除了必要的文字表述外，没有其他时代痕迹，而把科大文化元素更多地运用在了证书的包装形式与材质工艺上。

隔纸：为防止在长期保存过程中，中文证书与英文证书内芯上的文字相互粘连，证书内加入了半透明隔纸，并将科大风物"一鉴亭"和科大使命运用烫金工艺表现出来，从细节上彰显母校的元素。

封套：使用防水材料和软包工艺。封面有梅花、校名和校训，整体构成中国结的形状，寓意为希望学子学成之后不忘报效祖国。封套内部4个边角取材于科大校徽的梅花、科技之花，封套底部中间是手绘孺子牛，取"梅花香自苦寒来，俯首甘为孺子牛"之意。梅花和孺子牛形成的卡槽可以固定证书内芯。封套中间是校训和校徽红色印章。学位证书内芯置于梅与牛的整体框架中，象征着在科大精神的感召下，科大学子勤奋努力、刻苦钻研，最终取得了丰硕的成果。孺子牛的左右两边分别是科大东、西区大门，它们守护并伴随着科大学子的成长，在今后的道路中，它们还将继续陪伴科大学子追求卓越、勇攀高峰。

外盒：运用烫金工艺和书法字体相结合的表现方法，在盒盖上使用传统书信形式的标贴，把母校对科大学子的牵挂与寄托融入到书信的包装形式中，也希望学子心系母校，时刻关注母校的发展。

此外，新版学位证书在防伪工艺上也有提升：证书使用紫外荧光防伪手段，中文证书的防伪图案采用了校徽和梅花；英文证书的防伪图案采用了"中国科大星"，希望科大学子刻苦努力，成为国际科技领域的新星。

（十七）我校与核能安全技术研究所召开学科共建研讨会

为进一步促进校所学科共建、联合培养高层次人才，2016年4月11日下午，张淑林副校长率研究生院相关部门负责人赴中科院核能安全技术研究所调研并开展座谈会。

座谈会上，核能安全技术研究所吴宜灿所长介绍了研究所学科发展、人才培养的现状以及未来的发展规划。张淑林副校长对研究所近年来的学科建设成绩给予了充分的肯定,指出核能安全技术研究所是一个多学科的交叉平台,具有鲜明的特色,对我校核科学与技术、安全科学与工程、计算机科学与技术、力学、生物医学工程等学科发展及学科评估具有重要的支撑作用。

与会人员就学科共建目标、学科建设任务及举措,以及研招、培养等进行了深入的交流与研讨。

核能安全技术研究所是中科院合肥物质科学研究院和我校联合共建的创新型研究所。研究所的目标是建成具有国际先进水平的核能安全技术研究基地、核能安全专业高端人才培养中心、核电站及其他核设施安全技术综合支持平台和第三方评价机构。

(十八) 我校所系结合工作小组访问中科院广州能源研究所

2016年4月13日,我校所系结合领导小组办公室主任何淳宽、校学位办主任陈伟、工程科学学院党委书记兼副院长刘明侯、副院长倪勇、热科学和能源工程系主任裴刚、党总支书记胡芃和李文志副教授一行访问中科院广州能源研究所,双方就共同做好学科评估、加强所系结合和落实共建工作等进行了深入探讨。广州能源研究所所长马隆龙、党委书记夏萍,以及人事教育处、党政办公室、科技处、国家能源生物燃料研发中心等相关单位负责人和所研究生部的老师参加了座谈会。

会上,马隆龙所长代表广州能源研究所对我校一行的到访表示热烈欢迎。他表示,作为双方签署《共建热科学和能源工程系合作协议》后的第一次交流,希望能切实落实共建事宜,推进科教融合建设。何淳宽主任对广州能源研究所长期以来对我校发展的关心和支持表示衷心感谢,希望能在科教融合新形势下,共同探索出合作的新途径、新模式。陈伟主任介绍了即将开展的学科评优工作情况,分析了动力工程及工程热物理学科评优的机遇与挑战。

随后,双方在共建协议框架下,就学科建设、共建热科学和能源工程系、共建联合实验室和冠名奖学奖教金设立等展开深入的讨论与交流,提出了建设性的建议和想法,就落实下一步科教融合和共建事宜达成了合作共识。

(十九) 研究生院举办首场网络视频研招宣讲会

2016年4月19日晚,研究生院重点面向有意报考我校化学与材料专业研究生的"985工程""211工程"高校的考生,举办了首场网络视频研招宣讲会。来自哈尔滨工业大学、西安交通大学、华中科技大学、吉林大学等40多所高校的200多名同学,通过网络视频平台参加了此次宣讲会。中科院金属所、苏州纳米所、合肥物质科学研究院等相关单位的招生负责人出席了宣讲会。此次宣讲活动以我校固体化学实验室为对象,通过播放网络视频,让考研同学直观感受到宽敞明亮的实验室、先进的实验设备、有条不紊的实验工作和朝气蓬勃的实验室文化,以对实验室的研究方向、科研平台、研究团队以及校园生活等有全方位的认识。

(二十) 研究生院党支部开展"两学一做"学习教育

2016年4月21日下午,研究生院党支部在学生服务中心三楼会议室召开会议,布置"两学一做"学习教育工作,研究生院、校学位办全体党员教工参加了学习,会议由支部书记屠兢副院长主持。

屠兢首先传达了中共中央办公厅关于开展"两学一做"学习教育方案相关精神,以及《中国科学技术大学开展"两学一做"学习教育实施方案》和机关党委关于贯彻落实学校该方案的有关要求,并要求全体党员要深刻认识到"两学一做"学习教育的重要意义,认真参加支部组织的学党章党规、学习近平总书记系列重要讲话等学习教育,把握其丰富内涵和核心要义。通过这种经常性的学习教育,促进每位党员都以高度的责任心投入到工作中去,以知促行,做合格党员,在群众中真正起到党员的先锋模范作用。

会上,与会党员围绕实施好"两学一做"学习教育方案,就"三会一课"、支部民主生活会、主题党日活动的内容与形式等开展了热烈讨论。倪瑞、古继宝、陈伟副院长先后发言,一致认为,将"两学一做"精神切实贯彻到工作中,以理论指导实践,不仅有助于解决问题,而且能够更好地推动研究生教育管理工作的发展;我们要充分重视党章党规的学习,提高个人理论水平,加强自身修养,自我约束,自我提高,以更为积极的心态投入到工作生活中去;通过党员学习教育,不仅提高了自身的认识觉悟,同时更加坚定了理想信念,求真务实,立足本职,为学校"双一流"建设做出贡献。

(二十一) 学校布置专业学位水平评估工作

2016年4月22日下午,我校在东区218楼三楼会议室召开"专业学位水平评估工作布置会议"。管理学院、公共事务学院负责人,相关专业学位授权点负责人,以及研究生院相关人员参加了会议。张淑林副校长出席会议并部署工作。

张淑林副校长要求参评单位在思想上高度重视这次评估,在行动上切实落实评估要求,在程序上严格遵守文件规定。在评估过程中,要认真总结我校专业学位建设成果和经验,确保填报的数据和信息客观、真实、完整、有效。她希望借此次评估的契机,以评助建,促进我校专业学位内涵建设,不断提高我校专业学位教育质量。

本次专业学位水平评估工作由国务院教育督导委员会办公室负责组织,教育部学位与研究生教育发展中心负责具体实施。试点范围涉及法律、教育、临床医学(不含中医)、口腔医学、工商管理、公共管理、会计、艺术(音乐)等8个专业类别,其中我校涉及法律、工商管理、公共管理3个专业学位类别。按照部署,本次评估于2016年4月正式启动,5月底前完成评估信息填报。

(二十二) 习近平总书记视察我校

2016年4月26日,中共中央总书记、国家主席、中央军委主席习近平到我校考察,上午考察了先研院,下午考察了合肥微尺度物质科学国家实验室(筹)自旋磁共振实验室,听取了学校工作汇报,到图书馆看望学生并发表重要讲话。

上午10时30分,习近平总书记在安徽省委书记王学军、省长李锦斌等的陪同下,来到我校先研院,结合实物展示,详细了解安徽省实施创新驱动发展战略的情况,观看了智能语音、智能机器人、电子信息、装备制造、公共安全、新材料、生物医药、无人机、智慧新能源、新能源汽车等方面的科技创新成果;察看了量子通信等量子信息科学研究成果,到量子通信实验卫星总控中心和量子通信骨干网京沪干线总控中心了解量子通信网络建设、运行和应用情况。习近平总书记同科研单位和企业人员亲切交流,询问科研进展、成果转化、应用前景等。

习近平总书记在先研院同科技人员交谈时强调,创新居于五大新发展理念之首。我国经济发展进入新常态,必须用新动能推动新发展。要依靠创新,不断增加创新含量,把我国产业提升到中高端。我们要毫不动摇坚持开放战略,但必须在开放中推进自主创新。

在观看高新技术企业科技成果展时,习近平总书记走到科大讯飞展台前,一个圆头圆脑的机器人说:"总书记您好,我是小曼,我们早就期盼您的到来了,我也很高兴能加入到实现中华民族伟大复兴的进程中来。"机器人佳佳说:"见到敬爱的总书记真开心。佳佳祝总书记天天开心。"科研负责人介绍了语音合成技术,习近平总书记询问了仿真率、成本、商业前景。习近平总书记对这项技术在语音翻译、双语教学、对外交流合作等方面取得的应用成果给予肯定。习近平总书记强调,新兴产业发展令人瞩目,希望大家的事业蒸蒸日上。

上午11时30分,习近平总书记来到量子通信实验卫星总控中心和量子通信骨干网京沪干线总控中心,在许武书记和万立骏校长等的陪同下,听取了常务副校长潘建伟院士关于中科院量子信息与量子科技前沿卓越创新中心的工作汇报以及关于量子通信、量子计算与量子精密测量等技术的介绍,现场察看了我校国盾量子通信的型号产品,视察了量子通信京沪干线室内联调中心相关情况。在考察量子通信卫星研制情况时,习近平总书记饶有兴致地问,目前我校研制的量子通信实验卫星是否为全世界首颗量子实验卫星。潘建伟院士给予了肯定回答,介绍了量子通信和量子信息的国内外研究形势和国内相关研究布局。习近平总书记对量子通信研发工作给予肯定,说:"很有前途、非常重要。"随后,潘建伟院士还汇报了"十一五""十二五"期间国家对量子通信京沪干线建设的相关投入情况,以及我国已经取得的优势,并介绍了目前所面临的国外的竞争。他向习近平总书记建议,希望尽快启动量子信息国家实验室的建设,统筹全国高校、科研院所的研究力量,组织国家量子通信和量子计算重大专项。习近平总书记说:"今年的国家自然科学一等奖是我亲自给你颁发的,你们的科研做得很好,今天你汇报得很好,这次每个展出我的印象都很深刻,我都记住了。"临走前习近平总书记再次指出,"很有希望、大有作为,国家一定会支持"。

考察中,习近平总书记对每位科研人员表示亲切慰问,与他们一一握手,并勉励科技人员说,合肥这个地方是"养人"的,培养出了这么多优秀人才,是创新的天地。希望大家再接再厉、更上层楼。祝大家创新愉快!

习近平总书记强调,安徽作为科技大省,中国科技大学作为以前沿科学和高新技术为主的大学,这些年抓科技创新动作快、力度大、成效明显,值得肯定。当今世界科技革命和产业变革方兴未艾,我们要增强使命感,把创新作为最大政策,奋起直追、迎头赶上。中国科技大学要勇于创新、敢于超越、力争一流,在人才培养和创新领域取得更加骄人的成绩,为国家现代化建设在做出更大的贡献。

下午3时10分,习近平总书记一行来到我校近代物理系,考察合肥微尺度物质科学国家实验室(筹)自旋磁共振实验室。校党委书记许武等在此迎候。物理学院执行院长杜江峰院士介绍了实验室在量子计算与量子精密测量基础科学研究及其应用、先进实验装备与技术的自主研发等方面所取得的具有重要国际影响的研究成果,以及在加快高层次人才培养方面所取得的成就。习近平总书记对我校科学家在基础研究和应用研究领域取得的成绩表示祝贺,对在核心技术上实现从跟跑到并跑、再到领跑的突破表示赞赏,对实验室传承科大"科教报国"精神表示肯定。习近平总书记与在场的科研人员亲切握手,询问科研团队的状况,勉励大家要把科大的优良传统一代一代传承下去。

参观结束后,习近平总书记与实验室骨干科研人员以及在场的校领导、院士、执行院长一一握手并合影留念。在前往东区图书馆的路上,许武书记向习近平总书记简要汇报了我校与安徽省委党校共建马克思主义学院的情况,得到了总书记的肯定。

下午3时40分,习近平总书记来到东区图书馆。在图书馆二楼大厅,万立骏校长代表全体师生员工对习近平总书记来我校视察和对我校的亲切关怀表示热烈欢迎和衷心感谢。他汇报了我校"源起两弹一星,矢志科教报国,秉承红专并进,始终忠诚于党,扎根中国大地,创建世界一流"的办学历程与办学理念,介绍了学校在交叉融合、开放共享构建一流科研平台,红专并进、理实交融培养科技领军人才,敢为人先、勇于创新产出原创科技成果,校地合作、协同创新服务社会经济发展,科教融合、精品办学赢得良好社会声誉等方面的基本情况和取得的成就。汇报中,当习近平总书记看到一张2015年国家科学技术奖获得者与党和国家领导人的合影照片时,立刻含笑认出了站在自己身后的国家科技进步特等奖得主相里斌,许武书记和万立骏校长也笑着介绍相里斌就是我校校友。

之后,习近平总书记来到我校图书馆五楼自习室,看望在那里自习的学生,亲切地与他们拉起家常,询问他们年龄多大、来自哪里,以及在学校的生活情况。在与少年班学院大二学生于晓静交谈时,当得知她在科大的生活很充实、家里很放心时,习近平总书记很高兴。在与信息学院大四国防生刘畅交谈时,得知刘畅同学毕业后立志为国防事业贡献力量,习近平总书记称赞她志存高远。来自微尺度物质科学国家实验室(筹)的博士后李军配目前正在创业,习近平总书记关切地询问他目前的创业收获有哪些,有什么样的感受。曾经在宁夏海原支教一年的公共事务学院博士生吴茂乾向习近平总书记汇报了自己的支教经历,总书记详细询问了他的支教体验和感受,勉励他为西部脱贫致富做出贡献。在得知工程科学学院大四学生邵云飞作为一名国防生,准备服从祖国分配、报效国家时,习近平总书记表示了很大的赞赏,并勉励他踏实做事、踏实做人、矢志报国,争取成为一名科技将军。

随后,习近平总书记发表重要讲话。他说,我每次到合肥都要来科大,这是我第三次到科大来,也是我到中央工作之后第二次来科大。到科大来,一是因为科大拥有一些尖端的科技成果,可以来学习;二是总想看看这里的学生,大家应该为能够成为一名科大的学生而感到自豪。

习近平总书记说,现今的中国大学,到底要培养什么样的人才,我们要有自信。要道路自信、理论自信、制度自信,还有一个根本的自信,就是文化自信。我们对自己的教育也不要妄自菲薄。国外一位领导人曾经举过两个例子谈中国,一是中国高铁技术的飞速发展,二是奥林匹克竞赛,说现在奥林匹克得奖的都是中国学生。我们的教育体系有自己的优点和长处,我们的胸襟是开放的、包容并蓄的。我们培养出来的学生绝大多数是很优秀的,过去中国人口多、人手多,现在正转变成人才多。

习近平总书记说,中国现在有1亿受过高等教育的人,世界上1/4的工程师在中国,我们一年毕业700万大学生,外国人听到这个数字都很吃惊。我们要建设一个制造业强国、实现两个一百年的目标,信心在哪儿? 就是我们的教育,我们对中国建设国际一流大学、培养国际一流人才充满自信。我们要不断努力、自强不息、锲而不舍地走下去,大方向不变,但是要不断地充实完善自己。

习近平总书记语重心长地对同学们说,青年是国家的未来和民族的希望。希望同学们肩负时代责任,高扬理想风帆,静下心来刻苦学习,努力练好人生和事业的基本功,做有理想、有追求的大学生,做有担当、有作为的大学生,做有品质、有修养的大学生。大家要向我国老一辈杰出科学家学习,争取青出于蓝而胜于蓝。学得文武艺,报得13亿人民,报得我们的中华民族、我们的国家。

讲话中间,同学们不断报以热烈的掌声。当习近平总书记走出图书馆时,上千名师生挤满了道路两侧,冒着小雨来向总书记道别。习近平总书记同他们亲切握手。师生们高声唱科大校歌《永恒的东风》,歌声久久回荡。

王沪宁、栗战书和中央有关部门负责同志陪同考察。

(二十三) 我校召开"生态学学科建设研讨会"

2016年4月29日下午,我校在218楼二楼会议室召开会议,研究讨论生态学学科建设相关工作。张淑林副校长主持部署相关工作,生命科学学院、地球与空间科学学院、合肥物质科学研究院负责人,研究生院相关人员参加了会议。

与会人员围绕生态学学科建设的目标、政策、举措等进行了深入的交流和研讨。

张淑林副校长要求大家高度重视此次生态学学科建设工作,以即将开展的全国第四轮学科评估工作为契机,带动生态学学科建设工作更扎实稳固地向前推进,不但能够扩大生态学学科影响力,更能够为我校"双一流"建设工作添砖加瓦。

据悉,2011年,我校生态学获评一级学科博士授权点,2012年,获评中科院重点学科。目前我校生态学包括了分子生态学、水鸟和湿地生态学、水体修复生态学、极地生态地质学和生态工程与技术等5个培养方向。拥有植物与生态学工程研究部和生态与环境研究交叉中心,并在国家级安徽升金湖自然保护区建有"湿地生态和生物多样性野外教学实习基地",目前正在筹建生态学系。

(二十四) 我校与中科院苏州纳米所签署共建学院框架协议

2016年5月3日,我校与中科院苏州纳米技术与纳米仿生研究所签署《中国科学技术大学纳米技术与纳米仿生学院合作共建框架协议》。我校校长万立骏,苏州纳米所所长杨辉和党委书记、副所长刘佩华出席签字仪式。仪式由我校张淑林副校长主持。

万立骏校长首先代表我校对杨辉所长、刘佩华书记一行表示热烈欢迎,对苏州纳米所长期以来对我校发展建设的大力支持表示衷心感谢。他指出,苏州纳米所和我校合作源远流长、基础厚实,此次共建纳米技术与纳米仿生学院,对我校的研究生培养和相关学科建设具有很大的促进作用。他希望以此次框架协议的签署为契机,推动合作进入崭新的阶段,双方携手合作,共同探索科教融合新经验,为全院的科教事业做出更大贡献。

杨辉所长回顾了苏州纳米所与中国科大的合作渊源。他说,中国科大是我国著名大学,人才培养质量在国内外享有盛誉。苏州纳米所和院内其他研究院所都有责任有义务也有信心,向钱学森、华罗庚等老一辈科学家学习,共同办好中国科大。他指出,此次与中国科大合作共建学院是一个双赢,必将在研究生生源、人才培养、科研合作等方面对苏州纳米所有很大帮助。此次协议签订开启了双方合作的快车道,相信在大家的共同努力下,学院一定能办实办好。

在我校和苏州纳米所相关部门负责人的共同见证下,万立骏校长和杨辉所长签署了共建纳米技术与纳米仿生学院框架协议。

中科院苏州纳米所由中科院与江苏省人民政府、苏州市人民政府和苏州工业园区共同出资创建。研究所面向国际科技前沿、国家战略需求与未来产业发展,创造性地通过前沿学科交叉,把纳米科技与信息科学、生命科学和物理以及化学等学科结合起来,实现微电子技术到纳米电子技术的无缝过渡。目前,研究所有院士1名,"千人计划"6名,"杰青"4名,"青年千人"8名。2006年苏州纳米所成立之初,我校即与之签署了全面战略合作协议。

(二十五) 我校召开"全国第四轮学科评估参评工作布置会"

2016年5月3日下午,我校在东区理化大楼一层科技展厅召开"全国第四轮学科评估参评工作布置会"。校研究生教育评估工作领导小组组长、校长万立骏院士出席会议并做动员讲话。校研究生教育评估工作领导小组全体成员,各学院执行院长、分管院长、书记、系主任,研究生部全体成员,以及共建学院(有关研究所)负责人等参加了会议。张淑林副校长主持会议。

万立骏校长指出,新一轮的学科评估工作,不仅是对学校近年来学科建设的一次全面检阅,也是促进学校加快推进"双一流"建设的重要抓手,各单位要充分认识此次评估对于提高学校办学声誉和社会影响力的重要意义。各学院、各参评学科要以习近平总书记考察我校重要讲话精神为指引,认真学习本轮评估工作有关要求,准确结合评估标准,全面梳理总结我校近年来学科建设有关经验、成果,力争在本轮一级学科整体水平评估中斩获佳绩,为我校创建世界一流大学奠定坚实的基础。

张淑林副校长要求各单位牢固树立全局意识、精心组织、落实责任,认真研究评估体系,全面总结建设成效,优质高效地完成本轮学科评估工作。

会上,相关单位负责人分别就本单位及相关一级学科参评准备及评估工作思路做了汇报,并就评估工作中关心的问题进行了讨论交流,均表示会在学校的统一领导下,通力合作,全力以赴做好第四轮学科评估工作,全面展示我校学科建设特色与水平。

学科选优评估又称"一级学科整体水平评估",是教育部学位与研究生教育发展中心按照国务院学位委员会和教育部颁布的《授予博士、硕士学位和培养研究生的学科、专业目录》,对除军事学门类外的全部一级学科进行的整体水平评估。各高校和科研单位自愿申请参加评估,至2012年已完成三轮评估。本轮评估在系统总结前三轮学科评估工作经验的基础上,呈现一些新的特点,并对指标体系进行进一步改革。整体评估包括材料报送、材料核实、主观评价、结果统计与发布4个主要环节。要求2016年5月底前通过学科评估系统完成评估信息填报。

(二十六) 中科院、安徽省重点支持学校建设

2016年5月4日,安徽省人民政府第七十二次常务会议决定,支持我校建设世界一流大学、在安徽省系统推进全面创新改革试验,并予以稳定经费支持。

8月25日,中科院与安徽省人民政府签署《中国科学院安徽省人民政府全面创新合作协议》,约定双方将共同推动合肥综合性国家科学中心建设,争取以中国科大为依托单位在合肥申报和建设量子信息国家实验室,加快中国科大先研院的建设与发展,支持中国科大世界一流大学建设,支持中国科大参与安徽省系统推进全面创新改革试验。

8月31日,《中国科学院"十三五"发展规划纲要》发布,其中明确表示"支持中国科学

技术大学建设世界一流大学"。10月14日,中国科学院院长办公会决定,"十三五"期间在原有支持基础上,院财政每年核增1.5亿元经费,支持我校世界一流大学建设。

(二十七)我校苏州研究院被评为"第二届全国示范性工程专业学位研究生联合培养基地"

2016年5月5日至7日,"第十届全国工程专业学位研究生教育工作研讨会"在西安召开,苏州独墅湖科教创新区-中国科学技术大学工程硕士专业学位研究生联合培养基地经过初选、复选、会评等多轮程序后在大会上被评为"第二届全国示范性工程专业学位研究生联合培养基地",并由全国工程专业学位研究生教育指导委员会授牌。

该基地依托我校苏州研究院,由我校和苏州独墅湖科教创新区联合共建。该基地是我校获批的第二个全国示范性工程专业学位研究生联合培养基地。此前,我校常州研究生培养基地被评为"首届全国示范性工程专业学位研究生联合培养基地"。

全国工程专业学位教指委副主任委员、中国科大张淑林副校长代表教指委做了题为"深化工程专业学位研究生教育综合改革"的大会主题报告。报告全面总结分析了我国工程专业学位研究生教育事业近两年的发展情况、改革面临的现实挑战、肩负的重大使命,指出了今后一段时间教指委为全面深化教育综合改革而推出的重点改革任务。

在平行论坛阶段,我校研究生院、《研究生教育研究》编辑部组办了主题为"探索、研究、实践、创新"的教育研究论坛,研究生院综合办主任裴旭代表编辑部做了题为"工程专业学位教育研究的选题、方法、内容与结论"的大会主题报告。8位专家应邀做了报告,交流了课题的研究成果,报告十分精彩。论坛主题鲜明、指向性强、内容充实、信息量大,对促进工程教育教学研究起到了重要的推动作用。

(二十八)我校"第五次研究生代表大会"召开

2016年5月7日下午,我校"第二十次学生代表大会暨第五次研究生代表大会"在东区水上报告厅隆重召开。

大会共征集到来自各学生代表团的提案79件,各研究生代表团的提案33件。这些提案覆盖了校园建设、食堂改进、后勤服务、教学改革、学生权益等广大同学们关心的热点问题。学生委员会和研究生委员会(学研两会)将在后面的工作中积极推进代表们的提案,并实时向全校同学通报进展。闭幕式上,大会秘书长郑杰代表校团委对学研两会3年来的工作和本次大会的组织筹备给予了充分肯定,同时也对新当选的第二十届学生委员会和第五届研究生委员会委员表示祝贺,希望代表和委员们牢记使命,勇于担当,在服务同学和个人成长等方面认真工作,做出新的贡献。大会倡议,各级学生会组织要认真学习、宣传、贯彻、落实习近平总书记考察我校的重要讲话精神,号召同学们做有理想、有追求的大学生,有担当、有作为的大学生,有品质、有修养的大学生。

(二十九)"第十四届三星奖学金颁奖典礼"举行

2016年5月18日下午,学校在西区特种实验楼207会议室隆重举行"第十四届三星奖学金颁奖典礼"。本次我校共有13名同学获奖:本科生10人,每人获奖学金5000元人民币;硕士生2人,每人获奖学金7000元人民币;博士生1人,获奖学金10000元人民币。

三星公司自2002年月10月正式设立"三星奖学金"以来,我校至今已评选出十四届获奖学生,共计210人,其中,本科生147人,硕士42人,博士21人。

(三十)万立骏校长与研究生代表座谈

为广泛听取学生对研究生教育培养工作的意见和建议,增进研究生与相关部门的交流沟通,切实解决研究生在学习生活中遇到的各种问题,扎实推进研究生教育教学改革,不断提高研究生培养质量和教育管理水平,2016年5月19日下午,我校在东校区218楼二楼会议室召开研究生座谈会,万立骏校长就同学们关心的学习生活问题、研究生教育发展问题,与30多位研究生代表进行了亲切的交流。张淑林副校长,党政办、研究生院、校团委负责人等参加了座谈会。

座谈中,同学们从学习生活到科学研究,从专业兴趣、研究方向到未来发展,从职业规划到人生理想,从校园建设到学校发展,大家畅所欲言,积极建言献策。万立骏校长认真听取了每一位同学的发言,对同学们所关心的问题一一答疑解惑,对同学们就学校发展提出的意见和建议及体现出的责任与担当表示赞赏和感谢。

在总结讲话中,万立骏校长结合自己的成长经历以及培养学生的体会,向大家提出了以下3点希望:第一,希望同学们在学习中不断发现自己的兴趣所在,在未来道路的选择上把握好自己的人生方向;第二,希望同学们树立远大的理想,承载使命,勇攀高峰;第三,希望同学们发挥主人翁精神,一如既往地关心学校的建设与发展。最后,万立骏校长寄语同学们:会学习、会工作、会生活才是最理想的人生!

(三十一)我校举行"2016年学院及实验室党政主要负责人研讨班学科评估专题研讨会"

2016年5月25日上午,我校"2016年学院及实验室党政主要负责人研讨班学科评估专题研讨会"在苏州医工所举行。校领导万立骏、窦贤康、张淑林,学院、实验室党政主要负责人,机关相关部门负责人出席会议。

校领导万立骏、窦贤康、张淑林对各单位的汇报逐一进行了点评和指导。围绕信息统计和简表填写中的关键问题,与会人员进行了深入的交流与探讨,对重要问题的解决方法达成了共识。各牵头单位表示,将在学校的统一领导下,通力合作,全力以赴做好材料组织撰写工作，充分展示我校学科建设的特色与水平。

校研究生教育评估工作领导小组组长、校长万立骏表示，本次学科评估有3个主要特点：一是时间紧、任务重、工作量大；二是政策性强，要做好政策的解读和运用；三是对学校建设和学科发展的影响深远。就做好本次学科评估工作，他提出了5点要求：一是要认真研究好本轮学科评估的标准和政策，把握填表的内容和要求，充分理解、运用评价标准，按照计划做好评估材料准备工作；二是组织材料要坚持实事求是、抓住重点、突出特点、丰富内容的原则；三是各学院和实验室领导要高度重视，亲自上阵，党政班子要齐心协力，明确分工，责任到人，认真带领本单位扎实开展工作，把计划、进度尽量往前赶；四是各单位、各学科要加强交流研讨，合理利用资源，发现问题及时改进、及时总结；五是研究生院、学位办要积极主动协调相关部门、学院及研究所，帮助学院解决在材料撰写中遇到的困难和问题，及时沟通、传达信息。

会议期间，研讨班成员与苏州医工所、苏州纳米所就推进科教融合工作进行了交流，并参加了2016年新上岗博导培训班开幕会、科教融合共建学院"纳米技术与纳米仿生学院"揭牌仪式。

（三十二）我校与中科院苏州纳米所共建纳米技术与纳米仿生学院

2016年5月25日至26日，我校"2016年研究生导师培训研讨会暨中国科大-中科院苏州纳米所共建纳米技术与纳米仿生学院揭牌仪式"在苏州纳米所举行。来自我校本部、中科院合肥物质科学研究院、金属所、南京分院等单位的100余位年轻导师，以及学院和实验室党政负责人研讨班的全体成员出席了25日下午的纳米技术与纳米仿生学院揭牌仪式和导师培训开幕仪式。

校长万立骏院士、校党委常务副书记、副校长窦贤康，中科院南京分院副院长杨桂山，苏州工业园区管委会主任杨知评、苏州纳米所所长杨辉等领导出席仪式并致辞。万立骏校长、杨辉所长共同为双方共建的中国科大纳米技术与纳米仿生学院揭牌。

揭牌仪式之后，万立骏校长为年轻导师做了题为"中国科大研究生教育改革与发展思路"的专场报告，介绍了学校的历史沿革、办学理念、办学特色，并重点围绕当前研究生教育发展面临的环境与形势，从聚焦两大工程、优化学科体系、坚持科教融合、实施分类培养、坚守精品教育、发展专业学位、调动师生积极性等方面，全面系统地梳理了近年来我校研究生教育改革与发展的经验，深入分析了存在的矛盾和问题，介绍了今后一段时间深化我校研究生教育综合改革的基本思路和主要任务。

这些主要改革任务是：第一，培育和践行社会主义核心价值观，促进研究生成长成才；第二，加强以博士生为主的学术型人才培养，全方位创新培养机制；第三，充分利用专业学位教育大基地大平台，增强社会服务能力；第四，健全研究生教育内部质量保证体系，强化自我评估、自我激励；第五，提高研究生教育国际化水平，保障研究生参与国际交流；第六，加强师德师风建设，强化导师培养责任、能力和作用；第七，提升信息化技术运用水平，构建信息化支撑服务体系。

万立骏校长还对年轻导师提出两点希望：第一，对自己，要严格要求，树立终身学习信念，不断提升自身业务水平；第二，对学生，要充满爱心，要秉持无私奉献精神，甘当登云梯。

2016年，学校发布《关于与中国科学院苏州纳米技术与纳米仿生研究所联合成立纳米技术与纳米仿生学院的通知》(校办字〔2016〕86号)，决定与苏州纳米所共建纳米技术与纳米仿生学院，学院纳入我校"科教融合共建学院"进行规划建设，依托化学与材料科学学院管理运行。

自2016年起，苏州纳米所教育归口单位由中国科学院大学变更为我校，苏州纳米所与我校联合成立纳米技术与纳米仿生学院，录取的研究生取得中国科大学籍，并颁发中国科大毕业证和学位证。研究生在学期间的日常管理和论文工作在苏州纳米所进行。

(三十三) 我校制定工程博士研究生申请学位研究成果要求

2016年5月27日，我校发布《中国科学技术大学工程博士研究生申请学位研究成果要求》(研字〔2016〕11号)，内容摘录如下：

申请人在学期间应作为主要研究人员参加国家或省部级重大、重点项目，并以第一作者、中国科学技术大学为第一署名单位发表SCI或EI收录论文1篇，且取得的研究成果必须满足下列条件之一方可申请学位：获得国家级、省部级或者相当于省部级的全国性行业学(协)会科研成果二等奖及以上奖励，且国家级奖排名在前5名、省部级奖排名在前3名或前1/2；参与制定国际、国家、省部级或者相当于省部级行业标准；研究成果已通过省部级及以上单位组织的专家鉴定，且排名在前3名；主持或作为主要技术骨干设计的方案已被采纳实施，且产生重大经济或社会效益；以第一作者身份出版学术专著1部；以第一发明人身份获得国内外已公开或授权的发明专利1项。

本要求中的研究成果应与申请者的学位论文工作密切相关；第一作者或第一发明人的排序中，导师署名不计在内。

(三十四) 中国科大-香港城大第十届博士生学术论坛举行

2016年6月2日至3日，"中国科大-香港城大第十届博士生学术论坛暨何稼楠学术会议奖学金颁奖典礼"在我校举行。我校副校长张淑林、香港城大副校长吕坚出席论坛开幕式并致辞。两校研究生院、联合培养相关学院负责人以及部分导师、百余名博士研究生参加论坛开幕式。

论坛举行了"何稼楠学术会议奖学金颁奖典礼"，张淑林副校长、吕坚副校长共同为赵海川等10名联合培养博士生颁奖。本次论坛特别邀请了上海交通大学江志斌教授、北京航空航天大学单光存教授、香港城市大学刘丽丽研究员作为主讲嘉宾，就有关领域的最新前沿研究做专题报告。

论坛举办期间,两校研究生院召开座谈会,就联合培养项目的有关事宜进行进一步磋商。会上,双方讨论了 2017 年联合培养招生、第十一届学术论坛安排、硕-博连读联合项目、学生管理等工作。

本次论坛为期 2 天,分设了应用数学、工商管理、计算与理论材料物理、传播、语言学和公共政策、控制和机电一体化、环境科学、火灾科学、信息工程等 9 个分论坛。各分论坛针对性强,内容丰富,受到了与会者的高度关注与一致好评。

中国科大-香港城大联合培养博士生项目自 2005 年启动以来,两校秉持学术优先的共同理念,坚定不移地推进协同育人,取得了累累硕果,产生了良好的社会影响。目前联合培养项目在读学生 105 人,累计培养 352 人,联合培养的研究生在应用数学、环境科学、火灾科学、管理科学、互联网服务等学科领域取得了一批优秀学术成果,毕业生凭借很强的就业竞争力和宽广的国际视野得到了用人单位的青睐。

(三十五) 我校各学位分委员会开展 2016 年夏季学位申请审核工作

随着 2016 年 6 月 6 日金属所学位分委员会的召开,我校 2016 年夏季学位申请审核工作拉开帷幕。数学、物理与天文、化学与材料、地学与环境、生命科学、力学与工程、电子信息与计算机、核科学与技术、管理科学与工商管理、公共管理与人文、微尺度物质科学国家实验室(筹)、科学岛分院、管理人文类专业学位和工程类专业学位共 14 个学位分委员会相继召开会议,讨论审议本年度夏季学位授予工作。本次会议共有 583 名博士生、1570 名硕士生及 1700 余名本科生提交了学位申请。

各学位分委员会对本次学位申请审核工作高度重视,严格依照学位条例对每位学位申请者的课程学习、学位论文评审、答辩以及科研成果等信息进行全面审核,对有疑问的地方进行充分讨论,反复核实,严把学位质量关。

随着我校新学位标准的全面实施,研究生发表论文质量不断提高。本次申请中,来自物理、化学、地学和生命学科的 13 位博士生在《自然》及其子刊上发表了学术论文。近年来,我校工学和管理学研究生发表论文质量有了明显提升。本次申请中,力学与工程学科博士生发表 SCI 一、二区论文 105 篇,人均发表 1.2 篇,是 2013 年同期的 2.4 倍;电子信息与计算机学科博士生发表 SCI 论文 92 篇,人均发表 1.4 篇,是 2013 年同期的 2 倍;管理科学与工商管理学科博士生发表 SCI 论文 37 篇,人均发表 1 篇,是 2013 年同期的 2 倍。

(三十六) 我校召开"学科自评估与建设工作经验交流会"

为全面总结学科建设经验,规划学科发展,推进世界一流学科建设,2016 年 6 月 13 日下午,我校在东区活动中心五楼学术报告厅召开"学科自评估及建设工作经验交流会"。校党委书记许武教授、校长万立骏院士出席会议并讲话。校研究生教育评估工作领导小组全体成员、各学院执行院长和分管院长、国家(重点)实验室负责人、共建学院负责人、各学科点负责人、研究生院及相关职能部门负责人等参加了会议。

许武书记要求各单位继续围绕创建世界一流学科的目标,查摆问题,聚焦目标,加强交流,瞄准一流,力争在本轮评估中充分展示我校学科建设的特色与水平。万立骏校长要求各参评学科以参与此次学科评估为契机,全面总结学科建设经验与成果,分析存在的不足,研究改进的举措,力争在本轮评估中取得佳绩,为学校全面推进"双一流"建设赢得先机。

交流会上,各学科负责人分别从师资队伍与资源、人才培养质量、科学研究、社会服务与学科声誉等方面汇报了本学科近年来的建设情况。与会人员就各学科在建设中存在的不足进行了研讨交流,并提出了改进与完善学科建设的建议和意见。

(三十七)我校学位委员会召开 2016 年夏季学位工作会议,决定授予 579 人博士学位、1570 人硕士学位

2016 年 6 月 16 日下午,我校第八届学位评定委员会在理化大楼一楼科技展厅召开工作会议,审议我校 2016 年夏季各学科学位申请情况,听取第四轮学科评估参评准备情况汇报。校学位评定委员会主任委员、校长万立骏院士主持会议。

会议首先听取了各学科学位评定分委员会负责人对此次硕士、博士学位申请者及教务处对学士学位申请者审核情况的汇报,并从课程学习、科研工作、学术论文发表、学位论文评阅及答辩等培养环节检查了各学科学位申请者的学业完成情况。在认真审阅材料和集体讨论的基础上,经表决,会议决定授予 579 人博士学位、1570 人硕士学位。

会上,张淑林副校长通报了国家推动"双一流"建设的最新政策动态,汇报了我校第四轮学科评估参评准备工作情况。她指出,本次学科评估影响面广、社会关注度高,更为我校在全面推进"双一流"建设中抢占先机提供了重要契机。由于时间紧、任务重,各单位和各学科要加强沟通、查找不足,力争在本轮评估中斩获佳绩。

最后,万立骏校长做了总结讲话。他对校学位委员会、各学位分委员会委员及相关工作人员在学位申请审核、学科评估工作中付出的辛劳表示感谢。他指出,培养质量是研究生教育发展的生命线,各位委员要在学位审核中严把质量关,确保人才出口的高质量;要在学位标准设定中坚持高水平、高要求,不断完善学位标准,并及时稳妥地做好学位标准的政策解释、宣传工作。在学科评估方面,各单位、各参评学科要在材料组织中坚持实事求是,抓重点、扬特点,要在彼此交流中,用足用好各方资源,扎实做好参评学科的申报工作。

(三十八)我校与中科院紫金山天文台共建天文与空间科学学院

2016 年 6 月 17 日,学校发布《关于与中国科学院紫金山天文台联合成立天文与空间

科学学院的通知》(校办字〔2016〕88号),决定与中科院紫金山天文台共建天文与空间科学学院(简称"天文学院"),学院纳入学校"科教融合共建学院"进行规划建设,依托物理学院管理运行。

自2016年开始中科院紫金山天文台研究生教育归口到我校,通过"科教融合"成立天文学院,按我校的方式进行招生、培养和授予学位。

(三十九)我校举行"2016届研究生毕业典礼暨学位着装授予仪式"

2016年6月18日上午,我校"2016届研究生毕业典礼暨学位着装授予仪式"在东区大礼堂隆重举行,2000余名研究生毕业生与导师、家长、亲友欢聚一堂,共同见证这一重要时刻。

上午9时,毕业典礼正式开始。在同学们的欢呼声中,校领导许武、万立骏、窦贤康、朱长飞,院(系)及重点科研机构领导邓建松、杜江峰、杨金龙、刘明侯、陈卫东、李向阳、汪毓明、陆亚林、王兵身着导师服在主席台就座。毕业典礼由校党委副书记蒋一主持。

在热烈的掌声中,校学位委员会主任委员、校长万立骏致辞,深情地表达了对毕业生们的寄语和希望。他向努力学习、潜心科研获得学位的各位同学表示祝贺,向老师、家长和亲友们表达了诚挚的敬意和感谢。

万立骏校长以本年度国内外一系列重大科技发展的最新成就为例,告诉同学们,当大家迈出科大校门时,将迎接一个加速变化、科学技术突飞猛进的世界,人类的生活、工作和感知世界的方式都在发生着根本性改变。就如何面对并创造更加美好的未来,万校长对同学们提出以下3点期望。第一,要主动汇入创新创业洪流,做好创新创业接力。科大人具备特有的创新禀赋,肩负科教报国的使命,应义不容辞地成为国家科技创新的排头兵,同学们要接过老一辈科大人的创新接力棒,传承科大精神,在"红专并进、理实交融"的校训激励下,投身民族复兴的伟大实践,报效祖国和人民,实现自我价值,弘扬创新传统。第二,要增强文化自信和创新自信。今年4月26日习近平总书记考察我校时指出:"中国现在的大学,要培养出什么样的学生,我们要有自信。要道路自信、理论自信、制度自信,还有一个根本的自信,就是文化自信。"科大人向来有敢为天下先的传统,敢于在独创独有上下工夫,敢于挑战最前沿的科学问题,希望同学们坚定创新自信,敢于做世界领先的原始创新,努力成为新规则的制定者、新赛场的主导者,引领世界科技和产业发展新方向。第三,要担负社会责任,不忘初心。希望同学们走上社会后,能彰显知识分子"天下为公、担当道义"的情怀,担负起科大人应尽的社会责任,以提高全民科学素质为己任,为普及科学知识、弘扬科学精神、传播科学思想、倡导科学方法贡献自己的力量。

最后,万立骏校长指出,"中国科大"是科大人的共有品牌和烙印,我们为之自豪,更有为之增光添彩的使命与责任。在走上社会后,每一位同学都将是科大精神和科大传统最鲜活的传播者,希望同学们在今后的工作中,发扬科大传统和精神,让母校以同学们为荣。最后,他祝愿同学们开启宏伟人生,快乐生活、快乐工作,高扬科大精神的风帆,做民族复兴和社会发展的中流砥柱。

导师代表、国家同步辐射实验室主任、国家"千人计划"入选者陆亚林教授与同学们分享了自己求学和科研之路的经历与感悟。他特别向同学们讲述了自己对于"德"的理解。他说,春秋时鲁国大夫叔孙豹称"立德""立功""立言"为"三不朽",哲学泰斗冯友兰将其解读为:立言需要天赋,立功需要机遇,立德人人可为而需要每天坚持。陆亚林教授告诉同学们,人生中"立德"是最重要的,他认为"德"可以理解为"空间"。希望大家在走向社会后,对人对事要学会留点"空间",留点余地,尤其是面对人生挑战的时候,同样也要记住"空间"二字,在思想上要有"自由的想象空间",这将是不断创新的源泉。希望同学们在人生征途上,不断地"立德",从而能够不停地"立言""立功"。

近代力学系博士毕业生、"安徽省十佳大学生"获得者范煜代表全体毕业研究生向母校和老师致以最诚挚的感谢,并和大家分享了自己对收获和未来的思考。他以自己的经历讲述了科大教会自己的3件事:第一,不只是局限于自认为有用的,而是踏实做好眼前每件事;第二,让研究成为一种本能;第三,不必太拘泥小节,但必须心怀家国。他说,在人生的新起点上,未来无论投身学界、商界还是政界,都要立志先成为行业专家,然后成为领军人物。

随后,全体毕业生起立,在万立骏校长的带领下庄严宣誓:"感恩父母养育,感谢导师教诲,不忘母校培养。我们坚守母校信念,热爱科学、崇尚真理;我们传承母校精神,科教报国、追求卓越;我们用激情和智慧建设祖国,用责任和行动回馈社会,用成就和硕果回报母校!"

庄重的宣示结束后,激昂而熟悉的校歌旋律在礼堂里响起,全体毕业生高唱《永恒的东风》。

最后,伴随着熟悉的校歌旋律,同学们身着学位服依次走上主席台,校领导和导师代表们为他们一一扶正流苏并合影留念。

学校精心设置了研究生毕业典礼的各个环节:在毕业典礼前,利用短信将典礼事项一一通知每位毕业生;在着装授予仪式过程中,研究生院专门安排了近距离摄影服务,后续将在网上提供照片下载。除此之外,在学校礼堂前,设置了精致的毕业背景板供毕业生和亲友合影留念;还对毕业典礼进行了网络同步直播,让毕业生的亲友不论身处何方,都能见证这一神圣时刻;为便于西区、南区毕业生到东区参加毕业典礼,学校还增开了校车。多项细致、人性化的措施,为毕业季增添了一抹温馨。

(四十)张淑林副校长为研究生院党员上"两学一做"专题党课

2016年6月29日下午,研究生院党支部在老图书馆323会议室召开"两学一做"专题党课学习教育,校党委常委、副校长张淑林应邀做了题为"践行'两学一做',促进双一流建设"的主题报告,研究生院、校学位办全体党员和积极分子聆听了此次党课。

张淑林副校长结合习近平总书记的系列讲话精神和关于努力办好人民满意的教育

的论述,回顾了我校研究生教育管理和学科点建设的历史,要求研究生院全体党员秉承我党艰苦奋斗的作风以及老一代科大人居安思危、脚踏实地的工作作风,忠诚向党,强党性、听党话、跟党走,在工作中发挥党员的先锋模范带头作用,积极创新、爱岗敬业、服务大局,为我校"双一流"建设做出贡献。

与会党员相继谈了听课体会,认为作为党员,要进一步加强理论学习,发扬全力进取、开拓创新的精神,充分发挥主观能动性,以高度的责任心,积极主动地投入工作,开创工作新局面。

支部大会还审议并表决通过了一名预备党员按期转正申请。

(四十一) 我校研究生获"第十届中国青少年科技创新奖"

2016年7月6日,"第十届中国青少年科技创新奖"获奖人选公示,我校近代物理系2014级博士生陈明城入选。

(四十二) 我校举办第四届安徽省高校研究生信息素养夏令营

2016年7月11日上午,第四届安徽省高校研究生信息素养夏令营在我校西区图书馆学术报告厅拉开帷幕。

在夏令营主题报告中,物理学院执行院长杜江峰院士做了题为"科技创新与创新人才培养"的演讲。报告围绕什么是科技创新、科技创新的重要性、创新人才的培养以及科大在量子物理研究的创新这4个板块展开。杜江峰院士解释了创新的概念,认为创新可以分为科学创新和技术创新。科学创新是发现新规律,而技术创新是创造新产品。杜江峰院士用一个个生动的科学家事例,高度赞扬了先辈们在科技创新道路上孜孜不倦的努力。杜江峰院士寄言营员们要怀着"好奇心"和"质疑批判的精神",发现问题,提出问题,不断探索创新,为祖国科学建设贡献出自己的力量。高德纳咨询公司的赵光博士以"高等教育信息化战略分析"为题,将传统与现代的教学服务相比较,介绍了MOOC(大型开放式网络课程)的由来与历史。华南师范大学焦建利教授做题为"内容策展——我的999个书童"的报告。专家报告后,我校图书馆樊亚芳老师主持知识空间专题大赛启动仪式。

(四十三) 我校2016年优秀大学生夏令营开营

2016年7月18日上午,由我校研究生院主办的2016年优秀大学生夏令营开营仪式在东区大礼堂举行。校党委书记许武、副校长张淑林,相关学院、国家实验室负责人,党政办公室、党委宣传部、研究生院相关领导,1700余名营员及志愿者参加了开营仪式。

许武书记在开营仪式上致辞。他表示,经过多年的积累与发展,中国科大优秀大学生夏令营已经成为我校纳贤引才的品牌活动。夏令营期间,学校精心为同学们安排了各类丰富多彩的学术活动,学校各部门将为同学们提供最坚实的保障和最优质的服务,希望同学们能够充分感受科大的学术氛围和深厚底蕴,切身感受科研的奥妙与魅力,在学术碰撞中收获知识,在科研探索中成就梦想。

张淑林副校长主持开营仪式。她希望同学们认真感悟科大精神,勇于承担科教报国使命。祝愿同学们圆梦科大,在科学之路上探索不息。

在热烈的掌声中,许武书记和各学院、国家实验室领导上台参加授旗仪式。许武书记分别向各营旗手授旗,代表我校将科学的大旗传递给营员们。

随后,张淑林副校长宣布我校2016年优秀大学生夏令营正式开营。

我校根据不同学科的专业特点,不断拓展夏令营的学科范围和规模。本次夏令营更加充实饱满,涵盖学科更加广泛,使更多学子从中受益。今年,学校共组织18个夏令营,包括新增的管理学院夏令营和新加入的中科院南京分院(系)列夏令营,营员规模和学科覆盖面再创新高。

夏令营主要面向"985工程""211工程"高校相关专业招收本科三年级、有志于从事科学研究、学习成绩优秀并有较强研究能力的学生。今年,夏令营共收到6000多名优秀学子报名,最终共录取各类营员近3000人。

夏令营为期1周,营员们将走进实验室,聆听科学报告,参观科学仪器,与科学家们直接对话,并将参观我校校史馆。此外,夏令营还将组织冷餐会、体育比赛、素质拓展、地质实地考察、闭幕晚会等丰富多彩的活动,旨在增进优秀大学生对我校的了解,带领同学们体验科大文化、品味科大精神与学术氛围,激发同学们对科学的兴趣。夏令营期间,我校将努力创造条件,营造良好环境,为同学们做好服务和保障工作。

(四十四)我校2016年优秀大学生夏令营闭营

2016年7月22日晚,我校2016年优秀大学生夏令营1700余名营员及志愿者齐聚在东区大礼堂,共同打造了一场科大特色的闭营晚会。各学院、研究生院、校团委等单位负责人出席闭营仪式并观看了闭营晚会。

随着大幕升起,本次晚会特邀的两位"神秘嘉宾"——我校校长万立骏院士和物理学院执行院长杜江峰院士 出现在大屏幕上。他们通过视频表达了对来自五湖四海的优秀大学生的欢迎,并诚挚地邀请同学们共同筑梦科大。

晚会上,144位获得"中国科大2016年优秀大学生夏令营优秀营员"称号的营员分批登台领奖;28位获得"中国科大2016年优秀大学生夏令营特别贡献奖"的志愿者名单揭晓。

(四十五)我校召开研究生教育暑期工作会议

为深入总结交流上半年学科建设与研究生教育的工作经验,研讨部署下一阶段的工作任务,2016年7月26日上午,我校在理化大楼一层科技展厅召开研究生教育暑期工作会议。张淑林副校长主持了会议并讲话。各学院执行院长、分管院长、研究生部全体成员,专业学位教育中心全体成员,各有关研究所研究生部负责人参加了会议。

物理学院等单位相关负责人做了工作交流发言,交流了上半年各单位在研究生招录、研招宣传、夏令营举办、学科评估、教学培养、学位标准完善、国际学术交流等方面的工作及经验,分析了存在的问题和困难,并介绍了下一步的工作设想。

张淑林副校长要求各单位要及时调整和改变工作思路和策略,做好下一阶段的各项工作:在学科建设方面,要通过本轮学科选优评估查找问题,特别要注意补强我校学科建设的短板,以评促改,以评促建;在科教融合方面,要抓住与相关研究所研究生教育融合的机遇,从招生宣传、教学培养、科研训练、导师队伍建设等方面打造发展共同体;在管理服务方面,各职能部门要努力创造条件,为学院、学科、导师提供良好的服务环境。

(四十六)我校研究生院出版专著《协同创新环境下的研究生联合培养机制改革研究》

2016年7月,我校张淑林、李金龙、裴旭主编的专著《协同创新环境下的研究生联合培养机制改革研究》出版。

专著的整体框架和重要内容如下:

(1)系统梳理我国研究生联合培养事业的演进历程与发展趋势。认为我国的研究生联合培养事业共经历初创、探索、扩展和深化等4个阶段,在合作理念、合作动力、合作形态和培养定位等方面总体呈现4种发展趋势。

(2)基于"2011计划"的基本理念和协同创新战略的时代要求,探索出了协同创新环境下我国研究生联合培养事业在科学前沿领军型人才培养、行业产业高技术人才培养、区域发展应用型人才培养和文化传承创新型人才培养等方面存在相应的4种模式。

(3)采用文献研究法、案例分析法和调研访谈法深入系统剖析了目前我国研究生联合培养宏观调控机制、沟通协调机制、资源共享机制、评价机制等四大机制建设的现状及其存在的系列问题。

(4)基于协同创新理论、新公共管理理论、系统耦合理论、资源依赖理论和利益相关者理论,构建了协同创新环境下研究生联合培养机制整体运作模模型、政府调控机制模型、沟通协调机制模型、资源共享机制模型和科学评价机制模型,并依据各机制模型分别提出了全面的、系统的、立体化的、有针对性的联合培养机制改革设想。

本书由我校副校长、课题负责人张淑林研究员总领其纲,由课题执笔人李金龙博士依据其博士学位论文《协同创新环境下的研究生联合培养机制改革研究》撰编成稿,由课题执笔人裴旭副研究员审定,其间获得了课题组其他成员和关心课题进展、关心书稿付梓的各位同志的鼎力支持。

(四十七)我校生命科学学院举办"第五届全国免疫学博士生论坛"

2016年8月2日至4日,由中国免疫学会主办,中国科学技术大学免疫学研究所、中科院天然免疫与慢性疾病重点实验室承办的"第五届全国免疫学博士生论坛"在我校生命科学学院举行。本届论坛的主题为"免疫稳态与疾病机理"。来自全国20多所高等院校和科研机构的30名从事免疫学研究的青年学者及博士生代表参加了本届论坛。

"全国免疫学博士生论坛"由中国免疫学会主办,旨在为全国各院校免疫学专业博士生和刚刚博士毕业的青年学者提供交流学习和展示才华的舞台,积极培养富有科研热情和创造力的免疫学人才,为中国免疫学学科建设和发展增添新动力。该论坛是我国免疫学青年学者和博士生加强学术交流,及时了解免疫学国内外发展动态与前沿热点的重要平台之一。论坛采取博士生自行组织、自主学习的方式。本届论坛由我校免疫学研究所博士生周永刚和中国医学科学院基础医学研究所博士生滕达主持,来自中国科学院、中国医学科学院、军事医学科学院、北京大学、复旦大学、上海交通大学、浙江大学、中山大学、苏州大学、天津医科大学、第三军医大学、华中科技大学、华南理工大学、山东省医学科学院和中国科学技术大学等校的30位博士生围绕"免疫细胞发育与分化研究""功能性细胞研究""免疫反应的调节机制""自身免疫相关机理研究""肿瘤免疫""抗感染免疫"6个专题进行了一系列学术报告并展开了热烈讨论,既展现了各自领域的前沿热点,又开阔了大家的研究视野。

(四十八)我校天文与空间科学学院首届开学典礼在紫金山天文台举行

2016年8月31日上午,我校天文与空间科学学院在南京紫金山天文台四楼会议室举行首届开学典礼。台长、天文与空间科学学院院长杨戟研究员,副台长、天文与空间学院常务副院长常进研究员,导师、25名博士研究生、31名硕士研究生新生和各职能部门代表出席了开学典礼。

杨戟台长指出,紫台人才培养有着扎实的基础和能力,今年有2位博士生获评"中科院优秀博士论文"。3年的学习充满了机会和挑战,同学们要更多地参与到前沿科学领域的研究工作中,锻炼身体,坚持不懈,实现梦想。

研究员范一中和博士生李翔分别代表紫台导师和研究生做了发言。范一中研究员希望同学们珍惜机会,保持兴趣,尽快适应学习、研究方式的转变,不骄不馁,扬长避短,扎实求学,将来靠实力平等竞争。李翔博士生表示,要认识到自己的人生价值和方向,学会快乐学习,团结同学,不要害怕求学中的坎坷。

最后,各个职能部门的老师代表向新生们简要介绍了各部门的情况,以便为新生做好后勤保障工作。

(四十九)我校举行"2016级研究生新生开学典礼暨入学教育",本年招收硕士生4018人、博士生1408人

2016年9月5日上午,我校"2016级研究生开学典礼暨入学教育"在东区大礼堂隆重举行。校党委书记许武、校长万立骏、党委常务副书记窦贤康、校长助理王晓平、总会计师黄素芳、中科院合肥物质科学研究院副院长万宝年及各学院相关负责人等出席开学典礼。开学典礼由校党委副书记蒋一主持。本年,我校共招收硕士生4018人、博士生1408人。

上午9时,蒋一副书记宣布我校2016级研究生新生开学典礼正式开始。蓝底白字的巨幅校旗在护旗手的托举下缓缓移向礼堂前方,同学们起身,庄重接过校旗,共同感受这光荣神圣的时刻。随后,全体师生起立,齐唱国歌。

在热烈的掌声中,万立骏校长寄语全体研究生新生。他结合自己的求学经历、多年来的科研工作体会、国内外研究生教育发展趋势,对研究生新生提出了以下5点期望和建议:

一要尽快熟悉科研环境,选好研究课题。入学后,大家在开启课程学习的同时,要尽快了解、熟悉所在实验室或课题组的科研环境,正确发掘、认识、培养自己的科研兴趣,在此过程中完成科研方向的选择并长期坚守下去、深入下去。

二要不断提高独立研究能力,对科学事业有所贡献。在今后的学习中,同学们要瞄准科学前沿,夯实研究基础,注重培养吸收已有科学知识的能力、独立思考的能力以及执行力或动手能力;要遵守学术规范,坚守学术道德,实事求是,不弄虚作假;要学好用好中文,提高综合素质。

三要积极开展学术交流,鼓励学术质疑和学术批评。"他山之石,可以攻玉",各位新生要多与导师、同学交流研究思想;常怀质疑精神,不迷信已有成果,善于在科学研究中发现不寻常,敢于质疑,深入研究探索科学真谛。

四要将智力转化为智慧,为未来发展奠定基础。智慧是在智力基础上的分析、思考、探索以及解决问题的综合能力,需要智力和情商的集合。古今中外,成大事者,必有大智慧。希望同学们争取把智力早日转化为智慧。修身立德,做一个高尚的人,有爱心的人,纯粹的人,脱离低级趣味的人;胸襟开阔,海纳百川,一生坦荡;正确认识自己,既不要盲目自大,也不要妄自菲薄;在认识自我的过程中,不断学习,消除对前途和发展的迷茫;早日找到自己事业发展的方向,并为其一生追求和奋斗。

五要快乐研究,快乐生活。马克思说过:"在科学的道路上没有平坦的大路可走,只有在崎岖小路的攀登上不畏劳苦的人,才有希望到达光辉的顶点。"科大的研究生要向科学家们学习,苦中作乐。遇到挫折和困难时,要多与老师、同学交流,多与家长沟通,合理排解压力。科大是充满爱的学校,期待同学们在这里度过快乐的研究生生活。

"自信人生二百年,会当水击三千里。"最后,万立骏校长祝愿同学们学得文武艺,奠

定人生事业发展的高质量基础,将来成就人生伟业,报效祖国和人民。

典礼上还表彰了部分优秀研招志愿者,许武书记、万立骏校长为陈璐等24位获奖同学颁奖。在2016年的研招过程中,志愿者们以兢兢业业、一丝不苟的态度传递着科大人的热情,为研招宣传工作做出了重要贡献。

颁奖结束,全体师生起立,高唱校歌《永恒的东风》。在雄浑的歌声中,开学典礼落下帷幕。

开学典礼结束后,进行了2016级研究生新生入学教育活动。优秀博导李曙光院士为新生们带来了一场主题鲜明的专题报告。他说,中国科大研究生应以天下兴亡为己任,要不断培养自己独立从事科学研究的能力,解决思想认识上的偏差;要勤奋主动、踏实多思,以高标准要求自己,诚实求实,集中精力投入到科研事业中;要将个人理想与国家战略相结合,勇攀科学高峰,对建设科技强国做出应有的贡献。

根据计划,9月5日上午的集中入学教育之后,各学院还将安排一系列个性化的入学教育活动,以帮助同学们尽快熟悉科大、融入科大。

(五十) 化学与材料科学学院召开"2016级研究生新生入学教育大会"

2016年9月6日,化学与材料科学学院在微尺度物质科学国家实验室(筹)东三报告厅召开"2016级研究生新生入学教育大会"。学院执行院长杨金龙教授、分党委书记葛学武教授、副院长徐铜文教授、"千人计划"入选者严以京教授、各系党总支书记、班主任和学院2016级全体研究生500多人参加了会议。会议由葛学武教授主持。

杨金龙教授首先致辞,表达了对新生的期许和祝福。他要求同学们认真思考自己为什么读研究生,希望同学们为自己设立研究生学习的目标;强调了作为化学与材料科学学院的研究生注重实验安全的重要性;希望同学们加强自身管理,注重心理安全问题。

入学教育后,根据学院的统一安排,所有新生还将接受学院要求的实验室安全教育培训,培训结束后将进行考核,考试通过后予以颁发合格证书。

(五十一) 我校无线网络方向硕士研究生学术成果获"ACM UbiComp 2016最佳论文奖"

ACM International Joint Conference on Pervasive and Ubiquitous Computing (UbiComp 2016)大会日前在德国海德堡召开,我校计算机科学与技术学院黄刘生教授团队的研究论文 *WiFinger: Talk to Your Smart Devices with Finger-grained Gesture* 获大会颁发的"最佳论文奖"(Best Paper Award)。论文的通信作者为计算机科学与技术学院杨威副教授,第一作者为杨威副教授指导的硕士生黎宏。

UbiComp 2016会议于2016年9月12日至16日在德国海德堡Kongresshaus Stadthalle召开,黎宏应邀报告了该研究成果,与会专家给予了高度评价。此外,按第一作者的单位所属国,在被此次 UbiComp 会议收录的论文中,我国的论文数量历史上第一次成为国际第二,远超第三名的日本,且录取率超过文章数第一的美国。其中,我校计算机科学与技术学院作为第一完成单位在今年的 UbiComp 会议上共发表 4 篇长文(regular paper)论文,数量上仅次于北京大学的 5 篇。

(五十二) 2016 年"中科院优秀博士学位论文"结果公布,我校 17 篇入选

2016 年 9 月,中科院公布了 2016 年度"中科院优秀博士学位论文"(科发函字〔2016〕334 号)和"优秀研究生指导老师奖"评审结果(科发函字〔2016〕333 号),我校郭瑞晗等 17 名学子、徐岩等 17 名导师分别获"优秀博士学位论文奖"和"优秀研究生指导教师奖"。

"中科院优秀博士学位论文"自 2004 年开始评选,每年进行一次,每年评选出的优秀论文数量一般不超过 100 篇。要求参评论文为本学科前沿,在理论或方法上有创新,有重要的理论意义或现实意义,并取得突破性成果,达到国内同领域的领先水平或国际同类领域的先进水平。截至目前,我校共有 159 篇论文获此奖项,入选数量高居院属各培养单位之首。对获得该奖项的作者及指导教师,颁发获奖证书并给予一定的奖励;对毕业后仍留中科院工作的博士,还将给予科研启动资金的资助。

(五十三) "第八届国际研究生奖学金信息说明会"在我校举行

2016 年 10 月 22 日,"第八届国际研究生奖学金信息说明会"在我校西区活动中心举行。本届说明会由国家留学基金管理委员会主办、中国科学技术大学承办,旨在配合做好 2017 年度国家公派研究生项目实施工作,帮助国内高校优秀学生遴选留学院校和专业。来自英国剑桥大学、美国乔治·华盛顿大学、德国柏林自由大学、澳大利亚悉尼大学等 12 个国家的 55 所国际知名大学,澳大利亚、法国驻华使馆代表,以及国家留学基金委员会和我校参加了说明会。

说明会自 2009 年举办以来,已为来自 20 多个国家的 100 余所国际知名高校和国内近 4 万余名优秀在校学生搭建了面对面的研究生奖学金信息交流平台,其公益性和影响力得到了国内外广泛认同,已逐步发展为国外知名高校来华推介研究生教育和介绍研究生奖学金信息、招收中国优秀学生和促进国内外高校之间合作与交流的年度盛会。

(五十四) 我校举办"全国学位与研究生教育文理科工作研讨会暨 2016 年学术年会"

2016 年 10 月 26 日至 28 日,由中国学位与研究生教育学会文理科工作委员会主办、中国科学技术大学承办的"全国学位与研究生教育文理科工作研讨会暨 2016 年学术年会"在安徽合肥召开。本次会议的主题为"学科评估与'双一流'建设进程中的研究生教

育"，主要议题包括：研究生教育在学科评估与"双一流"建设中的使命与担当；中国特色的世界一流大学和一流学科评价体系构建的思考和实践；新常态下研究生教育培养质量保障举措等。

教育部学位与研究生教育发展中心王立生主任，中国学位与研究生教育学会副会长、文理科工作委员会副主任、我校副校长张淑林教授，文理科工作委员会副主任兼秘书长、北京大学研究生院常务副院长龚旗煌院士，我校党委副书记蒋一教授，安徽省教育厅副厅长杨金龙教授，文理科工作委员会副主任、内蒙古大学副校长班士良教授等出席大会。会议开幕式由龚旗煌院士主持，学术报告和工作报告阶段分别由张淑林教授、班士良教授主持。

开幕式上，蒋一副书记代表我校诚挚欢迎各位代表参会。他认为，推进"双一流"建设并做好学科评估工作，研究生教育工作责无旁贷且义不容辞。在简要介绍了我校研究生教育工作近年来采取的新举措与新模式之后，他将本届会议定位为"在重要时期针对重要议题开展的重要会议"，并希望各位代表在交流中碰撞出真知良策。

张淑林副会长代表中国学位与研究生教育学会向与会代表表示热烈的欢迎。她向各位代表通报了学会近年来开展的"研究课题立项""优博论文评选""教育成果奖评选"等部分品牌学术活动概况和文理科工作委员会的工作开展情况，认为"双一流"和学科评估都是研究生教育工作的"重头戏"，在此期间，确定研究生教育工作的定位和发展方向至关重要，希望各位代表在会上深入研讨，不吝赐教。

杨金龙副厅长对大会召开表示祝贺。他向与会代表介绍了安徽省学位与研究生教育近况、"双一流"建设进展及第四轮学科评估以来开展的相关工作。他说，会议主题紧扣时需，切中要点，成效可期；会议在安徽省召开，也将为我省"双一流"建设及研究生教育综合改革和内涵发展提供良好的学习机会。

王立生主任做了题为"学科评估的改革与创新"的专题报告。他从学位中心的转型发展、学科评估的发展历程、学科评估的改革创新及学科评估服务"双一流"4个方面，系统介绍了学位中心及学科评估采取的革新发展举措，并就第四轮学科评估及相关问题做了重点阐述。

在学术报告阶段，清华大学教育研究院副院长袁本涛教授做了题为"博士生培养质量与 流学科建设"的报告，认为博士生对围绕科研的培养过程的总体满意度尚可，但还存在不少亟待解决的问题。上海教育科学研究院高教研究所原所长谢仁业教授在题为"探索科教融合高端人才培养模式改革的成功道路"的报告中，认为高端人才培养模式改革关乎民族兴亡与大国崛起、人才强国建设和国家科教融合优势发挥。北京航空航天大学人文与社会科学学院马永红教授以"中国的大学离世界一流还有多远"为题，用定量研究方法测度了国内外顶尖大学发展模式与发展质量的差异。《学位与研究生教育》期刊社周文辉社长从课程教学、科研训练、指导教师、管理服务等方面，汇报了"中国研究生教育满意度调查"数据结果。

在工作报告阶段，郑州大学副校长王宗敏教授从构建三级体系、实施五大工程、做实基层组织、提升ESI(基本科学指标数据库)学科等4个方面，汇报了"郑州大学优势特色学科建设"举措与设想。南京大学研究生院副院长吴俊教授以"南京大学硕士研究生教育改革的若干思考"为题，详细介绍了南京大学"二三三"硕士研究生培养的创新模式及各项做法。复旦大学研究生院副院长吴宏翔教授做了题为"多层次全过程推进研究生教育改革"的工作报告，介绍了复旦大学"十二五"期间研究生教育改革的相关实践工作。北京大学学位办黄俊平主任在题为"北京大学专业学位教育综合改革试点工作的实践与思考"的报告中，汇报了北京大学专业学位研究生教育模式改革、项目创新、机制建设等相关工作并提出了相关设想和建议。我校研究生院副院长古继宝教授做了题为"基础学科拔尖创新人才培养模式探索"的报告，详细介绍了我校基础学科拔尖创新人才培养的基本做法与有效经验。

闭幕式上，张淑林副会长做总结发言。她代表文理科工作委员会向教育部学位中心、学会和各会员单位多年来对委员会工作的大力支持表示感谢，认为大会组织的学术及工作报告针对性强、可学性高，各位代表应结合其他单位经验和本单位实际情况开展研究生教育工作，探索符合自身特色的"双一流"建设之路。她提出要加强文理科工作委员会网站及信息化建设，将其打造成为关心、关注文理科工作的战线同仁交流经验、沟通思想、争鸣学术的"共同的家园"。班士良副校长对会议承办单位做出的大量工作和卓有成效的服务表示衷心的感谢，希望文理科工作战线的同仁能够多聚首、常交流。文理科工作委员会副秘书长黄俊平宣布，下一届"全国学位与研究生教育文理科工作研讨会暨2017年学术年会"将由湖南大学承办。

会议期间，与会代表还参观了中科院合肥物质科学研究院大科学装置。我校研究生院科学岛分院执行院长梁长浩教授向各位代表介绍了合肥物质科学研究院的组织构架、科研平台、研究领域、"十三五"期间学科建设重点突破和培育方向等情况。各位代表还参观了托克马克大科学装置中心、稳态强磁场中心，切身感受到了我校和中科院合肥物质科学研究院学位与研究生教育深度融合方面所做出的积极探索和可喜成绩。

据统计，本次会议共吸引了来自北京大学、清华大学、上海市教育科学研究院、《学位与研究生教育》期刊社、中科院前沿科学与教育局等全国161所高校、研究机构、省级教育主管部门等单位近300名代表参加，参会单位数量、参会人员规模等均打破以往历年文理科工作研讨会暨学术年会纪录。大会报告赢得了与会代表的好评，认为：各位专家学者呈现的学术报告针对目前研究生教育界关注的学科评估、学科建设、人才培养、质量保证等方面问题，提出了深入的学理性思考；各位同仁为大家带来的工作报告在特色学科建设、培养模式改革、博士生"申请-考核制"实施等方面，为各单位研究生教育创新发展提供了有益的参考借鉴；大会报告结构合理，内容充实，专家云集，亮点颇多，大家收获良多。

(五十五) 教育部学位中心主任考察我校研究生院科学岛分院

2016年10月26日至28日，由中国学位与研究生教育学会文理科工作委员会主办、中国科学技术大学承办的"全国学位与研究生教育文理科工作研讨会暨2016年学术年会"在安徽合肥召开。会议期间,教育部学位与研究生教育发展中心王立生主任专程考察了我校研究生院科学岛分院,就我校与中科院合肥物质科学研究院"科教融合、协同育人"的创新人才培养模式进行了调研。

教育部学位与研究生教育发展中心王立生主任考察我校研究生院科学岛分院

考察期间,王立生主任还就我校与合肥物质科学研究院研究生培养全面融合后的招生培养、管理服务、课程教学、学位授予、学科建设等问题进行了了解。王立生主任对合肥物质科学研究院一流的大科学装置及取得的一流科研成果给予了赞赏,并高度评价了我校与合肥物质科学研究院科教深度融合、共同培养研究生、共同开展学科建设的创新做法。

2015年1月7日,"中国科大研究生院科学岛分院"在中科院合肥物质科学研究院强磁场中心揭牌。至此,我校与合肥物质科学研究院的研究生教育正式融为一体,合肥物质科学研究院的研究生招生、培养、学位授予等工作全面纳入我校研究生教育体系,由我校统一招生、统一培养、统一授予学位。

(五十六)全国文理科研究生培养单位代表调研我校研究生教育科教融合情况

2016年10月26日至28日,由中国学位与研究生教育学会文理科工作委员会主办、中国科学技术大学承办的"全国学位与研究生教育文理科工作研讨会暨2016年学术年会"在安徽合肥召开。会议期间,全国161家文理科研究生培养单位代表就我校研究生教育科教融合情况进行了调研,实地参观考察了我校研究生院科学岛分院。

为深入调研我校研究生教育科教融合情况,28日上午150余名参会代表冒着大雨来到我校研究生院科学岛分院。代表们在强磁场中心会议室首先听取了科学岛分院常务副院长梁长浩教授关于合肥物质科学研究院的基本情况,并重点咨询了该院与我校研究生教育、学科建设全面融合的创新做法。

科教融合协同培养高层次创新型人才是当前大学与研究机构的重要使命之一。为加强科教协同创新,促进科教资源共享,经统一部署,我校自 2013 年起相继与中科院合肥物质科学研究院、金属所、南京分院等科研院所签署了研究生教育融合协议。根据协议,目前,上述院所的研究生教育体系已全部融入我校,由我校统一招生、统一管理、统一授予学位。

(五十七) 我校在"中国学位与研究生教育学会 2016 年会员代表大会"上获多项表彰和荣誉

2016 年 11 月 11 日,"中国学位与研究生教育学会 2016 年会员代表大会暨学术研讨会"在陕西西安召开。国务院学位委员会办公室副主任、教育部学位管理与研究生教育司司长李军,中国学位与研究生教育学会会长赵沁平院士,中国学位与研究生教育学会副会长张淑林教授等参加大会。本次会议的主题为"改革创新特色发展,建设研究生教育强国",吸引了来自全国研究生教育战线的近 800 名代表参会。会上,我校喜获多项表彰和荣誉。

赵沁平会长表示学会将努力做好"三个坚持":坚持创新导向,破解研究生教育综合改革难题;坚持深化改革,探索符合规律的研究生培养机制;坚持特色发展,建成充满活力的研究生教育学会。

李军司长代表国务院学位委员会和教育部向本次会议召开表示祝贺,他指出,"提高质量"仍然是未来我国研究生教育事业的核心和要务。

开幕式后,大会颁发了"第二届中国学位与研究生教育学会研究生教育成果奖",共评选出一等奖 9 项、二等奖 32 项,特等奖空缺。我校以张淑林教授为第一完成人的"协同创新环境下的研究生联合培养机制改革研究"成果获一等奖。

大会表彰了"第六届中国学位与研究生教育学会优秀博士学位论文"的作者和指导教师。本届共评选优秀论文 3 篇,由我校张淑林教授指导的李金龙博士生的学位论文《协同创新环境下的研究生联合培养机制改革研究》入选。

同时,大会向在推动学会组织建设、管理服务、事业开展、对外交流等工作中发挥积极作用的 15 位同志颁发了"第一届中国学位与研究生教育学会工作贡献奖",我校古继宝教授获此殊荣。在 11 月 10 日召开的学会个人会员大会上,我校彭莉君博士生的学术论文《中央部属高校的研究生教育投入产出效率研究——基于 2009~2014 年的面板数据》,被评为"第二届学会个人会员大会优秀论文"。

11 月 11 日下午,我校《研究生教育研究》编辑部和《学位与研究生教育》期刊社联合举办了"研究生教育研究——理论与方法"大会平行论坛。论坛邀请了学位与研究生教育理论研究界多位著名教授做专题报告。各位学者从研究生教育知识基础、基本概念、理论构建、学科路径、研究方法等方面,详细阐述了研究生教育领域理论探索和研究生教育学学科建设理论架构等重要议题。该论坛主题报告环节精彩纷呈,交流研讨环节亮点频出,吸引了来自全国多所大学和研究机构120余位专家学者参与,并广受好评。

在当天同期举办的"研招、培养、就业联动机制探索"平行论坛上,我校研究生院倪瑞副院长应邀做了题为"信息化环境下学位与研究生教育工作的探索与实践"的专题报告,介绍了我校学位与研究生教育信息化工作举措,赢得了与会代表的关注。

中国学位与研究生教育学会是我国学位与研究生教育领域科学研究和学术交流的重要平台。自国家推进"放管服"改革以来,学会的"政策智囊"地位日益凸显。我校是学会的常务理事单位。另外,天津大学等机构的相关研究表明,我校以张淑林教授为核心学者的研究团队已成为我国学位与研究生教育理论研究和实践探索三大重要学术共同体之一。本次大会上,我校斩获学会多项表彰和荣誉并成功举办大会"研究生教育研究——理论与方法"平行论坛,表明我校的研究成果和工作团队在学会的工作与贡献得到了国内同行的进一步认可,对扩大我校在全国学位与研究生教育界的影响与声誉发挥了积极作用。

(五十八) 我校研究生院团队荣获"第二届中国学位与研究生教育学会研究生教育成果奖一等奖"

从2016年11月11日举办的"中国学位与研究生教育学会2016年会员代表大会暨学术研讨会"传来喜讯,我校研究生教育研究成果"协同创新环境下的研究生联合培养机制改革研究"荣获"第二届中国学位与研究生教育学会研究生教育成果奖一等奖"。

《关于表彰第二届中国学位与研究生教育学会研究生教育成果奖的决定》(学会文〔2014〕13号)文件表明,此次评选,学会秘书处共收到来自全国从事研究生教育工作的单位和个人申报成果217项。按照评选办法,经过形式审查、网络评议、复评答辩、审核批准等程序最终确定入选成果41项,其中特等奖空缺、一等奖9项、二等奖32项。我校张淑林、李金龙、裴旭、陈伟合作完成的教育研究成果"协同创新环境下的研究生联合培养机制改革研究"获　等奖。

"协同创新环境下的研究生联合培养机制改革研究"是近年来我校深化学位与研究生教育综合改革、强化高等院校与科研院所深度融合的成果之一。该成果的主要内容是:依托协同创新等理论探讨联合培养问题,从政府调控、沟通协调、资源共享、科学评价等4个方面开展联合培养机制立体改革研究;完整梳理联合培养演进历程、存在问题和发展趋势,发现其在协同创新环境下的人才培养基本模式和四大类型,并提出改革建议方案;开展研改结合式研究,在研周期内依托我校与中科院部分院所深度科教融合改革实践,边研边改、研改结合。该成果为我国研究生联合培养事业发展及机制改革提供了新理论、新思路和新范本,对推进研究生教育综合改革和质量提升具有重要的理论指导意义和实践参考价值,受到了学界、业界专家学者的广泛关注和肯定。

本成果支撑一部同名专著,已由高等教育出版社出版发行,系中国学位与研究生教育学会研究生教育丛书2016年首部专著;支撑两篇学位论文,其中一篇被评为"第六届中国学位与研究生教育学会优秀博士学位论文";支撑多篇学术论文,其中一篇获"中国研究生教育学会暨第六届《学位与研究生教育》优秀论文三等奖"。

研究生教育成果奖奖项的设立,旨在通过表彰优秀,进一步激励广大研究生教育工作者投身教育事业,发扬勇于创新的科学精神,推进研究生教育改革,促进研究生教育质量提升和内涵发展,为我国研究生教育事业发展做出新的更大的贡献。自2014年"中国学位与研究生教育学会研究生教育成果奖"启动以来,目前共评选出特等奖1项、一等奖19项、二等奖62项。目前,我校共有2项研究生教育成果获得一等奖。

(五十九)我校召开"第四轮学科评估重点工作推进会"

为进一步做好全国第四轮学科评估参评工作,谋划一流学科建设,我校于2016年11月21日在东区理化大楼一楼科技展厅召开"第四轮学科评估重点工作推进会"。各学院执行院长、分管院长,国家(重点)实验室、研究生院等人员参加了会议。会议由研究生院副院长古继宝主持。

会上,参评学科相关负责人针对申报材料中有关师资队伍与资源梳理、人才培养质量反馈、科学研究成果填报、学科声誉等信息反馈细节交流了意见和建议,并就如何进一步做好学科评估后续工作展开了认真研讨。

在听取各单位情况介绍后,中国学位与研究生教育学会副会长、我校原副校长张淑林要求相关学院、学科及部门要紧盯第四轮学科评估工作最新政策动态,本着实事求是的精神,进一步做好相关学科参评的信息反馈和解释说明工作。同时要立足长远,把握契机,研究比较相关参评学科申报及建设发展情况,深入分析总结各学科建设发展的经验和不足,研讨各学科未来发展方向和路径,为我校创建世界一流大学和一流学科后续工作提前布局谋篇,打下坚实的基础。

(六十)我校各学位分委员会开展2016年冬季学位申请审核工作

根据学校工作安排,2016年11月9日至11月24日,我校14个学位分委员会相继召开冬季学位工作会议,对2016年下半年学位申请者的申请材料进行审核。本次共有79位本科生、599位硕士生及196位博士生提交了申请。

为切实履行好学位分委员会的职责,为校学位委员会的最后学位质量审定提供依据,在审核过程中,各学位分委员会按照校学位申请细则,对各申请者的材料进行了严格的审查,力求把好学位质量关。在评审会上,各学位分委员会委员根据学位申请材料对各学位点申请者的课程学习、论文发表等信息逐一进行审阅、核查,对存在疑义的地方现场展开讨论。同时,各学位分委员会还就如何完善学位申请工作提出了许多建设性的意见。

(六十一)校学位委员会召开 2016 年冬季学位工作会议,决定授予 194 人博士学位、599 人硕士学位

2016 年 11 月 28 日下午,我校第八届学位评定委员会在理化大楼一楼科技展厅召开第七次工作会议,审议我校 2016 年冬季各学科学位申请情况,听取全国学位与研究生教育发展形势的汇报。各位委员、中科院合肥物质科学研究院及金属研究所学位工作相关负责人参加了会议。校学位评定委员会主任委员、校长万立骏院士主持会议。

会上,各学科学位分委员会负责人分别介绍了此次博士、硕士学位申请者基本情况,教务处负责也对学士学位审核整体情况做了汇报。校学位委员会的各位委员从学位申请者基本信息、学习情况、论文评阅信息、论文答辩信息等方面抽查了学位申请者的教学培养及学位论文情况。经全体委员认真审阅并集体讨论表决,会议决定授予 194 人博士学位、599 人硕士学位。

随后,中国学位与研究生教育学会副会长、我校原副校长张淑林通报了全国学位与研究生教育发展的最新形势。她重点从全国第四轮学科评估后续工作开展情况、学位授权点合格评估工作进展情况、"双一流"建设具体方案制定情况、全日制和非全日制研招管理统筹情况等方面做了汇报。

最后,万立骏校长做总结讲话。他向在学位审核、评定工作中付出辛勤劳动的校学位委员会、各学位分委员会委员及相关工作人员表示感谢。他指出,近年来我校陆续与中科院合肥物质科学研究院、金属研究所、南京分院等单位的研究生教育全面融合,各分委员会及归口各单位要就学位标准制定及完善问题加强沟通、交流、研讨,不断提高我校研究生学位授予质量和人才培养质量;学位审核工作关乎学生培养质量、关乎我校学术声誉,各分委员会不仅要在学位标准等方面严把质量关,还要认真对待学位评定、论文答辩等细节工作,确保学位授予各项工作规范、严谨、细致。他建议各学位分委员会在会后召开学位授予工作研讨会,深入研究、完善各学科学位授予标准问题,通报各学科及学校学位授予要求,让导师及时了解政策,使其真正成为研究生培养质量第一责任人、研究生学位审核第一把关人。

(六十二)我校研究生院党支部换届,倪瑞同志任党支部书记

2016 年 12 月 2 日,我校研究生院党支部完成新一届支部委员换届选举。根据选举结果,倪瑞同志任新一届支部书记,周宏敏同志任副书记,路卫娜同志任组织委员,李金龙同志任宣传委员,彭莉君同志任青年委员。

(六十三) 我校举行2016年第二次研究生毕业典礼暨学位授予仪式

2016年12月4日上午9时，我校冬季学位着装授予仪式在东区大礼堂隆重举行。校领导万立骏、窦贤康、叶向东、蒋一，以及部分学院、国家重点实验室领导叶邦角、邓建松、李向阳、葛学武、余玉刚、陆亚林、吴恒安身着导师服在主席台就座。此次学位授予仪式还邀请了校学位评定委员会委员、合肥物质科学研究院副院长万宝年参加。仪式由我校党委副书记蒋一主持。博士、硕士、本科毕业生共计近900人在亲朋好友的陪伴下共享这一激动人心的时刻，在领导和老师们的祝福中开启人生新的征程。

仪式第一项为出校旗。校国旗护卫队高举一面巨幅校旗，从礼堂后排缓缓掠过毕业生的头顶移向前排，最后悬挂在主席台中央。随后，全体起立，奏唱《中华人民共和国国歌》。嘹亮的国歌声回响在大礼堂内，再一次铭刻在胸怀报国之志的科大人心中。

仪式上，校党委常务副书记、副校长窦贤康宣读了学校关于授予博士、硕士、学士学位的决定。194人获得博士学位、599人获得硕士学位、79人获得学士学位。

校学位委员会主任、校长万立骏院士代表学校全体师生员工向获得学位的毕业生表示热烈祝贺，向在同学们成长中辛勤付出的学生家长、导师、亲友表示感谢。在毕业临行前，万立骏校长以"留给毕业生的作业"为题给同学们上了"最后一课"，留下了4个值得每一位毕业生一生思考的题目，并给出了引导性的解答和建议。

第一题：如何找到自己人生事业的发展方向和道路？万立骏校长建议，把个人发展和国家、社会发展结合起来。他说，这是一个伟大的时代，为每一个人寻梦、追梦、圆梦创造了极好的机会，每一位毕业生要关心国家大事，掌握国家发展大势，学习习近平总书记系列重要讲话和党的路线方针政策，在国家发展和中华民族伟大复兴大业中找到自己的发展方向和道路，学得文武艺，报效祖国和人民。这样才能最终成就一番大事业，在有限的生命中实现最大的人生价值。

第二题：如何把所学知识变成本领和能力？万立骏校长建议，善于驾驭和运用已有知识，不断学习新的知识，并且学会活学活用，不为知识所累，不做"书呆子"，成为知识的主人。他希望同学们在新的岗位上，理论联系实际，有的放矢，活学活用专业知识，运用分析问题和解决问题的思维方法，发挥自己的聪明才智，把书本知识转化为自己的本领，增长才干，为成就事业奠定基础。

第三题：如何在工作中做出成绩？万立骏校长建议，将远大志向和脚踏实地、吃苦耐劳的工作态度结合起来。有了知识也有才干之后，要想做出成绩，最重要的是不能投机取巧，不能好高骛远，大事做不来、小事又不做是最可怕的。要不怕吃苦，从小事做起，充分发挥自己的聪明才智，不怕失败，不怕挫折。

第四题：如何在社会上立足？万立骏校长建议，要有"六心"。一是"感恩之心"，感恩他人，人际关系将变得更融洽；感恩社会，社会将变得更温情。二是"仁爱之心"，"仁者爱人"是儒家学说的最高道德境界，具有"仁爱之心"才是真君子。三是"知足之心"，知足方能知进退、知荣辱、明得失,知足者常乐。四是"敬畏之心",敬畏自然才会保护自然,敬畏生命才会珍惜生命,敬畏法律才会遵纪守法。五是"谦恭之心",不因学问博雅而骄傲自大,不因地位显赫而处优独尊。六是"进取之心",无论身处顺境还是逆境,要初心不改,志向远大,不坠青云之志。

万立骏校长寄语同学们:"莫为一身之谋,而有天下之志。"希望大家在以后的实际工作中和人生的路途上完成这4个题目,交出一份满意的答卷,不负国家、不负师友、不负自己。

导师代表、工程科学学院副院长、国家杰出青年科学基金获得者吴恒安教授对所有获得学位的同学表示祝贺,并分享了自己在科大成长的点滴,鼓励大家鼓起勇气承担责任和使命。他认为,勇气比准备更重要,驱动人们前行的,是每一个人不畏一切的勇气,是国家和社会需要我们主动承担的责任和使命,有许多美好的事业等待科大学子去创造。

毕业生代表许杨代表博士学位获得者发言。他将导师孙怡宁教授的"三心"送给大家。首先是"感恩心",感恩母校师长、父母亲人和同学,才能"脚踏实地科技创新,仰望星空实业报国"。其次是"包容心",博采众长、兼容并蓄,才能让我们视野更加开阔,更好地融入当今多元化的社会中。最后是"责任心",在未来的工作生活中,做一个对工作负责、对家庭负责、对自己负责的人,为科大的辉煌添砖加瓦。

毕业生代表张亚群代表专业硕士学位获得者发言。她首先提议每一位毕业生把掌声送给努力拼搏奋斗过的自己。她说,在科大的学习,使自己开阔了眼界,拥有了更宽广的胸怀、更敏捷的思维。她和同学们将学以致用,为行业、为社会做出积极贡献。

最后,在万立骏校长的带领下,全体毕业生庄严宣誓:"感恩父母养育,感谢导师教诲,不忘母校培养。我们坚守母校信念,热爱科学、崇尚真理;我们传承母校精神,科教报国、追求卓越。我们用激情和智慧建设祖国,用责任和行动回馈社会,用成就和硕果回报母校!"

宣誓结束,全体毕业生齐声高唱校歌《永恒的东风》。在激昂的校歌旋律声中,同学们依次登上主席台,校领导和导师们为他们一一扶正流苏并合影留念。

(六十四)我校隆重举行"2016年光华奖学金颁发仪式"

2016年12月9日下午,我校在东区活动中心五楼报告厅隆重举行"2016年光华奖学金颁发仪式"。校党委副书记蒋一,颁奖嘉宾、光华教育基金会代表贾宁先生,部分院(系)、直属单位学生工作负责人,光华奖学金获得者参加了颁奖仪式。

今年我校共有275名同学获得光华奖学金,其中本科生60名、研究生215名,获奖额度为每人1000元人民币。

(六十五)我校在"'华为杯'第十三届全国研究生数学建模竞赛"中获佳绩

从2016年12月11日在重庆举办的"'华为杯'第十三届全国研究生数学建模竞赛颁奖大会"传来喜讯,我校参赛代表队共获得一等奖1项、二等奖8项,三等奖2项,成功参赛奖13项。

"全国研究生数学建模竞赛"由教育部学位与研究生教育发展中心主办,是学位中心主办的"全国研究生创新实践系列活动"主题赛事之一。举办该活动的目的在于激发研究生群体的创新活力和学习兴趣,提高研究生建立数学模型和运用计算机解决实际问题的综合能力,拓宽知识面,培养创新精神和团队合作意识,促进研究生中优秀人才脱颖而出、迅速成长,推动研究生教育改革,增进各高校之间以及高校、研究所与企业之间的交流与合作。该活动已于2006年被列为教育部研究生教育创新计划项目之一。

(六十六)我校研究生参与中国第三十三次南极科考

中国第三十三次南极考察队长城站第一批20名队员于当地时间2016年12月19日凌晨到达南极乔治王岛,我校极地环境研究室研究生王培同学参加此次考察活动,主要进行约2个月的南极苔原温室气体通量监测与氮循环过程研究相关工作。此前,我校研究生梅衍俊、詹海聪两位同学作为第三十三次南极科考南大洋和中山站考察队员,已于11月3日随"雪龙号"从上海出发,目前工作进展顺利。

长城站是我国在南极建立的第一个常年性科考站,我校极地环境研究室孙立广教授首次开展了南极法尔兹半岛苔原土壤氧化亚氮、甲烷通量的观测研究后,孙立广老师与朱仁斌老师多次参加考察,详细研究南极苔原温室气体氧化亚氮、甲烷和二氧化碳的源汇过程及其影响因素,获取了南极苔原温室气体通量的宝贵资料,并以此深入分析了苔原温室气体的生物地球化学循环过程及其对全球变化的响应规律,在国际学术界产生了重要影响。

我校研究生王培同学在长城站留影

(六十七) 研究生院召开支部党员大会深入学习十八届六中全会精神

2016年12月21日上午,研究生院在老图书馆323会议室召开支部党员大会,以集中研讨会议的形式深入学习《中国共产党第十八届中央委员会第六次全体会议公报》。研究生院全体党员参加会议。会议由研究生院党支部倪瑞书记主持。

中国学位与研究生教育学会副会长、我校原副校长张淑林同志以支部党员的身份参加学习。张淑林同志通报了十八届六中全会召开以来中央和国家的各项部署,表示应以会议精神为指导,高标准、严要求地做好一名党员、做实各项工作。

会议首先通报了学校关于开展2016年民主生活会的相关要求,并采取"研讨+问答"的形式开展十八届六中全会精神学习:由研究生院4个党小组分别对公报提及的中共中央政治局工作报告、《关于新形势下党内政治生活的若干准则》、《中国共产党党内监督条例》、中共第十九次全国代表大会召开决定等四方面内容进行解读、汇报;支部全体党员则就公报中的全面从严治党、领导核心、党内政治生活、党内监督、纪律严明、党内民主、反对腐败、高级干部、权力监督、群众路线、民主集中制、选人用人等各项要求进行提问、交流。

会上,与会党员畅谈了学习心得。研究生院副院长古继宝同志从准则和条例入手,建议各位党员要从严要求自己,按照党内政治生活准则和党的各项规定办事。裴旭同志认为通过学习公报深入领会十八届六中全会精神,对于全面从严治党、对于提升自身的政治觉悟都有重要价值;万洪英同志结合公报内容谈了作为一名党员今后应重点努力的方向;其他党员同志也积极发言,一致认为学习十八届六中全会精神的关键在于知行合一,以准则和条例为指导,自觉增强"四个意识",并在今后的"两学一做""三会一课"活动中长期坚持、长期践行。

会后,研究生院召开支部委员会议,部署安排即将召开的"2016年度中层领导班子民主生活会"等各项工作。

(六十八) 杨金龙兼任我校研究生院常务副院长

2016年12月28日,学校组织部发布《关于杨金龙等职务任免的通知》,宣布:经校党委常委会议研究决定,杨金龙同志任校长助理兼研究生院常务副院长,张淑林同志不再担任研究生院常务副院长职务。

(六十九) 学校发布"十三五"总体规划,绘制全校研究生教育改革发展五年蓝图

2016年12月,学校发布《勇于创新、敢于超越、力争一流:中国科学技术大学"十三

五"改革发展总体规划》。现将其中有关全校学位与研究生教育事业发展的内容摘录如下：

完善"两段式、三结合、长周期"的人才培养模式。坚持"所系结合、科教融合、理实结合"的传统，完善两段式教学体系，在校内完成基础课程教学，在校内及国内外科研机构完成专业课程和部分研究生学位课程的学习。充分利用暑期课程、学术讲座和科研实践等方式，为学生提供接触科技前沿、参加科研实践的条件和机会，增强学生的科研兴趣和科技创新能力。进行本研一体化长周期培养，探索培养国际一流的基础学科拔尖人才和技术类高端人才的有效途径。

实行研究生分类培养。推进研招录取管理改革，试行"申请-考核"制，选拔具有科研能力、创新精神和专业潜质的各类优秀学生。加大科学学位研招力度，为博士研究生生源提供更好的人才选拔"蓄水池"。对研究生进行分类培养，科学学位研究生以培养博士研究生为主，专业学位研究生以培养硕士研究生为主，形成科学学位与专业学位研究生教育协调发展的格局。结合人才培养规律，注重就业信息反馈，建立以国家和社会对高层次人才的多样化需求为导向的学位授予模式。强化研究生培养过程考核，严格实行"分流淘汰"制度。科学学位研究生硕-博一体化培养。依托我校国家实验室、国家重点实验室、大科学工程等国家级科研机构，以及协同创新中心和国家重点学科等，通过"科教融合、所系结合"，自主建立以培养研究生为主的创新学院，实施科学学位研究生硕-博一体化培养。注重研究生科研创新能力培养，强化对博士研究生科研创新能力的考核。支持研究生更多地参与前沿性、高水平科研工作，参与学术交流和国际合作。大幅提高博士研究生分流淘汰比例。努力使研究生教育的整体水平达到国际一流水平，博士研究生培养质量稳居国内高校前列。

改革专业学位研究生培养模式。专业学位研究生以培养硕士研究生为主，实施集团化培养。硕士研究生以培养高层次应用型专门人才为目标，博士研究生以培养相关行业领域技术领军人才为目标。充分利用苏州研究院、合肥先研院等大平台、大基地，积极探索与中科院、安徽省、合肥市地方政府联合培养适合区域经济建设与社会发展需要的创新人才的新途径，创建协同创新环境下的人才联合培养的新机制，打造专业学位教育优质品牌，增强我校专业学位教育的社会服务能力。优化课程体系，创新教学方法，实施双导师协作，注重理论联系实践。加强实践基地建设，进一步加强与行业企业合作。开展校企全程联合培养，形成人才培养、科学研究、社会服务三位一体的专业学位研究生培养模式。

加强研究生课程体系建设。加强对课程建设的长远和系统规划，构建新型教学模式和支持方式。加强本、硕、博不同培养阶段课程的整合、衔接，科学设计课程体系，加强研究生课程的系统性和前沿性。改革授课方式和考核办法，将创新创业教育能力培养融入课程体系。探索将在线开放等形式的课程纳入课程体系，建设一批优质的研究生网络公开课程。构建研究生课程学习支持体系，加大对研究生课程建设、教学改革的常态化投入，完善课程建设成果奖励政策。

提高研究生教育国际化水平,保障研究生参与国际交流。服务国家战略,在更宽领域、更深层次上开展研究生教育的国际交流与合作。支持有条件的院(系)与境外高水平大学合作开展"双学位""联合学位"项目,推动校际间开展研究生课程合作建设、联合授课、学分和学位互认。进一步提高海外交流、访学的学生比例,开拓海外实践基地,加强研究生跨文化学习、交流和工作能力的培养。扩大国家公派研究生留学项目的规模和覆盖面,提高资助研究生海外学习、学术交流的质量和效益。

健全研究生教育内部质量保证体系。健全校、院(系)研究生教育分级管理机制,提高管理服务精细化水平。明晰研究生的入学程序和培养标准、培养方案、管理规章、学位授予及质量评价标准等。建立研究生教育质量自我评估制度,定期发布研究生教育发展和质量报告。加强优质数字教育资源开发与共享,构建数字化学习与教学、管理环境,丰富研究生教育满足个性化学习的手段。利用信息化手段,推进科研平台、大型科学仪器设备、科学数据、科学文献共享。建设在学研究生学业信息管理系统,建立研究生教育质量信息分析和预警机制。研究生教育质量自我评估制度。定期对学位授权点和研究生培养质量进行诊断式评估,鼓励有条件的学科积极开展国际评估和国际教育质量认证。研究生教育分级管理制度。推进研究生院职能转变,成立各学院研究生部,强化二级管理机制,在研招、教学、培养等方面赋予各研究生部实质性的权力。构建数字化研究生院。以提高研究生培养质量为中心,依托信息化服务与管理平台,建立研究生入学、学籍培养、导师、论文监控、离校、学位论文网上评阅、学科分析、影响因子分析、网络视频课程等网络信息服务系统。

强化科教融合,营造校所学科协同发展生态。全面贯彻落实中科院关于加强科教融合的战略部署,全面做好与中科院合肥物质科学研究院、金属所、南京分院等科研院所的学科实质融合工作,构建校所物质学科协同发展生态;围绕我校一级学科(国家)重点学科建设规划,加快与相关科研院所科教融合进度;积极与中国工程物理研究院、微软亚洲研究院等高水平研究机构开展合作研发、联合培养等工作,围绕国家战略需求,进行高水平的学科建设,创建一流的重点学科体系。

加强学科评估,完善学科质量监控评价体系。结合国家开展的学科合格评估和专项评估工作,制定评估工作方案,对我校学科水平进行全面检查,促进学科进一步发展,持续提升高端人才培养质量。并根据评估结果,结合我校实际发展需要,对学科实施动态调整。积极探索开展国际评估工作,按照世界一流大学建设要求,瞄准国际一流标杆大学,制定国际评估办法,提升学科国际化水平。不断完善学科质量监控体系,逐渐形成常态化的学科评估制度和模式。

服务国家战略,在更宽领域、更深层次上开展人才培养的国际交流与合作。拓宽本校学生国际交流的渠道,通过联合培养短期交流、国际会议、开拓海外实践基地等方式,进一步提高海外交流、访学的学生比例,加强学生跨文化学习、交流和工作能力的培养。

扩大国家公派研究生留学项目的规模和覆盖面,提高资助研究生海外学习、学术交流的质量和效益。推动生源多元化,建立基础学科奖学金制度,吸引高水平大学的优秀本科毕业生来我校攻读研究生。在全球范围打造优势学科人才培养的高地,支持有条件的院(系)与境外高水平大学合作开展"联合学位""双学位"项目,探索建立与国际接轨的研究生课程合作建设、联合授课、学分和学位互认的合作培养机制,形成研究生教育国际化的多元化模式。

2017年

(一)研究生院召开2016年度中层领导班子民主生活会及党支部专题组织生活会

根据校党委《关于召开2016年度中层领导班子民主生活会的通知》《关于在"两学一做"学习教育中召开专题组织生活会和开展民主评议党员的通知》要求,2017年1月4日下午,研究生院于老图书馆323会议室召开中层领导班子民主生活会及党支部专题组织生活会。研究生院中层领导干部及党支部委员参加了会议。会议由研究生院党支部书记倪瑞同志主持。

本次会议程序为:每名中层领导干部结合思想和工作实际,进行党性分析,汇报个人对照检查情况;在深入学习、坦诚交流的基础上,中层领导干部和支部委员严肃认真、实事求是地开展批评与自我批评;中层领导班子成员进行集体对照检查并提出整改清单。

会上,古继宝、倪瑞、陈伟、裴旭、万洪英、李兴权、熊文和杜进等8位中层领导干部及周宏敏、彭莉君、李金龙等3名支部委员严格按照以上两个通知要求,逐一对照检查,进行党性分析,开展批评和自我批评。

随后,研究生院中层领导班子集体进行了对照检查,开展了深入研讨,对领导班子党性、党风方面存在的理想信念、"四个意识"、执行纪律、组织观念、党员品德、反对"四风"、发挥作用、全面从严治党等8个方面问题进行了深刻检讨和认真反思,并结合当前研究生教育面临的形势和承担的重任,就如何进一步将"两学一做"学习教育活动与学校"双一流"建设、研究生教育"深综改"等重大工作相结合提出了"一揽子"的整改清单。

本次民主生活会严格执行《关于新形势下党内政治生活的若干准则》相关要求,不论干部职务高低,一律以"同志"互称;以"团结一批评一团结"为指引,以高标准、严要求、真批评为底线;坚持讲党性不讲私情,讲真理不留面子,不隐讳问题,不回避矛盾;既勇于自我批评,又敢于批评他人,做到自己查,自己说,大家查,大家帮。整个会议历时逾3小时,气氛融洽,坦诚热烈,效果很好。

(二) 研究生院召开支部党员大会开展民主评议党员

根据校党委《关于在"两学一做"学习教育中召开专题组织生活会和开展民主评议党员的通知》要求,2017年1月5日下午,研究生院在老图书馆321、323会议室召开支部党员大会,开展民主评议党员。研究生院全体党员参加会议。会议由研究生院党支部书记倪瑞主持。

会议首先对党的十九大代表推选工作进行了通报,明确党的十九大是在我国全面建成小康社会决胜阶段召开的一次十分重要的代表大会,是党和国家政治生活中的一件大事。根据省委组织部、省委宣传部印发的《关于做好我省出席党的十九大代表选举工作的宣传提纲》的要求和学校关于党的十九大代表组织推荐程序和具体时间安排,按照"自下而上、上下结合、反复酝酿、逐级遴选"的原则,党支部组织全体党员进行推荐,最终形成了56名推荐人选。

会上,倪瑞同志就研究生院党支部《2016年度中层领导班子民主生活会对照检查材料汇报》向全体党员进行了通报,从基本情况、问题查摆、原因剖析和整改清单4个方面做了深刻剖析。

研究生院副院长古继宝同志对研究生院的整改落实工作做了进一步强调,明确要求党员同志要加强理论学习、加强党性修养,提高创新能力、主动学习能力和团队协作能力,自觉把满腔热情转化为本职工作的强大动力,在工作实践中切实发挥共产党员的先锋模范作用;要坚持集体领导制度,形成集体领导和个人分工负责相结合的良好工作局面。

随后,研究生院党支部分成两个党小组开展了民主评议党员,按照先进行个人自评、再开展党员互评的程序,全体党员进行了评议。全体党员围绕政治、纪律、品德、作用4个方面本着勇于揭短亮丑的精神进行了深刻的自我批评,党员之间的互评直言不讳、态度诚恳、不遮不掩,达到了反思问题、提高思想、促进工作的预期效果。

最后,通过发放民主评议测评表的方式,在公平、公正的原则下,采取无记名投票的方式,全体党员认真填写了《研究生院党支部民主评议党员测评表》,对党员同志进行了民主测评。

本次会议历时逾3小时,气氛融洽,求真务实,既有"红红脸、出出汗"的紧张严肃,又有"加加油、鼓鼓劲"的宽松和谐。通过个人自评、党员互评,深化了党员对党的十八届六中全会精神和"两学一做"学习教育活动的理解,有效强化了党的观念、提高了党性修养,增强了党组织的凝聚力和战斗力。

(三)"第六届安徽MBA教育发展论坛"在合肥举行

2017年1月8日上午,由安徽MBA培养院校联盟主办、中国科学技术大学管理学院承办的"第六届安徽MBA教育发展论坛"在合肥举行。我校副校长周先意出席论坛并讲话。我校管理学院、合肥工业大学管理学院、安徽大学商学院、安徽财经大学工商管理学院、安徽工业大学商学院领导以及各校MBA教职员工和学生代表共计200余人参加了本次论坛。本次论坛由我校MBA优秀校友卓全玉主持。

本次论坛特别邀请培养院校联盟的5位商学院(管理学院)院长,举办主题为"MBA领导力提升"的院长论坛,这是联盟成立以来的第一次院长论坛。本次论坛是我校继2011年承办安徽MBA培养院校联盟首届论坛之后第二次承办。5年来,在中国科学技术大学、合肥工业大学、安徽大学、安徽财经大学、安徽工业大学的共同努力下,安徽MBA教育水平得到显著提高,联盟已经成为加速安徽MBA教育发展、增加影响力的重要平台,对促进MBA教师的成长、MBA学生的发展,乃至企业管理水平的提升起到了重要作用。

(四)中国科大-中科院南京分院研究生联合培养和成果转化句容基地项目成功签约

2017年1月12日,《中国科大-中科院南京分院研究生联合培养和成果转化句容基地项目框架协议》签约仪式在江苏省句容市举行。我校副校长周先意、中科院南京分院副院长杨桂山、镇江市副市长曹丽虹、句容市委书记许文等致辞并见证签约。我校研究生院副院长屠兢与中科院南京分院、句容市政府相关负责人代表各方签约。镇江市、句容市、中科院南京分院相关领导,以及我校研究生院、所系结合办公室等相关部门负责人参加了上述活动。

当前中科院南京分院联络的六家单位的研究生教育已划入我校,双方共建了天文与空间科学学院等科教融合学院。句容基地的建设运行将为相关科教融合学院的发展提供必要的硬件基础,有利于改善研究生培养条件,提高研究生培养质量,以在办好一流研究生教育的同时,促进科研成果转化,为地方经济发展注入新的动力。

(五)"全国工程教指委教学培养组 2017 年度第一次工作会议"在我校召开

2017 年 1 月 13 日,"全国工程教指委教学培养组 2017 年度第一次工作会议"在我校召开。中国学位与研究生教育学会副会长、工程教指委副主任委员张淑林,西安电子科技大学研究生院常务副院长、工程教指委委员姬红兵,清华大学、中国科学技术大学、西安电子科技大学研究生院相关负责人及工作人员参加了会议。

本次会议的主要议题有:研讨《全国工程专业学位研究生联合培养示范基地、开放基地建设管理办法(试行)》修改稿;研究制定第三届示范基地、首届开放基地申报评审方案及首届示范基地检查方案;讨论修订工程硕士专业学位研究生培养方案指导意见相关工作;商议工程教指委教学培养组 2017 年总体工作计划。

会上,与会人员重点对《全国工程专业学位研究生联合培养示范基地、开放基地建设管理办法(试行)》的总则、申报与评定、建设与评估等修改部分进行了研讨,就相关细节要求提出了补充完善意见。教学培养组秘书处汇报了《第三届示范基地、首届开放基地申报评审及首届示范基地检查总体方案》,拟于 2017 年高校春节假期后择时发布通知,启动示范、开放基地评选检查相关工作。工程教指委秘书处汇报了启动工程硕士专业学位研究生培养方案指导意见修订工作的宏观背景,与会人员就培养方案指导意见需修订的相关内容进行了初步探讨;同时,会议决定起草加强工程伦理教育的指导意见,将"工程伦理教育"作为重点内容,融入工程硕士培养方案之中并予以推行。会后,与会人员还就教学培养组 2017 年工作总体安排进行了讨论。

(六)"中国科大-紫金山天文台共建天文与空间科学学院建设方案专家评审会"召开

2017 年 1 月 18 日,"中国科大-紫金山天文台共建天文与空间科学学院建设方案专家评审会"在中科院紫金山天文台(紫台)召开。会议由紫台副台长、天文与空间科学学院常务副院长常进主持,我校副校长王晓平、中科院前沿科学与教育局副局长王颖、紫台台长杨戟等出席并发言。来自北京大学、南京大学、国家天文台等单位的专家和代表,以及我校物理学院、研究生院、所系结合办公室等相关部门负责人参加了会议。

会上,天文与空间科学学院副院长吴雪峰代表学院对建设方案和当前建设情况进行了汇报。与会专家认真听取汇报后,对学院建设方案提出了具体的指导意见,并一致评定学院建设方案为优秀。

在总结发言中,王晓平副校长简要回顾了我校与紫台的合作历史,并指出,共建天文与空间科学学院是学习贯彻习近平总书记考察我校重要讲话精神,进一步发挥我校教育自信与文化自信,以天文学等一流学科为支撑,积极建设世界一流大学的重要举措。相信通过科教融合、理实交融等创新培养模式,学院一定能够在人才培养和科技创新等方面取得良好成绩。

王颖副局长对学院的建设方案给予了充分肯定,并期望大家加强合作,共同把人才培养事业做好,为中科院实现"四个率先"行动计划做贡献。杨戟台长表示,学院领导班子将进一步完善建设方案细节,在"率先行动"计划中和中国科大一起把学院建设好,为我国天文事业培养高质量的创新人才,为中国天文学在国际上的显示度和竞争力做出应有的贡献。

(七)研究生院召开2017年第一次院务工作会议,确定年度重点任务

2017年2月9日下午3时,我校研究生院在东区学生服务中心三楼会议室召开2017年第一次院务工作会议。会议主题为:研究、审议确定研究生院2017年度重点工作计划;讨论确定《2016年度校级领导班子民主生活会征求意见整改落实清单》中研究生教育相关问题的整改举措;讨论院内各部门工作职责及工作安排。会议确定了2017年度研究生院的重点工作任务。

第一,"双一流"建设与学科建设工作。研究制定学校"双一流"建设方案。紧密跟踪教育部第四轮学科评估动态,总结经验,查摆不足,以评促建。2017年分步完成校内部分优势学科点的合格评估工作,力争在2018年上半年全面完成所有学科点合格评估,做实自评,迎接抽评。在深入调研的基础上,尝试探索在部分与市场关联度较密切的管理、金融、工程类学科开展学科认证工作。

第二,研招工作。在继续保留原有好的招生宣传举措的基础上探索新的做法,做到精准招生、立体宣传,激发院(系)、师生参与招生宣讲的积极性。研究制定研招计划动态调整机制,科学分配2017年硕士、博士研招计划。

第三,研究生教学培养工作。推进校内教学培养信息系统融合衔接。针对师生反映的"千年硕士、万年博士"问题,开展学籍梳理,尽快制定研究生分类学籍管理制度。继续深入实施各类研究生创新计划。研究制定留学研究生学位申请标准,做到我校学位标准国内国际的统一化,维护我校学位声誉。

第四,学位工作。在对部分学科调研的基础上,制定与我校学术地位相符的新的学位标准。改进优化学位信息化管理服务系统和质量监控系统,提高服务水平,强化信息化质量监控力度。开展我校校级优秀博士学位论文评选工作。

第五,科教融合工作。牵头组织召开科教融合学院共建工作会议,切实解决招生、培养、学位授予全过程各环节的管理服务和深度融合问题,增进共建学院对科大文化的认同感和归属感。按照我校学位标准,制定共建学院学位标准。

(八) 研究生院召开 2017 年第二次院务工作会议,明确重点工作交流汇报制度

2017 年 2 月 13 日上午 9 时,我校研究生院于老图书馆 323 会议室召开 2017 年度第二次院务工作会议。会议主题为:明确研究生院重点工作交流汇报例会制度;讨论院内各部门职责和工作人员分工问题;讨论学位与研究生教育数据信息统一出口问题;讨论院内财务审批流程制度问题。

(九) 研究生院召开 2017 年第三次院务工作会议,部署重点工作和具体要求

2017 年 2 月 15 日上午 10 时,我校研究生院于学生服务中心 305 会议室召开 2017 年度第三次院务工作会议,传达 2017 年校务工作会议精神,部署安排学位与研究生教育重点工作和具体要求。会议主要内容如下:

1. 推进本科生、研究生课程体系的贯通化

会议要求负责部门认真考虑本科生和研究生课程贯通中出现的技术与政策、服务对象满意两个层面的问题,尽快制定实施方案,加快工作进度。在技术与政策层面,负责部门应在网络技术上实现应有功能,做到师生的无障碍一体化登录、查询及操作;在政策层面,要谋划好应实施的相应政策,实现全校本科生和研究生课程体系的贯通化。在服务对象满意层面,优化技术支撑,完善政策体系,要让学生、上课教师、导师、管理人员感到满意。

2. 制定我校研究生核心课程遴选办法

参照本科层面已经建设的 46 门核心课程的建设方案,会议要求负责部门尽快研究制定我校研究生层面的核心课程建设方案,并实施遴选。今年拟面向全校遴选 10 门研究生核心课程。

3. 完善我校研究生学籍管理制度

会议要求尽快出台学籍管理与清理的办法,首先需加强注册制度,将学籍注册管理与学籍清理工作相结合,对于未按要求准时注册的研究生加强管理,对于一定时期内未注册的研究生按照相应制度进行处理。

4. 制定《中国科学技术大学优秀博士学位论文评选方案》

每年拟面向全校遴选 30 篇"中国科学技术大学优秀博士学位论文"。会议要求尽快形成《中国科学技术大学优秀博士学位论文评选方案》初稿,经内部讨论定稿后,提交校学位委员会工作会议讨论。

5. 强化学位审核机制

目前在校级学位委员会中,对学位的审查采取抽样方式进行,可能存在漏审问题,因

此需要强化各学位分委员会在审核中的作用。各学位分委员会在提交学位申请材料时须附交一份关于本学位分委员会学位申请审核情况的整体情况,包括符合标准、不符合标准、不能判断是否符合标准等情况的说明。学位办应做好数据统计,对全校各类情况做总的整理和汇报。校学位委员会在开会时重点就各学位分委员会和学位办提交材料中所反映的特殊情况做重点审核。负责部门要尽快制定相应的关于各分学位委员会审核职责的意见。

6. 学位授予标准统一问题

改变当前学位审核中存在的新老学位标准同时存在的问题,会议要求按照学位申请时间统一学位授予标准。负责部门须制定相应办法。学位标准统一方案实施过程中,可考虑给予一年的缓冲期,一年后所有学位申请者一律执行各学科统一的学位标准。另外,关于制定新的学位标准问题,会议要求解决过于依赖中科院 SCI 分区的问题,并且要求将博士论文发表目录做薄。

7. 摸底排查校内学科点合格情况,制定合格评估方案

负责部门从速整理国家相关文件,调研其他高校方案,制定本校的合格评估方案,快速评估我校各学科的合格评估总体现状,列出可能存在问题的学科,并提出解决方案。

8. 调研科教融合突出问题,筹备校内各部门科教融合共建学院工作会议

我校拟召开校内各部门科教融合共建学院工作会议,解决科教融合中的相关问题,推进研究生教育科教实质性融合。会议要求主动向校内各部门、研究生院内各部门发送通知,联系调研,请各部门形成科教融合现状说明、问题清单、解决问题的意见与建议。研究生院内各部门须尽快以文字材料的形式,将本部门发现的科教融合问题清单、整改意见与建议发研究生院综合办汇总,由综合办整理并召开跨部门会议,形成会议纪要。在此基础上,召开各研究所参与的科教融合学院建设会议,进一步研讨交流,最终形成我校科教融合学院管理的相关文件。

9. 主动调研研究生教育存在的问题

会议要求,面向校内研究生、导师,以座谈、问卷调查等方式就当前我校研究生教育中招生、培养、学位、管理服务等各环节存在的问题开展调研。问卷调查将通过研究生院信息系统以匿名方式展开。负责部门须尽快形成问卷,列好执行节点,针对反馈信息,做好系统归纳工作。

10. 做好《学校领导班子民主生活会基层调研意见与建议汇总》中关于研究生教育相关问题的整改落实工作

对于《学校领导班子民主生活会基层调研意见与建议汇总》中关于研究生教育的相关问题,凡是由研究生院牵头负责解决的,必须尽快整理问题清单、时间节点和整改方案,并加快逐步予以落实。3月初完成民主生活会涉及问题的整改准备工作。

11. 编制《中国科学技术大学学位与研究生教育工作年鉴》、文件汇编、统计数据

会议要求,负责部门协调相关部门开展我校学位与研究生教育大事记整理,每年定期编制《中国科学技术大学学位与研究生教育工作年鉴》；开展全校学位与研究生教育文件整理工作，整理汇编截至2016年正在执行的有效文件；整理我校学位与研究生教育工作的各项数据，量化我校学位与研究生教育工作，用数据详细说明校研究生教育工作的各类进展情况。

(十)《研究生教育研究》期刊制定编辑部审稿规程

2017年2月23日，我校研究生院发布《〈研究生教育研究〉编辑部审稿规程》（研字〔2017〕19号），内容摘录如下：

为进一步规范来稿管理，提高审稿效率和期刊学术水平，特制定本规程。除"特约稿"由编辑部主任（执行主任）直接审定之外，本刊录用的稿件都应通过"编辑部初审—同行专家评审—主编终审（编辑部会审）"程序决定。

1. 编辑部初审

新到稿件由编辑部安排专职编辑统一编号、登记并进行形式审查。初审的重点是审查文稿主题是否符合本刊方向、研究成果是否涉嫌重复发表、文字表达是否通畅、撰写格式是否符合本刊出版规范要求等。初审结论分为"通过"或"未通过"，初审意见要输入本刊网站相应栏目，并以电子邮件形式告知第一作者或通信作者。

2. 同行专家评审

本刊采取内审与外审相结合的方式组织专家审稿。本校教工来稿原则上要送校外同行专家评审。通过初审的文稿由编辑部送两位同行专家评审。学会学术会议推荐的优秀论文原则上应由会议主办方提供同行专家综合评审意见。评审人一般应具有高级技术职称或博士（后）研究经历，且在相关领域核心期刊上发表过类似主题的文章。外审专家一般应在本刊建立的审稿专家库中选择，特殊情况可考虑作者推荐的人选。外审专家的聘请应尽可能回避与作者有师生关系者或同一课题组的成员审阅相关文稿。专家评审的重点是鉴定文稿的学术质量和价值，包括论文的思想性、理论与方法的创新性、数据的准确性、结论的可靠性，以及图、表与文字表达是否符合学术论文规范等。评审按照国际惯例采用双向匿名审稿制，即不向作者和审稿人透露对方单位、姓名、职位、职称等信息，评审意见经编辑部主任审核后上网发布，作者可凭密码登录本刊网站查看或下载，对外严格保密。

3. 责任编辑复审

审稿人建议"修改后再审"的文稿修改返回后送责任编辑复审，复审最多只能进行两次。复审的重点是审查作者修改是否恰当，尤其是作者对评审意见有异议或者评审意见分歧较大的文稿，复审时应参考原审稿意见和作者陈述做出明确的判定。

4. 主编终审（编辑部会审）

稿件采用与否最终由编辑部会议讨论确定，特殊情况由编辑部主任、执行主任研究酌定。终审主要是根据近期稿源情况，在前几次审稿的基础上，综合考虑学科发展、国家需求、地域分布、前期发文状况、作者影响力等因素对拟采用的稿件进行全面评估。终审通过的稿件一般根据时间先后安排发表。

(十一) 研究生院召开2017年第四次院务工作会议,重点研讨"双一流"方案起草工作

2017年2月28日下午,我校研究生院于学生服务中心305会议室召开第四次院务工作会议,重点研讨我校"双一流"建设相关工作并布置实施方案起草和推进工作;讨论近期其他重点工作。会议主要内容如下:

1. 起草"我校'双一流'整体建设实施方案(讨论稿)",从世界一流学科建设入手实施我校"双一流"建设工作

会议认为,我校统筹推进"双一流"建设工作,重点和着力点在于统筹推进世界一流学科建设,应明确"分层、分类"建设思路,将全校27个一级学科按"建成世界一流学科""冲击世界一流学科""新兴交叉高水平学科"划分层次类型,制定可量化的评价标准,尽快形成我校"双一流"整体建设方案,着力推进我校一定数量国内领先、国际前列的高水平学科建设工作。为尽快落实此项工作,会议决定:成立"双一流"整体建设方案起草专项工作协调小组,协调小组由古继宝副院长牵头,李金龙同志、彭莉君同志为组员,全院各部门需全力配合协调小组相关工作;设计世界一流学科指标体系,协调小组近期要按照分层、分类建设思路,重点就目前关于一流大学建设特别是一流学科建设的国际、国内评价指标体系做系统性调查分析和研究,梳理并设计出能够科学评价我校世界一流学科建设水平和要求的可考核、可量化的指标体系;研究生院学科办负责各学院前期申请方案的收集、整理、备案工作,以及方案执行期的考核、评价、动态管理工作。

2. 研讨《中国科学技术大学优秀博士学位论文评选办法》(草案)

校级优秀博士论文(优博论文)须提前公示。《中国科学技术大学优秀博士学位论文评选办法》(草案)的第四章,应明确学位分委员会在评选出优博论文后要及时公示,公示期无异议方可将候选名单提交校学位委员会审议。

拟设立校级优博论文提名论文。为鼓励各分学位委员会遴选校级优博论文的积极性,鼓励我校博士生全力开展博士学位论文研究工作,提升学位论文质量,经会议研讨决定,拟设立"中国科学技术大学优秀博士学位论文提名论文",由校学位办研究制定提名论文产生数量和办法等细则。

3. 紧跟教育部第四轮学科评估最新进展,筹划做好国家新增学科点相关工作

会议要求,负责部门要时刻跟踪教育部第四轮学科评估工作进展情况。同时,要及时了解国家新增学科点及学科点动态调整的最新政策,提前谋划新增学科设置方案,提前启动学科资料整理搜集工作,全力做好我校部分学科点申报或调整的准备工作。

(十二) 研究生院召开支部党员大会,深入开展政治理论学习

2017年3月7日下午,研究生院党支部在老图书馆323会议室召开党员大会,通过专题讲座和研讨交流深入开展政治理论学习。研究生院全体党员参加会议。会议由研究生院党支部书记倪瑞主持。

会议首先讨论了支部党员发展情况。支部青年党员彭莉君简要介绍了李芳平和刘海清两位入党申请人的基本情况。入党培养人分别就两位党员的思想情况、工作情况做了全面评价。随后,听取了其他与会党员对两位入党申请人的意见并经行了表决。与会党员一致同意将李芳平和李海清两位同志确定为入党积极分子。会上对研究生院党支部2017年"主题党日"活动方案进行了征集。

会议对校宣传部和党政办整理摘录的重要概念与理论进行了系统深入学习。首先由研究生院党支部第一党小组和第二党小组分别带领全体党员对"习近平总书记考察中国科大重要讲话要点""习近平总书记在全国高校思想政治工作会议上重要讲话"及"中国梦""全面从严治党""供给侧改革"等数十个重要概念进行了学习。随后,倪瑞书记结合自己在政治理论学习过程中的认识体会,对其中一些重要概念和理论进行了解读,并指出在政治理论学习过程中要切实转变观念,与时俱进,深刻理解理论内涵与外延,把握理论与概念间的联系,做到政治理论学习与个人工作、生活紧密结合。

(十三) 上海科技大学来我校调研信息化建设工作

2017年3月9日,上海科技大学图书馆信息中心张晓林主任、教学事务处廖园处长一行13人访问我校,就学位与研究生教育信息化建设工作开展学习调研。研究生院古继宝副院长、倪瑞副院长以及相关部门负责人参加了座谈交流。

上海科技大学一行表示,我校学位与研究生教育信息化建设有效地提升了管理效率与服务质量,本次访问加深了对信息化工作中的重点和难点的认识,对推进上海科技大学信息化建设很有帮助。随后,双方从信息化建设技术和管理两个层面进行了分组交流,研究生院各部门业务骨干与上海科技大学的同行在招生、学籍、培养、学位、导师服务以及系统开发、维护等各个方面进行了深入探讨。

(十四) 我校发布《中国科学技术大学学位与研究生教育年度质量报告(2016)》

为主动接受各界人士对我校学位与研究生教育事业发展的评议和监督,学校于2017年3月10日向社会公开发布《中国科学技术大学学位与研究生教育质量报告(2016)》。此次编制并公布的《中国科学技术大学学位与研究生教育质量报告(2016)》,通过用

客观数据和具体事例反映学校过去一年在学科建设、招生培养、学位授予、就业创业、质量保障、国际合作交流等方面采取的综合改革创新举措、所取得的成绩、依然存在的主要问题以及未来的解决策略等,以期为学校学位与研究生教育事业发展和社会的监督评价提供科学的分析依据。

2015年10月24日,国务院印发《统筹推进世界一流大学和一流学科建设总体方案》,该方案明确了我国建成高等教育强国的任务路径,开启了中国研究生教育服务国家战略的新征程,吹响了中国大学冲刺国际前列、打造顶尖学府的"冲锋号"。推进世界一流大学和一流学科建设,核心是把握好"中国特色、世界一流"总体要求,坚持扎根中国大地,努力增强文化自信和教育自信;关键是深入推进世界一流学科建设,全力培养一流创新人才、产出一流科研成果。做好这些工作,研究生教育责无旁贷且义不容辞,因为:世界一流大学的本质是世界一流研究型大学,高水平的研究生教育是其突出特征;世界一流学科建设的核心是产出一流科研和一流人才,高水平的研究生教育是其成果之源。

一直以来,集全校之力打造高水平的研究生教育也是我校的"拳头"和"名牌"。学校于1978年首创研究生院,38年来,学校发扬"全院办校、所系结合"的传统,秉承"创寰宇学府、育天下英才"的理念,以敢为天下先的气概和追求卓越的精神,初步建成了以国家级实验室和科研平台为支撑,以高等院校和科研院所深度融合为抓手,以学术型研究生"长周期、贯通式"培养和应用型研究生"集团军、规模化"培养为特色的研究生教育新体系培养的研究生素以"勤奋、创新、宽厚、优异"而闻名于世。最近一段时期,我校围绕国家关于创建"双一流"的重大战略部署,以"科教融合"为切入点,深入实施"基础学科群争创一流计划""工程与高技术学科高峰计划""新兴交叉学科率先突破计划"三位一体的学科体系整体跨越计划,努力探索"科教融合培养拔尖创新人才、研用结合培养复合应用人才、中外联合培养国际化人才"的研究生教育新模式。历史大潮面前,专于人才培养的中国科大有信心也有能力率先构建主动服务国家战略和社会需求的研究生教育良好生态,善于创新创造的中国科大有责任也有义务率先建成质量优异、特色鲜明的世界一流研究型大学。

(十五) 研究生院召开"双一流"建设专项研讨会,重点研讨一流学科建设方案

2017年3月21日下午4时,我校研究生院于218楼二楼会议室召开"双一流"建设专项研讨会及研究生院相关工作布置会,研讨《中国科学技术大学推进世界一流大学和一流学科建设管理方案(内部讨论稿)》及校级项目建设内容相关问题。会议主要内容如下:

1. 修改完善《中国科学技术大学推进世界一流大学和一流学科建设管理方案(内部讨论稿)》

会议对《中国科学技术大学推进世界一流大学和一流学科建设管理方案(内部讨论

稿)》进行了研讨,建议将各类项目分为院级建设项目和校级建设项目。其中,院级建设项目分为世界一流建设学科、世界一流培育学科、国内一流建设学科、新兴交叉学科等四类项目,校级建设项目以全校科学研究、课程教学、人才培养、国际交流、公共实验中心、图书馆、网络信息中心等项目为主。理化科学、生命科学、工程与材料科学、信息科学等公共实验中心建设纳入院级建设项目,院级建设项目中的大型仪器购置及经费使用工作应与公共实验中心建设协同开展;网络信息中心、图书馆及部分公共实验中心单独申请校级建设项目。

2. 研讨"双一流"建设中校级项目的主要建设内容

会上,与会人员就校级项目主要建设内容进行了研讨,认为应对以下建设内容进行重点关注:保障或加大对公共实验中心的经费投入及管理维护支持;加强校级新兴交叉实验中心建设;加大对具备独立科研能力的特任副教授/特任副研究员等国内本土培养的青年人才的支持;采取合理举措调动各学院的积极性,使其主动邀请国际知名学者来校开展学术交流及人才培养相关工作;加大对国际一流大学优秀教材的系统化引进支持力度,推进我校的国际化教材建设。

会议认为,"双一流"建设方案中的校级建设项目应具有专项性,各相关部门、团队在申请项目时应围绕我校"双一流"建设重大需求制定明晰的建设目标和建设方案,使"双一流"专项建设经费真正"用在刀刃上"。

(十六)校学位委员会召开 2017 年春季学位工作会议,决定授予 81 人博士学位、591 人硕士学位

2017 年 3 月 30 日下午,我校第八届校学位委员会在理化大楼一楼科技展厅召开工作会议,审核新增博导申请人情况,审议我校 2017 年春季各学科学位申请情况,听取学校近期学位与研究生教育各项工作及下一步工作设想的汇报。校学位委员会委员以及相关科教融合学院负责人参加了会议。会议先后由校学位委员会主任委员、校长万立骏院士,校学位委员会副主任委员、常务副校长潘建伟院士主持。

会议首先听取了各学位分委员会关于本年度新增博导审核情况的汇报。经审议表决,64 位申请人通过了新增博导上岗资格审定。本批次新增博导主要为"青年千人""百人计划"等各类引进人才。

随后,会议分别听取了各学位分委员会、教务处对本次博士学位、硕士学位、学士学位申请整体情况的介绍,就学位申请审核中的特殊情况进行了审议。经审议,会议决定授予 81 人博士学位、591 人硕士学位。

会上,校长助理杨金龙教授从启动校级优博论文评选、开展校级学位论文抽检、进一步规范学位分委员会会议流程、妥善做好学科选优评估及合格评估、规范统一学位标准执行时间、简化论文发表期刊目录等 6 个方面,通报了学校近期学位与研究生教育各项工作情况和下一步工作设想。

万立骏校长在讲话中对校学位委员会、各学位分委员会委员在学校学位工作中付出的辛劳表示感谢。他要求各位委员在遴选新增博导工作中，应秉持"又红又专、学术为要"的基本标准，严格把好学术关，为学校遴选出合格的、优秀的博导；在学位审核工作中，各相关部门要按照"中国科大创建世界一流大学"的基本思路，尽快形成中国科大风格、世界一流水平的学位论文评价标准，保障我校高端人才培养质量不断提升。

会上，各位委员围绕"学位授予与人才培养质量提升"这一主题进行了研讨交流，并针对统一学位标准、强化学位分委员会把关审核职能、重视交叉学科建设、强化导师指导过程管理、加大博士研究生分流淘汰力度、探索实行融合学院和校本部导师联合招生机制等方面问题提出具体建议。

（十七）我校发布校级优秀博士学位论文评选办法

2017年4月6日，我校发布《中国科学技术大学优秀博士学位论文评选办法》（校学位字〔2017〕53号），内容摘录如下：

优博论文评选工作遵循"科学公正、注重创新、严格筛选、宁缺毋滥"的原则。参加评选的博士学位论文必须达到以下条件：论文选题为本学科前沿，具有重要的理论意义或现实意义；论文的研究成果在理论或方法上有创新，达到同类学科的国内领先或国际先进水平；论文撰写符合学术规范，结构完整，文字流畅，材料翔实，逻辑严密；论文应体现作者已掌握本学科坚实宽广的基础理论和系统深入的专业知识。

校学位评定委员会在各学位评定分委会推荐的候选名单中评选出优博论文，每年不超过30篇，其余推荐论文作为优博提名论文。

优博论文申请名单经学位评定分委员会审核通过后，在学校网站公示，任何单位或个人如发现申请论文存在学术失范问题，可向校学位委员会办公室举报，一经查实，学校将予以取消。

（十八）我校研究生院发布《中国科学技术大学2017年博士研究生"申请-考核制"招生指导意见》

2017年4月8日，我校研究生院发布《中国科学技术大学2017年博士研究生"申请-考核制"招生指导意见》（研字〔2017〕3号），全文如下：

为了进一步提高我校博士研究生的生源质量，选拔拔尖创新人才，全面考察考生的综合素质，建立更加科学有效的优秀生源选拔机制，满足社会发展对高层次人才的需要。2017年我校在直博、硕转博的基础上，稳步推进博士生招生改革，在数学科学学院、物理学院等13个培养单位，推行"申请-考核制"博士生公开招考选拔方式。

1. 选拔原则

坚持公开、公平、公正，德、智、体、美全面衡量，择优录取，宁缺毋滥的选拔原则。建立科学规范的招生程序,进一步增加博导在选拔过程中的自主权,发挥博导在博士研究生招生过程中的主导作用,同时坚持专家组及学院招生工作领导小组集体决策的原则。在选拔中以考生的创新能力、科研潜力和已获得的学术成果为依据,选拔具有创新能力和学术专长的拔尖创新人才。

2. 组织形式及职责

"申请-考核制"选拔方式是博士生招生的重要方式之一,采取学校和学院分级管理,以学院为主体。

学校成立以分管校领导任组长、研究生院分管院领导为副组长的校研招工作领导小组,制定"申请-考核制"基本原则和总体方案,监督、审核各学院选拔流程及结果。研招办公室对各学院上报的"申请-考核制"入围考生名单及最终录取名单进行汇总检查并报学校研招工作领导小组审批。

学院成立执行院长(或分管院长)任组长的学院研招工作领导小组,根据教育部和学校的有关规定,负责制定本学院的"申请-考核制"实施细则,监督落实学院"申请-考核制"招生工作,处理申诉,并对选拔结果具有最终解释权;学院由研招管理人员组成"研招工作组",负责申请材料的形式审核;学院由不少于5名相关研究领域的研究生导师组成"材料审核专家组",负责对申请考生的材料进行学术审核,确定入围考生名单;由不少于5名相关研究领域的研究生导师组成"综合考核专家组",对入围考生进行综合考核,根据成绩确定拟录取名单。

3. 选拔范围及条件

中华人民共和国公民;拥护中国共产党的领导,愿意为祖国社会主义现代化建设服务;品德良好,遵纪守法,学风端正,无任何考试作弊、学术剽窃及其他违法违纪行为;身体健康状况符合我校规定的体检要求,心理正常;申请者须来自国内重点院校或所在高校学习专业为国家重点学科;专业基础好,科研能力强,在某一领域或某些方面有特殊学术专长及突出学术成果;对学术研究有浓厚的兴趣,有较强的创新意识、创新能力和专业能力。申请者的学位必须符合下述条件之一:应届硕士毕业生须在博士入学前取得硕士学位;已获得硕士或博士学位;凡在境外获得学位的考生,须凭教育部留学服务中心的认证书报名;具有较强的语言能力,外语(限本单位招生专业目录中公布的语种)水平较高。

各学院要按照博士生招生的有关规定和综合考核实施细则进行招生选拔工作,加强对招生过程的监督和管理,明确学院研招工作领导小组、招生工作组、材料审核专家组、综合考核专家组的职责,有效预防和惩处审核、考核、录取等工作中的违规行为,确保招生工作公平和规范。

推进面试的规范性和过程的可追溯性,在做好纸质记录的基础上,所有面试环节须全程录音录像,考核完成后,严格保存,随时备查。所有笔试内容,须留存试卷、答卷至学生毕业。研究生院和纪检监察部门将派专人巡查招生选拔的管理过程。

(十九) 潘建伟同志兼任我校研究生院院长

2017年4月25日,学校组织部发布《关于潘建伟任职的通知》,宣布:经2017年4月24日校党委常委会议研究决定、校长任命,潘建伟兼任研究生院院长。

(二十) 研究生院党支部开展"进一步加强和改进高校思政工作"党小组专题学习

为进一步加强政治理论学习和党的思想建设,贯彻落实《安徽省学校系统基层党组织建设标准(试行)》,2017年4月27日下午,我院党支部组织4个党小组开展专题学习,重点就《关于加强和改进新形势下高校思想政治工作的意见》和《习近平总书记在全国高校思想政治工作会议上的讲话重点》进行学习。

学习期间,各党小组分别针对高校思政工作指导意见中的重要部分和习总书记讲话中的重要精神,进行深入、热烈的学习、交流、研讨。我支部第一党小组裴旭同志认为,高校思政工作指导意见重申了新形势下我国高校的使命和责任,其对今后如何办好大学、如何开展好思政工作具有重要的指导意义;第二党小组陈伟同志认为习总书记的讲话从国家角度指明了高等教育的发展方向、从高校角度提出了"四个坚持",从教师的角度提出了"四项要求";第三党小组古继宝同志重点讲解了"四个服务"的内涵,并认为课堂教学应以加强教师队伍建设和加强党的领导为核心;第四党小组倪瑞同志认为,高校思政工作指导意见和习总书记在高校思政工作会议讲话是对全国高校未来办学实践和发展方向的重要指导,全院党员干部应加强学习,并深入践行。各党小组其他同志也分别就如何加强提高自身思想政治水平、如何改进完善我院思想政治工作作了系列发言。

加强和改进高校思想政治工作事关中国特色社会主义事业后继有人,是一项重大的政治任务和战略工程。此次,我支部专门组织党小组开展全面、深入学习,是响应党中央号召和校党委要求,切实增强我院共产党员和全体教职员工提升理论水平的责任感和做好思政工作的紧迫感。为了进一步提高我支部全体党员的党性修养、理论水平和服务质量,今后,我支部将以"常态化、制度化"为指导思想,针对学校提出的支部党员素质优良要求,实行党小组定期研讨制,要求每个党小组于每月最后一周周五下午16:00—18:00开展集中研讨学习,并设计了《研究生院党支部"三会一课"等工作记录表》,由小组组长于学习结束后填写并交支委备案。

(二十一) 中国科大-香港城大"第十一届博士生学术论坛"举行

2017年5月4日,"中国科大-香港城大第十一届博士生学术论坛暨研究生教育交流研讨会"在我校苏州研究院举行。我校校长助理、研究生院常务副院长杨金龙,香港城大副校长吕坚出席论坛开幕式及并参与研讨会。两校研究生院、联合培养相关学院负责人及部分导师、百余名博士研究生参加了开幕式。应邀参会的还有哈尔滨工业大学副校长丁雪梅、校长助理甄良,华南理工大学副校长邱学青以及上海交通大学、中南大学、武汉大学、南京大学研究生院相关负责人。

上午9时30分,"中国科大-香港城大第十一届博士生学术论坛暨何稼楠学术会议奖学金颁奖典礼"开始。

开幕致辞中,杨金龙常务副院长希望两校未来不断深化合作,坚定不移推进协同育人,将联合培养项目打造成世界一流大学建设征程中的品牌工程。香港城大副校长吕坚表示,本次会议还首次增加了"研究生教育交流研讨会",希望以此形式,与所邀嘉宾一起交流高校国际化以及研究生教育的未来发展等诸议题。

本次论坛恰逢"何稼楠学术会议奖学金"十周年庆典。香港城大荣誉院士何稼楠为张涛等10名联合培养博士生颁发了"何稼楠学术会议奖学金",并接受了香港城大赠送的纪念品。论坛还邀请了香港城大创意媒体学院Christian Wagner教授、我校管理学院刘和福教授作为主讲嘉宾,就信息、管理领域的最新研究进展做了主题报告。

本次论坛分设工商管理、传播、环境科学、火灾科学、信息工程等8个分论坛。分论坛上,学子们就各学科最前沿的研究问题展开了精彩的讨论,在学术碰撞中拓宽了视野,在对话交流中加深了了解。

下午2时,由中国科大和香港城大联合主办的"研究生教育交流研讨会"召开。

会上,香港城大吕坚副校长介绍了香港城大近年来开展的联合培养项目的进展与成效。杨金龙常务副院长表示,下一步两校应以提升国际交流合作水平为基本遵循,以提高联合培养质量为核心目标,携手推动内地-香港学术交流合作和联合培养工作再上新台阶。

与会嘉宾重点围绕研究生联合培养的招生遴选、教学培养、学籍奖助、论文指导、答辩方式、学位授予、双导师制、学生管理、就业指导、国家交流与合作、知识产权和成果归属等议题开展了热烈的研讨交流。

中国科大-香港城大联合培养博士生项目于2005年4月24日正式启动,次年设立"中国科大-香港城大博士生学术论坛"。12年来,两校坚定不移地推进联合培养,并取得了累累硕果,产生了良好的社会影响。目前联合培养项目共招收博士研究生370人。联合授予学位230人。两校联合培养毕业生凭借国际化的学术视野和过硬的就业竞争力,已在科研、教学、管理等领域取得了一批优秀成果,为两校联合培养项目赢得了良好声誉。

(二十二)研究生院党支部开展"缅怀革命先烈,增强党性修养"主题党日活动

为深刻缅怀革命先烈的英雄事迹,弘扬革命精神,增强党性修养,研究生院党支部于2017年5月20日赴"红军的摇篮、将军的故乡"金寨开展"缅怀革命先烈,增强党性修养"主题党日活动。

习总书记去年在金寨县考察时,深情地说到"一寸山河一寸血,一抔热土一抔魂"。此次赴金寨重温党的伟大历史,寻根溯源,让各位党员增加了对党的热爱,更加坚定了信仰和方向。各位党员表示要持续深入"两学一做",在今后的工作中,弘扬优良传统,立足岗位,创先争优,强化责任意识、使命意识,锐意进取,勇于担当,以更饱满的热情为学校的一流大学建设,为广大师生做好服务工作。

(二十三)我校召开"一流学科建设专项工作布置会"

2017年6月5日下午4时,我校在理化大楼一层科技展厅召开"一流学科建设专项工作布置会"。会议主要内容如下:

为贯彻落实党中央、国务院关于建设世界一流大学和一流学科的重大战略部署,近日我校制定并发布了《关于印发〈中国科学技术大学一流学科建设专项实施方案〉的通知》(校研字〔2017〕79号)。《中国科学技术大学一流学科建设专项实施方案》(简称《一流学科专项方案》)根据学校总体建设目标及校内学科建设现状,分设"一流学科建设项目"(含世界一流学科建设项目、世界一流学科培育项目、国内一流学科建设项目、新兴交叉学科建设项目等四类)和"学科平台建设项目"(支持学校推动一流学科建设中的公共性、平台性及专项性建设任务)。《一流学科专项方案》制定了具体的申报与评审流程,并明确了组织领导与管理机制,标志着我校在全面推进"双一流"建设实践中又迈出了坚实的一步。

会议围绕"一流学科建设项目"申报的注意事项展开了积极的讨论,并形成一些共识。主要包括以下几点:一流学科建设方案应与学院"十三五"规划紧密结合,成为涵盖人才培养、学科建设、师资队伍、国际合作、社会服务等多个方面的综合性方案。学院应成立专项工作组,高度重视一流学科建设项目的申报组织工作。学院在选择项目类别时,应在调研的基础上选择合适的类别进行申报。学院在设定项目目标时,除《一流学科专项方案》中提及的第三方评价体系指标外,亦可选择所在学科的可考核的、客观的特色指标。世界一流学科建设项目、世界一流学科培育项目、国内一流学科建设项目、新兴交叉学科建设项目应按照"成熟一个启动一个"的原则进行设置。各学院应尽快熟悉国家现行学科审核评估体系与规则;按照既定目标加快做实、做好学科建设工作,以有成效的学科建设成绩迎接国家"双一流"建设中期评估。

(二十四)我校召开"科教融合学院研究生教育管理服务校内部门联席会议",通过专项意见

2017年初,研究生院根据学校校务工作会议的部署,在年度重点工作计划中将"提高科教融合质量,服务学校人才培养规格统一需求"作为重点工作,要求全院积极开展校所深度融合进程中管理服务衔接工作,全面提升科教融合院所人才培养质量与学位授予标准。

2月9日召开的2017年研究生院第一次院务工作会议,对科教融合共建学院(简称"融合学院")相关工作做了具体部署。此后,研究生院综合办对各融合学院、校内相关职能部门、研究生院各部门做了系统调研,形成了《中国科学技术大学科教融合共建学院调研报告》(简称《调研报告》)。《调研报告》详细列明了融合学院工作中亟待解决的问题和建议解决方案。

为理顺融合学院建设中校内各部门的权责关系,协同推进融合学院建设与发展,5月18日融合学院召开会议,重点研究了融合学院研究生教育管理服务中需校内相关部门协调解决的问题,并经研究生院综合办再次对校内相关部门进行调研确认,形成了《科教融合共建学院研究生教育管理服务问题专项治理意见(讨论稿)》。

6月6日上午9时,研究生院召集科教融合共建学院工作校内相关负责部门,就《科教融合共建学院研究生教育管理服务问题专项治理意见(讨论稿)》进行研讨,主要内容如下:

1. 融合学院新增课程申报和开课申请流程审核审批问题

融合学院有硕士研究生新增课程和开课需求的,需按照以下流程进行申报审批。第一,新增课程审批。融合学院在我校本部有联系学院或挂靠学院的,将开课申请资料交联系学院或挂靠学院教学委员会审核;融合学院在科大校本部无联系学院或挂靠学院的,按照申请课程所在学科,将开课申请资料交该学科所在学院教学委员会审核。审核通过后,融合学院课程即为校内学院课程,由学科所在学院按照本院课程设置流程,送交研究生院教学学籍办批准备案。第二,开课申请流程。每学期末,根据学校通知,学科所在学院将下学期所有课程计划申报至教务处"教务综合系统",由教务处统一安排开课相关事宜。

2. 融合学院研究生在校本部的班级建设、心理健康教育问题

融合学院研究生在校本部的班级建设由校学工部按照科大相关班级建设规定组织落实。

融合学院研究生在校本部学习期间,校心理咨询中心向所有具有科大学籍的研究生开放。

3. 融合学院研究生住宿条件改善的问题

融合学院研究生住宿条件改善的问题,由校保卫处学生社区服务中心根据学校整体建设进展逐步推进落实。鉴于2017级研究生入学在即,校保卫与校园管理处、研究生院综合办应于6月底前起草形成融合学院研究生住宿方案,报相关校领导审阅。

4. 融合学院研究生在校本部学习期间党团组织建设问题

融合学院研究生在校本部学习期间,党团申请、党团活动、党团关系转入转出等相关工作,由校党委组织部、学工部、团委等相关部门负责管理。

5. 融合学院研究生就业指导、派遣问题

融合学院研究生就业指导、派遣等相关工作由校就业办统一组织。校就业办将围绕服务学生的要求,进一步优化异地办理就业指导、派遣的流程,充分利用信息化等手段为异地研究生提供便利。

6. 融合学院研究生出国学术交流配套政策及经费问题

融合学院研究生申请出国学术交流需由导师签字同意。融合学院研究生出国学术交流费用报销，由各融合学院从科大拨付给各单位的人才培养经费中列支。融合学院需每学期将其研究生出国学术交流信息报送至研究生院教学学籍办备案。

7. 融合学院研究生异地使用科大电子图书资源问题

融合学院研究生异地使用图书馆电子资源，由校图书馆授权网络信息中心于每学期初为每位融合学院研究生办理 VPN 账号（毕业时收回），供远程访问学校数据库。

8. 融合学院研究生参加校本部迎新教育、学位授予、运动会等大型活动问题

融合学院研究生在校本部期间参加迎新教育、运动会等大型活动，由校内联系学院组织。融合学院研究生回所学习期间，由校学位办、体育教学部将学位授予、运动会等大型活动举办信息发送至各融合学院。融合学院研究生参加学位授予、校运动会等大型活动产生的交通、住宿费用，由融合学院从科大拨付给各单位的人才培养经费中列支。

9. 融合学院研究生就医、保险问题

在校本部学习期间，融合学院研究生就医、保险等，由校医院纳入大学生医疗保险管理。融合学院研究生回所学习期间，就医、保险由融合学院在当地办理。

（二十五）我校师生赴美参加"斯坦福全球高校设计联盟成果展示大会"

我校"设计创新"课程部分师生 2017 年 6 月 6 日至 12 日赴旧金山参加"斯坦福全球高校设计联盟成果展示（SUGAR EXPO）大会"，展示一年来的教学成果，并与来自不同国家的 10 多所高校师生开展交流。同时，参观斯坦福大学设计学院，并与斯坦福大学"设计创新"课程和旧金山州立大学"移动应用设计"课程的师生开展深入交流。

"设计创新"课程是面向全校本科生和研究生开放，旨在培养学生创新设计思维与实践方法的一门课程。本课程与斯坦福大学"ME310"课程、"斯坦福国际高校设计联盟（SUGAR）"、"中国美术学院跨界联合设计"课程等国际国内著名高校相关课程项目深度合作，进行课程学习的学生可与合作高校学生组成联合项目组开展创新实践。本期课程得到了教务处、研究生院和国际合作部的大力支持及安徽省质量工程项目（2015ZDJY005）的资助。

（二十六）我校对研究生学位标准执行时间进行统一

2017 年 6 月 19 日，我校学位办公室发布《中国科学技术大学关于统一研究生学位标准执行时间的通知》（研字〔2017〕5 号），指出：为进一步规范我校研究生学位管理，提高学位授予质量，经研究，决定自 2018 年 6 月 1 日起，各分学位委员会在审核学位时，均只执行最新学位标准，不再考虑研究生入学时间。

(二十七) 校学位委员会召开 2017 年夏季学位工作会议，我校第八届学位委员会成员调整，决定授予 768 人博士学位、1801 人硕士学位

2017 年 6 月 19 日下午，我校第八届校学位评定委员会在东区理化大楼一楼科技展厅召开第九次工作会议。第八届校学位评定委员会各位委员出席会议。会议由校长包信和院士主持。

会议宣读了《关于第八届中国科学技术大学学位评定委员会成员调整的通知》。根据《中国科学技术大学章程》《中国科学技术大学学位评定委员会章程》的相关规定，学校经研究决定：对第八届中国科学技术大学学位评定委员会成员进行调整，包信和校长任第八届中国科学技术大学学位评定委员会主任委员，杨金龙同志任校学位评定委员会秘书长；万立骏同志不再担任校学位评定委员会主任委员，张淑林同志不再担任校学位评定委员会秘书长。

会议分别听取了各学位分委员会、教务处对本次博士、硕士和学士学位申请者情况的介绍，抽检了部分学位申请者的申请材料，并就学位申请审核中的特殊情况进行了专项审议。经审议表决，决定授予 768 人博士学位、1801 人硕士学位。会议还对校首届优秀博士学位论文进行了评选。经审议表决，共有 28 位博士的学位论文被评为优秀博士学位论文，17 位博士的学位论文被评为优秀博士学位论文提名论文。

会议就《中国科学技术大学研究生学籍管理规定》《中国科学技术大学硕士、博士学位授予实施细则》《中国科学技术大学关于授予来华留学生学位实施办法》《中国科学技术大学关于优秀研究生提前答辩申请学位的暂行规定》《中国科学技术大学关于统一学位标准执行时间的通知》等相关管理文件的修订意见做了说明。

包信和校长在讲话中表示，非常荣幸成为校学位评定委员会的一员，对各位委员一直以来在学位把关方面付出的辛勤劳动表示感谢，希望各位委员能够严把学位授予质量关，各学科分学位委员会要增强质量意识、制度意识、规则意识，学位管理要有章可循、有法可依。在各类研究生培养工作中，要注重发挥导师、专家的作用，积极探索有利于我校研究生培养质量提升的激励机制；要加大招生宣传力度，创新方式方法，重视生源质量提升。

会上，各位委员还就如何完善学位申请审核机制、提升人才培养质量进行了研讨，并就如何完善规范学位审核标准与申请时间节点、留学生学位授予标准、学位分委员会设立机制、校级优秀博士学位论文评审、交叉学科人才培养、学科建设等提出了改进意见和建议。

(二十八) 我校举行 2017 年第一次研究生毕业典礼暨学位授予仪式

2017 年 6 月 21 日上午，"2017 届研究生毕业典礼暨学位着装授予仪式"在我校东区

大礼堂隆重举行。2000余名研究生毕业生与恩师、父母、亲友们欢聚一堂,共同见证这一神圣庄严、激动人心的时刻。

典礼现场,学子们青春洋溢、欢声笑语。在暖场环节,由校学生合唱团深情演绎曲目《思念》和《共和国之恋》,感人的歌词、悠扬的歌声表达了莘莘学子对母校的依依别情和对祖国的由衷热爱。

上午9时,毕业典礼徐徐拉开帷幕。在同学们热烈的掌声中,校领导许武、包信和、潘建伟、蒋一,院(系)及重点科研机构负责人邓建松、杜江峰、薛天、刘明侯、汪毓明、宋伟、秦宏、陆亚林、王兵身着导师服陆续到主席台就座。毕业典礼由校长助理杨金龙主持。

校学位评定委员会主任、校长包信和院士对毕业生深情寄语,表达了对毕业生们的寄语和厚望。他向努力学习、潜心科研的莘莘学子表示衷心祝贺,提议同学们也用最热烈的掌声向老师、家长和亲友们表达最诚挚的感谢。

首先,包信和校长以"当好一流大学的校友"与毕业生们共勉,鼓励同学们要永远做一个温暖的人,一个心有大爱、光照四方的新时代青年。在今后的学习、工作和生活中,能够秉承科大精神,继承母校的创新"基因",牢记使命、创新报国,成为国家创新发展的主力军。

接下来,包信和校长以谢毅院士和科大讯飞为例,与大家分享了对"创新"的认识。他介绍说,今年我校多位科学家荣获"首届全国创新争先奖",谢毅院士作为获奖代表之一在大会上发言。她所领衔的团队近年来产出系列重要科研成果,其中"二氧化碳高效清洁转化为液体燃料的新型钴基电催化剂"入选"2016中国科学十大进展"。1999年,刘庆峰等一批科大年轻人在导师的指导下,创办科大讯飞,开启了智能语音产业的创业征程。经过18年的不懈努力,科大讯飞目前已成为世界语音产业的领军者,成为我国自主创新的一面旗帜。

讲话中,包信和校长提出三点"创新"的启示。一是要有立足国家,胸怀天下的崇高目标。在"红专并进、理实交融"人才培养目标下,"天下为公、担当道义"是科大人应有的情怀。要像谢毅院士一样为国家发展助力,给人类一个更好的未来;像刘庆峰一样努力学习技术,建设更美好的世界。二是不能亦步亦趋,要敢于向未知领域和国际前沿发起挑战。"勇立潮头、引领创新"是科大人应有的品格。同学们要继承发扬敢于创新的品格,力争将红旗插上科学的高峰。三是在认准方向后要持续坚守、无怨无悔。"板凳要坐十年冷,文章不写一句空"是科大人应有的风范。包信和校长强调,创新从来就不是一蹴而就的,重要的是要有持续坚守的毅力,只有不畏艰难,坚守信念,敢为人先,才能完成质变。

最后,包信和校长语重心长地说:"同学们,你们的选择是多元的,每个人都将会有属于自己的精彩,但无论你的选择是什么,'创新'都应成为最基本的精神品格。你们正成长在一个国运蓬勃向上、科学昌明发达的伟大时代,愿你们在未来的路上秉承'红专并进、理实交融'的校训精神,唯实求真、勇于创新、科教报国、争创一流,在实现个人理想的同时,为我们的国家和民族贡献智慧和力量。"

生命科学学院执行院长薛天教授作为导师代表寄语毕业学子,首先向毕业生表示真诚祝贺。他结合自身的科研生活经历,对同学们提出了3点期许。第一,永远乐观。他说,选择如何度过人生不在于经历了什么,而在于采取什么角度。要坚信"如果你的前面有阴影,那么你的后面一定有阳光",不乐观尝试,就不会轻易成功。第二,坚持坚持再坚持。不论什么样的职业选择,大方向确定后,决定成败的就是坚持。他结合自身实验3年无果的经历告诉同学们,面对磨难,要勇于坚持,要敢于挑战未知。第三,生活不只眼前的苟且,还有诗和远方。在残酷的现实面前,他警醒科大人不要忘记自己最初的梦想。从"京沪干线"到"量子卫星",科大人创造了一个又一个世界奇迹,无一不令人振奋和感动,辛酸和汗水只是眼前的苟且,"科教报国"才是科大人的诗和远方。最后以"USTCER FOREVER"结束发言。

来自地空学院的张全浩作为本届毕业生代表发言,他代表全体毕业生向母校和恩师致以最诚挚的谢意,向家人和亲友致以最真诚的问候。他回忆起在中国科大的点点滴滴,讲述了一幕幕记忆中的校园生活,真切地诠释了科大精神的真谛。他说:"随着时间的推移,总有一种精神、一种力量,永远地扎根在我们心中,使我们明白什么是育人的楷模,什么是勤奋的意义,什么是自由的精神。这就是科大精神,这些中心是科大所给予我们的最好的馈赠。"同时,他对导师汪毓明教授及中国科大的许许多多像汪毓明教授一样德才兼备的老师表达了由衷的感恩与敬意。他号召毕业生们勇担"科教强国"的历史使命,为社会的发展贡献自己的力量。最后一句"千言万语,最终汇成一句话,那就是——我爱科大",满含柔情,表达了对科大深深的不舍与眷恋。

随后,全体毕业生起立,在校党委书记许武的带领下庄严宣誓:"感恩父母养育,感谢导师教诲,不忘母校培养。我们坚守母校信念,热爱科学、崇尚真理;我们传承母校精神,科教报国、追求卓越;我们用激情和智慧建设祖国,用责任和行动回馈社会,用成就和硕果回报母校!"

最后,伴着熟悉的校歌旋律,同学们身着学位服有序走上主席台,校领导和导师代表们为他们一一扶正流苏并合影留念。

(二十九)"中国科大研究生支教团座谈会暨第十九届研究生支教队出征仪式"举行

2017年7月1日,"不忘初心,砥砺奋进"、"中国科大研究生支教团座谈会暨第十九届研究生支教队出征仪式"在我校西区活动中心二楼学术报告厅隆重举行。校党委副书记蒋一、校内一直关心和支持支教工作的相关部门负责人、历届支教队队员代表,以及第十八届、第十九届支教队全体队员出席会议。

"中国青年志愿者扶贫接力计划研究生支教团"项目由中国共产主义青年团中央委员会、教育部于1999年启动,每年面向部分高校招募志愿者到中西部贫困地区支教1年。作为全国首批参加此项目的高校之一,19年来,我校积极开展西部支教活动,已经连续招募了19届共127名队员分赴青海循化县、甘肃榆中县和宁夏海原县开展志愿服务工作。

(三十) 我校研究生院出台研究生课程教学管理规定

为规范我校研究生课程教学的管理,2017年7月14日,我校研究生院发布《中国科学技术大学研究生课程教学管理规定》(研字〔2017〕8号),我校所有研究生教学单位(含科教融合共建学院)的课程教学活动及其管理工作,适用本规定,内容摘录如下:

1. 任课教师

研究生课程的任课教师应由教学、科研经验丰富的教授、副教授或相当专业技术职务的教师担任。经院(系)、室推荐,研究生院教学学籍办(简称"教学学籍办")同意,少数课程可由教学效果较好、具有博士学位的讲师任教。对于初次讲授研究生课程者,其课程教学计划应由相应学科点组织审阅,教师需通过院(系)、室组织的试讲后方可正式授课。

任课教师要把立德树人作为教学工作的根本任务,把社会主义核心价值观和教师职业道德紧密相连,坚持不懈培育和弘扬社会主义核心价值观,用好课堂讲坛,用好校园阵地,引导广大研究生做社会主义核心价值观的坚定信仰者、积极传播者、模范践行者。

2. 课程管理

各院(系)、室在每学期结束前规定时间内,须将下学期研究生课程教学计划上报教学学籍办,以便于编制下一学期研究生课程表。课程计划经学科点、院(系)、室及教学学籍办批准后执行,一经批准,不得自行更改。

各学科点、院(系)、室若增开培养方案以外的课程,须提前一学期提出申请,填写《增设研究生课程申请表》,并附该课程的教学大纲和主要教材,经学科点、分学位委员会审核同意,报教学学籍办批准后安排开课。

教学学籍办对研究生课程教学效果进行定期检查与评估,收集研究生对教师授课质量的评价。出现下列情况之一者,则该授课教师所开课程需缓开:研究生普遍评价课程内容重复、老化(具体评价指标与操作办法另行制定);研究生对课程授课质量评价连续两次处于后5%。

3. 研究生修课

我校研究生(包括代培生)应根据本专业培养方案及个人培养计划,在导师指导下修读相应课程。研究生如因特殊情况需要到校外研究生培养单位修读部分课程,需由导师提出书面申请,所在院(系)、室主任审核,相应学科学位分委员会批准同意,报教学学籍办备案后进行。研究生应按照开课单位的规定进行选课、学习和考核。对于考核合格者,学校根据开课单位成绩主管部门出具的正式成绩单,承认其课程成绩和学分。研究生在校外修课期间所需的一切费用,由研究生或其导师或所在院(系)承担。

4. 课程考核与成绩管理

课程考核分为考试和考查两种。考试总成绩应由期末成绩和平时成绩(包括学生听课、作业以及课堂讨论情况和平时测验成绩)组成,具体比例由任课教师根据课程性质决定。考查成绩可根据学生平时听课、完成实验、作业、口试结果等因素综合评定。

各院(系)、室教学秘书将研究生考核成绩录入"研究生教学信息管理系统"后,原始成绩单应长期保存。研究生的答卷一般应至少保存至其毕业后一年。研究生院不定期组织专家抽查部分课程的研究生答卷和成绩单。

(三十一)我校 2017 年优秀大学生夏令营开营

2017 年 7 月 18 日上午,我校 2017 年优秀大学生夏令营开营仪式在东区大礼堂举行。校党委书记许武、校长包信和,相关学院、国家实验室、机关各部门负责人以及来自全国 100 余所知名高校的 1800 余名优秀学子参加了开营仪式。开营仪式由校长助理杨金龙主持。

上午 9 时,夏令营正式开营。校长助理杨金龙在主持时向与会学子传递中国科大的热烈欢迎和真诚期待:"中国科大夏令营是同学们书写青春情感、碰撞思想火花的舞台,更是感悟科大文化、感知创新魅力的盛会。未来几天,同学们将领略导师风采,触摸科技前沿,初步体会'只有这里才能放下一张安静的书桌'的内涵。"

包信和校长在致辞中代表学校向参加本次夏令营的各位同学表示热烈的欢迎,向为本次夏令营筹备付出辛勤汗水的老师和志愿者们表示衷心的感谢。自创校以来,我校以一流的人才培养理念为社会培养了大批德才兼备的高层次人才,办学声誉赢得了党和国家的认可、社会的广泛好评。近年来,中国科大优秀大学生夏令营已成为学校的品牌活动,此次夏令营为同学们安排了丰富多彩的学术活动,希望同学们能够充分感受科大的学术氛围和深厚底蕴,结识志同道合的良师益友,快乐学习、放飞理想、收获知识、收获友谊。包信和校长说:"明年科大将迎来建校六十周年校庆,非常有意义,值得纪念,期待同学们能够成为科大新一甲子的第一批研究生,再次相聚科大,共庆科大建校六十周年!"

许武书记、包信和校长和各学院领导上台授旗。在《永恒的东风》雄壮激昂的旋律和全体营员热烈的掌声中,2017 年优秀大学生夏令营开营仪式画上了圆满的句号。

中国科大优秀大学生夏令营由研究生院主办,主要面向"985 工程""211 工程"高校,招收本科三年级、有志于从事科学研究、学习成绩优秀并有较强研究能力的学生。本年度,夏令营共收到约 1 万名优秀学子报名,最终共录取各类营员 3524 人,比去年增加 700 余人。近年来,我校根据不同学科的专业特点,不断拓展夏令营的学科范围和规模。本年度夏令营更加充实饱满,涵盖学科更加广泛,共组织 20 个夏令营,其中包括新增的环境科学夏令营、科技与文化夏令营,营员规模和学科覆盖面再创新高。夏令营期间,营员们将走进实验室,参观科研成果,与科学家们直接对话;将参与冷餐会、师兄师姐见面会、闭幕晚会等活动,体验科大校园文化、品味科大优良校风;将走出校门,参观科大讯飞、省博物馆等地,感受科大与时俱进的创新精神与地域文化的无穷魅力。其间,学校各部门也将全力为营员们提供全面的保障和优质的服务。

(三十二) 我校研究生院提高博士生助研岗位津贴标准

2017年7月18日,我校研究生院发布《中国科学技术大学关于提高我校博士研究生助研岗位津贴标准的通知》(研字〔2017〕9号),内容摘录如下:

为贯彻财科教〔2017〕5号关于进一步提高博士生待遇的精神,激励我校博士研究生勤奋学习、刻苦钻研,学校决定适当提高国家计划全日制非在职博士研究生的助研岗位津贴标准,使广大博士研究生安心从事科研工作。现将有关事项通知如下:从2017年9月起,各院(系)和导师应积极创造条件,为所有符合条件的博士研究生提供助研岗位。除人文学科外,设置博士生助研岗位的出资标准最低为600元/月。学校对博士研究生助研岗位仍给予定额配套资助,配套资助标准不变。

(三十三) 我校研究生院发布《博士硕士学位授权审核实施办法(暂行)》

为做好我校博士硕士学位授权审核工作,保证学位授予和研究生培养质量,根据国务院学位委员会《博士硕士学位授权审核办法》(学位〔2017〕9号)、《关于开展2017年博士硕士学位授权审核工作的通知》(学位〔2017〕12号)、安徽省人民政府学位委员会《关于开展2017年博士硕士学位授权审核工作的通知》(皖学位秘〔2017〕1号)等文件精神,2017年7月20日,我校研究生院发布《中国科学技术大学博士硕士学位授权审核实施办法(暂行)》(研字〔2017〕12号),内容摘录如下:

学位授权审核包括新增学位授权点审核和学位授权点动态调整两种方式。新增学位授权点审核是指新增博士硕士一级学科与专业学位类别(简称"新增博士硕士学位点")审核。学位授权点动态调整是指学校根据需求,自主撤销已有博士硕士学位点、新增不超过撤销数量的其他博士硕士学位点的学位授权点调整行为。动态调整具体实施办法按国家及我校有关文件规定执行。

我校学位授权审核工作每年进行一次。授权审核应全面贯彻国家教育方针,围绕国家区域发展战略和经济社会发展,以"服务需求、提高质量、优化结构、完善体系"为原则,依法依规进行,其中新增硕士学位点以专业学位点为主。

申请新增博士硕士学位点基本条件为:申报一级学科博士学位授权点,需具有本学科一级学科硕士学位授权资格,且在学科方向与特色、学科队伍、人才培养、培养环境与条件等方面高于国家规定的博士学位授权点申请基本条件。申报一级学科硕士学位授权点,需具有本学科学士学位授权资格,且在学科方向与特色、学科队伍、人才培养、培养环境与条件等方面高于国家规定的硕士学位授权点申请基本条件。

对批准新增的学位授权点,学校在队伍建设、科研创新、人才培养、基地建设等方面予以支持。同时加强新增学位点的质量管理,每6年对其进行一次合格评估。

(三十四) 我校 2017 年优秀大学生夏令营闭营

2017 年 7 月 21 日晚,"中国科大 2017 优秀大学生夏令营闭营晚会"在我校东区大礼堂画上了圆满的句号。各学院相关负责人出席闭营仪式并观看了闭营晚会。晚会上,学校为"中国科大 2017 优秀大学生夏令营优秀营员""中国科大 2017 优秀大学生夏令营特别贡献奖"荣誉获得者颁发了奖项。

校长助理杨金龙教授宣布"2017 优秀大学生夏令营闭营晚会"正式开始

(三十五) 研究生院召开 2017 年第五次院务工作会议,研讨制定考核评优等工作议事规则

2017 年 7 月 25 日下午,我校研究生院于 218 楼二楼会议室召开第五次院务工作会议,研讨了研究生院议事规则相关事宜。

经研讨,我院教职员工奖项评选要求及议事规则为:① 奖项信息公开,符合条件的教职员工自愿申报;② 由院长或常务副院长、副院长、各职能部门负责人构成的专项工作组以会议形式开展内部评审工作;③ 经 2/3 以上专项工作组参会成员同意后,申报奖项的教职员工或院内对口职能部门可将材料报送至校内奖项评选主管部门。

2017 年 7 月 25 日,我院出台《中国科学技术大学研究生院考核评优等工作议事规则》(研字〔2017〕7 号),主要内容如下:

本院考核评优等工作采取民主集中制。由院长或常务副院长、副院长、各职能部门负责人组成专项工作组。考核评优等工作包括全院教职员工招聘、考核、任免、奖惩及职称职级评聘等相关人事管理工作,以及其他涉及院内教职员工权益、需要相关院领导及职能部门集体讨论的重要事项。考核评优等工作需商议讨论事项以会议形式进行,会议由院长或常务副院长主持,或由其委托一位副院长主持。会议须有2/3及以上专项工作组成员出席才能召开。

(三十六)我校召开博士研究生教育综合改革试点工作座谈会

2017年7月25日下午,我校在218楼二楼会议室召开博士研究生教育综合改革试点座谈会,各学院研究生教育分管院长、相关部门负责同志参加会议。会议由校长助理杨金龙主持。

杨金龙助理强调了综合改革的根本目标是满足需求,要进行系统设计,须具备创新性与操作性,形成可复制、可推广的成功经验。随后,杨金龙对《关于开展博士研究生教育综合改革试点工作的通知》(教研司〔2017〕6号)及《博士研究生教育综合改革试点任务指南》进行了解读,并简要介绍了清华大学、天津大学、厦门大学和西安交通大学等4所高校在博士研究生教育改革方面的探索和实践。

座谈会上,各学院分管院长分别结合本学院的博士研究生教育特色进行了交流研讨,国际合作与交流部部长侯中怀介绍了我校国际学院建设和留学生的工作现状,并提出了改革设想。

根据本次会议研讨,我校博士研究生教育综合改革将重点在科教融合、国际合作、导师队伍与课程教学等方面采取有针对性的改革举措,并结合思政教育、招生选拔、投入资助、分流淘汰、评价制度、管理模式、质量保障等方面展开改革探索。

(三十七)我校博士生团赴阜阳调研,聚焦"精准扶贫"

为发挥我校理工学科优势,更好地服务社会,我校博士生实践服务团(简称"博士生团")于2017年7月26日至30日赴安徽省阜阳市进行实践调研工作。今年博士生团一行聚焦"精准扶贫",先后走访调研了阜阳市颍东区、太和县、界首市的多个乡镇和工业园区。本年博士生团由我校研究生会组建,以"投身社会实践,助力脱贫攻坚"为主题,由校团委郑杰老师带队,团队成员均为我校在读优秀研究生。

调研伊始,博士生团先后参加由阜阳市政府、太和县政府及颍东区政府举行的座谈会,就阜阳市地方经济发展状况、脱贫攻坚概况及精准扶贫政策等问题展开深入研讨。随后的几天,在颍东区插花镇,太和县马集乡港集村、马北村,界首市陶庙镇,泉阳镇胡集村,代桥镇刘寨村等阜阳市基层一线,博士生团实地调研了阜阳市在产业扶贫、就业扶贫、金融扶贫、光伏扶贫、社保兜底扶贫等领域的扶贫工作落实情况。

我校自2004年开始,每年暑期都组织博士生团赴全国各地进行考察调研,并与当地政府、企业、高校等单位进行密切交流,为当地经济、社会发展出谋划策。10多年来,博士生团先后走访了辽宁鞍山、河南林州、湖南湘潭、江西南昌、广东惠州、四川绵阳、安徽皖江城市带、陕西西安、陕西延安、广东广州、深圳、安徽宣城等地。

(三十八) 我校 11 项教学成果荣获 "2016 年中科院教育教学成果奖"

2017 年 7 月，中科院发布《中国科学院关于公布 2016 年中国科学院教育教学成果奖评审结果的通知》，公布了 "2016 年中科院教育教学成果奖" 获奖名单，我校或以我校为第一完成单位的 "高性能计算创新人才培养的探索与实践""以核心能力为导向的研究生分类培养模式的探索与实践""科教融合英才班——物理创新研究型人才培养模式探索和实践"等 3 项教学成果荣获 "2016 年中科院教育教学成果奖一等奖"，"研究生科研能力培养物理实验教学体系建设与实践""研究型大学研究生英语学术论文写作课程体系建设"等 8 项教学成果荣获二等奖。

荣获 "2016 年中科院教育教学成果奖" 项目一览表（一等奖）

序号	教学成果名称	主要完成者	成果完成单位
1	高性能计算创新人才培养的探索与实践	安虹、张云泉、韩文廷、李会民、孙凝晖	中国科学技术大学计算机科学与技术学院、中科院计算技术研究所
2	以核心能力为导向的研究生分类培养模式的探索与实践	古继宝、彭莉君、裴旭、刘和福、朱玉春	中国科学技术大学研究生院
3	科教融合英才班——物理创新研究型人才培养模式探索和实践	王冠中、徐宁、曾长淦、阴泽杰、朱青峰	中国科学技术大学物理学院

荣获 "2016 年中科院教育教学成果奖" 项目一览表（二等奖）

序号	教学成果名称	主要完成者	成果完成单位
1	研究生科研能力培养物理实验教学体系建设与实践	孙腊珍、张增明、王安延、叶邦角、朱林繁	中国科学技术大学物理学院
2	研究型大学研究生英语学术论文写作课程体系建设	陈纪梁、邢鸿飞、孙蓝、莫青杨、刘海清	中国科学技术大学人文与社会科学学院
3	政产学研"四位一体"研究生联合培养模式探索与实践	张淑林、裴旭、古继宝、李金龙、万明	中国科学技术大学研究生院
4	健康传播教育教学改革	秦美婷	中国科学技术大学人文与社会科学学院
5	学生主导型研究性物理实验教学的改革与实践	张增明、代如成、赵伟、王中平、祝巍	中国科学技术大学物理学院
6	基于新媒体科普人才培养的课程体系的构建与实践	张燕翔、黄雯	中国科学技术大学人文与社会科学学院
7	西双版纳生物多样性野外教学实习的改革实践	沈显生、周双云、孙红荣、杨迎润、邸智勇	中国科学技术大学生命科学学院、中科院西双版纳热带植物园
8	数学拔尖人才教育教学培养实践	李思敏、巩馥洲、欧阳毅、陈卿、叶郁	中国科学技术大学数学科学学院、中科院数学与系统科学研究院

"中科院教育教学成果奖"的设立旨在促进中科院科教融合协同育人的深入开展,鼓励中科院科研教育工作者积极从事教学研究和改革实践,持续提高院属大学教学水平和教育质量,探索与创新型国家相适应的创新型人才培养模式。"中科院教育教学成果奖"每4年评选1次,评选范围为院属各单位在反映高等教育教学规律,具有独创性、新颖性、实用性,对提高教学水平和教育质量、实现培养目标已产生了明显效果的教育教学方案和教育教学改革成果,评选对象为在中科院高等教育教学工作中做出突出贡献、取得显著成果的集体和个人。

(三十九) 我校研究生院发布研究生参加国际学术会议资助项目管理办法

为鼓励我校博士研究生积极参加高水平国际学术会议,提高博士研究生的国际学术交流能力,学校设立博士研究生参加国际学术会议资助项目。2017年8月8日,我校研究生院发布《中国科学技术大学博士研究生参加国际学术会议资助项目管理办法》(研字〔2017〕14号),内容摘录如下:

本项目申请人需具备以下条件:申请人是我校注册在读博士研究生(在职博士研究生除外),留学生、进修生不在本项目资助之列;申请人的学术论文被本学科领域高水平国际学术会议(双边或区域性学术会议除外)接收且做口头报告。本项目与"中国科学技术大学优秀学生国际交流资助计划"(简称"优生资助计划")合并执行;已获得"优生资助计划"的研究生,不得申请本项目。

每位博士生在读期间只能受本项目资助一次。

(四十) 我校研究生院出台研究生基本助学金管理办法

为完善研究生奖助政策体系,提高研究生待遇水平,根据《财政部、国家发展改革委员会、教育部关于完善研究生教育投入机制的意见》(财教〔2013〕19号),财政部、教育部《研究生国家助学金管理暂行办法》(财教〔2013〕220号)及《财政部、教育部关于进一步提高博士研究生国家助学金资助标准的通知》(财科教〔2017〕5号)等文件精神,2017年8月8日,我校研究生院发布《中国科学技术大学研究生基本助学金管理办法》(研字〔2017〕15号),内容摘录如下:

研究生基本助学金主要用于资助我校纳入全国研招计划的所有全日制研究生(有固定工资收入的除外),补助研究生基本生活支出。为确保国家战略目标的实施,"强军计划"和"骨干计划"研究生可享受基本助学金。获得基本助学金的研究生须具有中华人民共和国国籍。

凡享受基本助学金的研究生,必须同时符合以下条件:完成报到注册手续,取得研究生学籍;热爱祖国,拥护中国共产党的领导;遵守宪法、法律、法规和学校的规章制度;勤奋学习,努力掌握专业知识,有学术发展潜力;诚实守信,道德品质优良,无抄袭、剽窃等学术不端行为及违法和严重违纪行为。

直博生和硕-博连读学生,根据当年所修课程的层次阶段确定身份参与基本助学金的发放。在选修硕士课程阶段按照硕士研究生身份发放基本助学金;进入选修博士研究生课程阶段按照博士研究生身份发放基本助学金。

有下列情形之一的,停发基本助学金:未完成报到注册手续的研究生,基本助学金暂停发放,自注册手续完成之日次月起重启发放,已停发的助学金不补发;超过规定学制年限的延期毕业生,不再享受研究生基本助学金,学制年限标准为博士研究生四年,硕士研究生三年,直博生六年;在课程学习期间未按规定程序请假而离校,时间超过一个月的研究生,离校期间停发助学金,返校后视情况决定是否继续发放;已办理保留学籍或休学手续的研究生,自手续办理次月起停发基本助学金,恢复学籍或复学后次月重启发放,已停发的助学金不补发;已办理退学手续的研究生,自退学手续办理完成的次月起停发基本助学金;毕业研究生自办理离校手续次月起,停发基本助学金;对受学校留校察看以上纪律处分的研究生,从处分决定正式生效次月起停发助学金,从解除处分生效次月起重启发放助学金,已停发的助学金不补发。

(四十一) 我校研究生院发布博士论文创优支持计划管理办法

为加强我校博士研究生创新意识和创新能力的培养,提高博士学位论文的质量,鼓励和引导博士生做出高质量的科研成果,研究生院特设立"博士论文创优支持基金",2017年8月25日,我校研究生院发布《中国科学技术大学博士论文创优支持计划管理办法》(研字〔2017〕16号),内容摘录如下:

博士论文创优支持基金主要用于奖励和资助科研表现优异的在学高年级博士生,鼓励其更好地进行论文研究工作,争取获得中科院或省级、校级优秀博士学位论文。研究生院负责基金的具体组织实施并对基金的使用进行管理。

资助对象条件:我校全日制在读博士研究生,取得博士生资格已满两年半以上;具有较强的科研能力,已取得一定的科研成果(包括在本学科领域高水平学术期刊上发表论文或取得发明专利、获得国家级或省部级科研成果奖或取得通过鉴定的其他科研成果)。论文工作有重要的理论意义或现实意义,有较大的创新性,并有望获得中科院或省级、校级优秀博士学位论文;课程学习满足申请博士学位的要求,已完成博士学位论文开题工作,选题立论新颖。

(四十二) 我校制定硕士、博士学位授予实施细则

1999年3月17日,校长工作会议批准颁布并执行《中国科技大学学位授予实施细则》(校研〔1999〕03号)、《中国科技大学关于授予具有研究生毕业同等学力人员硕士学位

实施办法》《中国科技大学关于授予具有研究生毕业同等学力人员博士学位实施办法》、《中国科技大学关于授予成人高等教育本科毕业生学士学位暂行实施细则》4个学位工作文件。

为使我校学位授予工作更加规范、科学，2002年6月28日，我校印发《中国科学技术大学学位授予实施细则》（校学位字〔2002〕7号），对原《中国科学技术大学学位授予实施细则》（校研〔1999〕03号）进行修订。2002版细则经校学位委员会审议通过并经校长工作会议批准实行，1999版细则同时废止。

为使我校学位授予工作适应新形势，2007年12月3日，我校印发《中国科学技术大学硕士、博士学位授予实施细则》（校学位字〔2007〕3号），对原《中国科学技术大学学位授予实施细则》（校学位字〔2002〕7号）进行修订。2007版细则经校学位委员会审议通过并印发实行，2002版细则同时废止。

2017年，根据《中华人民共和国学位条例》《中华人民共和国学位条例暂行实施办法》《普通高校学生管理规定》，结合我校实际情况，学校制定了《中国科学技术大学硕士、博士学位授予实施细则》（校学位字〔2017〕187号），即我校2017版细则，该细则经校学位委员会审议通过，自2017年9月1日起开始实行，内容摘录如下：

我校按照国务院学位委员会批准授权的学科、专业或学位类型授予硕士、博士学位。

申请人应坚持四项基本原则，遵守宪法、法律、法规，遵守公民道德规范，遵守学校管理制度，具有良好的道德品质和行为习惯。

硕士生通过课程考试和论文答辩，达到下述条件者，授予硕士学位：掌握本学科坚实的基础理论和系统的专门知识；具有从事科学研究工作或独立担负专门技术工作的能力。硕士学位论文应对所研究课题有一定的学术价值，并有新的见解，以此表明作者具有从事科学研究工作或独立担负专门技术工作的能力。硕士学位论文评阅通过后，由学位点集中组织论文答辩。答辩委员会组成名单由各学位点提出建议并上报校学位办。校学位办有权调整答辩委员会组成名单。答辩委员会应由不少于三名具有高级专业技术职务的同行专家组成。答辩委员会主席应由教授（或相当专业技术职务的专家）担任。申请人的导师不得参加答辩委员会。学位委员会做出授予硕士学位的决定后，学校给学位获得者颁发硕士学位证书，并对授予学位的名单进行公示，公示期不少于七日。公示期间有异议的，由学位委员会组织复核并做出是否撤销已授学位的决定。公示结束后，学校印发学位授予文件，公布学位获得者名单。

博士生通过博士学位的课程考试和论文答辩，达到下述学术水平者，授予博士学位：掌握本学科坚实宽广的基础理论和系统深入的专门知识；具有独立从事科学研究工作的能力；在科学或专门技术上做出创造性的成果。博士学位论文应能表明作者已掌握有关学科坚实宽广的基础理论和系统深入的专门知识，具有独立从事科学研究工作的能力，并在科学或专门技术上做出创造性的成果。论文应是系统而完整的科研成果的表述与总结。博士生在完成课程学习、成绩合格和博士学位论文达到上述要求的基础上，经导师、所在学位点预审同意后，方可向校学位办提请论文评阅和答辩。在举行论文答辩前,校学位办应聘请不少于五位本学科或相关学科的博导作为论文评阅人(校外博导不少于三人)。论文评阅人由导师提出建议,学位点负责人审核后报校学位办聘请。校学位办有权调整评阅人名单。论文评阅时间不得少于一个月。评阅过程中如有一位评阅人持否定意见,则由校学位办再增聘一位评阅人进行评阅;如有两位评阅人均持否定意见,则本次学位申请无效。博士学位论文评阅通过后,由学位点负责组织论文答辩。答辩委员会组成名单由导师提出建议,学位点负责人审核后报校学位办聘请。校学位办有权调整答辩委员会委员组成名单。答辩委员会应由不少于五名本学科或相关学科的博导组成(其中一般应有校外博导)。学位申请人的导师不参加答辩委员会。学位委员会做出授予博士学位的决定后,学校给学位获得者颁发博士学位证书,并对授予学位的名单进行公示,公示期不少于七日。公示期间有异议的,由学位委员会组织复核并做出是否撤销已授学位的决定。公示结束后,学校印发学位授予文件,公布学位获得者名单。

对于国内外的卓越学者或著名社会活动家,经校学位委员会提名,报主管部门审查并转报国务院学位委员会批准,可以授予名誉博士学位。在我校学习的外国留学生和从事科学研究或教学工作的外国学者,申请学位按相关规定办理。

学位申请人或者学位获得者在获得学位过程中有学术不端、作伪造假等行为的,经学位委员会审查决定,可以不受理其学位申请、不授予学位或者撤销已授学位。

(四十三) 我校与中科院长春应用化学研究所共建应用化学与工程学院

2016年9月,中科院长春应用化学研究所发布《关于中国科学院长春应用化学研究所教育归口单位变更的公告》,显示:自2017年起中科院长春应用化学研究所(简称"长春应化所")教育归口单位由中科院大学变更为中国科学技术大学,2017年录取的研究生取得中国科学技术大学学籍,并颁发中国科学技术大学毕业证书和学位证书。

为深化科教融合,协同创新,促进科教资源共享,贯彻中科院"全院办校、所系结合"的办学方针,促进学科发展和人才培养,2017年8月27日下午,中国科学技术大学与中科院长春应化所合作共建中国科学技术大学应用化学与工程学院(简称"应化学院")签约揭牌仪式在长春应化所举行。根据协议,应化学院是学校所属的科教融合学院,由双方共建共管,建设目标为成为科教融合特色的一流的人才培养和科学研究机构。

我校校长包信和院士与长春应化所所长安立佳院士共同为学院揭牌,我校校长助理杨金龙与长春应化所副所长杨小牛代表双方签约。长春应化所张洪杰院士、杨秀荣院士等出席仪式。

安立佳所长在致辞中表示,中国科学技术大学应用化学与工程学院落户长春应化所,对双方都是新的起点和新的机遇。长春应化所将努力把学院建设发展成一流人才培养和重要创新成果产出的基地。

包信和校长回顾了双方多年来紧密合作取得的成果,简要介绍了学院的成立背景。他表示,我校与长春应化所的合作源远流长,通过共建联合实验室和学术交流等,对人才培养和学校发展起到很大的促进作用。希望通过共建应化学院,进一步发挥双方优势,加强科教协同创新,促进科教资源共享,共同探索新形势下的科教融合及人才培养教育模式,实现深层次上的学科融合,为国家应用化学领域培养更多的优秀人才。

揭牌仪式上,杨金龙助理宣读了中国科学技术大学应用化学与工程学院成立及领导班子任命文件。我校聘任长春应化所所长安立佳兼任应化院院长,杨小牛副所长兼任应化学院常务副院长,刘世勇、刘靖宇兼任应化学院副院长,任期与长春应化所本届领导班子一致。

长期以来,长春应化所与我校在平台搭建、创新项目、人才造就、研究生联合培养等多方面开展了密切和实质性的交流与合作。应化学院的成立,是双方不断深化科教融合、协同创新的进一步探索和实践。根据协议,应化学院是长春应化所的组成部分,也是我校所属的科教融合学院,由双方共建共管,不断探索科教融合新的体制机制和管理模式。我校发挥人才培养和科教品牌优势,长春应化所发挥科技研发与平台优势,目标是把应化学院办成具有科教融合特色的一流的人才培养和科学研究机构。

(四十四)我校举行2017级研究生新生开学典礼暨入学教育,本年招收硕士生4794人、博士生1648人

2017年9月8日上午9时,我校2017级研究生开学典礼暨入学教育在东区大礼堂隆重举行。校党委书记许武,校长包信和,党委副书记、纪委书记叶向东,党委副书记蒋一,校长助理杨金龙,中科院院士李曙光,数学科学学院党委书记、副院长邓建松,物理学院副院长陈向军,化学与材料科学学院党委书记、副院长葛学武,生命科学学院副院长臧建业,工程科学学院党委书记、副院长刘明侯,信息科学技术学院党委书记、副院长陈卫东,计算机科学与技术学院执行院长李向阳,地球和空间科学学院执行院长汪毓明,管理学院执行院长余玉刚,公共事务学院党委书记、副院长李晓纲,人文与社会科学学院党委书记屠兢,软件学院常务副院长李曦,国家同步辐射实验室主任陆亚林,合肥微尺度物质科学国家实验室(筹)副主任、少年班学院院长陈旸,火灾科学国家重点实验室主任张和平,各院(系)、机关有关部门负责人和全体研究生新生参加了开学典礼,开学典礼由校长助理杨金龙主持。

本年度,我校共招收硕士研究生4794人,其中全日制硕士研究生4010人(科学学位2027人、专业学位1983人),非全日制硕士研究生784人(均为专业学位);招收博士研究生1648人,其中科学学位博士研究生1617人,工程博士研究生31人。

上午9时,校长助理杨金龙代表学校热烈欢迎2017级研究生新生,并宣布我校2017级研究生新生开学典礼正式开始。

巨幅校旗在护旗手的托举下缓缓从礼堂后方移向前方,新生们伸手触碰校旗,共同感受这份光荣。

随后,全体师生起立,奏唱《中华人民共和国国歌》。

校长包信和院士代表全校师生员工向新同学表示热烈的欢迎。他从"格局"的话题展开,对研究生新生提出了期望和建议。古人云:"谋大事者,首重格局。"那么什么是格局?包信和校长的体会是,格局是一种对己对人、对世界的认知与态度。最近,人们在热议纪录片《大国外交》和"金砖国家"领导人厦门会晤,盛赞以习近平总书记为核心的党中央以中国梦联通世界梦,以中国智慧解决世界问题,为人类命运共同体开创了更加光明的未来。这些活动在世界上赢得了广泛的尊重和认同。包信和校长认为这就是格局,是一个大国的格局,它展现了中国"美美与共、天下大同"的大格局。一个有大格局的国家,才能真正成为一个屹立于世界的大国。

包信和校长指出,格局是使命、责任与担当。一个有大格局的大学,才能担当重任,成为国家和民族的精神高地。我校自建校之日起,就树立起为国立学的远大志向,把扎根祖国大地、服务国家发展作为自己的职责和使命。从攻克"两弹一星"、筹建同步辐射加速器,到研究铁基超导,发射暗物质卫星、量子科学实验卫星,一代代科大人将科技创新和突破与国家发展进程紧密相连,向科技前沿进军,为国家培养尖端人才,践行了科教报国的铿锵誓言。去年 4 月 26 日,习近平总书记考察我校,充分肯定了我校的发展成绩,并提出殷切期望,勉励同学们要"勇于创新、敢于超越、力争一流,在人才培养和创新领域取得更加骄人的成绩,为国家现代化建设做出更大的贡献"。

中国科学技术大学的 3 位量子科技领军人物——郭光灿、杜江峰和潘建伟院士,3 位"大牛"姓氏拼音首字母组成的"GDP",成为国际学界赫赫有名的中国量子科研"超豪华"团队。他们不忘初心,勇攀世界科学高峰,敢当世界科技"弄潮儿",心怀报国之情,笃行报国之志,他们的事业联系国家大业,他们的创新就有了无比深厚的根基,他们就是真正有大格局的人。目前,学校依托已有的两个国家实验室和合肥地区密集的大科学装置集群,全面推动合肥综合性国家科学中心建设,并有望在量子信息科学领域创建第一个真正意义上的国家实验室。在提升理科发展优势的同时,得到了鄂维南、杨培东、庄小威等海内外杰出校友的大力支持,在推进新工科和新兴交叉学科的发展,谋划能源、大数据、人工智能、生命科学与医学等新的学科发展方面有了新进展。这些将为同学们今后的科研工作提供得天独厚的条件。

包信和校长希望大家树立起与这个时代主题同心同向的理想信念,勇于担当这个时代赋予的历史责任,提升自己的人生格局,把握新机遇,认真思考自己未来几年努力的方向和今后要走的路,不负国家、社会、学校、家人对同学们的期望。

包信和校长希望同学们自觉将自己摆进时代的大格局中去,向我校老一辈科学家钱学森、华罗庚、赵忠尧、郭永怀、赵九章、贝时璋等学习,科教报国,追求卓越,勇攀高峰,坚定地将自己今后的科研理想和事业追求与国家的发展需求紧密结合,充满自信地在崭新的历史起点上,为祖国和人民的事业贡献智慧和力量。

包信和校长希望同学们将自己摆进创新的新格局中去,尽快熟悉科研环境,准确选好研究方向,善于站在前人的肩膀上,探索新知,畅想未来,在鼓励学术质疑中启发新思想,在尝试学科交叉中解决新问题,做顶天立地的科研,求止于至善的真知,成为国家需要、社会渴求的创新人才。

许武书记、包信和校长为马新超等获奖同学颁奖,他们被授予"研招优秀志愿者"称号。颁奖结束后,全体师生起立,奏唱校歌《永恒的东风》。在激昂豪迈的旋律声中,2017级研究生开学典礼圆满结束。

开学典礼闭幕后,校长助理杨金龙主持2017级研究生新生入学教育活动,对新生提出要求,希望同学们牢记师长的谆谆教诲,熟练掌握各项技能,在未来的学术科研生涯中,秉承科大"红专并进"的校训精神,践行科大"科教报国"的历史使命,做出最好的自己,让明天的科大以同学们为荣。

校学位委员会委员李曙光院士从为什么读研究生、科大主流价值观、如何培养研究生、如何当好研究生等角度进行主题演讲。我校研究生应树立崇高的理想,努力攀登科学高峰。现在是中国向高收入国家跨越的关键时期,研究生应勇于承担责任,以高标准要求自己,踏实、努力、团结,为国家发展做出贡献,为建设科技强国努力奋斗。

集中进行新生入学教育之后,各学院将陆续开展系列活动帮助新生熟悉科大,9月11日各学院开始正式上课。

(四十五)我校软件工程培养基地被评为"第三届全国工程专业学位研究生联合培养示范基地"

2017年9月15日,全国工程专业学位研究生教育指导委员会发布了《关于公布获得"第三届全国工程专业学位研究生联合培养示范基地"荣誉称号名单的通知》。经过初选、复选、会评答辩等多轮程序后,科大讯飞股份有限公司-中国科学技术大学软件工程专业学位研究生联合培养基地荣获"全国工程专业学位研究生联合培养示范基地"称号。

科大讯飞股份有限公司-中国科学技术大学软件工程专业学位研究生联合培养基地,依托我校计算机学院、语音及语言信息处理国家工程实验室,由我校和讯飞公司联合共建。长期以来,我校与讯飞公司一直保持紧密的产学研合作关系,双方共同成立了语音及语言信息处理国家工程实验室、安徽省产学研联合培养研究生示范基地等研发和实训平台。2013年至今,讯飞公司已累计接收我校研究生实习实践198人次,从事的工作涉及核心技术研究、软件开发、软件测试等多个岗位。通过实际参加企业的研发过程,学生的专业技术水平和工程化产品开发能力都得到了提升。

该基地是我校获批的第三个"全国工程专业学位研究生联合培养示范基地"。此前,常州研究生培养基地、苏州研究院研究生培养基地已分别被评为第一届、第二届"全国工程专业学位研究生联合培养示范基地"。

自2014年起,全国工程专业学位研究生教育指导委员会开展"全国示范性工程专业学位研究生联合培养基地"评选活动,目前已完成了两届评选活动,今年3月份,全国工程教指委启动了第三届联合培养示范基地评选工作,此次全国共有43个实践基地获得此荣誉称号。

(四十六) 我校入选"双一流"建设 A 类高校,11 个学科入选世界一流学科建设名单

2017 年 9 月 21 日,教育部、财政部、国家发展改革委员会(三部委)印发《关于公布世界一流大学和一流学科建设高校及建设学科名单的通知》,公布世界一流大学和一流学科(简称"双一流")建设高校及建设学科名单。通知指出,根据国务院《统筹推进世界一流大学和一流学科建设总体方案》(简称《总体方案》)以及教育部等三部委《统筹推进世界一流大学和一流学科建设实施办法(暂行)》(简称《实施办法》),经专家委员会遴选认定,教育部、财政部、国家发展改革委员会研究并报国务院批准,现公布世界一流大学和一流学科建设高校及建设学科名单。各单位要全面贯彻习近平总书记系列重要讲话精神和全国高校思想政治工作会议精神,按照党中央、国务院关于建设世界一流大学和一流学科的决策部署,以马克思主义为指导,加强党对高校的领导,坚持社会主义办学方向,坚持中国特色、世界一流,坚持内涵建设,采取有力措施,支持推动建设高校及建设学科加快发展,取得更大的建设成效。

我校入选 A 类世界一流大学建设高校,11 个学科入选世界一流学科建设名单。

2015 年 10 月,国务院印发《统筹推进世界一流大学和一流学科建设总体方案》,2017 年 1 月,经国务院同意,教育部、财政部、国家发展改革委员会印发《统筹推进世界一流大学和一流学科建设实施办法(暂行)》,"双一流"建设进入实施操作阶段。

根据《总体方案》《实施办法》,"双一流"建设高校通过竞争优选、专家评选、政府比选、动态筛选产生。在广泛听取意见的基础上,以增量方式统筹推动建设,以存量改革激发建设活力。三部委组建"双一流"建设专家委员会,承担遴选认定和审核建设方案的有关工作。专家委员会以学科为基础,确定遴选认定标准,产生拟建设高校名单及拟建设学科。

根据专家委员会的建议,三部委审议确定了 42 所高校建设世界一流大学、95 所高校建设世界一流学科及拟建设学科名单。同时,考虑到一流大学建设高校的整体建设任务更重,示范效应更加明显,更需要提升主动性和积极性,为打破身份固化、激发建设活力,将一流大学区分为 36 所 A 类高校和 6 所 B 类高校,希望督促所有的一流大学建设高校加快改革、加快发展,并推动归入 B 类的高校正视差距、奋起直追。

根据三部委印发的通知,我校入选 A 类建设世界一流大学高校,共有数学、物理学、化学、天文学、地球物理学、生物学、科学技术史、材料科学与工程、计算机科学与技术、核科学与技术、安全科学与工程等 11 个学科入选世界一流学科建设。

(四十七) 我校研究生院设立科教融合办公室

为进一步理顺研究生院办公室业务职能及相关人员工作关系,2017 年 9 月 25 日,我校研究生院对部分办公室业务及相关工作人员具体分工进行了调整。

撤销研究生院综合办公室。综合办公室(含《研究生教育研究》编辑部)主管业务调整至新设办公室;原办公室相关同志分别调整至相应新设办公室。

设立研究生院行政办公室。负责院内人事管理、财务管理、印章管理、档案管理、资产管理、文件收发及其他日常行政事务工作;负责院级层面学位与研究生教育工作宣传、会议纪要、文献起草、信息统计上报等相关工作;负责对内对外的协调、接待和联系,以及院务会议的组织安排工作;领导交办的其他工作。

设立科教融合与《研究生教育研究》编辑部办公室。负责牵头协调科教融合共建学院研究生教育相关管理工作,包括与各研究所沟通联络、制度建设、信息统计、经费划拨、导师管理等相关工作;负责中国学位与研究生教育学会会刊《研究生教育研究》期刊建设及管理;负责教育部学位与研究生教育发展中心《中国研究生》合肥通联站建设管理、《中国科大研究生教育》期刊编辑发行相关工作;负责全国工程教指委教学培养组秘书处全国示范基地评选、课题评审组织、建设成果巡礼和研究成果汇编编撰等工作,对接中国学位与研究生教育学会,组织学会学术课题申报研究工作;领导交办的其他工作。

(四十八) 我校社会科学总论学科进入 ESI 前 1%

2017年9月,科睿唯安信息服务公司(Clarivate Analytics)发布最新一期 ESI(Essential Science Indicators,基本科学指标)数据。在学科排名中,我校的社会科学总论(Social Sciences,General)首次进入世界前1%,这是我校社会科学相关学科发展取得的新的突破。截至目前,我校进入 ESI 学科排名的学科增至11个,其他10个 ESI 前1%的学科分别为化学、物理学、材料科学、工程学、地球科学、生物学与生物化学、计算机科学、环境科学、数学、临床医学。

社会科学总论学科涵盖一所大学所有社会科学学科的总体科研成果,ESI 前1%的学科一般被视为国际高水平学科。公布数据显示,我国大陆共有25所高校的"社会科学总论"进入世界前1%。在这25所高校中,我校篇均引用次数为7.63,居第七位,并且高于世界平均引用次数6.51;顶尖论文总计6篇,居第十四位。

根据文献来源分析,我校社会科学总论检索论文合计162篇,主要由管理学院、人文学院、公共事务学院、计算机学院、火灾科学国家重点实验室、信息学院、研究生院等单位完成,其中管理学院发表了121篇;顶尖论文总计6篇,均为管理学院发表。依托我校建设世界一流大学的目标指引和持续支持,管理学院相关师生在能源与环境管理、风险管理、公共管理、旅游管理、科学计量、信息系统、物流管理、教育管理、社会科学统计等社会科学总论涵盖的领域不断开展研究并取得了持续的进步。

(四十九) 2017 年"中科院优秀博士学位论文"结果公布,我校 14 篇入选

2017 年 9 月,中科院公布了 2017 年"中科院优秀博士学位论文"评审结果(科发函字〔2017〕427 号)。我校 14 名博士生获奖。

(五十) 研究生院召开 2017 年第六次院务工作会议,宣布人事任免及内部机构调整方案

2017 年 10 月 9 日上午,我校研究生院于 218 楼二楼会议室召开院务工作会议,宣布有关人事任免及研究新调整的院领导班子工作分工及内部机构调整方案。

党委组织部长何淳宽代表校党委宣布研究生院有关人事任免,并就此次人事调整情况做了说明。经校党委研究决定:① 吴恒安、李思敏同志挂职担任研究生院副院长(两年);② 屠兢同志不再担任研究生院副院长职务,曹一雄同志不再担任研究生院专业学位办公室主任和先研院研究生部主任职务;③ 研究生院副院长倪瑞同志兼任校庆 60 周年筹备办公室主任。会上,新任研究生院副院长吴恒安、李思敏分别做了表态发言。现任人文学院党委书记屠兢、微电子学院副院长曹一雄分别做了感谢发言。

为积极应对学校学位与研究生教育事业发展的新形势、新机遇,全面推动我院学位与研究生教育管理与服务工作更趋规范化、制度化,经院务会研究,现做出如下决定:① 撤销专业学位办公室,原所涉及的工作内容按性质、类型分别转入院内相应的招生、教学培养、学位授予、学科建设等职能部门;② 撤销综合办公室,分别成立行政办公室、科教融合与《研究生教育研究》编辑部办公室。

(五十一) 我校研究生团队荣获"第七届全国大学生集成电路设计·应用创新大赛一等奖"

2017 年 10 月 13 日,"第七届全国大学生集成电路设计·应用创新大赛全国总决赛"在成都市双流区举行,由我校信息学院电子科学与技术系指导的项目"适用于 5G 通信的宽带低噪声放大器设计"荣获"IEEE 工程之星杯国家一等奖"。

(五十二) 我校对 2017 级研究生新生开展信息素养培训

为了提高我校研究生和留学生的信息素养,帮助他们高效运用图书馆的海量资源开展科研工作,2017 年 9 月初至 10 月中旬,图书馆信息咨询部先后为 2200 余名 2017 级研究生及留学生量身打造 17 场新生入馆培训会。校研究生院、学工部、国际合作与交流部以及各院(系)对此给予了大力支持。

本系列培训会紧紧围绕研究生及留学生的科研信息需求而展开。培训形式上,采取案例演示与师生问答相结合的方式,重视数据库的实际应用和学生的亲身参与。培训时间上,除了将培训会嵌入学院或班级入学教育的环节外,图书馆还贴心地将培训时间与上课时间错开,以保证更多同学能够参与到培训中来。通过一系列入馆培训会,广大学术新手详细了解了图书馆的各类资源及其利用方式,显著提高了信息素养,为科研创新奠定了坚实基础。

(五十三) 我校博士生荣获2017年度"Carl Klason Student Award"

2017年10月9日至13日召开的先进材料世界论坛(POLYCHAR 25, Oct. 9~13, 2017, Kuala Lumpur, Malaysia)传来喜讯,合肥微尺度物质科学国家实验室(筹)徐春叶教授指导的博士生刘健荣获2017年度"Carl Klason Student Award"(卡尔·克拉松学生奖)。此奖项以高分子巨匠瑞典学者Carl Klason命名。

(五十四) 我校对2017年新增博导及科教融合单位导师进行岗前培训

2017年10月23日,我校"2017年研究生导师培训研讨会"在东区活动中心五楼学术报告厅举行,包含2016年新增博导在内的180余位导师参加了本次培训研讨会,其中中科院合肥物质科学研究院、金属研究所、南京分院和长春应用化学研究所的导师占2/3。包信和校长出席会议并做专题报告,校长助理杨金龙主持会议。

首先,校长助理杨金龙介绍了出席培训会的领导和参加培训的单位,并对他们的到来表示诚挚的欢迎。他从国家和学校两个层面阐述了本次会议召开的背景和重要性,指出全面推进我校"双一流"建设离不开在座的各位导师,推进科教融合最终应落实到学校与各研究所的文化融合上,希望各研究所与校内各单位在相互理解的基础上齐心协力,共同实现所系结合的文化融合。此外,他作为一名导师分享了自己多年来教书育人的感悟。

随后,"国家杰出青年基金"获得者、中科院优秀导师吴恒安教授做了题为"研究生培养的点滴体会"的报告。中科院"百人计划"田明亮教授做了题为"在研究生培养过程中的几点体会与思考"的报告。研究生院副院长古继宝做了题为"中国科大学位与研究生教育"的报告。

下午,国家自然科学基金委员会监督委员会副主任李曙光院士做了报告。他认为,科学家的名声由学问和为人两方面组成,一个优秀的科学家应该将追求真理作为从事科学研究的首要目标,应具备"诚实、认真、尊重、合作、自省、胸怀"这六项基本品格。他呼吁大家从自我做起、言传身教,培养具有良好科研职业道德素质的学生。安徽省委党校党史党建教研部副主任吴梅芳教授做了题为"从思政课程到课程思政,旗帜鲜明讲政治"的报告。

最后,校长包信和院士做了题为"中国科大近期情况报告和未来发展思考"的专题报告。报告从学校近期情况、"双一流"和"四个率先"背景下对学校发展的思考、"双一流"建设任务和要求、人才培养和立德树人、学科建设和科学研究、校区功能优化和校园建设、科大60周年校庆等7个方面展开。他在深入分析我校发展所处的大背景和面临的机遇与挑战的基础上,重点介绍了未来一个时期内我校"双一流"建设、人才培养的基本思路。

在人才培养和立德树人方面,包信和校长介绍了推行大类教育,适当加强通识教育,逐步建立创新创业教学和实践体系等改革总体设想;针对学科建设和科学研究,我校将夯实基础学科,突破交叉融合,统筹建设学科群,积极探索新兴学科研究领域的体制机制建设。

我校导师岗前培训工作已经制度化、常规化。校本部、中科院合肥物质科学研究院、金属研究所、南京分院、长春应用化学研究所的广大导师通过听取报告、实地考察、面对面交流,加深了对导师责任和使命的认识,加快了对中国科大文化的认识和认同。导师培训研讨会已经成为我校推进科教融合、所系结合事业发展的一个靓丽品牌。

(五十五)中科院前沿科学与教育局一行来我校调研

2017年10月25日,中科院前沿科学与教育局王颖副局长一行来我校调研,就中科院教育信息化平台数据报送、院内教育资源共享以及我校科教融合学院的建设进展与规划设想等情况召开座谈会。校党委副书记蒋一、校长助理杨金龙出席会议,党政办、研究生院、人力资源部、教务处、网络信息中心等有关部门负责人参加了座谈会。

会上,校党委副书记蒋一就中科院教育信息化平台建设和教育资源共享谈了意见和建议。校长助理杨金龙介绍了我校科教融合工作的经验和做法,提出了推进科教融合学院发展需要的政策支持。

王颖副局长指出,学校要及时总结人才培养模式,凝练科教融合学院发展经验,为推进学院教育事业发展提供有益参考和借鉴。前沿科学与教育局将根据中国科大发展需求积极提供服务和支持。

与会人员就精品课程建设、教育教学奖励激励机制完善、科教融合奖助学金分配以及专项经费支持等方面展开了建设性的研讨。

(五十六)我校科教融合学院首次组队参加校2017年体育运动大会

2017年10月27日上午,我校2017年体育运动大会在东区体育场开幕。我校近年与中科院各院所联合成立的材料科学与工程学院、应用化学与工程学院、研究生院南京分院、研究生院科学岛分院等科教融合学院首次参加我校2017年体育运动大会。参赛队员高擎院旗,着装统一,精神抖擞,斗志昂扬,依次入场。

开幕式展演环节,率先入场的材料科学与工程学院运动员身着统一的天空蓝文化衫,"如晴空的那一抹蓝,在天地间深邃成悠远",他们方阵齐整、步履坚定,挥洒青春的同时让活力尽显;应用化学与工程学院运动员们紧随其后,他们分穿清新黄、摩登粉运动衣,"恰同学少年,风华正茂,看今朝峥嵘岁月稠";研究生院南京分院的小伙伴们身着典雅灰、樱桃红卫衣,头戴卫帽,"我有多少神秘和遥不可及,就有多少热烈和永不畏惧";研究生院科学岛分院代表队组成的中国红方阵,在秋日艳阳下异常吸引眼球,"如果热情是一团火,我的豪迈会燃爆整个宇宙"。

科教融合学院的运动员们参加了此次运动会的集体跳绳、集体颠球、足球射门、小绳正摇、单杠引体向上等集体项目和个人竞赛项目。在集体项目中,各融合学院运动员们秉承"赛出团结、赛出风格、赛出友谊、赛出成绩"的信念,分工协作,"心往一处想、劲往一处使";在个人竞赛项目上,融合学院的健儿们践行"更高、更快、更强"的体育精神,在每一次竞技中都力争展现最好的自己,在每一次拼搏中都努力突破自我。通过参加比赛,融合学院的学子们既积极展示着也深刻感受到了科大人顽强拼搏、积极进取的精神风貌和勇攀高峰、永不言败的文化品格。

通过组织融合学院研究生参与学校大型集体活动来带动我校与科研院所加速融合、全面融合、深度融合,是我校全面深化推进校所科教融合战略的重要举措。为更好地服务学校科教融合工作大局,我校研究生院于今年初对科教融合学院展开全面调研和系统谋划,将推进校所深度融合作为工作重心,坚持"以文体融合促进文化融合、以文化融合带动科教融合"的工作思路,认真筹备组织融合学院研究生参加"开学第一课"、校体育运动大会、学位授予仪式等各项大型集体活动,使融合学院研究生深切感受到校本部的文化氛围和人文关怀,增进其融入感、获得感。

(五十七)我校博士论文获评"CAAI优秀博士学位论文奖"

2017年10月,中国人工智能学会(CAAI)在"第七届中国智能产业高峰论坛"举办期间,举行了"优秀博士学位论文奖颁奖大会",计算机科学与技术学院陈恩红教授指导的博士生吴乐荣获"CAAI优秀博士学位论文奖"。这也是陈恩红教授指导的博士研究生连续两年获得该奖项。

(五十八)我校出台科教融合博士、硕士研究生指导教师管理办法

为进一步做好全校研究生培养工作,更好地发挥科教融合研究生指导教师在我校学科建设和高端人才培养中的重要作用,根据《中国科学院关于进一步加强科教融合的若干措施和规定》(科发前字〔2016〕36号)相关精神,我校于2017年11月15日发布了《中国科学技术大学科教融合博士、硕士研究生指导教师管理办法》(校研字〔2017〕255号),主要内容摘录如下:

我校对科教融合导师申请人的遴选、聘任,坚持"师德为先、育人为要、择优评选、宁缺勿滥","学院主评、学校主管、按需设岗、动态管理"基本原则,遴选、聘任的导师应有利于促进学校与融合研究所的深度合作、有利于促进新兴交叉学科的发展、有利于协同培养高水平的研究生。

我校科教融合导师申请人基本条件应符合中国科学技术大学研究生指导教师上岗条件的相关规定。

科教融合导师对研究生的全过程培养指导负全面责任,主要岗位职责包括:为人师表,在思想教育、科研道德等方面对研究生进行引导、示范和监督;遴选生源,对研究生的招生录取进行把关;制定研究生培养计划;指导研究生确定研究课题、组织开展科研工作;指导研究生形成学术论文、学位论文及其他学术成果;组织学位论文的开题报告、中期检查和答辩;与学科建设、研究生培养相关的其他工作。

学校定期组织各融合学院相关学位分委员会对科教融合导师研究生培养情况进行考核评价。考核结果为合格且符合续聘条件者,由学校继续聘任;考核结果为不合格者,下一聘期不予聘任。培养过程中如没有按要求履行导师职责,出现重大招生、培养、教学、学位授予等事故,取消导师资格。

(五十九)"第九届C9高校研究生院培养办主任会暨教育部博士研究生教育综合改革工作研讨会"在我校召开

2017年11月23日,"第九届C9高校研究生院培养办主任会议暨教育部博士研究生教育综合改革工作研讨会"在我校召开。校长助理杨金龙、教育部研究生司副处长郝彤亮、安徽省教育厅科学研究与研究生教育处处长王忠出席会议并致辞,来自C9高校以及同时入选教育部博士研究生教育综合改革试点的中国人民大学、厦门大学、北京航空航天大学、天津大学、苏州大学等高校研究生院培养工作相关负责人参加了会议。研讨会由我校研究生院副院长李思敏主持。

会上,与会人员围绕"服务需求、提高质量"这一核心,就破除制约博士研究生培养质量提升的体制机制障碍展开了深入研讨。大家一致表示,将紧紧围绕改革核心,按照"立德树人方向要正,服务需求站位要高,提高质量视野要宽"的总体要求,结合自身特色和办学实际,依托现有改革基础,努力在部分关键领域和环节实现重点突破,争取形成可复制、可推广的成功经验,为全国高校探索新形势下博士研究生教育内涵式发展提供新模式、新路子。

九校联盟(C9)自启动以来不断加强深层次合作与交流,充分利用优质办学资源,优势互补,在高层次人才培养中起到了示范与引领作用。研究生院培养办主任工作交流研讨会自2009年起每年在九校间轮流举行,前八届分别在北京大学、复旦大学、清华大学、西安交通大学、南京大学、浙江大学、哈尔滨工业大学和上海交通大学召开。

(六十) 我校研究生参加中国第三十四次南极科考

2017年11月23日下午,许武书记、包信和校长和潘建伟常务副校长与我校即将出征南极、参加中国第三十四次南极科考的队员代表们共话科研,勉励大家投身极地研究事业。

极地环境研究室谢周清教授代表考察队感谢校领导的亲切关怀。队员代表向校领导汇报了此次科考承担的科研任务、准备情况和工作开展计划等,表示将牢记敢于拼搏、勇于探索的南极精神,为中国科大争光,为中国南极考察争光。

许武书记勉励队员们说,我校的极地研究工作最早由孙立广老师开始,是科大的特色,希望年轻一代继续努力,不辜负大家的期望,取得更大的进步,并预祝考察工作取得圆满成功。包信和校长亲切地询问了考察工作计划、考察期间的食住安排,并叮嘱大家在恶劣的南极考察期间要注意安全,期待明年凯旋。潘建伟常务副校长表示他很了解极地研究室的工作,鼓励大家继续为极地事业做贡献。3位校领导欣然为中国科大南极考察红旗签名。

中国第三十四次南极科考计划行程164天,预计航程3.7万余公里,将在南大洋、阿蒙森海、长城站、中山站、罗斯海等地开展科考活动。其间开工建设的恩格斯堡岛新站是我国继长城站、中山站、昆仑站、泰山站之后的第五个南极考察站,也是我国纬度最高的考察站。同时,我国拟在新站周边阿德雷企鹅繁殖地划定国际特别保护区(ASPA),对当地企鹅生态群落进行保护。这是我国首次在国际上提出南极特别保护区的规划。我校极地环境研究室博士生高月嵩作为新站企鹅保护区野外调查小组3位成员之一,负责当地企鹅群落分布格局及历史演化过程的调查和研究,其样品和数据及研究结果将为企鹅保护区的申报提供重要依据。

此外,实验室老师刘毅、博士生吴礼彬和硕士生乐凡阁也将参加此次南极科考。

中国科学技术大学极地环境研究室是我国极地研究和人才培养的重要基地。自1998年孙立广和谢周清老师参加中国第十五次南极考察以来,实验室陆续派出50余人参加中国南北极科考,取得了一系列创新性科研成果,标志性成果先后在《自然》《自然·地球科学》《自然·通信》等刊物发表。2017年获得安徽省科技厅共建支持,成为我国首个以南北极研究为主的省部级重点实验室。

(六十一) 我校举办"第三届化材研究生暨化材学院-科教融合学院第一届英文学术年会"

2017年11月24日至26日,我校"第三届化学与材料科学研究生暨中国科大化材学院-科教融合学院(苏州纳米所-沈阳金属所-长春应化所)第一届英文学术年会"在我校成功举办。

本年会安排有开幕式、分会场报告、墙报展示、闭幕式等主要内容和精彩环节,自2017年10月中旬年会项目启动以来,年会受到我校研究生和科教融合学院研究生的广泛关注,共收到学术成果报告80余篇,最终选录54名优秀报告人,分别参加高分子 & 有机化学、物理化学、无机及分析化学和材料科学4个分会场报告。

中国科大化学与材料科学研究生英文年会已成功举行三届,第三届增添了我校化材学院-科教融合学院(苏州纳米所-沈阳金属所-长春应化所)的新鲜力量,使中国科大化材学院的科研如虎添翼。英文学术年会大会邀请了著名教授和研究员展示各自科研领域的成果,年会分会场为我校研究生提供了一个锻炼、展示、交流和提升的平台,并对研究生的科研成果进行了墙报展示,对大家在科研领域的付出和努力给予了肯定与鼓励。

(六十二)《研究生教育研究》举办"2017年期刊建设发展研讨会暨青年学子科研素养培训会"

为不断提升《研究生教育研究》期刊发展质量,提高我校研究生教育领域人才培养质量,12月1日至2日,编辑部举办了2017年期刊建设发展研讨会暨青年学子科研素养培训会。《中国高教研究》《高等教育研究》《学位与研究生教育》等期刊的资深编辑以及北京航空航天大学、南京大学、武汉大学等高校的知名学者参加会议,公共事务学院、人文学院以及《中国研究生》合肥通联站研究生20余人听取了专家报告。

会上,在座师生围绕期刊发展和人才培养,结合自身的工作职责和科研情况,展开了热烈讨论。通过本次交流,充分学习了兄弟期刊的办刊经验和心得,编辑部全体人员表示将进一步加强稿件流程管理,提升编辑团队业务素养,严格执行编辑部审稿规程,以高标准编审要求保障期刊质量不断提升;在座研究生青年学子也表示,将结合与会专家的真知灼见,培养自己的问题意识和学术逻辑,通过多维学习,提升自身的学习和科研能力。

(六十三)中国科大-紫金山天文台青年学者交流会召开

2017年12月6日,中国科大-紫金山天文台青年学者交流会在安徽合肥举行。我校研究生院、人力资源部、地空学院相关负责人,紫金山天文台人事处领导参加了会议。我校青促会小组组长翟晓芳主持会议,两地青年学者及研究生60余人参加会议。

会上,两地青年人才围绕7个方向的研究,分别汇报了各自研究的最新进展情况以及今后聚焦解决的关键科学问题,并针对可能的合作进行了热烈讨论和交流,就建立常态合作机制开展了深入讨论。会后,双方青年教师参观了量子卫星模型、国家同步辐射实验室、火灾科学国家重点实验室。

中科院紫金山天文台(简称"紫台")位于南京市玄武区紫金山上,是中国人自己建立的第一个现代天文学研究机构,被誉为"中国现代天文学的摇篮"。自2016年起,紫台教育归口单位由中科院大学变更为中国科大,同年4月紫台与我校签署协议,依托紫台和我校在天文与空间科学领域的高水平科研与教学平台,通过科教融合新机制,强强联合,优势互补,共同建设"天文与空间科学学院"。此次两地青年学者依托青促会平台开展交流,是双方增进了解、强化合作的又一次体现。

(六十四)校学位委员会召开2017年冬季学位工作会议,决定授予271人博士学位、548人硕士学位

2017年12月6日,"第八届校学位委员会工作会议"在我校理化大楼一楼科技展厅召开,会议审议了2017年下半年各学科学位申请情况,讨论了《关于授予普通高等教育本科毕业生学士学位实施细则》的修订,听取了科学岛分院学位分委员会关于工程管理硕士专业学位培养方案和电子信息与计算机学科学位分委员会关于涉密研究生培养过程要求的汇报。校学位委员会主任委员、校长包信和院士出席会议并讲话,会议由校学位委员会秘书长、校长助理杨金龙教授主持。

会议首先听取了各学位评定分委员会、教务处关于本次博士学位、硕士学位以及学士学位审核情况的汇报,审核了各学科博士、硕士学位申请者的课程学习、科研成果、教学实践、学位论文评审及答辩等培养环节。经全体委员认真审阅材料并集体讨论表决,会议决定授予271人博士学位、548人硕士学位。

会上,科学岛分院研究生处处长梁长浩从工程管理硕士专业学位的培养目标、研究方向、课程设置、学位论文以及学位申请等方面,汇报了工程管理硕士专业学位的培养要求;电子信息与计算机学科学位分委员会主任、信息科学与技术学院院长吴枫教授汇报了涉密委托培养博士研究生学习培养过程的要求。

会上,杨金龙助理就《关于授予普通高等教育本科毕业生学士学位实施细则》的修订情况以及研究生教育相关工作做了汇报。他详细介绍了学士学位实施细则修订的背景及必要性,并围绕研招、培养、学位授予、双一流建设、学位授权审核、科教融合等方面通报了研究生教育相关工作进展。

包信和校长做了总结讲话,对校学位委员会、各学位分委员会委员及相关工作人员在工作中付出的辛劳表示感谢。他高度肯定了近期学校研究生教育工作的改革进展,并就推进自主审核、科教融合等工作提出要求。他强调,我校将在全面推进"双一流"建设中积极优化和拓展学科布局,在夯实基础学科的同时,突破交叉融合,统筹建设学科群,积极探索新兴学科研究领域的体制机制建设。

(六十五)我校举行2017年第二次学位授予仪式

2017年12月9日上午9时,我校冬季学位着装授予仪式在东区大礼堂隆重举行。

校领导包信和、蒋一、杨金龙,以及部分学院、国家重点实验室领导邓建松、叶邦角、刘明侯、余玉刚、屠兢、陆亚林、陈恩红、康宇身着导师服在主席台就座。仪式由校长助理杨金龙主持。参加本次冬季学位着装授予仪式的博士、硕士、本科毕业生怀着激动的心情,在亲朋好友的祝福下开启人生新的征程。

校学位委员会主任、校长包信和院士代表我校全体师生员工向学位获得者表示热烈祝贺,向在同学们成长过程中辛勤付出的学生家长、导师、亲友表示诚挚感谢。

在毕业临行前,包信和校长以"做新时代的有为青年"为题为同学们做临别寄语。他说,党的十九大胜利召开,习近平总书记根据国际环境和我国经济社会发展大势,在十九大报告中做出了"经过长期努力,中国特色社会主义进入新时代,这是我国发展新的历史方位"的重要论断。习近平总书记作为新时代的领路人,将引领中国实现从富起来到强起来的伟大飞跃,开启全面建设社会主义现代化强国的新征程。这个新时代既是国运蓬勃向上的时代,也是科学昌明发达的时代。包信和校长希望同学们不忘初心,做好人、处好世、治好学,带着师长的诚挚嘱托与母校的殷切期望奋勇前行。他向同学们提出了三点希望:

一是希望同学们肩负起知识分子的担当。作为新时代的知识分子,同学们要秉持"天下为公、担当道义"的知识分子情怀,发扬"勇立潮头、引领创新"的知识分子品格,传承"科教报国、追求卓越"的科大精神,为民族谋福祉,为人类增知识,为世界创未来。

二是希望同学们始终与祖国同心、与时代同行。"红专并进一甲子,科教报国六十年",明年学校将迎来六十年华诞,我校的六十年就是与祖国同心、与时代同行的六十年。希望同学们继承先贤爱国强国报国的精神,树立与新时代同心同向的理想信念,在实现中华民族伟大复兴伟业中找到自己的发展道路,尽一生所学报效祖国和人民,让国家真正实现"强起来"。

三是希望同学们把满足人民的美好生活需求作为创新创业的出发点。十九大报告指出:"我国社会主要矛盾已经转化为人民日益增长的美好生活需要和不平衡不充分的发展之间的矛盾。"进入新时代,人民的需求已从单纯的物质需求转变为多元化的需求,这些目标的实现最终还是要靠发展、靠创新。希望同学们要发扬科大人"敢为天下先"的精神,把满足人民日益增长的美好生活需要作为努力方向,把论文写在祖国大地上,把创新成果应用在实现现代化的伟大事业中。

信息科学技术学院自动化系执行主任康宇教授代表导师向毕业生们表示衷心祝贺。他向同学们表达了三点希望:一是希望同学们跨出校门走向社会时,学会理解,学会谦让,学会坚强,学习直面现实的艰辛、挫折与失败,努力融入环境,低调做人,踏实做事,充分适应环境,利用并改造环境;二是希望同学们每天多努力一点点,积少成多,达到量变到质变的飞跃;三是希望同学们在工作后,内心有所坚持,以学识和才智奉献社会,以精神和品格影响他人,像每一位优秀校友那样,为民族的复兴、为人民的幸福做出自己的贡献。

博士毕业生刘东、硕士毕业生叶华代表学位获得者发言。他们分享了在科大学习的经历，表达了对老师们的感谢，祝愿科大蓬勃发展、再书华章，并表示将学以致用，为行业、为社会做出积极贡献。

最后，在蒋一副书记的带领下，全体毕业生庄严宣誓。宣誓之后，全体毕业生高唱校歌《永恒的东风》。在熟悉而激昂的校歌旋律中，同学们依次走上主席台，校领导和导师们为他们一一扶正流苏并合影留念。

本次仪式通过网络视频和微信全程直播，方便不能到现场的同学和亲友共同分享这激动人心、庄严神圣的时刻。

(六十六)《研究生教育研究》重新入选 CSSCI 来源期刊目录

2017年12月16日，中国社会科学研究评价中心公布《中文社会科学引文索引(CSSCI)来源期刊目录(2017～2018)》，由我校主办的中国学位与研究生教育学会会刊《研究生教育研究》进入该目录。

中文社会科学引文索引(CSSCI)来源期刊(简称"南大核心"或"C刊")是由南京大学、香港科技大学基于学者的引用行为和引文著录内容研发的引文数据库，是当前我国三大学术期刊评价数据库中最受关注、最受认可、最具影响力的科学索引，在全国社科学术发展与期刊发展中具有重要的引导作用。《CSSCI来源期刊目录(2017～2018)》共收录553种核心期刊，约占全国学术期刊总量的20%。其中高等教育类期刊13种，我刊跻身其中。根据南京大学评价中心《关于2017年CSSCI数据库入库范围的说明》，《CSSCI来源期刊目录(2017～2018)》的有效时间为2017年1月1日至2018年12月31日。

《研究生教育研究》是由中国学位与研究生教育学会和中国科学技术大学主办、面向国内外公开发行的高端教育类学术期刊，是中国学位与研究生教育学会会刊。期刊致力探索研究生教育发展规律，反映研究生教育教学最新成果。在学校和学会的大力支持下，期刊学术声誉持续提升、学术影响不断扩大，已成为我国研究生教育领域两大顶级学术期刊之一。

尤其近两年，期刊在校党委书记、校长的关怀下，在学会会长、副会长及期刊编委的指导下，在编辑部全体成员的辛勤劳动下，积极探索专业学术期刊跨越式发展创新之路。如加大名家约稿力度、完善稿件外审机制、制定期刊审稿规程、改进期刊系统网站、加强期刊推广征订、开展兄弟期刊调研、打造高端教育智库、举办全国学术会议、组织申报国家课题等，现已在上述各方面取得了丰硕成果。下一步，本刊将力邀名家、力创名栏、力登名篇，严格管理、严控质量、严谨办刊，进一步谋划创新发展思路，明确办刊方向方法，致力以领域内龙头期刊地位引领全国研究生教育学术研究的持续发展。

《研究生教育研究》(时为《教育与现代化》，2011年更名)早在2008年便连续入选"CSSCI来源期刊目录"。因期刊更名、数据采集及CSSCI评选周期变化等原因，2014～2016年期刊被调整为"CSSCI扩展版期刊"。2017年1月15日南京大学评价中心公示《CSSCI来源期刊目录（2017～2018）》并于12月16日正式发布通知，《研究生教育研究》重新获评为"CSSCI来源期刊"，表明近年来期刊在自身建设和学术传播中取得了突出成绩，以及在高等教育领域内发挥的重要影响已受到全国权威机构的关注和认可。

（六十七）我校6项研究课题获中国学位与研究生教育学会立项

2017年12月20日，中国学位与研究生教育学会发布了《2017年学会研究课题立项通知》（学会文〔2017〕5号），公布了27项重点课题以及179项面上课题，我校6项研究课题获批立项，其中包含2项重点课题和4项面上课题，重点课题立项数和课题立项总数均居全国前列。

此次我校获批立项的重点课题分别为：《研究生教育研究》副主编、我校原副校长张淑林研究员领衔申报的"我国研究生教育公平研究"、公共事务学院万明副研究员申报的"世界一流大学建设评价体系研究"。

获批立项的面上课题分别为：研究生院副院长陈伟副研究员申报的"世界一流学科评价体系研究"、人文与社会科学学院翟淑婷助理研究员申报的"常用的五个学科分类目录对人才培养及学科建设的影响研究"、研究生院彭莉君助理研究员申报的"基于能力视角的工程硕士专业学位研究生培养质量评价研究"、离退休干部工作办公室樊桂敏申报的"我国工程专业硕士培养模式改革研究"。

今年7月6日，学会发布了《2017年研究课题指南及开展申报的通知》，邀集学会会员单位和个人会员开展课题研究申报工作。鉴于我校为学会的常务理事重要会员单位，暑假期间，校研究生院、科研部非常重视此项工作，通过网络宣传、主动服务等举措组织并协助相关单位开展学会课题申报工作。经过材料初审、专家复审、会长审定等多轮筛选评审后，我校6项研究课题从全国599份申报材料中脱颖而出，最终于12月20日获学会正式批准立项。据统计，2017年我校的学会重点课题立项数高居全国第二、课题立项总数在全部93个单位中位居全国第五。根据《中国学位与研究生教育学会研究课题管理办法》，立项课题研究周期一般为两年，学会资助重大课题、重点课题，面上课题经费自筹，学会对结题评审优秀的课题给予奖励。

（六十八）第四轮学科评估结果公布，我校7个学科获评A+，A+学科数位列全国第五

2017年12月28日，教育部学位与研究生教育发展中心公布了全国第四轮学科评估结果，我校物理学、化学、天文学、地球物理学、科学技术史、核科学与技术、安全科学与工程等7个学科获评A+，A+学科数位居全国高校第五。

此次，我校共有28个学科参加评估，评估结果中A类（含A+/A/A-）学科15

个、B类学科12个、C类学科1个。除获评A+的7个学科外,数学、生物学2个学科获评A,统计学、材料科学与工程、计算机科学与技术、环境科学与工程、软件工程、管理科学与工程等6个学科获评A－,A+和A学科数排名全国第八,A类学科总数排名全国第十。

结合"世界一流学科"建设名单,目前我校建设的数学、物理学、化学、天文学、地球物理学、生物学、科学技术史、材料科学与工程、计算机科学与技术、核科学与技术、安全科学与工程等11个"世界一流学科"均为A类学科。

据了解,第四轮学科评估于2016年4月启动,在95个一级学科范围内开展(不含军事学门类等16个学科),共有513个单位的7449个学科参评(比第三轮增长76%);全国高校具有博士学位授予权的学科中的94%申请参评。第四轮学科评估首次采用分档方式公布评估结果:不公布得分、不公布名次,不强调单位间精细分数差异和名次前后,采用按百分位进行分档的方式。根据学科整体水平得分的位次百分位,将前70%的学科分为9档公布:前2%(或前2名)为A+,2%～5%为A(不含2%,下同),5%～10%为A－,10%～20%为B+,20%～30%为B,30%～40%为B－,40%～50%为C+,50%～60%为C,60%～70%为C－。

我校参评学科在第四轮学科评估结果中的档次分布

序号	学 科	评估结果	数量
1	物理学	A+	7
2	化学	A+	
3	天文学	A+	
4	地球物理学	A+	
5	科学技术史	A+	
6	核科学与技术	A+	
7	安全科学与工程	A+	
8	数学	A	2
9	生物学	A	
10	统计学	A－	6
11	材料科学与工程	A－	
12	计算机科学与技术	A－	
13	环境科学与工程	A－	
14	软件工程	A－	
15	管理科学与工程	A－	

续表

序号	学　科	评估结果	数量
16	生态学	B+	7
17	力学	B+	
18	仪器科学与技术	B+	
19	动力工程及工程热物理	B+	
20	信息与通信工程	B+	
21	控制科学与工程	B+	
22	工商管理	B+	
23	地质学	B	3
24	电子科学与技术	B	
25	公共管理	B	
26	光学工程	B−	2
27	生物医学工程	B−	
28	大气科学	C−	1

全国A+学科、A类学科数量排名前十高校

序号	学校代码	学校名称	A+学科数		A和A+学科数		A类学科数	
			三轮	四轮	三轮	四轮	三轮	四轮
1	10001	北京大学	24	21	30	32	33	35
2	10003	清华大学	20	21	23	29	31	37
3	10335	浙江大学	5	11	9	22	20	39
4	10002	中国人民大学	11	9	12	11	13	14
5	10358	中国科学技术大学	4	7	5	9	9	15
6	10027	北京师范大学	7	6	8	8	9	15
7	10019	中国农业大学	8	6	8	7	9	9
8	10248	上海交通大学	4	5	5	15	15	25
9	10246	复旦大学	2	5	5	13	15	23
10	10286	东南大学	5	5	6	6	8	12

(六十九) 我校制定研究生学籍管理实施细则

为规范研究生学籍管理,维护学校正常的教育教学秩序,保障广大研究生合法权益,全面贯彻国家教育方针,培养德、智、体、美等方面全面发展的社会主义建设者和接班人,依据教育法、高等教育法、《普通高校学生管理规定》(教育部第41号令)以及《中国科学技术大学章程》,结合学校研究生教育具体情况,2017年,我校制定《中国科学技术大学研究生学籍管理实施细则》(校研字〔2017〕186号),内容摘录如下:

1. 入学与注册

按国家招生规定录取的研究生新生,持录取通知书,按学校要求办理入学手续。因故不能按期入学的,应当向学校请假。请假时间不得超过两周。未请假或请假逾期者,除因不可抗力等正当事由以外,视为放弃入学资格。

新生可以申请保留入学资格。保留入学资格期间不具有学籍,不享受在校生待遇。除参军入伍外,申请保留入学资格每次时间不超过1年,累计时间不超过2年。

新生入学后,学校在3个月内按照国家招生规定进行复查。复查内容主要包括以下方面:录取手续及程序等是否合乎国家招生规定;所获得的录取资格是否真实、合乎相关规定;本人及身份证明与录取通知、考生档案等是否一致;身心健康状况是否符合报考专业或者专业类别体检要求,能否保证在校正常学习、生活;艺术、体育等特殊类型录取学生的专业水平是否符合录取要求。

除因不可抗力等正当事由外,研究生超过注册期限或请假两周以上未注册,将被纳入学籍清理范畴按程序终止学籍。

2. 学习年限

我校硕士研究生基本学习年限为2~3年,最短学习年限为2年,最长学习年限为5年。博士研究生基本学习年限为3~4年,最短学习年限为2年,最长学习年限为8年。直博生基本学习年限为5~6年,最短学习年限为4年,最长学习年限为8年。

除参军入伍外,新生保留入学资格每次时间均不超过1年,累计时间不超过2年。保留入学资格时间不计入最长学习年限。

研究生休学一般以学期、学年为时间单位,累计时间不得超过2年。除参军入伍的服役时间外,休学、保留学籍、出境联合培养等时间均计入最长学习年限。

3. 考核与成绩记载

研究生应参加学校教育教学计划规定的课程和各种教育教学环节(以下统称"课程")的考核,考核成绩记入成绩册,并归入学籍档案。考核分为考试和考查两种。研究生公共必修课和基础课考试一般应采用课堂笔试。专业课考核方式可采用笔试、口试、写调研报告或论文等多种形式,由任课教师自主确定。笔试可以采用闭卷考试或开卷考试。

研究生思想品德的考核、鉴定,以《普通高校学生管理规定》(教育部第41号令)第四条为主要依据,采取个人小结和院(系)评价相结合的方式。

学校利用各种渠道开展研究生诚信教育。对有严重失信行为的,学校依据有关规定予以教育及纪律处分;对违背学术诚信的,学校对其获得学位及学术称号、荣誉等做出限制。

4. 转专业与转学

研究生应在录取时确定的院(系)、专业和导师名下完成学业,但有下列情形之一者,可以提出转院(系)、转专业或转导师申请:因学科调整,研究生所在的学科或专业发生变化;研究生的导师因调动工作或其他特殊原因不能继续履行指导职责,且原专业无法调整安排他人继续指导;其他特殊情况。

休学创业或退役后复学的研究生,因自身情况需要转专业,学校优先考虑。

研究生有下列情形之一,不得转专业:以特殊招生形式录取的学生,国家有相关规定或者录取前与学校有明确约定的;已有转专业记录或转学经历的;在校学习时间超过基本学习年限上限的;其他不符合国家招生规定的。

转入、转出专业一般应属于同一一级学科。对于跨一级学科转专业者,增加由转入院(系)组织的专业知识考核,难度及要求与研究生入学考试相当。考核内容为:笔试两门专业课;面试。

研究生一般应当在被录取学校完成学业。因患病或者有特殊困难、特别需要,无法继续在本校学习或者不适应本校学习要求的,可以申请转学。有下列情形之一,不得转学:入学未满一学期或者毕业前一年的;由低学历层次转为高学历层次的;以定向就业招生录取的;研究生拟转入学校、专业的录取控制标准高于其所在学校、专业的;无正当转学理由的。

5. 休学与复学

研究生有下列情况之一者,可以申请休学:创业;支教;在职研究生单位工作需要;已婚女研究生符合国家计生政策生育;其他原因不能注册者。

研究生有下列情况之一者,应当办理休学:因健康原因不宜在校学习,经学校指定医院诊断确需休养的;一学期请病假累计超过学习周数1/3的;不能坚持正常学习,导师和院(系)认为必须休学的。

研究生休学,一般以学期、学年为时间单位,期满后仍不能复学的,可以继续申请休学,休学时间累计不得超过2年,在校学习时间和休学时间之和不得超过最长学习年限。

6. 退学与学籍清理

研究生有下列情形之一,学校予以退学处理:经考核不宜继续攻读硕士学位或博士学位的;超过学校规定的最长学习年限未完成学业的;在校时间超过基本学习年限上限未完成学业,未办理或不予办理延长学习期限手续(即培养进度确认手续)的;休学、保留学籍期满,在期满前未提出复学申请或者继续休学申请的;休学、保留学籍累计时间已达到2年,未提出复学申请或者申请复学经复查不合格的;根据学校指定医院诊断,患有疾病或者意外伤残不能继续在校学习的;未经批准连续两周未参加学校规定的教学活动的;超过学校规定期限未注册而又未履行暂缓注册手续的;研究生本人自愿申请退学的。

7. 毕业与结业

研究生在学校规定学习年限内,修完培养计划规定的全部课程,成绩合格,毕业论文答辩通过,学校准予毕业,颁发毕业证书。符合当前学位授予条件的,学校颁发学位证书。

研究生在学校规定学习年限内,修完培养计划规定的全部课程,但未撰写毕业论文或论文答辩未通过,学校准予结业,颁发结业证书。

研究生可以分阶段完成学业,在最长学习年限内,可以先结业再毕业,或先毕业再申请学位。研究生结业后可以重修或者补做毕业设计、论文、答辩,符合相应条件后,学校颁发毕业证书、学位证书,合格后颁发的毕业证书、学位证书,毕业时间、获得学位时间按发证日期填写。

研究生在校时间超过基本学习年限上限,即硕士研究生在校学习时间满3年、博士研究生在校学习时间满4年、直博生在校学习时间满6年,未达到毕业要求,如有以下情况之一者,学校不予延长学习年限,研究生应办理结业或退学离校:未修完培养计划规定的全部课程;未通过毕业论文开题;其他导师和院(系)认为不适合继续在校学习的情况。

由于各种原因,直博生、硕博连读生不再适合继续攻读博士学位,但具备攻读硕士学位的基本条件,经本人提交《研究生学籍异动审批表》,经导师、院(系)分管领导书面同意,研究生院审批后转为硕士研究生培养,最迟毕业时间不得超过原作为博士生的最长学习年限。

(七十) 我校制定授予来华留学生学位实施办法

2017年,我校制定《中国科学技术大学关于授予来华留学生学位实施办法》(校学位字〔2017〕142号),内容摘录如下:

为促进我校的国际交流与合作,保证我校授予来华留学生学士、硕士和博士学位的质量,根据国务院学位委员会《关于普通高校授予来华留学生我国学位试行办法》,特制定本办法。

我校授予来华留学生学位的学科、专业,应是国务院学位委员会批准有权授予学士、硕士和博士学位的学科、专业。来华留学生在学期间必须遵守我国的法律、法规及学校纪律。

我校培养的来华留学硕士生,通过硕士学位的课程考试和论文答辩,成绩合格,达到《中国科学技术大学硕士、博士学位授予实施细则》(简称《硕士、博士学位授予实施细则》)第四条规定的学术水平者,授予硕士学位。来华留学硕士生申请硕士学位,必须撰写论文(含专题报告)。根据来华留学硕士生不同的培养规格,论文可以是学术研究或科学技术报告,也可以是专题调研、工程设计、案例分析等报告。其报告应能反映学位申请者从事科学研究工作或综合运用基础理论和专门知识解决实际问题的能力。我校培养来华留学硕士生,原则上应采取脱产培养的方式,即整个培养过程均在我校完成。提倡来华留学硕士生撰写论文与其所在国实际相结合;确因需要并经指导教师同意,来华留学硕士生可以利用部分时间回国撰写论文,但在我校进行论文工作的时间不得少于半年;来华留学硕士生的论文答辩工作必须在我校进行。

我校培养的来华留学博士生,通过博士学位的课程考试和论文答辩,成绩合格,达到我校《硕士、博士学位授予实施细则》第十二条规定的学术水平者,授予博士学位。来华留学博士生申请博士学位,应在学习期间通过本专业规定的课程考试及必修环节。对来华留学博士生申请博士学位,应按照本实施办法进行严格的资格审查。审查合格者,参加论文答辩;审查不合格者,不能参加论文答辩。来华留学博士生博士学位论文的评阅和答辩,应按我校《硕士、博士学位授予实施细则》第十六条、第十七条的规定进行。校学位委员会原则上每年四月、六月和十一月召开全体会议,讨论学位申请者的学位授予工作。会议应当有全体成员的三分之二及以上出席方为有效,以无记名投票方式表决,获参加投票人数三分之二及以上同意,方可做出授予博士学位的决定。博士学位获得者名单由校学位办发文公布,以征求意见,接受监督。

攻读哲学、经济学、法学、教育学、文学、历史学以及艺术、中医和临床医学等专业学士、硕士和博士学位的来华留学生,应用汉语撰写和答辩论文。攻读其他学科、专业学士、硕士和博士学位的来华留学生,其本科毕业论文、硕士学位论文和博士学位论文可以用汉语、英语或法语撰写和答辩。

(七十一) 我校制定优秀博士生提前答辩申请学位的规定

2017年,我校出台了《中国科学技术大学关于优秀博士生提前答辩申请学位的规定》(校学位字〔2017〕188号),内容摘录如下:

对少数特别优秀的博士生,符合下列申请条件者可提前答辩申请学位:申请人应是品学兼优的学生;基础课和导师指定的专业课程成绩加权平均85分以上;申请人需要在学校接受规定时间的学习和训练,普通博士生至少学习两学年以上,硕博连读生和直博生至少学习四学年以上;申请提前答辩的博士生在满足本学科博士学位标准的基础上,还需以第一作者(导师署名不计在内)、我校为第一署名单位在本学位分委员会认定的高水平期刊上发表1篇学术论文。

(七十二) 我校出台"中科院朱李月华奖学、奖教金"评选办法

根据《中国科学院朱李月华奖学、奖教金管理办法》(科发人教函字〔2008〕1号)文件精神,2017年,我校出台了《中国科学技术大学"中国科学院朱李月华奖学、奖教金"评选办法》(校研字〔2017〕13号),内容摘录如下:

学籍为我校的在读博士研究生,凡符合下列条件者,可申请朱李月华博士奖:热爱祖国,热爱科学,立志为祖国建设服务;勤奋学习,成绩优异,在科学研究的理论或技术创新方面做出突出成绩;品德优良,尊敬师长,具有团结协作精神。

"中科院院长奖"申请人不得同时申报朱李月华博士生奖。

在我校从事研究生教育的研究生导师,凡符合下列条件者,可申报朱李月华教师奖:热爱祖国,热爱教育工作,为祖国建设服务;积极从事研究生教学工作,爱岗敬业,在教书育人工作中做出突出成绩;学风严谨,品德优良。

凡在上一年度或当年内所指导的博士研究生获得"中科院优秀博士学位论文奖"的导师,研究生院优先推荐其参评朱李月华教师奖。

2018年5月以前

(一) 我校发布《中国科学技术大学世界一流大学建设方案》

2018年1月,我校在教育部官网发布《中国科学技术大学世界一流大学建设方案》。为达到建设质量优异、特色鲜明的世界一流大学的目标,我校设置了3个循序渐进的阶段。2020年前,跻身一流大学行列;2030年前,进入世界一流大学前列;2050年前,整体水平稳居世界一流大学前列,成为我国基础研究和原始创新的重要承载者和策源地。为此,我校将按照"11+6+1"的学科布局,重点建设18个学科,发展科大新医学和科大新工科,培育新的学科增长点。推动6~8个学科成为世界前列,8~10个学科进入世界一流行列。我校在教育部官网公布的方案全文如下:

1. 指导思想与目标

(1) 指导思想

全面贯彻党的十八大,十八届三中、四中、五中、六中全会和党的十九大精神,坚持以习近平新时代中国特色社会主义思想为指导,深入贯彻《统筹推进世界一流大学和一流学科建设总体方案》的战略部署,认真落实习近平总书记2016年4月26日考察中国科大重要讲话精神，坚持社会主义办学方向，全面贯彻党的教育方针，落实立德树人根本任务，培养德智体美全面发展的社会主义建设者和接班人，扎根中国大地，建设质量优异、特色鲜明的世界一流大学。

在中科院"三个面向""四个率先"的新时期办院方针指导下，以"科教报国、服务社会"为使命，坚持"全院办校、所系结合"的办学方针，秉承"红专并进、理实交融"的校训，弘扬"崇尚科学、追求卓越"的创新精神，勇于创新、敢于超越、力争一流，推动创新人才和创新成果不断涌现。

（2）总体目标

近期（2020年）建设目标：学校综合办学实力显著提升，跻身世界一流大学行列。优势学科进入世界前列，成为与科研机构深度融合，创新人才和创新成果不断涌现，具有中国特色的世界一流大学。

中期（2030年）建设目标：学校整体办学水平实现跨越式发展，进入世界一流大学前列。主要学科达到世界前列水平，若干重点建设学科引领国际前沿，声誉斐然、人才辈出、成果丰硕、贡献卓著。

远期（本世纪中叶）建设目标：学校综合办学实力进一步提高，建成质量优异、特色鲜明的世界一流大学，整体水平稳居世界一流大学前列，成为我国基础研究和原始创新的重要承载者和策源地，以及人才培养高地、国家科教中心、创新文化殿堂和学术交流圣地。

（3）学科建设目标

按照"11＋6＋1"的学科布局，重点建设18个学科，推动6～8个学科成为世界前列，8～10个学科进入世界一流行列。具体包括：数学、物理学、化学、天文学、地球物理学、生物医学科学、科学技术史、材料科学与工程、计算机科学与技术、核科学与技术、安全科学与工程等11个学科，量子信息与网络安全、医学物理与生物医学工程、脑科学与类脑智能技术、力学与材料设计、信息计算与通信工程、管理科学与大数据等6个交叉学科以及环境与生态学科群等；瞄准新兴领域和交叉学科领域，建设科大新医学（生命科学与医学部）和科大新工科（量子信息科学部、人工智能与大数据交叉学部等），培育新的学科增长点。

2. 建设任务

（1）建设一流师资队伍

提升人才队伍质量。坚持引进、培养、稳定并重方针，深入实施人才系统工程，着力优化人才队伍水平与结构。

增加人才队伍总量。完善"非升即走"的动态调整机制，建立并扩大"有限期"人才总量，打造一支规模适度、结构合理的高水平队伍。

深化人事制度综合改革。在用人制度、稳定薪酬保障、强化考核流动等方面加大改革力度，建立并完善体现现代大学制度的人力资源管理体系，营造先进的制度环境和文化氛围。

（2）培养拔尖创新人才

改革招生选拔机制。建立本科生"分类考试、综合评价、多元录取"的招生选拔机制，探索新高考模式下少年班、少年班"创新试点班"招生的新方式与方法,招收具备数理学科特长和创新潜质的优秀学生;推进研招录取管理改革,试行博士研招"申请-考核"制,选拔具有科研能力、创新精神和专业潜质的各类优秀人才;加强人才选拔的研究工作,对不同类型的学生进行科学评价。

完善"两段式、三结合、长周期"的人才培养模式。坚持因材施教,继续实行本科生100％自主选择院(系)和专业,深化研究生分类培养;坚持"所系结合、科教融合、理实结合"的传统,完善两段式教学体系,实现本-硕-博一体化的长周期人才培养。

建立和完善本研贯通的教学运行和质量保障体系。坚持本科生教育是立校之本,研究生教育是强校之路。加强对课程建设的长远和系统规划,科学设计课程体系,整合、衔接本-硕-博不同培养阶段课程;加强教学运行全过程精细化管理,提高教学全链条的信息化水平,探索改革教学质量评价体系。

建设"三全育人"长效机制。坚持不懈传播马克思主义科学理论、培育和弘扬社会主义核心价值观、促进高校和谐稳定、培育优良校风和学风,探索新形势下思想政治课堂改革,把思想政治工作贯穿教育教学全过程;加强学生综合素质培养,以"书院制"试点为抓手,在坚持学校"基础宽厚实、专业精新活"培养特色的基础上,健全人文社会科学创新创业教育体系;建立"教、学、管"联动的多部门协作管理教育模式;建立"三全育人"信息化网络管理平台,提升学生工作的科学性和时效性。

(3) 提升科学研究水平

健全科教融合、协同创新科研体系。建立以国家实验室和国家研究中心等重大平台为依托、服务国家战略需求为目标导向的集体攻关科研组织模式,形成以学院为支撑、以重点实验平台为节点的卓越科技创新体系。加强科教融合,推进高等教育与科学研究的深度融合,优化产学研合作模式,建立协同创新体制机制。

打造开放共享的一流学科支撑体系。通过重点建设校级公共平台、学科专用平台、人才团队特色平台的教学科研基础体系,全面提升科研服务能力,支撑一流学科建设与发展。

完善科技评价与激励体系。以原始创新和重大科技产出为导向,针对科研人员、团队、基地等制定多元化、分层次的科学考评激励机制。

(4) 传承创新优秀文化

坚持用价值观引领知识教育,加强对社会主义核心价值观、中华优秀传统文化、革命文化和社会主义先进文化的研究、宣传,不忘本来、吸收外来、面向未来,做到扬弃继承、转化创新;增强文化自信,弘扬中国科大的校训、使命、创新精神等优良传统,传承中国科大的红色文化和学术文化;营造创新创业文化氛围,提供敢为人先、敢冒风险、宽容失败的学术环境。

(5) 着力推进成果转化

深化产教融合,将"双一流"建设与服务国家战略需求、区域经济社会发展需求紧密结合,着力提升科技创新解决战略性问题能力,发挥原始创新对新兴产业的引领带动作用;巩固部院省共建,以中国科大先研院等为抓手,建设与区域经济建设相融合的技术转化平台,打通科技成果向现实生产力转化通道,建立科学合理的成果转化收益分配机制。

3. 改革任务

(1) 坚持和加强党的领导

坚持和加强党对学校工作的全面领导,切实发挥学校党委的领导核心和政治核心作用,落实好党委领导下的校长负责制。用习近平新时代中国特色社会主义思想武装头脑,全面贯彻党的教育方针,落实立德树人根本任务,培养又红又专、德才兼备、全面发展的中国特色社会主义合格建设者和可靠接班人。

深入学习贯彻落实全国高校思想政治工作会议精神,切实加强和改进我校的思想政治工作,坚持"四个服务",做到四个"坚持不懈",加强师德师风建设,坚持四个"统一",教育引导学生四个"正确认识"。全面加快创建"中国特色、世界一流"大学,加强基层党组织建设,增强党的观念和党员意识,推进"两学一做"学习教育常态化制度化;着力优化领导班子结构、增强班子整体功能,提高管理专业化水平;全面增强基层党组织创造力凝聚力战斗力,深入推进党风廉政建设和反腐败工作,落实意识形态工作责任制长效机制。

(2) 以章程为核心推进现代大学制度建设

坚持《中国科学技术大学章程》,进一步完善"党委领导、校长负责、教授治学、民主管理"的内部治理结构;构建学术权力与行政权力协调互动的体制机制;探索一流大学与科研机构深度融合的办学模式;健全校院两级管理体制;完善章程执行实施的监督、纠错机制。

(3) 实现关键环节突破

深化人才培养模式改革。建立和完善科大特色的理工结合、通识教育和专业训练相互融合的多元化创新人才培养模式。完善科教融合拔尖创新人才培养模式,建设"科教融合共建学院",积极推进与相关研究院所研究生教育的实质性整合;结合我校办学传统与优势特色,探索新兴交叉学科人才培养新模式;建立本-硕贯通、硕-博连读等长周期人才培养的保障体系。

深化人才强校的主战略。建立"按需设岗、动态调整、学术优异、结构合理"的人才管理制度,健全符合现代大学制度的人事管理体系,实现岗位分类管理、用人制度、薪酬制度等改革的新突破。

深化科研体制机制改革。建立适应不同类型科研活动特点、跨学科层面的科研组织模式,形成以重点科研机构为核心,以学院为支撑,以科研活动为导向,以人员互聘流动为纽带的网格化、校院两级管理体系。

建立多渠道的资源募集机制。通过国家、中科院、安徽省和学校自筹等4个方面筹集办学经费,推进学校"双一流"建设。

(4) 构建社会参与机制

构建社会广泛参与的合作平台,对接全球科技创新资源,加快先研院、北京研究院、上海研究院、苏州研究院等校地合作研究院建设,推动以量子信息技术和人工智能大数据为代表的战略性高新技术研发与产业化发展;构建社会参与的推进机制,探索科技产业发展新途径,提高成果转移转化效率,提升科技服务能力;构建社会支持和监督学校发展的长效机制,积极引入第三方专门机构对学校的事业发展进行评估,优化教育资源配置,提高资源使用效率。

(5) 提升国际化办学水平

整合全校的国际合作资源,将国际合作交流与人才培养、科学研究、队伍建设等工作紧密结合,完善多部门联动共建学校"大外事"的工作格局;发挥平台资源优势,提供优质的国际化教育资源,吸引全球优秀留学生和师资,建设具有实践示范性、特色鲜明的国际学院;拓宽国际交流的渠道,探索建立与国际接轨的研究生合作培养机制,进一步提高海外交流、访学的学生比例,鼓励教师开展国际科研合作和交流,形成教育国际化多元模式。

4. 预期成效

学科总体布局不断优化,整体水平和竞争力持续提升。基础前沿学科率先进入国际前列,工程高技术学科和医学实现跨越式发展,管理人文学科高水平发展;新兴交叉学科深度融合,生命科学与医学、量子信息科学、人工智能与大数据等交叉学科取得突破性进展,不断培育新的学科增长点。

到2020年,力争6~8个学科成为世界前列、8~10个学科进入世界一流行列;学校综合办学实力显著提升,成为与科研机构深度融合、创新人才和创新成果不断涌现、中国特色的世界一流大学。

5. 组织保障

(1) 加强组织领导

成立由党委书记、校长担任双组长的中国科学技术大学统筹推进世界一流大学和一流学科建设领导小组,全面领导中国科大一流大学建设工作,负责顶层设计、宏观布局、统筹协调、经费配置等重要事项决策。

(2) 科学推进实施

依照"分级分类、择优支持、定期监督、动态调整"的原则,科学组织、重点推进人才强校战略和平台体系建设,实施"学术领军人才培养计划",加强校级公共平台的梳理和支持,推进学科专用平台、人才团队特色平台的建设工作。

(3) 建立自我评价调整机制

建立自我评价考核机制,制定分阶段考核评价工作方案。建立动态调整机制,按照近期、中期和远期目标,实行年度、中期和期末跟踪评估,对学科建设类别、口径实施动态调整。成立建设监理组,加强"双一流"建设的过程管理和目标管理。建立信息数据库,完善验收评估机制、绩效考核机制和任务反馈机制。

(4) 建立长效科学的资源保障和使用机制

探索多渠道筹集办学经费模式,争取中央财政加大对学校内涵发展的支持力度;完善与落实教育部、中科院、安徽省共建经费投入与配套机制,推动部、院、省对学校的常态支持;增强学校自我积累、自我发展的实力;建立专项经费三级预算保障体系,进一步强化专项经费的预算管理,明确专项经费使用范围和管理办法。

(5) 建立健全惩治和预防腐败体系

严格落实党风廉政建设责任制的党委主体责任和纪委监督责任，切实把党要管党、从严治党的要求落到实处，为世界一流大学建设营造风清气正的良好氛围。

（二）我校植物学与动物学学科进入 ESI 前 1%

2018 年 1 月，科睿唯安信息服务公开（Clarivate Analytics）发布最新一期 ESI 数据。在学科排名中，中国科学技术大学的"植物学与动物学"（Plant & Animal Science）首次进入世界前 1%，这是我校生命科学与医学相关学科发展取得的新突破，也是一流学科建设的最新成果。截至目前，我校进入 ESI 前 1% 的学科增至 12 个，其他 11 个 ESI 前 1% 的学科分别为化学、物理学、材料科学、工程学、地球科学、生物学与生物化学、计算机科学、环境科学与生态学、数学、临床医学、社会科学总论。其中，生物学与生物化学、临床医学、植物学与动物学和生态学主体由生命科学与医学部贡献。

植物学与动物学学科涵盖一所大学所有植物学与动物学的科研成果，ESI 前 1% 的学科一般被视为国际高水平学科。据公布数据显示，此方向我校篇均引用次数为 15.78，居大陆高校第四位（仅次于北大、清华、复旦），并且高于世界平均引用次数 9.34。

解析植物重要或者特化性状形成的遗传基础与进化规律、性状发育的物质与能量代谢调控及其与生态环境互作的分子调控机理，揭示物质、能量流动与植物性状形成的分子遗传调控网络，是植物科学研究最核心的问题。近年来，生命科学学院植物与生态学研究团队围绕植物与生态环境互作的分子机制研究取得了一流的科研成果。一是在植物对生态环境适应性方面取得了突破性的进展，多项研究成果发表在国际顶级期刊上，成员入选中科院分子植物科学卓越创新中心。二是在学校和学院的支持下，建立了一支规模适中、精干高效、世界一流的植物与生态学研究团队，建立了植物生物大数据分析平台，整合各种组学数据，增进主要作物的系统生物学研究，从系统水平上解析主要植物性状的分子机理，为植物与动物学科进入 ESI 前 1% 并持续进步打下了坚实的基础。三是依托"全院办校、所系结合"的办学优势，与中科院昆明动物所、昆明植物所、西双版纳热带植物园等兄弟院所的深度合作，也为此学科进入 ESI 前 1% 做出了积极贡献。

我校的植物与生态学研究呈现高度交叉融合的特点，为第四轮学科评估生物学全国 A 类学科、生态学全国 B+ 类学科做出了重要贡献。下一步，生命科学学院将以建立植物与生态学研究中心为契机，加大科研平台和实验条件建设，为世界一流大学和一流学科建设做出更大贡献。

（三）我校研究生院出版《献给中国科大研究生的记忆——〈中国研究生〉合肥通联站十年文萃》

2018 年 1 月，由我校张淑林、裴旭、李金龙主编的《献给中国科大研究生的记忆——

《中国研究生》合肥通联站十年文萃》出版,该书系我校建校60周年、研究生院建院40周年首部庆典著作。

全书共设10个各具特色的专栏,从2007～2016年《中国科大研究生教育》中精选了近100篇重彩文章,我们只想把最好的给予每一个亲爱的可爱的科大人。卷首语是我校研究生教育10年来的时光流影。无论是"致敬,科大梦"的科大赞歌,还是"心怀文化自信,矢志科教报国"的谆谆细语,抑或是"写给亲爱的可爱的即将远行的每一位毕业生"的浓情蜜意,都是10年来《中国研究生》合肥通联站和《中国科大研究生教育》作为我校"记录者"与"瞭望者"展现的最诚挚的时代书写。科大学人、科大新星、缤纷科大、化成天下、情寄母校、学海行思、读书行路、攻略调查、探索思考等9个版块,浓墨重彩地展现了我校一丝不苟的教书匠、潜心科研的学术大牛、勤奋活泼的科大新星的风采,以及绚烂多姿的校园生活、情浓于水的师生……本书付梓之后,希望能成为我校研究生院建院40周年的献礼之作,也希望能成为我校研究生教育新时期新发展的微观档案,更希望能成为我校研究生的温情记忆!

(四) 我校召开新学期学位与研究生教育工作会议

2018年2月27日下午,我校在东区活动中心五楼学术报告厅召开会议,布置新学期学位与研究生教育工作。会议由校长助理杨金龙主持,各学院研究生教育分管院长、研究生部主要成员参加了会议。

校长助理杨金龙对新学期即将推进的研究生教育重点工作提出了以下6点要求。一是严把招生选拔质量入口关,规范复试录取工作,做到有规可依、有章可循。二是各单位要充分认识迎接国家学科合格评估的重要性,加快完成我校各学科点自评估工作;要切实依据发展基础和目标,积极稳步规划增列新学科点相关工作。三是各学位分委员会要加强学位申请审核的把关力度,强化导师责任意识,提升人才培养出口质量。四是研究生院要以精品化课程建设为牵引,积极推动本科、研究生教育教学工作一体化进程。五是要完善科教融合各项工作,增强科教融合学院的文化认同感和归属感。六是各单位要妥善推进学籍清理工作,不断完善我校学籍管理机制。

杨金龙助理最后表示,今年我校将迎来60周年校庆,研究生院也将迎来建院40周年。40年来,我校研究生教育事业成就斐然,为国家和社会培养了一大批杰出人才。研究生院将开展纪念建院40周年系列活动,希望各学院各部门积极参与,共同展示办学成就,总结办学经验,为推进我校研究生教育事业走向更高更远贡献集体智慧和力量。

（五）我校研究生院出版《理与路——研究生教育综合改革的理论与路径》

2018年2月，由我校张淑林主编的《理与路——研究生教育综合改革的理论与路径》出版。

2010年，我校研究生院团队曾出版《思与行——中国科学技术大学学位与研究生教育创新发展的探索与实践》一书，对此前30年中国科学技术大学研究生教育的发展理念及实践进行了回顾和梳理。该书一经出版，便受到研究生教育学界业界同仁的广泛关注和鼓励支持。此后8年，我们在研究生教育领域深耕厚植，又相继产生了一批言之成理、行之有效的改革成果，值此中国科学技术大学建校60周年前夕，我校研究生院团队再次遴选优秀论文结集出版，形成《理与路——研究生教育综合改革的理论与路径》，希望本书能为我国的研究生教育综合改革大业和我国研究生教育广大同仁提供有益参照。

本书共收录24篇公开发表的文章，涵盖研究生教育体制机制改革研究，研究生教育高端人才培养研究，研究生教育资源合理配置研究，研究生教育质量保障与评价研究，学科交叉、学位自律及研究生教育学学科建设研究等五大部分。书中内容虽未能穷尽研究生教育改革中出现的所有问题，一部分内容还需要与时俱进，但作为此阶段研究生教育理论和实践的成果，希望能够在理论依据和实践路径方面为研究生教育综合改革和创新发展提供些许启示。

《理与路——研究生教育综合改革的理论与路径》封面

(六) 我校召开"双一流"工作监理推进会

2018年3月27日下午,我校在东区理化大楼科技展厅召开"双一流"工作监理推进会,校长包信和、副校长朱长飞、校长助理杨金龙,"双一流"建设监理组组长张淑林以及"双一流"建设工作小组成员,各学科负责人,公共实验中心负责人,校研究生院、学科建设办公室、教务处、科研部、人力资源部、发展和改革办公室、发展规划处、财务处、资产与后勤保障处等相关部门负责人参加了会议。会议由包信和校长主持。

监理组组长张淑林在会上表示,监理组通过制定我校"双一流"建设项目监理条例、开发信息系统、建设网站等措施,保障和规范学校"双一流"建设项目的顺利开展,通过监理工作,促进学校"双一流"建设早出成果、快出成果。

会上,包信和校长认真听取了学科建设进展和项目执行情况,对存在的问题进行了细致分析并提出建议。在会议总结中,他对各学科的发展态势表示满意,并对全校师生的努力表示感谢。同时,他希望各个学科能够围绕人才队伍建设、平台建设,加强实施与执行力度,并通过今年学校启动的重点建设项目,瞄准学科发展方向,找准学科持续发展路径,汇聚学科优秀团队,建设一流学科。包信和指出,通过加强监理工作,进一步提高"双一流"专项经费的使用效率,密切关注"双一流"建设中各学科的投入、产出动态与成效,及时发现并解决存在的问题,以优异的成效迎接中期评估,为建设"科大风格、中国特色、世界一流"大学奠定坚实的基础。

(七) 我校"分子生物学与遗传学"学科进入ESI前1%

2018年3月,科睿唯安信息服务公司发布最新一期ESI数据。在学科排名中,我校的"分子生物学与遗传学"(Molecular Biology & Genetics)首次进入世界前1%,这是继"植物与动物学"近期进入ESI前1%后,我校生命科学与医学相关学科发展取得的新突破,也是一流学科建设的最新成果。截至目前,我校进入ESI前1%的学科增至13个,其他12个ESI前1%的学科分别为化学、物理学、材料科学、工程学、地球科学、生物学与生物化学、计算机科学、环境科学与生态学、数学、临床医学、社会科学总论、植物学与动物学。其中,生物学与生物化学、临床医学、植物学与动物学、分子生物学与遗传学、生态学5个相关学科主要由生命科学与医学部贡献。

分子生物学与遗传学学科是ESI学科中生物医学方向的核心主体学科,其迈进ESI前1%具有标志性意义。数据显示,我校生命科学学院结构生物学、分子生物学、基因组学、化学生物学、纳米生物材料与药物、生殖与发育、肿瘤学、免疫学、计算生物学、生物信息学等团队均对引文做出了贡献,呈现了学科复合的良好发展态势。ESI前1%的学科一般被视为国际高水平学科,据公布数据显示,此方向我校篇均引用次数为19.86,展现了较强的影响力。

下一步,生命科学学院将在生命科学与医学部的领导下,积极推进院校融合战略,加大生命科学与医学的交叉,不断提升科研队伍的规模和水平,为世界一流大学和一流学科建设做出更大贡献。

(八) 中科院金属所-中国科大科教融合材料/力学首届学术研讨会召开

2018年3月31日至4月1日,中科院金属所-中国科大科教融合材料/力学首届学术研讨会在沈阳召开。研讨会旨在为金属所、我校材料和力学研究领域提供学术交流与人才培养合作平台,促进研究所与高校优质科研和教育资源的融合,来自中科院金属所和中国科大的30余位专家学者参加会议。

4月1日,张哲峰副所长主持学术研讨会开幕式,代表会议主办方对参加本次学术会议的专家学者表示热烈欢迎。我校伍小平院士和金属所学位评定分委员会主任李依依院士分别致辞。吴恒安副院长、杨上峰主任和张哲峰副所长分别对中科院材料力学行为和设计重点实验室、我校材料科学与工程系、金属所概况做了介绍。金属所张哲峰研究员、马秀良研究员、卢磊研究员、李峰研究员、陈星秋研究员等,我校吴恒安教授、倪勇教授、张青川教授、许峰教授、杨上峰教授、朱彦武教授、武晓君教授等,分别就各自的研究领域和最新研究成果做了报告。

闭幕会上,吴恒安副院长和杨上峰主任分别表达了对会议主办方的由衷感谢,指出中科院金属所-中国科大科教融合材料/力学首届学术研讨会在沈阳成功召开,标志着金属所与我校科教融合工作迈出了坚实的一步,必将充分发挥双方的优势,提升人才培养和科学研究水平。同时,科教融合是一项需要长期坚持、系统开展的工作,期待双方今后更广泛深入的交流。

(九) 我校145位博导通过2019年上岗资格审查

2018年4月2日下午,我校第八届学位委员会在理化大楼一楼科技展厅召开工作会议,审议我校2018年春季各学科学位申请情况,审核新增博导申请情况。校学位委员会委员、科教融合学院有关负责人出席会议。会议由我校学位委员会主任委员、校长包信和院士主持。

会议听取了各学位分委员会关于本年度新增博导申请审核情况的汇报。经审议表决,145位申请人通过了新增博导上岗资格审定。本批次新增博导主要为"青年千人""百人计划"等各类引进人才。

(十) 我校学位委员会召开2018年春季学位工作会议,决定授予92人博士学位、697人硕士学位

2018年4月2日下午,我校第八届学位委员会在理化大楼一楼科技展厅召开工作会

议,审议我校2018年春季各学科学位申请情况,审核新增博导申请情况。校学位委员会委员、科教融合学院有关负责人出席会议。会议由我校学位委员会主任委员、校长包信和院士主持。

会议首先听取了各学位分委员会、教务处关于本次博士、硕士以及学士学位申请者情况的汇报,抽查了各层次学位申请者课程学习、科研成果、学位论文评审和答辩等培养环节,专项审核了学位申请中的特殊情况。经审议表决,会议决定授予92人博士学位、697人硕士学位。

随后,会议听取了各学位分委员会关于本年度新增博导申请审核情况的汇报。经审议表决,145位申请人通过了新增博导上岗资格审定。本批次新增博导主要为"青年千人""百人计划"等各类引进人才。

会上,校长助理杨金龙就进一步完善我校博导遴选机制,促进青年优秀教师脱颖而出,汇报了我校有关政策设想。校学位委员会委员围绕如何加强博导队伍建设,推进拔尖创新人才培养积极建言献策,提出了很多建设性的意见。

包信和校长在总结讲话中对各位委员在学位审核、评定中付出的辛劳表示感谢。他强调,各学位分委员会、学位管理部门要本着对学校、学位申请者高度负责的精神,从细处着眼,严格把关学位申请审核的各个环节,不断完善制度规定,强化制度管理,为持续巩固和提高我校研究生培养质量提供有力保障。他表示,优秀青年教师是推进我校科学研究和人才培养事业的重要力量,有关部门要加强博导遴选、职称评定等方面政策研究,不断完善激励机制,促进优秀青年教师脱颖而出。

(十一)我校举办"第二届全国研究生教育学学科建设理论与实践高端论坛、研究生教育学专业委员会成立大会暨《研究生教育研究》编委会工作会议"

为进一步研讨研究生教育学学科建设的理论和路径,发挥其在新时代研究生教育深化综合改革事业中的促进作用,受首届研究生教育学高端论坛组织委员会委托,2018年4月13日,我校举办"第二届全国研究生教育学学科建设理论与实践高端论坛、研究生教育学专业委员会成立大会暨《研究生教育研究》编委会工作会议"。

中国学位与研究生教育学会会长、教育部原副部长赵沁平院士,我校党委书记许武教授,学会副会长、浙江大学原党委常务副书记陈子辰教授,学会副会长、我校原副校长张淑林教授,学会评估委员会副主任委员、陕西师范大学原党委书记甘晖教授,天津市教育委员会党组成员、副主任白海力教授,安徽省政府学位委员会办公室王忠处长,学会常务副秘书长、清华大学教育研究院党总支书刘惠琴教授出席会议。来自国内外百余所高校党校、研究机构和学术期刊的230余位代表参加会议。会议由我校研究生院、学会会刊《研究生教育研究》编辑部等单位筹办。

1. 论坛会议开幕式：许武书记希望论坛为研究生教育学未来发展提供理论指导和科学方案，赵沁平院士强调学界开展研究生教育政策、实践和基础研究

上午9时，论坛会议开幕式正式开始。学会副会长张淑林教授主持开幕式。

我校党委书记许武教授首先致辞。许武书记在致辞中对各位嘉宾的到来表示热烈欢迎。他指出，研究生教育在民族复兴、国家富强、教育发展和人才培养事业中的地位举足轻重，尤其近几年来研究生教育服务国家发展和现代化建设的能力显著增强。但当前我国的研究生教育"大而不强"，与国家的嘱托和人民的期盼还有差距，如何提升质量将是未来研究生教育事业的核心内容。而推进研究生教育"内涵发展、质量提升"必须依赖成熟的研究生教育学学科体系予以支撑。在此背景下，许武认为，由中国学位与研究生教育学会支持召开高端论坛并发起成立专业委员会可谓"应对及时、措施有力"，此举既宣告了研究生教育学学科建制的初步形成，也将有力推动研究生教育由"业务导向"向"学理导向"的转变进程。此次会议恰逢我校建校60周年、我校研究生院建院40周年，作为校庆学术活动的重要内容之一，许武书记希望与会代表充分运用高端论坛和专业委员会会议两个优质平台，碰撞思想，交流智慧，为研究生教育学的未来发展提供理论指导和科学方案，一起推动学科的发展，并期望大家能够一如既往地关心、支持学校和学校研究生教育事业的发展。

随后，安徽省学位办王忠处长汇报了本省研究生教育概况和差距。他认为，在全国研究生教育事业改革步入"深水区"和"攻坚区"的当下，在中国科大建校60周年和研究生院建院40周年之际，由中国科大承办、在安徽省举办研究生教育学高端论坛并成立专业委员会，既是提升全省研究生教育学术研究水平并促进形成"调研之风"的重要举措，也是全国研究生教育学界业界同仁信任安徽并以共襄盛会的形式为中国科大校庆院庆传达祝福的重要体现。

接着，学会会长赵沁平院士上台致辞。赵沁平会长首先代表学会对论坛会议的召开表示祝贺。在致辞中，他认为在研究生教育研究队伍和基地逐步形成、研究深度和广度不断拓展、空白领域和方向不断填补的当下，建设研究生教育学将有利于推动研究生教育研究事业的进一步发展。赵沁平会长强调未来的研究生教育研究工作应着力做好以下三方面工作：一是开展研究生教育政策研究，立足研究生教育大国强国建设，为政府建言献策，服务国家决策部署；二是开展研究生教育实践研究，瞄准实务、立足实践，重点做好研究生教育教学方法和业务环节的应用研究；三是开展研究生教育基础研究，重点做好研究生教育通用规律和特定规律研究，并尝试探析解决研究生教育经济学相关问题。最后，赵沁平会长希望本领域《研究生教育研究》等期刊平台能够发挥"展示学术成果、发掘学界新人、培育学者专家"的作用，为研究生教育学学科建设和研究生教育研究事业的开展提供有力支撑。

领导致辞结束后，会议为优秀学术论文获得者颁发了荣誉证书。为办好此次论坛，发掘更多、更好的研究生教育学学科建设研究成果，去年下半年，《研究生教育研究》编辑部郑重向研究生教育全体同仁征集了学术论文。今年1~3月，经过专家会审和论文外审,共有来自北京大学、清华大学、中国科学技术大学等单位的10篇论文被评为"第二届全国研究生教育学高端论坛优秀学术论文"。会上,赵沁平会长、许武书记等领导为优秀论文获得者颁发荣誉证书。

2. 论坛会议特邀报告:清华、厦大、北航教授纵谈研究生教育学学科建设基础议题和哲学思考,北大、天大教授介绍研究生教育学术训练与具体实践

开幕式结束后,特邀专家高端论坛于上午10时准时开始,天津教育委员会副主任白海力教授主持论坛。

首位特邀专家为清华大学袁本涛教授。他认为研究生教育学的"合法性"植根于研究生教育实践土壤之上,"合理性"来源于研究生教育学客观存在、需求强烈、条件初成等方面,而"理论体系建构任重道远、理论实践'两张皮'亟需解决、学科建设进程亟待加快"则是研究生教育学面临的三大挑战。

随后的汇报专家为北京大学陈洪捷教授。陈洪捷教授以"学术训练和实践性知识"为题,认为应重点从理论训练、读书训练、论文训练和动脑训练等4个方面加强研究生的"学术训练",并从应用能力、实践能力、职业能力和动手能力等方面增强其"实践性知识"。

第三位汇报人为厦门大学的别敦荣教授。别敦荣讲授将研究生教育学的研究对象分为两类:一是研究生教育的存在或事实及其发展变化的认知,它是作为学科的研究生教育学的研究对象;二是研究生教育存在的原理认知,它是作为基础学问领域的研究生教育学的研究对象。

天津大学闫广芬教授介绍了该校研究生教育学的建设背景、培养方案和培养特色,并从借助于研究平台与课题形成教研结合培养模式、借助于教育学一级学科硕士、博士点贯通人才培养体系两方面畅谈了学科发展的未来展望。

北京航空航天大学马永红教授就研究生教育中的"学科与跨学科"问题开展了哲学思考。她认为,在研究生教育过程中,应始终贯彻学科与跨学科的协同化,而"跨学科"不仅仅是一种可供选择的培养模式,也是研究生教育中自然嵌入、不可分割的一部分。

3. 研究生教育学专业委员会工作会议:赵沁平会长要求专业委员会凝聚优势力量开展协同研究,张淑林副会长希望专业委员会发挥桥梁作用并有机整合两支队伍

下午13时30分,研究生教育学专业委员会第一届委员会第 次会议在218楼二楼会议室召开,学会常务副秘书长刘惠琴教授主持会议。

赵沁平会长在会议致辞中提出,研究生教育学的源头和基础源于长期的研究生教育实践,但在具体研究进程中,其理论研究和基础研究仍有待加强。下一步,需要专业委员会充分发挥作用,确立学术方向,做好学术规划,加强研究生教育队伍建设和管理,重点凝聚国内C9院校及相关单位的研究力量,发挥优势、强化特色、有所侧重、加强协同,从不同视角全方位开展研究生教育研究。

袁本涛教授介绍了研究生教育学专业委员会的成立背景与使命。2016年9月召开的首届研究生教育学科建设高端论坛提议成立研究生教育学专业委员会;其间成立筹备小组并开展了系列申请及认证工作,其中我校为专业委员会成立提供了大力支持。历经两年,专业委员会终于成立。在未来3~5年之内,专业委员会将充分发挥作用,为全国研究生教育学科建设提供有力支持。

会议通过了研究生教育学专业委员会名单,我校张淑林教授被选举为专业委员会副主任委员、《研究生教育研究》编辑部主任裴旭被选举为副秘书长。其间,讨论并修改了《研究生教育学专业委员会管理办法》《关于副主任委员单位轮值举办年度活动的实施办法》《中国学位与研究生教育学会研究生教育专业委员会2018年工作计划》《中国优秀研究生教育研究机构评选办法》。

学会副会长、我校张淑林教授为大会致辞。张淑林代表学会向研究生教育学专业委员会的成立表示祝贺,强调新建设的研究生教育学作为一门以问题和实践为导向的专门学科,所开展的各项研究不能脱离实践,需要秉承"从理论到实践、再从实践到理论"的基本路径并直面实战;今后学会和专业委员会将着力搭建专职研究人员和专职管理人员相互连接、交流、合作的桥梁,有机整合研究力量和实践队伍,不断吸引更多的学界业界同仁参与研究生教育研究事业,服务全国研究生教育事业的持续发展和深化改革。

天津市教育委员会副主任白海力教授提出,当前我国的研究生教育已到了关键时期,亟需专业平台整合资源以解决研究生教育中的理论和实践问题。建立专业委员会非常重要,并希望会员单位关心和培养研究生教育学青年一代,使其树立专业思想,有效服务研究生教育管理和研究事业。

会上,研究生教育学专业委员会主任委员袁本涛教授向各位代表汇报了《研究生教育学专业委员会建设与发展规划报告》;副秘书长刘惠琴教授宣布了研究生教育学专业委员会名单;秘书长李锋亮介绍了《研究生教育学专业委员会管理办法》;副主任委员闫广芬汇报了《中国学位与研究生教育学会研究生教育专业委员会2018年工作计划》;副主任委员别敦荣教授解读了《中国优秀研究生教育研究机构评选办法》。

大会代表就研究生教育专业委员会的建设发展规划及相关制度办法进行了积极讨论。

4. 《研究生教育研究》编委会工作会议及青年论坛:期刊委员为《研究生教育研究》未来发展建言献策,研究生教育学青年学者就研究生教育研究前沿议题分享思想

下午16时15分,《研究生教育研究》编委会工作会议在我校东区活动中心五楼贵宾厅召开,《研究生教育研究》副主编张淑林教授主持会议。

张淑林教授介绍了《研究生教育研究》期刊近年来"提升质量、内涵发展"的有效做法,强调提升发文质量、作者质量和管理质量是学术期刊持续发展的核心,提高"影响因子"是学术期刊保持竞争力的关键,希望期刊编辑委员会与会委员能够开怀畅谈,共同就期刊存在的问题和未来的建设发展把脉问诊、建言献策。

随后,《研究生教育研究》编辑部从基本情况、近期工作、期刊运行、未来规划等方面汇报了期刊发展情况。

会上,编委会委员就期刊建设和学术传播情况展开了激烈的讨论和交流。总体来看,各位委员的建议主要集中于以下4个方面:一是注重邀集名家大家,以其深度思考和睿智思想夯实期刊的学术地位;二是注重培育未来学者,为青年学者和博士生人才提供学术阵地;三是注重增强跟踪研究,从跟踪热点选题、跟踪潜力学者、跟踪重大会议等方面做好学术引领基础工作;四是注重强化期刊特色,全力提高期刊的理论高度、思想深度、学术新度和国际广度。

与此同时,研究生教育学青年学者论坛在我校东区活动中心五楼国际会议厅举行,教育部学位与研究生教育发展中心王顶明副研究员主持本次论坛。

江西师范大学刘小强教授以"方法与路径——研究生教育学学科建设的方法论思考"为题,从研究生教育学学科建设逻辑、理论范式、理论体系、建设力量等方面汇报了学科建设的基本路径。

中国教育科学研究院姜朝晖博士生从在国家战略层面重视研究生教育发展、培养单位要积极服务好国家战略需求、持续优化研究教育结构、加强教师队伍建设和内部管理、加强研究生教育的学科建设等方面汇报了新时代研究生教育发展的战略思考。

北京大学沈文钦副教授从人员流动的视角汇报了全球化对中国博士生教育的影响,认为中国学生不同阶段的流动(本科毕业后、博士在读期间、博士毕业后)、不同形式的流动(从短期流动到出国攻读学位)都会对其跨国人力资本积累产生或积极或消极的影响。

武汉大学王传毅副教授汇报了"科研网络对博士生学术生产力影响"。研究表明,博士生所处的科研网络规模影响了知识来源多样性和可获得支持性、网络密度决定了科学共同社区的形成与知识生产分工,而博士生越靠近信息流动的唯一通路就越具有知识生产的优先权。

我校张学谦博士生以我国42所"世界一流大学"建设高校为例,测度了硕士研究生入学机会的平等性。研究建议:减少歧视性报考条件,开放设置招生要求;增设研究生推免高校数量,合理设置招生专业的推免计划。

本次青年论坛,与会者热情高涨,直至下午18时30分仍有近百位参会代表聆听报告并不断提问、交流和研讨。

(十二)我校与苏州纳米所联合召开"双一流"学科建设研讨会

2018年4月16日下午,中科院苏州纳米技术与纳米仿生研究所(简称"苏州纳米所")党委书记、副所长陈光一行赴我校研讨"双一流"学科建设相关问题。我校"双一流"建设监理组组长张淑林,物理学院执行院长杜江峰院士,化学与材料科学学院、生命科学学院、国家示范性微电子学院及研究生院学位办、教务处等部门相关负责人参加了研讨会。会议由我校发展和改革办公室主任兼发展规划处处长罗喜胜主持。

张淑林教授首先回顾了我校与苏州纳米所的合作历史,充分肯定了苏州纳米所在我校的学科建设和第四轮学科评估中所起的作用,希望双方通过苏州教学园区这一平台,继续加强沟通与合作。

陈光副所长代表苏州纳米所感谢学校多年来在苏州纳米所的发展中给予的帮助,特别是自 2016 年以来苏州纳米所的研究生教育完全归口中国科大,双方统一研招、培养和学位授予,同时共建了纳米技术与纳米仿生学院,极大地促进了苏州纳米所的创新发展。希望通过此次研讨,确立学科建设新的合作模式,继续为学校"双一流"建设和学科评估做出贡献。

附　　录

附录1　我校毕业研究生当选中国科学院院士名录

姓名	当选时间	工作单位	毕业时间	毕业系别
马志明	1995	中科院数学与系统科学研究院	1981(硕)	研究生院
朱作言	1997	中科院水生生物研究所	1980(硕)	研究生院
刘嘉麒	2003	中科院地质与地球物理研究所	1986(硕、博)	研究生院
侯建国	2003	中国科学技术大学	1983(本、硕、博)	物理系
李洪钟	2005	中科院过程工程研究所	1981(硕)	研究生院
黄民强	2005	总参第五十八研究所	1989(博)	无线电电子学系
庄文颖	2009	中科院微生物研究所	1981(硕)	研究生院
李亚栋	2011	清华大学	1998(硕、博)	化学系
郑建华	2011	中国人民解放军保密委员会技术安全研究所	1987(硕)	研究生院
袁亚湘	2011	中科院数学学与系统科学研究院	1982(硕)	研究生院
康乐	2011	中科院动物研究所	1987(硕)	研究生院
潘建伟	2011	中国科学技术大学	1992(本、硕)	近代物理系

续表

姓名	当选时间	工作单位	毕业时间	毕业系别
张培震	2013	中国地震局地质研究所	1982(硕)	研究生院
赵政国	2013	中国科学技术大学	1982(本、硕、博)	近代物理系
谢 毅	2013	中国科学技术大学	1996(硕、博)	应用化学系
杜江峰	2015	中国科学技术大学	1990(本、硕、博)	少年班/近代物理系
陈仙辉	2015	中国科学技术大学	1995(博)	物理系
景益鹏	2015	上海交通大学	1989(硕)	基础物理教学中心

注：以当选院士年度为序。

附录2　我校毕业研究生当选中国工程院院士名录

姓名	当选时间	工作单位	毕业时间	毕业系别
李国杰	1995	国家智能计算机研究开发中心	1981(硕)	研究生院
蒋洪德	1999	清华大学	1981(硕)	研究生院
吴以成	2005	中科院理化技术研究所	1986(本、硕、博)	近代化学系
任辉启	2015	总参工程兵科研三所	1992(硕)	近代力学系
陆 军	2017	中国电子科技集团公司	1988(硕)	无线电系
李 凯	2017	普林斯顿大学	1981(硕)	研究生院

注：以当选院士年度为序。

附录3　国务院批准的我校前五批博士学位授权学科、专业和指导教师名单

批次	学科、专业名称	指导教师
第一批	基础数学	龚 昇
		曾肯成
	概率论与数理统计	陈希孺
		殷涌泉
	理论物理	阮图南

附 录

续表

批次	学科、专业名称	指导教师
第一批	固体物理	龙期威
		钱临照
	光学	刘颂豪
		霍裕平
	原子核物理及核技术	杨衍明
		梅镇岳
	等离子物理	项志遴
	低温物理	吴杭生
		洪朝生
	物理学史	钱临照
	流体力学	童秉纲
第二批	计算数学	石钟慈
	放射化学	杨承宗
	固体力学	黄茂光
第三批	应用数学	李翊神
	分析化学	赵贵文
	固体地球物理学	郭自强
	工程热物理	葛新石
	电磁场与微波技术	钱景仁
	基础数学	冯克勤
		陆洪文
		彭家贵
	理论物理	刘耀阳
		陆光祖
		赵保恒
	固体物理	李名复
		任尚元
		吴自勤

续表

批次	学科、专业名称	指导教师
第三批	低温物理	张其瑞
	放射化学	张裕恒
	天体物理	张曼维
		刘永镇
		王 水
		尤峻汉
		张家铝
	固体力学	周又元
		王礼立
	流体力学	伍小平
		韩肇元
第四批	计算数学	常庚哲
	概率论与数理统计	赵林城
	理论物理	阎沐霖
		侯伯元
	原子核物理	徐克尊
	凝聚态物理	方容川
	光学	郭光灿
	分析化学	张懋森
	天体物理	邓祖淦
	固体地球物理学	徐果明
	分子生物学	徐 洵
	工程热物理	范维澄
	信号与信息处理	沈兰荪
	电磁场与微波技术	徐善驾
	计算机软件	冯玉琳

附 录

续表

批次	学科、专业名称	指导教师
第五批	理论物理	范洪义
		顾 雁
	等离子体物理	俞昌旋
	凝聚态物理	汪克林
		陈兆甲
	光学	李福利
	分析化学	袁倬斌
	物理化学	马兴孝
		辛厚文
	天体物理	褚耀泉
		胡友秋
		李中元
		卢炬甫
	固体地球物理学	周蕙兰
		石耀霖
	生物物理学	寿天德
		陈 霖
	分子生物学	施蕴渝
	信号与信息处理	刘政凯
	计算机软件	陈国良
	加速器物理及应用	何多慧
		裴元吉

附录4　中国科大历届校学位评定委员会委员名录

	姓　名
第一届	钱临照（主席）　马西林（副主席）　杨承宗（副主席）　任知恕　龚　昇　曾肯成 吴杭生　刘叔仪　项志遴　杨衍明　阮图南　黄茂光　童秉纲　李苾　黎彤 郦　明　史济怀　俞文海　张懋森　尹鸿钧　朱兆祥　王文涛　郭自强　孙玉温
第二届	龚　昇（主任）　辛厚文（副主任）　王文涛（副主任）　史济怀（副主任）　丁寄屏 马兴孝　尹　方　尹鸿钧　方容川　方树尧　甘午君　冯克勤　白方舟　伍小平 阮图南　汪克林　何多慧　何铸文　沈凤麟　陈昌薇　金泰义　杨承宗　郭自强 龚立三　钟津立　程久生　嵇震宇　颜基义　潘群儒
第三届	龚　昇（主任）　尹鸿钧（副主任）　史济怀（副主任）　周光泉（副主任）　冯克勤 谢建平　伏义路　阮图南　韩肇元　沈凤麟　王奎仁　李振刚　金泰义　彭立信 冯玉琳　周　杉　范维澄　宗惠娟　侯定丕　屠仁寿　周又元　戴蓓菁　李贵和 严学明　李志超　陈希孺　李名复　邱联雄　丁寄屏　杨学良　张志方　丁正良
第四届	汤洪高（主任）　冯克勤（副主任）　史济怀（副主任）　尹鸿钧（副主任） 周光泉（副主任）　周又元（副主任）　程福臻（副主任）　刘政凯　庄国强　孙显元 伏义路　寿天德　李志超　陈兆甲　陈希孺　陈道公　陈国良　陈霖　郑能武 林淑钦　赵保恒　张志方　范维澄　金泰义　姜　丹　俞昌旋　袁倬斌　侯定丕 龚立　韩肇元　程艺　鲍远律　裴元吉　颜基义　潘才元　戴蓓菁　张新夷 辛厚文　徐善驾
第五届	朱清时（主任）　何多慧（常务副主任）　陈国良（副主任）　程　艺（副主任） 侯建国（副主任）　李定（副主任）　王东进（副主任）　王　水　韦世强　方兆本 田志刚　伍小平　刘太顺　刘祖平　李曙光　杨国桢　杨金龙　陈　颙　陈晓剑 范维澄　林其谁　周又元　周先意　郑永飞　胡太忠　胡化凯　施蕴渝　钱逸泰 徐云生　郭光灿　郭庆祥　黄刘生　梅涛　龚惠兴　崔尔杰　程晓舫　傅云飞 谢　毅　窦贤康　褚家如
第六届	朱清时（主任）　何多慧（常务副主任）　陈国良（副主任）　侯建国（副主任） 李　定（副主任）　王东进（副主任）　窦贤康（副主任）　王　水　韦世强　方兆本 田志刚　伍小平　刘太顺　刘祖平　李曙光　杨国桢　杨金龙　陈　颙　陈晓剑 范维澄　林其谁　周又元　周先意　郑永飞　胡太忠　胡化凯　施蕴渝　钱逸泰 徐云生　郭光灿　郭庆祥　黄刘生　梅涛　龚惠兴　崔尔杰　程晓舫　傅云飞 谢　毅　窦贤康　褚家如
第七届	侯建国（主任）　李曙光（副主任）　张淑林（秘书长）　万元熙　万　国　王　水 韦世强　叶向东　田志刚　伍小平　华中生　朱清时　何多慧　吴自玉　张和平 张家铝　杨金龙　陈发来　陈国良　陈晓非　陈晓剑　周又元　周先意　范维澄 郑永飞　俞汉青　俞昌旋　施蕴渝　胡化凯　胡太忠　赵政国　郭光灿　钱逸泰 梅　涛　黄刘生　谢　毅　窦贤康　褚家如　潘建伟

续表

	姓　名
第八届	侯建国（主任）　万立骏（主任）　包信和（主任）　潘建伟（副主任） 张淑林（秘书长）　杨金龙（秘书长）　万元熙　万宝年　王　水　古继宝　石云里 田志刚　匡光力　朱清时　伍小平　刘文清　齐　飞　杜江峰　李嘉禹　李曙光 吴　枫　何多慧　余玉刚　汪毓明　宋　伟　张文逸　张和平　张家铝　张裕恒 陆夕云　陆亚林　陈发来　陈华平　陈国良　陈昶乐　陈晓非　范维澄　罗　毅 周又元　周丛照　郑永飞　赵政国　俞昌旋　施蕴渝　姚华建　秦　宏　袁军华 钱逸泰　徐　宁　郭光灿　黄刘生　龚知本　谢　毅　薛　天　窦贤康　陈仙辉 李向阳　李依依　张哲峰　杨　辉　王强斌　安立佳　杨小牛

附录5　2003～2017年我校教师担任国务院学位委员会学科评议组成员名单

年份	姓　名
2003	王　水　朱清时（国务院学位委员会委员）　汤洪高　李尚志　何多慧　施蕴渝　钱逸泰
2004	王　水　朱清时（国务院学位委员会委员）　汤洪高　李尚志　何多慧　施蕴渝　钱逸泰
2005	王　水　朱清时（国务院学位委员会委员）　汤洪高　李尚志　何多慧　施蕴渝　钱逸泰
2006	王　水　朱清时（国务院学位委员会委员）　汤洪高　李尚志　何多慧　施蕴渝　钱逸泰
2007	王　水　朱清时（国务院学位委员会委员）　汤洪高　何多慧　施蕴渝　钱逸泰
2008	信息缺失
2009	陈发来　潘建伟　朱清时（国务院学位委员会委员）　杨金龙　陈晓非　田志刚　谢　毅 范维澄　吴自玉
2010	陈发来　潘建伟　朱清时（国务院学位委员会委员）　杨金龙　陈晓非　田志刚　谢　毅 范维澄　吴自玉
2011	陈发来　潘建伟　朱清时（国务院学位委员会委员）　杨金龙　陈晓非　田志刚　谢　毅 范维澄　吴自玉
2012	陈发来　潘建伟　朱清时（国务院学位委员会委员）　杨金龙　陈晓非　田志刚　谢　毅 范维澄　吴自玉
2013	侯建国（国务院第七届学位委员会委员）　陈发来　潘建伟　朱清时　杨金龙　陈晓非 田志刚　谢　毅　范维澄　吴自玉
2014	侯建国（国务院第七届学位委员会委员）　陈发来　潘建伟　朱清时　杨金龙　陈晓非 田志刚　谢　毅　范维澄　吴自玉
2015	万立骏（学科召集人）　陈晓非（学科召集人）　侯建国（学科召集人）　潘建伟　陈发来 杨金龙　田志刚　郑永飞　刘文清　齐　飞　谢　毅　张和平
2016	万立骏（学科召集人）　陈晓非（学科召集人）　侯建国（学科召集人）　潘建伟　陈发来 杨金龙　田志刚　郑永飞　刘文清　齐　飞　谢　毅　张和平

年份	姓　名
2017	万立骏(学科召集人)　陈晓非(学科召集人)　侯建国(学科召集人)　潘建伟　陈发来 杨金龙　田志刚　郑永飞　刘文清　齐　飞　谢　毅　张和平

附录6　2003～2017年我校教师担任安徽省学位委员会委员名单

年份	姓　名
2003	朱清时(副主任委员)　汤洪高　李尚志　徐善驾　程　艺
2004	朱清时(副主任委员)　汤洪高　李尚志　徐善驾　程　艺
2005	朱清时(副主任委员)　汤洪高　李尚志　徐善驾　程　艺
2006	朱清时(副主任委员)　汤洪高　徐善驾
2007	朱清时(副主任委员)　汤洪高　徐善驾
2008	信息缺失
2009	侯建国(副主任委员)　范维澄　田志刚　陈发来　潘建伟
2010	侯建国(副主任委员)　范维澄　田志刚　陈发来　潘建伟
2011	侯建国(副主任委员)　范维澄　田志刚　陈发来　潘建伟
2012	侯建国(副主任委员)　范维澄　田志刚　陈发来　潘建伟
2013	侯建国(副主任委员)　范维澄　田志刚　陈发来　潘建伟
2014	侯建国(副主任委员)　范维澄　田志刚　陈发来　潘建伟
2015	万立骏(副主任委员)　潘建伟　谢　毅　田志刚　陈发来　徐　飞
2016	万立骏(副主任委员)　潘建伟　谢　毅　田志刚　陈发来　徐　飞
2017	万立骏(副主任委员)　潘建伟　谢　毅　田志刚　陈发来　徐　飞

附录7　2003～2017年我校教师担任教育部有关科类全国高校教学指导委员会(分委员会)成员名单

年份	姓　名
2003	王东进　王煦法　向守平　朱清时　明　海　竺长安　郑永飞　徐卫华　伍小平　刘明侯 李尚志　吴　敏　施蕴渝　程　艺　霍剑青　吴　刚　何世平　张其锦　范维澄
2004	王东进　王煦法　向守平　朱清时　伍小平　刘明侯　李尚志　吴　敏　吴　刚　何世平 张其锦　范维澄　明　海　竺长安　郑永飞　徐卫华　施蕴渝　程　艺　霍剑青

附　录

续表

年份	姓　名									
2005	王东进 张其锦	王煦法 范维澄	向守平 明　海	朱清时 竺长安	伍小平 郑永飞	刘明侯 徐卫华	李尚志 施蕴渝	吴　敏 程　艺	吴　刚 霍剑青	何世平
2006	周学海 滕脉坤 王东进	陈国良 牛立文 刘明侯	陈发来 郑永飞 黄刘生	周又元 傅云飞 汤书昆	尹　民 岳丽华	霍剑青 吴　敏	王挺贵 张其锦	朱清时 王卫东	陆夕云 卫　国	施蕴渝 吴　刚
2007	周学海 滕脉坤 王东进	陈国良 牛立文 刘明侯	陈发来 郑永飞 黄刘生	周又元 傅云飞 汤书昆	尹　民 岳丽华	霍剑青 吴　敏	王挺贵 张其锦	朱清时 王卫东	陆夕云 卫　国	施蕴渝 吴　刚
2008	信息缺失									
2009	周学海 滕脉坤 王东进	陈国良 牛立文 刘明侯	陈发来 郑永飞 黄刘生	周又元 傅云飞 汤书昆	尹　民 岳丽华 张淑林	霍剑青 吴　敏 梁　樑	王挺贵 张其锦 陈华平	朱清时 王卫东	陆夕云 卫　国	施蕴渝 吴　刚
2010	周学海 滕脉坤 王东进	陈国良 牛立文 刘明侯	陈发来 郑永飞 黄刘生	周又元 傅云飞 汤书昆	尹　民 岳丽华 张淑林	霍剑青 吴　敏 梁　樑	王挺贵 张其锦 陈华平	朱清时 王卫东	陆夕云 卫　国	施蕴渝 吴　刚
2011	周学海 滕脉坤 王东进	陈国良 牛立文 刘明侯	陈发来 郑永飞 黄刘生	周又元 傅云飞 汤书昆	尹　民 岳丽华 张淑林	霍剑青 吴　敏 梁　樑	王挺贵 张其锦 陈华平	朱清时 王卫东	陆夕云 卫　国	施蕴渝 吴　刚
2012	周学海 滕脉坤 王东进	陈国良 牛立文 刘明侯	陈发来 郑永飞 黄刘生	周又元 傅云飞 汤书昆	尹　民 岳丽华 张淑林	霍剑青 吴　敏 梁　樑	王挺贵 张其锦 陈华平	朱清时 王卫东	陆夕云 卫　国	施蕴渝 吴　刚
2013	汤书昆 周根陶 汤家骏	石云里 吴耀华	陈发来 韩正甫	尹　民 吴　刚	陈初升 陈恩红	王挺贵 李为民	袁业飞 吴　敏	傅云飞 许胤龙	陈晓非 俞能海	姚华建 周学海
2014	汤书昆 周根陶 汤家骏	石云里 吴耀华	陈发来 韩正甫	尹　民 吴　刚	陈初升 陈恩红	王挺贵 李为民	袁业飞 吴　敏	傅云飞 许胤龙	陈晓非 俞能海	姚华建 周学海
2015	汤书昆 周根陶 汤家骏	石云里 吴耀华	陈发来 韩正甫	尹　民 吴　刚	陈初升 陈恩红	王挺贵 李为民	袁业飞 吴　敏	傅云飞 许胤龙	陈晓非 俞能海	姚华建 周学海
2016	汤书昆 周根陶 汤家骏	石云里 吴耀华	陈发来 韩正甫	尹　民 吴　刚	陈初升 陈恩红	王挺贵 李为民	袁业飞 吴　敏	傅云飞 许胤龙	陈晓非 俞能海	姚华建 周学海
2017	汤书昆 周根陶 汤家骏	石云里 吴耀华	陈发来 韩正甫	尹　民 吴　刚	陈初升 陈恩红	王挺贵 李为民	袁业飞 吴　敏	傅云飞 许胤龙	陈晓非 俞能海	姚华建 周学海

附录 8 1985~2017 年我校博士学位授予名单

姓名	学位授予日期	姓名	学位授予日期	姓名	学位授予日期	姓名	学位授予日期
缪柏其	1985-7-8	毛向雷	1988-10-22	顾 镭	1989-10-14	刘太顺	1990-5-19
张贤科	1985-10-15	蒋 勇	1988-10-22	周先意	1989-10-14	付方正	1990-5-19
虞吉林	1985-10-15	刘万东	1988-10-22	虞清泉	1989-10-14	杨维纮	1990-10-20
陈广晓	1985-10-15	赵政国	1988-10-22	吴卫民	1989-10-14	张守著	1990-10-20
余其煌	1985-10-15	吴家齐	1988-10-22	金 革	1989-10-14	阴泽杰	1990-10-20
井思聪	1986-10-11	陈绍春	1989-5-6	王海达	1989-10-14	韩申生	1990-10-20
李 潜	1986-10-11	黄民强	1989-5-6	丁 屹	1989-10-14	高 琛	1990-10-20
鲍庆诚	1986-10-11	张立敏	1989-5-6	吕 品	1989-10-14	陈 林	1990-10-20
苏庆德	1987-4-3	王元生	1989-5-6	徐 飞	1989-10-14	崔 华	1990-10-20
翁征宇	1987-10-23	刘 文	1989-5-6	韩 雷	1989-10-14	顾建平	1990-10-20
卫 华	1987-10-23	侯建国	1989-5-6	徐纪华	1989-10-14	王建国	1990-10-20
吴长春	1987-10-23	李宝骐	1989-5-6	郭学哲	1990-5-19	朱元清	1990-10-20
孙军强	1987-10-23	高洪波	1989-5-6	张兴元	1990-5-19	方贤德	1990-10-20
汪焕敏	1987-10-23	华同旭	1989-5-6	李立平	1990-5-19	关增建	1990-10-20
郑学安	1988-4-29	邵启满	1989-5-6	刘世宇	1990-5-19	何振辉	1990-10-20
顾一鸣	1988-4-29	谌季强	1989-5-6	熊 焰	1990-5-19	申猛燕	1990-10-20
许 武	1988-4-29	吴耀华	1989-5-6	贾启卡	1990-5-19	高克林	1991-5-18
刘宏宝	1988-4-29	林子敬	1989-5-6	姜 明	1990-5-19	丁卫星	1991-5-18
黄世瑞	1988-10-22	徐 峻	1989-5-6	汪前喜	1990-5-19	朱长飞	1991-5-18
翁 林	1988-10-22	雷小燕	1989-5-6	姚 新	1990-5-19	杨宏顺	1991-5-18
朱克勤	1988-10-22	陈一民	1989-5-6	刘 达	1990-5-19	成振强	1991-5-18
姜晓明	1988-10-22	袁松柳	1989-5-6	杨黎明	1990-5-19	王建青	1991-5-18
蒋最敏	1988-10-22	董立民	1989-5-6	刘小伟	1990-5-19	徐 晨	1991-10-26
吴自玉	1988-10-22	钱 江	1989-5-6	张 酣	1990-5-19	杨金龙	1991-10-26
程建宇	1988-10-22	唐梓州	1989-10-14	肖 良	1990-5-19	陆伟钊	1991-10-26
王 军	1988-10-22	夏健生	1989-10-14	邢朝平	1990-5-19	孙利国	1991-10-26
赵 勇	1988-10-22	兰慧彬	1989-10-14	赵越超	1990-5-19	杨前进	1991-10-26

附 录

续表

姓名	学位授予日期	姓名	学位授予日期	姓名	学位授予日期	姓名	学位授予日期
刘 卫	1991-10-26	田扬超	1992-10-30	彭国华	1993-10-16	王安民	1994-6-3
张寅平	1991-10-26	叶竞波	1992-10-30	潘必才	1993-10-16	霍 强	1994-10-26
梁新刚	1991-10-26	陈 立	1992-10-30	李全新	1993-10-16	袁 波	1994-10-26
李 斌	1991-10-26	汪志勇	1992-10-30	白 梅	1993-10-16	邢立平	1994-10-26
张江华	1991-10-26	曹传宝	1992-10-30	卞 波	1993-10-16	季 航	1994-10-26
陈宏喜	1991-10-26	修立松	1992-10-30	李伯泉	1993-10-16	孙晓泉	1994-10-26
李云峰	1991-10-26	王挺贵	1992-10-30	徐世红	1993-10-16	曹文华	1994-10-26
陈 旸	1991-10-26	胡岳东	1992-10-30	祝跃飞	1993-10-16	蔡文生	1994-10-26
杨基明	1992-5-16	张宏光	1992-10-30	崔景彪	1993-10-16	方书农	1994-10-26
邵学广	1992-5-16	张玉根	1992-10-30	孙红茂	1993-10-16	李书民	1994-10-26
邓开明	1992-5-16	刘小毛	1993-5-15	任金江	1993-10-16	李 政	1994-10-26
王雪梅	1992-5-16	肖传云	1993-5-15	高怡泓	1994-6-3	唐海清	1994-10-26
杨震宇	1992-5-16	董 翊	1993-5-15	程经毅	1994-6-3	吕令毅	1994-10-26
饶世国	1992-5-16	段玉华	1993-5-15	鲁大龙	1994-6-3	汤立群	1994-10-26
陆夕云	1992-5-16	魏春艳	1993-5-15	徐 斌	1994-6-3	黄 涛	1994-10-26
杨 立	1992-5-16	叶邦角	1993-5-15	曾 磊	1994-6-3	陈道勇	1994-10-26
沙 健	1992-5-16	袁建明	1993-5-15	束永生	1994-6-3	曹新伍	1994-10-26
王楠林	1992-5-16	张海波	1993-5-15	张瑞云	1994-6-3	吴文彬	1994-10-26
韦世强	1992-5-16	袁 钢	1993-5-15	姜 羲	1994-6-3	胡化凯	1994-10-26
刘 斌	1992-5-16	刘皖育	1993-5-15	完绍龙	1994-6-3	朱英杰	1994-10-26
陈仙辉	1992-5-16	王力帆	1993-5-15	周凌云	1994-6-3	张海峰	1994-10-26
吴学华	1992-5-16	高集体	1993-5-15	王东耀	1994-6-3	陈庆虎	1994-10-26
郑惠南	1992-5-16	郭 骅	1993-5-15	胡茂林	1994-6-3	石 磊	1994-10-26
毛志强	1992-5-16	王晓宏	1993-5-15	胡太忠	1994-6-3	谢彦波	1994-10-26
汤寅生	1992-10-30	伍 评	1993-10-16	陈发来	1994-6-3	关胜晓	1995-6-1
王海千	1992-10-30	巨 新	1993-10-16	廖结楼	1994-6-3	陈白军	1995-6-1
周剑歌	1992-10-30	凤任飞	1993-10-16	张友金	1994-6-3	庞文宁	1995-6-1
郭 青	1992-10-30	岳湘安	1993-10-16	袁 鸿	1994-6-3	孙德军	1995-6-1
陆志坚	1992-10-30	李 京	1993-10-16	张青川	1994-6-3	董守斌	1995-6-1

续表

姓名	学位授予日期	姓名	学位授予日期	姓名	学位授予日期	姓名	学位授予日期
林宣滨	1995-6-1	唐玉国	1995-10-26	戴吾三	1996-6-6	黄护林	1996-11-19
陈二才	1995-6-1	曾　诚	1995-10-26	马立明	1996-6-6	王　忆	1996-11-19
耿祥义	1995-6-1	傅祝满	1995-10-26	叶　琳	1996-6-6	伍历文	1996-11-19
张曙光	1995-6-1	俞维杰	1995-10-26	李洪弟	1996-6-6	徐云华	1996-11-19
李清山	1995-6-1	屈一至	1995-10-26	王　岩	1996-6-6	龚为民	1996-11-19
冯　勇	1995-6-1	陈乾旺	1995-10-26	相韶华	1996-11-19	李光品	1997-7-2
祝亚平	1995-6-1	龚兴龙	1996-6-6	王　洪	1996-11-19	丁哨卫	1997-7-2
韩世辉	1995-6-1	胡薇薇	1996-6-6	唐新鲁	1996-11-19	褚家如	1997-7-2
尹　民	1995-10-26	孙福革	1996-6-6	陈贤富	1996-11-19	韩家祥	1997-7-2
张秀明	1995-10-26	施启存	1996-6-6	王冠中	1996-11-19	兰　哲	1997-7-2
冉　琴	1995-10-26	王贵鼎	1996-6-6	刘　伟	1996-11-19	卞国柱	1997-7-2
马　雷	1995-10-26	刘海燕	1996-6-6	杨灵法	1996-11-19	蔡　军	1997-7-2
秦　敢	1995-10-26	陈恩红	1996-6-6	肖奇志	1996-11-19	刘军民	1997-7-2
翟　侃	1995-10-26	纪金龙	1996-6-6	王从约	1996-11-19	王巨平	1997-7-2
徐献芝	1995-10-26	毛庆禄	1996-6-6	陈海波	1996-11-19	李乔良	1997-7-2
杨　圣	1995-10-26	吴志超	1996-6-6	王　镇	1996-11-19	任广斌	1997-7-2
叶中付	1995-10-26	张和平	1996-6-6	姜锡权	1996-11-19	丁友东	1997-7-2
李　彤	1995-10-26	徐　飞	1996-6-6	陆全明	1996-11-19	阮可青	1997-7-2
陶进绪	1995-10-26	夏长荣	1996-6-6	叶顶锋	1996-11-19	李　鹏	1997-7-2
胡凯成	1995-10-26	刘　卫	1996-6-6	汪世龙	1996-11-19	刘素文	1997-7-2
曹光旱	1995-10-26	储高升	1996-6-6	刘允萍	1996-11-19	王世忠	1997-7-2
姚建达	1995-10-26	花锦松	1996-6-6	苏跃红	1996-11-19	陈　洁	1997-7-2
何卫东	1995-10-26	董　华	1996-6-6	冯　芒	1996-11-19	王效刚	1997-7-2
王　兵	1995-10-26	丁黎明	1996-6-6	姚乾凯	1996-11-19	吴　宁	1997-7-2
李　华	1995-10-26	唐凯斌	1996-6-6	牟　陟	1996-11-19	叶树伟	1997-7-2
巴　龙	1995-10-26	杨小明	1996-6-6	薛随建	1996-11-19	钟志萍	1997-7-2
王建民	1995-10-26	盛新庆	1996-6-6	曹先彬	1996-11-19	林　方	1997-7-2
陈　伟	1995-10-26	谢　毅	1996-6-6	陆　斌	1996-11-19	盛锦华	1997-7-2
吴明卫	1995-10-26	张　杰	1996-6-6	余红兵	1996-11-19	胡宗福	1997-7-2

附　录

续表

姓名	学位授予日期	姓名	学位授予日期	姓名	学位授予日期	姓名	学位授予日期
林　洪	1997-7-2	崔　智	1997-12-5	罗红梅	1997-12-5	方晓阳	1998-6-28
徐相凌	1997-7-2	毕东瀛	1997-12-5	郑仕标	1997-12-5	张晓东	1998-6-28
陈家富	1997-7-2	王艳辉	1997-12-5	王宏利	1997-12-5	田涌波	1998-6-28
王成云	1997-7-2	孟　明	1997-12-5	周泽义	1997-12-5	宣本金	1998-6-28
俞乔力	1997-7-2	韩　良	1997-12-5	杨生福	1997-12-5	杨晓松	1998-6-28
陆由俊	1997-7-2	伍　健	1997-12-5	章广韬	1997-12-5	曹锡芳	1998-6-28
王　衍	1997-7-2	傅志仁	1997-12-5	朱界杰	1997-12-5	王登银	1998-6-28
李金屏	1997-7-2	戴礼荣	1997-12-5	裴柏林	1997-12-5	邓建松	1998-6-28
梁　齐	1997-7-2	陈长进	1997-12-5	王焕庭	1997-12-5	韩祀瑾	1998-6-28
许高杰	1997-7-2	朱晓东	1997-12-5	王永纲	1997-12-5	尚乃贵	1998-6-28
李　铁	1997-7-2	邢　涛	1997-12-5	谢　汩	1997-12-5	杨　宝	1998-6-28
武国华	1997-7-2	黄颖青	1997-12-5	宓　东	1997-12-5	王储记	1998-6-28
齐　飞	1997-7-2	董新龙	1997-12-5	邹　洪	1997-12-5	束继年	1998-6-28
罗振东	1997-7-2	关　锷	1997-12-5	李　醒	1998-6-28	林　海	1998-6-28
秦永松	1997-7-2	靳　平	1997-12-5	石云里	1998-6-28	刘功发	1998-6-28
班大雁	1997-7-2	石志东	1997-12-5	殷承元	1998-6-28	张鹏杰	1998-6-28
邓学功	1997-7-2	陈忠保	1997-12-5	刘明海	1998-6-28	戈应安	1998-6-28
邱文元	1997-7-2	王祥忠	1997-12-5	许宇鸿	1998-6-28	王　宇	1998-6-28
唐红星	1997-7-2	陈华平	1997-12-5	郑　坚	1998-6-28	杨　涛	1998-6-28
杨　理	1997-12-5	周学海	1997-12-5	张鹏飞	1998-6-28	刘天宽	1998-6-28
张文忠	1997-12-5	胡　源	1997-12-5	梁　昊	1998-6-28	刘延生	1998-6-28
蒋蜀革	1997-12-5	郑思询	1997-12-5	贾克斌	1998-6-28	刘金远	1998-6-28
陈小平	1997-12-5	王命泰	1997-12-5	唐　斌	1998-6-28	李晓杰	1998-6-28
陶　冶	1997-12-5	袁　峰	1997-12-5	姜　勇	1998-6-28	杨生元	1998-6-28
孙启彬	1997-12-5	彭　虎	1997-12-5	刘　业	1998-6-28	廖海东	1998-6-28
陈之兵	1997-12-5	田　忠	1997-12-5	王　矫	1998-6-28	尹成友	1998-6-28
柴金华	1997-12-5	李　旗	1997-12-5	徐宏亮	1998-6-28	胡小龙	1998-6-28
魏　渭	1997-12-5	戴建枰	1997-12-5	胡升华	1998-6-28	王旭宇	1998-6-28
张增明	1997-12-5	徐常青	1997-12-5	宋　伟	1998-6-28	万顺舟	1998-6-28

勇立潮头　扬帆前行
中国科学技术大学学位与研究生教育编年史稿（1978~2018）

续表

姓名	学位授予日期	姓名	学位授予日期	姓名	学位授予日期	姓名	学位授予日期
杨 勃	1998-6-28	符力平	1998-12-4	计永昶	1998-12-4	张晓军	1999-6-29
李晓峰	1998-6-28	段昌奎	1998-12-4	俞书宏	1998-12-4	唐 瑜	1999-6-29
欧阳为民	1998-6-28	周玉琴	1998-12-4	王文中	1998-12-4	王延颐	1999-6-29
李光亚	1998-6-28	徐安武	1998-12-4	杨绍光	1998-12-4	钟方平	1999-6-29
涂永忠	1998-6-28	蒋 一	1998-12-4	盛六四	1998-12-4	张树道	1999-6-29
陶善文	1998-6-28	刘海涛	1998-12-4	马志茹	1998-12-4	胡国辉	1999-6-29
徐文涛	1998-6-28	程晓晟	1998-12-4	张书胜	1998-12-4	蔡庆军	1999-6-29
高道能	1998-6-28	刘宁宇	1998-12-4	杨富中	1998-12-4	钟义贵	1999-6-29
张永健	1998-6-28	汪 洋	1998-12-4	李育强	1998-12-4	张 忠	1999-6-29
李亚栋	1998-6-28	盛 勇	1998-12-4	何 峪	1999-6-29	王 涛	1999-6-29
刁操政	1998-6-28	张 荣	1998-12-4	陈效群	1999-6-29	陈 芳	1999-6-29
吴建兵	1998-6-28	夏波涌	1998-12-4	屠彩凤	1999-6-29	陶 卿	1999-6-29
刘付轶	1998-6-28	谢 智	1998-12-4	王小明	1999-6-29	高尔根	1999-6-29
段路明	1998-6-28	夏群科	1998-12-4	祁 锋	1999-6-29	周根陶	1999-6-29
侯中怀	1998-6-28	吴小平	1998-12-4	林文斌	1999-6-29	陶士振	1999-6-29
钟智凯	1998-6-28	蒋 斌	1998-12-4	邵庆益	1999-6-29	王清毅	1999-6-29
孙学峰	1998-6-28	殷保群	1998-12-4	钱国光	1999-6-29	刘贵全	1999-6-29
高若梅	1998-6-28	曹心德	1998-12-4	廖 源	1999-6-29	张宜恒	1999-6-29
段占元	1998-6-28	方能虎	1998-12-4	林 媛	1999-6-29	王忠义	1999-6-29
瓯海文	1998-6-28	钱雪峰	1998-12-4	马 义	1999-6-29	傅正平	1999-6-29
焦晓祥	1998-6-28	贺彩霞	1998-12-4	袁业飞	1999-6-29	储向峰	1999-6-29
陆尔东	1998-6-28	邱国佺	1998-12-4	叶祉渊	1999-6-29	黄 磊	1999-6-29
张 健	1998-6-28	张国颖	1998-12-4	姚东升	1999-6-29	刘如川	1999-6-29
吕 杰	1998-12-4	胡鹏彦	1998-12-4	朱俊发	1999-6-29	李远红	1999-6-29
张梦萍	1998-12-4	潘 铭	1998-12-4	汪雪琴	1999-6-29	范晓娟	1999-6-29
陈 羽	1998-12-4	程继新	1998-12-4	张 群	1999-6-29	刘 浩	1999-6-29
叶桃红	1998-12-4	赵爱红	1998-12-4	朱林繁	1999-6-29	王 成	1999-6-29
罗 罗	1998-12-4	王炯炯	1998-12-4	龚达涛	1999-6-29	杨跃涛	1999-6-29
史保森	1998-12-4	付世敏	1998-12-4	王 昆	1999-6-29	周慧琳	1999-6-29

附 录

续表

姓名	学位授予日期	姓名	学位授予日期	姓名	学位授予日期	姓名	学位授予日期
鲍时来	1999-6-29	朱学勇	1999-12-14	梅加强	2000-6-30	邱 玲	2000-6-30
胡跃全	1999-6-29	尤 晖	1999-12-14	郭学军	2000-6-30	黄德志	2000-6-30
冷用斌	1999-6-29	邓 超	1999-12-14	何 俊	2000-6-30	刘卫国	2000-6-30
姚 斌	1999-6-29	高 隽	1999-12-14	闫 阔	2000-6-30	路 立	2000-6-30
李新建	1999-6-29	刘华蓉	1999-12-14	李立祥	2000-6-30	郭新生	2000-6-30
岳 勤	1999-6-29	印春生	1999-12-14	邓 珂	2000-6-30	承 新	2000-6-30
张敏洪	1999-6-29	陈 颉	1999-12-14	胡水明	2000-6-30	刘庆都	2000-6-30
刘希强	1999-6-29	郑宏飞	1999-12-14	李忠瑞	2000-6-30	章晓波	2000-6-30
贺劲松	1999-12-14	谢 松	1999-12-14	方向正	2000-6-30	周丛照	2000-6-30
李传峰	1999-12-14	顾云峰	1999-12-14	郭建友	2000-6-30	华中生	2000-6-30
秦子雄	1999-12-14	吴硕思	1999-12-14	石名俊	2000-6-30	范 焱	2000-6-30
杨垂平	1999-12-14	赵亚盾	1999-12-14	陈虎成	2000-6-30	徐海燕	2000-6-30
裴林森	1999-12-14	陈真龙	1999-12-14	田善喜	2000-6-30	刘 洁	2000-6-30
李 莉	1999-12-14	张家荣	1999-12-14	钱卫明	2000-6-30	武继刚	2000-6-30
庄 革	1999-12-14	陈为钧	1999-12-14	许 彤	2000-6-30	李 黎	2000-6-30
曾海宁	1999-12-14	汪东风	1999-12-14	杜江峰	2000-6-30	王 玮	2000-6-30
吴 冲	1999-12-14	徐宜锦	1999-12-14	万长春	2000-6-30	汪 箭	2000-6-30
黄建福	1999-12-14	李 祥	1999-12-14	张庆民	2000-6-30	胡汉平	2000-6-30
缪 泓	1999-12-14	李群祥	1999-12-14	贾昌春	2000-6-30	方贵银	2000-6-30
汪 洋	1999-12-14	尚 雷	1999-12-14	李卫华	2000-6-30	刘乃乐	2000-6-30
胡金彪	1999-12-14	张发培	1999-12-14	宋 博	2000-6-30	陈增兵	2000-6-30
戴旭初	1999-12-14	闫宏杰	1999-12-14	叶日晴	2000-6-30	章建辉	2000-6-30
沈民奋	1999-12-14	周圣明	1999-12-14	梅海燕	2000-6-30	刘东海	2000-6-30
陈治平	1999-12-14	郑 磊	1999-12-14	李传亮	2000-6-30	谭智平	2000-6-30
魏崇毓	1999-12-14	高 原	1999-12-14	汪孔桥	2000-6-30	李 劲	2000-6-30
李力刚	1999-12-14	张占军	1999-12-14	杨 利	2000-6-30	潘 龙	2000-6-30
王传兵	1999-12-14	王 平	2000-6-30	戴礼森	2000-6-30	张银汉	2000-6-30
李一良	1999-12-14	李立斌	2000-6-30	沈林放	2000-6-30	焦 正	2000-6-30
李冠武	1999-12-14	陈长松	2000-6-30	汪晓岩	2000-6-30	吴双顶	2000-6-30

续表

姓名	学位授予日期	姓名	学位授予日期	姓名	学位授予日期	姓名	学位授予日期
王翠英	2000-6-30	罗 平	2000-6-30	钱克矛	2000-12-28	曹成喜	2000-12-28
乔正平	2000-6-30	陈 伟	2000-6-30	周元鑫	2000-12-28	周 勇	2000-12-28
程 彬	2000-6-30	徐新照	2000-6-30	马 钢	2000-12-28	伍荣护	2000-12-28
徐小龙	2000-6-30	陈大鹏	2000-6-30	许沭华	2000-12-28	彭 智	2000-12-28
胡俊青	2000-6-30	李永军	2000-6-30	倪向贵	2000-12-28	袁金颖	2000-12-28
王国富	2000-6-30	刘乃安	2000-6-30	冯森林	2000-12-28	吕卫星	2000-12-28
邓兆祥	2000-6-30	杨 丽	2000-6-30	岑曙炜	2000-12-28	李翠华	2000-12-28
魏正贵	2000-6-30	戚嵘嵘	2000-6-30	周武旸	2000-12-28	俞洪波	2000-12-28
陆轻铱	2000-6-30	杨宏伟	2000-6-30	陈 锋	2000-12-28	陈次星	2000-12-28
洪法水	2000-6-30	王 雷	2000-6-30	王 莉	2000-12-28	荆继良	2000-12-28
陈 峻	2000-6-30	白在桥	2000-6-30	詹 曙	2000-12-28	李惠祥	2000-12-28
王声乐	2000-6-30	段 斌	2000-6-30	李厚强	2000-12-28	刘克胜	2000-12-28
王武生	2000-6-30	韩树波	2000-6-30	叶为全	2000-12-28	邱 平	2000-12-28
汪谟贞	2000-6-30	杨莉丽	2000-6-30	范劲松	2000-12-28	程 军	2000-12-28
张忠平	2000-6-30	曾有栋	2000-12-28	刘贻灿	2000-12-28	蒋诗平	2000-12-28
程晓敏	2000-6-30	江云坤	2000-12-28	黄庆秋	2000-12-28	孙玉明	2000-12-28
王平华	2000-6-30	徐业平	2000-12-28	李朝品	2000-12-28	樊宽军	2000-12-28
徐菊华	2000-6-30	王 冬	2000-12-28	安 虹	2000-12-28	张玉烜	2000-12-28
王 伟	2000-6-30	史 强	2000-12-28	吴 明	2000-12-28	肖 莉	2000-12-28
陈贺胜	2000-6-30	朱满洲	2000-12-28	张宪超	2000-12-28	朱德亮	2000-12-28
张飞舟	2000-6-30	双 丰	2000-12-28	丁红波	2000-12-28	金 灏	2000-12-28
孔 旭	2000-6-30	王 成	2000-12-28	刘明侯	2000-12-28	张建武	2000-12-28
陈普春	2000-6-30	李 辉	2000-12-28	张茂林	2000-12-28	李 宏	2001-6-26
丁长庚	2000-6-30	杨存榜	2000-12-28	修向前	2000-12-28	尹建华	2001-6-26
何 维	2000-6-30	周缅来	2000-12-28	陈 伟	2000-12-28	潘永亮	2001-6-26
方绍武	2000-6-30	邵鹏飞	2000-12-28	范辛亭	2000-12-28	陈 新	2001-6-26
郑浩然	2000-6-30	张江跃	2000-12-28	张卫新	2000-12-28	张庆礼	2001-6-26
张 军	2000-6-30	王文强	2000-12-28	占金华	2000-12-28	谢平波	2001-6-26
黄攸立	2000-6-30	孙英英	2000-12-28	李 斌	2000-12-28	廉 锐	2001-6-26

附 录

续表

姓名	学位授予日期	姓名	学位授予日期	姓名	学位授予日期	姓名	学位授予日期
张巍巍	2001-6-26	温孝胜	2001-6-26	吴强华	2001-6-26	韩榕生	2001-6-26
常　超	2001-6-26	王　玮	2001-6-26	谢荣才	2001-6-26	汤　庸	2001-6-26
周正威	2001-6-26	肖尚喜	2001-6-26	王正洲	2001-6-26	陈　苒	2001-6-26
许立新	2001-6-26	朱国萍	2001-6-26	郭言明	2001-6-26	陈前华	2001-12-31
梁忠诚	2001-6-26	纪爱敏	2001-6-26	杨昱鹏	2001-6-26	汪继文	2001-12-31
皮宗新	2001-6-26	朱　明	2001-6-26	谢克勤	2001-6-26	范益政	2001-12-31
钟　实	2001-6-26	史东辉	2001-6-26	随　力	2001-6-26	高玉斌	2001-12-31
王湘淮	2001-6-26	张　波	2001-6-26	董英海	2001-6-26	许志才	2001-12-31
金　瑾	2001-6-26	胡劲松	2001-6-26	王小军	2001-6-26	王　炜	2001-12-31
高义德	2001-6-26	章　锋	2001-6-26	高先龙	2001-6-26	陈　军	2001-12-31
鲍　骏	2001-6-26	洪锦伟	2001-6-26	顾为民	2001-6-26	朱振明	2001-12-31
汪文栋	2001-6-26	谢　幸	2001-6-26	王俊贤	2001-6-26	闫立峰	2001-12-31
胡腾蛟	2001-6-26	魏焕郁	2001-6-26	詹长安	2001-6-26	袁岚峰	2001-12-31
陆靖平	2001-6-26	赵永利	2001-6-26	何劲松	2001-6-26	张声涛	2001-12-31
张万生	2001-6-26	张国光	2001-6-26	史玉民	2001-6-26	黄卫东	2001-12-31
雷武虎	2001-6-26	赵　霞	2001-6-26	樊嘉禄	2001-6-26	温晓辉	2001-12-31
刘小井	2001-6-26	刘亚飞	2001-6-26	王业奎	2001-6-26	赵家伟	2001-12-31
陈家琴	2001-6-26	王怀兵	2001-6-26	孙葆根	2001-6-26	牛忠荣	2001-12-31
杨为民	2001-6-26	吴成庆	2001-6-26	赵建华	2001-6-26	赵奉东	2001-12-31
宋克柱	2001-6-26	唐启鹤	2001-6-26	宋卫国	2001-6-26	张文格	2001-12-31
刘文彦	2001-6-26	蒋　涛	2001-6-26	李元洲	2001-6-26	魏志刚	2001-12-31
俞本立	2001-6-26	吴庆生	2001-6-26	邹样辉	2001-6-26	梁海弋	2001-12-31
王大伟	2001-6-26	王守业	2001-6-26	孙　阳	2001-6-26	张　劲	2001-12-31
胡艳军	2001-6-26	苏慧兰	2001-6-26	皮　雳	2001-6-26	王贤锋	2001-12-31
曾祥银	2001-6-26	韩兆慧	2001-6-26	王志刚	2001-6-26	宫能平	2001-12-31
白　萍	2001-6-26	桂　宙	2001-6-26	陈春丽	2001-6-26	梅　涛	2001-12-31
何学贤	2001-6-26	孙玉刚	2001-6-26	蒋勇军	2001-6-26	楼汝涛	2001-12-31
徐宝龙	2001-6-26	黄毅萍	2001-6-26	庄霆亮	2001-6-26	陈登鹏	2001-12-31
谢周清	2001-6-26	郝文涛	2001-6-26	林　机	2001-6-26	孙玉发	2001-12-31

续表

姓名	学位授予日期	姓名	学位授予日期	姓名	学位授予日期	姓名	学位授予日期
范桃园	2001-12-31	周 涛	2001-12-31	徐 栩	2002-6-29	龚 明	2002-6-29
祝宝友	2001-12-31	陈 萌	2001-12-31	苏 勇	2002-6-29	王道荣	2002-6-29
张兆峰	2001-12-31	蒋 阳	2001-12-31	魏国富	2002-6-29	吴恒安	2002-6-29
赵子福	2001-12-31	张 雷	2001-12-31	汤 兴	2002-6-29	袁 振	2002-6-29
李 波	2001-12-31	徐卫兵	2001-12-31	乔玉英	2002-6-29	李剑荣	2002-6-29
王永保	2001-12-31	黄双安	2001-12-31	白 明	2002-6-29	岳朋涛	2002-6-29
钱信果	2001-12-31	王晓平	2001-12-31	刘金明	2002-6-29	周刚毅	2002-6-29
黄 勃	2001-12-31	汪祖媛	2001-12-31	张永生	2002-6-29	王喜世	2002-6-29
宋卫东	2001-12-31	李 斌	2001-12-31	郭 阳	2002-6-29	张锦钢	2002-6-29
郑青山	2001-12-31	王晓光	2001-12-31	李世燕	2002-6-29	何 佳	2002-6-29
周亚平	2001-12-31	张国斌	2001-12-31	许兴胜	2002-6-29	朱良学	2002-6-29
李 俊	2001-12-31	魏亚光	2001-12-31	娄 平	2002-6-29	黄以华	2002-6-29
崔逊学	2001-12-31	戚泽明	2001-12-31	刘振林	2002-6-29	王贵竹	2002-6-29
袁 春	2001-12-31	陶小平	2001-12-31	柯燕雄	2002-6-29	雷建设	2002-6-29
肖 镇	2001-12-31	徐向东	2001-12-31	章应辉	2002-6-29	吴元保	2002-6-29
王 洵	2001-12-31	李小俊	2001-12-31	周晓国	2002-6-29	朱 江	2002-6-29
赵 星	2001-12-31	杨海洋	2001-12-31	徐瑞雪	2002-6-29	张 洁	2002-6-29
张信明	2001-12-31	张 波	2001-12-31	何圣贵	2002-6-29	刘四九	2002-6-29
夏保云	2001-12-31	刘丰珍	2001-12-31	马运生	2002-6-29	江光怀	2002-6-29
倪永红	2001-12-31	罗铁坚	2001-12-31	曾文茹	2002-6-29	徐应琪	2002-6-29
黄忠洲	2001-12-31	张昊彤	2001-12-31	雷志斌	2002-6-29	步 磊	2002-6-29
钟 明	2001-12-31	张三国	2002-6-29	苏春晓	2002-6-29	涂晓明	2002-6-29
徐加艳	2001-12-31	李 芳	2002-6-29	全宏俊	2002-6-29	任 斌	2002-6-29
王银海	2001-12-31	叶 郁	2002-6-29	邵 明	2002-6-29	黄 蓓	2002-6-29
杨家祥	2001-12-31	黄华林	2002-6-29	刘树彬	2002-6-29	陈 卫	2002-6-29
张国春	2001-12-31	王 毅	2002-6-29	刘尉悦	2002-6-29	朱六璋	2002-6-29
蒋绪川	2001-12-31	孙建华	2002-6-29	陈 曦	2002-6-29	袁红春	2002-6-29
杨 剑	2001-12-31	刘聪文	2002-6-29	聂际敏	2002-6-29	杭小树	2002-6-29
彭祎亚	2001-12-31	张运涛	2002-6-29	刘文韬	2002-6-29	徐 云	2002-6-29

附 录

续表

姓名	学位授予日期	姓名	学位授予日期	姓名	学位授予日期	姓名	学位授予日期
韩 靖	2002-6-29	蔡继宝	2002-6-29	卢本卓	2002-6-29	李子然	2002-12-30
万颖瑜	2002-6-29	聂 磊	2002-6-29	解光军	2002-6-29	汪小华	2002-12-30
顾晓东	2002-6-29	汪夏燕	2002-6-29	胡耀武	2002-6-29	马东军	2002-12-30
丁 箐	2002-6-29	杨 丽	2002-6-29	吕凌峰	2002-6-29	孙宇新	2002-12-30
章隆兵	2002-6-29	宋慧宇	2002-6-29	刘凤梅	2002-6-29	卢 平	2002-12-30
蔡 智	2002-6-29	夏炳乐	2002-6-29	殷立新	2002-6-29	秦友花	2002-12-30
周 颢	2002-6-29	曾京辉	2002-6-29	陈永虎	2002-6-29	方诗圣	2002-12-30
孙宇霖	2002-6-29	王春瑞	2002-6-29	刘江虹	2002-6-29	李学龙	2002-12-30
王上飞	2002-6-29	杨 晴	2002-6-29	杨昭荣	2002-6-29	罗家童	2002-12-30
倪志伟	2002-6-29	刘远芳	2002-6-29	杜太焦	2002-6-29	程军峰	2002-12-30
杜卓林	2002-6-29	潘世烈	2002-6-29	曾芳玲	2002-12-30	胡耀辉	2002-12-30
李 艺	2002-6-29	许海涛	2002-6-29	马 智	2002-12-30	胡军强	2002-12-30
胡 芃	2002-6-29	蒋昌盛	2002-6-29	钟金标	2002-12-30	葛 勇	2002-12-30
叶 宏	2002-6-29	江万权	2002-6-29	陈华友	2002-12-30	曹高社	2002-12-30
何 伟	2002-6-29	李明德	2002-6-29	朱晓临	2002-12-30	朱仁斌	2002-12-30
冉 申	2002-6-29	徐子颉	2002-6-29	崔宏滨	2002-12-30	方国庆	2002-12-30
付清溪	2002-6-29	万松明	2002-6-29	林 罡	2002-12-30	程联胜	2002-12-30
查少武	2002-6-29	叶 强	2002-6-29	章江英	2002-12-30	肖亚中	2002-12-30
陈 林	2002-6-29	刘 瑾	2002-6-29	余 旻	2002-12-30	唐 昊	2002-12-30
夏同水	2002-6-29	吴 强	2002-6-29	屠 兢	2002-12-30	高理富	2002-12-30
王立春	2002-6-29	李金恒	2002-6-29	徐海峰	2002-12-30	马永军	2002-12-30
江 涛	2002-6-29	冯晓双	2002-6-29	王文浩	2002-12-30	张 利	2002-12-30
熊 辉	2002-6-29	丁锦东	2002-6-29	周 鸿	2002-12-30	李 宏	2002-12-30
刘亚军	2002-6-29	戴晓青	2002-6-29	张仁友	2002-12-30	郑 诚	2002-12-30
李向军	2002-6-29	汪 铭	2002-6-29	万浪辉	2002-12-30	程文龙	2002-12-30
赵 红	2002-6-29	葛少宇	2002-6-29	孙兆奇	2002-12-30	王安全	2002-12-30
张玉忠	2002-6-29	贾 凡	2002-6-29	黄时中	2002-12-30	邓增强	2002-12-30
尹屹梅	2002-6-29	董先平	2002-6-29	何沛祥	2002-12-30	时 亮	2002-12-30
崔兴品	2002-6-29	汪青松	2002-6-29	张刚明	2002-12-30	冯双久	2002-12-30

续表

姓名	学位授予日期	姓名	学位授予日期	姓名	学位授予日期	姓名	学位授予日期
王东锴	2002-12-30	苏国锋	2002-12-30	张季谦	2003-7-2	连一峰	2003-7-2
周 俊	2002-12-30	赵志军	2002-12-30	盛振宇	2003-7-2	吴晓如	2003-7-2
姚佐文	2002-12-30	李 斌	2002-12-30	胡长进	2003-7-2	谈 迎	2003-7-2
奚 炜	2002-12-30	曾长淦	2002-12-30	郑晶晶	2003-7-2	程 昊	2003-7-2
郑龙珍	2002-12-30	王常吉	2002-12-30	祁 丰	2003-7-2	李生杰	2003-7-2
施春华	2002-12-30	张文婧	2002-12-30	李新刚	2003-7-2	石春娥	2003-7-2
李 凤	2002-12-30	韩文廷	2003-7-2	赵 跃	2003-7-2	李 栋	2003-7-2
宋 磊	2002-12-30	周扣华	2003-7-2	罗晓曙	2003-7-2	张志勇	2003-7-2
李 庆	2002-12-30	欧宜贵	2003-7-2	吴义宝	2003-7-2	李 平	2003-7-2
王 峰	2002-12-30	缪 龙	2003-7-2	束礼宝	2003-7-2	杨武林	2003-7-2
洪春雁	2002-12-30	朱凤林	2003-7-2	沈国保	2003-7-2	王慧莲	2003-7-2
何 涛	2002-12-30	赵欢喜	2003-7-2	杨小军	2003-7-2	查向东	2003-7-2
金邦坤	2002-12-30	左达峰	2003-7-2	王 坚	2003-7-2	曾王勇	2003-7-2
贾少晋	2002-12-30	王惠文	2003-7-2	苑震生	2003-7-2	张世武	2003-7-2
杨小虎	2002-12-30	梁 兴	2003-7-2	武 杰	2003-7-2	王 翔	2003-7-2
杨建明	2002-12-30	黄 文	2003-7-2	刘国柱	2003-7-2	刘暾东	2003-7-2
章劲松	2002-12-30	王卿文	2003-7-2	侯 广	2003-7-2	王定成	2003-7-2
李海鹰	2002-12-30	张 鹏	2003-7-2	徐春凯	2003-7-2	董卓敏	2003-7-2
高清维	2002-12-30	曹卓良	2003-7-2	逯怀新	2003-7-2	毛雪岷	2003-7-2
吴小培	2002-12-30	叶 柳	2003-7-2	夏昌敬	2003-7-2	金培权	2003-7-2
关晓武	2002-12-30	黄文财	2003-7-2	曾亿山	2003-7-2	汪 渊	2003-7-2
刘正林	2002-12-30	王殿元	2003-7-2	阮剑华	2003-7-2	钟 诚	2003-7-2
纪建悦	2002-12-30	鲁拥华	2003-7-2	景晓宁	2003-7-2	胡荣贵	2003-7-2
王文生	2002-12-30	黄运锋	2003-7-2	李培超	2003-7-2	钱 权	2003-7-2
刘 刚	2002-12-30	吴气虹	2003-7-2	辜 萍	2003-7-2	李 曦	2003-7-2
王 进	2002-12-30	翁明其	2003-7-2	郭 扬	2003-7-2	罗文坚	2003-7-2
李京祎	2002-12-30	孙晓红	2003-7-2	吴德义	2003-7-2	李金龙	2003-7-2
翁文国	2002-12-30	闫文盛	2003-7-2	汤素华	2003-7-2	张海勤	2003-7-2
宋 虎	2002-12-30	周书喜	2003-7-2	陈 昕	2003-7-2	陈志辉	2003-7-2

附 录

续表

姓名	学位授予日期	姓名	学位授予日期	姓名	学位授予日期	姓名	学位授予日期
郭 帆	2003-7-2	邵名望	2003-7-2	罗 琳	2003-7-2	杨东升	2003-12-29
雷云飞	2003-7-2	王德宝	2003-7-2	李霄寒	2003-7-2	宁利新	2003-12-29
周继恩	2003-7-2	盛良全	2003-7-2	姜 岩	2003-7-2	李春林	2003-12-29
张春阳	2003-7-2	王 涛	2003-7-2	钱长炎	2003-7-2	陈士夫	2003-12-29
张青山	2003-7-2	代丹梅	2003-7-2	王 淼	2003-7-2	李 雷	2003-12-29
熊 悦	2003-7-2	王永辉	2003-7-2	姜玉平	2003-7-2	陈效鹏	2003-12-29
刘 锋	2003-7-2	瞿其曙	2003-7-2	单 洁	2003-7-2	王 宇	2003-12-29
吴葛铭	2003-7-2	郑赛晶	2003-7-2	史贵全	2003-7-2	李英雷	2003-12-29
郑 烇	2003-7-2	于锡娟	2003-7-2	朱向冰	2003-7-2	李 炜	2003-12-29
张丽春	2003-7-2	蒋 洪	2003-7-2	王 娟	2003-7-2	刘难生	2003-12-29
戚学贵	2003-7-2	孟昭宇	2003-7-2	刘 波	2003-7-2	谭福利	2003-12-29
姜 锐	2003-7-2	邵利民	2003-7-2	周东方	2003-7-2	周焕林	2003-12-29
郑仁奎	2003-7-2	罗 梅	2003-7-2	余小江	2003-7-2	徐 颖	2003-12-29
梁先庭	2003-7-2	谷云乐	2003-7-2	邓 锐	2003-7-2	张 磊	2003-12-29
宋海政	2003-7-2	朱胜武	2003-7-2	夏云春	2003-7-2	杜 政	2003-12-29
程继贵	2003-7-2	尤业字	2003-7-2	刘先明	2003-7-2	朱东来	2003-12-29
王国华	2003-7-2	方 堃	2003-7-2	朱 弘	2003-7-2	梁 明	2003-12-29
吴文明	2003-7-2	李夜平	2003-7-2	张昌锦	2003-7-2	刘 昊	2003-12-29
盛从锋	2003-7-2	潘力佳	2003-7-2	乐 松	2003-7-2	李卫海	2003-12-29
吴开亚	2003-7-2	胡祥友	2003-7-2	涂 涛	2003-7-2	杨海松	2003-12-29
谢 武	2003-7-2	李 勇	2003-7-2	蒋吉昊	2003-7-2	刘庆峰	2003-12-29
殷 尹	2003-7-2	饶恒毅	2003-7-2	潘海俊	2003-7-2	陆晓文	2003-12-29
杨 波	2003-7-2	丁玉珑	2003-7-2	闫 峻	2003-7-2	王 炎	2003-12-29
尚小玉	2003-7-2	许 浩	2003-7-2	周宏岩	2003-7-2	刘堂晏	2003-12-29
张裕平	2003-7-2	包爱民	2003-7-2	傅红卓	2003-12-29	张交东	2003-12-29
肖建平	2003-7-2	李祥瑞	2003-7-2	杨 武	2003-12-29	李秋立	2003-12-29
余大斌	2003-7-2	陶 亮	2003-7-2	郭清伟	2003-12-29	郑 彬	2003-12-29
莫茂松	2003-7-2	李士民	2003-7-2	李慧玲	2003-12-29	吕伟涛	2003-12-29
汪少锋	2003-7-2	诸葛斌	2003-7-2	李 剑	2003-12-29	汪毓明	2003-12-29

姓名	学位授予日期	姓名	学位授予日期	姓名	学位授予日期	姓名	学位授予日期
张程远	2003-12-29	张绪风	2003-12-29	何学浩	2003-12-29	王艳华	2004-6-30
刘晓东	2003-12-29	巩国顺	2003-12-29	汪伟志	2003-12-29	邵 松	2004-6-30
赵 谊	2003-12-29	黄 敏	2003-12-29	刘建平	2003-12-29	陈曦曜	2004-6-30
姚多喜	2003-12-29	华 武	2003-12-29	钱家盛	2003-12-29	郑志强	2004-6-30
凌代俊	2003-12-29	陈 刚	2003-12-29	费广鹤	2003-12-29	张 勇	2004-6-30
李一琨	2003-12-29	郭 强	2003-12-29	鲁亚平	2003-12-29	桂有珍	2004-6-30
臧建业	2003-12-29	周学军	2003-12-29	金坚中	2003-12-29	陈德伟	2004-6-30
黄 帼	2003-12-29	瞿 斌	2003-12-29	陈湘川	2003-12-29	揭建胜	2004-6-30
向开军	2003-12-29	兰玉杰	2003-12-29	王晓平	2003-12-29	薛 鹏	2004-6-30
汪小龙	2003-12-29	雷 鸣	2003-12-29	杨俊安	2003-12-29	王安廷	2004-6-30
谭小彬	2003-12-29	郭 仌	2003-12-29	黄生财	2003-12-29	陈洪涛	2004-6-30
许自富	2003-12-29	梁世栋	2003-12-29	谢长坤	2003-12-29	顾永建	2004-6-30
赵温波	2003-12-29	王定成	2003-12-29	田学红	2003-12-29	郭 颖	2004-6-30
唐 毅	2003-12-29	张 洪	2003-12-29	季经纬	2003-12-29	黄存顺	2004-6-30
李元诚	2003-12-29	吴晓静	2003-12-29	黄 锐	2003-12-29	陆舍铭	2004-6-30
吴正龙	2003-12-29	王新军	2003-12-29	潘登余	2003-12-29	王 仲	2004-6-30
胡劲松	2003-12-29	晏利琴	2003-12-29	陈翌庆	2003-12-29	李震宇	2004-6-30
黄国锐	2003-12-29	沈国震	2003-12-29	赵 瑾	2003-12-29	代 兵	2004-6-30
方潜生	2003-12-29	安长华	2003-12-29	郑 重	2003-12-29	郝绿原	2004-6-30
吕鹏梅	2003-12-29	李 村	2003-12-29	王元月	2003-12-29	Mohammad Mehdi Nasseri	2004-6-30
贾 斌	2003-12-29	蔡冬梅	2003-12-29	王丽萍	2003-12-29		
张爱丽	2003-12-29	高善民	2003-12-29	任 侠	2003-12-29	杨 杰	2004-6-30
金陶胜	2003-12-29	姜海燕	2003-12-29	李 珺	2003-12-29	张文禄	2004-6-30
朱德春	2003-12-29	刘建伟	2003-12-29	Ghulam Mustafa	2004-6-30	吕海江	2004-6-30
樊传刚	2003-12-29	丁亚平	2003-12-29			刘继国	2004-6-30
彭冉冉	2003-12-29	丁运生	2003-12-29	赵建东	2004-6-30	孙胜森	2004-6-30
冯绍杰	2003-12-29	张伟安	2003-12-29	冯淑霞	2004-6-30	黄胜利	2004-6-30
汪克强	2003-12-29	任志勇	2003-12-29	徐辉明	2004-6-30	李正平	2004-6-30
余玉刚	2003-12-29	李振中	2003-12-29	魏公明	2004-6-30	彭海平	2004-6-30

附 录

续表

姓名	学位授予日期	姓名	学位授予日期	姓名	学位授予日期	姓名	学位授予日期
李文斌	2004-6-30	孙久松	2004-6-30	韩 恺	2004-6-30	谢文委	2004-6-30
刘士兴	2004-6-30	周兆才	2004-6-30	张振亚	2004-6-30	郭卫民	2004-6-30
沈文博	2004-6-30	吴 芳	2004-6-30	陈双平	2004-6-30	胡寒梅	2004-6-30
冯海涛	2004-6-30	高 隽	2004-6-30	邹 翔	2004-6-30	刘兆平	2004-6-30
薛 飞	2004-6-30	史耀舟	2004-6-30	肖明军	2004-6-30	曹雪波	2004-6-30
张永明	2004-6-30	俞经虎	2004-6-30	洪 流	2004-6-30	张宣军	2004-6-30
龚 平	2004-6-30	周拥军	2004-6-30	李 宏	2004-6-30	肖厚荣	2004-6-30
安二峰	2004-6-30	党学明	2004-6-30	王奎武	2004-6-30	朱春玲	2004-6-30
王宝瑞	2004-6-30	徐传明	2004-6-30	苗 浩	2004-6-30	王素方	2004-6-30
王德润	2004-6-30	蒋中伟	2004-6-30	顾 翔	2004-6-30	鲁理平	2004-6-30
李 华	2004-6-30	何振峰	2004-6-30	黄 庆	2004-6-30	李有桂	2004-6-30
王 春	2004-6-30	史久根	2004-6-30	朱旻明	2004-6-30	杨晓刚	2004-6-30
董宇红	2004-6-30	黄元亮	2004-6-30	赵 刚	2004-6-30	郑秀文	2004-6-30
潘 登	2004-6-30	丁维龙	2004-6-30	高建峰	2004-6-30	魏 朔	2004-6-30
朱文涛	2004-6-30	滕明贵	2004-6-30	王 军	2004-6-30	朱丽英	2004-6-30
孙卫强	2004-6-30	屠运武	2004-6-30	徐 峰	2004-6-30	徐 芬	2004-6-30
刘发林	2004-6-30	罗 超	2004-6-30	方小红	2004-6-30	龚静鸣	2004-6-30
胡宏林	2004-6-30	王 雷	2004-6-30	何海平	2004-6-30	谭翔晖	2004-6-30
熊维族	2004-6-30	王 俊	2004-6-30	姜年权	2004-6-30	宋柯晟	2004-6-30
郭圆月	2004-6-30	袁非牛	2004-6-30	许献云	2004-6-30	张廷虎	2004-6-30
侯振辉	2004-6-30	宋光明	2004-6-30	李栋才	2004-6-30	周存六	2004-6-30
徐 涛	2004-6-30	徐俊艳	2004-6-30	刘晓伟	2004-6-30	熊宇杰	2004-6-30
段素平	2004-6-30	刘 政	2004-6-30	李 泳	2004-6-30	封 勇	2004-6-30
陈 耀	2004-6-30	王际洲	2004-6-30	孙毅彪	2004-6-30	马剑华	2004-6-30
宛新林	2004-6-30	陆 岚	2004-6-30	王卫宁	2004-6-30	李胜利	2004-6-30
Hotina Seruddin	2004-6-30	张 巍	2004-6-30	程业斌	2004-6-30	郑先君	2004-6-30
		吕欣岩	2004-6-30	吴振翔	2004-6-30	周 建	2004-6-30
谢 黎	2004-6-30	周晓煜	2004-6-30	许 毓	2004-6-30	王俊中	2004-6-30
张天翼	2004-6-30	鄢 超	2004-6-30	陆 军	2004-6-30	刘雪霆	2004-6-30

续表

姓名	学位授予日期	姓名	学位授予日期	姓名	学位授予日期	姓名	学位授予日期
张　旭	2004-6-30	史　亮	2004-6-30	Saad Awaid Bedaiwi	2005-1-4	蒋震宇	2005-1-4
江　鸿	2004-6-30	陈　香	2004-6-30			余永亮	2005-1-4
黄行九	2004-6-30	于　波	2004-6-30	姚仰新	2005-1-4	倪　勇	2005-1-4
Aung Myint	2004-6-30	李清临	2004-6-30	童伟华	2005-1-4	陈忠家	2005-1-4
		朱继平	2004-6-30	刘小松	2005-1-4	董世明	2005-1-4
赵青春	2004-6-30	朱君孝	2004-6-30	刘国新	2005-1-4	尹　鹿	2005-1-4
寇会光	2004-6-30	仪德刚	2004-6-30	徐　敏	2005-1-4	秦　勇	2005-1-4
吕建平	2004-6-30	古继宝	2004-6-30	胡璋剑	2005-1-4	郭振河	2005-1-4
梁　浩	2004-6-30	张道武	2004-6-30	熊奕敏	2005-1-4	李鹏怀	2005-1-4
刘　剑	2004-6-30	李建平	2004-6-30	焦小瑾	2005-1-4	庞彦伟	2005-1-4
陈大柱	2004-6-30	李　强	2004-6-30	谢　蓉	2005-1-4	李　辉	2005-1-4
邹　纲	2004-6-30	温　珂	2004-6-30	李奇峰	2005-1-4	王　诺	2005-1-4
陈　伟	2004-6-30	王长峰	2004-6-30	刘云珍	2005-1-4	徐云翔	2005-1-4
王　嵩	2004-6-30	林则夫	2004-6-30	丁迅雷	2005-1-4	俞能海	2005-1-4
常振旗	2004-6-30	韩　雪	2004-6-30	丁　昀	2005-1-4	罗　斌	2005-1-4
王文平	2004-6-30	罗　彪	2004-6-30	李　平	2005-1-4	张　迁	2005-1-4
俞　快	2004-6-30	张玉璐	2004-6-30	郝黎凯	2005-1-4	陈曾胜	2005-1-4
李至浩	2004-6-30	严志勇	2004-6-30	李　瑾	2005-1-4	马　明	2005-1-4
伍龙军	2004-6-30	赵　炎	2004-6-30	张宪锋	2005-1-4	高天山	2005-1-4
张敏敏	2004-6-30	张海鸥	2004-6-30	刘士涛	2005-1-4	郭　俊	2005-1-4
谭守标	2004-6-30	朱霁平	2004-6-30	万长胜	2005-1-4	洪宗元	2005-1-4
黄亦斌	2004-6-30	方　俊	2004-6-30	孔　伟	2005-1-4	窦　震	2005-1-4
江朝晖	2004-6-30	陈　涛	2004-6-30	阮丽娟	2005-1-4	楼晓华	2005-1-4
张国宣	2004-6-30	陈　涛	2004-6-30	王之江	2005-1-4	张宏民	2005-1-4
孔　锐	2004-6-30	童　伟	2004-6-30	夏　勇	2005-1-4	娄　阳	2005-1-4
梁　政	2004-6-30	杨伟松	2004-6-30	王昌建	2005-1-4	姚健晖	2005-1-4
刘士建	2004-6-30	谢　敏	2004-6-30	郭永存	2005-1-4	朱中良	2005-1-4
黄　伟	2004-6-30	姚春梅	2004-6-30	郭扬波	2005-1-4	蔡　征	2005-1-4
陈雁翔	2004-6-30			胡　军	2005-1-4	杨永辉	2005-1-4

附 录

续表

姓名	学位授予日期	姓名	学位授予日期	姓名	学位授予日期	姓名	学位授予日期
余运贤	2005-1-4	Hojatollah Salehi	2005-1-4	周效东	2005-1-4	仇高新	2005-7-6
王艳丽	2005-1-4			孙治湖	2005-1-4	叶芳伟	2005-7-6
鲁 健	2005-1-4	王连超	2005-1-4	冯德仁	2005-1-4	赵逸琼	2005-7-6
贾继德	2005-1-4	杨保俊	2005-1-4	陈栋梁	2005-1-4	郭 海	2005-7-6
赵吉文	2005-1-4	陈春年	2005-1-4	李拥华	2005-1-4	徐 美	2005-7-6
周自强	2005-1-4	吴其华	2005-1-4	王卫兵	2005-1-4	徐升华	2005-7-6
朱忠奎	2005-1-4	牛和林	2005-1-4	栗元龙	2005-1-4	吕 亮	2005-7-6
卢光松	2005-1-4	陈祥迎	2005-1-4	刘泽功	2005-1-4	马 辉	2005-7-6
薛美盛	2005-1-4	唐 群	2005-1-4	疏学明	2005-1-4	唐 麟	2005-7-6
孔 斌	2005-1-4	王 雄	2005-1-4	孙占辉	2005-1-4	杨 军	2005-7-6
方海涛	2005-1-4	淦五二	2005-1-4	杨 锐	2005-1-4	姚培军	2005-7-6
骆敏舟	2005-1-4	郭智勇	2005-1-4	张 蕤	2005-1-4	林秀敏	2005-7-6
孙丙宇	2005-1-4	晋冠平	2005-1-4	罗江龙	2005-1-4	董亮伟	2005-7-6
顾乃杰	2005-1-4	郝凌云	2005-1-4	聂康明	2005-1-4	李会民	2005-7-6
江 贺	2005-1-4	吴大珍	2005-1-4	Abdul Salaam	2005-7-6	王清涛	2005-7-6
吴明桥	2005-1-4	唐龙祥	2005-1-4			曲耘璐	2005-7-6
田海涛	2005-1-4	李玉刚	2005-1-4	吴英毅	2005-7-6	郑仁慧	2005-7-6
张 昱	2005-1-4	华田苗	2005-1-4	朱 强	2005-7-6	武晓君	2005-7-6
张孝飞	2005-1-4	陶黎明	2005-1-4	张建刚	2005-7-6	李 江	2005-7-6
许胤龙	2005-1-4	郎文辉	2005-1-4	吕 敏	2005-7-6	龚玉兵	2005-7-6
田俊峰	2005-1-4	李晓欧	2005-1-4	徐 岩	2005-7-6	郑贤锋	2005-7-6
李晓燕	2005-1-4	鲁 炜	2005-1-4	Kamran Fakhar	2005-7-6	彭承志	2005-7-6
丁卫平	2005-1-4	朱春华	2005-1-4			单 旭	2005-7-6
贾友见	2005-1-4	余 江	2005-1-4	李 波	2005-7-6	孙衍斌	2005-7-6
周继军	2005-1-4	王志强	2005-1-4	罗习刚	2005-7-6	侯红生	2005-7-6
尹艳红	2005-1-4	熊 立	2005-1-4	朱俊杰	2005-7-6	邢利荣	2005-7-6
黄守国	2005-1-4	孙 锐	2005-1-4	郭国平	2005-7-6	董 昕	2005-7-6
陈文志	2005-1-4	丁毅强	2005-1-4	韩永建	2005-7-6	王海云	2005-7-6
崔文泉	2005-1-4	尹云松	2005-1-4	项国勇	2005-7-6	郗传英	2005-7-6

续表

姓名	学位授予日期	姓名	学位授予日期	姓名	学位授予日期	姓名	学位授予日期
陈丽清	2005-7-6	宋 力	2005-7-6	宋质银	2005-7-6	王 龚	2005-7-6
成华东	2005-7-6	沈 俊	2005-7-6	王红梅	2005-7-6	刘 勃	2005-7-6
张安宁	2005-7-6	李砚召	2005-7-6	宋晓敏	2005-7-6	白石磊	2005-7-6
陆荣华	2005-7-6	陈卫东	2005-7-6	孙建萍	2005-7-6	撒 力	2005-7-6
何正淼	2005-7-6	董建峰	2005-7-6	许 超	2005-7-6	康 宇	2005-7-6
陆增援	2005-7-6	黄永佳	2005-7-6	刘文涛	2005-7-6	许德章	2005-7-6
阮福明	2005-7-6	罗 鑫	2005-7-6	肖 祥	2005-7-6	丁学明	2005-7-6
陈一新	2005-7-6	赖 伟	2005-7-6	汪德强	2005-7-6	吴俊敏	2005-7-6
陶 宁	2005-7-6	范 伟	2005-7-6	王沛涛	2005-7-6	丁国祥	2005-7-6
薛俊东	2005-7-6	王晓东	2005-7-6	魏兆军	2005-7-6	梁 文	2005-7-6
杨 冬	2005-7-6	卢汉成	2005-7-6	曹新旺	2005-7-6	陈 晖	2005-7-6
马庆力	2005-7-6	王 辉	2005-7-6	徐谷峰	2005-7-6	吴 萍	2005-7-6
詹志锋	2005-7-6	张 铎	2005-7-6	范礼斌	2005-7-6	单久龙	2005-7-6
蒋品群	2005-7-6	施 俊	2005-7-6	Kashif Ahmed	2005-7-6	孙广中	2005-7-6
牛万青	2005-7-6	李传富	2005-7-6			王 鲲	2005-7-6
杨俊峰	2005-7-6	郭 凯	2005-7-6	冯志华	2005-7-6	王文睿	2005-7-6
刘 芳	2005-7-6	尚 政	2005-7-6	祝安定	2005-7-6	魏晓海	2005-7-6
周海洋	2005-7-6	刘玉龙	2005-7-6	彭小波	2005-7-6	周丰丰	2005-7-6
吴兴举	2005-7-6	郑 勇	2005-7-6	卢永奎	2005-7-6	邹 鹏	2005-7-6
孟庆良	2005-7-6	李 锐	2005-7-6	徐 敏	2005-7-6	郭雄辉	2005-7-6
周 钟	2005-7-6	李国强	2005-7-6	陈荣刚	2005-7-6	胡 潇	2005-7-6
姚 磊	2005-7-6	周任君	2005-7-6	唐火红	2005-7-6	雷 霆	2005-7-6
张先舟	2005-7-6	李振生	2005-7-6	关 柯	2005-7-6	毛晨晓	2005-7-6
杨 磊	2005-7-6	杨 刚	2005-7-6	胡玉锁	2005-7-6	华 蓓	2005-7-6
李辉煌	2005-7-6	尹雪斌	2005-7-6	赖 胜	2005-7-6	冯 冲	2005-7-6
敬 军	2005-7-6	张学成	2005-7-6	代桂平	2005-7-6	于 琨	2005-7-6
赵攀峰	2005-7-6	周贺钺	2005-7-6	李 滔	2005-7-6	朱 玉	2005-7-6
王二恒	2005-7-6	蒋善群	2005-7-6	文 锋	2005-7-6	沈海峰	2005-7-6
王硕桂	2005-7-6	张其瑞	2005-7-6	张海涛	2005-7-6	阎常峰	2005-7-6

附 录

续表

姓名	学位授予日期	姓名	学位授予日期	姓名	学位授予日期	姓名	学位授予日期
刘志峰	2005-7-6	雍国平	2005-7-6	赵 晖	2005-7-6	陆红琳	2005-7-6
王海峰	2005-7-6	董春红	2005-7-6	胡真虎	2005-7-6	李 鹜	2005-7-6
符泰然	2005-7-6	李宝光	2005-7-6	Anila Asif	2005-7-6	刘大路	2005-7-6
胡茂彬	2005-7-6	孙宇峰	2005-7-6	胡勇辰	2005-7-6	游安清	2005-7-6
唐 兰	2005-7-6	吴翠明	2005-7-6	刘 黎	2005-7-6	刘昌进	2005-7-6
黄犊子	2005-7-6	姜 晖	2005-7-6	余 翔	2005-7-6	龙 飞	2005-7-6
黄昂怀	2005-7-6	于正华	2005-7-6	梁红波	2005-7-6	杨益民	2005-7-6
项军花	2005-7-6	徐立强	2005-7-6	徐 刚	2005-7-6	王晓琪	2005-7-6
刘金华	2005-7-6	李正全	2005-7-6	邹剑华	2005-7-6	茹诗珍	2005-7-6
吴明在	2005-7-6	马东霞	2005-7-6	朱 俊	2005-7-6	Coulib Alysolo	2005-7-6
贾 冲	2005-7-6	张群林	2005-7-6	邹明选	2005-7-6		
刘伟丰	2005-7-6	蒋晓华	2005-7-6	徐 鼐	2005-7-6	徐旭初	2005-7-6
刘 勇	2005-7-6	王树青	2005-7-6	徐长奇	2005-7-6	袁 锋	2005-7-6
张华力	2005-7-6	傅荣强	2005-7-6	李增昌	2005-7-6	江文奇	2005-7-6
许兴燕	2005-7-6	陈 达	2005-7-6	郭 斌	2005-7-6	石玉英	2005-7-6
常启兵	2005-7-6	邓 维	2005-7-6	酒红芳	2005-7-6	刘慧宏	2005-7-6
姚晓林	2005-7-6	傅 尧	2005-7-6	陈克勋	2005-7-6	王 磊	2005-7-6
周艺峰	2005-7-6	黑晓明	2005-7-6	陈聚涛	2005-7-6	晋盛武	2005-7-6
晋传贵	2005-7-6	刘 涛	2005-7-6	谷 岩	2005-7-6	祁明德	2005-7-6
张学斌	2005-7-6	张 泽	2005-7-6	张效初	2005-7-6	闫泽涛	2005-7-6
仲洪海	2005-7-6	李达谅	2005-7-6	徐太湘	2005-7-6	焦建玲	2005-7-6
鲍巍涛	2005-7-6	谭启涛	2005-7-6	徐 晗	2005-7-6	韩智勇	2005-7-6
吴 强	2005-7-6	张 武	2005-7-6	孟晓梅	2005-7-6	王旭迪	2005-7-6
崔 浩	2005-7-6	侯宏卫	2005-7-6	刘 永	2005-7-6	刘建宏	2005-7-6
胡治水	2005-7-6	张志锋	2005-7-6	董 敏	2005-7-6	陈 念	2005-7-6
张伟平	2005-7-6	王国庆	2005-7-6	张雪光	2005-7-6	谢 东	2005-7-6
潘光明	2005-7-6	相玉红	2005-7-6	董小波	2005-7-6	胡中文	2005-7-6
高启兵	2005-7-6	张淑娟	2005-7-6	陈 强	2005-7-6	孙红兵	2005-7-6
尹长明	2005-7-6	陈忠秀	2005-7-6	段 鸿	2005-7-6	姜 政	2005-7-6

续表

姓名	学位授予日期	姓名	学位授予日期	姓名	学位授予日期	姓名	学位授予日期
杨 锐	2005-7-6	胡业民	2005-12-30	王 静	2005-12-30	赵增立	2005-12-30
何晓业	2005-7-6	白 桦	2005-12-30	尹成龙	2005-12-30	吴必军	2005-12-30
路 长	2005-7-6	宋法伦	2005-12-30	王 海	2005-12-30	王铁军	2005-12-30
陈长坤	2005-7-6	王 俊	2005-12-30	陈宇航	2005-12-30	李海滨	2005-12-30
陆 强	2005-7-6	张俊杰	2005-12-30	张 屹	2005-12-30	王 强	2005-12-30
史聪灵	2005-7-6	秦丰华	2005-12-30	孙长敬	2005-12-30	姚卫棠	2005-12-30
唐 勇	2005-7-6	孙 亮	2005-12-30	钱朋安	2005-12-30	方道来	2005-12-30
杨 昀	2005-7-6	李 静	2005-12-30	张旭东	2005-12-30	张大伟	2005-12-30
易 亮	2005-7-6	孟益平	2005-12-30	曾建勤	2005-12-30	张 进	2005-12-30
周云申	2005-7-6	朱 梅	2005-12-30	任 燚	2005-12-30	张立新	2005-12-30
王克东	2005-7-6	汪仁和	2005-12-30	周光明	2005-12-30	娄正松	2005-12-30
吴 欢	2005-7-6	宗 琦	2005-12-30	张广政	2005-12-30	文国涛	2005-12-30
卢 威	2005-7-6	丁俊章	2005-12-30	杨 坚	2005-12-30	于宏晓	2005-12-30
王祖敏	2005-7-6	汤亚波	2005-12-30	杨兴明	2005-12-30	邓 宁	2005-12-30
赖发春	2005-7-6	陈羽中	2005-12-30	王红强	2005-12-30	郭奇勋	2005-12-30
黄章进	2005-12-30	李剑锋	2005-12-30	赵兴明	2005-12-30	陈 娣	2005-12-30
刘琼林	2005-12-30	黄 岭	2005-12-30	孙战里	2005-12-30	程文明	2005-12-30
杨周旺	2005-12-30	龚 明	2005-12-30	杜吉祥	2005-12-30	杨则恒	2005-12-30
胡万宝	2005-12-30	徐 东	2005-12-30	王儒敬	2005-12-30	蒋长龙	2005-12-30
陈冬梅	2005-12-30	陈锻生	2005-12-30	司秀华	2005-12-30	万军喜	2005-12-30
田 方	2005-12-30	吴月娥	2005-12-30	李永祥	2005-12-30	胡 刚	2005-12-30
马美杰	2005-12-30	唐 俊	2005-12-30	朱峻茂	2005-12-30	万国晖	2005-12-30
罗震林	2005-12-30	王连仲	2005-12-30	黄海军	2005-12-30	郭晓河	2005-12-30
王成志	2005-12-30	李嘉巍	2005-12-30	仲 红	2005-12-30	张悠金	2005-12-30
张 杨	2005-12-30	吴荣新	2005-12-30	苗付友	2005-12-30	郑 全	2005-12-30
江 治	2005-12-30	王宝善	2005-12-30	罗永龙	2005-12-30	郑根华	2005-12-30
郑冀鲁	2005-12-30	张善春	2005-12-30	高俊波	2005-12-30	郭福亮	2005-12-30
Farshid Tabbak	2005-12-30	程善美	2005-12-30	李利新	2005-12-30	尹守春	2005-12-30
		郭 敏	2005-12-30	骆晓东	2005-12-30	陈宏伟	2005-12-30

附 录

续表

姓名	学位授予日期	姓名	学位授予日期	姓名	学位授予日期	姓名	学位授予日期
华道本	2005-12-30	申立勇	2006-7-1	李春先	2006-7-1	Htwe HtweYin	2006-7-1
赵永彬	2005-12-30	孟祥芹	2006-7-1	蒋 蔚	2006-7-1		
何立华	2005-12-30	熊 辉	2006-7-1	韩 超	2006-7-1	李 弘	2006-7-1
余 山	2005-12-30	汪全珍	2006-7-1	王建东	2006-7-1	陈 清	2006-7-1
秦 松	2005-12-30	胡 滨	2006-7-1	李 锋	2006-7-1	孙勇杰	2006-7-1
裴冬生	2005-12-30	何 桐	2006-7-1	徐 军	2006-7-1	欧阳亮	2006-7-1
关秋华	2005-12-30	徐庆华	2006-7-1	桂华侨	2006-7-1	乔 崇	2006-7-1
邓小龙	2005-12-30	郝兆才	2006-7-1	张永生	2006-7-1	陈明君	2006-7-1
姚 鹏	2005-12-30	王荣年	2006-7-1	马中团	2006-7-1	陈腾云	2006-7-1
邢 钢	2005-12-30	窦 斗	2006-7-1	屈继峰	2006-7-1	徐 枫	2006-7-1
周荣庭	2005-12-30	方 明	2006-7-1	钱 天	2006-7-1	周雅瑾	2006-7-1
洪 进	2005-12-30	吴春林	2006-7-1	孟祥东	2006-7-1	吴 鹏	2006-7-1
蒋跃进	2005-12-30	徐晨东	2006-7-1	郑海务	2006-7-1	赵艳娥	2006-7-1
余 雁	2005-12-30	李 珂	2006-7-1	Salmak Hanam	2006-7-1	彭成晓	2006-7-1
古春生	2005-12-30	潘向峰	2006-7-1			蒋林立	2006-7-1
孙林杰	2005-12-30	Alaa Amer Najim	2006-7-1	杨学良	2006-7-1	赵 力	2006-7-1
范小勇	2005-12-30			朱志强	2006-7-1	张黎明	2006-7-1
陈天阁	2005-12-30	黄 婷	2006-7-1	叶晓东	2006-7-1	张 强	2006-7-1
李忠民	2005-12-30	田 野	2006-7-1	王卫华	2006-7-1	周丽霞	2006-7-1
赵 涛	2005-12-30	明 燚	2006-7-1	田雪林	2006-7-1	孙建敏	2006-7-1
孙秀玉	2005-12-30	王中平	2006-7-1	韦文美	2006-7-1	程 诚	2006-7-1
范江玮	2005-12-30	王戴木	2006-7-1	王志伟	2006-7-1	李阳芳	2006-7-1
张善才	2005-12-30	曾庆光	2006-7-1	高爱梅	2006-7-1	杜学峰	2006-7-1
冯光耀	2005-12-30	段 理	2006-7-1	罗时忠	2006-7-1	颜天信	2006-7-1
谢爱根	2005-12-30	胡俊涛	2006-7-1	向红军	2006-7-1	戴雪龙	2006-7-1
王青松	2005-12-30	韩新海	2006-7-1	陈招英	2006-7-1	宋 健	2006-7-1
周晓猛	2005-12-30	董 宁	2006-7-1	潘 洋	2006-7-1	唐世悦	2006-7-1
张 华	2005-12-30	任希锋	2006-7-1	周 密	2006-7-1	张 弛	2006-7-1
胡婉丽	2005-12-30	王 琴	2006-7-1	赵 刚	2006-7-1	王 科	2006-7-1

续表

姓名	学位授予日期	姓名	学位授予日期	姓名	学位授予日期	姓名	学位授予日期
巫绪涛	2006-7-1	花 梦	2006-7-1	缪 勇	2006-7-1	郑春厚	2006-7-1
荣传新	2006-7-1	刘俊琳	2006-7-1	符传孩	2006-7-1	雷建和	2006-7-1
黄 文	2006-7-1	赵 昆	2006-7-1	郭 振	2006-7-1	王辉静	2006-7-1
蔡 勇	2006-7-1	李 凡	2006-7-1	刘 琳	2006-7-1	尚 丽	2006-7-1
王元博	2006-7-1	李小兵	2006-7-1	丁虎生	2006-7-1	韩 飞	2006-7-1
王海龙	2006-7-1	吴义坚	2006-7-1	孙安源	2006-7-1	沈项军	2006-7-1
汪 敏	2006-7-1	李轶鹏	2006-7-1	朱的娥	2006-7-1	胡元奎	2006-7-1
江慧丰	2006-7-1	尹华锐	2006-7-1	方志友	2006-7-1	陈云鹏	2006-7-1
王美利	2006-7-1	郭里婷	2006-7-1	张 敏	2006-7-1	梅 涛	2006-7-1
张 磊	2006-7-1	刘严岩	2006-7-1	程 刚	2006-7-1	肖晓波	2006-7-1
田 杰	2006-7-1	谭涌波	2006-7-1	李尚荣	2006-7-1	孟 明	2006-7-1
朱 珏	2006-7-1	崔海龙	2006-7-1	陈 宏	2006-7-1	张强锋	2006-7-1
曹结东	2006-7-1	杨红昂	2006-7-1	吕盼稂	2006-7-1	张四海	2006-7-1
董 杰	2006-7-1	郭孝城	2006-7-1	刘维来	2006-7-1	王志刚	2006-7-1
罗 勇	2006-7-1	刘小燕	2006-7-1	齐继阳	2006-7-1	杨 君	2006-7-1
曾清红	2006-7-1	桂和荣	2006-7-1	张友华	2006-7-1	刘 刚	2006-7-1
黄殿武	2006-7-1	李小武	2006-7-1	罗国娟	2006-7-1	项 森	2006-7-1
王贵生	2006-7-1	金长江	2006-7-1	杨 兵	2006-7-1	沈一飞	2006-7-1
徐尚志	2006-7-1	杨跃东	2006-7-1	邱联奎	2006-7-1	姚 震	2006-7-1
周 恩	2006-7-1	仲大莲	2006-7-1	沈之宇	2006-7-1	陆克中	2006-7-1
廖小飞	2006-7-1	马 丽	2006-7-1	凌 青	2006-7-1	钱 兰	2006-7-1
胡 鹏	2006-7-1	沐万孟	2006-7-1	张庆武	2006-7-1	柯 尧	2006-7-1
熊继平	2006-7-1	刘 健	2006-7-1	茅旭峰	2006-7-1	周英华	2006-7-1
袁 巍	2006-7-1	崔帅英	2006-7-1	王 冰	2006-7-1	王立刚	2006-7-1
董伟杰	2006-7-1	李向明	2006-7-1	朱 进	2006-7-1	齐 骥	2006-7-1
吕淑娟	2006-7-1	胡思怡	2006-7-1	李衍杰	2006-7-1	谢铉洋	2006-7-1
尹 勇	2006-7-1	董忠军	2006-7-1	赵 宇	2006-7-1	王 进	2006-7-1
谢玉堂	2006-7-1	李博峰	2006-7-1	陈春林	2006-7-1	徐 敏	2006-7-1
方晓青	2006-7-1	王 静	2006-7-1	董道毅	2006-7-1	童 庆	2006-7-1

附　录

续表

姓名	学位授予日期	姓名	学位授予日期	姓名	学位授予日期	姓名	学位授予日期
耿焕同	2006-7-1	谢朝德	2006-7-1	石先阳	2006-7-1	葛　震	2006-7-1
吴　强	2006-7-1	冯群强	2006-7-1	穆　杨	2006-7-1	陆红波	2006-7-1
汪小憨	2006-7-1	金百锁	2006-7-1	盛国平	2006-7-1	胡中青	2006-7-1
徐　晓	2006-7-1	梁庆文	2006-7-1	郑煜铭	2006-7-1	张桂喜	2006-7-1
张根烜	2006-7-1	虞正亮	2006-7-1	汤文建	2006-7-1	何晓东	2006-7-1
贾　磊	2006-7-1	甘昌胜	2006-7-1	胡惠媛	2006-7-1	杜隆超	2006-7-1
舒志全	2006-7-1	温集武	2006-7-1	李家明	2006-7-1	邱龙臻	2006-7-1
裴　刚	2006-7-1	黄家锐	2006-7-1	张丽军	2006-7-1	张宝庆	2006-7-1
陈　维	2006-7-1	刘新征	2006-7-1	江　辰	2006-7-1	牛志电	2006-7-1
章春笋	2006-7-1	罗　涛	2006-7-1	张亚萍	2006-7-1	王德广	2006-7-1
曹海亮	2006-7-1	方　臻	2006-7-1	汤蓓蓓	2006-7-1	汪惠丽	2006-7-1
陈　平	2006-7-1	朱永春	2006-7-1	邹贵付	2006-7-1	李欣梅	2006-7-1
甘云华	2006-7-1	陈庐阳	2006-7-1	王　蕾	2006-7-1	王　朗	2006-7-1
张海峰	2006-7-1	沈健民	2006-7-1	杨　俊	2006-7-1	杨传秀	2006-7-1
王忠兵	2006-7-1	谢　芹	2006-7-1	吴　涓	2006-7-1	肖伟科	2006-7-1
陈加福	2006-7-1	周虹屏	2006-7-1	苏馈足	2006-7-1	史　菲	2006-7-1
钱海生	2006-7-1	高　鹏	2006-7-1	贾承胜	2006-7-1	刘纪认	2006-7-1
易建新	2006-7-1	王淑涛	2006-7-1	胡　勇	2006-7-1	王慧元	2006-7-1
钱　文	2006-7-1	马旭初	2006-7-1	刘俊生	2006-7-1	郭志川	2006-7-1
宋海燕	2006-7-1	雷水金	2006-7-1	程　贺	2006-7-1	李东晖	2006-7-1
张新定	2006-7-1	周　复	2006-7-1	栾　斌	2006-7-1	杨春霞	2006-7-1
刘　毅	2006-7-1	于艳敏	2006-7-1	赵　辉	2006-7-1	邱　天	2006-7-1
水江澜	2006-7-1	张召香	2006-7-1	蒋　滢	2006-7-1	庄连生	2006-7-1
汪　波	2006-7-1	胡艳云	2006-7-1	黄梅芳	2006-7-1	叶学义	2006-7-1
张国勇	2006-7-1	冯良东	2006-7-1	王　鼎	2006-7-1	宋　勇	2006-7-1
陈　昱	2006-7-1	申进朝	2006-7-1	徐建文	2006-7-1	王明会	2006-7-1
刘继学	2006-7-1	程龙玖	2006-7-1	孙友谊	2006-7-1	勾文增	2006-7-1
庄玮玮	2006-7-1	朱晓兰	2006-7-1	许　杰	2006-7-1	杨玉璋	2006-7-1
陈　静	2006-7-1	胡　斌	2006-7-1	陈　彪	2006-7-1	李董男	2006-7-1

续表

姓名	学位授予日期	姓名	学位授予日期	姓名	学位授予日期	姓名	学位授予日期
谢治国	2006-7-1	乔 林	2006-7-1	鲁红典	2006-7-1	刘安雯	2006-12-30
许 洁	2006-7-1	刘 亮	2006-7-1	王银玲	2006-7-1	王 乐	2006-12-30
朱 剑	2006-7-1	赵晶媛	2006-7-1	张村峰	2006-7-1	胡永华	2006-12-30
姚政权	2006-7-1	刘兰翠	2006-7-1	胡隆华	2006-7-1	于 淼	2006-12-30
李乃胜	2006-7-1	杜 鹏	2006-7-1	房玉东	2006-7-1	王哲斌	2006-12-30
夏 季	2006-7-1	魏玖长	2006-7-1	朱 伟	2006-7-1	黄 琦	2006-12-30
施继龙	2006-7-1	吴德胜	2006-7-1	丛北华	2006-7-1	柳兆涛	2006-12-30
魏纪泳	2006-7-1	丁 斌	2006-7-1	陈 鹏	2006-7-1	雷 冬	2006-12-30
胡海鹏	2006-7-1	邓学衷	2006-7-1	刘 义	2006-7-1	童慧峰	2006-12-30
李健伦	2006-7-1	何 宁	2006-7-1	赵凤周	2006-7-1	李 凯	2006-12-30
扶元广	2006-7-1	楼 俊	2006-7-1	王翠焕	2006-7-1	董根金	2006-12-30
汤卫君	2006-7-1	刘 斌	2006-7-1	张华荣	2006-7-1	刘永胜	2006-12-30
张九天	2006-7-1	肖 凯	2006-7-1	樊济宇	2006-7-1	王 吉	2006-12-30
卢冰原	2006-7-1	李煜辉	2006-7-1	屈 哲	2006-7-1	刘 飞	2006-12-30
谷 峰	2006-7-1	卫立夏	2006-7-1	张海涛	2006-7-1	梁晓雯	2006-12-30
于君国	2006-7-1	黄超群	2006-7-1	魏达盛	2006-12-30	邵肖伟	2006-12-30
刘天卓	2006-7-1	杨 斌	2006-7-1	范自强	2006-12-30	黄 杰	2006-12-30
张 勇	2006-7-1	朱学林	2006-7-1	龙寿伦	2006-12-30	宋 彦	2006-12-30
李德辉	2006-7-1	王发芽	2006-7-1	孙广人	2006-12-30	陈权亮	2006-12-30
李四杰	2006-7-1	邹崇文	2006-7-1	朱文明	2006-12-30	施春华	2006-12-30
黄飞华	2006-7-1	方廷勇	2006-7-1	陈志辉	2006-12-30	盛英明	2006-12-30
卞亦文	2006-7-1	郭再富	2006-7-1	侯汝臣	2006-12-30	王 骏	2006-12-30
贾传亮	2006-7-1	张小芹	2006-7-1	胡 泊	2006-12-30	梁 治	2006-12-30
杨 锋	2006-7-1	张庆文	2006-7-1	莫小范	2006-12-30	程中军	2006-12-30
张廷龙	2006-7-1	谢启源	2006-7-1	苗二龙	2006-12-30	戴海明	2006-12-30
朱卫未	2006-7-1	陈海翔	2006-7-1	许雪芹	2006-12-30	Foday Sahr	2006-12-30
凌六一	2006-7-1	肖峻峰	2006-7-1	张霄鹏	2006-12-30	陈 曦	2006-12-30
浦徐进	2006-7-1	杨 玲	2006-7-1	王婷婷	2006-12-30	洪秀梅	2006-12-30
徐晓燕	2006-7-1	孔庆红	2006-7-1	喻远琴	2006-12-30	李 晶	2006-12-30

附 录

续表

姓名	学位授予日期	姓名	学位授予日期	姓名	学位授予日期	姓名	学位授予日期
李为民	2006-12-30	余 彦	2006-12-30	张全光	2006-12-30	周洪军	2006-12-30
林旭梅	2006-12-30	吴春艳	2006-12-30	李 成	2006-12-30	张 赫	2006-12-30
姚燕生	2006-12-30	吴小燕	2006-12-30	赵 文	2006-12-30	王 荣	2006-12-30
曾 议	2006-12-30	叶五一	2006-12-30	张德学	2006-12-30	潘志云	2006-12-30
左洪浩	2006-12-30	潘婉彬	2006-12-30	姚志强	2006-12-30	王科范	2006-12-30
陈 光	2006-12-30	严继高	2006-12-30	孙 俊	2006-12-30	李吉浩	2006-12-30
马静华	2006-12-30	高理升	2006-12-30	简江涛	2006-12-30	钱立志	2006-12-30
苏庄銮	2006-12-30	宋继梅	2006-12-30	唐 建	2006-12-30	张靖岩	2006-12-30
王继康	2006-12-30	董永平	2006-12-30	秦美婷	2006-12-30	刘晅亚	2006-12-30
胡社教	2006-12-30	石明娟	2006-12-30	朱翠玲	2006-12-30	马绥华	2006-12-30
钱 玮	2006-12-30	陈国炜	2006-12-30	周垂日	2006-12-30	张永丰	2006-12-30
方 平	2006-12-30	王红波	2006-12-30	刘 钊	2006-12-30	蒋亚龙	2006-12-30
黄志开	2006-12-30	惠爱玲	2006-12-30	赵 山	2006-12-30	王唯先	2006-12-30
安文森	2006-12-30	杨海涛	2006-12-30	葛蓉蓉	2006-12-30	赵爱迪	2006-12-30
王 兵	2006-12-30	缪春宝	2006-12-30	王 荣	2006-12-30	侯家祥	2006-12-30
罗 赛	2006-12-30	张元广	2006-12-30	王建军	2006-12-30	樊旭川	2007-6-27
刘小虎	2006-12-30	刘 奕	2006-12-30	李红艳	2006-12-30	程永宽	2007-6-27
黄传动	2006-12-30	倪小敏	2006-12-30	陈文豪	2006-12-30	招燕燕	2007-6-27
周 熠	2006-12-30	李永新	2006-12-30	李锦河	2006-12-30	王建飞	2007-6-27
李茂胜	2006-12-30	郑 志	2006-12-30	陈荣方	2006-12-30	丁惠生	2007-6-27
赵 鹏	2006-12-30	王庆丰	2006-12-30	吴亮锦	2006-12-30	张国华	2007-6-27
张 琦	2006-12-30	王兆新	2006-12-30	黄澄清	2006-12-30	匡 锐	2007-6-27
杨浩林	2006-12-30	张隆华	2006-12-30	洪明仁	2006-12-30	陈小伍	2007-6-27
邢献军	2006-12-30	王 伟	2006-12-30	侯堂柱	2006-12-30	徐振礼	2007-6-27
王永红	2006-12-30	朱红艳	2006-12-30	杨明勋	2006-12-30	孔令华	2007-6-27
闫瑞强	2006-12-30	张 朋	2006-12-30	郑荣华	2006-12-30	梁铁林	2007-6-27
朱 威	2006-12-30	汪 浩	2006-12-30	马蒙蒙	2006-12-30	李红海	2007-6-27
马千里	2006-12-30	黄昌兵	2006-12-30	吴 刚	2006-12-30	黄 佳	2007-6-27
邹优鸣	2006-12-30	薛 宇	2006-12-30	褚建勋	2006-12-30	杨 超	2007-6-27

续表

姓名	学位授予日期	姓名	学位授予日期	姓名	学位授予日期	姓名	学位授予日期
段雅丽	2007-6-27	高伟清	2007-6-27	刘海东	2007-6-27	王 峰	2007-6-27
柴一晟	2007-6-27	陆小力	2007-6-27	张一飞	2007-6-27	胡劲松	2007-6-27
储旺盛	2007-6-27	周桃飞	2007-6-27	张 军	2007-6-27	程 鹏	2007-6-27
孙方稳	2007-6-27	张 涛	2007-6-27	张 瑾	2007-6-27	孙红灵	2007-6-27
刘 云	2007-6-27	张 红	2007-6-27	王 艳	2007-6-27	董凤良	2007-6-27
厉宝增	2007-6-27	张朝霞	2007-6-27	吴义华	2007-6-27	李道伦	2007-6-27
高惠平	2007-6-27	田 燕	2007-6-27	郑裕峰	2007-6-27	王 磊	2007-6-27
刘 剑	2007-6-27	汪茂胜	2007-6-27	王 超	2007-6-27	杨向龙	2007-6-27
黄胜利	2007-6-27	王兆祥	2007-6-27	郭建华	2007-6-27	范书群	2007-6-27
姚 然	2007-6-27	董 婷	2007-6-27	曹 平	2007-6-27	赵慧英	2007-6-27
史同飞	2007-6-27	孙运兰	2007-6-27	程敬原	2007-6-27	李成兵	2007-6-27
徐 波	2007-6-27	李遵云	2007-6-27	李玉生	2007-6-27	梅 群	2007-6-27
林 林	2007-6-27	刘光明	2007-6-27	刘序宗	2007-6-27	周 宁	2007-6-27
胡 勇	2007-6-27	鲁 山	2007-6-27	任 间	2007-6-27	何 涛	2007-6-27
肖云峰	2007-6-27	王 雷	2007-6-27	张岳华	2007-6-27	郑志军	2007-6-27
叶明勇	2007-6-27	魏 征	2007-6-27	黄 鲲	2007-6-27	黄 丰	2007-6-27
疏 静	2007-6-27	孟慧艳	2007-6-27	李 锋	2007-6-27	汪时机	2007-6-27
林 青	2007-6-27	肖德龙	2007-6-27	陆俊峰	2007-6-27	连志龙	2007-6-27
蔡建明	2007-6-27	衡太骅	2007-6-27	陈 鸣	2007-6-27	杜 奕	2007-6-27
柳必恒	2007-6-27	丁桂军	2007-6-27	胡元峰	2007-6-27	陈 明	2007-6-27
周祥发	2007-6-27	王文旭	2007-6-27	彭能岭	2007-6-27	张 勇	2007-6-27
张晓波	2007-6-27	赵 明	2007-6-27	金绍维	2007-6-27	王 俊	2007-6-27
张 巍	2007-6-27	付传技	2007-6-27	孙泽辉	2007-6-27	吴微威	2007-6-27
舒方杰	2007-6-27	马小三	2007-6-27	林 鹏	2007-6-27	张忠祥	2007-6-27
龚 鎏	2007-6-27	秦 涛	2007-6-27	付东杰	2007-6-27	张金平	2007-6-27
陈 博	2007-6-27	陈建兰	2007-6-27	孙小波	2007-6-27	黄景博	2007-6-27
张斗国	2007-6-27	安少辉	2007-6-27	张亚军	2007-6-27	刘梦娟	2007-6-27
岳华伟	2007-6-27	刘婧婧	2007-6-27	刘 坤	2007-6-27	覃振权	2007-6-27
苑光辉	2007-6-27	李 刚	2007-6-27	蔡 建	2007-6-27	刘 利	2007-6-27

附 录

续表

姓名	学位授予日期	姓名	学位授予日期	姓名	学位授予日期	姓名	学位授予日期
朱文贵	2007-6-27	孙红宾	2007-6-27	郑 桦	2007-6-27	付 雄	2007-6-27
朱 磊	2007-6-27	江 维	2007-6-27	张耀欣	2007-6-27	葛 琳	2007-6-27
许小东	2007-6-27	郑晓东	2007-6-27	匡 森	2007-6-27	黄 宇	2007-6-27
刘 凯	2007-6-27	陈永艳	2007-6-27	陈 薇	2007-6-27	马 可	2007-6-27
许张生	2007-6-27	周荣斌	2007-6-27	王子洋	2007-6-27	李 虹	2007-6-27
范 欣	2007-6-27	张建红	2007-6-27	盛延敏	2007-6-27	徐宏力	2007-6-27
王 毅	2007-6-27	谢 伟	2007-6-27	王子磊	2007-6-27	王青山	2007-6-27
王 辉	2007-6-27	梅一德	2007-6-27	张陈斌	2007-6-27	汪 炀	2007-6-27
伞 兴	2007-6-27	柯玉文	2007-6-27	郭春钊	2007-6-27	陈 波	2007-6-27
王鹏伟	2007-6-27	薛妍妍	2007-6-27	韩 龙	2007-6-27	张 炜	2007-6-27
丁志中	2007-6-27	陈 泉	2007-6-27	刘伟锋	2007-6-27	徐军委	2007-6-27
王 超	2007-6-27	徐珺劼	2007-6-27	金学成	2007-6-27	林华辉	2007-6-27
周 平	2007-6-27	陈勇平	2007-6-27	刘正敏	2007-6-27	李 婧	2007-6-27
王 斌	2007-6-27	魏志毅	2007-6-27	武海澄	2007-6-27	何 申	2007-6-27
束永安	2007-6-27	范 军	2007-6-27	张国义	2007-6-27	张泽明	2007-6-27
查显杰	2007-6-27	赵 伟	2007-6-27	缪裕青	2007-6-27	林 勇	2007-6-27
李全忠	2007-6-27	张慰慈	2007-6-27	李一哲	2007-6-27	张伟超	2007-6-27
汪建君	2007-6-27	傅国胜	2007-6-27	王秦辉	2007-6-27	冯海林	2007-6-27
邓淑梅	2007-6-27	张 盛	2007-6-27	高 翔	2007-6-27	蔡懿慈	2007-6-27
刘 奇	2007-6-27	江 兵	2007-6-27	郭磊涛	2007-6-27	范学良	2007-6-27
孙树计	2007-6-27	龚小竞	2007-6-27	张 蕾	2007-6-27	张有为	2007-6-27
熊 明	2007-6-27	周成刚	2007-6-27	王 菁	2007-6-27	丁 敏	2007-6-27
毛敏娟	2007-6-27	蔡建文	2007-6-27	王绍林	2007-6-27	赵平辉	2007-6-27
薛向辉	2007-6-27	何清波	2007-6-27	孙伟峰	2007-6-27	张晓光	2007-6-27
刘 峡	2007-6-27	金 熠	2007-6-27	余 洁	2007-6-27	张先锋	2007-6-27
沈为群	2007-6-27	单建华	2007-6-27	陈 艾	2007-6-27	陈建新	2007-6-27
徐 军	2007-6-27	吴建华	2007-6-27	王 峰	2007-6-27	丁金磊	2007-6-27
张小俊	2007-6-27	苏亚辉	2007-6-27	沈英哲	2007-6-27	任 川	2007-6-27
刘 丹	2007-6-27	李木军	2007-6-27	范金锋	2007-6-27	易 桦	2007-6-27
李 旭	2007-6-27	蒋海峰	2007-6-27	李 祥	2007-6-27		

续表

姓名	学位授予日期	姓名	学位授予日期	姓名	学位授予日期	姓名	学位授予日期
阳季春	2007-6-27	齐春艳	2007-6-27	潘崇峰	2007-6-27	罗昊	2007-6-27
薛照明	2007-6-27	魏开举	2007-6-27	于衍新	2007-6-27	陈伟恒	2007-6-27
古莉娜	2007-6-27	彭敦耕	2007-6-27	李法宝	2007-6-27	余珊珊	2007-6-27
唐艳	2007-6-27	梁建波	2007-6-27	王进	2007-6-27	宣宾	2007-6-27
万勇	2007-6-27	马德琨	2007-6-27	熊胜林	2007-6-27	鲍敏	2007-6-27
郭晓辉	2007-6-27	席广成	2007-6-27	林翼	2007-6-27	徐鹏景	2007-6-27
丁益	2007-6-27	张猛	2007-6-27	许磊	2007-6-27	吴丽敏	2007-6-27
王志俊	2007-6-27	张兵	2007-6-27	欧阳小月	2007-6-27	刘超	2007-6-27
陶锋	2007-6-27	赵清锐	2007-6-27	苏振强	2007-6-27	侯海龙	2007-6-27
陈征	2007-6-27	李雪冰	2007-6-27	王晓葵	2007-6-27	刘炯	2007-6-27
杨应岭	2007-6-27	张艳鸽	2007-6-27	张玲	2007-6-27	孟大敏	2007-6-27
孔辉	2007-6-27	牛海霞	2007-6-27	严云飞	2007-6-27	张伟	2007-6-27
徐化云	2007-6-27	张小俊	2007-6-27	王新波	2007-6-27	李辉	2007-6-27
熊鹰	2007-6-27	张东恩	2007-6-27	韩德会	2007-6-27	田源	2007-6-27
周晓亮	2007-6-27	郭吉兆	2007-6-27	张文泉	2007-6-27	王先基	2007-6-27
马建军	2007-6-27	钱立立	2007-6-27	陈鹏	2007-6-27	王妙锋	2007-6-27
姜银珠	2007-6-27	卢宪波	2007-6-27	杨柱	2007-6-27	解焱陆	2007-6-27
姜彩荣	2007-6-27	王强	2007-6-27	黄战光	2007-6-27	刘明辉	2007-6-27
宋吉明	2007-6-27	姜春明	2007-6-27	苏伟	2007-6-27	王娴	2007-6-27
江宏富	2007-6-27	张王兵	2007-6-27	刘维均	2007-6-27	杜宏伟	2007-6-27
谭常春	2007-6-27	沈霞	2007-6-27	陈均	2007-6-27	王立荣	2007-6-27
李红星	2007-6-27	王华丽	2007-6-27	王世杰	2007-6-27	朱晓源	2007-6-27
谷勋刚	2007-6-27	王剑平	2007-6-27	宋林勇	2007-6-27	赵晓军	2007-6-27
姚震宇	2007-6-27	刘绍阳	2007-6-27	丁鹏	2007-6-27	朱铁权	2007-6-27
何建波	2007-6-27	孟祥明	2007-6-27	朱大森	2007-6-27	魏国锋	2007-6-27
胡晓凯	2007-6-27	李敏杰	2007-6-27	吴祥	2007-6-27	王荣	2007-6-27
王晔峰	2007-6-27	王嘉瑞	2007-6-27	王炜	2007-6-27	张逢	2007-6-27
谢昆	2007-6-27	许华建	2007-6-27	江鹏	2007-6-27	姚昆仑	2007-6-27
夏静静	2007-6-27	谢煜	2007-6-27	刘雅静	2007-6-27	赵晓春	2007-6-27

附　录

续表

姓名	学位授予日期	姓名	学位授予日期	姓名	学位授予日期	姓名	学位授予日期
汪　寅	2007-6-27	刘继海	2007-6-27	游宇航	2007-6-27	赵　斌	2007-12-30
王　忠	2007-6-27	陈文惠	2007-6-27	钟　委	2007-6-27	李　芳	2007-12-30
袁新荣	2007-6-27	阮守武	2007-6-27	黄　鑫	2007-6-27	赵　凯	2007-12-30
卜晓勇	2007-6-27	范秋芳	2007-6-27	翁　韬	2007-6-27	刘美山	2007-12-30
韩丽峰	2007-6-27	顾广彩	2007-6-27	王信群	2007-6-27	李　霆	2007-12-30
全中华	2007-6-27	翟亚军	2007-6-27	林　霖	2007-6-27	吴　伟	2007-12-30
郭　磷	2007-6-27	毕功兵	2007-6-27	陈先锋	2007-6-27	王　侃	2007-12-30
王德吉	2007-6-27	黄贵荣	2007-6-27	褚冠全	2007-6-27	朱才志	2007-12-30
张　涛	2007-6-27	王　琳	2007-6-27	陈思凝	2007-6-27	张　垒	2007-12-30
陈　峰	2007-6-27	陈　雷	2007-6-27	陈东梁	2007-6-27	徐洪奎	2007-12-30
蔡林沁	2007-6-27	曹　涌	2007-6-27	陈　岚	2007-6-27	陈　峥	2007-12-30
梁华为	2007-6-27	郑　凯	2007-6-27	黄志坚	2007-6-27	彭炳光	2007-12-30
帅晋瑶	2007-6-27	王思胜	2007-6-27	黄　甜	2007-6-27	刘乃金	2007-12-30
刘　兵	2007-6-27	郭育华	2007-6-27	王国玉	2007-6-27	胡国平	2007-12-30
陈　波	2007-6-27	林顺富	2007-6-27	张美玲	2007-6-27	郭　武	2007-12-30
杨　杰	2007-6-27	董晓浩	2007-6-27	陈明亮	2007-6-27	孙福明	2007-12-30
龚本刚	2007-6-27	孙　柏	2007-6-27	徐国永	2007-6-27	薛开平	2007-12-30
邱　昊	2007-6-27	郭玉献	2007-6-27	杜正中	2007-12-30	杨　蔚	2007-12-30
杨　剑	2007-6-27	姚德强	2007-6-27	王雄亮	2007-12-30	谢兴生	2007-12-30
吴华清	2007-6-27	韦　正	2007-6-27	沈　俊	2007-12-30	冯珊珊	2007-12-30
杜少甫	2007-6-27	符义兵	2007-6-27	朱三元	2007-12-30	刘　亚	2007-12-30
梁晓艳	2007-6-27	尉　伟	2007-6-27	程晋罗	2007-12-30	荣　辉	2007-12-30
叶跃祥	2007-6-27	赵道亮	2007-6-27	李国俊	2007-12-30	都　建	2007-12-30
王宏宇	2007-6-27	朱五八	2007-6-27	夏云杰	2007-12-30	吴家文	2007-12-30
李志刚	2007-6-27	冯文兴	2007-6-27	宋其亮	2007-12-30	史　喆	2007-12-30
何　琼	2007-6-27	徐　亮	2007-6-27	李军方	2007-12-30	牛晓刚	2007-12-30
何凌云	2007-6-27	刘　磊	2007-6-27	燕云峰	2007-12-30	琚雄飞	2007-12-30
王　亮	2007-6-27	蔡以兵	2007-6-27	赵梅生	2007-12-30	程仲毅	2007-12-30
卢正刚	2007-6-27	焦传梅	2007-6-27	单　卿	2007-12-30	李晓光	2007-12-30

续表

姓名	学位授予日期	姓名	学位授予日期	姓名	学位授予日期	姓名	学位授予日期
龙 潜	2007-12-30	赵春花	2007-12-30	朱显灵	2007-12-30	张瑞丰	2008-7-2
赵 钢	2007-12-30	吴修胜	2007-12-30	马祖长	2007-12-30	童宏玺	2008-7-2
张志伟	2007-12-30	陈西林	2007-12-30	苟清龙	2007-12-30	夏银华	2008-7-2
魏 珅	2007-12-30	董德华	2007-12-30	鲁 奎	2007-12-30	黄 玲	2008-7-2
詹训慧	2007-12-30	徐 毅	2007-12-30	庞 梅	2007-12-30	陈越强	2008-7-2
杨 锋	2007-12-30	何来维	2007-12-30	郭新帅	2007-12-30	虞 静	2008-7-2
彭 程	2007-12-30	乔 澍	2007-12-30	秦正云	2007-12-30	田可雷	2008-7-2
宋全军	2007-12-30	高大明	2007-12-30	贺 俊	2007-12-30	原鹏飞	2008-7-2
赵仲秋	2007-12-30	吴长征	2007-12-30	张 斌	2007-12-30	李雪飞	2008-7-2
郁 明	2007-12-30	张 谦	2007-12-30	卫 琳	2007-12-30	刁大生	2008-7-2
金辉宇	2007-12-30	康广凤	2007-12-30	刘金魁	2007-12-30	杨 勇	2008-7-2
宋良图	2007-12-30	陈章玉	2007-12-30	徐 英	2007-12-30	杨绩文	2008-7-2
陈文兵	2007-12-30	江晓泽	2007-12-30	冯建友	2007-12-30	钟 声	2008-7-2
陈 鹏	2007-12-30	白晨艳	2007-12-30	赵林捷	2007-12-30	王志芳	2008-7-2
章 军	2007-12-30	汪小钢	2007-12-30	彭 扬	2007-12-30	赖 昌	2008-7-2
蒋承东	2007-12-30	高建纲	2007-12-30	李宗木	2007-12-30	陈 涛	2008-7-2
陈香兰	2007-12-30	王焕冰	2007-12-30	刘金锋	2007-12-30	马崇庚	2008-7-2
郭 宇	2007-12-30	陈 云	2007-12-30	韦亚星	2007-12-30	张伟英	2008-7-2
吴佳骥	2007-12-30	谭忠林	2007-12-30	胡海龙	2007-12-30	周如龙	2008-7-2
乔 磊	2007-12-30	孙 灏	2007-12-30	曾 杰	2007-12-30	赵 智	2008-7-2
张 敏	2007-12-30	黄 炫	2007-12-30	周仕明	2007-12-30	苏剑峰	2008-7-2
胡 燕	2007-12-30	仇祝平	2007-12-30	白雪莲	2007-12-30	王志伟	2008-7-2
钱 海	2007-12-30	段 波	2007-12-30	洪 波	2007-12-30	何德勇	2008-7-2
杨 威	2007-12-30	闫雪波	2007-12-30	应 耀	2007-12-30	曹 勇	2008-7-2
唐 玲	2007-12-30	汤正权	2007-12-30	李 新	2008-7-2	任喜军	2008-7-2
孙 炜	2007-12-30	戴海峰	2007-12-30	成志新	2008-7-2	张 辉	2008-7-2
王海涛	2007-12-30	谢于明	2007-12-30	陈洪佳	2008-7-2	郭俊福	2008-7-2
刘可亮	2007-12-30	钱振兴	2007-12-30	尚士魁	2008-7-2	黄 伟	2008-7-2
刘尚余	2007-12-30	张志辉	2007-12-30	李保军	2008-7-2	闵长俊	2008-7-2

附 录

续表

姓名	学位授予日期	姓名	学位授予日期	姓名	学位授予日期	姓名	学位授予日期
邬 融	2008-7-2	吴 芳	2008-7-2	吕计男	2008-7-2	沈道义	2008-7-2
孟炳寰	2008-7-2	陈宏伟	2008-7-2	许 峰	2008-7-2	张 瑞	2008-7-2
任洪亮	2008-7-2	高 坤	2008-7-2	乔 玲	2008-7-2	周晓波	2008-7-2
顾 春	2008-7-2	李恒梅	2008-7-2	陈小燕	2008-7-2	朱有团	2008-7-2
张 沛	2008-7-2	左 芬	2008-7-2	卫五洲	2008-7-2	李奇越	2008-7-2
纪 帆	2008-7-2	朱仁贵	2008-7-2	高 鹏	2008-7-2	王 振	2008-7-2
邓 燕	2008-7-2	殷传洋	2008-7-2	张 凌	2008-7-2	朱春波	2008-7-2
汪 伟	2008-7-2	陈伯伦	2008-7-2	李如江	2008-7-2	唐金辉	2008-7-2
章一奇	2008-7-2	苏晓强	2008-7-2	许仁萍	2008-7-2	顾志伟	2008-7-2
郭静茹	2008-7-2	曹 娅	2008-7-2	马宏昊	2008-7-2	庞建新	2008-7-2
陈 锴	2008-7-2	孙 昊	2008-7-2	肖大武	2008-7-2	鄢志杰	2008-7-2
石 勇	2008-7-2	郭 磊	2008-7-2	杨自友	2008-7-2	袁 勋	2008-7-2
李春燕	2008-7-2	李中军	2008-7-2	秦晓卫	2008-7-2	洪日昌	2008-7-2
王 莲	2008-7-2	宋 伟	2008-7-2	吴青林	2008-7-2	汪 萌	2008-7-2
黄 静	2008-7-2	周晓祺	2008-7-2	金慈航	2008-7-2	魏 思	2008-7-2
贺 伟	2008-7-2	汪 磊	2008-7-2	陈 巍	2008-7-2	彭建辉	2008-7-2
阚二军	2008-7-2	蔡辉山	2008-7-2	单剑锋	2008-7-2	凌震华	2008-7-2
王益群	2008-7-2	甘宝霞	2008-7-2	尹治平	2008-7-2	哈 章	2008-7-2
计 婧	2008-7-2	姚仰光	2008-7-2	李 品	2008-7-2	万柯松	2008-7-2
孙 进	2008-7-2	吴 兵	2008-7-2	史 聃	2008-7-2	戴志阳	2008-7-2
唐业仓	2008-7-2	刘小桦	2008-7-2	李亚麟	2008-7-2	邵志刚	2008-7-2
庄秀娟	2008-7-2	吴 崑	2008-7-2	王 烁	2008-7-2	李王晔	2008-7-2
王天放	2008-7-2	谢锦林	2008-7-2	孙庭波	2008-7-2	张少兵	2008-7-2
韩 旭	2008-7-2	夏红兵	2008-7-2	周 健	2008-7-2	丁交阳	2008-7-2
项 江	2008-7-2	张 鲲	2008-7-2	邓 单	2008-7-2	丁 健	2008-7-2
邓 建	2008-7-2	杨 焱	2008-7-2	徐 鹰	2008-7-2	申成龙	2008-7-2
兰 涛	2008-7-2	费立森	2008-7-2	杨春明	2008-7-2	陈廷娣	2008-7-2
邹 平	2008-7-2	朱雨建	2008-7-2	彭晶波	2008-7-2	罗 涛	2008-7-2
黄 俊	2008-7-2	张兴华	2008-7-2	侯 华	2008-7-2	谢建成	2008-7-2

姓名	学位授予日期	姓名	学位授予日期	姓名	学位授予日期	姓名	学位授予日期
杨晓志	2008-7-2	邢 卉	2008-7-2	胡 冰	2008-7-2	徐 凯	2008-7-2
曹丹丹	2008-7-2	章永华	2008-7-2	吴国斌	2008-7-2	呼大为	2008-7-2
郑刘根	2008-7-2	吴亚雷	2008-7-2	李 响	2008-7-2	刘姗姗	2008-7-2
王志刚	2008-7-2	李保庆	2008-7-2	刘 圆	2008-7-2	张 敏	2008-7-2
任婷婷	2008-7-2	弓岱伟	2008-7-2	梁 博	2008-7-2	郭圆平	2008-7-2
李卫华	2008-7-2	郑志刚	2008-7-2	华保健	2008-7-2	张 进	2008-7-2
徐 超	2008-7-2	严捷丰	2008-7-2	高 鹰	2008-7-2	钮俊清	2008-7-2
周东文	2008-7-2	孙 轶	2008-7-2	李 磊	2008-7-2	王 欣	2008-7-2
周贤轩	2008-7-2	谌家喜	2008-7-2	韦 鹏	2008-7-2	陈浩然	2008-7-2
葛宏华	2008-7-2	刘 宜	2008-7-2	申 凯	2008-7-2	马 猛	2008-7-2
王峰松	2008-7-2	郑 涛	2008-7-2	李玉祥	2008-7-2	金 鑫	2008-7-2
江 鹏	2008-7-2	徐陈锋	2008-7-2	郭 欣	2008-7-2	姚亦飞	2008-7-2
杜文静	2008-7-2	石 春	2008-7-2	邹 琼	2008-7-2	荆巍巍	2008-7-2
江 群	2008-7-2	向 伟	2008-7-2	朱晓静	2008-7-2	林博颖	2008-7-2
王妍妍	2008-7-2	梁艳阳	2008-7-2	董 阔	2008-7-2	刘正锋	2008-7-2
朱 梅	2008-7-2	陈作贤	2008-7-2	纪金松	2008-7-2	姜 海	2008-7-2
端珊珊	2008-7-2	江 琦	2008-7-2	涂 锟	2008-7-2	岑继文	2008-7-2
姚 展	2008-7-2	何德峰	2008-7-2	毕 坤	2008-7-2	翟载腾	2008-7-2
陈清烽	2008-7-2	尚伟伟	2008-7-2	张纯鹏	2008-7-2	何汉峰	2008-7-2
侯晓玮	2008-7-2	张志坚	2008-7-2	王苗苗	2008-7-2	黎林村	2008-7-2
胡 琦	2008-7-2	吴龙海	2008-7-2	陈伟琳	2008-7-2	蒋爱国	2008-7-2
刘将新	2008-7-2	李 明	2008-7-2	徐维江	2008-7-2	蒋利桥	2008-7-2
刘 迎	2008-7-2	陈 功	2008-7-2	李兆鹏	2008-7-2	闵宇霖	2008-7-2
张 诚	2008-7-2	张江涛	2008-7-2	林春晓	2008-7-2	邓 锐	2008-7-2
俞 江	2008-7-2	周 维	2008-7-2	李 新	2008-7-2	吴 昊	2008-7-2
朱 林	2008-7-2	高修峰	2008-7-2	黎 鹤	2008-7-2	唐绪兵	2008-7-2
张天林	2008-7-2	张国庆	2008-7-2	胡 甜	2008-7-2	张铁锴	2008-7-2
钟小强	2008-7-2	李嘉全	2008-7-2	王 亮	2008-7-2	宫俊琰	2008-7-2
许晓慧	2008-7-2	闫君飞	2008-7-2	杨晓奇	2008-7-2	张居舟	2008-7-2

附　录

续表

姓名	学位授予日期	姓名	学位授予日期	姓名	学位授予日期	姓名	学位授予日期
徐伟宏	2008-7-2	李　靖	2008-7-2	俞小伍	2008-7-2	汪云路	2008-7-2
胡　波	2008-7-2	徐彦辉	2008-7-2	刘建华	2008-7-2	陈雪锦	2008-7-2
汪尚兵	2008-7-2	余长柱	2008-7-2	慕　卿	2008-7-2	李　琳	2008-7-2
严鸿维	2008-7-2	王　立	2008-7-2	谢建达	2008-7-2	杨　毅	2008-7-2
金　翼	2008-7-2	郑文锐	2008-7-2	周　炜	2008-7-2	史鸿声	2008-7-2
方曙民	2008-7-2	陶传洲	2008-7-2	杨润苗	2008-7-2	李　杰	2008-7-2
刘铭飞	2008-7-2	周庆发	2008-7-2	许让磊	2008-7-2	曾　丹	2008-7-2
叶　婧	2008-7-2	刘永康	2008-7-2	周月明	2008-7-2	唐步天	2008-7-2
董应超	2008-7-2	魏　凯	2008-7-2	罗　乐	2008-7-2	黄　昊	2008-7-2
刘　杰	2008-7-2	王懋祥	2008-7-2	张　智	2008-7-2	葛仕明	2008-7-2
姚俊超	2008-7-2	李家星	2008-7-2	章　文	2008-7-2	陆　伟	2008-7-2
王占锋	2008-7-2	崔　歆	2008-7-2	章小兵	2008-7-2	李　强	2008-7-2
宋加山	2008-7-2	李乐振	2008-7-2	吴　蕾	2008-7-2	许文龙	2008-7-2
罗　巍	2008-7-2	张祖辉	2008-7-2	王　树	2008-7-2	尹若春	2008-7-2
申中兰	2008-7-2	刘　飞	2008-7-2	龚　能	2008-7-2	管　理	2008-7-2
虞召朋	2008-7-2	亓秀娟	2008-7-2	曾　梅	2008-7-2	金普军	2008-7-2
周玉青	2008-7-2	孙高军	2008-7-2	王海涛	2008-7-2	张茂林	2008-7-2
柴作允	2008-7-2	岳正波	2008-7-2	张　敏	2008-7-2	吴　妍	2008-7-2
鲍红丽	2008-7-2	刘晓猛	2008-7-2	费尔康	2008-7-2	罗武干	2008-7-2
李　远	2008-7-2	王旭芳	2008-7-2	黄　倩	2008-7-2	Pinasl loydl	2008-7-2
张俊豪	2008-7-2	赵全保	2008-7-2	王姗姗	2008-7-2		
柴兰兰	2008-7-2	杜　进	2008-7-2	胡　璞	2008-7-2	刘　雯	2008-7-2
范　海	2008-7-2	张茂峰	2008-7-2	颜　丹	2008-7-2	毛天虹	2008-7-2
王伟智	2008-7-2	黄川徽	2008-7-2	李晨晨	2008-7-2	刘后胜	2008-7-2
曾涑源	2008-7-2	唐学智	2008-7-2	曹秀菁	2008-7-2	宋记锋	2008-7-2
李本侠	2008-7-2	孔立智	2008-7-2	范　骏	2008-7-2	刘昆宏	2008-7-2
吴正翠	2008-7-2	石锦霞	2008-7-2	宛田宾	2008-7-2	季敉民	2008-7-2
陈　达	2008-7-2	陆　腾	2008-7-2	吴胜杳	2008-7-2	王爱学	2008-7-2
韩　芳	2008-7-2	陈　涛	2008-7-2	杨毅彬	2008-7-2	张玉娟	2008-7-2

续表

姓名	学位授予日期	姓名	学位授予日期	姓名	学位授予日期	姓名	学位授予日期
杨樱	2008-7-2	王俊	2008-7-2	陈群峰	2008-12-31	龚卫林	2008-12-31
李勇军	2008-7-2	谭鑫	2008-7-2	项小强	2008-12-31	吴耀云	2008-12-31
魏久檗	2008-7-2	刘衍芳	2008-7-2	周俊	2008-12-31	张义安	2008-12-31
王昌顺	2008-7-2	王晶	2008-7-2	张文华	2008-12-31	刘君英	2008-12-31
李仕兵	2008-7-2	田振玉	2008-7-2	邓文平	2008-12-31	温浩	2008-12-31
谢启伟	2008-7-2	干蜀毅	2008-7-2	孙莲	2008-12-31	张炜	2008-12-31
邹卫平	2008-7-2	陈希磊	2008-7-2	袁丽霞	2008-12-31	杨琳	2008-12-31
赵维佳	2008-7-2	丁严艳	2008-7-2	沈雷	2008-12-31	吴晶晶	2008-12-31
郝银飞	2008-7-2	乔利锋	2008-7-2	宋崇富	2008-12-31	黄连珍	2008-12-31
陈喜庆	2008-7-2	况凯骞	2008-7-2	王海龙	2008-12-31	王雨	2008-12-31
常忠义	2008-7-2	李健	2008-7-2	姚淅伟	2008-12-31	唐杰	2008-12-31
查勇	2008-7-2	于彦飞	2008-7-2	赵宁波	2008-12-31	林建民	2008-12-31
朱金叶	2008-7-2	王蔚	2008-7-2	姜维春	2008-12-31	黄建平	2008-12-31
查迎春	2008-7-2	纪杰	2008-7-2	周霞	2008-12-31	唐玉朝	2008-12-31
郭光磊	2008-7-2	宣守虎	2008-7-2	刘强	2008-12-31	罗超	2008-12-31
于瑛英	2008-7-2	杨健鹏	2008-7-2	马奎	2008-12-31	薛霆虓	2008-12-31
袁德磊	2008-7-2	刘益民	2008-7-2	牛田野	2008-12-31	李泉	2008-12-31
贾兆红	2008-7-2	谭家磊	2008-7-2	李建光	2008-12-31	董明晖	2008-12-31
高章存	2008-7-2	李开源	2008-7-2	黄龙光	2008-12-31	曹赞霞	2008-12-31
刘香兰	2008-7-2	彭伟	2008-7-2	李兵	2008-12-31	赵铮	2008-12-31
王国栋	2008-7-2	吕品	2008-7-2	兰彬	2008-12-31	童水龙	2008-12-31
张文华	2008-7-2	宗若雯	2008-7-2	王志海	2008-12-31	储新民	2008-12-31
王卫	2008-7-2	杨丹丹	2008-7-2	寇东鹏	2008-12-31	魏华兴	2008-12-31
刘超	2008-7-2	潘楠	2008-7-2	王磊	2008-12-31	丁琛	2008-12-31
张耀锋	2008-7-2	陈峰	2008-7-2	穆朝民	2008-12-31	蔡欣	2008-12-31
张自军	2008-7-2	凌浪生	2008-7-2	昝祥	2008-12-31	范仕龙	2008-12-31
张新峰	2008-7-2	吴伟泰	2008-7-2	张文煊	2008-12-31	杨雯隽	2008-12-31
凤良杰	2008-7-2	王征飞	2008-7-2	赵根	2008-12-31	黄铧	2008-12-31
孔蕊弘	2008-7-2	于飞	2008-12-31	单列	2008-12-31	刘如娟	2008-12-31

附 录

续表

姓名	学位授予日期	姓名	学位授予日期	姓名	学位授予日期	姓名	学位授予日期
程义云	2008-12-31	杨利平	2008-12-31	邱克强	2008-12-31	郑荣升	2009-6-26
樊尚尚	2008-12-31	徐 建	2008-12-31	朱 杰	2008-12-31	刘 强	2009-6-26
郭 锐	2008-12-31	朱 虹	2008-12-31	庄 磊	2008-12-31	陆小松	2009-6-26
蒋 维	2008-12-31	杨 赟	2008-12-31	汪金辉	2008-12-31	张 涛	2009-6-26
唐 良	2008-12-31	叶增友	2008-12-31	尤 飞	2008-12-31	徐小秋	2009-6-26
贾 伟	2008-12-31	孙得琳	2008-12-31	胡振芃	2008-12-31	王超男	2009-6-26
闫清泉	2008-12-31	牛 磊	2008-12-31	高关胤	2008-12-31	李 勇	2009-6-26
秦琳琳	2008-12-31	梁 振	2008-12-31	宋秋明	2008-12-31	吕 柳	2009-6-26
张大海	2008-12-31	李光星	2008-12-31	夏 茹	2008-12-31	孙成海	2009-6-26
袁革胤	2008-12-31	王 宇	2008-12-31	杨明波	2009-6-26	吴会燕	2009-6-26
宋志伟	2008-12-31	王 蕾	2008-12-31	刘 亮	2009-6-26	胡 军	2009-6-26
李 隆	2008-12-31	白雪飞	2008-12-31	汪翔升	2009-6-26	王福源	2009-6-26
郭 燕	2008-12-31	范方芳	2008-12-31	李 莉	2009-6-26	龚彦晓	2009-6-26
范长杰	2008-12-31	叶良均	2008-12-31	曹 峰	2009-6-26	董裕力	2009-6-26
王高峰	2008-12-31	查世红	2008-12-31	贾晓红	2009-6-26	牛孝灵	2009-6-26
赵宇含	2008-12-31	郭 正	2008-12-31	周祥军	2009-6-26	赵勇杰	2009-6-26
唐琼辉	2008-12-31	杨秀清	2008-12-31	胡 真	2009-6-26	赵义博	2009-6-26
朱建华	2008-12-31	陈三风	2008-12-31	李 元	2009-6-26	许金时	2009-6-26
黄 钊	2008-12-31	李 波	2008-12-31	郭 彦	2009-6-26	刘宜晋	2009-6-26
丁 冬	2008-12-31	孙 磊	2008-12-31	高 巍	2009-6-26	高 昆	2009-6-26
陈子锦	2008-12-31	吴 杰	2008-12-31	李 莹	2009-6-26	谢志国	2009-6-26
付国妮	2008-12-31	沈 祥	2008-12-31	张 俊	2009-6-26	孙 青	2009-6-26
赵 宇	2008-12-31	周 密	2008-12-31	戈慈水	2009-6-26	郑 欢	2009-6-26
张 成	2008-12-31	戚 巍	2008-12-31	周先锋	2009-6-26	王焕钦	2009-6-26
董亚伟	2008-12-31	何 平	2008-12-31	曹永昌	2009-6-26	林开群	2009-6-26
汪 秀	2008-12-31	杨 树	2008-12-31	梁 浩	2009-6-26	章根强	2009-6-26
王 伟	2008-12-31	李 明	2008-12-31	李艳荣	2009-6-26	何海燕	2009-6-26
韩景芬	2008-12-31	武煜宇	2008-12-31	王达君	2009-6-26	沈 瑜	2009-6-26
陶 慷	2008-12-31	李锐鹏	2008-12-31	吕章明	2009-6-26	计 敏	2009-6-26

续表

姓名	学位授予日期	姓名	学位授予日期	姓名	学位授予日期	姓名	学位授予日期
张少华	2009-6-26	陈敏聪	2009-6-26	徐流恩	2009-6-26	胡 洋	2009-6-26
谢定海	2009-6-26	唐世彪	2009-6-26	谭 勇	2009-6-26	王长虎	2009-6-26
胡双林	2009-6-26	江 晓	2009-6-26	杨海洋	2009-6-26	郭 宜	2009-6-26
林振坤	2009-6-26	谢明璞	2009-6-26	胡 郁	2009-6-26	沈 秋	2009-6-26
陶 伟	2009-6-26	周 浩	2009-6-26	苏 觉	2009-6-26	柳 辉	2009-6-26
丁延伟	2009-6-26	赵 雷	2009-6-26	杨 玚	2009-6-26	王 雷	2009-6-26
侯 毅	2009-6-26	程泽浩	2009-6-26	张晓强	2009-6-26	荚济民	2009-6-26
肖铁军	2009-6-26	周 雷	2009-6-26	姜淑敏	2009-6-26	何志勇	2009-6-26
马 娟	2009-6-26	方佳节	2009-6-26	程 亮	2009-6-26	杨振森	2009-6-26
朱文娟	2009-6-26	金建峰	2009-6-26	王祥根	2009-6-26	高 峻	2009-6-26
姚晓勃	2009-6-26	陈 健	2009-6-26	韦 勇	2009-6-26	薛炳森	2009-6-26
肖延国	2009-6-26	徐薇薇	2009-6-26	张冬晨	2009-6-26	李 俊	2009-6-26
蒋 华	2009-6-26	曹 刚	2009-6-26	方维海	2009-6-26	陈仁旭	2009-6-26
陈寿万	2009-6-26	贾来兵	2009-6-26	黄 萌	2009-6-26	李成波	2009-6-26
余 羿	2009-6-26	廖 钦	2009-6-26	潘咏梅	2009-6-26	韦生吉	2009-6-26
宁 波	2009-6-26	李 丹	2009-6-26	吕星哉	2009-6-26	汤朝灵	2009-6-26
马 骏	2009-6-26	吴 献	2009-6-26	刘 涛	2009-6-26	杨亚芬	2009-6-26
倪添灵	2009-6-26	黄 渊	2009-6-26	符 权	2009-6-26	彭 忠	2009-6-26
仇 亮	2009-6-26	陈 琳	2009-6-26	周家喜	2009-6-26	刘 羿	2009-6-26
黄备兵	2009-6-26	李剑锋	2009-6-26	唐志华	2009-6-26	徐利斌	2009-6-26
徐 敏	2009-6-26	司 廷	2009-6-26	孙群龙	2009-6-26	方 芳	2009-6-26
陈祥磊	2009-6-26	许常悦	2009-6-26	王庆华	2009-6-26	倪丙杰	2009-6-26
任昌亮	2009-6-26	柳 阳	2009-6-26	柏荣刚	2009-6-26	陶 涌	2009-6-26
唐泽波	2009-6-26	林加剑	2009-6-26	蔺智挺	2009-6-26	刘海鹏	2009-6-26
王克栋	2009-6-26	秦 焜	2009-6-26	张 峰	2009-6-26	武 超	2009-6-26
唐 莉	2009-6-26	孙炜海	2009-6-26	刘 超	2009-6-26	杨 用	2009-6-26
曹金涛	2009-6-26	王光勇	2009-6-26	杜 俊	2009-6-26	姜 恺	2009-6-26
王 亮	2009-6-26	张 挺	2009-6-26	陈海林	2009-6-26	刘 菁	2009-6-26
胡友俊	2009-6-26	侯丰泽	2009-6-26	刘 媛	2009-6-26	周晖皓	2009-6-26

附 录

续表

姓名	学位授予日期	姓名	学位授予日期	姓名	学位授予日期	姓名	学位授予日期
陈兴勇	2009-6-26	李 靖	2009-6-26	许言午	2009-6-26	张艳生	2009-6-26
陈 辉	2009-6-26	鲍秉坤	2009-6-26	陈 磊	2009-6-26	罗派峰	2009-6-26
薛 挺	2009-6-26	冯春时	2009-6-26	宋 飞	2009-6-26	赵 飞	2009-6-26
程园园	2009-6-26	潘 可	2009-6-26	徐 犇	2009-6-26	刘述光	2009-6-26
伍 权	2009-6-26	赵 松	2009-6-26	李静远	2009-6-26	王彤彤	2009-6-26
袁 凯	2009-6-26	谭 裴	2009-6-26	李建波	2009-6-26	周玉雪	2009-6-26
侯 昕	2009-6-26	徐 翠	2009-6-26	王继春	2009-6-26	李 伟	2009-6-26
葛葵葵	2009-6-26	查正军	2009-6-26	陈志立	2009-6-26	曾 庆	2009-6-26
沈媛媛	2009-6-26	郑 颖	2009-6-26	李 沛	2009-6-26	毕 磊	2009-6-26
满 娜	2009-6-26	常江龙	2009-6-26	梁后军	2009-6-26	王松林	2009-6-26
赵奇红	2009-6-26	齐国君	2009-6-26	黎志升	2009-6-26	丁 宁	2009-6-26
王苏明	2009-6-26	赵晴宇	2009-6-26	李 欢	2009-6-26	杨 曦	2009-6-26
陈世荣	2009-6-26	吴国全	2009-6-26	向小岩	2009-6-26	卢清树	2009-6-26
翟晓敏	2009-6-26	张 晔	2009-6-26	高妍妍	2009-6-26	蒋 俊	2009-6-26
陈 剑	2009-6-26	程绍银	2009-6-26	余振山	2009-6-26	李 晓	2009-6-26
陈浩耀	2009-6-26	王大鹏	2009-6-26	王嘉捷	2009-6-26	金应华	2009-6-26
邱剑彬	2009-6-26	王 钧	2009-6-26	纪 雯	2009-6-26	袁 敏	2009-6-26
陈迪虎	2009-6-26	刘 安	2009-6-26	方木云	2009-6-26	肖铨武	2009-6-26
陈 开	2009-6-26	杜 鹏	2009-6-26	袁耀明	2009-6-26	潘志伟	2009-6-26
王 瑜	2009-6-26	韦 冬	2009-6-26	时骏祥	2009-6-26	吴 博	2009-6-26
杨昌昊	2009-6-26	张 瑞	2009-6-26	罗海山	2009-6-26	叶 康	2009-6-26
吴峰光	2009-6-26	路卫娜	2009-6-26	韩省思	2009-6-26	杨 勇	2009-6-26
卫 星	2009-6-26	凡启飞	2009-6-26	江利锋	2009-6-26	丁 澍	2009-6-26
周 铀	2009-6-26	杨 峰	2009-6-26	杨臧健	2009-6-26	刘百战	2009-6-26
王智灵	2009-6-26	林宝平	2009-6-26	江守利	2009-6-26	盛 杰	2009-6-26
丰国栋	2009-6-26	李 凯	2009-6-26	莫松平	2009-6-26	王百年	2009-6-26
陈远浩	2009-6-26	刘 海	2009-6-26	赵 锐	2009-6-26	梁振华	2009-6-26
马海涛	2009-6-26	王志芳	2009-6-26	韩崇巍	2009-6-26	朱小红	2009-6-26
许书彬	2009-6-26	王振明	2009-6-26	潘建新	2009-6-26	沈业兵	2009-6-26

续表

姓名	学位授予日期	姓名	学位授予日期	姓名	学位授予日期	姓名	学位授予日期
韩晓刚	2009-6-26	奚宝娟	2009-6-26	汪赵华	2009-6-26	王 昱	2009-6-26
陆永明	2009-6-26	徐贝思	2009-6-26	丁治国	2009-6-26	林寿富	2009-6-26
伍 平	2009-6-26	李维虎	2009-6-26	许东星	2009-6-26	王 欣	2009-6-26
张改云	2009-6-26	杨 松	2009-6-26	张 玲	2009-6-26	管 凯	2009-6-26
刘小燕	2009-6-26	钱 镇	2009-6-26	何兵兵	2009-6-26	王美强	2009-6-26
王小青	2009-6-26	王 化	2009-6-26	古 今	2009-6-26	程八一	2009-6-26
鲍克燕	2009-6-26	游 娴	2009-6-26	蔡世民	2009-6-26	潘可文	2009-6-26
孙丽侠	2009-6-26	王海龙	2009-6-26	程 龙	2009-6-26	张 杨	2009-6-26
陈立勇	2009-6-26	傅 祺	2009-6-26	罗恰嗣	2009-6-26	董骏峰	2009-6-26
张天忆	2009-6-26	吕世昌	2009-6-26	刘 东	2009-6-26	季 峰	2009-6-26
刘淑娟	2009-6-26	鲁代仁	2009-6-26	刘军伟	2009-6-26	吴灼亮	2009-6-26
齐云霞	2009-6-26	李学进	2009-6-26	张文聪	2009-6-26	盛 斌	2009-6-26
郭佳佳	2009-6-26	吴 丹	2009-6-26	王洛印	2009-6-26	杨永良	2009-6-26
韩素平	2009-6-26	薛艳红	2009-6-26	陈发俊	2009-6-26	丁建军	2009-6-26
段春凤	2009-6-26	时钢印	2009-6-26	孙启贵	2009-6-26	何笑东	2009-6-26
李 连	2009-6-26	邹 鹏	2009-6-26	程 妍	2009-6-26	王宝云	2009-6-26
李 哲	2009-6-26	诸致远	2009-6-26	孟海华	2009-6-26	刘忠良	2009-6-26
林双政	2009-6-26	周 丹	2009-6-26	赵菁奇	2009-6-26	赵玉杰	2009-6-26
李明宗	2009-6-26	葛治伸	2009-6-26	史明光	2009-6-26	刘正坤	2009-6-26
吴学良	2009-6-26	李 建	2009-6-26	孟凡利	2009-6-26	黄新龙	2009-6-26
高 杰	2009-6-26	佘加其	2009-6-26	高 振	2009-6-26	柳龙华	2009-6-26
朱 波	2009-6-26	雍 武	2009-6-26	许传永	2009-6-26	刘 科	2009-6-26
赵启武	2009-6-26	陆云刚	2009-6-26	张 群	2009-6-26	张 硕	2009-6-26
孙 敏	2009-6-26	尹述婷	2009-6-26	檀大水	2009-6-26	洪 新	2009-6-26
陈猷鹏	2009-6-26	章 涛	2009-6-26	张大群	2009-6-26	王 健	2009-6-26
张梦霖	2009-6-26	王洪枫	2009-6-26	汪 明	2009-6-26	姜 蓬	2009-6-26
吴永会	2009-6-26	唐明亮	2009-6-26	陈 蓉	2009-6-26	胥 旋	2009-6-26
吴 亮	2009-6-26	夏天阳	2009-6-26	张义忠	2009-6-26	周 勇	2009-6-26
从怀萍	2009-6-26	林晨星	2009-6-26	黄慧敏	2009-6-26	郭 耸	2009-6-26

附 录

续表

姓名	学位授予日期	姓名	学位授予日期	姓名	学位授予日期	姓名	学位授予日期
孙晓乾	2009-6-26	李永钢	2009-12-31	朱明杰	2009-12-31	吴庆林	2009-12-31
吴 昆	2009-6-26	谢 兴	2009-12-31	蒲 威	2009-12-31	钱 晶	2009-12-31
周 顺	2009-6-26	祝 巍	2009-12-31	栾 青	2009-12-31	郑 重	2009-12-31
蔡 昕	2009-6-26	吴建光	2009-12-31	李东方	2009-12-31	刘 莉	2009-12-31
陈吕义	2009-6-26	李 科	2009-12-31	周 伟	2009-12-31	潘剑锋	2009-12-31
周德闯	2009-6-26	唐旭东	2009-12-31	贺 礼	2009-12-31	王 莉	2009-12-31
李振华	2009-6-26	孙剑秋	2009-12-31	史晗晖	2009-12-31	王宇旸	2009-12-31
崔雪峰	2009-6-26	万 磊	2009-12-31	王 彬	2009-12-31	从 明	2009-12-31
王振兴	2009-6-26	阚 涛	2009-12-31	皇甫岗	2009-12-31	章志燮	2009-12-31
刘世学	2009-6-26	侯 滔	2009-12-31	张建国	2009-12-31	李 晖	2009-12-31
王海峰	2009-6-26	王金婷	2009-12-31	苏有锦	2009-12-31	马冠骏	2009-12-31
于文博	2009-6-26	徐小圆	2009-12-31	毕 云	2009-12-31	丁文鹏	2009-12-31
吴 刚	2009-6-26	刘阿棣	2009-12-31	夏琼霞	2009-12-31	刘沾沾	2009-12-31
吴 涛	2009-6-26	鉴福升	2009-12-31	赵彦彦	2009-12-31	盖荣丽	2009-12-31
殷志珍	2009-6-26	刘 超	2009-12-31	王伟涛	2009-12-31	陶耀东	2009-12-31
缑高阳	2009-6-26	许依春	2009-12-31	张宝华	2009-12-31	于 璠	2009-12-31
黄 烽	2009-6-26	刘文杰	2009-12-31	易明建	2009-12-31	曹欢欢	2009-12-31
徐静涛	2009-6-26	吴福麒	2009-12-31	朱志强	2009-12-31	曾凡平	2009-12-31
张 蕾	2009-6-26	邓世春	2009-12-31	陈小宁	2009-12-31	陆 阳	2009-12-31
杜家春	2009-12-31	张 杰	2009-12-31	黄小娟	2009-12-31	唐志国	2009-12-31
经 衿	2009-12-31	卞 梁	2009-12-31	高 蕾	2009-12-31	扈鹏飞	2009-12-31
金良兵	2009-12-31	完海鹰	2009-12-31	黄杰勋	2009-12-31	江 斌	2009-12-31
土海亮	2009-12-31	陈德兴	2009-12-31	赵玲俐	2009-12-31	左艳波	2009-12-31
彭喻振	2009-12-31	蔡灿柳	2009-12-31	夏金星	2009-12-31	占闽川	2009-12-31
宋兴华	2009-12-31	王海平	2009-12-31	刘志军	2009-12-31	田瑞芬	2009-12-31
李大鹏	2009-12-31	王玉华	2009-12-31	洪靖君	2009-12-31	刘驰宇	2009-12-31
王哲献	2009-12-31	陈锦辉	2009-12-31	高 霖	2009-12-31	赖 欣	2009-12-31
姜 伟	2009-12-31	朱 斌	2009-12-31	赵 玮	2009-12-31	苏子杉	2009-12-31
毛世峰	2009-12-31	胡俊华	2009-12-31	刘 芳	2009-12-31	王华静	2009-12-31

续表

姓名	学位授予日期	姓名	学位授予日期	姓名	学位授予日期	姓名	学位授予日期
齐海萍	2009-12-31	林宏志	2009-12-31	鲁亚东	2010-6-28	黄晓桦	2010-6-28
鲁 娜	2009-12-31	王珊珊	2009-12-31	王旭辉	2010-6-28	孙利杰	2010-6-28
汪苏靖	2009-12-31	金晓玲	2009-12-31	王建伟	2010-6-28	程学瑞	2010-6-28
张立云	2009-12-31	沈校亮	2009-12-31	陈英伟	2010-6-28	陈 磊	2010-6-28
刘春华	2009-12-31	黄 茜	2009-12-31	胡良根	2010-6-28	周金华	2010-6-28
崔 哲	2009-12-31	罗 川	2009-12-31	陈建华	2010-6-28	仇善良	2010-6-28
严 青	2009-12-31	刘和福	2009-12-31	刘少伟	2010-6-28	常 宏	2010-6-28
罗艳华	2009-12-31	王孝炯	2009-12-31	李怀彬	2010-6-28	吴晓伟	2010-6-28
程 静	2009-12-31	陈劲锋	2009-12-31	田铅柱	2010-6-28	闫武钊	2010-6-28
卢珍珍	2009-12-31	许 皓	2009-12-31	姜在红	2010-6-28	韦先涛	2010-6-28
项宏发	2009-12-31	汪 涛	2009-12-31	石 磊	2010-6-28	钟敏成	2010-6-28
汤 勇	2009-12-31	张剑锋	2009-12-31	吴语茂	2010-6-28	张成杰	2010-6-28
叶 翔	2009-12-31	姜 泳	2009-12-31	蒋艳群	2010-6-28	翟 畅	2010-6-28
王海宝	2009-12-31	罗 箐	2009-12-31	林诗游	2010-6-28	龚 明	2010-6-28
应 征	2009-12-31	庞 健	2009-12-31	严亚军	2010-6-28	陈 耕	2010-6-28
邢泰然	2009-12-31	周泽然	2009-12-31	谢 环	2010-6-28	银振强	2010-6-28
马 宁	2009-12-31	宋晋湘	2009-12-31	王 健	2010-6-28	郝晓杰	2010-6-28
陶阳宇	2009-12-31	叶 剑	2009-12-31	陆 由	2010-6-28	康学亮	2010-6-28
汪常明	2009-12-31	刘庆华	2009-12-31	赵 伟	2010-6-28	阎 杰	2010-6-28
石 仿	2009-12-31	胡 军	2009-12-31	蒋建华	2010-6-28	汪 华	2010-6-28
程志波	2009-12-31	赵继印	2009-12-31	陈小庆	2010-6-28	高 波	2010-6-28
王晓峰	2009-12-31	刘亲壮	2009-12-31	洪 勋	2010-6-28	任 浩	2010-6-28
陈万明	2009-12-31	潘 拴	2009-12-31	沈小双	2010-6-28	张 普	2010-6-28
何淳宽	2009-12-31	杜文汉	2009-12-31	何 军	2010-6-28	耿 斌	2010-6-28
沈东杰	2009-12-31	张晓磊	2009-12-31	杜学亮	2010-6-28	宋科峰	2010-6-28
张 兮	2009-12-31	孔 涛	2009-12-31	许方星	2010-6-28	许 健	2010-6-28
陈振娇	2009-12-31	毕武喜	2009-12-31	王林香	2010-6-28	赵东锋	2010-6-28
李福荔	2009-12-31	陈绍锋	2009-12-31	丁俊峰	2010-6-28	于 锋	2010-6-28
郑中华	2009-12-31	侯玉斌	2009-12-31	胡继刚	2010-6-28	卢同同	2010-6-28

续表

姓名	学位授予日期	姓名	学位授予日期	姓名	学位授予日期	姓名	学位授予日期
高 放	2010-6-28	谢传梅	2010-6-28	廖学燕	2010-6-28	张 超	2010-6-28
郭震宇	2010-6-28	薛 镇	2010-6-28	史海涛	2010-6-28	刘 聪	2010-6-28
李海蓓	2010-6-28	尹 航	2010-6-28	程 腾	2010-6-28	李珊珊	2010-6-28
何传新	2010-6-28	卜雪兵	2010-6-28	徐振邦	2010-6-28	秦瀚钦	2010-6-28
胡仁志	2010-6-28	高炜博	2010-6-28	王思莹	2010-6-28	吴 磊	2010-6-28
甄军锋	2010-6-28	李 斌	2010-6-28	陈立为	2010-6-28	沈慧锋	2010-6-28
张伟伟	2010-6-28	黄 凤	2010-6-28	辛晓峰	2010-6-28	芮晓光	2010-6-28
杨茂萍	2010-6-28	都军伟	2010-6-28	林春阳	2010-6-28	田新梅	2010-6-28
王文己	2010-6-28	章 涛	2010-6-28	郭刘伟	2010-6-28	张 勇	2010-6-28
方 钧	2010-6-28	王 萍	2010-6-28	Syed Bilal Hussain Shah	2010-6-28	刘庆升	2010-6-28
王 兵	2010-6-28	林冰生	2010-6-28			韩立波	2010-6-28
杨 平	2010-6-28	蔡文奇	2010-6-28	宋 勇	2010-6-28	罗 艳	2010-6-28
葛红林	2010-6-28	任海骏	2010-6-28	王 晶	2010-6-28	章 敏	2010-6-28
熊 涛	2010-6-28	刘光曹	2010-6-28	刘 洋	2010-6-28	吴 源	2010-6-28
金贤敏	2010-6-28	杨 珩	2010-6-28	胡 浩	2010-6-28	王荣生	2010-6-28
李玉峰	2010-6-28	李 浩	2010-6-28	邓 艺	2010-6-28	齐翠翠	2010-6-28
李 伟	2010-6-28	梁晓东	2010-6-28	罗飞腾	2010-6-28	黄 涛	2010-6-28
吴荣俊	2010-6-28	李 凯	2010-6-28	段曼妮	2010-6-28	吴小奇	2010-6-28
王兆龙	2010-6-28	成 琴	2010-6-28	刘江宇	2010-6-28	袁林喜	2010-6-28
黄 伟	2010-6-28	曹鹏涛	2010-6-28	江 涛	2010-6-28	巫建光	2010-6-28
王少明	2010-6-28	张广明	2010-6-28	王 锟	2010-6-28	吴书有	2010-6-28
居琛勇	2010-6-28	周 萌	2010-6-28	张裕峰	2010-6-28	刘 爽	2010-6-28
陆朝阳	2010-6-28	吴会民	2010-6-28	戴继生	2010-6-28	董二宝	2010-6-28
仇志勇	2010-6-28	蒋 东	2010-6-28	赵英海	2010-6-28	顾永刚	2010-6-28
姜明明	2010-6-28	王宝珍	2010-6-28	徐 升	2010-6-28	向伟玮	2010-6-28
郁 专	2010-6-28	查文舒	2010-6-28	倪 涛	2010-6-28	刘 爽	2010-6-28
孙晓燕	2010-6-28	侯彬彬	2010-6-28	吴素文	2010-6-28	舒 钊	2010-6-28
姜罗罗	2010-6-28	李 芬	2010-6-28	郑 杰	2010-6-28	刘 韧	2010-6-28
朱军芳	2010-6-28	刘耀东	2010-6-28	周晓芳	2010-6-28	詹珍贤	2010-6-28

续表

姓名	学位授予日期	姓名	学位授予日期	姓名	学位授予日期	姓名	学位授予日期
谭又华	2010-6-28	杨晓晖	2010-6-28	陈德品	2010-6-28	栾雪剑	2010-6-28
於 俊	2010-6-28	滕 达	2010-6-28	张秀武	2010-6-28	严 敏	2010-6-28
徐 雪	2010-6-28	武 斌	2010-6-28	钱思佑	2010-6-28	吴崎右	2010-6-28
白小霞	2010-6-28	徐 光	2010-6-28	杨泰蓉	2010-6-28	朱元倩	2010-6-28
曹 政	2010-6-28	王耀彬	2010-6-28	王宝源	2010-6-28	李 敏	2010-6-28
姚长有	2010-6-28	任永青	2010-6-28	俞 瑜	2010-6-28	梁 斌	2010-6-28
刁智华	2010-6-28	刘燕君	2010-6-28	陈 伩	2010-6-28	陈暮紫	2010-6-28
刘海涛	2010-6-28	崔筱宁	2010-6-28	李玉阳	2010-6-28	卢 浩	2010-6-28
张 洋	2010-6-28	陈天石	2010-6-28	马培勇	2010-6-28	刘淑贞	2010-6-28
周 军	2010-6-28	庄 宏	2010-6-28	何贤钊	2010-6-28	李 娟	2010-6-28
孔德光	2010-6-28	金海旻	2010-6-28	陆 强	2010-6-28	张松林	2010-6-28
楼越升	2010-6-28	叶 凡	2010-6-28	王亚青	2010-6-28	潘 路	2010-6-28
王 琦	2010-6-28	何其真	2010-6-28	罗成龙	2010-6-28	何 典	2010-6-28
李 旺	2010-6-28	胡智慧	2010-6-28	茹 磊	2010-6-28	刘锦斌	2010-6-28
刘守群	2010-6-28	马宏星	2010-6-28	张小珍	2010-6-28	刘伟军	2010-6-28
卓居超	2010-6-28	张惠臻	2010-6-28	张 孟	2010-6-28	李宜明	2010-6-28
王炳飞	2010-6-28	宋万鹏	2010-6-28	解文杰	2010-6-28	程振锋	2010-6-28
高 超	2010-6-28	杨振宇	2010-6-28	杨春利	2010-6-28	潘 军	2010-6-28
王 嵩	2010-6-28	梅 一	2010-6-28	谢 奎	2010-6-28	曹 杰	2010-6-28
刘传伦	2010-6-28	李培龙	2010-6-28	林 彬	2010-6-28	李海波	2010-6-28
田运良	2010-6-28	王 刚	2010-6-28	吴天植	2010-6-28	张淑东	2010-6-28
夏永霖	2010-6-28	赵裕众	2010-6-28	汪 龙	2010-6-28	王君礼	2010-6-28
曲文武	2010-6-28	李世胜	2010-6-28	王素清	2010-6-28	张 昊	2010-6-28
叶世阳	2010-6-28	苗乾坤	2010-6-28	蒋治亿	2010-6-28	谢海洋	2010-6-28
张起元	2010-6-28	翟海军	2010-6-28	张尚权	2010-6-28	姜宪娟	2010-6-28
付 明	2010-6-28	胡燏翀	2010-6-28	过蓓蓓	2010-6-28	孟令国	2010-6-28
谷 雨	2010-6-28	邢学智	2010-6-28	李熠熠	2010-6-28	李海花	2010-6-28
黎 新	2010-6-28	吉建民	2010-6-28	舒海兵	2010-6-28	范锦敏	2010-6-28
田明辉	2010-6-28	张 奇	2010-6-28	刘 堃	2010-6-28	刘观赛	2010-6-28

附 录

续表

姓名	学位授予日期	姓名	学位授予日期	姓名	学位授予日期	姓名	学位授予日期
杨映权	2010-6-28	张彦峰	2010-6-28	钱 斌	2010-6-28	许云红	2010-6-28
杨 友	2010-6-28	王育才	2010-6-28	刘景平	2010-6-28	张子坤	2010-6-28
杨续来	2010-6-28	卢 昱	2010-6-28	刘新芳	2010-6-28	张毅祥	2010-6-28
熊万明	2010-6-28	舒新文	2010-6-28	杨 丽	2010-6-28	郭熙铜	2010-6-28
赵白航	2010-6-28	张什永	2010-6-28	吴彩丽	2010-6-28	孙燕红	2010-6-28
李秋花	2010-6-28	童明雷	2010-6-28	燕京晶	2010-6-28	缪 琳	2010-6-28
郑家传	2010-6-28	刘 琦	2010-6-28	陈 新	2010-6-28	邓 辉	2010-6-28
李江滢	2010-6-28	袁红星	2010-6-28	黄 河	2010-6-28	吴 宇	2010-6-28
叶丽娜	2010-6-28	郑驰超	2010-6-28	李阳铭	2010-6-28	陈 波	2010-6-28
唐苹苹	2010-6-28	陈志翔	2010-6-28	徐 苏	2010-6-28	赵丽萍	2010-6-28
李 娜	2010-6-28	严 钢	2010-6-28	桂 杰	2010-6-28	李 斌	2010-6-28
谢永军	2010-6-28	潘 浩	2010-6-28	林丙涛	2010-6-28	申 铁	2010-6-28
王 筠	2010-6-28	郁 理	2010-6-28	刘京礼	2010-6-28	刘一玮	2010-6-28
陈晓明	2010-6-28	梁 惠	2010-6-28	张靖江	2010-6-28	吴清林	2010-6-28
葛学平	2010-6-28	赖 凯	2010-6-28	麻志华	2010-6-28	黄鸿达	2010-6-28
孙晓丽	2010-6-28	张 旭	2010-6-28	刘跃文	2010-6-28	詹 剑	2010-6-28
彭 云	2010-6-28	赵章琰	2010-6-28	石 磊	2010-6-28	程 民	2010-6-28
张 伟	2010-6-28	谭立湘	2010-6-28	石 磊	2010-6-28	吴晓倩	2010-6-28
叶 磊	2010-6-28	周红平	2010-6-28	张珊珊	2010-6-28	任海刚	2010-6-28
程喜娥	2010-6-28	罗永明	2010-6-28	王智源	2010-6-28	魏海荣	2010-6-28
万文明	2010-6-28	王洪敏	2010-6-28	丁胡送	2010-6-28	夏俊峰	2010-6-28
李 光	2010-6-28	孙洪庆	2010-6-28	毕军贤	2010-6-28	陶 亮	2010-6-28
殷 俊	2010-6-28	何军民	2010-6-28	陈之荣	2010-6-28	孟庆元	2010-6-28
李 欣	2010-6-28	汪 喆	2010-6-28	司尚奇	2010-6-28	黄海华	2010-6-28
吴 卷	2010-6-28	宋燕平	2010-6-28	方琳瑜	2010-6-28	商 强	2010-6-28
缪 慧	2010-6-28	宋 爽	2010-6-28	刘 智	2010-6-28	丁 博	2010-6-28
吴 思	2010-6-28	葛 威	2010-6-28	颜嘉麒	2010-6-28	杨建虹	2010-6-28
贺鹏涛	2010-6-28	陈崇斌	2010-6-28	黄细兵	2010-6-28	张 旺	2010-6-28
刘 昊	2010-6-28	王 伟	2010-6-28	周光辉	2010-6-28	邹 冰	2010-6-28

勇立潮头　扬帆前行

续表

姓名	学位授予日期	姓名	学位授予日期	姓名	学位授予日期	姓名	学位授予日期
罗小为	2010-6-28	代如成	2010-12-28	郑建秋	2010-12-28	聂俊琦	2010-12-28
黄又举	2010-6-28	付 强	2010-12-28	徐思琦	2010-12-28	杨百灵	2010-12-28
陈 洁	2010-6-28	宫 璐	2010-12-28	徐志锋	2010-12-28	袁婷婷	2010-12-28
刘洪林	2010-6-28	宋 建	2010-12-28	官叶斌	2010-12-28	丰惠敏	2010-12-28
康 乐	2010-6-28	韩咚林	2010-12-28	鲁晶津	2010-12-28	徐晓龙	2010-12-28
梁先庆	2010-6-28	田保玲	2010-12-28	黄伟国	2010-12-28	王 晨	2010-12-28
黎昌海	2010-6-28	邹 涛	2010-12-28	吴云良	2010-12-28	张金堂	2010-12-28
康泉胜	2010-6-28	王慧慧	2010-12-28	潘成亮	2010-12-28	刘绍根	2010-12-28
聂士斌	2010-6-28	罗敏杰	2010-12-28	刘赫伟	2010-12-28	李化真	2010-12-28
丁以斌	2010-6-28	陈志鹏	2010-12-28	郭志伟	2010-12-28	杨 文	2010-12-28
郑红阳	2010-6-28	丁 芳	2010-12-28	李彦江	2010-12-28	庐 宜	2010-12-28
阳 东	2010-6-28	杨 剑	2010-12-28	崔 浩	2010-12-28	陈 伟	2010-12-28
马 剑	2010-6-28	谢树欣	2010-12-28	朱里越	2010-12-28	盖 青	2010-12-28
李权威	2010-6-28	黄成武	2010-12-28	徐萧萧	2010-12-28	沈晓筱	2010-12-28
周宇鹏	2010-6-28	张嗣锋	2010-12-28	何 因	2010-12-28	朱新春	2010-12-28
程旭东	2010-6-28	周 意	2010-12-28	黄林峰	2010-12-28	孙 建	2010-12-28
刘 琼	2010-6-28	言 杰	2010-12-28	陈 雁	2010-12-28	米建勋	2010-12-28
何学超	2010-6-28	宫旭辉	2010-12-28	刘 杰	2010-12-28	李 庄	2010-12-28
于春雨	2010-6-28	魏 榛	2010-12-28	刘 飞	2010-12-28	夏小虎	2010-12-28
焦兴利	2010-6-28	高光发	2010-12-28	刘津甦	2010-12-28	姚志明	2010-12-28
张 静	2010-6-28	周新军	2010-12-28	王 培	2010-12-28	尤著宏	2010-12-28
陈代芬	2010-6-28	刘孜文	2010-12-28	张 琦	2010-12-28	梁桥康	2010-12-28
庞宗强	2010-6-28	孙绍峰	2010-12-28	朱 平	2010-12-28	任振良	2010-12-28
万 磊	2010-6-28	张 进	2010-12-28	隋秀峰	2010-12-28	曹刚锋	2010-12-28
吴炳俊	2010-6-28	章 鹏	2010-12-28	杜文博	2010-12-28	钟 琪	2010-12-28
赵俊鹏	2010-6-28	彭 敏	2010-12-28	王海涛	2010-12-28	彭泽余	2010-12-28
韩 菲	2010-12-28	李永强	2010-12-28	张中伟	2010-12-28	姚 远	2010-12-28
钟 泽	2010-12-28	刘四清	2010-12-28	周红洋	2010-12-28	李兆琼	2010-12-28
王元元	2010-12-28	龚 冰	2010-12-28	何 龙	2010-12-28	周中允	2010-12-28

附　录

续表

姓名	学位授予日期	姓名	学位授予日期	姓名	学位授予日期	姓名	学位授予日期
杜娟	2010-12-28	宫云辉	2010-12-28	吕绍高	2011-6-25	唐小锋	2011-6-25
田绪	2010-12-28	许雪娥	2010-12-28	余涛	2011-6-25	潘芳芳	2011-6-25
徐萌	2010-12-28	蔡国斌	2010-12-28	杨荣	2011-6-25	王莉	2011-6-25
纪鹏	2010-12-28	张楠楠	2010-12-28	吕志伟	2011-6-25	宁珅	2011-6-25
常亮	2010-12-28	赵妍	2010-12-28	李宁	2011-6-25	张寿彪	2011-6-25
金雷	2010-12-28	黄振	2010-12-28	程纪鹏	2011-6-25	朱晶	2011-6-25
吴芳明	2010-12-28	张强	2010-12-28	李传忠	2011-6-25	郭卫锋	2011-6-25
马金鸣	2010-12-28	孙建才	2011-4-29	孙杰	2011-6-25	闫新虎	2011-6-25
李恒	2010-12-28	宋大伟	2011-4-29	李兵	2011-6-25	刘建党	2011-6-25
侯方	2010-12-28	戴军	2011-4-29	张俊良	2011-6-25	孙敏	2011-6-25
周甜	2010-12-28	孙艳军	2011-4-29	公茂刚	2011-6-25	蒋文奇	2011-6-25
陈冬	2010-12-28	汪忠	2011-4-29	刘毅	2011-6-25	印娟	2011-6-25
万小妹	2010-12-28	李志超	2011-4-29	胡流森	2011-6-25	张飞	2011-6-25
滕衍斌	2010-12-28	铁晓磊	2011-4-29	侯莹	2011-6-25	蒋峰建	2011-6-25
张璇	2010-12-28	杨燕	2011-4-29	于晓辉	2011-6-25	浦实	2011-6-25
张苏芳	2010-12-28	何永胜	2011-4-29	宋洪治	2011-6-25	荣星	2011-6-25
何永兴	2010-12-28	胡云	2011-4-29	刘秉策	2011-6-25	董莹	2011-6-25
房鹏飞	2010-12-28	邵从英	2011-4-29	甄承	2011-6-25	李毅人	2011-6-25
芮斌	2010-12-28	袁涛	2011-4-29	林珂	2011-6-25	王澎	2011-6-25
郝浩	2010-12-28	林羽	2011-6-25	窦树梅	2011-6-25	张海峰	2011-6-25
耿会平	2010-12-28	张鹏飞	2011-6-25	都宏霞	2011-6-25	史冬梅	2011-6-25
张泰昌	2010-12-28	叶运华	2011-6-25	饶汀	2011-6-25	林春山	2011-6-25
贺胜男	2010-12-28	张瑞	2011-6-25	仇松柏	2011-6-25	许业军	2011-6-25
孙松	2010-12-28	肖飞	2011-6-25	敖卓	2011-6-25	刘润然	2011-6-25
赵佰金	2010-12-28	周立芳	2011-6-25	千坤	2011-6-25	李玉剑	2011-6-25
陈国庆	2010-12-28	袁腊梅	2011-6-25	陈含爽	2011-6-25	贾春晓	2011-6-25
陆嘉	2010-12-28	王伟	2011-6-25	叶同奇	2011-6-25	吕敏	2011-6-25
张杨	2010-12-28	黄建红	2011-6-25	陈刘利	2011-6-25	孙舵	2011-6-25
张福恒	2010-12-28	董久刚	2011-6-25	罗真理	2011-6-25	杨涵新	2011-6-25

续表

姓名	学位授予日期	姓名	学位授予日期	姓名	学位授予日期	姓名	学位授予日期
马佩杰	2011-6-25	贾　虎	2011-6-25	朱张勤	2011-6-25	钟　俊	2011-6-25
刘　宁	2011-6-25	李　成	2011-6-25	卢　恒	2011-6-25	王美焰	2011-6-25
罗晓峰	2011-6-25	崔晓荣	2011-6-25	刘毅捷	2011-6-25	刘　勇	2011-6-25
郝颖萍	2011-6-25	黄　操	2011-6-25	李　铮	2011-6-25	黄金堂	2011-6-25
胡祖权	2011-6-25	吴建荣	2011-6-25	刘晓江	2011-6-25	胡盛勇	2011-6-25
董克攻	2011-6-25	张　倩	2011-6-25	双志伟	2011-6-25	颜　钦	2011-6-25
郝新军	2011-6-25	李　杰	2011-6-25	王　妍	2011-6-25	朱　巍	2011-6-25
董　健	2011-6-25	张大军	2011-6-25	张　娟	2011-6-25	刘永斌	2011-6-25
马毅超	2011-6-25	丁文奇	2011-6-25	陈彩霞	2011-6-25	李家文	2011-6-25
曹　喆	2011-6-25	马　柯	2011-6-25	桂　彬	2011-6-25	吴燕华	2011-6-25
封常青	2011-6-25	马艳丽	2011-6-25	赵　闯	2011-6-25	马玉婷	2011-6-25
袁海龙	2011-6-25	王保云	2011-6-25	许俊闪	2011-6-25	练国富	2011-6-25
晏　骥	2011-6-25	程旭升	2011-6-25	童冬生	2011-6-25	毕　胜	2011-6-25
孔　阳	2011-6-25	麦磊鑫	2011-6-25	刘朝旭	2011-6-25	刘新天	2011-6-25
宋　昴	2011-6-25	尤　览	2011-6-25	杨忠炜	2011-6-25	潘文宇	2011-6-25
张松斌	2011-6-25	杨予昊	2011-6-25	刘盛邀	2011-6-25	谢　圆	2011-6-25
肖卫国	2011-6-25	徐　浩	2011-6-25	刘雅淑	2011-6-25	董奕凡	2011-6-25
张　玮	2011-6-25	刘　畅	2011-6-25	黄　婧	2011-6-25	樊　渊	2011-6-25
汪　利	2011-6-25	倪　锐	2011-6-25	叶文玲	2011-6-25	刘光宏	2011-6-25
钱勤建	2011-6-25	许　莉	2011-6-25	谢文明	2011-6-25	葛　愿	2011-6-25
胡　琦	2011-6-25	黎　洁	2011-6-25	刘　丽	2011-6-25	杨　洁	2011-6-25
彪仿俊	2011-6-25	王　磊	2011-6-25	刘贤伟	2011-6-25	罗　海	2011-6-25
薛长国	2011-6-25	叶　浩	2011-6-25	董　方	2011-6-25	孙　曦	2011-6-25
高　杰	2011-6-25	张建伟	2011-6-25	夏重欢	2011-6-25	朱明清	2011-6-25
汤龙程	2011-6-25	龙艳花	2011-6-25	武晓果	2011-6-25	梁伟光	2011-6-25
程　万	2011-6-25	周文罡	2011-6-25	虞　磊	2011-6-25	唐　亮	2011-6-25
田方宝	2011-6-25	孙　文	2011-6-25	周晓成	2011-6-25	黄　静	2011-6-25
陈　诚	2011-6-25	徐　昊	2011-6-25	马振书	2011-6-25	郭　东	2011-6-25
马海春	2011-6-25	夏东坤	2011-6-25	孙　袁	2011-6-25	郭秀岩	2011-6-25

附 录

续表

姓名	学位授予日期	姓名	学位授予日期	姓名	学位授予日期	姓名	学位授予日期
王海威	2011-6-25	洪海涛	2011-6-25	王志平	2011-6-25	麻文安	2011-6-25
徐 战	2011-6-25	王 军	2011-6-25	吕翠红	2011-6-25	刘从容	2011-6-25
方 维	2011-6-25	吴 锋	2011-6-25	陈 玲	2011-6-25	姚元山	2011-6-25
吴 超	2011-6-25	喻 歆	2011-6-25	汪文隽	2011-6-25	赖国银	2011-6-25
彭 飞	2011-6-25	王 在	2011-6-25	赵媛媛	2011-6-25	俞 杰	2011-6-25
张海军	2011-6-25	吴巍炜	2011-6-25	温 琪	2011-6-25	邓 理	2011-6-25
蒋元曦	2011-6-25	龙 柏	2011-6-25	李夏炎	2011-6-25	汪耀明	2011-6-25
李 勇	2011-6-25	沈静波	2011-6-25	章 寒	2011-6-25	刘 蕾	2011-6-25
郭龙坤	2011-6-25	黄文超	2011-6-25	胡心瀚	2011-6-25	徐维平	2011-6-25
刘晓茜	2011-6-25	邓晓明	2011-6-25	Makan Keita	2011-6-25	黄传群	2011-6-25
王 超	2011-6-25	王 进	2011-6-25			程亮亮	2011-6-25
赫卫卿	2011-6-25	郭良敏	2011-6-25	董建玉	2011-6-25	张建安	2011-6-25
朱海涛	2011-6-25	马玉龙	2011-6-25	肖培培	2011-6-25	郭佳意	2011-6-25
黄 河	2011-6-25	李大伟	2011-6-25	张志平	2011-6-25	徐 佩	2011-6-25
林晓斌	2011-6-25	易经纬	2011-6-25	于海珠	2011-6-25	乔立根	2011-6-25
王辛果	2011-6-25	李 进	2011-6-25	倪 佳	2011-6-25	胡丽华	2011-6-25
王修君	2011-6-25	韩丰云	2011-6-25	康文君	2011-6-25	平 翔	2011-6-25
靳俊峰	2011-6-25	刘 东	2011-6-25	赵 阳	2011-6-25	李丽英	2011-6-25
徐学永	2011-6-25	徐 侃	2011-6-25	曹敏纳	2011-6-25	张 勇	2011-6-25
倪兴良	2011-6-25	李 晶	2011-6-25	程金生	2011-6-25	郑海庭	2011-6-25
刘振华	2011-6-25	范 雯	2011-6-25	郑 磊	2011-6-25	占 乎	2011-6-25
詹 成	2011-6-25	凌 翔	2011-6-25	孙永福	2011-6-25	姜 鹏	2011-6-25
陈 博	2011-6-25	任 刚	2011-6-25	梁海伟	2011-6-25	刘门全	2011-6-25
汪秀敏	2011-6-25	陈传宝	2011-6-25	丁 玉	2011-6-25	张少华	2011-6-25
李 燕	2011-6-25	王义飞	2011-6-25	沈登科	2011-6-25	陈 波	2011-6-25
刘树成	2011-6-25	丁岩芝	2011-6-25	白 雪	2011-6-25	王昱洁	2011-6-25
李知方	2011-6-25	汪 达	2011-6-25	田大勇	2011-6-25	范 亚	2011-6-25
尤海峰	2011-6-25	章 蕾	2011-6-25	程谋诺	2011-6-25	刘青松	2011-6-25
李俊超	2011-6-25	李明华	2011-6-25	肖 斌	2011-6-25	许敏强	2011-6-25

续表

姓名	学位授予日期	姓名	学位授予日期	姓名	学位授予日期	姓名	学位授予日期
张相华	2011-6-25	陈 聪	2011-6-25	杨 力	2011-6-25	姚桂东	2011-6-25
王翠平	2011-6-25	徐 晶	2011-6-25	田 雯	2011-6-25	高新娇	2011-6-25
池凌鸿	2011-6-25	王小蕾	2011-6-25	黄维健	2011-6-25	靳自学	2011-6-25
李永亮	2011-6-25	唐建顺	2011-6-25	邹绯箭	2011-6-25	李 楠	2011-6-25
王 瑜	2011-6-25	漆 捷	2011-6-25	杜 航	2011-6-25	蒲友光	2011-6-25
谢春辉	2011-6-25	魏 巍	2011-6-25	苏恒轩	2011-6-25	马 亮	2011-6-25
付德龙	2011-6-25	丁俊香	2011-6-25	王 宏	2011-6-25	鲍习琛	2011-6-25
陈运必	2011-6-25	郑莹莹	2011-6-25	付 铎	2011-6-25	赵梦溪	2011-6-25
袁海泉	2011-6-25	佟丽娜	2011-6-25	蒋 丽	2011-6-25	马萧萧	2011-6-25
高二中	2011-6-25	檀敬东	2011-6-25	李 健	2011-6-25	杜 洋	2011-6-25
熊志伟	2011-6-25	张 奎	2011-6-25	张立风	2011-6-25	林志雄	2011-6-25
王兴家	2011-6-25	陈池来	2011-6-25	李国荣	2011-6-25	李文杰	2011-6-25
杨 漾	2011-6-25	徐 菲	2011-6-25	严 峰	2011-6-25	张 波	2011-6-25
蓝万里	2011-6-25	徐 强	2011-6-25	刘建平	2011-6-25	徐玉存	2011-6-25
叶 征	2011-6-25	雷迎科	2011-6-25	何晓松	2011-6-25	何志刚	2011-6-25
李 亮	2011-6-25	周海燕	2011-6-25	廖宝剑	2011-6-25	陈 亮	2011-6-25
郑 睿	2011-6-25	李学明	2011-6-25	蔡 莉	2011-6-25	李中亮	2011-6-25
汪林俊	2011-6-25	孙永强	2011-6-25	王冬梅	2011-6-25	唐 军	2011-6-25
林功伟	2011-6-25	徐 珂	2011-6-25	花沙沙	2011-6-25	姚 涛	2011-6-25
张胜利	2011-6-25	许 瑞	2011-6-25	黄 湛	2011-6-25	祝玉泉	2011-6-25
易明芳	2011-6-25	卢祖丹	2011-6-25	高 茜	2011-6-25	宣善勇	2011-6-25
陈国梁	2011-6-25	王要玉	2011-6-25	刘 莹	2011-6-25	张 毅	2011-6-25
董春华	2011-6-25	张 岩	2011-6-25	陈 亮	2011-6-25	黄新杰	2011-6-25
张韦韪	2011-6-25	张雪梅	2011-6-25	史 诺	2011-6-25	邢伟义	2011-6-25
陶 俊	2011-6-25	陶 峰	2011-6-25	马小川	2011-6-25	王亚飞	2011-6-25
林志荣	2011-6-25	施 娜	2011-6-25	周佳玮	2011-6-25	李松阳	2011-6-25
陈俊学	2011-6-25	朱 磊	2011-6-25	汪平平	2011-6-25	王 彦	2011-6-25
彭 亮	2011-6-25	郭 杰	2011-6-25	连 杰	2011-6-25	张 平	2011-6-25
王 双	2011-6-25	杜 冰	2011-6-25	谭 胜	2011-6-25	张启兴	2011-6-25

附 录

续表

姓名	学位授予日期	姓名	学位授予日期	姓名	学位授予日期	姓名	学位授予日期
肖修昆	2011-6-25	黄柄矗	2011-12-3	李 珂	2011-12-3	张 乐	2011-12-3
汪 洋	2011-6-25	张云龙	2011-12-3	张晓明	2011-12-3	陆却非	2011-12-3
李 立	2011-6-25	王金诚	2011-12-3	魏圆圆	2011-12-3	范 为	2011-12-3
赵 芳	2011-6-25	王东旅	2011-12-3	吴剑琳	2011-12-3	李和廷	2011-12-3
王 頔	2011-6-25	曹春丽	2011-12-3	陈 坤	2011-12-3	常广才	2011-12-3
江慧军	2011-6-25	郑昌军	2011-12-3	马立强	2011-12-3	王晓辉	2011-12-3
傅斌清	2011-6-25	李华光	2011-12-3	丁同欣	2011-12-3	文 杰	2011-12-3
陶 兴	2011-6-25	郝 卓	2011-12-3	邹习文	2011-12-3	黄冬梅	2011-12-3
高洪营	2011-6-25	师立勤	2011-12-3	朱碧新	2011-12-3	潘李伟	2011-12-3
葛 敏	2011-6-25	李 锋	2011-12-3	杨军华	2011-12-3	陈 兵	2011-12-3
鲁俊超	2011-6-25	吕 彦	2011-12-3	刘 慧	2011-12-3	尹 艺	2011-12-3
张仕乐	2011-6-25	曲晓飞	2011-12-3	丁晶晶	2011-12-3	方小伟	2011-12-3
徐 杨	2011-6-25	苏振鹏	2011-12-3	林士奇	2011-12-3	张 涵	2011-12-3
王 辉	2011-6-25	李相鹏	2011-12-3	宋马林	2011-12-3	姚宏斌	2011-12-3
施红雁	2011-6-25	盛 伟	2011-12-3	黄 玮	2011-12-3	商红慧	2011-12-3
马春风	2011-6-25	汪 中	2011-12-3	吴传云	2011-12-3	孙天盟	2011-12-3
万学娟	2011-6-25	石润华	2011-12-3	汪本凡	2011-12-3	王 晔	2011-12-3
崔春华	2011-6-25	周传华	2011-12-3	孟凡涛	2011-12-3	吴 昊	2011-12-3
陆 杨	2011-6-25	镇 磊	2011-12-3	吴 斌	2011-12-3	杨显珠	2011-12-3
杨捷频	2011-6-25	韩志勇	2011-12-3	陈艳群	2011-12-3	韩建智	2012-4-4
卢 金	2011-12-3	任明光	2011-12-3	王 婧	2011-12-3	孔 为	2012-4-4
王一操	2011-12-3	廖进喜	2011-12-3	易启毅	2011-12-3	杜军和	2012-4-4
胡波文	2011-12-3	武文轩	2011-12-3	胡 正	2011-12-3	汪 卓	2012-4-4
刘荣华	2011-12-3	胡宗敏	2011-12-3	范 楷	2011-12-3	解来勇	2012-4-4
张睿挺	2011-12-3	吴 焘	2011-12-3	秦 苏	2011-12-3	卢轶劼	2012-4-4
王 蕾	2011-12-3	杜金志	2011-12-3	于 雪	2011-12-3	潘 虎	2012-4-4
李明芳	2011-12-3	王 菁	2011-12-3	王宏伟	2011-12-3	尤付益	2012-4-4
李加林	2011-12-3	邓宏平	2011-12-3	张 稳	2011-12-3	杨孝森	2012-4-4
刘加丰	2011-12-3	张少良	2011-12-3	陈 晶	2011-12-3	苏纪娟	2012-4-4

续表

姓名	学位授予日期	姓名	学位授予日期	姓名	学位授予日期	姓名	学位授予日期
田启国	2012-4-4	李凤琦	2012-4-4	季良月	2012-7-6	王永峰	2012-7-6
康 辉	2012-4-4	张 俊	2012-4-4	熊 涛	2012-7-6	吴 斌	2012-7-6
黄 灿	2012-4-4	王维维	2012-4-4	史晓冉	2012-7-6	周丹娜	2012-7-6
刘栋材	2012-4-4	邱 宇	2012-4-4	鲁汪涛	2012-7-6	刘小兵	2012-7-6
李 峰	2012-4-4	陈大蔚	2012-4-4	刘元元	2012-7-6	陈凤贵	2012-7-6
王 伟	2012-4-4	黄 韵	2012-4-4	游宝贵	2012-7-6	徐云峰	2012-7-6
杜 鹏	2012-4-4	付 凯	2012-4-4	朱 玥	2012-7-6	李学超	2012-7-6
徐 军	2012-4-4	刘小楠	2012-4-4	王翠红	2012-7-6	孙春晓	2012-7-6
田婷芳	2012-4-4	周小为	2012-4-4	雷雪玲	2012-7-6	马 灵	2012-7-6
陶泽天	2012-4-4	陈园博	2012-4-4	屈冰雁	2012-7-6	张振辉	2012-7-6
程 斌	2012-4-4	曹 亮	2012-4-4	刘 玲	2012-7-6	孙 剑	2012-7-6
闵元增	2012-4-4	赵润宁	2012-4-4	杨 周	2012-7-6	杨 威	2012-7-6
孙华银	2012-4-4	冯 卫	2012-4-4	李 丽	2012-7-6	张 哲	2012-7-6
王 鑫	2012-4-4	张 超	2012-4-4	姜桂铖	2012-7-6	何迎花	2012-7-6
蔡 璐	2012-4-4	高 博	2012-4-4	李占成	2012-7-6	张浩然	2012-7-6
纪 拓	2012-4-4	刘 强	2012-7-6	刘艳松	2012-7-6	李霄栋	2012-7-6
肖 婷	2012-4-4	张 伟	2012-7-6	张传超	2012-7-6	戎树军	2012-7-6
袁聿海	2012-4-4	高 明	2012-7-6	邓楷模	2012-7-6	蓝元培	2012-7-6
张广斌	2012-4-4	祝 欢	2012-7-6	商 波	2012-7-6	陈 亮	2012-7-6
胡戎翔	2012-4-4	唐笑敏	2012-7-6	孙 羽	2012-7-6	李启朗	2012-7-6
马 雷	2012-4-4	许 莹	2012-7-6	曾 涵	2012-7-6	韩筱璞	2012-7-6
方 辉	2012-4-4	李 健	2012-7-6	郑子龙	2012-7-6	丁中俊	2012-7-6
罗云云	2012-4-4	王 颖	2012-7-6	程存峰	2012-7-6	徐南阳	2012-7-6
冯 燕	2012-4-4	冯云龙	2012-7-6	茆 锐	2012-7-6	张冬亮	2012-7-6
王 莉	2012-4-4	吴 梦	2012-7-6	申传胜	2012-7-6	汪虎林	2012-7-6
李鑫鑫	2012-4-4	胡夫涛	2012-7-6	许令顺	2012-7-6	段鹏飞	2012-7-6
马 旸	2012-4-4	赵志良	2012-7-6	华 青	2012-7-6	徐浩洁	2012-7-6
谢崇伟	2012-4-4	陈传强	2012-7-6	包蕙质	2012-7-6	李 翠	2012-7-6
殷文伟	2012-4-4	董攀登	2012-7-6	巩飞艳	2012-7-6	王雅迪	2012-7-6

附 录

续表

姓名	学位授予日期	姓名	学位授予日期	姓名	学位授予日期	姓名	学位授予日期
徐 超	2012-7-6	王正直	2012-7-6	李占亚	2012-7-6	杨 梅	2012-7-6
刘 洋	2012-7-6	邬 林	2012-7-6	蔡 力	2012-7-6	李国莲	2012-7-6
王东升	2012-7-6	郭志伟	2012-7-6	严忠民	2012-7-6	陈自祥	2012-7-6
李 成	2012-7-6	王鹏飞	2012-7-6	王 宁	2012-7-6	王儒威	2012-7-6
严 晗	2012-7-6	姚哲芳	2012-7-6	杜振国	2012-7-6	王 蕾	2012-7-6
吴增海	2012-7-6	刘迎彬	2012-7-6	汪 玉	2012-7-6	徐利强	2012-7-6
周家稳	2012-7-6	蒋耀港	2012-7-6	许 杰	2012-7-6	贾 楠	2012-7-6
王进红	2012-7-6	吴乔国	2012-7-6	刘 磊	2012-7-6	罗宇涵	2012-7-6
曹桂平	2012-7-6	谢中友	2012-7-6	张光荣	2012-7-6	姜 珊	2012-7-6
郝慧峰	2012-7-6	倪小军	2012-7-6	王尔玉	2012-7-6	刘 毅	2012-7-6
窦 飞	2012-7-6	徐钰蕾	2012-7-6	蒋敬田	2012-7-6	李 政	2012-7-6
邓小超	2012-7-6	杨岸龙	2012-7-6	焦斌星	2012-7-6	李 根	2012-7-6
黄大骏	2012-7-6	王国蕾	2012-7-6	严 可	2012-7-6	刘显通	2012-7-6
曹宏睿	2012-7-6	周 林	2012-7-6	雷 鸣	2012-7-6	周志良	2012-7-6
张呈旭	2012-7-6	李 龙	2012-7-6	霍承富	2012-7-6	胡衍雷	2012-7-6
杨佳慧	2012-7-6	罗斌强	2012-7-6	张 冬	2012-7-6	杨剑宇	2012-7-6
杨 阳	2012-7-6	晏顺坪	2012-7-6	祝 佳	2012-7-6	郝 鹏	2012-7-6
程宏才	2012-7-6	胡 俊	2012-7-6	尹华罡	2012-7-6	申 远	2012-7-6
唐邵春	2012-7-6	陆 铭	2012-7-6	周 维	2012-7-6	马剑强	2012-7-6
陈 凯	2012-7-6	贾 炜	2012-7-6	马 林	2012-7-6	李 鹏	2012-7-6
王 爽	2012-7-6	黄红梅	2012-7-6	刘 蓓	2012-7-6	邵维维	2012-7-6
杨 阳	2012-7-6	周 韬	2012-7-6	潘宗浩	2012-7-6	郭 方	2012-7-6
李 旭	2012-7-6	陈 畅	2012-7-6	曾祥方	2012-7-6	党 力	2012-7-6
何丽灵	2012-7-6	汤富生	2012-7-6	王伟君	2012-7-6	文 莉	2012-7-6
郝庆一	2012-7-6	潘逸倩	2012-7-6	方 欣	2012-7-6	牛 力	2012-7-6
叶亚齐	2012-7-6	汤林鼹	2012-7-6	刘 鹏	2012-7-6	宋 程	2012-7-6
杨 帆	2012-7-6	高 峰	2012-7-6	冯 沙	2012-7-6	胡 晗	2012-7-6
贾 玉	2012-7-6	任晶晶	2012-7-6	王 斌	2012-7-6	巫旭敏	2012-7-6
赵 静	2012-7-6	丁 瑶	2012-7-6	谢发之	2012-7-6	赵立恒	2012-7-6

续表

姓名	学位授予日期	姓名	学位授予日期	姓名	学位授予日期	姓名	学位授予日期
杨奎元	2012-7-6	唐朝刚	2012-7-6	史启鸿	2012-7-6	李海涛	2012-7-6
王皓轮	2012-7-6	林民龙	2012-7-6	魏凌志	2012-7-6	朱玲玲	2012-7-6
王必尧	2012-7-6	岳东峰	2012-7-6	牛金波	2012-7-6	郑玉船	2012-7-6
刘大伟	2012-7-6	林广栋	2012-7-6	戴鹏	2012-7-6	蒋俊	2012-7-6
颜俊	2012-7-6	梁肖	2012-7-6	周帅	2012-7-6	冯建	2012-7-6
周宏	2012-7-6	杨洋	2012-7-6	韩云鑫	2012-7-6	邵友东	2012-7-6
赵旭剑	2012-7-6	卢科	2012-7-6	徐佼	2012-7-6	沈非	2012-7-6
李学英	2012-7-6	文世挺	2012-7-6	李纪	2012-7-6	郑基深	2012-7-6
唐铁轩	2012-7-6	朱友文	2012-7-6	丁楚雄	2012-7-6	院士杰	2012-7-6
彭飞	2012-7-6	王远	2012-7-6	肖进	2012-7-6	王玲玲	2012-7-6
何颂颂	2012-7-6	Khalid Osman Elaalim	2012-7-6	赵凌	2012-7-6	李婵	2012-7-6
邓利群	2012-7-6			贺贝贝	2012-7-6	马国林	2012-7-6
李顾	2012-7-6	张银东	2012-7-6	尹良君	2012-7-6	李敬发	2012-7-6
许牧	2012-7-6	齐鸣	2012-7-6	杨力勋	2012-7-6	闫岩	2012-7-6
王淑玲	2012-7-6	袁晶	2012-7-6	杨秀芳	2012-7-6	李倩文	2012-7-6
谭琦	2012-7-6	江清阳	2012-7-6	李志华	2012-7-6	王彩华	2012-7-6
杨振国	2012-7-6	李小民	2012-7-6	宋军	2012-7-6	刘红瑜	2012-7-6
孟朋	2012-7-6	王刚	2012-7-6	刘建军	2012-7-6	薛燕	2012-7-6
叶云	2012-7-6	吴玺	2012-7-6	钟国彬	2012-7-6	周敏	2012-7-6
徐伟	2012-7-6	崔运静	2012-7-6	刘蓓蓓	2012-7-6	吴建	2012-7-6
李世梁	2012-7-6	丁亮	2012-7-6	蒋勇	2012-7-6	杨萍	2012-7-6
代仕芳	2012-7-6	张洪	2012-7-6	毛甜甜	2012-7-6	沈雯	2012-7-6
路遥	2012-7-6	黄炜	2012-7-6	刘显慧	2012-7-6	柴颖	2012-7-6
欧开乾	2012-7-6	刘娜	2012-7-6	陈钊	2012-7-6	郑园琴	2012-7-6
宁博	2012-7-6	符慧德	2012-7-6	晏挺	2012-7-6	吴雪松	2012-7-6
田万勇	2012-7-6	白冰	2012-7-6	花兴	2012-7-6	杨翠凤	2012-7-6
吕劲松	2012-7-6	周志鹏	2012-7-6	米辉	2012-7-6	张丽	2012-7-6
林传文	2012-7-6	张栋	2012-7-6	韦勇凤	2012-7-6	万常峰	2012-7-6
黄建	2012-7-6	徐斌	2012-7-6	许可	2012-7-6	刘统信	2012-7-6

附 录

续表

姓名	学位授予日期	姓名	学位授予日期	姓名	学位授予日期	姓名	学位授予日期
苗 涛	2012-7-6	徐 瑶	2012-7-6	汪 士	2012-7-6	丰吉闯	2012-7-6
刘 宁	2012-7-6	刘名果	2012-7-6	张 栋	2012-7-6	苏 畅	2012-7-6
谢兰贵	2012-7-6	禚 钊	2012-7-6	简红江	2012-7-6	王熹徽	2012-7-6
肖 华	2012-7-6	彭秀莲	2012-7-6	王能能	2012-7-6	罗 艳	2012-7-6
卫艳新	2012-7-6	韩志会	2012-7-6	唐国明	2012-7-6	李小芬	2012-7-6
胡婧婧	2012-7-6	姚 博	2012-7-6	李传席	2012-7-6	凤振华	2012-7-6
王 娜	2012-7-6	周保琢	2012-7-6	熊世权	2012-7-6	姚云飞	2012-7-6
赵 跃	2012-7-6	张 琼	2012-7-6	张 建	2012-7-6	贾瑞跃	2012-7-6
徐 芳	2012-7-6	张淑华	2012-7-6	梅青松	2012-7-6	蔺 玉	2012-7-6
李育林	2012-7-6	王高峰	2012-7-6	李 威	2012-7-6	祁玉青	2012-7-6
王 超	2012-7-6	刘 萱	2012-7-6	吴全玉	2012-7-6	丁长琴	2012-7-6
董德俊	2012-7-6	周 晶	2012-7-6	陈焱焱	2012-7-6	薛志勇	2012-7-6
徐德智	2012-7-6	李海欧	2012-7-6	张永亮	2012-7-6	彭莉君	2012-7-6
刘 磊	2012-7-6	任煜轩	2012-7-6	胡宜敏	2012-7-6	Prestin Lewis	2012-7-6
鲍寅寅	2012-7-6	葛荣春	2012-7-6	苏雅茹	2012-7-6		
邓明格	2012-7-6	曹 刚	2012-7-6	张永兴	2012-7-6	高永翔	2012-7-6
李昌华	2012-7-6	王鲁櫓	2012-7-6	冯 勇	2012-7-6	杨 超	2012-7-6
孙交通	2012-7-6	张 阳	2012-7-6	杨先军	2012-7-6	乔金平	2012-7-6
张正辉	2012-7-6	石 鹏	2012-7-6	王 婷	2012-7-6	吴 勃	2012-7-6
方 敏	2012-7-6	陈默涵	2012-7-6	鲁训法	2012-7-6	李磊珂	2012-7-6
田秀杰	2012-7-6	曹 坤	2012-7-6	张 政	2012-7-6	徐 萍	2012-7-6
蒋 皓	2012-7-6	张先明	2012-7-6	贾广涛	2012-7-6	王 剑	2012-7-6
袁 妍	2012-7-6	陈 勇	2012-7-6	陈 鹏	2012-7-6	黄月佳	2012-7-6
范璐璐	2012-7-6	杨福桂	2012-7-6	叶青山	2012-7-6	侯贺礼	2012-7-6
方官文	2012-7-6	曹国威	2012-7-6	程 琳	2012-7-6	张连文	2012-7-6
郑振亚	2012-7-6	杨 颂	2012-7-6	李小林	2012-7-6	李 快	2012-7-6
谭 颖	2012-7-6	黄 坤	2012-7-6	石 彪	2012-7-6	鲍 燕	2012-7-6
张 错	2012-7-6	胡 剑	2012-7-6	李长胜	2012-7-6	谷 丰	2012-7-6
刘 伟	2012-7-6	赵 明	2012-7-6	许金华	2012-7-6	王晓冬	2012-7-6

续表

姓名	学位授予日期	姓名	学位授予日期	姓名	学位授予日期	姓名	学位授予日期
刘 际	2012-7-6	闫婧雯	2012-7-6	战 婧	2012-7-6	林祥松	2012-7-6
黄 伟	2012-7-6	程 杰	2012-7-6	伍 昱	2012-7-6	高敏锐	2012-7-6
尹贻蒙	2012-7-6	王 欣	2012-7-6	汪碧波	2012-7-6	许 波	2012-7-6
贺军栋	2012-7-6	方媛媛	2012-7-6	杨 伟	2012-7-6	张万群	2012-7-6
孙 成	2012-7-6	任 杰	2012-7-6	台启龙	2012-7-6	李全锋	2012-7-6
方 芳	2012-7-6	张 森	2012-7-6	支有冉	2012-7-6	施益智	2012-7-6
张小康	2012-7-6	盛四辈	2012-7-6	梁天水	2012-7-6	司 杭	2012-7-6
阮建彬	2012-7-6	袁 源	2012-7-6	王秋红	2012-7-6	卢 宁	2012-7-6
孔祥俊	2012-7-6	彭小宝	2012-7-6	胡小康	2012-7-6	姚星灿	2012-7-6
钱鹏旭	2012-7-6	高 义	2012-7-6	毛少华	2012-7-6	胡 林	2012-7-6
刘熙秋	2012-7-6	张学和	2012-7-6	李立明	2012-7-6	刘 伟	2012-7-6
李 青	2012-7-6	葛良进	2012-7-6	涂 然	2012-7-6	袁友永	2012-7-6
石 攀	2012-7-6	张奎文	2012-7-6	胡海兵	2012-7-6	王 峰	2012-7-6
王 玲	2012-7-6	郭会军	2012-7-6	胡 爽	2012-7-6	杨宏军	2012-7-6
连福明	2012-7-6	王 俊	2012-7-6	许秦坤	2012-7-6	江永亮	2012-7-6
郭鹏超	2012-7-6	周忠岳	2012-7-6	雷 佼	2012-7-6	王良彪	2012-7-6
聂光军	2012-7-6	韩玉岩	2012-7-6	戴佳昆	2012-7-6	鲁大为	2012-7-6
窦 双	2012-7-6	方 佳	2012-7-6	张 英	2012-7-6	朱 伟	2012-7-6
宋文婧	2012-7-6	顾黎明	2012-7-6	包晨露	2012-7-6	董思宁	2012-7-6
金雏凤	2012-7-6	丛远华	2012-7-6	左 鸣	2012-7-6	张志涛	2012-7-6
高巍巍	2012-7-6	何劲夫	2012-7-6	于欣欣	2012-7-6	黄元杰	2012-7-6
王季刚	2012-7-6	谢铭丰	2012-7-6	庞盛世	2012-7-6	白治中	2012-7-6
李小军	2012-7-6	吴振洲	2012-7-6	丁津津	2012-7-6	闻 捷	2012-7-6
陈上碧	2012-7-6	杨满江	2012-7-6	李 力	2012-7-6	程正杰	2012-11-29
方文政	2012-7-6	张甲雷	2012-7-6	孟令彪	2012-7-6	侍述军	2012-11-29
陈香存	2012-7-6	崔 峣	2012-7-6	姚一平	2012-7-6	谢 亮	2012-11-29
关 勇	2012-7-6	黄咸家	2012-7-6	谭世倞	2012-7-6	殷月伟	2012-11-29
周 杰	2012-7-6	郭 进	2012-7-6	王 亚	2012-7-6	徐 明	2012-11-29
康朝阳	2012-7-6	房志明	2012-7-6	王 雷	2012-7-6	庞龙刚	2012-11-29

附 录

续表

姓名	学位授予日期	姓名	学位授予日期	姓名	学位授予日期	姓名	学位授予日期
柯博	2012-11-29	张开敏	2012-11-29	赵静	2012-11-29	邱晓挺	2012-11-29
王兆亮	2012-11-29	崔杰	2012-11-29	舒其林	2012-11-29	陶余勇	2012-11-29
张一纯	2012-11-29	焦冬生	2012-11-29	任庆娟	2012-11-29	曾福星	2012-11-29
徐颖峰	2012-11-29	施安峰	2012-11-29	夏琼	2012-11-29	孔丹丹	2012-11-29
郭亮	2012-11-29	高彦峰	2012-11-29	汪臻	2012-11-29	王明煌	2012-11-29
王骥	2012-11-29	陈木青	2012-11-29	杨琛琛	2012-11-29	陈宁	2012-11-29
吴雨生	2012-11-29	岳文瑾	2012-11-29	范进	2012-11-29	华中源	2012-11-29
李数	2012-11-29	李欣益	2012-11-29	曹民杰	2012-11-29	许彩侠	2012-11-29
杨翀	2012-11-29	唐晓婷	2012-11-29	罗彬	2012-11-29	柯振埜	2012-11-29
许明	2012-11-29	汪剑波	2012-11-29	葛金芳	2012-11-29	陈晓娟	2012-11-29
翟志刚	2012-11-29	毛毛	2012-11-29	苏彦艳	2012-11-29	柳玉滨	2012-11-29
曹侃	2012-11-29	胡大乔	2012-11-29	吕磊	2012-11-29	王宇	2012-11-29
李宏伟	2012-11-29	肖石燕	2012-11-29	陈睿	2012-11-29	陈铁锌	2012-11-29
李亮	2012-11-29	胡进明	2012-11-29	宋婷	2012-11-29	李媛媛	2012-11-29
李玲利	2012-11-29	毛业伟	2012-11-29	宋震伟	2012-11-29	付强	2012-11-29
杜赟	2012-11-29	赵龙	2012-11-29	郑美娟	2012-11-29	阮继锋	2012-11-29
王安东	2012-11-29	谢锦生	2012-11-29	王茜玮	2012-11-29	荣建忠	2012-11-29
晏宏	2012-11-29	沈悦	2012-11-29	郑芳	2012-11-29	陆松	2012-11-29
刘敏	2012-11-29	付邦红	2012-11-29	吴娴	2012-11-29	亓延军	2012-11-29
陶陶	2012-11-29	刘洋	2012-11-29	王涛	2012-11-29	王炜华	2012-11-29
李书杰	2012-11-29	陈志心	2012-11-29	刘磊	2012-11-29	陈凤云	2012-11-29
王兴虎	2012-11-29	杜良辉	2012-11-29	胡青松	2012-11-29	吴昆杰	2012-11-29
何耀	2012-11-29	朱德泉	2012-11-29	张远伟	2012-11-29	耿锋	2012-11-29
毛熠璐	2012-11-29	赵盼	2012-11-29	樊娜娜	2012-11-29	李宏保	2012-11-29
程凡	2012-11-29	梁文渊	2012-11-29	王学富	2012-11-29	刘良	2012-11-29
刘望	2012-11-29	罗健飞	2012-11-29	黄玫	2012-11-29	赵文辉	2012-11-29
章宗长	2012-11-29	刘东	2012-11-29	张云娇	2012-11-29	李飞	2012-11-29
靳国强	2012-11-29	廖文秋	2012-11-29	郭雨刚	2012-11-29	王向锋	2012-11-29
薛峰	2012-11-29	郭东妮	2012-11-29	安输	2012-11-29	沈卡	2012-11-29

续表

姓名	学位授予日期	姓名	学位授予日期	姓名	学位授予日期	姓名	学位授予日期
王新明	2012-11-29	王 瑶	2013-3-31	朱文卡	2013-3-31	严满清	2013-6-20
林 岳	2012-11-29	陈 碟	2013-3-31	张 婷	2013-6-20	洪 飞	2013-6-20
张 汇	2012-11-29	李 勇	2013-3-31	程秋盛	2013-6-20	姚国华	2013-6-20
袁 冶	2012-11-29	蔡培杰	2013-3-31	法焕霞	2013-6-20	张翠梅	2013-6-20
胡 智	2013-3-31	刘 源	2013-3-31	严可颂	2013-6-20	魏 锋	2013-6-20
夏春光	2013-3-31	熊梦华	2013-3-31	李向军	2013-6-20	夏 磊	2013-6-20
张小丁	2013-3-31	芮光浩	2013-3-31	李茂华	2013-6-20	王 涛	2013-6-20
秦品权	2013-3-31	史雅妮	2013-3-31	张 玲	2013-6-20	邢 涛	2013-6-20
王有凯	2013-3-31	王 伟	2013-3-31	冯 涛	2013-6-20	徐 勇	2013-6-20
潘建华	2013-3-31	王姝妍	2013-3-31	Mujahid	2013-6-20	汤卫东	2013-6-20
谷先广	2013-3-31	彭 慧	2013-3-31	刘金养	2013-6-20	李晓周	2013-6-20
沈玲燕	2013-3-31	何 超	2013-3-31	贺承浩	2013-6-20	高雅纯	2013-6-20
母立众	2013-3-31	李福东	2013-3-31	张 欢	2013-6-20	石发展	2013-6-20
杨青亮	2013-3-31	闫宜青	2013-3-31	张青天	2013-6-20	崔相利	2013-6-20
古晓锋	2013-3-31	耿建林	2013-3-31	李 煜	2013-6-20	许文贞	2013-6-20
徐 峥	2013-3-31	金 晶	2013-3-31	张艳革	2013-6-20	许红霞	2013-6-20
徐丽娟	2013-3-31	周 伟	2013-3-31	李鹏飞	2013-6-20	张 杰	2013-6-20
王 威	2013-3-31	王兴武	2013-3-31	闻 军	2013-6-20	戴汉宁	2013-6-20
吕凡超	2013-3-31	张 力	2013-3-31	吴凌远	2013-6-20	刘清泉	2013-6-20
黄 建	2013-3-31	李俊俊	2013-3-31	陈丽敏	2013-6-20	陈博奎	2013-6-20
陈绍青	2013-3-31	李一丁	2013-3-31	达 博	2013-6-20	李霄鹏	2013-6-20
刘 谷	2013-3-31	张义军	2013-3-31	雷洁梅	2013-6-20	姬长胜	2013-6-20
吴志忠	2013-3-31	杨玖重	2013-3-31	类淑来	2013-6-20	郑仕健	2013-6-20
李 凌	2013-3-31	张 琨	2013-3-31	马 瑞	2013-6-20	张 杰	2013-6-20
宝腾飞	2013-3-31	冯晓燕	2013-3-31	高慧玲	2013-6-20	秦 熙	2013-6-20
吕 强	2013-3-31	李家玉	2013-3-31	刘少雄	2013-6-20	商林峰	2013-6-20
唐明云	2013-3-31	刘旭光	2013-3-31	廖玲文	2013-6-20	姚 麟	2013-6-20
方 宏	2013-3-31	冯 梅	2013-3-31	吴 磊	2013-6-20	桑子儒	2013-6-20
冯绪勇	2013-3-31	刘 杰	2013-3-31	徐 可	2013-6-20	郑名扬	2013-6-20

附 录

续表

姓名	学位授予日期	姓名	学位授予日期	姓名	学位授予日期	姓名	学位授予日期
梁福田	2013-6-20	曲洪岩	2013-6-20	刘伟强	2013-6-20	汤 泉	2013-6-20
文 斐	2013-6-20	李永存	2013-6-20	张 晨	2013-6-20	程文瀚	2013-6-20
张丽君	2013-6-20	李 钊	2013-6-20	潘 军	2013-6-20	秦先燕	2013-6-20
朱文松	2013-6-20	王伯福	2013-6-20	陈镇源	2013-6-20	陈倩倩	2013-6-20
李世平	2013-6-20	冯美艳	2013-6-20	范 鹃	2013-6-20	张海玲	2013-6-20
徐修峰	2013-6-20	王朝成	2013-6-20	陈凌辉	2013-6-20	王永鹏	2013-6-20
赵立臣	2013-6-20	汪 泉	2013-6-20	李 斌	2013-6-20	徐 娟	2013-6-20
庞锦毅	2013-6-20	李 磊	2013-6-20	王 洋	2013-6-20	唐怡环	2013-6-20
张丽娟	2013-6-20	郑 文	2013-6-20	陈 原	2013-6-20	吴明雨	2013-6-20
吴 峰	2013-6-20	王晓凯	2013-6-20	胡 南	2013-6-20	衡志炜	2013-6-20
沈 奇	2013-6-20	李志斌	2013-6-20	敖欢欢	2013-6-20	蔡宏珂	2013-6-20
胡晓芳	2013-6-20	郑宇轩	2013-6-20	杨 杨	2013-6-20	柴立晖	2013-6-20
吴燕峰	2013-6-20	符师桦	2013-6-20	尹文科	2013-6-20	赖小东	2013-6-20
徐伟芳	2013-6-20	黄 舳	2013-6-20	周颖玥	2013-6-20	吴 强	2013-6-20
郭晓钧	2013-6-20	廖深飞	2013-6-20	陈 锋	2013-6-20	冯 艳	2013-6-20
吴尚犬	2013-6-20	范艳层	2013-6-20	张正宇	2013-6-20	张 祺	2013-6-20
黄 涛	2013-6-20	王 瀚	2013-6-20	张 浩	2013-6-20	鞠 涛	2013-6-20
陈 明	2013-6-20	郭朝阳	2013-6-20	刘小林	2013-6-20	李奔驰	2013-6-20
段士伟	2013-6-20	毛 亮	2013-6-20	潘兆泰	2013-6-20	何利文	2013-6-20
景 峥	2013-6-20	李祝飞	2013-6-20	戴礼灿	2013-6-20	贺良国	2013-6-20
崔世堂	2013-6-20	唐 峰	2013-6-20	吴徐平	2013-6-20	周海金	2013-6-20
徐 浩	2013-6-20	席建民	2013-6-20	李圣强	2013-6-20	朱伟经	2013-6-20
王长峰	2013-6-20	邱薇薇	2013-6-20	崇加军	2013-6-20	梁 旭	2013-6-20
黄瑞源	2013-6-20	朱志臻	2013-6-20	刘 凯	2013-6-20	曾鸿江	2013-6-20
于前锋	2013-6-20	何学智	2013-6-20	杨 亭	2013-6-20	钱路路	2013-6-20
秦利军	2013-6-20	高 爽	2013-6-20	包 丰	2013-6-20	杜 勇	2013-6-20
宗路航	2013-6-20	许华醒	2013-6-20	史家远	2013-6-20	王建军	2013-6-20
彭 超	2013-6-20	薛林林	2013-6-20	马大卫	2013-6-20	汪静姝	2013-6-20
牛 玉	2013-6-20	孙 飞	2013-6-20	陈 健	2013-6-20	金 一	2013-6-20

续表

姓名	学位授予日期	姓名	学位授予日期	姓名	学位授予日期	姓名	学位授予日期
杨春来	2013-6-20	刘 玉	2013-6-20	辛成运	2013-6-20	王 成	2013-6-20
胡 飞	2013-6-20	李小强	2013-6-20	冯志新	2013-6-20	毕秀春	2013-6-20
翟献军	2013-6-20	宋 浒	2013-6-20	张 涛	2013-6-20	韩士奎	2013-6-20
朱文杰	2013-6-20	孙 涛	2013-6-20	周 全	2013-6-20	樊逢佳	2013-6-20
王文喜	2013-6-20	石 亮	2013-6-20	王云峰	2013-6-20	冯红彬	2013-6-20
李自勉	2013-6-20	代 栋	2013-6-20	马进伟	2013-6-20	涂喜峰	2013-6-20
孟芳芳	2013-6-20	贾刚勇	2013-6-20	侯景鑫	2013-6-20	唐诗雅	2013-6-20
赵 鑫	2013-6-20	姜海涛	2013-6-20	李桂强	2013-6-20	杨楚汀	2013-6-20
海 涛	2013-6-20	彭坤杨	2013-6-20	陈登宇	2013-6-20	邓 晋	2013-6-20
皮志明	2013-6-20	彭建章	2013-6-20	李 切	2013-6-20	戴建军	2013-6-20
严 晗	2013-6-20	刘 刚	2013-6-20	周 军	2013-6-20	熊顺顺	2013-6-20
姜晓枫	2013-6-20	吴宣够	2013-6-20	许邹明	2013-6-20	张 放	2013-6-20
尚伟科	2013-6-20	项利萍	2013-6-20	凌意瀚	2013-6-20	陆 锐	2013-6-20
杨 霏	2013-6-20	赵浩天	2013-6-20	饶媛媛	2013-6-20	陈思明	2013-6-20
关晴骁	2013-6-20	何 军	2013-6-20	孙 毅	2013-6-20	王琳琳	2013-6-20
杨宇翔	2013-6-20	马海平	2013-6-20	孙文平	2013-6-20	梅 涛	2013-6-20
姚太克	2013-6-20	李 彤	2013-6-20	朱志文	2013-6-20	李 娜	2013-6-20
王献冠	2013-6-20	刘青文	2013-6-20	刘张波	2013-6-20	于 洋	2013-6-20
刘贤焯	2013-6-20	王 瑞	2013-6-20	唐家业	2013-6-20	邢 政	2013-6-20
陈 磊	2013-6-20	王 璞	2013-6-20	章文峰	2013-6-20	朱金保	2013-6-20
曹海偵	2013-6-20	刘 然	2013-6-20	徐 颖	2013-6-20	朱海鸥	2013-6-20
张创业	2013-6-20	张浩然	2013-6-20	张雁祥	2013-6-20	张传玲	2013-6-20
赵 琼	2013-6-20	Shafqat	2013-6-20	韩继光	2013-6-20	俞玉琪	2013-6-20
冯晓静	2013-6-20	廖 银	2013-6-20	吴 遵	2013-6-20	蒋 杰	2013-6-20
刘 淇	2013-6-20	曹家鑫	2013-6-20	吕文华	2013-6-20	曹春艳	2013-6-20
朱朝勇	2013-6-20	何立宝	2013-6-20	黄金山	2013-6-20	邓 云	2013-6-20
朱小东	2013-6-20	徐华昭	2013-6-20	刘 庆	2013-6-20	张学彬	2013-6-20
郭利财	2013-6-20	吴 斌	2013-6-20	潘小青	2013-6-20	吴福芳	2013-6-20
李功明	2013-6-20	张 谦	2013-6-20	夏 玮	2013-6-20	任 磊	2013-6-20

附 录

续表

姓名	学位授予日期	姓名	学位授予日期	姓名	学位授予日期	姓名	学位授予日期
宋 琲	2013-6-20	王 影	2013-6-20	汪杭军	2013-6-20	余杰杰	2013-6-20
王振涛	2013-6-20	刘 腾	2013-6-20	朱 麟	2013-6-20	郭 磊	2013-6-20
徐 俊	2013-6-20	任小叶	2013-6-20	甘自保	2013-6-20	时 省	2013-6-20
吴青青	2013-6-20	李文嘉	2013-6-20	刘 平	2013-6-20	郭 韬	2013-6-20
李漫波	2013-6-20	陈 楠	2013-6-20	王 琨	2013-6-20	方 冰	2013-6-20
程道娟	2013-6-20	徐 睿	2013-6-20	赵 洋	2013-6-20	钟雪兵	2013-6-20
郭锋锋	2013-6-20	成 娟	2013-6-20	姜 枫	2013-6-20	朱文超	2013-6-20
江桃山	2013-6-20	田建花	2013-6-20	李珊红	2013-6-20	汪 峰	2013-6-20
苏义坦	2013-6-20	李 敏	2013-6-20	夏 懿	2013-6-20	翟司霞	2013-6-20
朱三娥	2013-6-20	姚 尧	2013-6-20	余宏杰	2013-6-20	Shujahat	2013-6-20
于晓锋	2013-6-20	崔金明	2013-6-20	席少波	2013-6-20	赵 洁	2013-6-20
郝建文	2013-6-20	张 锐	2013-6-20	冯国林	2013-6-20	夏 晶	2013-6-20
林小城	2013-6-20	王向贤	2013-6-20	刘强春	2013-6-20	麦中兴	2013-6-20
罗婧艺	2013-6-20	林中晞	2013-6-20	刘 俊	2013-6-20	方海红	2013-6-20
赵黎博	2013-6-20	董 磊	2013-6-20	吴 军	2013-6-20	赵玄女	2013-6-20
臧国龙	2013-6-20	周 诚	2013-6-20	王 薇	2013-6-20	段婷婷	2013-6-20
李运峰	2013-6-20	理玉龙	2013-6-20	刘 晶	2013-6-20	黄 星	2013-6-20
龚华旭	2013-6-20	赵 成	2013-6-20	李 菲	2013-6-20	李 楠	2013-6-20
杜学敏	2013-6-20	许小冶	2013-6-20	李 娜	2013-6-20	徐进新	2013-6-20
杜凡凡	2013-6-20	刘小宝	2013-6-20	孙武珠	2013-6-20	邹苏琪	2013-6-20
徐永飞	2013-6-20	江增辉	2013-6-20	张 琪	2013-6-20	华 娟	2013-6-20
孙 淼	2013-6-20	金 丽	2013-6-20	朱昌磊	2013-6-20	杨庆岭	2013-6-20
刘 斌	2013-6-20	裴晓敏	2013-6-20	杨利锋	2013-6-20	王 明	2013-6-20
余志强	2013-6-20	刘 菲	2013-6-20	汝醒君	2013-6-20	张 宇	2013-6-20
季 翔	2013-6-20	程 晨	2013-6-20	黄鹏强	2013-6-20	倪 芳	2013-6-20
刘 涛	2013-6-20	郭金明	2013-6-20	蓝永泉	2013-6-20	韩传春	2013-6-20
王同心	2013-6-20	史建斌	2013-6-20	庄宏斌	2013-6-20	王文宇	2013-6-20
吴冶平	2013-6-20	张 芳	2013-6-20	卞俊松	2013-6-20	张良余	2013-6-20
沈 冉	2013-6-20	刘 英	2013-6-20	王 茜	2013-6-20	朱童歌	2013-6-20

续表

姓名	学位授予日期	姓名	学位授予日期	姓名	学位授予日期	姓名	学位授予日期
储佑君	2013-6-20	杨远俊	2013-6-20	万 明	2013-6-20	陈留国	2013-6-20
王 鑫	2013-6-20	祝庆军	2013-6-20	张 辉	2013-6-20	陶 伟	2013-6-20
赖超华	2013-6-20	王国忠	2013-6-20	徐 卫	2013-6-20	陆 燕	2013-6-20
廖善晖	2013-6-20	党同强	2013-6-20	倪木一	2013-6-20	王凌飞	2013-6-20
戴宗杰	2013-6-20	樊 浩	2013-6-20	马天骥	2013-6-20	曲文刚	2013-6-20
周 亮	2013-6-20	吴爱林	2013-6-20	赵宇宁	2013-6-20	王 强	2013-6-20
赵 报	2013-6-20	唐雷雷	2013-6-20	杜学维	2013-6-20	秦成兵	2013-6-20
杨 波	2013-6-20	罗焕丽	2013-6-20	葛 昕	2013-6-20	肖 翀	2013-6-20
阴棉棉	2013-6-20	王 芳	2013-6-20	储根柏	2013-6-20	张晓东	2013-6-20
刘 赟	2013-6-20	王家群	2013-6-20	王道亮	2013-6-20	刘建伟	2013-6-20
胡汪来	2013-6-20	陈 杭	2013-6-20	李 强	2013-6-20	邹均庭	2013-6-20
程 冰	2013-6-20	许 璐	2013-6-20	肖华华	2013-6-20	李秋菊	2013-6-20
王佳旭	2013-6-20	蔡江淮	2013-6-20	王孝峰	2013-6-20	杨树威	2013-6-20
常 浩	2013-6-20	贾良元	2013-6-20	王 鑫	2013-6-20	耿志刚	2013-6-20
代绍兴	2013-6-20	宋香霞	2013-6-20	唐 刚	2013-6-20	张进一	2013-6-20
陈红凯	2013-6-20	彭彦华	2013-6-20	周魁斌	2013-6-20	胡海波	2013-6-20
龚德顺	2013-6-20	崔培昕	2013-6-20	孔得朋	2013-6-20	郑 斌	2013-6-20
戴 昆	2013-6-20	郑旭升	2013-6-20	王静虹	2013-6-20	朱春华	2013-6-20
于 丹	2013-6-20	张 亮	2013-6-20	王世东	2013-6-20	李 然	2013-6-20
王 虹	2013-6-20	曹锡康	2013-6-20	牛 奕	2013-6-20	张 兴	2013-6-20
张玉杰	2013-6-20	王 明	2013-6-20	陶常法	2013-6-20	白亮飞	2013-6-20
李 静	2013-6-20	李 峰	2013-6-20	唐 飞	2013-6-20	汪莎莎	2013-6-20
陶 悦	2013-6-20	易 勇	2013-6-20	朱孔金	2013-6-20	张 瑞	2013-6-20
吴旻昊	2013-6-20	杜宇能	2013-6-20	王学贵	2013-6-20	刘 琳	2013-6-20
刘泽先	2013-6-20	杨中华	2013-6-20	梅 鹏	2013-6-20	李晓妮	2013-6-20
查 昭	2013-6-20	张 斌	2013-6-20	杨 华	2013-6-20	曾荣光	2013-6-20
王全新	2013-6-20	代玉山	2013-6-20	曾 怡	2013-6-20	徐 杰	2013-6-20
宋逢泉	2013-6-20	牛 巍	2013-6-20	储松南	2013-6-20	邵智斌	2013-6-20
白正贺	2013-6-20	曹镇东	2013-6-20	王 阳	2013-6-20	周 俊	2013-6-20

附 录

续表

姓名	学位授予日期	姓名	学位授予日期	姓名	学位授予日期	姓名	学位授予日期
郭 昌	2013-6-20	张双喜	2013-11-29	杨 浩	2013-11-29	闫 鹏	2013-11-29
纪永飞	2013-6-20	Hova Hoavo	2013-11-29	黎明曦	2013-11-29	张 洁	2013-11-29
郭宇桥	2013-6-20			袁 智	2013-11-29	朱颤颤	2013-11-29
赵志颖	2013-6-20	魏 然	2013-11-29	张济民	2013-11-29	刘景磊	2013-11-29
于 一	2013-6-20	宋 辉	2013-11-29	查 俊	2013-11-29	洪宇植	2013-11-29
闫亚军	2013-6-20	乔 扬	2013-11-29	张江伟	2013-11-29	邓艳如	2013-11-29
应剑俊	2013-6-20	黄梦溪	2013-11-29	翟云飞	2013-11-29	徐 龙	2013-11-29
张文全	2013-6-20	史汝超	2013-11-29	董翠玲	2013-11-29	张晓龙	2013-11-29
李凤磊	2013-6-20	王显圣	2013-11-29	刘忠平	2013-11-29	刘云峰	2013-11-29
徐士鑫	2013-11-29	万振华	2013-11-29	许学伟	2013-11-29	王 鹏	2013-11-29
庞 瑞	2013-11-29	任 恒	2013-11-29	郗照勇	2013-11-29	赵 君	2013-11-29
郭荧荧	2013-11-29	褚佑彪	2013-11-29	陈立锋	2013-11-29	齐薪蕊	2013-11-29
李 惠	2013-11-29	何 雨	2013-11-29	郭旺军	2013-11-29	王 勇	2013-11-29
刘晓迪	2013-11-29	邵宏伟	2013-11-29	张学奇	2013-11-29	苗彦彦	2013-11-29
杨 磊	2013-11-29	朱海波	2013-11-29	王严学	2013-11-29	杜朝阳	2013-11-29
张 鹏	2013-11-29	于 伟	2013-11-29	王 虎	2013-11-29	王楠希	2013-11-29
张 岩	2013-11-29	沈 骥	2013-11-29	黄福建	2013-11-29	任晓帅	2013-11-29
胡 伟	2013-11-29	杨成昀	2013-11-29	程 盛	2013-11-29	罗 铭	2013-11-29
常苏捷	2013-11-29	何 慧	2013-11-29	丁 伟	2013-11-29	成 望	2013-11-29
陈 良	2013-11-29	陈伊翔	2013-11-29	曹付虎	2013-11-29	史朝为	2013-11-29
杨 彬	2013-11-29	水 泳	2013-11-29	郝景萌	2013-11-29	孙德猛	2013-11-29
龙海威	2013-11-29	童 磊	2013-11-29	林 琳	2013-11-29	朴冠英	2013-11-29
王俊峰	2013-11-29	王朝庆	2013-11-29	苏姗姗	2013-11-29	毛成琼	2013-11-29
陈 晨	2013-11-29	高 庆	2013-11-29	潘治政	2013-11-29	朱友明	2013-11-29
杨 阳	2013-11-29	李星光	2013-11-29	李 云	2013-11-29	鲁 扬	2013-11-29
何乐为	2013-11-29	晏 涛	2013-11-29	傅 强	2013-11-29	高 峰	2013-11-29
孔德峰	2013-11-29	毛成林	2013-11-29	刘 静	2013-11-29	李扬兮	2013-11-29
时桂芬	2013-11-29	李建华	2013-11-29	张小峰	2013-11-29	杨 帆	2013-11-29
邹丹旦	2013-11-29	陈 龙	2013-11-29	孙文彬	2013-11-29	余维丽	2013-11-29

续表

姓名	学位授予日期	姓名	学位授予日期	姓名	学位授予日期	姓名	学位授予日期
龙运多	2013-11-29	范 诚	2013-11-29	徐洪俊	2014-4-1	常元钦	2014-4-1
刘合军	2013-11-29	王成名	2013-11-29	胡祥龙	2014-4-1	王麒翰	2014-6-19
陈 朋	2013-11-29	卢 文	2014-4-1	陈丽娟	2014-4-1	张伟红	2014-6-19
代亚男	2013-11-29	张 哲	2014-4-1	吕 伟	2014-4-1	陈啸宇	2014-6-19
吴凯棋	2013-11-29	李 志	2014-4-1	金 洲	2014-4-1	冯文月	2014-6-19
胡荣宽	2013-11-29	李连伟	2014-4-1	朱泽德	2014-4-1	程 星	2014-6-19
马洪第	2013-11-29	林 梅	2014-4-1	张 洁	2014-4-1	霍丽君	2014-6-19
魏 永	2013-11-29	王景荣	2014-4-1	刘 强	2014-4-1	余小龙	2014-6-19
薛燕婷	2013-11-29	安 然	2014-4-1	王 东	2014-4-1	谢永红	2014-6-19
姜晓君	2013-11-29	董 超	2014-4-1	董晨景	2014-4-1	刘 磊	2014-6-19
陈永琳	2013-11-29	杨小庆	2014-4-1	唐雅珺	2014-4-1	王海燕	2014-6-19
徐敬尧	2013-11-29	张 琛	2014-4-1	吴惠梅	2014-4-1	涂思铭	2014-6-19
沈秋坦	2013-11-29	叶春逢	2014-4-1	王建宇	2014-4-1	康红梅	2014-6-19
沈向军	2013-11-29	杜中伟	2014-4-1	尹梦回	2014-4-1	郭瑞晗	2014-6-19
张福平	2013-11-29	王罗斌	2014-4-1	邹庆剑	2014-4-1	洪振木	2014-6-19
夏清泉	2013-11-29	刘永贵	2014-4-1	杜博文	2014-4-1	李珍珍	2014-6-19
安江涛	2013-11-29	陈红永	2014-4-1	侯胜科	2014-4-1	江金凤	2014-6-19
戴 康	2013-11-29	赵丰鹏	2014-4-1	吴金雨	2014-4-1	苏同上	2014-6-19
王德勇	2013-11-29	颜建伟	2014-4-1	吕树娟	2014-4-1	蒋 涛	2014-6-19
朱红亚	2013-11-29	肖维灵	2014-4-1	盛大平	2014-4-1	陈美娜	2014-6-19
毛占利	2013-11-29	刘 炜	2014-4-1	陈 勇	2014-4-1	陈肇威	2014-6-19
许红利	2013-11-29	杜柏生	2014-4-1	张 敏	2014-4-1	王 晶	2014-6-19
张 磊	2013-11-29	张得天	2014-4-1	武红利	2014-4-1	吴燕飞	2014-6-19
王才林	2013-11-29	汪启伟	2014-4-1	饶欢乐	2014-4-1	项 天	2014-6-19
柯文炮	2013-11-29	刘 通	2014-4-1	曹振全	2014-4-1	丁怀义	2014-6-19
李 林	2013-11-29	赵林泓	2014-4-1	孟 娜	2014-4-1	任文贞	2014-6-19
王 鸿	2013-11-29	何 毅	2014-4-1	蔡洪冰	2014-4-1	尹乃强	2014-6-19
高 强	2013-11-29	胡先海	2014-4-1	海子彬	2014-4-1	吴以治	2014-6-19
张文娟	2013-11-29	党 政	2014-4-1	曹 原	2014-4-1	黄 山	2014-6-19

附 录

续表

姓名	学位授予日期	姓名	学位授予日期	姓名	学位授予日期	姓名	学位授予日期
周儒	2014-6-19	李强	2014-6-19	胡晓艳	2014-6-19	徐东阳	2014-6-19
江莎	2014-6-19	申屠国樑	2014-6-19	钱春强	2014-6-19	蒋锴	2014-6-19
高倩倩	2014-6-19	刘亚伟	2014-6-19	雷祖祥	2014-6-19	刘东	2014-6-19
王汝林	2014-6-19	胡明	2014-6-19	刘静	2014-6-19	张浩	2014-6-19
陶骞	2014-6-19	董磊	2014-6-19	盛洪飞	2014-6-19	刘锐	2014-6-19
张珍	2014-6-19	康龙飞	2014-6-19	李松晏	2014-6-19	杨南	2014-6-19
干加军	2014-6-19	胡雪野	2014-6-19	汪磊	2014-6-19	李大瑞	2014-6-19
马会利	2014-6-19	刘列峰	2014-6-19	华如南	2014-6-19	邹自明	2014-6-19
陈武峰	2014-6-19	韩昭	2014-6-19	王智国	2014-6-19	朱耿尚	2014-6-19
张志国	2014-6-19	张鸿飞	2014-6-19	王硕	2014-6-19	刘磊	2014-6-19
臧建正	2014-6-19	崔珂	2014-6-19	淦明	2014-6-19	刘荣华	2014-6-19
陈博昊	2014-6-19	蒋小菲	2014-6-19	崔浩	2014-6-19	吴彦	2014-6-19
范明慧	2014-6-19	Mahfoudh Ahmed Beiba	2014-6-19	包叶波	2014-6-19	陈志	2014-6-19
王晓雯	2014-6-19			杨光	2014-6-19	刘丙祥	2014-6-19
柯飞	2014-6-19	张盼科	2014-6-19	杨英	2014-6-19	陈清清	2014-6-19
付岑峰	2014-6-19	苗荣欣	2014-6-19	李科	2014-6-19	张睿	2014-6-19
邢新明	2014-6-19	耿聪	2014-6-19	徐鹏	2014-6-19	刘志坤	2014-6-19
林颖婷	2014-6-19	王朋	2014-6-19	唐浩	2014-6-19	杨安	2014-6-19
张重阳	2014-6-19	李潇峰	2014-6-19	李士超	2014-6-19	冼桃	2014-6-19
王景	2014-6-19	谢青	2014-6-19	张宴龙	2014-6-19	卢三	2014-6-19
杨驰	2014-6-19	管子武	2014-6-19	陈力	2014-6-19	张佳妹	2014-6-19
查王妹	2014-6-19	王贵林	2014-6-19	汪智勇	2014-6-19	严智操	2014-6-19
刘娟	2014-6-19	宋卿争	2014-6-19	杨非	2014-6-19	刘静静	2014-6-19
彭涛	2014-6-19	姬长金	2014-6-19	任海豹	2014-6-19	吴盾	2014-6-19
孙振田	2014-6-19	廖国江	2014-6-19	杨辰雨	2014-6-19	聂亚光	2014-6-19
赵天明	2014-6-19	许阳光	2014-6-19	刘衡	2014-6-19	胡启后	2014-6-19
安健飞	2014-6-19	吴健雄	2014-6-19	石中博	2014-6-19	颜翠平	2014-6-19
孙毅	2014-6-19	刘明涛	2014-6-19	胡安洲	2014-6-19	笪春年	2014-6-19
李明	2014-6-19	林谋金	2014-6-19	曹圣红	2014-6-19	邱世灿	2014-6-19

续表

姓名	学位授予日期	姓名	学位授予日期	姓名	学位授予日期	姓名	学位授予日期
康 彧	2014-6-19	刘 京	2014-6-19	连德富	2014-6-19	钱 婧	2014-6-19
陶 波	2014-6-19	郑 伟	2014-6-19	汪 娜	2014-6-19	王运龙	2014-6-19
吴征天	2014-6-19	周 璠	2014-6-19	刘士琛	2014-6-19	蔡 超	2014-6-19
刘 方	2014-6-19	韩 飞	2014-6-19	何晓旭	2014-6-19	笪 诚	2014-6-19
沈长青	2014-6-19	黄垂碧	2014-6-19	杨濮源	2014-6-19	陈桂林	2014-6-19
张 翱	2014-6-19	崔昊旻	2014-6-19	夏 瑜	2014-6-19	陈 锋	2014-6-19
叶回春	2014-6-19	刘兴涛	2014-6-19	李春生	2014-6-19	何 锐	2014-6-19
褚 彪	2014-6-19	曾述可	2014-6-19	Hisham Ali Mustafa Omer	2014-6-19	尹留志	2014-6-19
毛世鑫	2014-6-19	向 彪	2014-6-19			朱俊鹏	2014-6-19
王 磊	2014-6-19	王俊昌	2014-6-19			肖立群	2014-6-19
王 伟	2014-6-19	张 钟	2014-6-19	段亚娟	2014-6-19	贾兆丽	2014-6-19
葛新方	2014-6-19	谭 昶	2014-6-19	贾江涛	2014-6-19	张朝霞	2014-6-19
冯明驰	2014-6-19	张 磊	2014-6-19	袁旭东	2014-6-19	魏 强	2014-6-19
刘 莹	2014-6-19	王 锋	2014-6-19	刘启一	2014-6-19	李会会	2014-6-19
罗婷婷	2014-6-19	张军能	2014-6-19	舒 悦	2014-6-19	赵 岩	2014-6-19
曹兆楼	2014-6-19	朱宗卫	2014-6-19	汤亮亮	2014-6-19	黄耀兵	2014-6-19
马孟超	2014-6-19	杨矫云	2014-6-19	赵莲晋	2014-6-19	易 钧	2014-6-19
Obaji Michael Okeke	2014-6-19	赵 扬	2014-6-19	吴 平	2014-6-19	潘 涛	2014-6-19
		赵 增	2014-6-19	于 志	2014-6-19	张永刚	2014-6-19
张西文	2014-6-19	田苗苗	2014-6-19	陈海飞	2014-6-19	高令峰	2014-6-19
姚士佳	2014-6-19	郭伟杰	2014-6-19	龙 潭	2014-6-19	徐 鹏	2014-6-19
王传锐	2014-6-19	缪海波	2014-6-19	刘 阳	2014-6-19	刘 文	2014-6-19
严金丰	2014-6-19	尹红军	2014-6-19	贺 菲	2014-6-19	陈洁洁	2014-6-19
刘兴华	2014-6-19	张常淳	2014-6-19	何 炜	2014-6-19	刘武军	2014-6-19
张海鹏	2014-6-19	梁红瑾	2014-6-19	孔祥恺	2014-6-19	黎先发	2014-6-19
辛 煜	2014-6-19	朱云锋	2014-6-19	魏 铭	2014-6-19	许德晨	2014-6-19
刘建秀	2014-6-19	孙 权	2014-6-19	李斯蓉	2014-6-19	位登虎	2014-6-19
郭明玮	2014-6-19	刘志磊	2014-6-19	张临超	2014-6-19	袁正秋	2014-6-19
王 微	2014-6-19	杨 磊	2014-6-19	温建武	2014-6-19	邵根荣	2014-6-19

附 录

续表

姓名	学位授予日期	姓名	学位授予日期	姓名	学位授予日期	姓名	学位授予日期
龙 冉	2014-6-19	沈 楠	2014-6-19	陈 卓	2014-6-19	钟炳伟	2014-6-19
谢俊峰	2014-6-19	王允坤	2014-6-19	陈向东	2014-6-19	杨林梅	2014-6-19
管美丽	2014-6-19	钱婷婷	2014-6-19	薛国胜	2014-6-19	张文凤	2014-6-19
于秀霞	2014-6-19	储菲菲	2014-6-19	韦 海	2014-6-19	陈 纲	2014-6-19
张宏丽	2014-6-19	王富强	2014-6-19	温晓镭	2014-6-19	章 魏	2014-6-19
王会巧	2014-6-19	刘秀玲	2014-6-19	席 铮	2014-6-19	耿江波	2014-6-19
游 波	2014-6-19	张克宏	2014-6-19	孙 彪	2014-6-19	曹雄飞	2014-6-19
姚 莉	2014-6-19	张文建	2014-6-19	尚汝南	2014-6-19	聂腾飞	2014-6-19
王晓静	2014-6-19	赵 东	2014-6-19	王 力	2014-6-19	周志翔	2014-6-19
何玉萍	2014-6-19	严骏杰	2014-6-19	黄靖正	2014-6-19	刘志勇	2014-6-19
吴 华	2014-6-19	沈广勇	2014-6-19	刘爱萍	2014-6-19	王佳玮	2014-6-19
郭 蕊	2014-6-19	胡志家	2014-6-19	关 欢	2014-6-19	徐 亮	2014-6-19
刘 槟	2014-6-19	王锋伟	2014-6-19	徐 腾	2014-6-19	崔连标	2014-6-19
尹 锋	2014-6-19	汪钟凯	2014-6-19	周煜梁	2014-6-19	郑夏冰	2014-6-19
李 江	2014-6-19	方华高	2014-6-19	王天顺	2014-6-19	杨 敏	2014-6-19
尚 睿	2014-6-19	袁 博	2014-6-19	邹长铃	2014-6-19	戴前智	2014-6-19
龚天军	2014-6-19	孙景业	2014-6-19	郑巧英	2014-6-19	孙加森	2014-6-19
马献涛	2014-6-19	葛铁铮	2014-6-19	王剑锋	2014-6-19	郭晓龙	2014-6-19
杨付来	2014-6-19	汪 瀚	2014-6-19	赵四学	2014-6-19	张 娟	2014-6-19
闫溢哲	2014-6-19	王陈銮	2014-6-19	王永伟	2014-6-19	谭 敏	2014-6-19
徐 坤	2014-6-19	胡 巍	2014-6-19	梁 帅	2014-6-19	王 茜	2014-6-19
冯承涛	2014-6-19	路知远	2014-6-19	陈仕伟	2014-6-19	何 毅	2014-6-19
张振雷	2014-6-19	赵文平	2014-6-19	陶文玉	2014-6-19	孙见山	2014-6-19
王建勇	2014-6-19	张小龙	2014-6-19	钱玉洁	2014-6-19	周 磊	2014-6-19
李 彦	2014-6-19	柏小剑	2014-6-19	刘永久	2014-6-19	王 飞	2014-6-19
李家昆	2014-6-19	杨海艳	2014-6-19	余道洋	2014-6-19	李 敏	2014-6-19
张 旭	2014-6-19	翁攀峰	2014-6-19	吴景林	2014-6-19	朱云浩	2014-6-19
王晓林	2014-6-19	褚龙飞	2014-6-19	王 婷	2014-6-19	余文涛	2014-6-19
黄裕熙	2014-6-19	黄 凰	2014-6-19	唐祥虎	2014-6-19	汪良兵	2014-6-19

勇立潮头 扬帆前行
中国科学技术大学学位与研究生教育编年史稿（1978~2018）

续表

姓名	学位授予日期	姓名	学位授予日期	姓名	学位授予日期	姓名	学位授予日期
Ali Abdulwahab Mohammed Alwazir	2014-6-19	李璐璐	2014-6-19	于路新	2014-6-19	武金模	2014-6-19
		宛雯	2014-6-19	栗武斌	2014-6-19	徐文总	2014-6-19
		刘行	2014-6-19	邹俊颖	2014-6-19	龚伦伦	2014-6-19
史律	2014-6-19	游轶博	2014-6-19	宋婧	2014-6-19	孟庆亮	2014-6-19
瞿家桂	2014-6-19	查盈盈	2014-6-19	邵伟佳	2014-6-19	赵威风	2014-6-19
齐紫平	2014-6-19	武龙飞	2014-6-19	刘艳萍	2014-6-19	赵伟涛	2014-6-19
任子甲	2014-6-19	张陇梅	2014-6-19	田楠	2014-6-19	贾佳	2014-6-19
刘东风	2014-6-19	梁猛	2014-6-19	程占军	2014-6-19	平平	2014-6-19
孙海鹏	2014-6-19	李文清	2014-6-19	翁俊桀	2014-6-19	梁参军	2014-6-19
殷梧	2014-6-19	张水军	2014-6-19	葛少林	2014-6-19	江赛华	2014-6-19
安旭	2014-6-19	颜微	2014-6-19	李朝阳	2014-6-19	白志满	2014-6-19
曾筑天	2014-6-19	李家松	2014-6-19	柳守杰	2014-6-19	洪宁宁	2014-6-19
赵庆	2014-6-19	邵振华	2014-6-19	冯亚娟	2014-6-19	汪磊	2014-6-19
梅国强	2014-6-19	葛晨晨	2014-6-19	吴朝	2014-6-19	钱小东	2014-6-19
胡春瑞	2014-6-19	柳慧慧	2014-6-19	陈双明	2014-6-19	单雪影	2014-6-19
王峥	2014-6-19	汪荣亮	2014-6-19	樊乐乐	2014-6-19	谢小冬	2014-6-19
王贵栓	2014-6-19	都小姣	2014-6-19	鞠焕鑫	2014-6-19	牛慧昌	2014-6-19
田卉	2014-6-19	王红霞	2014-6-19	吴幸泽	2014-6-19	谢启苗	2014-6-19
毕嘉成	2014-6-19	刘文静	2014-6-19	张朴宽	2014-6-19	张佳庆	2014-6-19
孔小辉	2014-6-19	蓝杰钦	2014-6-19	缪亚军	2014-6-19	师文喜	2014-6-19
王福艳	2014-6-19	李骥	2014-6-19	李天放	2014-6-19	沈晓波	2014-6-19
王志凯	2014-6-19	王占东	2014-6-19	王博	2014-6-19	李林杰	2014-6-19
储棂椤	2014-6-19	王艳青	2014-6-19	王仁文	2014-6-19	余陶	2014-6-19
师伟伟	2014-6-19	赵子甲	2014-6-19	张华伦	2014-6-19	胡伟兆	2014-6-19
孙明伟	2014-6-19	陈冲	2014-6-19	郭江江	2014-6-19	周志辉	2014-6-19
杨益虎	2014-6-19	姚传明	2014-6-19	王玉华	2014-6-19	李海航	2014-6-19
余贤军	2014-6-19	何桃	2014-6-19	许少峰	2014-6-19	吕伟	2014-6-19
张小秦	2014-6-19	叶林森	2014-6-19	王超	2014-6-19	张孝春	2014-6-19
王海鹏	2014-6-19	张桂凯	2014-6-19	冯雪飞	2014-6-19	龚俊辉	2014-6-19

附 录

续表

姓名	学位授予日期	姓名	学位授予日期	姓名	学位授予日期	姓名	学位授予日期
李国辉	2014-6-19	高 磊	2014-6-19	史钰峰	2014-11-28	马一科	2014-11-28
许 磊	2014-6-19	刘海峰	2014-6-19	徐卫青	2014-11-28	窦曼莉	2014-11-28
李 森	2014-6-19	支博文	2014-6-19	李春华	2014-11-28	王道斌	2014-11-28
袁 伟	2014-6-19	马传许	2014-6-19	高 昕	2014-11-28	许 健	2014-11-28
张 单	2014-6-19	丁克硕	2014-6-19	咸玉席	2014-11-28	章曙光	2014-11-28
王 雷	2014-6-19	陈 琳	2014-11-28	宋诚谦	2014-11-28	朱加伟	2014-11-28
逯 鹤	2014-6-19	张晓飞	2014-11-28	陈磊磊	2014-11-28	周 锐	2014-11-28
徐 凭	2014-6-19	吴国强	2014-11-28	高 越	2014-11-28	李盖凡	2014-11-28
何玉明	2014-6-19	吕 川	2014-11-28	张龙军	2014-11-28	怀宝兴	2014-11-28
吴 博	2014-6-19	高志伟	2014-11-28	牛 聪	2014-11-28	祝恒书	2014-11-28
刘愉快	2014-6-19	房岱峰	2014-11-28	李 平	2014-11-28	杨阳朝	2014-11-28
王 琦	2014-6-19	黄浩亮	2014-11-28	金 兢	2014-11-28	杨晓杏	2014-11-28
陈 琪	2014-6-19	于文海	2014-11-28	李煦阳	2014-11-28	浦 健	2014-11-28
武 平	2014-6-19	王爱峰	2014-11-28	程扬帆	2014-11-28	郭宏艳	2014-11-28
王恩亮	2014-6-19	查显弧	2014-11-28	洪 蕾	2014-11-28	刘风光	2014-11-28
董 良	2014-6-19	杨 良	2014-11-28	马远鹏	2014-11-28	李 峰	2014-11-28
张 尧	2014-6-19	宋学瑞	2014-11-28	张 涛	2014-11-28	任春雷	2014-11-28
王俊昕	2014-6-19	王利近	2014-11-28	柴守刚	2014-11-28	黄 华	2014-11-28
郭 颖	2014-6-19	邬宗芳	2014-11-28	陶永会	2014-11-28	吴六二	2014-11-28
李 惠	2014-6-19	刘园旭	2014-11-28	丁 丽	2014-11-28	刘富品	2014-11-28
李兆凯	2014-6-19	孟强强	2014-11-28	周李岗	2014-11-28	孙德谦	2014-11-28
闫 楠	2014-6-19	王 磊	2014-11-28	张振国	2014-11-28	朱 林	2014-11-28
杜 青	2014-6-19	唐大海	2014-11-28	胡 峰	2014-11-28	孔维丽	2014-11-28
李 梅	2014-6-19	管 亮	2014-11-28	戴立群	2014-11-28	葛 亮	2014-11-28
梁 琳	2014-6-19	杜寅昌	2014-11-28	丁兆威	2014-11-28	李道波	2014-11-28
邓崇海	2014-6-19	欧阳君	2014-11-28	单立灿	2014-11-28	徐华国	2014-11-28
高贵琪	2014-6-19	吴 超	2014-11-28	李 娜	2014-11-28	王浦澄	2014-11-28
王万胜	2014-6-19	刘 坤	2014-11-28	孙 贺	2014-11-28	徐生年	2014-11-28
邢周昊	2014-6-19	郭 毅	2014-11-28	陈佳佳	2014-11-28	刘 琼	2014-11-28

续表

姓名	学位授予日期	姓名	学位授予日期	姓名	学位授予日期	姓名	学位授予日期
刘 锐	2014-11-28	于慧娟	2014-11-28	丁仕潮	2014-11-28	毛文哲	2015-4-14
胡 飞	2014-11-28	李 盼	2014-11-28	胡传圣	2014-11-28	陈 炼	2015-4-14
罗武宏	2014-11-28	刘 嵘	2014-11-28	王 楠	2014-11-28	孙 亮	2015-4-14
陈家磊	2014-11-28	姚志模	2014-11-28	周 洋	2014-11-28	周 楚	2015-4-14
王宏伟	2014-11-28	邹 杨	2014-11-28	丁元春	2014-11-28	汪 建	2015-4-14
张玉娜	2014-11-28	齐丛丛	2014-11-28	管航敏	2014-11-28	李晨光	2015-4-14
张苗磊	2014-11-28	江小华	2014-11-28	王准准	2014-11-28	刘 宇	2015-4-14
蒋厚强	2014-11-28	张 欢	2014-11-28	蔡凡一	2014-11-28	何 鹏	2015-4-14
张纪英	2014-11-28	于 璐	2014-11-28	谌平凡	2014-11-28	董文祥	2015-4-14
刘亚峰	2014-11-28	余林辉	2014-11-28	夏志刚	2014-11-28	周 盼	2015-4-14
张卫忠	2014-11-28	王正春	2014-11-28	袁妮妮	2014-11-28	李 佩	2015-4-14
王菲露	2014-11-28	赵德彪	2014-11-28	周 康	2014-11-28	刘 佳	2015-4-14
闵 海	2014-11-28	李亚娟	2014-11-28	张璇如	2014-11-28	胡冬冬	2015-4-14
孙友强	2014-11-28	倪荣军	2014-11-28	郭 挺	2014-11-28	安亚军	2015-4-14
何子军	2014-11-28	王 微	2014-11-28	谭雪莲	2014-11-28	张连生	2015-4-14
贾秀芳	2014-11-28	钟永军	2014-11-28	张 杰	2014-11-28	程 珍	2015-4-14
陈晔斌	2014-11-28	柏晓辉	2014-11-28	蔡 玄	2014-11-28	柏爱俊	2015-4-14
董 雨	2014-11-28	朱玉威	2014-11-28	许金兰	2015-4-14	朱 涛	2015-4-14
刘 龙	2014-11-28	许柏英	2014-11-28	汪永杰	2015-4-14	丁云霄	2015-4-14
张 松	2014-11-28	王崇元	2014-11-28	蔡宏坚	2015-4-14	王虎军	2015-4-14
宋连莲	2014-11-28	林 俊	2014-11-28	丁维维	2015-4-14	张明建	2015-4-14
张雁冰	2014-11-28	葛 磊	2014-11-28	王宝轩	2015-4-14	方红燕	2015-4-14
刘 帆	2014-11-28	陈 炜	2014-11-28	杨少林	2015-4-14	王 璐	2015-4-14
安庆贤	2014-11-28	王大江	2014-11-28	任吉昌	2015-4-14	何艳荣	2015-4-14
徐 曼	2014-11-28	黄朝强	2014-11-28	刘 皓	2015-4-14	苏艺明	2015-4-14
宁方坤	2014-11-28	王海波	2014-11-28	张甲甲	2015-4-14	王运龙	2015-4-14
杜 馨	2014-11-28	黄元元	2014-11-28	倪 爽	2015-4-14	姜琰琰	2015-4-14
马晓宇	2014-11-28	赵 莉	2014-11-28	陈 冉	2015-4-14	刘固寰	2015-4-14
刘 蓓	2014-11-28	王郁琛	2014-11-28	黄卫平	2015-4-14	刘晓鹏	2015-4-14

附　录

续表

姓名	学位授予日期	姓名	学位授予日期	姓名	学位授予日期	姓名	学位授予日期
乔赫元	2015-4-14	王　健	2015-4-14	王会杰	2015-6-17	严忠波	2015-6-17
阮仁全	2015-4-14	于少东	2015-4-14	侯纪伟	2015-6-17	赵宇翔	2015-6-17
王　楠	2015-4-14	张雷勇	2015-4-14	周少帅	2015-6-17	徐来林	2015-6-17
张　弘	2015-4-14	叶莉莉	2015-4-14	张明佳	2015-6-17	周小蓉	2015-6-17
方燕儿	2015-4-14	张　义	2015-4-14	陈　恒	2015-6-17	郑文强	2015-6-17
王　琼	2015-4-14	冯高平	2015-4-14	田秀娜	2015-6-17	贺　煜	2015-6-17
孙国民	2015-4-14	王鹏飞	2015-4-14	管兆永	2015-6-17	魏宇佳	2015-6-17
汪昌丽	2015-4-14	孙陶牛	2015-6-17	陈　兵	2015-6-17	陈泺侃	2015-6-17
储　俊	2015-4-14	王　平	2015-6-17	杨国民	2015-6-17	朱逸伦	2015-6-17
张　县	2015-4-14	孙景瑞	2015-6-17	高玉仙	2015-6-17	汤中亮	2015-6-17
钟良文	2015-4-14	沈大伟	2015-6-17	陈　琳	2015-6-17	张　宇	2015-6-17
窦亚玲	2015-4-14	张花艳	2015-6-17	李红春	2015-6-17	许剑飞	2015-6-17
许　婧	2015-4-14	刘　鹏	2015-6-17	葛　晶	2015-6-17	王旭文	2015-6-17
初　波	2015-4-14	张福涛	2015-6-17	李星星	2015-6-17	聂　森	2015-6-17
王　雷	2015-4-14	徐术伟	2015-6-17	杨　军	2015-6-17	左　阳	2015-6-17
李晓丹	2015-4-14	刘　源	2015-6-17	毕培燕	2015-6-17	张文帅	2015-6-17
李　媛	2015-4-14	李　康	2015-6-17	彭　丹	2015-6-17	樊少娟	2015-6-17
蔡晓腾	2015-4-14	刘佳伟	2015-6-17	熊寿健	2015-6-17	赵小利	2015-6-17
谭啸峰	2015-4-14	夏正江	2015-6-17	聂　林	2015-6-17	黄锡汝	2015-6-17
张寅良	2015-4-14	郭　莉	2015-6-17	涂绍勇	2015-6-17	邬维浩	2015-6-17
熊　鹏	2015-4-14	杜　洁	2015-6-17	杨寅彪	2015-6-17	胡　坤	2015-6-17
徐冉杰	2015-4-14	蒋　琰	2015-6-17	刘　文	2015-6-17	郭　迪	2015-6-17
崔兑乐	2015-4-14	王　浩	2015-6-17	陈大翔	2015-6-17	范欢欢	2015-6-17
魏鹏飞	2015-4-14	Waqar	2015-6-17	李　俊	2015-6-17	丁宝钢	2015-6-17
谷　皓	2015-4-14	Abid	2015-6-17	杨　靖	2015-6-17	周　斌	2015-6-17
刘钟华	2015-4-14	杨盛玮	2015-6-17	明章健	2015-6-17	汪先府	2015-6-17
田秀芳	2015-4-14	李冬冬	2015-6-17	梁亦寒	2015-6-17	杨胜军	2015-6-17
邹　野	2015-4-14	丁文艺	2015-6-17	谢卫东	2015-6-17	章　杰	2015-6-17
孙光耀	2015-4-14	刘　浩	2015-6-17	刘婷婷	2015-6-17	韩一纯	2015-6-17

续表

姓名	学位授予日期	姓名	学位授予日期	姓名	学位授予日期	姓名	学位授予日期
周红卫	2015-6-17	于 磊	2015-6-17	汪玉瑛	2015-6-17	李朝辉	2015-6-17
唐 超	2015-6-17	徐 勇	2015-6-17	李 晖	2015-6-17	张 敬	2015-6-17
王明虎	2015-6-17	薛少飞	2015-6-17	周春财	2015-6-17	杨 浩	2015-6-17
吴海军	2015-6-17	黄 逸	2015-6-17	方 婷	2015-6-17	卫一恒	2015-6-17
刘太祥	2015-6-17	晋英豪	2015-6-17	黄 阳	2015-6-17	施 伟	2015-6-17
蒋伟峰	2015-6-17	王 飞	2015-6-17	俞 娟	2015-6-17	廖 飞	2015-6-17
李 季	2015-6-17	李 旭	2015-6-17	王天元	2015-6-17	张树本	2015-6-17
王晓光	2015-6-17	张越一	2015-6-17	田晓峰	2015-6-17	陆效农	2015-6-17
缪广红	2015-6-17	占 新	2015-6-17	Jide	2015-6-17	贾宝芝	2015-6-17
范志强	2015-6-17	张 义	2015-6-17	杨润怀	2015-6-17	Yasir	2015-6-17
辛士红	2015-6-17	鲍光照	2015-6-17	李国强	2015-6-17	张 扬	2015-6-17
高文智	2015-6-17	胡校成	2015-6-17	杨 亮	2015-6-17	许振波	2015-6-17
张志刚	2015-6-17	钟 祎	2015-6-17	张 杰	2015-6-17	郑 毅	2015-6-17
童立红	2015-6-17	邓 娜	2015-6-17	王洪波	2015-6-17	谢炯坤	2015-6-17
胡江平	2015-6-17	方 彬	2015-6-17	颜刚毅	2015-6-17	苗又山	2015-6-17
周延萍	2015-6-17	冯伟国	2015-6-17	王庆博	2015-6-17	孙 苏	2015-6-17
李芳毅	2015-6-17	Badar	2015-6-17	王 俊	2015-6-17	骆 涛	2015-6-17
赵宇峰	2015-6-17	张培培	2015-6-17	陆思良	2015-6-17	李 璐	2015-6-17
王洪涛	2015-6-17	李 宏	2015-6-17	刘彦伟	2015-6-17	刘新春	2015-6-17
王天云	2015-6-17	陈伟文	2015-6-17	陈向成	2015-6-17	张富峥	2015-6-17
李 治	2015-6-17	杨元建	2015-6-17	秦少谦	2015-6-17	陆琦玮	2015-6-17
丁大维	2015-6-17	谷升阳	2015-6-17	闫佩正	2015-6-17	龚旭东	2015-6-17
蔡明琦	2015-6-17	王沛然	2015-6-17	张新宇	2015-6-17	王建富	2015-6-17
蒋 兵	2015-6-17	张飞飞	2015-6-17	周志盛	2015-6-17	朱亚忱	2015-6-17
彭金磷	2015-6-17	贾晓东	2015-6-17	刘 波	2015-6-17	林 盛	2015-6-17
张金雷	2015-6-17	刘佳佳	2015-6-17	赵 雨	2015-6-17	黄赞杰	2015-6-17
刘 震	2015-6-17	高新亮	2015-6-17	冉泳屹	2015-6-17	陈 鹏	2015-6-17
王建峰	2015-6-17	张 淼	2015-6-17	王 鹏	2015-6-17	张忠政	2015-6-17
李 谦	2015-6-17	朱 辉	2015-6-17	温 杰	2015-6-17	吴玉欣	2015-6-17

附 录

续表

姓名	学位授予日期	姓名	学位授予日期	姓名	学位授予日期	姓名	学位授予日期
胡慧庆	2015-6-17	汪志全	2015-6-17	唐安明	2015-6-17	Mazloom	2015-6-17
张晓宁	2015-6-17	杜袁鑫	2015-6-17	苗庆庆	2015-6-17	李梓超	2015-6-17
王玉青	2015-6-17	储 晨	2015-6-17	谢元振	2015-6-17	檀 琳	2015-6-17
王艳秋	2015-6-17	鲁海波	2015-6-17	梁剑文	2015-6-17	李 庆	2015-6-17
郭 超	2015-6-17	马慧娟	2015-6-17	樊 龙	2015-6-17	李欠标	2015-6-17
汪云云	2015-6-17	Muhammad Altaf	2015-6-17	张晶晶	2015-6-17	朱 红	2015-6-17
陈 靖	2015-6-17			李晓娜	2015-6-17	宋廷结	2015-6-17
周方奇	2015-6-17	吕先谨	2015-6-17	陈桂焕	2015-6-17	田玉奎	2015-6-17
王 城	2015-6-17	王 恺	2015-6-17	王 勇	2015-6-17	昱万程	2015-6-17
许子牧	2015-6-17	褚 健	2015-6-17	鲁 平	2015-6-17	盛俊芳	2015-6-17
王严冬	2015-6-17	庄涛涛	2015-6-17	张 祥	2015-6-17	贺 晨	2015-6-17
马明阳	2015-6-17	刘晓静	2015-6-17	王 敏	2015-6-17	潘杰峰	2015-6-17
陈龙祥	2015-6-17	汪 鑫	2015-6-17	唐 林	2015-6-17	冉 瑾	2015-6-17
李应林	2015-6-17	袁 月	2015-6-17	翟文强	2015-6-17	马佳俊	2015-6-17
毛可可	2015-6-17	李丹丹	2015-6-17	卢明祝	2015-6-17	张玉娟	2015-6-17
雷志威	2015-6-17	游 训	2015-6-17	朱 峰	2015-6-17	韦承莎	2015-6-17
杨 驰	2015-6-17	曹冬冬	2015-6-17	刘响雷	2015-6-17	蒋 峰	2015-6-17
王佳庆	2015-6-17	王亚琴	2015-6-17	包 健	2015-6-17	章亚琼	2015-6-17
马小航	2015-6-17	赵 博	2015-6-17	孙 旭	2015-6-17	黄星星	2015-6-17
陈 健	2015-6-17	张 锋	2015-6-17	柏 嵩	2015-6-17	蒋 凝	2015-6-17
夏 娟	2015-6-17	罗宏伟	2015-6-17	马 亮	2015-6-17	张 彪	2015-6-17
张庆平	2015-6-17	徐 坤	2015-6-17	赵雪宇	2015-6-17	孙 雷	2015-6-17
赵 元	2015-6-17	李 芳	2015-6-17	崔梦冰	2015-6-17	王剑亭	2015-6-17
王建林	2015-6-17	裴继影	2015-6-17	江 钧	2015-6-17	黄 东	2015-6-17
洪 涛	2015-6-17	汪普生	2015-6-17	熊 璐	2015-6-17	陈 栋	2015-6-17
陈 龙	2015-6-17	陈殿峰	2015-6-17	陈 曼	2015-6-17	汪 涛	2015-6-17
赵志强	2015-6-17	黄建洲	2015-6-17	王洪玉	2015-6-17	Imran	2015-6-17
卫 涛	2015-6-17	隋先伟	2015-6-17	宋项宁	2015-6-17	汪志荣	2015-6-17
王 宇	2015-6-17	郭建华	2015-6-17	伍 斌	2015-6-17	吴又进	2015-6-17

续表

姓名	学位授予日期	姓名	学位授予日期	姓名	学位授予日期	姓名	学位授予日期
张兴香	2015-6-17	朱后娟	2015-6-17	朱丽丽	2015-6-17	王 刘	2015-6-17
朱展云	2015-6-17	蒋颖畅	2015-6-17	冯晨鹏	2015-6-17	李 委	2015-6-17
李 力	2015-6-17	刘友江	2015-6-17	王 珂	2015-6-17	卢芳汀	2015-6-17
马江波	2015-6-17	汪步云	2015-6-17	张菊芝	2015-6-17	杨 微	2015-6-17
王 挺	2015-6-17	黄红莲	2015-6-17	郭 冬	2015-6-17	姚 远	2015-6-17
朱浩浩	2015-6-17	史子木	2015-6-17	周尔凤	2015-6-17	李诗楠	2015-6-17
李亚贺	2015-6-17	牛国鉴	2015-6-17	朱贾昂	2015-6-17	吴逊尧	2015-6-17
邹 扬	2015-6-17	刘 磊	2015-6-17	杨 树	2015-6-17	郑小虎	2015-6-17
曹冬阳	2015-6-17	刘红霞	2015-6-17	黄胜兰	2015-6-17	邵恒熠	2015-6-17
李 力	2015-6-17	李 毅	2015-6-17	任 杰	2015-6-17	夏 鹏	2015-6-17
周宗权	2015-6-17	张洪华	2015-6-17	万 亮	2015-6-17	曹 丹	2015-6-17
李传新	2015-6-17	赵英国	2015-6-17	张哲宇	2015-6-17	马荣钠	2015-6-17
李 默	2015-6-17	韦 娟	2015-6-17	俞仁智	2015-6-17	王 维	2015-6-17
崔 哲	2015-6-17	王葵葵	2015-6-17	李芹芹	2015-6-17	李 娟	2015-6-17
丁冬生	2015-6-17	吴 贞	2015-6-17	赵 明	2015-6-17	叶开琴	2015-6-17
陈漪恺	2015-6-17	孙 文	2015-6-17	王善勇	2015-6-17	陈 亮	2015-6-17
张永昌	2015-6-17	杨金璧	2015-6-17	洪 嵩	2015-6-17	竹文坤	2015-6-17
董 冬	2015-6-17	尹春晓	2015-6-17	丁齐英	2015-6-17	汪 莹	2015-6-17
周雷鸣	2015-6-17	车 通	2015-6-17	杜晶晶	2015-6-17	侯文韬	2015-6-17
黄 文	2015-6-17	郝晶晶	2015-6-17	Patrick	2015-6-17	梁雅静	2015-6-17
周志远	2015-6-17	宋世领	2015-6-17	余 曦	2015-6-17	张 佳	2015-6-17
刘 辰	2015-6-17	张家宏	2015-6-17	周 恒	2015-6-17	高 超	2015-6-17
罗希望	2015-6-17	杨 辰	2015-6-17	王寅虎	2015-6-17	胡冬梅	2015-6-17
代 亮	2015-6-17	吴 记	2015-6-17	李胜彪	2015-6-17	胡 岳	2015-6-17
杨孝青	2015-6-17	王 创	2015-6-17	王军成	2015-6-17	王丽君	2015-6-17
杨 亮	2015-6-17	王 军	2015-6-17	张 旭	2015-6-17	李 赛	2015-6-17
马 芳	2015-6-17	杨明明	2015-6-17	谢 峰	2015-6-17	张慧娟	2015-6-17
刘中刚	2015-6-17	杜 菲	2015-6-17	晋 艳	2015-6-17	吕明荣	2015-6-17
高 超	2015-6-17	李慧芳	2015-6-17	戚仁莉	2015-6-17	黄河龙	2015-6-17

附　录

续表

姓名	学位授予日期	姓名	学位授予日期	姓名	学位授予日期	姓名	学位授予日期
张　标	2015-6-17	郑　健	2015-6-17	程位任	2015-6-17	刘文杰	2015-6-17
刘　峥	2015-6-17	宋文成	2015-6-17	陈　健	2015-6-17	杨瑞龙	2015-6-17
李　冬	2015-6-17	彭　科	2015-6-17	黄伟峰	2015-6-17	郝常山	2015-6-17
周　星	2015-6-17	胡昭阳	2015-6-17	林宏翔	2015-6-17	孔　熙	2015-6-17
赵　岩	2015-6-17	高　牟	2015-6-17	陈明明	2015-6-17	张伟杰	2015-6-17
牛龙见	2015-6-17	李方旺	2015-6-17	刘凌云	2015-6-17	邝艳敏	2015-6-17
Ihtisham	2015-6-17	王金金	2015-6-17	Majid Khan	2015-6-17	滕孟丽	2015-6-17
张　军	2015-6-17	贺小桐	2015-6-17			孙慧娟	2015-6-17
张青鸥	2015-6-17	王子晨	2015-6-17	金汉锋	2015-6-17	蔡昕东	2015-6-17
范华东	2015-6-17	高　亮	2015-6-17	牟宏霖	2015-6-17	黄　璞	2015-6-17
贺　建	2015-6-17	谢起慧	2015-6-17	江曙东	2015-6-17	汤艳琳	2015-6-17
贾　婧	2015-6-17	周　楠	2015-6-17	陆凯华	2015-6-17	季思聪	2015-6-17
张光辉	2015-6-17	李金龙	2015-6-17	杨宏宇	2015-6-17	韦友秀	2015-6-17
汪　进	2015-6-17	Shabbir	2015-6-17	周克清	2015-6-17	张发宝	2015-6-17
吴西林	2015-6-17	Waqas	2015-6-17	潘海峰	2015-6-17	陈　功	2015-6-17
任　强	2015-6-17	郑衍畅	2015-6-17	王鹏飞	2015-6-17	周海彪	2015-6-17
陈火耀	2015-6-17	张　帆	2015-6-17	陈　潇	2015-6-17	郑方才	2015-6-17
许绍海	2015-6-17	陈裕凯	2015-6-17	李满厚	2015-6-17	毕文团	2015-6-17
陈　钊	2015-6-17	汤振兴	2015-6-17	王　强	2015-6-17	冯　冯	2015-6-17
赵彦云	2015-6-17	周韦明	2015-6-17	霍非舟	2015-6-17	李　睿	2015-6-17
王　玉	2015-6-17	崔昆朋	2015-6-17	魏晓鸽	2015-6-17	范聪敏	2015-6-17
刘　静	2015-6-17	王　毓	2015-6-17	范传刚	2015-6-17	周　婷	2015-6-17
李　昊	2015-6-17	杨　桦	2015-6-17	安伟光	2015-6-17	土黎丽	2015-6-17
郭　倩	2015-6-17	曹茂启	2015-6-17	傅志坚	2015-6-17	颜毛毛	2015-6-17
李　敏	2015-6-17	刘　栋	2015-6-17	赵兰明	2015-6-17	方　益	2015-11-25
陈珍平	2015-6-17	吴芳芳	2015-6-17	王晓伟	2015-6-17	章　海	2015-11-25
赵锦波	2015-6-17	王圣浩	2015-6-17	阚永春	2015-6-17	杨金榜	2015-11-25
王　文	2015-6-17	潘从元	2015-6-17	金颖滴	2015-6-17	林秉文	2015-11-25
杨　琪	2015-6-17	程　浩	2015-6-17	阮　矊	2015-6-17	张神星	2015-11-25

续表

姓名	学位授予日期	姓名	学位授予日期	姓名	学位授予日期	姓名	学位授予日期
周 盾	2015-11-25	田楷云	2015-11-25	王美玲	2015-11-25	郑亚荣	2015-11-25
Muhammad Jamal	2015-11-25	陈吉锋	2015-11-25	梁 舒	2015-11-25	周庆同	2015-11-25
		宋弘烨	2015-11-25	李 贤	2015-11-25	谢 寒	2015-11-25
张 鹏	2015-11-25	张 勇	2015-11-25	孙明明	2015-11-25	翁汉钦	2015-11-25
张光辉	2015-11-25	张 军	2015-11-25	卢 坤	2015-11-25	李军配	2015-11-25
童 华	2015-11-25	陈 伟	2015-11-25	祖 渊	2015-11-25	朱逢尧	2015-11-25
梁海星	2015-11-25	李 偲	2015-11-25	曾广翔	2015-11-25	刘文娟	2015-11-25
王锡朋	2015-11-25	苗 丹	2015-11-25	李 鑫	2015-11-25	杨臣威	2015-11-25
代艳萌	2015-11-25	陈 曦	2015-11-25	吴 乐	2015-11-25	刘 培	2015-11-25
闫丽娟	2015-11-25	王永明	2015-11-25	张 龙	2015-11-25	宋骧骧	2015-11-25
孙广旭	2015-11-25	李万财	2015-11-25	徐 琳	2015-11-25	金光希	2015-11-25
陈 方	2015-11-25	杨一增	2015-11-25	潘玉彪	2015-11-25	梁文烨	2015-11-25
谈 艳	2015-11-25	李双庆	2015-11-25	郭 琦	2015-11-25	宋萧天	2015-11-25
巨明刚	2015-11-25	邓江洪	2015-11-25	许 艳	2015-11-25	蔡永旌	2015-11-25
胡广海	2015-11-25	郭静超	2015-11-25	刘志帆	2015-11-25	宋红岩	2015-11-25
王 骞	2015-11-25	翁辉辉	2015-11-25	曹长敏	2015-11-25	张延磊	2015-11-25
黄世娟	2015-11-25	王张民	2015-11-25	王岩峰	2015-11-25	国丽娜	2015-11-25
李 冰	2015-11-25	徐建宽	2015-11-25	葛 文	2015-11-25	张燕翔	2015-11-25
龚 韬	2015-11-25	吴 晅	2015-11-25	黄 妍	2015-11-25	王建萍	2015-11-25
高山山	2015-11-25	周 剑	2015-11-25	马图腾	2015-11-25	翁士状	2015-11-25
高 军	2015-11-25	黎 轩	2015-11-25	赵 彪	2015-11-25	江 辰	2015-11-25
周 达	2015-11-25	王支荣	2015-11-25	吴 芩	2015-11-25	王敬志	2015-11-25
李伟华	2015-11-25	陆冬平	2015-11-25	历 彪	2015-11-25	吴姝琴	2015-11-25
芮 俊	2015-11-25	郭 杰	2015-11-25	严幼贤	2015-11-25	吴 影	2015-11-25
谢 东	2015-11-25	龚立娇	2015-11-25	丁 静	2015-11-25	刘迪龙	2015-11-25
陈晓虎	2015-11-25	罗常伟	2015-11-25	程芹芹	2015-11-25	杨 洁	2015-11-25
王 评	2015-11-25	夏 炎	2015-11-25	陶建龙	2015-11-25	孟 孜	2015-11-25
张小辉	2015-11-25	李桂林	2015-11-25	王文亮	2015-11-25	刘丽丽	2015-11-25
张志永	2015-11-25	俞斌峰	2015-11-25	余 军	2015-11-25	陈森森	2015-11-25

附 录

续表

姓名	学位授予日期	姓名	学位授予日期	姓名	学位授予日期	姓名	学位授予日期
项 立	2015-11-25	王文文	2015-11-25	刘含笑	2015-11-25	陈恺萌	2016-4-6
昂 胜	2015-11-25	刘 武	2015-11-25	李 璐	2015-11-25	Ammar	2016-4-6
蒋 宁	2015-11-25	周中银	2015-11-25	孟秋实	2015-11-25	年永乐	2016-4-6
陈 亚	2015-11-25	林继平	2015-11-25	沈 凯	2015-11-25	杨渐志	2016-4-6
董玉凤	2015-11-25	吴 茜	2015-11-25	李 敏	2015-11-25	徐更生	2016-4-6
徐小平	2015-11-25	刘刚文	2015-11-25	涂乐义	2015-11-25	袁荣华	2016-4-6
陈 志	2015-11-25	胡善玮	2015-11-25	孙 蓉	2015-11-25	陈冠雄	2016-4-6
王 飞	2015-11-25	陈珊琦	2015-11-25	徐金菊	2016-4-6	云 宇	2016-4-6
姜 浩	2015-11-25	韩 骞	2015-11-25	蔡延安	2016-4-6	居 姗	2016-4-6
任以中	2015-11-25	葛洪恩	2015-11-25	龚祖永	2016-4-6	王培龙	2016-4-6
付 程	2015-11-25	徐 毅	2015-11-25	胡 伟	2016-4-6	胡 鑫	2016-4-6
邓 刚	2015-11-25	程纪华	2015-11-25	陈未中	2016-4-6	刘洋溢	2016-4-6
莫 非	2015-11-25	唐兴和	2015-11-25	倪 磊	2016-4-6	于晓芳	2016-4-6
庄筱璇	2015-11-25	吴 蔚	2015-11-25	陈 伟	2016-4-6	徐 杰	2016-4-6
黄玉斌	2015-11-25	徐胡昇	2015-11-25	胡 皓	2016-4-6	梁书恩	2016-4-6
刘 茜	2015-11-25	曹晔华	2015-11-25	祁宾祥	2016-4-6	汪枭睿	2016-4-6
倪 军	2015-11-25	蒋晓龙	2015-11-25	卢潇鸣	2016-4-6	张学鹏	2016-4-6
赵志举	2015-11-25	毕拉力	2015-11-25	帅 鹏	2016-4-6	张 冲	2016-4-6
孙 睿	2015-11-25	杨蒙蒙	2015-11-25	李 朗	2016-4-6	刘 彬	2016-4-6
朱丽娟	2015-11-25	冯婷婷	2015-11-25	张 科	2016-4-6	周明洋	2016-4-6
郭恭睿	2015-11-25	韩 永	2015-11-25	王用岩	2016-4-6	王建业	2016-4-6
孙春阳	2015-11-25	吴丽翔	2015-11-25	杨 鑫	2016-4-6	王国燕	2016-4-6
李 琼	2015-11-25	陈文星	2015-11-25	王鲁海	2016-4-6	陶 莎	2016-4-6
曹 洋	2015-11-25	廖瑶剑	2015-11-25	陈园平	2016-4-6	蒋道平	2016-4-6
孙培蓓	2015-11-25	姜婕妤	2015-11-25	高 齐	2016-4-6	黄 雯	2016-4-6
汪成亮	2015-11-25	马 鑫	2015-11-25	吴 非	2016-4-6	胡福松	2016-4-6
陈 川	2015-11-25	王 洁	2015-11-25	张桂洁	2016-4-6	陈良锋	2016-4-6
王艳明	2015-11-25	吴振坤	25-Nov-15	张 凯	2016-4-6	谭季波	2016-4-6
訾振振	2015-11-25	李竟成	2015-11-25	孙 昊	2016-4-6	庞建刚	2016-4-6

续表

姓名	学位授予日期	姓名	学位授予日期	姓名	学位授予日期	姓名	学位授予日期
李婷婷	2016-4-6	邱国寰	2016-6-16	李心悦	2016-6-16	杨思奇	2016-6-16
田 陈	2016-4-6	柳 伟	2016-6-16	覃延广	2016-6-16	黄文龙	2016-6-16
李高朋	2016-4-6	成 锦	2016-6-16	程 军	2016-6-16	郦 盟	2016-6-16
毛杰利	2016-4-6	谢如龙	2016-6-16	王晓雄	2016-6-16	金芳洲	2016-6-16
武小力	2016-4-6	张晶晶	2016-6-16	雷风采	2016-6-16	江 琨	2016-6-16
郑竹霞	2016-4-6	李 芳	2016-6-16	彭 波	2016-6-16	杨 帅	2016-6-16
王 艳	2016-4-6	连政星	2016-6-16	孟文杰	2016-6-16	沈华刚	2016-6-16
张巍昌	2016-4-6	卢键方	2016-6-16	田康振	2016-6-16	卫子安	2016-6-16
胡海汐	2016-4-6	曹富军	2016-6-16	蒋童童	2016-6-16	罗智煌	2016-6-16
贾 宁	2016-4-6	曾 超	2016-6-16	郁 菁	2016-6-16	李斯文	2016-6-16
王新星	2016-4-6	邓 方	2016-6-16	王芳彬	2016-6-16	王时佳	2016-6-16
王建才	2016-4-6	王睿旻	2016-6-16	郝 林	2016-6-16	张一川	2016-6-16
杨一帆	2016-4-6	毛月梅	2016-6-16	吴昱昆	2016-6-16	姚 远	2016-6-16
李晓丽	2016-4-6	汤兴政	2016-6-16	冯 蕾	2016-6-16	刘建峰	2016-6-16
吴忠霞	2016-4-6	程希明	2016-6-16	马少君	2016-6-16	孙维佳	2016-6-16
黄 川	2016-4-6	乔 智	2016-6-16	李树贤	2016-6-16	王志宏	2016-6-16
任大龙	2016-4-6	王春雪	2016-6-16	罗亮锋	2016-6-16	闫文成	2016-6-16
王慈慈	2016-4-6	李 杰	2016-6-16	姜沛汶	2016-6-16	李登杰	2016-6-16
徐新宇	2016-4-6	徐文鹏	2016-6-16	王春雷	2016-6-16	周 辉	2016-6-16
何丽娟	2016-4-6	Faisal Tanweer Sohail	2016-6-16	黄 佩	2016-6-16	林胜钊	2016-6-16
宣 科	2016-4-6			丁良兵	2016-6-16	王思宇	2016-6-16
杜宏健	2016-4-6			严 欢	2016-6-16	李 杨	2016-6-16
张 敏	2016-4-6	李平润	2016-6-16	叶传香	2016-6-16	程心一	2016-6-16
项子霁	2016-4-6	周春生	2016-6-16	傅立轶	2016-6-16	李 登	2016-6-16
张 龙	2016-4-6	郑奇靖	2016-6-16	胡 麟	2016-6-16	曹 靖	2016-6-16
冯文玲	2016-4-6	叶国俊	2016-6-16	曹仲林	2016-6-16	蒋连军	2016-6-16
王 兵	2016-6-16	王俊峰	2016-6-16	刘吕丹	2016-6-16	Azam Hussain	2016-6-16
潘 晨	2016-6-16	张石宝	2016-6-16	郑聚高	2016-6-16		
刘永强	2016-6-16	孙 阳	2016-6-16	邹 游	2016-6-16	陈 冲	2016-6-16

附 录

续表

姓名	学位授予日期	姓名	学位授予日期	姓名	学位授予日期	姓名	学位授予日期
兰 婷	2016-6-16	李美玲	2016-6-16	韩於利	2016-6-16	才啟胜	2016-6-16
郑其斌	2016-6-16	陈丽萍	2016-6-16	阮海炳	2016-6-16	朱春丽	2016-6-16
陈二雷	2016-6-16	张子龙	2016-6-16	郝宇飞	2016-6-16	金 虎	2016-6-16
徐海明	2016-6-16	卢 昊	2016-6-16	孙 丽	2016-6-16	雷秀军	2016-6-16
何艳生	2016-6-16	钟福贵	2016-6-16	易 航	2016-6-16	张政欢	2016-6-16
林龙沅	2016-6-16	李索恒	2016-6-16	刘 洋	2016-6-16	钱荣荣	2016-6-16
夏树宁	2016-6-16	殷 翔	2016-6-16	吴建飞	2016-6-16	邓 科	2016-6-16
郑松林	2016-6-16	卢庆博	2016-6-16	李 涵	2016-6-16	朱 敏	2016-6-16
康 丹	2016-6-16	郭 翱	2016-6-16	袁自娇	2016-6-16	马荔瑶	2016-6-16
丁举春	2016-6-16	王世鹏	2016-6-16	储著定	2016-6-16	林名强	2016-6-16
关 奔	2016-6-16	黄 磊	2016-6-16	陈冰宇	2016-6-16	傅孝明	2016-6-16
张 扬	2016-6-16	张 博	2016-6-16	于生慧	2016-6-16	胡文凭	2016-6-16
李 雪	2016-6-16	吴 亮	2016-6-16	陈凤娇	2016-6-16	李振兴	2016-6-16
范 煜	2016-6-16	王朝旭	2016-6-16	高 级	2016-6-16	刘 健	2016-6-16
李广滨	2016-6-16	卢 薇	2016-6-16	柳后起	2016-6-16	徐理想	2016-6-16
李雪交	2016-6-16	陈小良	2016-6-16	奚姗姗	2016-6-16	郭发勇	2016-6-16
焦 龙	2016-6-16	丘 琪	2016-6-16	Shamim Akhtar	2016-6-16	杜明博	2016-6-16
黄俊宇	2016-6-16	谢 军	2016-6-16			刘 羽	2016-6-16
杨 川	2016-6-16	段留安	2016-6-16	陈 杨	2016-6-16	康 凯	2016-6-16
申永宽	2016-6-16	高 彭	2016-6-16	刘 鹏	2016-6-16	解明扬	2016-6-16
刘坤伟	2016-6-16	陈 龙	2016-6-16	杜文强	2016-6-16	柯小路	2016-6-16
苏 勇	2016-6-16	吴 勃	2016-6-16	张晨初	2016-6-16	王 伟	2016-6-16
刘晓毅	2016-6-16	曹 宁	2016-6-16	琚 斌	2016-6-16	朱锐意	2016-6-16
李 迎	2016-6-16	张丽娜	2016-6-16	潘巧生	2016-6-16	吴晓民	2016-6-16
王晶晶	2016-6-16	程 婷	2016-6-16	张海滨	2016-6-16	Gulzar	2016-6-16
卫海超	2016-6-16	张 龙	2016-6-16	方 健	2016-6-16	Jamal Hussain Shah	2016-6-16
冯 荻	2016-6-16	赵明宇	2016-6-16	熊鹏辉	2016-6-16		
周崇彬	2016-6-16	楼创能	2016-6-16	董永超	2016-6-16	王 篁	2016-6-16
张文娟	2016-6-16	陈 波	2016-6-16	孙 浩	2016-6-16	徐 童	2016-6-16

续表

姓名	学位授予日期	姓名	学位授予日期	姓名	学位授予日期	姓名	学位授予日期
王 娟	2016-6-16	洪晓强	2016-6-16	马朝良	2016-6-16	卢秀利	2016-6-16
黄 丽	2016-6-16	吴庆松	2016-6-16	徐运军	2016-6-16	李泽军	2016-6-16
梁新乐	2016-6-16	汪文慧	2016-6-16	王凤亮	2016-6-16	高 山	2016-6-16
陈 凯	2016-6-16	臧 永	2016-6-16	高凌峰	2016-6-16	杜娜娜	2016-6-16
曹华雄	2016-6-16	李维汉	2016-6-16	刘 淼	2016-6-16	柏 彧	2016-6-16
陈 龙	2016-6-16	郗强强	2016-6-16	朱洪影	2016-6-16	王利利	2016-6-16
杨晨凯	2016-6-16	胡巍巍	2016-6-16	杨志伟	2016-6-16	葛晓琳	2016-6-16
孙泽浩	2016-6-16	韩阿丽	2016-6-16	刘景辉	2016-6-16	蒋晨啸	2016-6-16
付 浩	2016-6-16	张 彧	2016-6-16	师红东	2016-6-16	周晓丽	2016-6-16
田 飞	2016-6-16	任益充	2016-6-16	蒋原野	2016-6-16	陈玉贞	2016-6-16
吴 思	2016-6-16	孙 信	2016-6-16	张 胜	2016-6-16	葛 进	2016-6-16
郑立洲	2016-6-16	刘 香	2016-6-16	李 刚	2016-6-16	吴振禹	2016-6-16
赵冬冬	2016-6-16	滕 越	2016-6-16	高怀岭	2016-6-16	付 亮	2016-6-16
吴章玲	2016-6-16	孙书杰	2016-6-16	程从亮	2016-6-16	田 科	2016-6-16
郑晓磊	2016-6-16	李晓宁	2016-6-16	王龙飞	2016-6-16	林 宁	2016-6-16
魏 蔚	2016-6-16	鞠江伟	2016-6-16	卢倩倩	2016-6-16	谢佳芳	2016-6-16
郑 燕	2016-6-16	苏 峰	2016-6-16	陶忠林	2016-6-16	Mohammad Masem Hossain	2016-6-16
谢 标	2016-6-16	王俊伟	2016-6-16	李 南	2016-6-16		
刘金龙	2016-6-16	季巍巍	2016-6-16	孙丰钢	2016-6-16	Muhammad Ammar Bin Yousaf	2016-6-16
绳春晨	2016-6-16	胡 行	2016-6-16	刘 爽	2016-6-16		
徐 宁	2016-6-16	汪 松	2016-6-16	陆 熹	2016-6-16	Shaista Qamar	2016-6-16
李鹏程	2016-6-16	程 斌	2016-6-16	刘晓川	2016-6-16		
李世民	2016-6-16	武其亮	2016-6-16	司露露	2016-6-16	李 敏	2016-6-16
宋嘉梁	2016-6-16	田 冬	2016-6-16	肖祖峰	2016-6-16	高 鹏	2016-6-16
柯招清	2016-6-16	万志龙	2016-6-16	徐靖坤	2016-6-16	苗继斌	2016-6-16
赵盼盼	2016-6-16	杨建萍	2016-6-16	胡彦宾	2016-6-16	马广磊	2016-6-16
陈 瑭	2016-6-16	王 萌	2016-6-16	周典兵	2016-6-16	王龙海	2016-6-16
李 明	2016-6-16	冷 旋	2016-6-16	丁 冉	2016-6-16	朴寄纲	2016-6-16
李 凯	2016-6-16	李宇勐	2016-6-16	王 炎	2016-6-16	邱 亮	2016-6-16

附　录

续表

姓名	学位授予日期	姓名	学位授予日期	姓名	学位授予日期	姓名	学位授予日期
冯天时	2016-6-16	梅　理	2016-6-16	郝　旭	2016-6-16	李雪梅	2016-6-16
李　伟	2016-6-16	毛　磊	2016-6-16	赵祥学	2016-6-16	魏少波	2016-6-16
陈宇浩	2016-6-16	秦晓科	2016-6-16	宋东坡	2016-6-16	赵海川	2016-6-16
许洋洋	2016-6-16	李　迪	2016-6-16	郑国林	2016-6-16	谢建辉	2016-6-16
吕　玲	2016-6-16	张　超	2016-6-16	吴　宏	2016-6-16	史　烨	2016-6-16
王瑞鹍	2016-6-16	陈　华	2016-6-16	张　朋	2016-6-16	张梦颖	2016-6-16
陈乐辰	2016-6-16	张春梅	2016-6-16	丁倩倩	2016-6-16	宋　律	2016-6-16
谢李昭	2016-6-16	王　钊	2016-6-16	陈积世	2016-6-16	周盛超	2016-6-16
白　静	2016-6-16	张晓强	2016-6-16	门丹丹	2016-6-16	侯会军	2016-6-16
李臻臻	2016-6-16	李　岩	2016-6-16	王　玺	2016-6-16	金旻月	2016-6-16
孟　煦	2016-6-16	杨二婵	2016-6-16	徐华锋	2016-6-16	王成园	2016-6-16
王云阵	2016-6-16	尤　杰	2016-6-16	孙　悟	2016-6-16	蔡　昭	2016-6-16
任少卿	2016-6-16	侯志博	2016-6-16	杨瑞芳	2016-6-16	赵富国	2016-6-16
陈　凯	2016-6-16	林　健	2016-6-16	庞　涛	2016-6-16	尹朋珍	2016-6-16
李　潞	2016-6-16	郑　振	2016-6-16	张礁石	2016-6-16	豆国威	2016-6-16
彭　辰	2016-6-16	王波鹏	2016-6-16	刘　震	2016-6-16	李小东	2016-6-16
许晓伊	2016-6-16	郭　萍	2016-6-16	汤允迎	2016-6-16	卢良栋	2016-6-16
姚　凌	2016-6-16	Yamikani Ted	2016-6-16	丁聪聪	2016-6-16	王　帅	2016-6-16
程至杰	2016-6-16			许银龙	2016-6-16	程小英	2016-6-16
张阳阳	2016-6-16	王　俊	2016-6-16	杨　磊	2016-6-16	石　晓	2016-6-16
王　申	2016-6-16	武　遵	2016-6-16	金忠秀	2016-6-16	赵林林	2016-6-16
龚钰轩	2016-6-16	韩冬冬	2016-6-16	汪　冬	2016-6-16	张明玉	2016-6-16
陈昌富	2016-6-16	李　盼	2016-6-16	陆　璐	2016-6-16	郑晓峰	2016-6-16
王秀伟	2016-6-16	李　睿	2016-6-16	刘跃专	2016-6-16	欧阳哲	2016-6-16
邓光伟	2016-6-16	张开胜	2016-6-16	林扬明	2016-6-16	梁楠楠	2016-6-16
孙　君	2016-6-16	赵　赫	2016-6-16	王　健	2016-6-16	朱苇苇	2016-6-16
刘伟伟	2016-6-16	韩　燕	2016-6-16	姜红丙	2016-6-16	陈敬贤	2016-6-16
余国栋	2016-6-16	张瑞龙	2016-6-16	郑姗姗	2016-6-16	李旺红	2016-6-16
曾翔昊	2016-6-16	刘京华	2016-6-16	陈武华	2016-6-16	王　平	2016-6-16

姓名	学位授予日期	姓名	学位授予日期	姓名	学位授予日期	姓名	学位授予日期
Muhammad Naeem Anjum	2016-6-16	汪雪平	2016-6-16	沈龙凤	2016-6-16	崔胜涛	2016-6-16
		梁 菊	2016-6-16	史 梁	2016-6-16	梁知挺	2016-6-16
Khalid Usman	2016-6-16	朱平平	2016-6-16	肖相泽	2016-6-16	杨丽娜	2016-6-16
		杨燕青	2016-6-16	高筱培	2016-6-16	黄钧衡	2016-6-16
Andrew	2016-6-16	王 蒙	2016-6-16	马贵侠	2016-6-16	徐俊卿	2016-6-16
Syed Muhammad Ali	2016-6-16	张士杰	2016-6-16	苏志英	2016-6-16	叶逸凡	2016-6-16
		胡金凤	2016-6-16	段玉珍	2016-6-16	范其瑭	2016-6-16
郭 闯	2016-6-16	王 露	2016-6-16	葛章志	2016-6-16	鲍 园	2016-6-16
王 栋	2016-6-16	吕 荟	2016-6-16	赵树良	2016-6-16	任广益	2016-6-16
周佳佳	2016-6-16	梅 松	2016-6-16	李 昂	2016-6-16	任小男	2016-6-16
徐爱萍	2016-6-16	张继千	2016-6-16	Ahmad Nawaz Zaheer	2016-6-16	钟金金	2016-6-16
孙韵君	2016-6-16	郑宏毅	2016-6-16			苑文浩	2016-6-16
任 真	2016-6-16	王夏琼	2016-6-16	Ghulam Nabi	2016-6-16	王轶尊	2016-6-16
曹国帅	2016-6-16	Faiza Rao	2016-6-16			姚嘉杰	2016-6-16
汪文捷	2016-6-16			黄瑞萱	2016-6-16	杨慎林	2016-6-16
伍云飞	2016-6-16	程显超	2016-6-16	李 为	2016-6-16	陈龙飞	2016-6-16
黄大舜	2016-6-16	吕科锋	2016-6-16	赵 龙	2016-6-16	陈昊东	2016-6-16
毛 慧	2016-6-16	郑星炜	2016-6-16	邵 涛	2016-6-16	袁必和	2016-6-16
朱小庆	2016-6-16	龚 正	2016-6-16	谢 威	2016-6-16	余 彬	2016-6-16
刘静馨	2016-6-16	吕中良	2016-6-16	李伟伟	2016-6-16	施永乾	2016-6-16
王雨辰	2016-6-16	王 勃	2016-6-16	孟令蒲	2016-6-16	周学进	2016-6-16
江静雯	2016-6-16	冉光明	2016-6-16	苏凤梅	2016-6-16	李迪迪	2016-6-16
包飞翔	2016-6-16	李 斌	2016-6-16	鲍 捷	2016-6-16	王 磊	2016-6-16
高 佳	2016-6-16	甘 佺	2016-6-16	刘勇涛	2016-6-16	王苏盼	2016-6-16
王 瑞	2016-6-16	王为田	2016-6-16	纪又新	2016-6-16	高 威	2016-6-16
马荣声	2016-6-16	徐嘉文	2016-6-16	陶 石	2016-6-16	张博思	2016-6-16
苗滋青	2016-6-16	杨子辉	2016-6-16	程超才	2016-6-16	何其泽	2016-6-16
孙林冲	2016-6-16	张 莹	2016-6-16	唐 凯	2016-6-16	谌瑞宇	2016-6-16
黄 的	2016-6-16	黄望哩	2016-6-16	陈 实	2016-6-16	李晓恋	2016-6-16

附 录

续表

姓名	学位授予日期	姓名	学位授予日期	姓名	学位授予日期	姓名	学位授予日期
刘晓栋	2016-6-16	姚 丹	2016-6-16	康 旭	2016-11-28	王国强	2016-11-28
王姝洁	2016-6-16	米 赛	2016-6-16	张 晨	2016-11-28	聂 虎	2016-11-28
闫维纲	2016-6-16	富 尧	2016-6-16	向石涛	2016-11-28	胡昭平	2016-11-28
王 禹	2016-6-16	顾川川	2016-6-16	张德良	2016-11-28	潘 晓	2016-11-28
高子鹤	2016-6-16	邵继峰	2016-6-16	魏逸丰	2016-11-28	李科选	2016-11-28
段强领	2016-6-16	李亚民	2016-6-16	王小状	2016-11-28	王 天	2016-11-28
陈 潇	2016-6-16	谢 晓	2016-6-16	涂 政	2016-11-28	刘 路	2016-11-28
丁 超	2016-6-16	李保章	2016-6-16	朱鹏佳	2016-11-28	卢 钰	2016-11-28
陈艳秋	2016-6-16	周 飞	2016-6-16	张 超	2016-11-28	梁 晓	2016-11-28
彭 飞	2016-6-16	杜宇鎏	2016-6-16	林健宇	2016-11-28	屈薇薇	2016-11-28
何 松	2016-6-16	邓 亚	2016-11-28	徐沛保	2016-11-28	贺 军	2016-11-28
李 晔	2016-6-16	黄 腾	2016-11-28	周 鸿	2016-11-28	项 导	2016-11-28
侯亚楠	2016-6-16	王 琳	2016-11-28	严启凡	2016-11-28	司 鹏	2016-11-28
贾 阳	2016-6-16	李 昂	2016-11-28	葛 琳	2016-11-28	陈双武	2016-11-28
赵恒泽	2016-6-16	孙 浩	2016-11-28	时海涛	2016-11-28	赵 哲	2016-11-28
李 康	2016-6-16	郭宏礼	2016-11-28	丁圆圆	2016-11-28	许峰唯	2016-11-28
邓罡华	2016-6-16	宋雨晴	2016-11-28	杨海华	2016-11-28	刘炜清	2016-11-28
邢 璐	2016-6-16	胡嘉华	2016-11-28	周夏荣	2016-11-28	柯余洋	2016-11-28
姜 艳	2016-6-16	王 利	2016-11-28	肖丰收	2016-11-28	孙贝磊	2016-11-28
江 嵩	2016-6-16	金跃康	2016-11-28	刘浩然	2016-11-28	马承飙	2016-11-28
周经纬	2016-6-16	陈士龙	2016-11-28	李 博	2016-11-28	李永平	2016-11-28
许祥坤	2016-6-16	赵海林	2016-11-28	李 礼	2016-11-28	张健平	2016-11-28
姚 雄	2016-6-16	赵 亚	2016-11-28	胡 蓉	2016-11-28	李秀玲	2016-11-28
王 雨	2016-6-16	马 健	2016-11-28	李东永	2016-11-28	惠丽伟	2016-11-28
杜 虹	2016-6-16	秦建国	2016-11-28	顾海欧	2016-11-28	曾林超	2016-11-28
徐张平	2016-6-16	习建博	2016-11-28	张 雄	2016-11-28	李建民	2016-11-28
周鋆玲	2016-6-16	唐学峰	2016-11-28	况文欢	2016-11-28	罗克兵	2016-11-28
张 旺	2016-6-16	陈 明	2016-11-28	陈善成	2016-11-28	茅璨波	2016-11-28
凌盛龙	2016-6-16	肖 冉	2016-11-28	杨 军	2016-11-28	杨 叶	2016-11-28

续表

姓名	学位授予日期	姓名	学位授予日期	姓名	学位授予日期	姓名	学位授予日期
刘照静	2016-11-28	梁 鑫	2016-11-28	王纪超	2016-11-28	周光明	2016-11-28
郝巧燕	2016-11-28	袁晓红	2016-11-28	赵万里	2016-11-28	聂 淼	2016-11-28
陈 伟	2016-11-28	孙永南	2016-11-28	张 娟	2016-11-28	梁保辉	2016-11-28
童 彬	2016-11-28	王书路	2016-11-28	胡珊珊	2016-11-28	张凤秋	2016-11-28
努扎艾提·艾比布	2016-11-28	龚 雷	2016-11-28	郭 傲	2016-11-28	孙 静	2016-11-28
		丁 立	2016-11-28	张 帆	2016-11-28	吴丹丹	2016-11-28
方 驰	2016-11-28	黄月新	2016-11-28	李小龙	2016-11-28	杨 进	2016-11-28
章晓炜	2016-11-28	许桃胜	2016-11-28	沈晓锟	2016-11-28	孙壮珍	2016-11-28
王 燕	2016-11-28	李慧慧	2016-11-28	金佩佩	2016-11-28	李雅箏	2016-11-28
陈现民	2016-11-28	宿 宁	2016-11-28	徐 安	2016-11-28	翟雪松	2016-11-28
吴 云	2016-11-28	许 杨	2016-11-28	邵 辰	2016-11-28	陈 套	2016-11-28
李姗蔚	2016-11-28	林志丹	2016-11-28	何晓萍	2016-11-28	宋 琦	2016-11-28
王金龙	2016-11-28	李 芳	2016-11-28	唐甜甜	2016-11-28	闫 超	2016-11-28
李 娜	2016-11-28	黄衣娜	2016-11-28	江 丹	2016-11-28	王 巍	2016-11-28
李 磊	2016-11-28	刘飞扬	2016-11-28	徐 飞	2016-11-28	刘 琴	2016-11-28
罗发宝	2016-11-28	孟维利	2016-11-28	郭义成	2016-11-28	许德荣	2016-11-28
徐 亮	2016-11-28	肖令平	2016-11-28	周晓群	2016-11-28	关劲夫	2016-11-28
邓 伟	2016-11-28	张桂龙	2016-11-28	张孟颖	2016-11-28	章涛林	2016-11-28
谢同庆	2016-11-28	郭文营	2016-11-28	姚 晗	2016-11-28	冯 浩	2016-11-28
陈 敏	2016-11-28	王小兰	2016-11-28	杨预展	2016-11-28	宋 啸	2016-11-28
林福星	2016-11-28	杨勇强	2016-11-28	Haoyu Sun	2016-11-28	段和全	2016-11-28
马义丁	2016-11-28	翟笃俊	2016-11-28			陈昊泽	2016-11-28
陈胜麒	2016-11-28	程 贤	2016-11-28	潘晓磊	2016-11-28	宋璐婷	2016-11-28
代胜瑜	2016-11-28	胡 曦	2016-11-28	陈 妮	2016-11-28	陈 锟	2016-11-28
窦立明	2016-11-28	季亚男	2016-11-28	刘 哲	2016-11-28	黄 远	2016-11-28
连建辉	2016-11-28	陈淑珍	2016-11-28	王苏豪	2016-11-28	江申龙	2016-11-28
马仲阳	2016-11-28	袁茜茜	2016-11-28	田书建	2016-11-28	张玉祥	2016-11-28
余振华	2016-11-28	南豆豆	2016-11-28	王伸吉	2016-11-28	王纪浩	2016-11-28
李芬芬	2016-11-28	刘惠静	2016-11-28	荣 建	2016-11-28	尹华磊	2016-11-28

附 录

续表

姓名	学位授予日期	姓名	学位授予日期	姓名	学位授予日期	姓名	学位授予日期
Saleem Muhammad Farooq	2016-11-28	孙耀充	2017-3-30	杨贺川	2017-3-30	朱静勇	2017-6-19
		陈翔宇	2017-3-30	李 杨	2017-3-30	年先顺	2017-6-19
周 扬	2016-11-28	鲍 华	2017-3-30	王立华	2017-3-30	汪 任	2017-6-19
徐 程	2016-11-28	张 明	2017-3-30	朱夜琳	2017-3-30	金希深	2017-6-19
李换换	2017-3-30	唐思圆	2017-3-30	李婷婷	2017-3-30	类成霞	2017-6-19
吴 安	2017-3-30	张 旭	2017-3-30	刘 洋	2017-3-30	李建方	2017-6-19
雍定钰	2017-3-30	张宏泽	2017-3-30	曹冬冬	2017-3-30	黎 泽	2017-6-19
张梓晗	2017-3-30	徐正前	2017-3-30	周旭飞	2017-3-30	冯立睿	2017-6-19
陈 波	2017-3-30	张宏达	2017-3-30	唐 楠	2017-3-30	鲁仲杰	2017-6-19
李喜玉	2017-3-30	袁晨辰	2017-3-30	王 林	2017-3-30	刘庆源	2017-6-19
杨金先	2017-3-30	谭潇刚	2017-3-30	龚 涛	2017-3-30	潘茂东	2017-6-19
叶绿洲	2017-3-30	李传润	2017-3-30	Souvik	2017-3-30	张永帅	2017-6-19
陈良文	2017-3-30	田斯丹	2017-3-30	张 杨	2017-3-30	张 丽	2017-6-19
白 伟	2017-3-30	邓正玉	2017-3-30	赵鹏程	2017-3-30	周小敏	2017-6-19
魏宗文	2017-3-30	朱康宁	2017-3-30	王尉东	2017-3-30	张川静	2017-6-19
夏振伟	2017-3-30	刘松涛	2017-3-30	谢广岭	2017-3-30	徐正华	2017-6-19
徐 亮	2017-3-30	陈红梅	2017-3-30	华克思	2017-3-30	王谢平	2017-6-19
李 骏	2017-3-30	李海静	2017-3-30	周 峤	2017-3-30	李婷婷	2017-6-19
王婷婷	2017-3-30	王 真	2017-3-30	姚登攀	2017-3-30	聂艳赐	2017-6-19
颜登程	2017-3-30	罗 勋	2017-3-30	张天伟	2017-3-30	曹顺娟	2017-6-19
胡启鹏	2017-3-30	梁俊婷	2017-3-30	刘小刚	2017-3-30	王 文	2017-6-19
吴 军	2017-3-30	侯 超	2017-3-30	汝 啸	2017-3-30	Faiza Naseem	2017-6-19
肖建元	2017-3-30	朱志刚	2017-3-30	徐浩然	2017-3-30		
王 波	2017-3-30	王国强	2017-3-30	唐亚国	2017-3-30	Asad Khan	2017-6-19
曹 赟	2017-3-30	魏芳芳	2017-3-30	尹诗流	2017-3-30		
姚远志	2017-3-30	赵 萍	2017-3-30	王留军	2017-3-30	于 涛	2017-6-19
李 勇	2017-3-30	崔 蓉	2017-3-30	陈斌斌	2017-3-30	随志磊	2017-6-19
冯海珂	2017-3-30	李 锐	2017-3-30	艾万君	2017-6-19	张 勇	2017-6-19
钮志远	2017-3-30	王潇潇	2017-3-30	白 晓	2017-6-19	孙伯业	2017-6-19

续表

姓名	学位授予日期	姓名	学位授予日期	姓名	学位授予日期	姓名	学位授予日期
祖梦婕	2017-6-19	郭 晗	2017-6-19	白小燕	2017-6-19	陈 杰	2017-6-19
宫俊波	2017-6-19	苏祖恩	2017-6-19	黎 娜	2017-6-19	徐春元	2017-6-19
张大龙	2017-6-19	方仁洪	2017-6-19	王恒岩	2017-6-19	王维荣	2017-6-19
解亚明	2017-6-19	李龙科	2017-6-19	王雨雷	2017-6-19	孙亚洲	2017-6-19
王晓慧	2017-6-19	彭裔耕	2017-6-19	刘 冲	2017-6-19	付建新	2017-6-19
李 飞	2017-6-19	李星宇	2017-6-19	陈明城	2017-6-19	陈佩圆	2017-6-19
董家宁	2017-6-19	谢家荣	2017-6-19	蒋春雨	2017-6-19	余 勇	2017-6-19
吴一鸣	2017-6-19	张 琪	2017-6-19	张晓光	2017-6-19	王丽雅	2017-6-19
宋江鲁奇	2017-6-19	沈永柏	2017-6-19	袁 晨	2017-6-19	王小龙	2017-6-19
程相义	2017-6-19	杨 钱	2017-6-19	路后兵	2017-6-19	蔡玉龙	2017-6-19
曹中民	2017-6-19	李宇怀	2017-6-19	Mudassar Maraj	2017-6-19	薛 远	2017-6-19
胡芳芳	2017-6-19	潘 健	2017-6-19			王士龙	2017-6-19
何 瑞	2017-6-19	陈 鹏	2017-6-19	周 龙	2017-6-19	孙晓旺	2017-6-19
刘力铭	2017-6-19	张德兵	2017-6-19	王 驰	2017-6-19	朱银波	2017-6-19
方宏威	2017-6-19	戴宗良	2017-6-19	刘洪斌	2017-6-19	董 平	2017-6-19
高丽君	2017-6-19	徐菊萍	2017-6-19	贾智淳	2017-6-19	熊 宸	2017-6-19
王钰熙	2017-6-19	王闻迪	2017-6-19	王军国	2017-6-19	徐小海	2017-6-19
白西林	2017-6-19	杨 迪	2017-6-19	杨 杰	2017-6-19	杨晨蔚	2017-6-19
张德萍	2017-6-19	马 聪	2017-6-19	陈博谦	2017-6-19	任家琪	2017-6-19
蒲明锋	2017-6-19	褚少平	2017-6-19	殷田甜	2017-6-19	卢振波	2017-6-19
丁 怀	2017-6-19	高兴顺	2017-6-19	胡瑞清	2017-6-19	王燕南	2017-6-19
徐 畅	2017-6-19	彭宇轩	2017-6-19	薛 冰	2017-6-19	蒋瑞祺	2017-6-19
杨 丽	2017-6-19	黎才昌	2017-6-19	王志远	2017-6-19	朱 烽	2017-6-19
吴小平	2017-6-19	蔡文赫	2017-6-19	陈 潜	2017-6-19	杨 策	2017-6-19
吴向坤	2017-6-19	陈 杰	2017-6-19	汪 昱	2017-6-19	徐甲甲	2017-6-19
汪 栩	2017-6-19	赵晓坤	2017-6-19	阮晓辉	2017-6-19	陆新飞	2017-6-19
吴天敏	2017-6-19	谢冠男	2017-6-19	刘雪鹏	2017-6-19	刘 权	2017-6-19
Munir Ullah Khan	2017-6-19	沈仲弢	2017-6-19	李英琪	2017-6-19	张仕良	2017-6-19
		张俊斌	2017-6-19	方 健	2017-6-19	陈志勇	2017-6-19

附 录

续表

姓名	学位授予日期	姓名	学位授予日期	姓名	学位授予日期	姓名	学位授予日期
范 强	2017-6-19	黄 川	2017-6-19	Akhtar Hussain Markhand	2017-6-19	汪玉洁	2017-6-19
王 莽	2017-6-19	班 超	2017-6-19			张 婷	2017-6-19
王 青	2017-6-19	周振军	2017-6-19	Balal Yousaf	2017-6-19	杨开红	2017-6-19
孙韶言	2017-6-19	张建国	2017-6-19			杨焱煜	2017-6-19
陈方栋	2017-6-19	韩 松	2017-6-19	Muhammad Sohail Khan	2017-6-19	耿新力	2017-6-19
沈 旭	2017-6-19	张 贺	2017-6-19			邓思斌	2017-6-19
吴 岳	2017-6-19	陈 欢	2017-6-19	卢 斌	2017-6-19	李佳桐	2017-6-19
王昊禹	2017-6-19	古黄玲	2017-6-19	陈 浩	2017-6-19	白克强	2017-6-19
李新民	2017-6-19	代富强	2017-6-19	宦智杰	2017-6-19	朱洪波	2017-6-19
陈 正	2017-6-19	李伟平	2017-6-19	朱志强	2017-6-19	李霄剑	2017-6-19
何鱼行	2017-6-19	李艳林	2017-6-19	朱杰一	2017-6-19	周 翕	2017-6-19
宋晓天	2017-6-19	杨文卿	2017-6-19	陈建锋	2017-6-19	刘 梅	2017-6-19
缪丹丹	2017-6-19	余夏薇	2017-6-19	劳召欣	2017-6-19	杨恩众	2017-6-19
孙伟健	2017-6-19	钟嘉豪	2017-6-19	张尚斌	2017-6-19	石 浩	2017-6-19
刘海峰	2017-6-19	王 姣	2017-6-19	陈 建	2017-6-19	曹 杰	2017-6-19
黄 伟	2017-6-19	卢岚岚	2017-6-19	丁晓喜	2017-6-19	丁春辉	2017-6-19
张 龙	2017-6-19	王 婕	2017-6-19	杜亮亮	2017-6-19	Muhammad Yaqoob Javed	2017-6-19
梁 宁	2017-6-19	王焕宇	2017-6-19	任文奇	2017-6-19		
王楷为	2017-6-19	何骁慧	2017-6-19	袁 帅	2017-6-19	Saeed-Ur-Rehman	2017-6-19
任伟龙	2017-6-19	刘丽娟	2017-6-19	黄胜洲	2017-6-19		
谢榕贵	2017-6-19	张全浩	2017-6-19	张大山	2017-6-19	陆晓芬	2017-6-19
Yawar Ali Sheikh	2017-6-19	于 超	2017-6-19	王 聪	2017-6-19	伍浩铖	2017-6-19
		力洪健	2017-6-19	甘 萌	2017-6-19	郭光明	2017-6-19
Gerard Rushing Abigwi	2017-6-19	刘志洋	2017-6-19	王自强	2017-6-19	杜云开	2017-6-19
		高中磊	2017-6-19	解明国	2017-6-19	胡益清	2017-6-19
王红春	2017-6-19	赵阿可	2017-6-19	苗 迪	2017-6-19	孙 宇	2017-6-19
马 冬	2017-6-19	Mastoi	2017-6-19	马玮城	2017-6-19	李丙栋	2017-6-19
龙 群	2017-6-19	Naveed Akram	2017-6-19	黄如林	2017-6-19	齐向伟	2017-6-19
刘少辰	2017-6-19			潘金文	2017-6-19	王喆锋	2017-6-19

续表

姓名	学位授予日期	姓名	学位授予日期	姓名	学位授予日期	姓名	学位授予日期
卢栋才	2017-6-19	Prasert Prapam Onthon	2017-6-19	尹培群	2017-6-19	肖娟定	2017-6-19
陈赢峰	2017-6-19			张 琪	2017-6-19	姚传志	2017-6-19
唐可可	2017-6-19	孙英杰	2017-6-19	黄云泽	2017-6-19	何从发	2017-6-19
王兴隆	2017-6-19	卓之问	2017-6-19	张祯琦	2017-6-19	郑 珍	2017-6-19
沈 瑶	2017-6-19	谈紫琪	2017-6-19	代春光	2017-6-19	成万民	2017-6-19
何栋梁	2017-6-19	邹邦坤	2017-6-19	程秀芬	2017-6-19	蔡赛虎	2017-6-19
钟锦红	2017-6-19	苏建伟	2017-6-19	郑向欣	2017-6-19	周加辉	2017-6-19
郝行军	2017-6-19	路大鹏	2017-6-19	杨文龙	2017-6-19	刘炳瑞	2017-6-19
杨 鹏	2017-6-19	侯 杰	2017-6-19	黄 刚	2017-6-19	胡 磊	2017-6-19
杨程程	2017-6-19	王方方	2017-6-19	阳 缘	2017-6-19	程秋实	2017-6-19
卜晨阳	2017-6-19	王国鹏	2017-6-19	司马小峰	2017-6-19	王福祥	2017-6-19
Robail Yasrab	2017-6-19	李 梅	2017-6-19	李玲丽	2017-6-19	杨 玉	2017-6-19
		胡波兵	2017-6-19	田立娇	2017-6-19	李忠原	2017-6-19
龙林爽	2017-6-19	杨 雷	2017-6-19	陈 赟	2017-6-19	吴兵兵	2017-6-19
田 波	2017-6-19	温鹏超	2017-6-19	霍颖超	2017-6-19	刘友文	2017-6-19
黄文竹	2017-6-19	张 壁	2017-6-19	陆勇泽	2017-6-19	彭 旭	2017-6-19
郭 宁	2017-6-19	陈 翔	2017-6-19	申晓菲	2017-6-19	梁 偹	2017-6-19
倪 青	2017-6-19	刘孝武	2017-6-19	方玲玲	2017-6-19	李 双	2017-6-19
胡 超	2017-6-19	展德会	2017-6-19	徐禄江	2017-6-19	王 辉	2017-6-19
胡洪伟	2017-6-19	曹加锋	2017-6-19	陈蒙远	2017-6-19	葛倩倩	2017-6-19
高 颖	2017-6-19	冯 牧	2017-6-19	陆晓雨	2017-6-19	王纯德	2017-6-19
章玮玮	2017-6-19	连亦旻	2017-6-19	苏 伟	2017-6-19	丁 韬	2017-6-19
沈 琳	2017-6-19	胡大海	2017-6-19	连小磊	2017-6-19	何东芹	2017-6-19
汪冬冬	2017-6-19	丁 浩	2017-6-19	王 胜	2017-6-19	钱 晨	2017-6-19
廖梦然	2017-6-19	盛志冬	2017-6-19	朱 睿	2017-6-19	余自友	2017-6-19
蔡靖雍	2017-6-19	郭 飞	2017-6-19	王 斌	2017-6-19	张开龙	2017-6-19
王昌龙	2017-6-19	张 莉	2017-6-19	李功玉	2017-6-19	梅 斌	2017-6-19
胡名科	2017-6-19	王维康	2017-6-19	胡 涛	2017-6-19		

附 录

续表

姓名	学位授予日期	姓名	学位授予日期	姓名	学位授予日期	姓名	学位授予日期
Muhammad Imran Khan	2017-6-19	汪俊阳	2017-6-19	孙 凯	2017-6-19	江天甲	2017-6-19
		张 泽	2017-6-19	韩天一	2017-6-19	刘 翠	2017-6-19
Erigene Bakan Gura	2017-6-19	孙幸幸	2017-6-19	李舒啸	2017-6-19	丁增辉	2017-6-19
		陈晓锋	2017-6-19	朱良富	2017-6-19	叶 强	2017-6-19
Kishore Pothula	2017-6-19	殷镭城	2017-6-19	李聪丛	2017-6-19	张媛媛	2017-6-19
		杨 光	2017-6-19	熊 霄	2017-6-19	付文标	2017-6-19
Ebrahim Alkhalil Mohamed Abdalmouty Ahmed Mohamed	2017-6-19	孙 伟	2017-6-19	王保传	2017-6-19	周步康	2017-6-19
		艾克热木·牙生	2017-6-19	罗 刚	2017-6-19	仲斌年	2017-6-19
				李 明	2017-6-19	杜若鸿	2017-6-19
		Abhishek Narayan Mondal	2017-6-19	韩云光	2017-6-19	范慧敏	2017-6-19
李 波	2017-6-19			赵良圆	2017-6-19	孙 苗	2017-6-19
戴静闻	2017-6-19	杨 欢	2017-6-19	王 梓	2017-6-19	潘洪涛	2017-6-19
汪太生	2017-6-19	孙鹿鸣	2017-6-19	张 伟	2017-6-19	徐 杰	2017-6-19
李自力	2017-6-19	应雨桐	2017-6-19	赵圆圆	2017-6-19	宋敏慧	2017-6-19
李 辉	2017-6-19	黄煜峰	2017-6-19	陈宝宝	2017-6-19	钱小东	2017-6-19
丁言军	2017-6-19	黄成君	2017-6-19	李银海	2017-6-19	赵 倩	2017-6-19
刘 琳	2017-6-19	汤 璐	2017-6-19	周 勇	2017-6-19	苏星松	2017-6-19
夏宏燕	2017-6-19	Abdul Rehman Buzdar	2017-6-19	潘建松	2017-6-19	周文钊	2017-6-19
马 超	2017-6-19			李宽国	2017-6-19	王祥学	2017-6-19
吴子夏	2017-6-19	张 程	2017-6-19	Vahid Mosall Anejad	2017-6-19	叶加久	2017-6-19
汪 杰	2017-6-19	汪海港	2017-6-19			陈汪超	2017-6-19
谢云云	2017-6-19	刘 柳	2017-6-19	刘文渊	2017-6-19	姜 玲	2017-6-19
李军杰	2017-6-19	长孙樱子	2017-6-19	于 川	2017-6-19	彭承尧	2017-6-19
周洁梅	2017-6-19	徐津津	2017-6-19	张明火	2017-6-19	付洪波	2017-6-19
赵忠强	2017-6-19	陈 婷	2017-6-19	张春楼	2017-6-19	孙鹏帅	2017-6-19
余瀚森	2017-6-19	叶雪洁	2017-6-19	郭 建	2017-6-19	闫 香	2017-6-19
李 阳	2017-6-19	李 功	2017-6-19	徐玉祺	2017-6-19	张林慧	2017-6-19
王佳军	2017-6-19	沈冠东	2017-6-19	张 铖	2017-6-19	谢卓明	2017-6-19
唐 淼	2017-6-19	李 萌	2017-6-19	杨振新	2017-6-19	赵读亮	2017-6-19

续表

姓名	学位授予日期	姓名	学位授予日期	姓名	学位授予日期	姓名	学位授予日期
高凤仙	2017-6-19	叶树彬	2017-6-19	修 磊	2017-6-19	何 莹	2017-6-19
朱能伟	2017-6-19	张 文	2017-6-19	黎青青	2017-6-19	邱晓晗	2017-6-19
赵彦东	2017-6-19	杨 柯	2017-6-19	周小娇	2017-6-19	葛 骁	2017-6-19
王安静	2017-6-19	侯华毅	2017-6-19	陈 锐	2017-6-19	张 勇	2017-6-19
宫欣欣	2017-6-19	王纪超	2017-6-19	王 伟	2017-6-19	陈 照	2017-6-19
陈晓娇	2017-6-19	徐玉平	2017-6-19	汪 振	2017-6-19	张珈珲	2017-6-19
李 妍	2017-6-19	周宁宁	2017-6-19	聂保杰	2017-6-19	邱刚刚	2017-6-19
杨文军	2017-6-19	柯 岩	2017-6-19	张彬航	2017-6-19	金灵华	2017-6-19
查申龙	2017-6-19	张旭辉	2017-6-19	辜崎钘	2017-6-19	杨文进	2017-6-19
黄英杰	2017-6-19	沈 静	2017-6-19	张俊钰	2017-6-19	张 军	2017-6-19
夏晖晖	2017-6-19	李孟凡	2017-6-19	张潇湘	2017-6-19	王博伦	2017-6-19
钱鸿鹄	2017-6-19	青 春	2017-6-19	王 敏	2017-6-19	靳千千	2017-6-19
程 知	2017-6-19	李树旺	2017-6-19	任亭亭	2017-6-19	王 茜	2017-6-19
张 睿	2017-6-19	阚绪材	2017-6-19	郭 亮	2017-6-19	阳颖飞	2017-6-19
马长城	2017-6-19	刘 萍	2017-6-19	刘小川	2017-6-19	赵广迪	2017-6-19
姚星佳	2017-6-19	金驰名	2017-6-19	赵晓云	2017-6-19	张 汀	2017-6-19
翟向伟	2017-6-19	刘 艳	2017-6-19	夏金瑶	2017-6-19	姬 翔	2017-6-19
陈 娇	2017-6-19	田恐虎	2017-6-19	卢 雪	2017-6-19	马翠萍	2017-6-19
钟 莉	2017-6-19	郭新格	2017-6-19	陈 良	2017-6-19	胡玲玉	2017-6-19
陈 磊	2017-6-19	刘荣荣	2017-6-19	蔡 熠	2017-6-19	朱潇璇	2017-6-19
李晳茹	2017-6-19	孔令立	2017-6-19	鲁先洋	2017-6-19	陈重阳	2017-6-19
张 斌	2017-6-19	张光雨	2017-6-19	韩方微	2017-6-19	陈夏雨	2017-6-19
杭立峰	2017-6-19	赵宏鑫	2017-6-19	王雪霏	2017-6-19	胡 立	2017-6-19
梁德伟	2017-6-19	闫叶寒	2017-6-19	陈 超	2017-6-19	胡 男	2017-6-19
魏 敏	2017-6-19	于淑君	2017-6-19	裴志彬	2017-6-19	雷西洋	2017-6-19
王傲莉	2017-6-19	张 瑞	2017-6-19	韩 涛	2017-6-19	刘 昕	2017-6-19
谷艳红	2017-6-19	李 洁	2017-6-19	张会丽	2017-6-19	宋 文	2017-6-19
高乾坤	2017-6-19	尚 震	2017-6-19	窦仁勤	2017-6-19	冯 冰	2017-6-19
张 勇	2017-6-19	常 振	2017-6-19	朱宇鹏	2017-6-19	贺妍艳	2017-6-19

附 录

续表

姓名	学位授予日期	姓名	学位授予日期	姓名	学位授予日期	姓名	学位授予日期
韩小雅	2017-6-19	杨镜波	2017-6-19	韩悌云	2017-6-19	吴国伟	2017-6-19
曾 静	2017-6-19	邓蒙蒙	2017-6-19	彭俊辉	2017-6-19	谢宏明	2017-6-19
李 军	2017-6-19	何雨珂	2017-6-19	刘昌玉	2017-6-19	张 浩	2017-6-19
朱扬光	2017-6-19	何 垚	2017-6-19	林 瑜	2017-6-19	雷伟杰	2017-6-19
汪宁宁	2017-6-19	王岩石	2017-6-19	李洪军	2017-6-19	Hamza Naeem	2017-6-19
唐文之	2017-6-19	康文瑶	2017-6-19	余发智	2017-6-19		
程 鹏	2017-6-19	朱莎莎	2017-6-19	韦正德	2017-6-19	Mazunga	2017-6-19
黄 欣	2017-6-19	薛汝峰	2017-6-19	Abdu Llah Shah	2017-6-19	Neda Sahebi	2017-6-19
李 波	2017-6-19	刘玉胜	2017-6-19				
Fran Coise Umug Waneza	2017-6-19	马文涛	2017-6-19	Farooq Rashid	2017-6-19	Wasaye Muhammad Abdul	2017-6-19
		施 仪	2017-6-19				
		江 龙	2017-6-19	Mohnad Abdalla Abdalgader Mohamed	2017-6-19	周 全	2017-6-19
Tahir Islam	2017-6-19	殷 实	2017-6-19			魏 勇	2017-6-19
		汪 敏	2017-6-19			王 欣	2017-6-19
Hussain Tariq	2017-6-19	曹林艳	2017-6-19			李 庆	2017-6-19
		王小蓉	2017-6-19	陶文娟	2017-6-19	任端阳	2017-6-19
Adnan Pitafi	2017-6-19	李文杰	2017-6-19	杨清玲	2017-6-19	秦 枫	2017-6-19
		闫国秀	2017-6-19	王静秋	19-Jun-17	胡善贵	2017-6-19
Zaryab Sheikh	2017-6-19	范晓娇	2017-6-19	崔 庆	19-Jun-17	Muha Mmad Hamayun	2017-6-19
		唐 玲	2017-6-19	张羽廷	2017-6-19		
Ikram Ullah Khan	2017-6-19	沈 松	2017-6-19	熊 洁	2017-6-19	Kashi Fullah Khan	2017-6-19
		吴 阳	2017-6-19	时靖谊	2017-6-19		
綦姗姗	2017-6-19	秦 波	2017-6-19	张 澍	2017-6-19	Bilal Ahmed	2017-6-19
刘文博	2017-6-19	李辰晨	2017-6-19	李书舟	2017-6-19		
乔梦然	2017-6-19	郎雪婷	2017-6-19	贺青云	2017-6-19	Fouzia Atlas	2017-6-19
马荣华	2017-6-19	张会敏	2017-6-19	冯竟超	2017-6-19		
谈 笑	2017-6-19	苏同超	2017-6-19	李恭顺	2017-6-19	Farhan Khan	2017-6-19
吴功伟	2017-6-19	朱成明	2017-6-19	钱新元	2017-6-19		
张 丽	2017-6-19	叶 未	2017-6-19	尹相辉	2017-6-19	孔 帅	2017-6-19

续表

姓名	学位授予日期	姓名	学位授予日期	姓名	学位授予日期	姓名	学位授予日期
王维嘉	2017-6-19	曹淑超	2017-6-19	甄一政	2017-6-19	管建宇	2017-6-19
邵其刚	2017-6-19	宋超	2017-6-19	聂友奇	2017-6-19	刘仲恒	2017-6-19
王宇	2017-6-19	姜林	2017-6-19	骆阳	2017-6-19	周建斌	2017-6-19
杨皓然	2017-6-19	叶佳娜	2017-6-19	耿建培	2017-6-19	Imran Muha Mmad	2017-6-19
李静	2017-6-19	陈明毅	2017-6-19	张小强	2017-6-19		
陈海平	2017-6-19	刘家豪	2017-6-19	郝飞翔	2017-6-19	Ayman Sobhi Shebl Ahmed Elmezayyen	2017-6-19
李法虎	2017-6-19	王冬	2017-6-19	刘立仁	2017-6-19		
魏升慧	2017-6-19	陶骏骏	2017-6-19	秦维	2017-6-19		
胡仁芳	2017-6-19	张少刚	2017-6-19	郑勇力	2017-6-19		
李爽	2017-6-19	原向勇	2017-6-19	陈胜	2017-6-19	高心军	2017-12-6
张艳军	2017-6-19	吴志博	2017-6-19	赵宋焘	2017-6-19	Anum Naseem	2017-12-6
李薛宇	2017-6-19	刘长城	2017-6-19	罗桂	2017-6-19		
王声翔	2017-6-19	张丹	2017-6-19	王振华	2017-6-19	程广珲	2017-12-6
丁兢娜	2017-6-19	李治	2017-6-19	孟德超	2017-6-19	邹艳波	2017-12-6
Yasir Abdul Haleem	2017-6-19	付阳阳	2017-6-19	谢长征	2017-6-19	史永亮	2017-12-6
		王静舞	2017-6-19	陈继堂	2017-6-19	金锋	2017-12-6
Adnan Khalil	2017-6-19	付艳云	2017-6-19	吴湛	2017-6-19	史俊	2017-12-6
		何豪	2017-6-19	谈军军	2017-6-19	徐欢	2017-12-6
卢杰	2017-6-19	付忠孝	2017-6-19	何魏	2017-6-19	廉鹏飞	2017-12-6
潘颖	2017-6-19	毕鑫涛	2017-6-19	郭璁	2017-6-19	丁文隽	2017-12-6
温攀月	2017-6-19	郑玉鳞	2017-6-19	付博	2017-6-19	程正旺	2017-12-6
冯夏明	2017-6-19	张力	2017-6-19	李捷妮	2017-6-19	王进	2017-12-6
葛骅	2017-6-19	成龙	2017-6-19	许从飞	2017-6-19	潘志君	2017-12-6
朱培	2017-6-19	唐浩奇	2017-6-19	李周	2017-6-19	李攀	2017-12-6
徐武	2017-6-19	张荣荣	2017-6-19	李燕瑞	2017-6-19	陈剑	2017-12-6
杨玖玲	2017-6-19	伍亮	2017-6-19	杨正坤	2017-6-19	张振华	2017-12-6
郭亚飞	2017-6-19	鲍洪宇	2017-6-19	郭虹利	2017-6-19	王禽君	2017-12-6
丁彦铭	2017-6-19	胡翔	2017-6-19	吴星明	2017-6-19	周巧慧	2017-12-6
傅丽碧	2017-6-19	宋俊达	2017-6-19	于志龙	2017-6-19	孔源	2017-12-6

附 录

续表

姓名	学位授予日期	姓名	学位授予日期	姓名	学位授予日期	姓名	学位授予日期
Muhammad Waqas Ali	2017-12-6	胡健强	2017-12-6	丛 峰	2017-12-6	Sayed Ali Khan	2017-12-6
		罗 兵	2017-12-6	胡东平	2017-12-6		
		易翔宇	2017-12-6	孙继承	2017-12-6	Rana Muhammad Irfan	2017-12-6
罗 辰	2017-12-6	王 鹏	2017-12-6	牛福洲	2017-12-6		
尤 玮	2017-12-6	张广平	2017-12-6	陈俊杰	2017-12-6		
孙 勇	2017-12-6	雷 凡	2017-12-6	马成福	2017-12-6	方文丽	2017-12-6
杨 兵	2017-12-6	汪国睿	2017-12-6	闫立勋	2017-12-6	左 伟	2017-12-6
刘鹏飞	2017-12-6	杨剑挺	2017-12-6	董 帅	2017-12-6	邱国新	2017-12-6
凌刘生	2017-12-6	卢 磊	2017-12-6	黄 贺	2017-12-6	李海根	2017-12-6
成俊义	2017-12-6	王 飞	2017-12-6	王玉伟	2017-12-6	王云琦	2017-12-6
冯虹瑛	2017-12-6	蔡 洋	2017-12-6	张江梅	2017-12-6	徐 清	2017-12-6
涂 翠	2017-12-6	刘 闯	2017-12-6	钱银龙	2017-12-6	郭经宇	2017-12-6
王骄子	2017-12-6	夏雨龙	2017-12-6	付欣欣	2017-12-6	朱小姣	2017-12-6
张广义	2017-12-6	陆 平	2017-12-6	蔡委哲	2017-12-6	龙璆璐	2017-12-6
李 骏	2017-12-6	胡先君	2017-12-6	林 昕	2017-12-6	韩俊成	2017-12-6
李 唤	2017-12-6	薛迪秀	2017-12-6	Mudassar Raza	2017-12-6	蒋金辉	2017-12-6
周 楠	2017-12-6	李海勇	2017-12-6			袁斯明	2017-12-6
唐鹏毅	2017-12-6	董一兵	2017-12-6	陈永辉	2017-12-6	姚子露	2017-12-6
刘宇哲	2017-12-6	王洋洋	2017-12-6	管 楚	2017-12-6	姜胜鹏	2017-12-6
蒋 荻	2017-12-6	夏九星	2017-12-6	周金红	2017-12-6	宋丽贤	2017-12-6
赵朕领	2017-12-6	吴 蕾	2017-12-6	闫 凡	2017-12-6	陈钱宝	2017-12-6
王明远	2017-12-6	黄汉卿	2017-12-6	王 昕	2017-12-6	王维康	2017-12-6
张亚腾	2017-12-6	南晓云	2017-12-6	吴志泽	2017-12-6	姚东宝	2017-12-6
惠 聪	2017-12-6	刘元英	2017-12-6	王晓春	2017-12-6	魏 锴	2017-12-6
杨 欢	2017-12-6	秦维泽	2017-12-6	严 野	2017-12-6	侯 磊	2017-12-6
钱 怡	2017-12-6	王 月	2017-12-6	曹志伟	2017-12-6	刘登宝	2017-12-6
Samuel	2017-12-6	路应辉	2017-12-6	李皖皖	2017-12-6	耿 璐	2017-12-6
Tabassum Khan	2017-12-6	荣 伟	2017-12-6	胡中停	2017-12-6	张 翾	2017-12-6
		陈媛媛	2017-12-6	朱诗悦	2017-12-6	罗文伯	2017-12-6

续表

姓名	学位授予日期	姓名	学位授予日期	姓名	学位授予日期	姓名	学位授予日期
王建平	2017-12-6	解 钰	2017-12-6	刘 洋	2017-12-6	魏新茹	2017-12-6
申 骜	2017-12-6	苏通裕	2017-12-6	倪 飞	2017-12-6	李 亮	2017-12-6
董少钧	2017-12-6	陈肇玺	2017-12-6	刘宏伟	2017-12-6	杜锐凯	2017-12-6
王 健	2017-12-6	祖 琳	2017-12-6	Usman Bashir	2017-12-6	沈 辉	2017-12-6
王 东	2017-12-6	王燕飞	2017-12-6			徐 玲	2017-12-6
李 燊	2017-12-6	毛颖基	2017-12-6	Zahid Hameed	2017-12-6	郭 琼	2017-12-6
吴 凡	2017-12-6	祝 敏	2017-12-6			杨 晓	2017-12-6
沈 镇	2017-12-6	黄跃恒	2017-12-6	Muntazir Hussain	2017-12-6	张 浩	2017-12-6
刘晓辉	2017-12-6	戴淮初	2017-12-6			刘 源	2017-12-6
张丁杰	2017-12-6	潘国兴	2017-12-6	Adeel Luqman	2017-12-6	Muhammad Riaz Khan	2017-12-6
刘 遥	2017-12-6	杜志强	2017-12-6				
汪 锡	2017-12-6	刘娟娟	2017-12-6	鲍小玲	2017-12-6		
乌达巴拉	2017-12-6	覃志松	2017-12-6	刘 恒	2017-12-6	Hassaan Mehboob Awan	2017-12-6
张 强	2017-12-6	韦 玮	2017-12-6	汪琛玮	2017-12-6		
李 伟	2017-12-6	徐永锋	2017-12-6	袁 枭	2017-12-6		
许胜强	2017-12-6	梁永立	2017-12-6	吴鹏志	2017-12-6	Akhlaq Ahmad	2017-12-6
骆冬根	2017-12-6	桂伟民	2017-12-6	文 彬	2017-12-6		
陈思明	2017-12-6	秦鑫冬	2017-12-6	李 月	2017-12-6	Wafa Ali Eltayb Elsiddig	2017-12-6
韩苗苗	2017-12-6	孙 倩	2017-12-6	黄 俊	2017-12-6		
彭 姣	2017-12-6	付业林	2017-12-6	向绍勋	2017-12-6		
李永春	2017-12-6	朱玉姣	2017-12-6	余 斌	2017-12-6	Saima Akram	2017-12-6
宋德勇	2017-12-6	董 伟	2017-12-6	汪 娜	2017-12-6		
国 旗	2017-12-6	史海霞	2017-12-6	江依洋	2017-12-6	许婷婷	2017-12-6
杨志刚	2017-12-6	姚静静	2017-12-6	孙爱爱	2017-12-6	王 磊	06-Dec-17
王智君	2017-12-6	杨 惠	2017-12-6	王雪静	2017-12-6	唐兆云	06-Dec-17
李 航	2017-12-6	鲍丽娜	2017-12-6	孙家振	2017-12-6	曾 奇	2017-12-6
许 棕	2017-12-6	丁润康	2017-12-6	徐光威	2017-12-6	张建武	2017-12-6
王旭东	2017-12-6	李 遥	2017-12-6	陈向阳	2017-12-6	徐 坤	2017-12-6
李桧林	2017-12-6	曹开颖	2017-12-6	夏文龙	2017-12-6	纪娇娇	2017-12-6

附 录

续表

姓名	学位授予日期	姓名	学位授予日期	姓名	学位授予日期	姓名	学位授予日期
陈峥嵘	2017-12-6	王 震	2017-12-6	李 震	2017-12-6	李淑娟	2017-12-6
陈玉芳	2017-12-6	黄 婷	2017-12-6	许 立	2017-12-6	王梁炳	2017-12-6
王 鑫	2017-12-6	曾美容	2017-12-6	雍海林	2017-12-6	钱宗政	2017-12-6
熊立勇	2017-12-6	邢利利	2017-12-6	李士阔	2017-12-6	杨玲娜	2017-12-6
魏先彪	2017-12-6	刘道彬	2017-12-6	李 洋	2017-12-6	张大地	2017-12-6
庄三舵	2017-12-6	王 洁	2017-12-6	余家力	2017-12-6	上官明佳	2017-12-6
徐 盼	2017-12-6	王星博	2017-12-6	郁云杰	2017-12-6	Hafiz Tariq Masood	2017-12-6
周传忠	2017-12-6	刘 炜	2017-12-6	刘 东	2017-12-6		
王 德	2017-12-6	袁 满	2017-12-6	林 玲	2017-12-6	李 军	2017-12-6
武 鹏	2017-12-6	许伟伟	2017-12-6	朱 青	2017-12-6	汪海迪	2017-12-6

附录9 中国科学技术大学"全国优秀博士学位论文"获得者名录(1999~2013)

年份	作者姓名	论文题目	专业名称	代码	导师姓名
1999	谢 毅	纳米材料的溶剂加压热合成、结构及性能	化学	703	钱逸泰
2000	侯中怀	表面反应体系中若干重要非线性问题的理论研究	化学	703	辛厚文
	段路明	量子计算机中的消相干研究和量子编码	物理学	702	郭光灿
	李 醒	太阳风高速流中重离子的研究	地球物理学	708	胡友秋
2001	李亚栋	半导体纳米材料的溶剂热合成、结构与性能研究	化学	703	钱逸泰
	龚为民	尖吻蝮蛇毒金属蛋白酶结构、酶失活及蛋白水解机理的研究	生物学	710	牛立文
2002	孙 阳	钙钛矿结构氧化物中的超大磁电阻效应及相关物性	物理学	702	张裕恒
	刘卫国	沉积环境中的硼、氯同位素地球化学	地质学	709	彭子城

续表

年份	作者姓名	论文题目	专业名称	代码	导师姓名
2003	荆继良	黑洞热力学熵和统计熵	物理学	702	闫沐霖
	肖尚喜	遗传性牙龈纤维瘤病和牙本质生成不全-II型致病基因的定位与克隆	生物学	710	刘 兢
	谢周清	南极阿德雷岛地区湖泊沉积与企鹅生态环境演变	地质学	709	孙立广
2004	王 毅	离散竞争动力系统的一般性质及反应扩散方程解的收敛性	数学	701	蒋继发
	袁岚峰	分子、团簇和凝聚体系中相互作用的计算研究	化学	703	朱清时
	步 磊	两个遗传性白内障致病基因的定位与克隆	生物学	710	刘 兢
2005	黄 文	动力系统的复杂性与点串	数学	701	叶向东
	汪毓明	行星际磁云及其相关事件的综合研究	地球物理学	708	王 水
	姜 锐	交通流复杂动态特性的微观和宏观模式研究	力学	801	吴清松
2006	梁 兴	不动点指标理论及其在K型单调和竞争动力系统中的应用	数学	701	蒋继发
	黄运锋	量子纠缠态制备、操纵的实验研究	物理学	702	郭光灿
	李震宇	新材料物性的第一性原理研究	化学	703	杨金龙
	杨小虎	宇宙大尺度结构的统计研究	天文学	704	褚耀泉
	陈 耀	多成分太阳风模型	地球物理学	708	胡友秋
2007	王克东	扫描隧道显微术在特殊纳米体系中的应用与发展	物理学	702	侯建国
2008	徐 岩	非线性波动方程的间断有限元方法	数学	701	舒其望
	赵爱迪	分子尺度量子态探测与调控的扫描隧道显微学研究	物理学	702	侯建国
	张 强	多光子纠缠及其在量子信息中的应用	物理学	702	潘建伟
	向红军	纳米材料的理论研究及线性标度电子结构方法的发展	化学	703	杨金龙
	盛国平	废水生物处理反应器中微生物聚集体表面特性的研究	环境科学与工程	830	俞汉青

附　录

续表

年份	作者姓名	论文题目	专业名称	代码	导师姓名
2009	张国华	动力学性质的相对化与局部化	数学	701	叶向东
	薛向辉	日冕物质抛射的对地有效性及近地空间环境的研究	地球物理学	708	窦贤康
2010	李　新	T样条和T网格上的样条	数学	701	陈发来
	孙方稳	多光子态的干涉和区分	物理学	702	郭光灿
	张少兵	扬子陆核古老地壳及其深熔产物花岗岩的地球化学研究	地质学	709	郑永飞
	高　鹏	壁面吹吸和表面活性剂作用下的流动稳定性研究	力学	801	陆夕云
2011	许金时	光子纠缠态制备、应用及演化的实验研究	物理学	702	郭光灿
	葛治伸	环境响应性聚合物超分子组装体的构筑和结构调控	化学	703	刘世勇
	陈仁旭	深俯冲陆壳地球化学性质与折返过程中流体活动——来自苏鲁造山带中国大陆科学钻探主孔样品的研究结果	地质学	709	郑永飞
	倪丙杰	好氧颗粒污泥的培养过程、作用机制及数学模拟	环境科学与工程	830	俞汉青
	吴　杰	数据包络分析(DEA)的交叉效率研究——基于博弈理论的效率评估方法	管理科学与工程	1201	梁　樑
2012	高炜博	多量子比特纠缠态及其应用	物理学	702	潘建伟
2013	金贤敏	远程量子通信的实验研究	物理学	702	潘建伟
	龚　明	量子点光学性质的经验赝势计算	物理学	702	郭光灿
	梁海伟	纳米纤维宏观组装体的制备及功能化研究	化学	703	俞书宏
	肖　斌	基于新导向基拓展的Pd催化C—H键官能团化	化学	703	郭庆祥
	刘贤伟	生物电化学系统中的强化生物与化学催化	环境科学与工程	830	俞汉青

附录10 中国科学技术大学"全国优秀博士学位论文提名论文"获得者名录(2003~2013)

年份	作者姓名	论文题目	导师姓名
2003	刘贻灿	大别山北部榴辉岩的岩石学、地球化学及同位素年代学研究	李曙光
	孙葆根	合肥光源新的束流测量系统研制及其应用研究	何多慧
2004	杨小虎	宇宙大尺度结构的统计研究	褚耀泉
	赵子福	同位素体理论模式和中国东部A型花岗岩同位素地球化学研究	郑永飞
	曾祥银	基于NRD介质波导新型漏波天线及其机理的研究	徐善驾
2005	杨昭荣	铬基硫族尖晶石体系超大磁电阻效应及相关物性的研究	张裕恒
	王俊贤	活动星系核的铁 $K\alpha$ 荧光线辐射和钱德拉X卫星南天深度巡天	周又元
	郑仁奎	钙态矿锰氧化物中的电荷有序态及相关性能研究	李晓光
2006	赵 瑾	团簇及单分子隧道结的理论研究	侯建国
	熊宇杰	一维纳米结构的液相化学合成与同步组装	谢 毅
2007	彭承志	快瞬态电子学在量子通信和ICF实验中应用	潘建伟
	董 昕	单电子横动量谱和方位角各向异性分布——RHIC能区粲强子产生	张子平
	傅 尧	化学精度计算及其在有机化学中的应用	郭庆祥
	刘晓东	中晚全新世南极无冰区沉积物的生态环境记录及比较	孙立广
	宋质银	IAP家族蛋白Survivin及其剪切体在细胞凋亡中的作用机制研究	吴 缅
	王 鲲	无线自组网中节能策略的研究	许胤龙
2008	郭国平	量子保密通信体系的研究	郭光灿
	唐 俊	胶东地块变质岩同位素地球化学研究	郑永飞
2009	丁桂军	强子谱理论中奇特态的研究	闫沐霖
	张 兵	硫化物和硒微纳结构的溶液相合成及物性研究	谢 毅
	曾 杰	基于零维纳米体系的结构设计与构筑、性能调控及应用研究	侯建国
	李 成	从大尺度结构到星系形成	程福臻
	薛 宇	蛋白质翻译后修饰和细胞信号通路的生物信息学	姚雪彪
	周荣斌	Toll样受体在自身免疫耐受中的作用及机制研究	田志刚
	李 芳	同轴带电射流的稳定性研究	尹协振
	穆 杨	厌氧发酵产氢过程及其反应器特性的研究	俞汉青

续表

年份	作者姓名	论文题目	导师姓名
2010	吴长征	结构控制的无机纳米材料合成、表征及性能相关性研究	谢 毅
	阚二军	新型磁性材料的第一性原理计算与设计研究	杨金龙
	申成龙	日冕物质抛射及其空间天气效应研究	王 水
2011	贾晓红	有理曲线与曲面的 μ 基理论及应用	陈发来
	吴 涛	Na_xCoO_2 体系的电荷有序态和铁基超导体的磁性研究	陈仙辉
	程义云	基于树枝形分子的药物运输系统:从理论到应用	施蕴渝
2012	姜在红	对一般双曲守恒律的一些数学理论的研究	陆云光
	唐泽波	RHIC 能区高横动量 J/ψ 的产生	李 澄
	吴 刚	铁基高温超导体和过渡金属二硫化物新材料的合成和输运性质的研究	陈仙辉
	舒新文	活动星系核统一模型与铁 $K\alpha$ 发射线	王俊贤
	王荣生	无碰撞磁场重联扩散区结构和电子加速	陆全明
	夏琼霞	大陆俯冲带变质脱水与部分熔融:南大别低温/超高压变质花岗岩研究	郑永飞
	江 鹏	p53 蛋白在细胞凋亡和细胞代谢中的作用机制研究	吴 缅
	谭又华	细胞力学建模及其力学特性的表征	黄文浩
	陈绍峰	几种矿物的低温液相合成、生长机理及其性能研究	俞书宏
	李玉阳	芳烃燃料低压预混火焰的实验和动力学模型研究	齐 飞
	吴 磊	视觉语言分析——从底层视觉分析到语义距离学习	俞能海
	陈天石	演化算法的计算复杂性研究	陈国良
	孙 敏	微生物燃料电池的功能拓展和机理解析	俞汉青
	何 平	考虑环境要求的制造系统柔性测度及其改善方法	华中生
2013	荣 星	脉冲电子顺磁共振谱仪研制及应用	杜江峰
	姜 鹏	活动星系核窄铁 $K\alpha$ 发射线和类星体吸收线系统中类银河系尘埃	王俊贤
	刘盛遨	中国中东部中生代埃达克质岩成因及高温镁同位素分馏的地球化学研究	李曙光
	贾来兵	二维流场中板状柔性体与流体相互作用的研究	尹协振
	田新梅	基于内容的图像搜索重排序研究	吴秀清

附录11　中国科学技术大学"中科院优秀博士学位论文"获得者名录(2004～2017)

年份	作者姓名	论文题目	专业名称	代码	导师姓名
2004	杨昭荣	铬基硫族尖晶石体系超大巨磁电阻效应及相关物性的研究	物理学	702	张裕恒
	王俊贤	活动星系核的铁Kα荧光线辐射和钱德拉X卫星南天深度巡天	天文学	704	周又元
	姜　锐	交通流复杂动态特征的微观和宏观模式研究	力学	801	吴清松
	曾长淦	扫描隧道显微镜在分子自组装和分子电子学中的应用	物理学	702	侯建国
	汪毓明	行星际磁云及相关事件综合分析	地球物理学	708	王　水
	李　勇	甘氨酸与GABA共释放及其在受体水平的相互作用	生物学	710	徐天乐
	郑仁奎	钙态锰矿氧化物中的电荷有序态及相关性能研究	物理学	702	李晓光
	翁文国	腔室火灾中回燃现象的模拟研究	矿业工程	819	范维澄
	罗　琳	基于小波的高维图像视频媒体压缩	信息与通信工程	810	庄镇泉
	黄　文	动力系统的复杂性与点串	数学	701	叶向东
2005	黄运锋	量子纠缠态制备、操纵的实验研究	物理学	702	郭光灿
	杨小虎	宇宙大尺度结构的统计研究	天文学	704	褚耀泉
	熊宇杰	一维纳米结构的液相化学合成与同步组装	化学	703	谢　毅
	赵　瑾	团簇及单分子隧道结的理论研究	物理学	702	侯建国
	李震宇	新材料物性的第一性原理研究	化学	703	杨金龙
	陈　耀	多成分太阳风模型	地球物理学	708	胡友秋
	贾　斌	交通瓶颈处车流复杂动态特性的元胞自动机模拟	力学	801	吴清松
	梁　兴	不动点指标理论及其在K型单调和竞争动力系统中的应用	数学	701	蒋继发

续表

年份	作者姓名	论文题目	专业名称	代码	导师姓名
2006	彭承志	快瞬态电子学在量子通信和 ICF 实验中应用	物理学	702	潘建伟
	董 昕	单电子横动量谱和方位角各向异性分布——RHIC 能区粲强子产生	物理学	702	张子平
	王克东	扫描隧道显微术在特殊纳米体系中的应用与发展	物理学	702	侯建国
	傅 尧	化学精度计算及其在有机化学中的应用	化学	703	郭庆祥
	刘晓东	中晚全新世南极尤冰区沉积物的生态环境记录及比较	环境科学与工程	830	孙立广
	宋质银	IAP 家族蛋白 Survivin 及其剪切体在细胞凋亡中的作用机制研究	生物学	710	吴 缅
	曹新旺	Ezrin 在极化上皮细胞分泌调控中的作用研究	生物学	710	姚雪彪
	王 鲲	无线自组网中节能策略的研究	计算机科学与技术	812	许胤龙
2007	徐 岩	非线性波动方程的间断有限元方法	数学	701	舒其望
	张 强	多光子纠缠及其在量子信息中的应用	物理学	702	潘建伟
	赵爱迪	分子尺度量子态探测与调控的扫描隧道显微学研究	物理学	702	侯建国
	郭国平	量子保密通信体系的研究	物理学	702	郭光灿
	王慧元	类星体宽吸收线区的共振与电子散射偏振	天文学	704	王挺贵
	向红军	纳米材料的理论研究及线性标度电子结构方法的发展	化学	703	杨金龙
	唐 俊	胶东地块变质岩同位素地球化学研究	地质学	709	郑永飞
	盛国平	废水生物处理反应器中微生物聚集体表面特性的研究	环境科学与工程	830	俞汉青
	杨 坚	CDMA 系统中的盲自适应信号处理算法研究——多用户检测与天线阵列波束形成	控制科学与工程	811	奚宏生
2008	张国华	动力学性质的相对化与局部化	数学	701	叶向东
	丁桂军	强子谱理论中奇特态的研究	物理学	702	闫沐霖

勇立潮头 扬帆前行
中国科学技术大学学位与研究生教育编年史稿（1978~2018）

续表

年份	作者姓名	论文题目	专业名称	代码	导师姓名
2008	张 兵	硫化物和硒微纳结构的溶液相合成及物性研究	化学	703	谢 毅
	曾 杰	基于零维纳米体系的结构设计与构筑、性能调控及应用研究	物理学	702	侯建国
	李 成	从大尺度结构到星系形成	天文学	704	程福臻
	薛 宇	蛋白质翻译后修饰和细胞信号通路的生物信息学	生物学	710	姚雪彪
	周荣斌	Toll样受体在自身免疫耐受中的作用及机制研究	生物学	710	田志刚
	李 芳	同轴带电射流的稳定性研究	力学	801	尹协振
	钱立志	电视末制导炮弹武器系统关键技术研究	核科学与技术	827	何多慧
	穆 杨	厌氧发酵产氢过程及其反应器特性的研究	环境科学与工程	830	俞汉青
2009	李 新	T样条和T网格上的样条	数学	701	陈发来
	孙方稳	多光子态的干涉和区分	物理学	702	郭光灿
	吴长征	结构控制的无机纳米材料合成、表征及性能相关性研究	化学	703	谢 毅
	阚二军	新型磁性材料的第一性原理计算与设计研究	化学	703	杨金龙
	申成龙	日冕物质抛射及其空间天气效应研究	地球物理学	708	王 水
	张少兵	扬子陆核古老地壳及其深熔产物花岗岩的地球化学研究	地质学	709	郑永飞
	端姗姗	蛋白质相互作用的调控及其在细胞凋亡中的功能	生物学	710	吴 缅
	高 鹏	壁面吹吸和表面活性剂作用下的流动稳定性研究	力学	801	陆夕云
2010	贾晓红	有理曲线与曲面的 μ 基理论及应用	数学	701	陈发来
	吴 涛	Na_xCoO_2体系的电荷有序态和铁基超导体的磁性研究	物理学	702	陈仙辉
	许金时	光子纠缠态制备、应用及演化的实验研究	物理学	702	郭光灿
	从怀萍	无机/染料纳米复合材料的合成及其机理和性质研究	化学	703	俞书宏

附　录

续表

年份	作者姓名	论文题目	专业名称	代码	导师姓名
2010	葛治伸	环境响应性聚合物超分子组装体的构筑和结构调控	化学	703	刘世勇
	陈仁旭	深俯冲陆壳地球化学性质与折返过程中流体活动——来自苏鲁造山带中国大陆科学钻探主孔样品的研究结果	地质学	709	郑永飞
	程义云	基于树枝形分子的药物运输系统：从理论到应用	生物学	710	施蕴渝
	倪丙杰	好氧颗粒污泥的培养过程、作用机制及数学模拟	环境科学与工程	830	俞汉青
	吴　杰	数据包络分析（DEA）的交叉效率研究—基于博弈理论的效率评估方法	管理科学与工程	1201	梁　樑
2011	姜在红	对一般双曲守恒律的一些数学理论的研究	数学	701	陆云光
	唐泽波	RHIC 能区高横动量 J/ψ 的产生	物理学	702	李　澄
	高炜博	多量子比特纠缠态及其应用	物理学	702	潘建伟
	吴　刚	铁基高温超导体和过渡金属二硫化物新材料的合成和输运性质的研究	物理学	702	陈仙辉
	舒新文	活动星系核统一模型与铁 $K\alpha$ 发射线	天文学	704	王俊贤
	王荣生	无碰撞磁场重联扩散区结构和电子加速	地球物理学	708	陆全明
	夏琼霞	大陆俯冲带变质脱水与部分熔融：南大别低温/超高压变质花岗岩研究	地质学	709	郑永飞
	江　鹏	p53 蛋白在细胞凋亡和细胞代谢中的作用机制研究	生物学	710	吴　缅
	谭又华	细胞力学建模及其力学特性的表征	仪器科学与技术	804	黄文浩
	陈绍峰	几种矿物的低温液相合成、生长机理及其性能研究	材料科学与工程	805	俞书宏
	李玉阳	芳烃燃料低压预混火焰的实验和动力学模型研究	动力工程及工程热物理	807	齐　飞
	吴　磊	视觉语言分析——从底层视觉分析到语义距离学习	信息与通信工程	810	俞能海
	陈天石	演化算法的计算复杂性研究	计算机科学与技术	812	陈国良
	齐翠翠	锑在中国煤及典型矿区中的环境地球化学研究	环境科学与工程	830	刘桂建

续表

年份	作者姓名	论文题目	专业名称	代码	导师姓名
2011	孙　敏	微生物燃料电池的功能拓展和机理解析	环境科学与工程	830	俞汉青
	何　平	考虑环境要求的制造系统柔性测度及其改善方法	管理科学与工程	1201	华中生
2012	荣　星	脉冲电子顺磁共振谱仪研制及应用	物理学	702	杜江峰
	金贤敏	远程量子通信的实验研究	物理学	702	潘建伟
	龚　明	量子点光学性质的经验赝势计算	物理学	702	郭光灿
	姜　鹏	活动星系核窄铁 Kα 发射线和类星体吸收线系统中类银河系尘埃	天文学	704	王俊贤
	梁海伟	纳米纤维宏观组装体的制备及功能化研究	化学	703	俞书宏
	肖　斌	基于新导向基拓展的 Pd 催化 C—H 键官能团化	化学	703	郭庆祥
	杨忠炜	非稳态垂直无碰撞激波中的粒子加速	地球物理学	708	陆全明
	刘盛遨	中国中东部中生代埃达克质岩成因及高温镁同位素分馏的地球化学研究	地质学	709	李曙光
	赵梦溪	鱼腥蓝细菌异形细胞分化调控关键蛋白质的结构与调节机制研究	生物学	710	周丛照
	贾来兵	二维流场中板状柔性体与流体相互作用的研究	力学	801	尹协振
	黄金堂	基于激光干涉技术的微纳结构制造研究	仪器科学与技术	804	王克逸
	李　晶	太阳能有机朗肯循环中低温热发电系统的数值优化及实验研究	动力工程及工程热物理	807	季　杰
	田新梅	基于内容的图像搜索重排序研究	信息与通信工程	810	吴秀清
	吴　锋	基于决策理论的多智能体系统规划问题研究	计算机科学与技术	812	陈小平
	姚　涛	原位 XAFS 新方法及其功能材料动力学的研究	核科学与技术	827	韦世强
	刘贤伟	生物电化学系统中的强化生物与化学催化	环境科学与工程	830	俞汉青

附 录

续表

年份	作者姓名	论文题目	专业名称	代码	导师姓名
2013	张 伟	一类椭圆偏微分方程解的水平集的高斯曲率估计	数学	701	麻希南
	季良月	非线性方程间断有限元方法误差分析以及后处理技术	数学	701	徐 岩
	徐南阳	自旋调控技术研究及绝热量子算法的核磁共振实现	物理学	702	杜江峰
	刘荣华	铁基高温超导体的相图和同位素效应及其相关层状化合物的研究	物理学	702	陈仙辉
	董春华	回音壁模式微腔量子电动力学的实验研究	物理学	702	郭光灿
	姚星灿	高亮度多光子纠缠态的制备与应用	物理学	702	潘建伟
	张 汇	一维电子体系及铁基超导体电荷序的扫描隧道显微术研究	物理学	702	曾长淦
	姚宏斌	基于微/纳米结构单元的有序组装制备仿生结构功能复合材料	化学	703	俞书宏
	李昌华	响应性聚合物材料的合成及其在检测方面的应用	化学	703	刘世勇
	范璐璐	高红移大质量早型星系的形成及演化	天文学	704	程福臻
	苏振鹏	电子辐射带形成和演化的全球动力学模型	地球物理学	708	郑惠南
	李 青	流感病毒神经氨酸酶的结构、耐药及新型抑制剂作用的机制研究	生物学	710	高 福
	赵 凌	质子导体固体氧化物燃料电池的阴极材料及其电化学研究	材料科学与工程	805	夏长荣
	周文罡	基于局部特征的视觉上下文分析及其应用	信息与通信工程	810	李厚强
	袁 晶	大规模轨迹数据的检索、挖掘及应用	计算机科学与技术	812	陈国良
	徐利强	过去2000年西沙群岛生态环境对气候变化和人类活动的响应	环境科学与工程	830	孙立广
2014	石发展	基于金刚石室温固态单自旋体系的微观磁共振实验研究	物理学	702	杜江峰
	张 瑞	亚纳米分辨的等离激元增强单分子拉曼光谱成像研究	物理学	702	董振超
	许小冶	基于线性光学的量子信息应用研究	物理学	702	郭光灿

续表

年份	作者姓名	论文题目	专业名称	代码	导师姓名
2014	杨楚汀	Cu催化烷基卤代物及磺酸酯参与偶联反应的研究	化学	703	郭庆祥
	肖翀	硫属化合物量子点热电材料合成及其电热输运性质的协同调控	化学	703	谢毅
	高敏锐	几种少铂/非铂电催化剂的结构设计、宏量合成及应用研究	化学	703	俞书宏
	吴明雨	地球磁层中等离子体波动的研究	地球物理学	708	陆全明
	张云娇	特异性表面结合肽调控稀土纳米材料诱导自噬和毒性的研究	生物学	710	温龙平
	王维维	大肠杆菌RNA分子伴侣Hfq的结构以及与RNA相互作用的研究	生物学	710	施蕴渝
	王伯福	圆筒与圆环内热对流不稳定性研究	力学	801	孙德军
	王向锋	铁基超导体的单晶生长以及物性研究和掺杂菲中的超导电性	材料科学与工程	805	陈仙辉
	陈登宇	干燥和烘焙预处理制备高品质生物质原料的基础研究	动力工程及工程热物理	807	朱锡锋
	李斌	面向高性能视频编码标准的率失真优化技术研究	信息与通信工程	810	李厚强
	刘淇	基于用户兴趣建模的推荐方法及应用研究	计算机科学与技术	812	陈恩红
	院士杰	胞外呼吸细菌-纳米材料的电子传递机制及应用拓展	环境科学与工程	830	俞汉青
	肖华华	管道中氢-空气预混火焰传播动力学实验与数值模拟研究	安全科学与工程	837	孙金华
2015	康红梅	适合于分析和建模的若干样条的研究	数学	701	陈发来
	武平	金属表面石墨烯生长机理的理论研究	物理学	702	李震宇
	逯鹤	多光子纠缠的制备及应用	物理学	702	潘建伟
	李兆凯	基于核自旋的量子计算实验研究	物理学	702	杜江峰
	张晓东	原子级厚度二维晶体的设计及其性能研究	化学	703	谢毅
	尚睿	基于脱羧和铁催化碳—氢键活化的新型碳-碳偶联反应	化学	703	傅尧

附 录

续表

年份	作者姓名	论文题目	专业名称	代码	导师姓名
2015	胡祥龙	肿瘤微环境响应性聚合物药物载体的构筑和纳米结构调控	化学	703	刘世勇
	刘建伟	有序无机纳米线薄膜的可控组装及组装体功能研究	化学	703	俞书宏
	陈伊翔	大陆碰撞过程中地壳深熔作用——苏鲁造山带超高压变质岩研究	地质学	709	郑永飞
	杨 帆	非编码 RNA 在肿瘤代谢和细胞凋亡中的分子机制研究	生物学	710	吴 缅
	孙文平	中低温固体氧化物燃料电池新材料与结构设计及电化学性能研究	材料科学与工程	805	刘 卫
	王占东	环己烷及其单烷基衍生物燃烧反应动力学的实验和模型研究	动力工程及工程热物理	807	齐 飞
	高 庆	非仿射类非线性系统的通用模糊控制器问题研究	控制科学与工程	811	王 永
	梁红瑾	并发程序精化验证及其应用	计算机科学与技术	812	冯新宇
	陈洁洁	污染物生物与化学转化中的界面电子转移机制	环境科学与工程	830	俞汉青
	郭晓龙	仓储系统中存储策略与设备维护策略研究	管理科学与工程	1201	余玉刚
2016	郭瑞晗	相场模型方程的局部间断有限元方法及快速求解	数学	701	徐 岩
	张 尧	针尖等离激元增强单分子光谱的理论模拟	物理学	702	董振超
	丁冬生	基于原子系综的宽带高维量子存储的实验研究	物理学	702	史保森
	王鹏飞	基于金刚石中单电子自旋的量子传感和探测技术的研究	物理学	702	杜江峰
	何玉明	高品质量子点单光子源和自旋光子界面	物理学	702	潘建伟
	庄涛涛	一维硫化物异质纳米结构的设计、合成及性能研究	化学	703	俞书宏
	龙 冉	钯纳米晶体的可控合成及其催化性能的晶面依赖性研究	化学	703	熊宇杰

续表

年份	作者姓名	论文题目	专业名称	代码	导师姓名
2016	李星星	自旋电子学材料和光解水催化材料的第一性原理计算与设计	化学	703	杨金龙
	刘固寰	响应性程序降解聚合物的设计合成与功能构筑	化学	703	刘世勇
	高新亮	太阳风加热和地球辐射带演化中的波粒相互作用	地球物理学	708	王 水
	戴立群	秦岭-红安-大别造山带早白垩世碰撞后镁铁质火成岩地球化学研究	地质学	709	郑永飞
	陈亮	单点突变蛋白特异的RNA适配体筛选及功能研究	生物学	710	单 革
	李国强	基于飞秒激光微纳米技术的仿生功能结构研究	仪器科学与技术	804	褚家如
	卫涛	含钪内嵌富勒烯和大碳笼富勒烯的合成、分离、表征及功能化研究	材料科学与工程	805	杨上峰
	刘震	基于局部视觉信息的大规模图像检索研究	信息与通信工程	810	李厚强
	祝恒书	面向移动商务的数据挖掘方法及应用研究	计算机科学与技术	812	陈恩红
	刘武军	生物质热解过程中污染物迁移转化机制的解析	环境科学与工程	830	俞汉青
2017	刘永强	超曲面补空间Alexander类不变量的可除性定理	数学	701	陈秀雄
	黄璞	宏观物理系统中的反常涨落:通往宏观量子效应的关键实验技术	物理学	702	杜江峰
	江嵩	针尖增强拉曼散射在纳米结构识别中的应用	物理学	702	董振超
	项子霁	近藤绝缘体和拓扑半金属的量子振荡研究及铁基超导体输运性质研究	物理学	702	陈仙辉
	周宗权	固态量子存储	物理学	702	郭光灿
	葛进	基于海绵模板指引的宏观纳米组装体制备及应用研究	化学	703	俞书宏
	高山	无机二维超薄材料的可控制备与催化性能研究	化学	703	谢 毅

续表

年份	作者姓名	论文题目	专业名称	代码	导师姓名
2017	谷升阳	行星尺度波动及其在大气层耦合中的作用	地球物理学	708	李 陶
	莫 非	有丝分裂激酶 Aurora B 与 PLK 1 的赖氨酸乙酰化修饰功能解析	生物学	710	姚雪彪
	刘晓毅	石墨烯离面力学特性及其复合材料设计	力学	801	吴恒安
	汪 松	大碳笼空心及内嵌富勒烯的功能化研究	材料科学与工程	805	杨上峰
	范其瑭	利用卤代芳香分子在金属表面合成有序低维有机纳米结构	核科学与技术	827	朱俊发
	王允坤	新型生物电化学膜分离技术在废水处理和资源回收中的应用研究	环境科学与工程	830	盛国平
	王 禹	火灾下玻璃幕墙破裂行为的实验和数值模拟研究	安全科学与工程	837	孙金华

附录 12　中国科学技术大学"安徽省优秀博士学位论文"获得者名录(2009～2014)

年份	作者姓名	论文题目	专业名称	指导教师
2009	胡隆华	隧道火灾烟气蔓延的热物理特性研究	安全技术及工程	霍 然
	孙方稳	多光子态的干涉和区分	光学	郭光灿
	吴长征	结构控制的无机纳米材料合成、表征及性能相关性研究	无机化学	谢 毅
	熊胜林	硫属半导体纳米材料的液相控制合成与性能研究	无机化学	钱逸泰
	钱海生	碳、硅基功能纳米纤维的模板合成与性能研究	无机化学	俞书宏
	阚二军	新型磁性材料的第一性原理计算与设计研究	物理化学	杨金龙
	苏馈足	好氧颗粒污泥及反应器的数学模型研究	环境工程	俞汉青
	王国玉	钴基(等)关联电子体系中的同位素效应和相分离及其相关效应的研究	凝聚态物理	陈仙辉
	刘光明	高分子链在界面上的构象行为	物理化学	张广照

续表

年份	作者姓名	论文题目	专业名称	指导教师
2009	陆小力	超导纳米材料的制备与物性研究	材料物理与化学	李晓光
	杨蔚	辽西中生代火山岩年代学及地球化学研究——对华北克拉通岩石圈减薄机制的制约	地球化学	李曙光
	王文旭	复杂网络的演化动力学及网络上的动力学过程研究	理论物理	汪秉宏
	夏银华	非线性问题的间断有限元方法及其时间离散	计算数学	舒其望
	黄甜	金属及氧化物表面分子吸附体系的扫描隧道显微术研究	凝聚态物理	侯建国 王海千
	赵文	宇宙中暗能量、残余引力波和微波背景辐射极化的一些研究	天体物理	张杨
	孙红灵	振动主动控制若干问题的研究	固体力学	张培强 陈海波
	郑刘根	煤中汞的环境地球化学研究	环境科学	刘桂建
	王征飞	单层及有限层石墨体系的扫描隧道显微镜图像模拟与纳米电子器件的理论研究	凝聚态物理	侯建国 石勤伟
	王超	基于变分问题和偏微分方程的图像处理技术研究	信号与信息处理	叶中付
	唐金辉	视频语义标注的若干问题研究	信号与信息处理	吴秀清
	吴伟泰	刺激响应性聚乙烯醇缩丙酮及其衍生功能性材料的研究	材料物理与化学	石磊 朱清仁
	吴春林	基于PDE的隐式曲面上的图像处理	计算数学	陈发来
2011	吴昆	膨胀型阻燃剂核-壳结构的设计、制备及其阻燃性能的研究	安全技术及工程	胡源
	毕磊	质子导体固体氧化物燃料电池的制备及其电化学研究	材料学	刘卫
	陈仁旭	深俯冲陆壳地球化学性质与折返过程中流体活动：来自苏鲁造山带中国大陆科学钻探主孔样品的研究结果	地球化学	郑永飞
	韩晓刚	纳米杂化结构的DNA控制自组装及功能DNA纳米机器的研究	分析化学	邓兆祥
	葛治伸	环境响应性聚合物超分子组装体的构筑和结构调控	高分子化学与物理	刘世勇

附 录

续表

年份	作者姓名	论文题目	专业名称	指导教师
2011	袁耀明	交通流元胞自动机模型的解析和模拟研究	工程热物理	吴清松 姜 锐
	黄 渊	基于光学读出的微悬臂梁生化传感技术研究	固体力学	伍小平 张青川
	吴 杰	数据包络分析(DEA)的交叉效率研究——基于博弈理论的效率评估方法	管理科学与工程	梁 樑
	许金时	光子纠缠态制备、应用及演化的实验研究	光学	郭光灿 李传锋
	孙 敏	微生物燃料电池的功能拓展和机理解析	环境工程	俞汉青
	程义云	基于树枝形分子的药物运输系统:从理论到应用	结构生物学	施蕴渝
	邱剑彬	不确定动态时滞系统的鲁棒滤波设计新方法	精密仪器及机械	杨 杰 冯 刚
	贾来兵	二维流场中板状柔性体与流体相互作用的研究	流体力学	尹协振
	吴 刚	铁基高温超导体和过渡金属二硫化物新材料的合成和输运性质的研究	凝聚态物理学	陈仙辉
	缑高阳	硼氮纳米管的密度泛函理论研究	凝聚态物理学	石 磊 潘必才
	夏天阳	残余引力波、再电离的微波背景辐射各向异性和偏振的解析谱、Yang-Mills暗能量的研究	天体物理	张杨
	从怀萍	无机/染料纳米复合材料的合成及其机理和性质研究	无机化学	俞书宏
	王长虎	互联网环境下大规模图像的内容分析、检索和自动标注的研究	信号与信息处理	张宏江 李明镜
	刘 媛	视频搜索结果的重排序研究	信号与信息处理	吴秀清
2014	潘 拴	金属表面分子吸附体系表征与调控的扫描隧道显微学研究	凝聚态物理学	侯建国
	张晓磊	超薄卟啉分子膜的扫描隧道显微镜诱导发光研究	凝聚态物理学	董振超
	孙永福	钒基氧化物纳米结构的合成及其机敏性能的研究	无机化学	谢 毅
	刘锦斌	石墨烯的非共价生物分子修饰用于自组装构造纳米杂化结构的研究	分析化学	邓兆祥
	唐小锋	阈值光电子-光离子符合速度成像及其应用研究	物理化学	刘世林

年份	作者姓名	论文题目	专业名称	指导教师
2014	崔春华	多元金属纳米结构燃料电池催化剂的设计与制备	纳米化学	俞书宏
	张少华	类星体的宽吸收线与星系环境	天体物理学	王挺贵
	张宝华	地幔矿物电导率的高温高压实验研究	固体地球物理学	吴小平
	赵彦彦	皖南新元古界蓝田组碳酸盐岩沉积地球化学	地球化学	郑永飞
	李楠	Siva1抑制EMT及肿瘤转移的分子机制研究	细胞生物学	吴缅
	李亮	明代历法的计算机模拟分析与综合研究	科学技术史	石云里
	李成	纳米梁及纳米类梁结构的静力学和动力学的非局部理论、模型和求解	工程力学	虞吉林
	潘成亮	螺旋电极式压电驱动器及其应用研究	测试计量技术及仪器	冯志华
	王进	基于网络编码的抵抗被动攻击的安全单播策略的研究	信息安全	顾乃杰
	邢伟义	含双键磷氮硅单体及其光固化涂层的设计、阻燃性能与机理的研究	安全科学与工程	胡源
	马剑	相向行人流自组织行为机理研究	安全科学与工程	廖光煊
	孙燕红	供应网络中的企业破产风险、传递机制及其控制策略	管理科学与工程	华中生

附录13 中国科学技术大学"安徽省优秀硕士学位论文"获得者名录(2008~2014)

年份	作者姓名	论文题目	专业名称	指导教师
2008	陈怀厚	次序统计量的相依结构和非其次指数随机变量间隔的多维似然比序	数学	胡太忠
	唐传龙	网络上的博弈及命名博弈	物理学	汪秉宏
	胡广月	神光Ⅱ激光装置上keV X射线源及其应用	物理学	郑坚 刘慎业 张继彦
	张羽	尘埃离子声波在非均匀等离子体中传播的数值模拟	物理学	杨维纮
	谢晶	铜氧化物高温超导电性、磁性质的研究	物理学	张裕恒

附 录

续表

年份	作者姓名	论文题目	专业名称	指导教师
2008	王保敏	Zn 和 Sr 掺杂 YBCO 体系的超声特性研究	物理学	李晓光
	张 桥	钨酸盐功能纳米材料的液相化学合成与生长机理研究	化学	俞书宏
	曹方宇	Fe_3O_4/a-4 核壳结构复合纳米线的合成、表征与应用	化学	陈乾旺
	李晓旭	TiO_2 空心纳米结构的液相合成及在光能转化中的应用	化学	谢 毅
	高玉贺	若干有机光化学反应的激光光解研究	化学	陈家富
	杜晓松	两类新型掺杂材料的密度泛函理论研究	化学	李群祥
	傅向荣	无碰撞磁场重联中的电子加速	地球物理学	王 水
	郭 帆	地球磁层中微观等离子体不稳定性的粒子模拟	地球物理学	陆全明
	葛 玲	Ezrin 的磷酸化调控作用	生物学	姚雪彪
	丁兆君	二十世纪中国粒子物理学的发展	科学技术史	胡化凯 丁毅信
	王 义	有机废水厌氧发酵产氢的试验研究	环境科学与工程	俞汉青
	肖诗洲	飞秒激光微细加工工艺及微器件加工研究	仪器科学与技术	黄文浩
	孔祥照	颗粒物质动态特性的若干问题研究	动力工程及工程热物理	吴清松
	向 利	均匀圆阵中到达角(DOA)估计算法关键技术研究	信息与通信工程	叶中付
	徐晨光	无线自组网中多播问题的研究	计算机科学与技术	许胤龙
	胡向辉	基于多核多线程网络处理器的高性能 IPv6 路由查找算法研究	计算机科学与技术	华 蓓
	陈久生	面向微生物平衡代谢流分析的计算技术研究	计算机科学与技术	郑浩然
	吴韶华	应用详细化学反应机理和多分量输运属性的湍流射流扩散火焰模拟研究	矿业工程	蒋 勇
	宋瑞英	二维金属光子晶体微波加速结构的初步研制	核科学与技术	吴丛凤
	赵三平	南海西沙群岛海鸟生态环境演变	环境科学与工程	孙立广 刘晓东

续表

年份	作者姓名	论文题目	专业名称	指导教师
2009	张璟焱	胶体有序聚集体的形成与结构演化动力学	高分子化学与物理	刘世勇
	廖泽阳	绝热量子计算与量子博弈研究	原子与分子物理	杜江峰 秦敢
	方春柳	纳米氧化铁核壳材料的合成及研究	无机化学	俞书宏
	郭仕锐	多功能核壳纳米结构的合成与生物学应用	无机化学	俞书宏
	王海名	环糊精及其衍生物与有机、无机药物的超分子组装研究	无机化学	宋乐新
	王晨香	中国苏北大陆科学钻探 2000～5100 m 超高压变质岩普通 Pb 同位素地球化学研究	地球化学	李曙光
	胡明俊	Ni-Co 磁性纳米合金的溶液相合成、组装、性质及应用研究	材料物理与化学	俞书宏
	王俊杰	芳香族二胺聚合物及其复合材料的制备、表征与应用研究	材料物理与化学	俞书宏
	韩开冬	几种稀土碱式碳酸物和氧化物的合成与发光性质研究	应用化学	张悠金
	周鹤凌	大尺度磁旋电弧等离子体的实验研究	热能工程	夏维东
	周颖玥	基于双相高分辨率 CT 数据的体素级细节肺功能定量研究	生物医学工程	冯焕清 李传富
	李向阳	脂肪酸聚酯无规共聚物结晶学研究	同步辐射及应用	李良彬
	南普恒	襄樊陈坡楚墓出土青铜器的相关问题研究	考古学及博物馆学	秦颖 王昌燧
	杜卫林	多策略集成粒子群动态优化算法	电路与系统	李斌
	刘宇鹏	不完善信道信息 MIMO 广播信道容量可达方法研究	通信与信息系统	邱玲
	吴志伟	多分量约束 CKP 与约束 BKP 系列的规范变换求解	应用数学	程艺 贺劲松
	翁卫祥	NiO 基稀磁半导体的结构及磁性研究	同步辐射及应用	徐彭寿 阎文盛
	杨迎会	全球化与国家科技安全	国际关系	潘正祥

附 录

续表

年份	作者姓名	论文题目	专业名称	指导教师
2011	陈 红	$K_{0.5}CoO_2$ 和 $Li_{0.9}Mo_6O_{17}$ 单晶输运性质及 $Ba_{1-x}K_xFe_2As_2$ 相图的研究	凝聚态物理	陈仙辉
	杨元建	基于多平台观测西北太平洋海域上层生物物理过程对热带气旋的响应:个例研究	大气物理学与大气环境	傅云飞
	蔡中盼	完全非对称排它过程的多道耦合效应研究	工程热物理	姜 锐 吴清松
	张 俊	考虑人员疏散不确定性的离散模型研究	安全技术及工程	宋卫国
	王彬彬	计算奇异摄动分析在简化燃烧化学反应系统中的应用	安全技术及工程	蒋 勇
	楼 捷	WO_x 气敏薄膜与 ZnO/Metal/ZnO 金属介质多层膜的正电子研究	粒子物理与原子核物理	叶邦角
	徐 鹏	环糊精超分子的热释出行为	无机化学	宋乐新
	范丽媛	ZnO@Co 杂化纳米管阵列的电化学生长及其结构,光学,光催化及磁性的研究	无机化学	俞书宏
	袁 哲	中温固体氧化物燃料电池联合系统分析及实验研究	热能工程	林其钊
	邹丰富	移动自组网路由协议控制开销和负载平衡研究	计算机应用技术	张信明
	王 澍	金溶胶合成过程中的物理化学基本问题研究	物理化学(含:化学物理)	黄伟新
	石 龙	计算机显示器火灾特性的实验研究	安全技术及工程	张瑞芳
	杜 冰	基于 LAMOST 的二维光谱数据压缩	信号与信息处理	叶中付
	于 乐	两种纳米材料的生物学功能的研究	细胞生物学	温龙平
	林洋港	概率主题模型在文本分类中的应用研究	计算机应用技术	陈恩红
	杨奇超	二十世纪人类活动对南极海豹生态的影响	环境科学	孙立广
	唐树宏	掘客的传播机制研究	传播学	周荣庭

续表

年份	作者姓名	论文题目	专业名称	指导教师
2014	陈华锋	古代丝绸腐蚀残留物鉴定分析技术的研究	考古学与博物馆学	龚德才
	孙红燕	大足石刻千手观音脆弱金箔层的软化与回贴技术研究	考古学与博物馆学	龚德才
	魏来	新型波带板用于激光等离子体X光成像的理论研究	等离子体物理	王晓方
	谢亚丽	铁基超导体的制备和高压研究及 $LiCu_2O_2$ 低温下复杂的磁结构研究	凝聚态物理学	陈仙辉
	柏雷	无机药物与环糊精及其衍生物的非共价作用、谱学表现和应用研究	无机化学	宋乐新
	李迎州	自由基—金属配位聚合物的合成、结构及性能研究	有机化学	雍国平
	陈鑫	聚双炔/纳米银复合体系的非线性光学性能研究	高分子化学与物理	邹纲
	马佳佳	EGR-1通过NF-KB位点调控IL-8的转录从而影响肿瘤细胞的增殖和浸润	细胞生物学	肖卫华
	查向平	硅酸盐岩石中微量碳酸盐的碳氧同位素在线分析及其地球化学应用	地球化学	郑永飞
	庞臻	均匀来流中不同形状和展长比模型运动特性研究	流体力学	尹协振
	汪明晟	外磁场对四氧化三钴纳米粒子生长的影响的理论和实验研究	材料物理与化学	陈乾旺
	芮先宏	锂离子电池正极材料磷酸钒锂的制备及性能研究	材料学	陈春华
	张荣明	导热增强型定形相变材料的研制及其在建筑储能中的应用	制冷与低温工程	程文龙
	韦达利	城市交通的并行微观仿真研究	模式识别与智能系统	陈锋
	段小帅	磁悬浮隔振器的动态模型与自收敛控制	导航、制导与控制	梁青
	芦珊	基于P2P的媒体分发网络接入控制研究	网络传播系统与控制	殷保群
	颜廷姿	The Design of Extensional Rheometerand Extension induced Crystallization	同步辐射及应用	李良彬
	潘永和	Au/ZrO_2 模型催化剂界面及其热稳定性的光电子能谱研究	同步辐射及应用	朱俊发

附 录

续表

年份	作者姓名	论文题目	专业名称	指导教师
2014	孙若愚	淮南朱集井田煤中微量元素含量分布规律及其应用	环境科学	刘桂建
	徐 娟	废水处理过程中溶解性微生物的特性研究	环境工程	盛国平
	王 翔	多核NP架构下网络入侵检测系统的研究与实现	软件工程	杨寿保
	董 政	基于网络编码的延迟约束广播调度机制的研究	软件工程	许胤龙
	乔治华	膨胀阻燃丁苯橡胶及三元乙丙橡胶/聚丙烯材料的制备和性能研究	安全科学与工程	胡 源
	刘 帅	水平环境风对油池火热反馈及燃烧速率的影响研究	安全科学与工程	胡隆华

附录14　2017年(首届)"中国科学技术大学优秀博士学位论文"获得者名录

序号	姓 名	学位论文题目	指导教师
1	王谢平	关于slice正则函数与强拟凸域的全纯自映射的研究	任广斌
2	黎才昌	分立味对称性和广义CP在轻子和夸克混合中的应用及模型构造	丁桂军
3	张 琪	基于金刚石氮——空位色心探针的室温单分子磁共振	杜江峰 石发展
4	何 瑞	大肠杆菌趋化信号噪声、运动行为以及分子马达非平衡态模型的研究	袁军华
5	茅瓅波	基于生物矿化和自组装技术的仿生轻质高强结构材料的制备	俞书宏
6	王 辉	低维固体中的激子过程调控及其光催化应用	谢 毅 张晓东
7	刘友文	二维固体的电荷、自旋属性调控及其电解水应用	谢 毅 肖 翀
8	郑 珍	生物分子诱导的超分子水凝胶组装过程研究及成像分析	梁高林
9	杨 丽	体系相互作用与发光和催化机理研究	江 俊
10	周旭飞	线虫体内的反义核糖体小干扰RNA通过细胞核RNAi通路抑制pre-rRNA表达	光寿红

续表

序号	姓名	学位论文题目	指导教师
11	胡珊珊	一种新型长非编码 RNA 5S-OT 的功能研究	单革
12	郎雪婷	TRIM65 在 MDA-5 抗病毒信号活化过程中的关键作用及其机制探究	周荣斌
13	王姣	矿物负载型铁基纳米环境材料的制备及吸附降解机理研究	刘桂建
14	朱银波	石墨烯纳米通道内二维受限水的相态与相变	吴恒安
15	劳召欣	飞秒激光打印结合毛细力自组装制备功能微结构及其应用	褚家如 吴东
16	郭亚飞	负载型碳酸钾吸收剂低温清除封闭空间低浓度 CO_2 反应特性与机理研究	陆守香
17	吴岳	社交多媒体数据语义理解和关联表达	俞能海
18	汪玉洁	动力锂电池的建模、状态估计及管理策略研究	陈宗海
19	王喆锋	社交网络中的信息传播效应优化方法研究	陈恩红
20	刘琴	稳定金属相 1T-MS2(M=Mo/W) 的液相合成及光电催化性能的研究	宋礼
21	韩小雅	考虑不同消费者行为的生产与订货决策研究	余玉刚
22	陈夏雨	工作场所中企业社交媒体可供性的实证研究	华中生
23	长孙樱子	陕西出土商代冶铸遗物的科学分析与研究——兼论晚商时期的金属资源流通网络	金正耀
24	骆阳	分子间能量转移的空间高分辨研究	侯建国 董振超
25	吴湛	超冷玻色气上二维自旋轨道耦合的实验研究	陈帅
26	陈斌斌	$La_{2/3}Ca_{1/3}MnO_3/CaRu_{1-x}Ti_xO_3$ 多层膜界面及层分辨的反铁磁层间耦合的发现	吴文彬
27	金驰名	纳米结构中的磁斯格明子	田明亮
28	张桂龙	特异性响应药物载体与新型纳米磁共振造影剂的构建	吴正岩

附录15 2017年(首届)"中国科学技术大学优秀博士学位论文提名论文"获得者名录

序号	姓名	学位论文题目	指导教师
1	于涛	动力系统敏感性和不交性中若干问题的研究	叶向东
2	张伟	基于原子系综的多自由度纠缠存储的实验研究	史保森
3	杨欢	利用豌豆星系研究莱曼阿尔法逃逸	王俊贤
4	代胜瑜	链行走催化剂在烯烃聚合和共聚中的应用	陈昶乐
5	杨勇强	具有高光生电荷分离能力的氧化物基光催化材料的构建	成会明 刘岗
6	唐甜甜	CLICs介导的氯离子外流在NLRP3炎症小体活化中的作用和机制探究	周荣斌
7	钟嘉豪	基于低轨卫星TEC数据的顶部电离层变化特性研究	雷久侯
8	龙林爽	高性能建筑围护结构的应用效果评价与理论体系构建	刘明 侯宏 叶宏
9	胡名科	太阳能集热和辐射制冷综合利用的理论和实验研究	裴刚
10	冯夏明	二维二硫化钼/聚合物纳米复合材料的制备及其力学,热学和燃烧性能的研究	胡源
11	陈志勇	非正交多址系统中下行链路预编码技术研究	戴旭初
12	刘梅	线性负虚系统概念的推广及其性质研究	熊军林
13	周光明	CFETR氦冷固态包层结构热-机械性能分析	叶民友 陈红丽
14	胡立	考虑消费者偏好的供应链运作管理和政府配额机制设计研究	梁樑 杜少甫
15	魏勇	煤电资源型城市环境治理对策研究　以淮南市为例	刘柱建
16	陈锟	量子临界动力学的第一性原理研究	邓友金
17	王傲莉	针对FLT3-ITD阳性急性髓细胞白血病的激酶抑制剂药物学研究	刘静

附录16　我校1991~2017年度"中国科学院院长奖"获得者录

年份	层次	姓　　名							
1991	优秀奖	蔡春平	孙红茂	袁旭东	韩世辉	武新章	陈向东	袁椿华	李　京
		杨前进	程经毅	成振强	陆伟剑	毛志强	王楠林	陈向军	陈　旸
		柴金华	黄　雍	郭世平	任福民				
1992	优秀奖	彭晓宏	周剑歌	鄢正华	刘秀芬	陈士兵	董　翊	陈凌汲	李江伟
		陈　立	叶竞波	杨震宇	汪　进	张海峰	雷新亚	张宏光	白　梅
		郭　骅	汤立新	陈金波	朱英杰	胡太忠			
1993	优秀奖	黄道德	翁　林	邵启满	唐梓洲	周银贵	唐　涛	高　琛	李　力
		姚　新	金　革	吕小虎	陈春华	邬　松	梁维发	杨干宁	丁建华
		万跃鹏	郑惠南	杨海涛	朱明华	王文楼			
1994	优秀奖	胡太忠	叶树伟	凤任飞	朱科军	唐凯斌	吴文彬	吴明卫	尹　宏
		孙晓泉	赖　热	方书农	汤立群	庞琳勇	杨生元	陈　莉	陈卫东
		刘　军	李争鸣	李建波	齐　飞				
1995	信息缺失	信息缺失							
1996	特别奖	谢　毅							
	优秀奖	韩家祥	聂永红	王冠中	邓　超	任文斌	杨灵法	张　政	李志勇
		王晶杰	唐涤飞	顾乃杰	施启存	兀　明	谢　松	郭卫先	王　忆
		陆　斌	王鸣哲	胡升华	凌　天	王天春	邱　玲		
1997	特别奖	王效刚							
	优秀奖	周学海	王巨平	崔　智	刘明海	黄颖青	王　星	杨晓勇	陈聚涛
		刘　新	刘　勇	王超峰	孙培艳	陈雁南	徐正良	杨　桓	袁　峰
		徐　毅	罗红梅	李　铁	方晓阳	杜克强	刁操政		
1998	特别奖	段路明	刘庆峰	李亚栋					
	优秀奖	王永纲	李新建	单保祥	钟智凯	杨绍光	付世敏	张书胜	宣本金
		林　海	王忠义	范少华	张江跃	夏群科	姚　斌	孙学峰	王准学
		胡　浩	张冬青	计永昶	孙玉明	袁业飞			
1999	特别奖	杨　利	程继新						
	优秀奖	屠彩凤	梅加强	寥　源	叶　峰	唐　瑜	朱林繁	吕海江	缪　泓
		牛忠荣	周武旸	郭　武	易良坤	光寿红	李新建	张　忠	刘庆都
		李　伽	王清毅	刘贵全	方贵银	陈　颉	张晓明	冷用斌	张发培
		杜太焦	张占军	岳　勳	韩树波				
2000	特别奖	周元鑫	曾详根	杨莉丽					

附 录

续表

年份	层次	姓　名							
2000	优秀奖	陈长松	闫　阔	陈虎成	马钟柯	何学贤	黄庆秋	徐海燕	吴俊敏
		朱朝阳	乔正平	胡俊青	袁金颖	刘乃安	冯传玉	汪晓岩	方绍武
		孙　霞	金　灏	孙玉明	王　雷	许剑卓			
2001	特别奖	胡腾蛟							
	优秀奖	王文生	孙　阳	潘永亮	周正威	高先龙	魏焕郁	王守业	蒋　阳
		谢荣才	宋卫国	王大伟	章　锋	汪祖媛	徐应琪	随　力	吕凌峰
		张兆峰	蒋勇军	仲峰泉	李　枫	郭永刚	桂丙武	徐　凡	赵　玮
		袁家成	柏　杨	马　倩					
2002	特别奖	翁文国							
	优秀奖	王　毅	何圣贵	蒋绪川	杨昭荣	孙晓红	李世燕	万浪辉	杨小虎
		柯燕熊	邵名望	蔡继宝	周海东	洪春雁	吴恒安	陈德强	胡　芃
		陈　昕	何　佳	黄南晨	万颖瑜	刘　鸣	王朝晖	黄　方	杨武林
		步　磊	董先平	汤卫君	邸允柱	殷　尹	曾长淦	冯光耀	
2003	特别奖	汪毓明							
	优秀奖	陈效鹏	高善民	黄　文	黄运锋	姜　锐	姜海燕	金培权	李　勇
		李雪寒	李学龙	刘国栋	罗　琳	莫茂松	孙广中	王　娟	王　涛
		王殿元	熊　悦	尤业字	余玉刚	袁菲牛	张　磊	张昌锦	张季谦
		张丽春	张志辉	张志勇	赵欢喜	郑仁奎	陈立群	褚建勋	段志辉
		方伟峰	韩海平	胡　勇	马家国	马利军	唐林兵	吴云燕	
2004	特别奖	郭国平	傅　尧	宋质银					
	优秀奖	陈宇翱	方　明	郭　海	程晋罗	宋　健	侯红生	叶晓东	郑仁慧
		姜年权	刘　标	熊宇杰	徐立强	倪　勇	朱忠奎	鲁　健	丁卫平
		胡茂彬	胡隆华	张　铎	王　辉	赖　伟	康　宇	张海涛	董道毅
		王　鲲	单久龙	郭雄辉	李晓鸥	叶学义	李国强	杨　刚	张晓初
		曹新旺	吴德胜	王志强	陈　念	卢　威			
2005	特别奖	董　昕	王克东						
	优秀奖	吕　敏	李　成	董小波	邹　平	龚玉兵	彭振猛	郭奇勋	张志锋
		张淑娟	华道本	孙　亮	彭小波	王海峰	张先舟	周丰丰	李轶鹏
		张广政	吴义坚	杨　坚	杨春霞	李衍杰	耿彦辉	卢汉成	周　曦
		姚　震	周贺钺	汪德强	董忠军	杨红昂	郑刘根	胡治水	江文奇
		卢冰原	胡　珺	王发芽	鲁红典	韩永建	徐　东		
2006	特别奖	赵爱迪	向红军						
	优秀奖	吴德胜	江　维	张　强	王慧元	张黎明	陈小伍	叶明勇	郝兆才
		屈继峰	罗林保	盛国平	何祝兵	蒋　滢	邹贵付	张海峰	郭　锐
		江慧丰	裴　刚	王青松	王　娴	赵　昆	王志刚	凌　青	张忠祥
		王　超	梅　涛	罗永龙	韩　飞	解焱陆	盛英明	汪建君	李博峰
		谢　伟	庄玮玮	李四杰	杨玉璋	邹崇文	王翠焕		

续表

年份	层次	姓名							
2007	特别奖	张国华	薛向辉	周荣斌					
	优秀奖	肖云峰	张 兵	曾 杰	丁桂军	周桃飞	张一飞	包小辉	王文旭
		杨 超	徐振礼	余 彦	吴长征	刘光明	诸致远	李法宝	徐宏力
		宋全军	杨 威	蔡世民	王 兵	王 毅	陈 凯	凌震华	张陈斌
		缪正宇	吴建华	郑志军	张少兵	熊 明	罗 昊	端珊珊	琚雄飞
		张 斌	吴 杰	陈 峰	蔡以兵	符义兵			
2008	特别奖	李 新	王志伟	申成龙	高 鹏				
	优秀奖	吴 杰	徐 建	姚 展	潘咏梅	周 俊	宋 伟	周如龙	李中军
		闵长俊	蔡辉山	阚二军	张祖辉	黄川徽	李本侠	刘铭飞	亓秀娟
		黎林村	许晓慧	唐金辉	朱春波	李 磊	江 琦	郑 涛	张 敏
		贾 伟	陈仁旭	任婷婷	王珊珊	陈清烽	程义云	王占锋	陈发俊
		干蜀毅	陈希磊	王征飞	吴伟泰				
2009	特别奖	刘荣华	葛治伸	倪丙杰					
	优秀奖	贾晓红	李 莉	陆朝阳	蒋建华	唐泽波	胡 军	许金时	周 涛
		韩晓刚	谢定海	刘从容	丁 宁	贾来兵	韩省思	刘 芳	司 廷
		郭 宜	方维海	张裕峰	刘 媛	查正军	曹欢欢	许言午	陈志立
		汤朝灵	彭 忠	唐明亮	袁 凯	何 平	章 寒	刘 杰	吴彩丽
		李玉阳	吴 昆	吴 涛	缑高阳	王晓峰			
2010	特别奖	高炜博	吴 磊	邓 理					
	优秀奖	陆 由	舒新文	任海骏	林功伟	卜雪兵	张松斌	王 萍	张松林
		刘伟军	万文明	千 坤	王育才	项宏发	陶 亮	李 斌	刘一玮
		程 腾	陆 强	潘成亮	严 钢	戴继生	田新梅	张 超	陈天石
		谷 雨	梅 一	王荣生	齐翠翠	黄 涛	郭熙铜	朱磊磊	颜嘉麒
		燕京晶	姚 涛	赵俊鹏	谢亚丽	聂士斌			
2011	特别奖	姜 鹏	荣 星	梁海伟	马小川	程 万	王 瑜	吴 锋	苏振鹏
		章 魏	姚宏斌						
	优秀奖	张鹏飞	程纪鹏	罗晓峰	王 双	浦 实	林春山	林志荣	董春华
		李志超	赵 沧	王景荣	于海珠	杜金志	孙文平	韩志勇	吴 焘
		陈含爽	蒋 皓	陈传宝	赵 阳	俞 杰	赵梦溪	靳自学	张 稳
		杜 洋	周佳玮	凌 翔	马玉婷	许阳光	李 晶	郝 卓	倪 锐
		龙艳花	许 杰	杨奎元	唐 亮	刘 畅	周文罡	王 进	吴巍炜
		李知方	宝腾飞	刘贤伟	刘盛遨	杨忠炜	许俊闪	毛甜甜	杜 冰
		鲁训法	李 亮	王国忠	王 亚	崔春华	孙天盟	于欣欣	万学娟
		赵 芳	邢伟义	张 平	张 奎				
2012	特别奖	徐南阳	李昌华	赵 凌	张云娇	彭秀莲	刘 淇	晏 宏	姚星灿
		王向锋	高敏锐						

附 录

续表

年份	层次	姓　名							
2012	优秀奖	史晓冉	陈传强	王进红	杨佳慧	曹　坤	戴汉宁	张　欢	段鹏飞
		郑振亚	石　鹏	周　晶	胡进明	杨楚汀	李育林	许令顺	谢兰贵
		刘统信	李　婵	闵元增	程存峰	陶余勇	李　青	孙　成	宋文婧
		刘熙秋	郭朝阳	翟志刚	符慧德	邵维维	廖国江	李宏伟	祝　佳
		刘　磊	胡　南	孙　飞	丁　瑶	蔡　力	刘　望	石　亮	田万勇
		彭坤杨	李　根	黄　灿	徐利强	李双庆	周志翔	晏　挺	安庆贤
		罗　艳	丰吉闯	陈　茜	方文政	关　勇	郭　昌	朱　伟	鲁大为
		张　汇	江永亮	肖华华	雷　佼				
2013	特别奖	石发展	樊逢佳	尚　睿	熊梦华	陈登宇	高　庆	陈伊翔	王　成
		刘建伟	肖　翀						
	优秀奖	严可颂	冯　涛	崔金明	王爱峰	许小治	蒋　鹏	刘　腾	沈　奇
		张艳革	李　煜	金光希	徐　俊	陆　锐	李连伟	夏　磊	任　磊
		凌意瀚	张雁祥	韩士奎	张良余	姜晓君	倪　芳	李　赛	余维丽
		刘泽先	王显圣	颜建伟	范艳层	李　斌	张正宇	严　晗	杨　非
		卢　薇	石中博	许华醒	杨矫云	向　彪	王　瑞	田苗苗	马海平
		吴明雨	史家远	刘　凯	王　威	黄鹏强	潘小青	夏　旺	朱展云
		张　亮	吴西林	张晓东	何玉明	逯　鹤	应剑俊	闫亚军	李凤磊
		胡海波	汪莎莎	王　鑫	平　平				
2014	特别奖	丁冬生	龙　冉	陈武峰	孔祥恺	梁红瑾	祝恒书	戴立群	王占东
		黄　璞	张　尧						
	优秀奖	王海燕	康红梅	涂思铭	周宗权	王利近	赵天明	周　儒	耿　聪
		蒋　凝	张盼科	刘　宇	胡雪野	王　景	谢俊峰	严骏杰	邹宗芳
		闫溢哲	李会会	胡志家	李斯蓉	吴　华	刘固寰	夏　鹏	毕嘉成
		王崇元	王军成	田　卉	杨益虎	林　俊	姚　远	雷祖祥	曹兆楼
		王　俊	陈龙祥	胡慧庆	袁　博	刘兴涛	徐　鹏	葛铁铮	陈　力
		卢　昊	连德富	张富峥	李冷汐	卢　三	张振国	胡启后	吴　盾
		孙加森	张　娟	周盛超	褚龙飞	陈　钊	柳守杰	马传许	李兆凯
		董　良	王万胜	江赛华	师文喜				
2015	特别奖	贺　煜	张　琪	李星星	柏　嵩	王夏琼	王洪波	刘　震	张　凯
		高新亮	季思聪						
	优秀奖	郭　莉	杜　洁	陈漪恺	王锡朋	刘文娟	周志远	于　涛	龚　韬
		周少帅	宋弘烨	周　辉	卫　涛	宋延结	陈殿峰	汪枭睿	李红春
		徐　坤	袁　月	汪普生	王洪玉	谷　皓	吴逊尧	郑小虎	李诗楠
		孙春阳	初　波	李国强	刘晓毅	年永乐	刘太祥	邓　娜	彭金磊
		钟　祎	刘　羽	于　磊	李亦锬	田　飞	曾广翔	周春财	张　森
		谷升阳	雷西洋	王　创	王善勇	朱贾昂	张兴香	赵鹏程	李　敏
		黄伟峰	程位任	卢秀芳	郑方才	蔡昕东	冯　冯	张　旺	王　禹
		周克清	高　超	杨　亮	高筱培				

续表

年份	层次	姓　名							
2016	特别奖	曾　超	郑　振	高　山	朱平平	陈小良	赵明宇	陈　锟	袁必和
	优秀奖	李　杰 雷风采 许洋洋 黄　的 傅孝明 于生慧 王梁炳	杨　欢 熊　霄 卢情倩 刘　洋 王朝旭 陈武华 周经纬	张　伟 葛　进 刘　爽 龙林爽 卢庆博 赵富国 富　尧	马文超 陶忠林 陆　熹 黄俊宇 杨程程 魏少波 秦　维	杨思奇 汪　松 任大龙 朱志强 李丙栋 刘　柳 姜　艳	陈　鹏 王龙海 沈　松 琚　斌 陈　凯 周光明 高子鹤	连建辉 李维汉 毛　慧 陈　正 尹九泂 范其塘 张桂龙	肖建元 吴振禹 孙林冲 任少卿 郝宇飞 刘　琴
2017	特别奖	王谢平 吴　湛	孙　凯 王　辉	王旭东	吴功伟	朱银波	汪玉洁	杨　鹏	张全浩
	优秀奖	于　涛 祖梦婕 彭　旭 彭俊辉 陈志勇 钟嘉豪 李　周 杨　猛	丁文隽 杨　欢 郑　珍 何雨珂 刘　梅 陈夏雨 耿建培 谢其军	王　昕 毕环宇 田攀攀 劳召欣 朱　烽 韩小雅 刘　东	王茹雪 王　辉 陈晓锋 胡名科 卢栋才 姬　翔 骆　阳	王　超 朱小姣 苏　伟 胡中停 王喆锋 徐津津 于志龙	何志成 苏建伟 郎雪婷 丁晓喜 孙　宇 李富海 王　冬	陈明城 刘友文 李洪军 吴　岳 方洪健 车　伟 张　丹	沈　镇 姚东宝 江　龙 黄　伟 陈　欢 王　涛 金驰名

附录17　我校2000～2017年度"求是奖学金"获得者

年份	层次	姓　名							
2000	硕士生	陆　玮	郑仁奎						
	博士生	陈次星 黄庆秋 李惠祥 波　雳 王湘准 张卫新 庄　亮	陈永虎 贾昌春 李立祥 乔正平 王晓军 赵　霞	董先平 蒋勇军 李世燕 苏慧兰 谢周清 赵文福	杜江峰 江云坤 刘丰珍 随　力 徐保龙 钟　实	顾为民 金　灏 刘乃乐 孙　勇 杨宏伟 周刚毅	胡俊清 荆继良 路　立 涂晓明 余小江 周元鑫	胡永明 孔　旭 陆　铱 汪漠贞 岳朋涛 周正威	胡腾蛟 李　斌 吕卫星 王喜世 曾祥银 朱德亮

附 录

续表

年份	层次	姓　名							
2001	硕士生	乐　松	李　龙	郭国平	薛　鹏				
	博士生	王　涛	王　炜	王文浩	王春瑞	王俊贤	王银海	叶　宏	冉　申
		孙葆根	刘国柱	刘小井	李培超	李剑荣	朱　江	汪　铭	杨小虎
		杨　剑	杨昭荣	何圣贵	陈　萌	陈　耀	张声涛	张永生	张　雷
		张志勇	孟昭宇	郑龙珍	林　机	赵　跃	周晓国	姜　锐	查少武
		高义德	夏保云	徐向东	徐加艳	翁文国	倪永红	黄运锋	谢平波
		曾长淦	葛少宇	蒋绪川	程文龙	戴晓青	魏志刚		
2002	硕士生	侯红生	李　卉	方伟峰	傅　尧				
	博士生	左达峰	工卿文	吴气虹	宁利新	苑震生	逯怀新	彭海平	周宏岩
		涂　涛	李震宇	祁　丰	盛振宇	张季谦	郑晶晶	宋海政	冯双久
		梁先庭	郑赛晶	陆　军	王永辉	余大斌	于锡娟	郑秀文	施春华
		宋何晟	李　庆	寇会光	何学浩	朱胜武	陈　香	李英雷	阮剑华
		黄　文	景晓宁	蒋震宇	戚学贵	刘志峰	季经纬	汪毓明	刘晓东
		李　勇	伍龙军	郭　久	刘先明	朱　弘	刘　波		
2003	博士生	邵　松	赵建东	熊奕敏	薛　飞	董宇红	倪　勇	俞　快	宋质银
		张雪光	丁　昀	何海平	刘建伟	杨永辉	李国强	尹雪斌	刘建宏
		安长华	刘兆平	封　勇	朱丽英	唐　勇	熊宇杰	徐　芬	沈国震
		邹　纲							
2004	博士生	杨红昂	李阳芳	王　雄	盛英明	刘伟丰	王海峰	张安安	陈　达
		董小波	李正全	郝兆才	武晓君	张　华	陈丽清	邓　维	唐　群
		徐　刚	徐　岩	向红军	秦　松	阮丽娟	赵逸琼	晋传贵	朱　梅
		蒋　蔚							
2005	博士生	李　珂	张国华	韩新海	叶明勇	江慧丰	曾清红	贾　磊	丁虎生
		王文旭	丁桂军	刘婧婧	王慧元	符传孩	段　波	梅一德	薛向辉
		蒋　滢	汪茂胜	姚卫棠	余　彦	赵爱迪	陈　娣	邹贵付	席广成
		胡　勇							
2006	博士生	熊　明	张少兵	徐振礼	黄　佳	诸致远	陈勇平	徐珺劼	薛　宇
		蔡建明	徐　波	刘海东	张　军	江　鹏	孙红灵	高　鹏	吴伟泰
		张　涛	赵　文	刘光明	吴春艳	王国玉	杨应岭	黄川徽	张　兵
		张祖辉							
2007	博士生	董裕力	陆朝阳	孙　昊	周　涛	黎林村	申成龙	郑刘根	姚　展
		吴　崑	张　辉	夏天阳	尚士魁	陈清烽	吴家文	袁　凯	王征飞
		徐　建	董德华	从怀萍	阚二军	于文博	宫俊琰	葛治伸	贾来兵
		刘可亮							
2008	博士生	龚彦晓	毕　磊	曹金涛	张　成	何海燕	高炜博	郑振亚	张　鹏
		缑高阳	李　莉	吴　丹	时钢印	千　坤	范锦敏	陈　琳	邱剑彬
		袁耀明	孔　涛	倪　丙	杨　用	蔡　欣	唐明亮	汤朝灵	吴　刚
		韩晓刚							

续表

年份	层次	姓名							
2009	博士生	陆　由	吴语茂	荣　星	丁俊峰	李　浩	银振强	董春华	尹　航
		邓　理	万文明	刘伟军	韩志勇	谢　奎	李海蓓	宋文婧	应　征
		马萧萧	陈立为	茆　磊	刘耀东	苏振鹏	刘贤伟	王　顿	赵　妍
		赵俊鹏							
2010	博士生	董久刚	程纪鹏	刘加丰	封常青	苏纪娟	陈默涵	王小蕾	许令顺
		梁海伟	孙文平	胡进明	董德俊	赵　阳	赵梦溪	靳自学	周　甜
		李　晶	李　成	凌　翔	刘盛遨	李　根	姚星灿	郭　昌	张　强
		崔春华							
2011	博士生	刘元元	耿　聪	邓楷模	李宏伟	王　菁	吴雨生	达　博	尚　睿
		樊逢佳	李育林	华　青	李昌华	赵　凌	毛成琼	钱鹏旭	付　凯
		胡汪來	郭志伟	翟志刚	陈登宇	徐利强	冯　沙	王向锋	张　涵
		鲁大为							
2012	博士生	严可颂	杜良辉	邹长铃	李　煜	闻　军	郑仕健	桑子儒	任　磊
		韩士奎	陈思明	刘武军	卫　涛	严骏杰	胡青松	王学富	黄　玫
		王志凯	许阳光	王伯福	李桂强	戴立群	高新亮	刘建伟	黄　璞
		张晓东							
2013	博士生	郭瑞晗	张甲甲	黄靖正	张　琛	陈向东	刘　娟	张鸿飞	何　毅
		管美丽	徐　坤	刘富品	付岑峰	沈广勇	刘太祥	雷祖祥	张明建
		朱　辉	周春财	魏鹏飞	李文清	魏　永	王红霞	孙慧娟	高　强
		蔡昕东							
2014	博士生	杜　洁	杨臣威	雷风采	罗希望	张苗磊	周小蓉	陈泝侃	陈　龙
		巨明刚	宋廷结	王龙飞	葛　进	袁　月	熊　鹏	倪荣军	许柏英
		刘钟华	王晓光	黄俊宇	龙林爽	张振国	汪玉瑛	周海彪	湛平凡
		汤艳琳							
2015	博士生	程希明	周　达	芮　俊	李伟华	郑　振	沈　镇	刘　彬	卢倩倩
		陈玉贞	吴振禹	刘　香	曹仲林	朴寄纲	梁　菊	朱成明	张　浩
		王　林	陈　杰	陈博谦	杨渐志	吴建飞	李　涵	何　巍	宋璐婷
		王留军							
2016	博士生	冯立睿	任亚飞	黎才昌	宋　江	鲁　奇	胡晓敏	李　骏	窦立明
		尹培群	彭　旭	黄　刚	曾林超	代胜瑜	刘　乐	刘玉胜	陈向阳
		余立艳	张鹏飞	蔡　洋	卢　磊	郭　宁	王国强	聂　虎	管建宇
		赵宋焘	尹华磊						
2017	博士生	李　涛	吕梦琪	赵志斌	杨肖云	肖苏东	吴礼彬	雷　凡	赵马杰
		吴　杰	李　敏	金　鑫	何　嵘	刘　杰	任世超	王楚亚	徐海清
		黄　浩	余家力	焦　龙	马文超	邓昕洲	王　彬	施　帅	涂　翠
		倪冬冬							

附录 18　我校 2010～2012 年"博士研究生学术新人奖"汇总表（国家级）

年　份	学　院	姓　名	导　师
2010	数学系	董攀登	叶向东
2010	数学系	张　伟	麻希南
2010	物理学院	刘荣华	陈仙辉
2010	物理学院	林志荣	涂　涛
2010	物理学院	邹长铃	郭光灿
2010	物理学院	戴汉宁	潘建伟
2010	化学与材料科学学院	李昌华	刘世勇
2010	化学与材料科学学院	梁海伟	俞书宏
2010	工程科学学院	程　万	罗喜胜
2010	信息科学技术学院	王　瑜	李　斌
2010	地球和空间科学学院	苏振鹏	郑惠南
2010	地球和空间科学学院	晏　宏	孙立广
2010	地球和空间科学学院	刘贤伟	俞汉青
2010	地球和空间科学学院	唐怡环	窦贤康
2010	生命科学学院	赵梦溪	周丛照
2010	计算机科学与技术学院	吴　锋	陈小平
2010	管理学院	毛甜甜	胡太忠
2010	人文与社会科学学院	李　亮	石云里
2010	核科学技术学院	蔡江淮	齐　飞
2010	微尺度物质科学国家实验室（筹）	王向锋	陈仙辉
2010	微尺度物质科学国家实验室（筹）	张　汇	曾长淦
2010	微尺度物质科学国家实验室（筹）	赵　妍	侯建国
2010	微尺度物质科学国家实验室（筹）	姚星灿	潘建伟
2010	微尺度物质科学国家实验室（筹）	郭　昌	龚流柱
2010	火灾科学国家重点实验室	雷　俊	刘乃安
2011	数学科学学院	胡夫涛	徐俊明

续表

年份	学院	姓名	导师
2011	数学科学学院	李健	叶向东
2011	数学科学学院	史晓冉	陈发来
2011	物理学院	曹坤	何力新
2011	物理学院	王进红	安琪
2011	物理学院	刘洋	陈增兵
2011	物理学院	公茂刚	许小亮
2011	物理学院	耿聪	赵政国
2011	物理学院	李海欧	郭光灿
2011	化学与材料科学学院	许令顺	黄伟新
2011	化学与材料科学学院	杨楚汀	郭庆祥
2011	化学与材料科学学院	胡进明	刘世勇
2011	工程科学学院	王国蕾	陆夕云
2011	信息科学技术学院	祝佳	叶中付
2011	地球和空间科学学院	冯沙	傅云飞
2011	地球和空间科学学院	陈伊翔	郑永飞
2011	地球和空间科学学院	戴立群	郑永飞
2011	地球和空间科学学院	程文瀚	孙立广
2011	生命科学学院	宋文婧	王均
2011	计算机科学与技术学院	朱友文	黄刘生
2011	管理学院	章魏	华中生
2011	管理学院	周志翔	吴杰
2011	人文与社会科学学院	田建花	金正耀
2011	核科学技术学院	倪木一	吴宜灿
2011	微尺度物质科学国家实验室（筹）	高敏锐	俞书宏
2012	数学科学学院	蔡宏坚	李思敏
2012	物理学院	周宗权	郭光灿
2012	物理学院	芮俊	潘建伟
2012	物理学院	贺煜	陆朝阳
2012	物理学院	徐来林	赵政国

附 录

续表

年 份	学 院	姓 名	导 师
2012	化学与材料科学学院	陈洁洁	俞汉青
2012	化学与材料科学学院	陈武峰	闫立峰
2012	化学与材料科学学院	闫溢哲	汪志勇
2012	化学与材料科学学院	卫 涛	杨上峰
2012	工程科学学院	陈登宇	朱锡锋
2012	工程科学学院	廖国江	龚兴龙
2012	信息科学技术学院	陶永会	王 刚
2012	地球和空间科学学院	高新亮	王 水
2012	地球和空间科学学院	冼 桃	傅云飞
2012	地球和空间科学学院	朱 辉	郑惠南
2012	生命科学学院	夏 鹏	姚雪彪
2012	生命科学学院	李亚娟	胡 兵
2012	计算机科学与技术学院	祝恒书	陈恩红
2012	管理学院	孙加森	梁 樑
2012	管理学院	曹雄飞	华中生
2012	国家同步辐射实验室	张 亮	朱俊发
2012	核科学技术学院	汪 进	汪建业
2012	微尺度物质科学国家实验室(筹)	黄 璞	杜江峰
2012	微尺度物质科学国家实验室(筹)	刘愉快	李晓光
2012	火灾科学国家重点实验室	范传刚	孙金华

附录 19　我校 2010～2012 年"博士研究生学术新人奖"汇总表(校级)

年 份	学 院	姓 名	导 师
2010	数学系	胡夫涛	徐俊明
2010	数学系	胡波文	麻希南
2010	物理学院	曹 坤	何力新

续表

年份	学院	姓名	导师
2010	物理学院	王进红	安琪
2010	物理学院	刘洋	陈增兵
2010	物理学院	公茂刚	许小亮
2010	物理学院	耿聪	赵政国
2010	化学与材料科学学院	杜金志	王均
2010	化学与材料科学学院	许令顺	黄伟新
2010	化学与材料科学学院	邓理	郭庆祥
2010	化学与材料科学学院	肖斌	郭庆祥
2010	化学与材料科学学院	杨楚汀	郭庆祥
2010	工程科学学院	马玉婷	冯志华
2010	工程科学学院	张玮	龚兴龙
2010	工程科学学院	刘娜	程文龙
2010	信息科学技术学院	朱张勤	叶中付
2010	信息科学技术学院	祝佳	叶中付
2010	地球和空间科学学院	冯沙	傅云飞
2010	地球和空间科学学院	陈伊翔	郑永飞
2010	地球和空间科学学院	刘盛遨	李曙光
2010	生命科学学院	宋文婧	王均
2010	生命科学学院	连杰	孙斐
2010	生命科学学院	马萧萧	周丛照
2010	生命科学学院	方芳	肖卫华
2010	计算机科学与技术学院	彭飞	姚新
2010	计算机科学与技术学院	朱友文	黄刘生
2010	管理学院	章魏	华中生
2010	管理学院	周志翔	吴杰
2010	人文与社会科学学院	田建花	金正耀
2010	核科学技术学院	倪木一	吴宜灿
2010	微尺度物质科学国家实验室（筹）	高敏锐	俞书宏
2010	微尺度物质科学国家实验室（筹）	董思宁	李晓光

附 录

续表

年 份	学 院	姓 名	导 师
2010	火灾科学国家重点实验室	邢伟义	胡 源
2011	数学科学学院	胡夫涛	徐俊明
2011	数学科学学院	李 健	叶向东
2011	数学科学学院	史晓冉	陈发来
2011	物理学院	曹 坤	何力新
2011	物理学院	王进红	安 琪
2011	物理学院	刘 洋	陈增兵
2011	物理学院	公茂刚	许小亮
2011	物理学院	耿 聪	赵政国
2011	物理学院	李海欧	郭光灿
2011	化学与材料科学学院	许令顺	黄伟新
2011	化学与材料科学学院	杨楚汀	郭庆祥
2011	化学与材料科学学院	胡进明	刘世勇
2011	工程科学学院	王国蕾	陆夕云
2011	信息科学技术学院	祝 佳	叶中付
2011	地球和空间科学学院	冯 沙	傅云飞
2011	地球和空间科学学院	陈伊翔	郑永飞
2011	地球和空间科学学院	戴立群	郑永飞
2011	地球和空间科学学院	程文瀚	孙立广
2011	生命科学学院	宋文婧	王 均
2011	计算机科学与技术学院	朱友文	黄刘生
2011	管理学院	章 魏	华中生
2011	管理学院	周志翔	吴 杰
2011	人文与社会科学学院	田建花	金正耀
2011	核科学技术学院	倪木一	吴宜灿
2011	微尺度物质科学国家实验室(筹)	高敏锐	俞书宏
2011	数学系	季良月	徐 岩
2011	数学系	侍述军	麻希南
2011	数学系	李 健	叶向东

续表

年 份	学 院	姓 名	导 师
2011	数学系	史晓冉	陈发来
2011	物理学院	吴雨生	赵政国
2011	物理学院	徐南阳	杜江峰
2011	物理学院	张传超	丁泽军
2011	物理学院	张青天	林子敬
2011	物理学院	许小冶	李传锋
2011	物理学院	李海欧	郭光灿
2011	化学与材料科学学院	谢兰贵	王中夏
2011	化学与材料科学学院	刘武军	江 鸿
2011	化学与材料科学学院	赵 凌	夏长荣
2011	化学与材料科学学院	刘 涛	刘世勇
2011	化学与材料科学学院	蒋 皓	邹 纲
2011	化学与材料科学学院	胡进明	刘世勇
2011	工程科学学院	陈登宇	朱锡锋
2011	工程科学学院	荣 皓	褚家如
2011	工程科学学院	范艳层	龚兴龙
2011	工程科学学院	王国蕾	陆夕云
2011	信息科学技术学院	杨 霏	丛 爽
2011	信息科学技术学院	孙 飞	王卫东
2011	地球和空间科学学院	黄 灿	陆全明
2011	地球和空间科学学院	崇加军	倪四道
2011	地球和空间科学学院	李万财	郑永飞
2011	地球和空间科学学院	戴立群	郑永飞
2011	地球和空间科学学院	程文瀚	孙立广
2011	生命科学学院	田 卉	孙 斐
2011	生命科学学院	宛 雯	洪 洞
2011	生命科学学院	夏 鹏	姚雪彪
2011	生命科学学院	王崇元	施蕴渝
2011	生命科学学院	胡春瑞	胡 兵

附 录

续表

年 份	学 院	姓 名	导 师
2011	计算机科学与技术学院	宝腾飞	陈恩红
2011	计算机科学与技术学院	彭坤杨	董群峰
2011	管理学院	曹雄飞	华中生
2011	管理学院	王 成	缪柏其
2011	核科学技术学院	丛远华	李良彬
2011	微尺度物质科学国家实验室（筹）	应剑俊	陈仙辉
2011	微尺度物质科学国家实验室（筹）	朱 伟	石勤伟
2011	火灾科学国家重点实验室	王 鑫	胡 源
2011	火灾科学国家重点实验室	平 平	孙金华
2012	数学科学学院	王海燕	任广斌
2012	数学科学学院	康红梅	陈发来
2012	数学科学学院	邱国寰	麻希南
2012	物理学院	丁冬生	史宝森
2012	物理学院	王 琳	吴明卫
2012	化学与材料科学学院	宋廷结	梁好均
2012	化学与材料科学学院	李斯蓉	陈春华
2012	化学与材料科学学院	何 毅	崔 华
2012	化学与材料科学学院	王允坤	盛国平
2012	化学与材料科学学院	李连伟	吴 奇
2012	工程科学学院	李桂强	季 杰
2012	工程科学学院	许阳光	龚兴龙
2012	信息科学技术学院	曹圣红	叶中付
2012	信息科学技术学院	刘建秀	丛 爽
2012	地球和空间科学学院	周春财	刘桂建
2012	地球和空间科学学院	赖小东	杨晓勇
2012	生命科学学院	李文清	孙 斐
2012	生命科学学院	邵振华	施蕴渝
2012	计算机科学与技术学院	田苗苗	黄刘生
2012	计算机科学与技术学院	梁红瑾	冯新宇

年 份	学 院	姓 名	导 师
2012	人文与社会科学学院	吴又进	石云里
2012	管理学院	安庆贤	吴 杰
2012	管理学院	郭晓龙	余玉刚
2012	管理学院	陈武华	华中生
2012	国家同步辐射	田 楠	李良彬
2012	国家同步辐射	翁俊桀	齐 飞
2012	核科学技术学院	贾 婧	汪卫华
2012	核科学技术学院	陈 钊	陈红丽
2012	微尺度物质科学国家实验室(筹)	闫 楠	陈乾旺
2012	微尺度物质科学国家实验室(筹)	蔡昕东	潘建伟
2012	微尺度物质科学国家实验室(筹)	陈昊泽	潘建伟
2012	微尺度物质科学国家实验室(筹)	张 尧	董振超
2012	火灾科学国家重点实验室	洪宁宁	胡 源
2012	火灾科学国家重点实验室	钱小东	胡 源

附录 20　我校 2012～2017 年博士研究生国家奖学金获奖学生汇总表

年份	姓名	基层单位	专业
2012	张振国	地球和空间科学学院	固体地球物理
2012	吴明雨	地球和空间科学学院	空间物理
2012	周春财	地球和空间科学学院	环境科学
2012	李双庆	地球和空间科学学院	地球化学
2012	史家远	地球和空间科学学院	地球化学
2012	徐 娟	地球和空间科学学院	环境工程
2012	易 勇	公共事务学院	公共管理
2012	郭朝阳	工程科学学院	固体力学
2012	颜建伟	工程科学学院	固体力学

附 录

续表

年份	姓名	基层单位	专业
2012	王伯福	工程科学学院	流体力学
2012	许阳光	工程科学学院	固体力学
2012	沈长青	工程科学学院	精密仪器及机械
2012	何利文	工程科学学院	精密仪器及机械
2012	张 涛	工程科学学院	工程热物理
2012	汤亮亮	工程科学学院	工程热物理
2012	蓝永泉	管理学院	管理科学与工程
2012	安庆贤	管理学院	管理科学与工程
2012	王 成	管理学院	概率论与数理统计
2012	昂 胜	管理学院	管理科学与工程
2012	马天骥	国家同步辐射实验室	核技术及应用
2012	王道亮	国家同步辐射实验室	同步辐射及应用
2012	王 芳	核科学技术学院	辐射防护及环境保护
2012	姚传明	核科学技术学院	核能科学与工程
2012	李红春	化学与材料科学学院	物理化学
2012	马 瑞	化学与材料科学学院	物理化学
2012	李连伟	化学与材料科学学院	化学物理
2012	凌意瀚	化学与材料科学学院	材料学
2012	孙文平	化学与材料科学学院	材料学
2012	张雁祥	化学与材料科学学院	材料学
2012	尚 睿	化学与材料科学学院	有机化学
2012	徐 俊	化学与材料科学学院	有机化学
2012	樊逢佳	化学与材料科学学院	无机化学
2012	任 磊	化学与材料科学学院	有机化学
2012	李漫波	化学与材料科学学院	有机化学
2012	刘武军	化学与材料科学学院	应用化学
2012	何 毅	化学与材料科学学院	分析化学
2012	严俊杰	化学与材料科学学院	高分子化学与物理
2012	熊梦华	化学与材料科学学院	高分子化学与物理

续表

年份	姓名	基层单位	专业
2012	刘涛	化学与材料科学学院	高分子化学与物理
2012	胡志家	化学与材料科学学院	高分子化学与物理
2012	肖华华	火灾科学国家重点实验室	安全科学与工程
2012	王鑫	火灾科学国家重点实验室	安全科学与工程
2012	王静虹	火灾科学国家重点实验室	安全科学与工程
2012	刘淇	计算机科学与技术学院	计算机应用技术
2012	王瑞	计算机科学与技术学院	计算机应用技术
2012	刘志磊	计算机科学与技术学院	计算机应用技术
2012	孙文彬	人文与社会科学学院	科技传播
2012	王挺	人文与社会科学学院	科学技术史
2012	王虹	生命科学学院	结构生物学
2012	毛成琼	生命科学学院	生物化学与分子生物学
2012	陈红凯	生命科学学院	结构生物学
2012	刘泽先	生命科学学院	生物学信息
2012	李亚娟	生命科学学院	神经生物学
2012	张良余	生命科学学院	细胞生物学
2012	李文清	生命科学学院	细胞生物学
2012	廖善晖	生命科学学院	生物化学与分子生物学
2012	王佳旭	生命科学学院	细胞生物学
2012	戴宗杰	生命科学学院	微生物学
2012	葛晨晨	生命科学学院	生物化学与分子生物学
2012	龚德顺	生命科学学院	生物化学与分子生物学
2012	徐金菊	数学科学学院	基础数学
2012	严可颂	数学科学学院	基础数学
2012	冯涛	数学科学学院	计算数学
2012	杨金榜	数学科学学院	基础数学
2012	肖翀	微尺度物质科学国家实验室(筹)	纳米化学
2012	张晓东	微尺度物质科学国家实验室(筹)	纳米化学
2012	逯鹤	微尺度物质科学国家实验室(筹)	量子信息

续表

年份	姓名	基层单位	专 业
2012	刘 杰	微尺度物质科学国家实验室(筹)	化学物理
2012	刘建伟	微尺度物质科学国家实验室(筹)	纳米化学
2012	张进一	微尺度物质科学国家实验室(筹)	量子信息物理学
2012	应剑俊	微尺度物质科学国家实验室(筹)	凝聚态物理
2012	闫亚军	微尺度物质科学国家实验室(筹)	凝聚态物理
2012	王 鸿	微尺度物质科学国家实验室(筹)	凝聚态物理
2012	李凤磊	微尺度物质科学国家实验室(筹)	细胞生物学
2012	王景荣	物理学院	理论物理
2012	严忠波	物理学院	理论物理
2012	石发展	物理学院	粒子物理与原子核物理
2012	杨思奇	物理学院	粒子物理与原子核物理
2012	庞锦毅	物理学院	粒子物理与原子核物理
2012	史钰峰	物理学院	原子分子物理
2012	左 阳	物理学院	等离子体物理
2012	周 楚	物理学院	等离子体物理
2012	梁福田	物理学院	物理电子学
2012	刘 腾	物理学院	天体物理
2012	李 煜	物理学院	凝聚态物理
2012	张艳革	物理学院	凝聚态物理
2012	闻 军	物理学院	凝聚态物理
2012	达 博	物理学院	凝聚态物理
2012	邹长铃	物理学院	光学
2012	姚 尧	物理学院	光学
2012	金光希	物理学院	光学
2012	李 斌	信息科学技术学院	信号与信息处理
2012	高 爽	信息科学技术学院	电磁场与微波技术
2012	张正宇	信息科学技术学院	通信与信息系统
2012	严 晗	信息科学技术学院	控制理论与控制工程
2012	高 庆	信息科学技术学院	控制理论与控制工程

续表

年份	姓名	基层单位	专业
2012	杨 英	信息科学技术学院	电磁场与微波技术
2013	陈啸宇	数学科学学院	基础数学
2013	涂思铭	数学科学学院	基础数学
2013	张神星	数学科学学院	基础数学
2013	蒋 琰	数学科学学院	计算数学
2013	王 景	物理学院	理论物理
2013	耿 聪	物理学院	粒子物理与原子核物理
2013	李 强	物理学院	粒子物理与原子核物理
2013	蒋 鹏	物理学院	粒子物理与原子核物理
2013	申屠国梁	物理学院	原子分子物理
2013	徐卫青	物理学院	原子分子物理
2013	龚 韬	物理学院	等离子体物理
2013	刘 宇	物理学院	等离子体物理
2013	康龙飞	物理学院	物理电子学
2013	姚 远	物理学院	物理电子学
2013	范欢欢	物理学院	物理电子学
2013	王爱峰	物理学院	凝聚态物理
2013	陈美娜	物理学院	凝聚态物理
2013	王 琳	物理学院	凝聚态物理
2013	林 琳	物理学院	天体物理
2013	周宗权	物理学院	光学
2013	丁冬生	物理学院	光学
2013	孔祥恺	化学与材料科学学院	材料物理与化学
2013	李斯蓉	化学与材料科学学院	材料学
2013	陈武峰	化学与材料科学学院	物理化学
2013	胡 伟	化学与材料科学学院	化学物理
2013	邹宗芳	化学与材料科学学院	物理化学
2013	闫溢哲	化学与材料科学学院	有机化学
2013	李会会	化学与材料科学学院	无机化学

附 录

续表

年份	姓名	基层单位	专业
2013	龙 冉	化学与材料科学学院	无机化学
2013	龚天军	化学与材料科学学院	有机化学
2013	陈立峰	化学与材料科学学院	无机化学
2013	杨付来	化学与材料科学学院	有机化学
2013	刘 槟	化学与材料科学学院	有机化学
2013	陈洁洁	化学与材料科学学院	应用化学
2013	谢俊峰	化学与材料科学学院	无机化学
2013	高 超	化学与材料科学学院	无机化学
2013	冉 瑾	化学与材料科学学院	高分子化学与物理
2013	胡祥龙	化学与材料科学学院	高分子化学与物理
2013	胡启后	地球和空间科学学院	环境科学
2013	高新亮	地球和空间科学学院	空间物理
2013	张 淼	地球和空间科学学院	固体地球物理
2013	刘佳佳	地球和空间科学学院	空间物理
2013	戴立群	地球和空间科学学院	地球化学
2013	冼 桃	地球和空间科学学院	空间物理
2013	王晓光	工程科学学院	材料力学与设计
2013	张志刚	工程科学学院	固体力学
2013	廖国江	工程科学学院	固体力学
2013	曹兆楼	工程科学学院	测试计量技术与仪器
2013	贺 菲	工程科学学院	动力工程及工程热物理
2013	胡慧庆	工程科学学院	动力工程及工程热物理
2013	徐 鹏	信息科学技术学院	通信与信息系统
2013	汪智勇	信息科学技术学院	通信与信息系统
2013	刘兴华	信息科学技术学院	控制理论与控制工程
2013	李 云	信息科学技术学院	生物医学工程
2013	石中博	信息科学技术学院	信号与信息处理
2013	翁士状	信息科学技术学院	控制科学与工程
2013	晏 涛	计算机科学与技术学院	计算机软件与理论

续表

年份	姓名	基层单位	专　业
2013	梁红瑾	计算机科学与技术学院	计算机软件与理论
2013	祝恒书	计算机科学与技术学院	计算机应用技术
2013	夏　鹏	生命科学学院	细胞生物学
2013	邵振华	生命科学学院	生物化学与分子生物学
2013	田　卉	生命科学学院	遗传学
2013	颜　微	生命科学学院	生物化学与分子生物学
2013	余林辉	生命科学学院	生物化学与分子生物学
2013	成　望	生命科学学院	生物化学与分子生物学
2013	余维丽	生命科学学院	生物化学与分子生物学
2013	张水军	生命科学学院	生物化学与分子生物学
2013	李　赛	生命科学学院	生物化学与分子生物学
2013	刘合军	生命科学学院	生物化学与分子生物学
2013	王海鹏	生命科学学院	生物化学与分子生物学
2013	曾筑天	生命科学学院	细胞生物学
2013	胡　岳	生命科学学院	生物化学与分子生物学
2013	吴又进	人文与社会科学学院	科学技术史
2013	褚龙飞	人文与社会科学学院	科学技术史
2013	张菊芝	管理学院	管理科学与工程
2013	张　娟	管理学院	管理科学与工程
2013	孙见山	管理学院	管理科学与工程
2013	王　茜	管理学院	管理科学与工程
2013	余文涛	管理学院	管理科学与工程
2013	李慧芳	管理学院	管理科学与工程
2013	吴西林	核科学技术学院	辐射防护及环境保护
2013	汪　进	核科学技术学院	核科学与技术
2013	柳守杰	国家同步辐射实验室	同步辐射及应用
2013	樊乐乐	国家同步辐射实验室	同步辐射及应用
2013	周克清	火灾科学国家重点实验室	安全科学与工程
2013	吕　伟	火灾科学国家重点实验室	安全科学与工程

续表

年份	姓名	基层单位	专 业
2013	龚伦伦	火灾科学国家重点实验室	安全科学与工程
2013	冯 冯	微尺度物质科学国家实验室(筹)	纳米化学
2013	王万胜	微尺度物质科学国家实验室(筹)	纳米化学
2013	邝艳敏	微尺度物质科学国家实验室(筹)	凝聚态物理
2013	黄 璞	微尺度物质科学国家实验室(筹)	量子信息物理
2013	孔 熙	微尺度物质科学国家实验室(筹)	量子信息物理
2013	张 龙	微尺度物质科学国家实验室(筹)	冷原子物理
2013	董 良	微尺度物质科学国家实验室(筹)	生物材料
2013	武 平	微尺度物质科学国家实验室(筹)	凝聚态物理
2013	常元钦	微尺度物质科学国家实验室(筹)	物理化学
2013	何玉明	微尺度物质科学国家实验室(筹)	量子信息物理学
2013	张 强	微尺度物质科学国家实验室(筹)	凝聚态物理
2013	缪亚军	公共事务学院	公共管理
2014	李换换	数学科学学院	基础数学
2014	李 杰	数学科学学院	基础数学
2014	刘佳伟	数学科学学院	基础数学
2014	夏正江	数学科学学院	应用数学
2014	管 亮	物理学院	粒子物理
2014	贺 煜	物理学院	原子分子
2014	祁宾祥	物理学院	物理电子学
2014	邬维浩	物理学院	物理电子学
2014	赵宇翔	物理学院	粒子物理
2014	胡 皓	物理学院	理论物理
2014	胡健强	物理学院	等离子体物理
2014	宋弘烨	物理学院	粒子物理
2014	蒋 凝	物理学院	天体物理
2014	周志远	物理学院	光学
2014	蔡永旌	物理学院	光学
2014	孙 凯	物理学院	光学

续表

年份	姓名	基层单位	专业
2014	雷风采	物理学院	凝聚态物理
2014	王会杰	物理学院	凝聚态物理
2014	刘 浩	物理学院	凝聚态物理
2014	周少帅	物理学院	凝聚态物理
2014	李星星	化学与材料科学学院	理论与计算化学
2014	高玉仙	化学与材料科学学院	物理化学
2014	卫 涛	化学与材料科学学院	材料学
2014	韩阿丽	化学与材料科学学院	材料学
2014	郭宏艳	化学与材料科学学院	材料物理与化学
2014	柏 嵩	化学与材料科学学院	无机化学
2014	汪普生	化学与材料科学学院	有机化学
2014	高 山	化学与材料科学学院	无机化学
2014	隋先伟	化学与材料科学学院	有机化学
2014	高怀岭	化学与材料科学学院	无机化学
2014	徐 坤	化学与材料科学学院	无机化学
2014	杨 亮	化学与材料科学学院	无机化学
2014	陈 伟	化学与材料科学学院	应用化学
2014	汪枭睿	化学与材料科学学院	高分子化学与物理
2014	田玉奎	化学与材料科学学院	高分子化学与物理
2014	许洋洋	化学与材料科学学院	高分子化学与物理
2014	杨一增	地球和空间科学学院	地球化学
2014	谷升阳	地球和空间科学学院	空间物理
2014	陈 波	地球和空间科学学院	固体地球物理
2014	俞 娟	地球和空间科学学院	环境科学
2014	朱 辉	地球和空间科学学院	空间物理
2014	郭静超	地球和空间科学学院	大气科学
2014	李辰晨	生命科学学院	细胞生物学
2014	王夏琼	生命科学学院	细胞生物学
2014	梁雅静	生命科学学院	细胞生物学

附 录

续表

年份	姓名	基层单位	专 业
2014	李小龙	生命科学学院	生物化学与分子生物学
2014	刘 洋	生命科学学院	生物材料
2014	邵 辰	生命科学学院	结构生物学
2014	黄 的	生命科学学院	细胞生物学
2014	赵 岩	生命科学学院	生物化学与分子生物学
2014	魏鹏飞	生命科学学院	细胞生物学
2014	朱玉威	生命科学学院	生物化学与分子生物学
2014	孙春阳	生命科学学院	生物化学与分子生物学
2014	王玉青	工程科学学院	工程热物理
2014	童立红	工程科学学院	力学
2014	蒋伟峰	工程科学学院	力学
2014	刘太祥	工程科学学院	力学
2014	王洪波	工程科学学院	仪器科学与技术
2014	陆思良	工程科学学院	仪器科学与技术
2014	彭金磷	信息科学技术学院	信息与通信工程
2014	钟 祎	信息科学技术学院	信息与通信工程
2014	卫一恒	信息科学技术学院	控制科学与工程
2014	刘 羽	信息科学技术学院	控制科学与工程
2014	于 磊	信息科学技术学院	信息与通信工程
2014	田 飞	计算机科学与技术学院	计算机科学与技术
2014	张富峥	计算机科学与技术学院	计算机应用技术
2014	朱展云	人文与社会科学学院	科学技术史
2014	安庆贤	管理学院	管理科学与工程
2014	李芹芹	管理学院	工商管理
2014	宋世领	管理学院	管理科学与工程
2014	冷 旋	管理学院	统计学
2014	陈珍平	核科学技术学院	核科学与技术
2014	陈 钊	核科学技术学院	核科学与技术
2014	赵 龙	国家同步辐射实验室	同步辐射及应用

续表

年份	姓名	基层单位	专　业
2014	吴芳芳	国家同步辐射实验室	核技术及应用
2014	江曙东	火灾科学国家重点实验室	安全科学与工程
2014	阚永春	火灾科学国家重点实验室	安全科学与工程
2014	金汉锋	火灾科学国家重点实验室	安全科学与工程
2014	毕文团	微尺度物质科学国家实验室(筹)	纳米化学
2014	周　飞	微尺度物质科学国家实验室(筹)	纳米化学
2014	周经纬	微尺度物质科学国家实验室(筹)	量子信息物理学
2014	李　睿	微尺度物质科学国家实验室(筹)	纳米化学
2014	郑方才	微尺度物质科学国家实验室(筹)	纳米化学
2014	张　旺	微尺度物质科学国家实验室(筹)	纳米化学
2014	林　玲	微尺度物质科学国家实验室(筹)	纳米化学
2014	蔡昕东	微尺度物质科学国家实验室(筹)	量子信息物理学
2014	季思聪	微尺度物质科学国家实验室(筹)	量子信息物理学
2014	范聪敏	微尺度物质科学国家实验室(筹)	无机化学
2014	高　亮	公共事务学院	公共管理
2014	徐华锋	研究生院科学岛分院	光学
2014	陈肇玺	研究生院科学岛分院	核能科学与工程
2014	丁聪聪	研究生院科学岛分院	核能科学与工程
2014	丁倩倩	研究生院科学岛分院	材料科学与工程
2014	侯　超	研究生院科学岛分院	材料物理与化学
2014	张桂龙	研究生院科学岛分院	材料物理与化学
2014	刘飞扬	研究生院科学岛分院	生物物理学
2015	李　冰	物理学院	粒子物理
2015	芮　俊	物理学院	原子分子
2015	罗智煌	物理学院	粒子物理
2015	孙维佳	物理学院	物理电子学
2015	曹　靖	物理学院	物理电子学
2015	张　逍	物理学院	等离子体物理
2015	连建辉	物理学院	天体物理

附 录

续表

年份	姓名	基层单位	专业
2015	邓光伟	物理学院	光学
2015	潘建松	物理学院	光学
2015	余国栋	物理学院	光学
2015	孙伯业	物理学院	凝聚态
2015	童 华	物理学院	凝聚态
2015	邱国寰	数学科学学院	基础数学
2015	曾 超	数学科学学院	计算数学
2015	聂艳赐	数学科学学院	基础数学
2015	周小敏	数学科学学院	基础数学
2015	黄俊宇	工程科学学院	力学
2015	范 煜	工程科学学院	力学
2015	陈 杰	工程科学学院	力学
2015	朱志强	工程科学学院	精密仪器与机械
2015	琚 斌	工程科学学院	精密仪器与机械
2015	谢 标	工程科学学院	动力工程及工程热物理
2015	龙林爽	工程科学学院	动力工程及工程热物理
2015	张 凯	计算机科学与技术学院	计算机系统结构
2015	吴 乐	计算机科学与技术学院	计算机应用技术
2015	王 昕	计算机科学与技术学院	计算机软件与理论
2015	潘 晓	地球和空间科学学院	大气物理与大气环境
2015	赵明宇	地球和空间科学学院	地球化学
2015	吴 非	地球和空间科学学院	地球化学
2015	黄 川	地球和空间科学学院	固体地球物理
2015	楼创能	地球和空间科学学院	环境科学
2015	阮海炳	地球和空间科学学院	空间物理
2015	王国强	地球和空间科学学院	空间物理
2015	黄钧衡	国家同步辐射实验室	核科学与技术
2015	刘 琴	国家同步辐射实验室	核科学与技术
2015	范其瑭	国家同步辐射实验室	核科学与技术

续表

年份	姓名	基层单位	专业
2015	王 申	人文与社会科学学院	科学技术史
2015	王秀伟	人文与社会科学学院	媒介文化与哲学
2015	李迪迪	火灾科学国家重点实验室	安全科学与工程
2015	李晓恋	火灾科学国家重点实验室	安全科学与工程
2015	潘 颖	火灾科学国家重点实验室	安全科学与工程
2015	孔 飞	微尺度物质科学国家实验室(筹)	物理学
2015	李 周	微尺度物质科学国家实验室(筹)	纳米化学
2015	富 尧	微尺度物质科学国家实验室(筹)	量子信息物理学
2015	陈 锟	微尺度物质科学国家实验室(筹)	冷原子物理
2015	张荣荣	微尺度物质科学国家实验室(筹)	高分子物理与化学
2015	陈 胜	微尺度物质科学国家实验室(筹)	物理化学
2015	秦 维	微尺度物质科学国家实验室(筹)	凝聚态物理
2015	江 嵩	微尺度物质科学国家实验室(筹)	单分子科学
2015	陆 璐	研究生院科学岛分院	光学
2015	李 洁	研究生院科学岛分院	核能科学与工程
2015	吴 宏	研究生院科学岛分院	生物物理学
2015	刘迪龙	研究生院科学岛分院	材料物理与化学
2015	宋东坡	研究生院科学岛分院	凝聚态物理
2015	王祥学	研究生院科学岛分院	材料物理与化学
2015	窦仁勤	研究生院科学岛分院	光学
2015	王 敏	研究生院科学岛分院	材料物理与化学
2015	李 翔	核科学技术学院	核科学与技术
2015	赵鹏程	核科学技术学院	核科学与技术
2015	康宇阳	材料科学与工程学院	材料学
2015	罗颐秀	材料科学与工程学院	材料学
2015	任大龙	生命科学学院	神经生物学
2015	王 蒙	生命科学学院	生物化学与分子生物学
2015	沈 松	生命科学学院	生物化学与分子生物学
2015	曹 洋	生命科学学院	细胞生物学

附 录

续表

年份	姓名	基层单位	专业
2015	毛 慧	生命科学学院	遗传学
2015	杨镜波	生命科学学院	细胞生物学
2015	王艳明	生命科学学院	细胞生物学
2015	孙林冲	生命科学学院	细胞生物学
2015	朱平平	生命科学学院	生物化学与分子生物学
2015	陈 亚	管理学院	管理科学与工程
2015	陈夏雨	管理学院	工商管理
2015	韩小雅	管理学院	管理科学与工程
2015	赵富国	管理学院	管理科学与工程
2015	赵树良	公共事务学院	公共管理
2015	吴 蔚	公共事务学院	公管管理
2015	陈士龙	化学物理系	物理化学
2015	严 欢	化学物理系	物理化学
2015	李维汉	材料科学与工程系	材料学
2015	汪 松	材料科学与工程系	材料学
2015	代胜瑜	高分子科学与工程系	高分子化学与物理
2015	王龙海	高分子科学与工程系	高分子化学与物理
2015	王 辉	化学系	无机化学
2015	梁 倞	化学系	无机化学
2015	刘友文	化学系	无机化学
2015	田攀攀	化学系	有机化学
2015	刘 爽	化学系	分析化学
2015	林 宁	化学系	无机化学
2015	黄云泽	化学系	有机化学
2015	卢 昊	信息科学技术学院	信息与通信工程
2015	陈小良	信息科学技术学院	信息与通信工程
2015	王朝旭	信息科学技术学院	信息与通信工程
2015	汪玉洁	信息科学技术学院	控制科学与工程
2015	傅孝明	信息科学技术学院	控制科学与工程

续表

年份	姓名	基层单位	专　业
2015	周明洋	信息科学技术学院	电子科学与技术
2016	青　春	研究生院科学岛分院	光学
2016	张会丽	研究生院科学岛分院	光学
2016	屈　浩	研究生院科学岛分院	等离子体物理
2016	徐玉平	研究生院科学岛分院	核科学与工程
2016	杭立峰	研究生院科学岛分院	材料物理与化学
2016	梁德伟	研究生院科学岛分院	材料物理与化学
2016	金驰名	研究生院科学岛分院	凝聚态物理
2016	王傲莉	研究生院科学岛分院	生物物理
2016	杨　猛	研究生院科学岛分院	材料物理与化学
2016	杨　柯	研究生院科学岛分院	光学
2016	阳颖飞	材料科学与工程学院	腐蚀科学与防护
2016	赵广迪	材料科学与工程学院	材料加工工程
2016	王国伟	材料科学与工程学院	材料学
2016	张雅洁	材料科学与工程学院	材料物理与化学
2016	李英杰	紫金山天文台	天文学
2016	李　治	火灾科学国家重点实验室	安全科学与工程
2016	杨玖玲	火灾科学国家重点实验室	安全科学与工程
2016	王　伟	火灾科学国家重点实验室	安全科学与工程
2016	张　贺	地球和空间科学学院	地球化学
2016	贺　强	地球和空间科学学院	地球化学
2016	杨　军	地球和空间科学学院	固体地球物理学
2016	向世明	地球和空间科学学院	固体地球物理学
2016	余夏薇	地球和空间科学学院	环境科学
2016	王　姣	地球和空间科学学院	环境科学
2016	钟嘉豪	地球和空间科学学院	空间物理学
2016	张全浩	地球和空间科学学院	空间物理学
2016	刘浩然	工程科学学院	流体力学
2016	刘雪鹏	工程科学学院	固体力学

续表

年份	姓名	基层单位	专业
2016	朱银波	工程科学学院	固体力学
2016	劳召欣	工程科学学院	仪器科学与技术
2016	丁晓喜	工程科学学院	仪器科学与技术
2016	胡名科	工程科学学院	动力工程及工程热物理
2016	章玮玮	工程科学学院	动力工程及工程热物理
2016	黄 颖	公共事务学院	公共管理
2016	韩飞飞	公共事务学院	公共管理
2016	朱庆缘	管理学院	管理科学与工程
2016	唐文之	管理学院	管理科学与工程
2016	袁茜茜	管理学院	管理科学与工程
2016	储军飞	管理学院	管理科学与工程
2016	丁润康	管理学院	管理科学与工程
2016	白 伟	物理学院	等离子体物理
2016	李星宇	物理学院	原子分子物理
2016	魏逸丰	物理学院	粒子物理与原子核物理
2016	马文超	物理学院	原子分子物理
2016	彭宇轩	物理学院	理论物理
2016	王雨雷	物理学院	等离子体物理
2016	陈明城	物理学院	原子分子物理
2016	张晓光	物理学院	物理电子学
2016	雷 彬	物理学院	凝聚态物理
2016	祖梦婕	物理学院	凝聚态物理
2016	雍定钰	物理学院	凝聚态物理
2016	沈 镇	物理学院	光学
2016	王轶韬	物理学院	光学
2016	张 伟	物理学院	光学
2016	李舒啸	物理学院	光学
2016	王小亮	核科学技术学院	核科学与技术
2016	冯竟超	核科学技术学院	核科学与技术

续表

年份	姓名	基层单位	专业
2016	许峰唯	计算机科学与技术学院	计算机软件与理论
2016	冷 冰	计算机科学与技术学院	计算机软件与理论
2016	赵洪科	计算机科学与技术学院	计算机科学与技术
2016	蔡 亮	国家同步辐射实验室	核科学与技术
2016	李元元	国家同步辐射实验室	核科学与技术
2016	王 洁	国家同步辐射实验室	核科学与技术
2016	长孙樱子	人文与社会科学学院	科技史
2016	陈 婷	人文与社会科学学院	科学技术史
2016	何 垚	生命科学学院	生物化学与分子生物学
2016	张孟颖	生命科学学院	生物化学与分子生物学
2016	姚 晗	生命科学学院	细胞生物学
2016	彭俊辉	生命科学学院	生物化学与分子生物学
2016	李洪军	生命科学学院	细胞生物学
2016	魏晴涛	生命科学学院	细胞生物学
2016	王 林	生命科学学院	细胞生物学
2016	许晓莹	生命科学学院	生物化学与分子生物学
2016	左祖奇	生命科学学院	生物材料
2016	骆 阳	微尺度物质科学国家实验室(筹)	凝聚态物理
2016	伍 亮	微尺度物质科学国家实验室(筹)	化学
2016	刘 东	微尺度物质科学国家实验室(筹)	无机化学
2016	于志龙	微尺度物质科学国家实验室(筹)	无机化学
2016	王梁炳	微尺度物质科学国家实验室(筹)	物理化学
2016	吴 湛	微尺度物质科学国家实验室(筹)	量子信息物理学
2016	许从飞	微尺度物质科学国家实验室(筹)	细胞生物学
2016	黄 远	微尺度物质科学国家实验室(筹)	量子信息物理学
2016	陈 正	信息科学技术学院	信息与通信工程
2016	陈志勇	信息科学技术学院	信息与通信工程
2016	何鱼行	信息科学技术学院	电子科学与技术
2016	梁 宁	信息科学技术学院	信息与通信工程

附 录

续表

年份	姓名	基层单位	专业
2016	吴 岳	信息科学技术学院	信息与通信工程
2016	董广忠	信息科学技术学院	控制科学与工程
2016	马麒超	信息科学技术学院	控制科学与工程
2016	王旭东	化学物理系	化学物理
2016	熊 锋	化学物理系	物理化学
2016	张瑞奇	化学物理系	物理化学
2016	金 松	材料科学与工程系	材料学
2016	卓之问	材料科学与工程系	材料物理与化学
2016	徐海群	化学系	无机化学
2016	郑 珍	化学系	分析化学
2016	苏 伟	化学系	有机化学
2016	陈鹏作	化学系	无机化学
2016	朱小姣	化学系	无机化学
2016	刘友文	化学系	无机化学
2016	方玲玲	化学系	分析化学
2016	杨 健	化学系	无机化学
2016	姚东宝	高分子科学与工程系	高分子化学与物理
2016	陈 敏	高分子科学与工程系	高分子化学与物理
2016	年先顺	数学科学学院	计算数学
2016	金希深	数学科学学院	基础数学
2016	王谢平	数学科学学院	基础数学
2016	汪 任	数学科学学院	基础数学
2016	杨红超	苏州纳米技术与纳米仿生研究所	物理化学
2017	单昌功	环境科学与光电技术学院	环境科学与工程
2017	桂伟民	材料科学与工程学院	材料学
2017	秦鑫冬	材料科学与工程学院	材料学
2017	胡敏敏	材料科学与工程学院	材料学
2017	李荣汉	材料科学与工程学院	材料物理与化学
2017	马 会	材料科学与工程学院	腐蚀科学与防护

续表

年份	姓名	基层单位	专业
2017	杨兰兰	材料科学与工程学院	腐蚀科学与防护
2017	刘天夫	材料科学与工程学院	材料物理与化学
2017	赵金龙	材料科学与工程学院	材料加工工程
2017	李 俊	材料科学与工程学院	材料加工工程
2017	边会婷	火灾科学国家重点实验室	安全科学与工程
2017	金凯强	火灾科学国家重点实验室	安全科学与工程
2017	侯雁北	火灾科学国家重点实验室	安全科学与工程
2017	高守建	苏州纳米技术与纳米仿生研究所	物理化学
2017	潘 兵	中科院南京地质古生物研究所	古生物学与地层学
2017	赵 旭	微尺度物质科学国家实验室(筹)	化学
2017	曾 犟	微尺度物质科学国家实验室(筹)	凝聚态物理
2017	张 宁	微尺度物质科学国家实验室(筹)	无机化学
2017	金 飞	微尺度物质科学国家实验室(筹)	材料物理与化学
2017	尚启超	微尺度物质科学国家实验室(筹)	物理化学
2017	郑 昕	微尺度物质科学国家实验室(筹)	原子与分子物理
2017	褚维斌	微尺度物质科学国家实验室(筹)	凝聚态物理
2017	彭 晶	微尺度物质科学国家实验室(筹)	无机化学
2017	任 威	信息科学技术学院	控制科学与工程
2017	王 璐	信息科学技术学院	电子科学与技术
2017	潘滢炜	信息科学技术学院	信息与通信工程
2017	李 亚	信息科学技术学院	信息与通信工程
2017	夏应策	信息科学技术学院	信息与通信工程
2017	张 旭	信息科学技术学院	控制科学与工程
2017	程松松	信息科学技术学院	控制科学与工程
2017	张拙之	物理学院	光学
2017	王茹雪	物理学院	光学
2017	肖 芽	物理学院	光学
2017	迟逢逢	物理学院	凝聚态物理
2017	张文婷	物理学院	凝聚态物理
2017	史 慧	物理学院	凝聚态物理
2017	杨 欢	物理学院	原子分子物理

附 录

续表

年份	姓名	基层单位	专业
2017	张 亮	物理学院	粒子物理与原子核物理
2017	潘 越	物理学院	粒子物理与原子核物理
2017	林木楠	物理学院	等离子体物理
2017	吴 骋	物理学院	原子分子物理
2017	丁 星	物理学院	原子分子物理
2017	盛振峰	物理学院	天体物理
2017	王 婷	公共事务学院	公共管理
2017	田冬冬	地球和空间科学学院	地球物理学
2017	党 童	地球和空间科学学院	地球物理学
2017	陈逸伦	地球和空间科学学院	地球物理学
2017	康晋霆	地球和空间科学学院	地质学
2017	刘 源	地球和空间科学学院	环境科学与工程
2017	王建成	地球和空间科学学院	环境科学与工程
2017	王雯思	地球和空间科学学院	地球物理学
2017	汪 翔	管理学院	管理科学与工程
2017	朱庆缘	管理学院	管理科学与工程
2017	李 峰	管理学院	管理科学与工程
2017	储军飞	管理学院	管理科学与工程
2017	徐学哲	研究生院科学岛分院	光学
2017	丁守军	研究生院科学岛分院	光学
2017	叶 扬	研究生院科学岛分院	等离子体物理
2017	蒋科成	研究生院科学岛分院	核能科学与工程
2017	周彬斌	研究生院科学岛分院	材料物理与化学
2017	孙一强	研究生院科学岛分院	材料物理与化学
2017	张 显	研究生院科学岛分院	材料物理与化学
2017	肖瑞春	研究生院科学岛分院	凝聚态物理
2017	高文帅	研究生院科学岛分院	凝聚态物理
2017	邓晨光	研究生院科学岛分院	生物物理学
2017	刘雪朋	研究生院科学岛分院	材料物理与化学
2017	张振华	化学与材料科学学院	物理化学
2017	金 松	化学与材料科学学院	材料物理与化学

续表

年份	姓名	基层单位	专业
2017	童赟	化学与材料科学学院	无机化学
2017	林华辰	化学与材料科学学院	有机化学
2017	陈石穿	化学与材料科学学院	无机化学
2017	杨佳	化学与材料科学学院	高分子化学与物理
2017	朱先军	化学与材料科学学院	材料学
2017	葛婧捷	化学与材料科学学院	分析化学
2017	海子娟	化学与材料科学学院	分析化学
2017	李湾湾	化学与材料科学学院	化学生物学
2017	王晓	化学与材料科学学院	高分子化学与物理
2017	赵峰	化学与材料科学学院	有机化学
2017	刘雅婷	化学与材料科学学院	分析化学
2017	杨阳	化学与材料科学学院	材料物理与化学
2017	张雷	化学与材料科学学院	物理化学
2017	李富海	核科学学院	核科学与技术
2017	祝曹祥	核科学学院	核科学与技术
2017	孔慧	苏州生物医学工程技术研究所	生物医学工程
2017	刘炜	国家同步辐射实验室	核科学与技术
2017	赵周宇	国家同步辐射实验室	核科学与技术
2017	张科	国家同步辐射实验室	核科学与技术
2017	俞翔	人文与社会科学学院	科技技术史
2017	苏艳华	生命科学学院	生物化学与分子生物学
2017	陈敏	生命科学学院	神经生物学
2017	夏文龙	生命科学学院	遗传学
2017	曾健	生命科学学院	生物化学与分子生物学
2017	余立艳	生命科学学院	生物化学与分子生物学
2017	王东	生命科学学院	细胞生物学
2017	刘九羊	生命科学学院	生物化学与分子生物学
2017	张鹏飞	生命科学学院	细胞生物学
2017	秦媛媛	生命科学学院	细胞生物学
2017	汪国睿	工程科学学院	固体力学
2017	朱阳	工程科学学院	流体力学

附　录

续表

年份	姓名	基层单位	专　业
2017	杨月华	工程科学学院	固体力学
2017	倪劲成	工程科学学院	仪器科学与技术
2017	吴　强	工程科学学院	仪器科学与技术
2017	吕　松	工程科学学院	动力工程及工程热物理
2017	曹静宇	工程科学学院	热能工程
2017	张　丽	计算机科学与技术学院	计算机软件与理论
2017	王英子	计算机科学与技术学院	计算机应用技术
2017	李博杰	计算机科学与技术学院	计算机科学与技术
2017	夏子晴	紫金山天文台	天体物理
2017	刘彦麟	数学科学学院	基础数学
2017	韦　犨	数学科学学院	基础数学
2017	吴珍凤	数学科学学院	基础数学
2017	周玲玲	数学科学学院	计算数学
2017	曹芳芳	长春应用化学研究所	无机化学
2017	黄　亮	长春应用化学研究所	分析化学
2017	乔永娜	长春应用化学研究所	高分子化学与物理
2017	赵汝艳	长春应用化学研究所	高分子化学与物理

附录21　我校2012～2017年硕士研究生国家奖学金获奖学生汇总表

年份	学生姓名	基层单位	专　业
2012	吕凡超	地球和空间科学学院	大气物理
2012	崇加军	地球和空间科学学院	固体地球物理
2012	王永鹏	地球和空间科学学院	环境工程
2012	李　晖	地球和空间科学学院	环境科学
2012	陈　健	地球和空间科学学院	环境科学
2012	汤　泉	地球和空间科学学院	环境科学
2012	严智操	地球和空间科学学院	环境科学

续表

年份	姓名	基层单位	专业
2012	陈倩倩	地球和空间科学学院	环境科学
2012	单立灿	地球和空间科学学院	空间物理
2012	柴立晖	地球和空间科学学院	空间物理
2012	王 俊	工程科学学院	测试计量技术及仪器
2012	胡 飞	工程科学学院	测试计量技术及仪器
2012	李志斌	工程科学学院	工程力学
2012	曹志伟	工程科学学院	工程热物理
2012	刘金龙	工程科学学院	工程热物理
2012	陈 瑭	工程科学学院	工程热物理
2012	浦 健	工程科学学院	工程热物理
2012	牛 玉	工程科学学院	固体力学
2012	范艳层	工程科学学院	固体力学
2012	曲洪岩	工程科学学院	固体力学
2012	李永存	工程科学学院	固体力学
2012	何 雨	工程科学学院	固体力学
2012	赵 雨	工程科学学院	机械电子工程
2012	韦余凤	工程科学学院	机械电子工程
2012	代道义	工程科学学院	机械工程
2012	郑 燕	工程科学学院	热能工程
2012	王闻捷	公共事务学院	法律硕士
2012	赵湘乐	公共事务学院	经济法
2012	张琳琳	公共事务学院	物流工程
2012	潘小青	管理学院	概率论与数理统计
2012	毕秀春	管理学院	概率论与数理统计
2012	布 兵	管理学院	管理科学与工程
2012	郑益中	管理学院	管理科学与工程
2012	李嘉玲	管理学院	管理科学与工程
2012	袁茜茜	管理学院	管理科学与工程
2012	郭晓龙	管理学院	管理科学与工程

附 录

续表

年份	姓名	基层单位	专业
2012	余文涛	管理学院	管理科学与工程
2012	杨 敏	管理学院	管理科学与工程
2012	张 娟	管理学院	管理科学与工程
2012	卞俊松	管理学院	管理科学与工程
2012	史 烨	管理学院	管理科学与工程
2012	朱丽丽	管理学院	管理科学与工程
2012	庄宏斌	管理学院	管理科学与工程
2012	朱贾昂	管理学院	管理科学与工程
2012	戴前智	管理学院	管理科学与工程
2012	谭 敏	管理学院	管理科学与工程
2012	冯晨鹏	管理学院	管理科学与工程
2012	郭 冬	管理学院	管理科学与工程
2012	余杰杰	管理学院	管理科学与工程
2012	陈武华	管理学院	管理科学与工程
2012	周 磊	管理学院	管理科学与工程
2012	李 磊	管理学院	金融工程
2012	徐 丽	管理学院	企业管理
2012	蓝杰钦	国家同步辐射实验室	核技术及应用
2012	樊 浩	国家同步辐射实验室	核技术及应用
2012	杨远俊	国家同步辐射实验室	同步辐射及应用
2012	王占东	国家同步辐射实验室	同步辐射及应用
2012	彭彦华	国家同步辐射实验室	同步辐射及应用
2012	岳小宁	核科学技术学院	核能科学与工程
2012	王 勃	核科学技术学院	核能科学与工程
2012	王伸吉	核科学技术学院	核能科学与工程
2012	时靖谊	核科学技术学院	核能科学与工程
2012	赵鹏程	核科学技术学院	核能科学与工程
2012	党军杰	化学与材料科学学院	材料物理与化学
2012	陈 健	化学与材料科学学院	材料物理与化学

续表

年份	姓名	基层单位	专　业
2012	陈　龙	化学与材料科学学院	材料物理与化学
2012	李秀玲	化学与材料科学学院	材料物理与化学
2012	洪　涛	化学与材料科学学院	材料系
2012	张庆平	化学与材料科学学院	材料学
2012	郱强强	化学与材料科学学院	材料学
2012	周玉凤	化学与材料科学学院	分析化学
2012	杨　敏	化学与材料科学学院	分析化学
2012	李景国	化学与材料科学学院	高分子化学与物理
2012	宋廷结	化学与材料科学学院	高分子化学与物理
2012	昱万程	化学与材料科学学院	高分子化学与物理
2012	贺　晨	化学与材料科学学院	高分子化学与物理
2012	盛俊芳	化学与材料科学学院	高分子化学与物理
2012	汪枭睿	化学与材料科学学院	高分子化学与物理
2012	李星星	化学与材料科学学院	化学物理
2012	滕　越	化学与材料科学学院	无机化学
2012	王　磊	化学与材料科学学院	无机化学
2012	徐　坤	化学与材料科学学院	无机化学
2012	夏　娟	化学与材料科学学院	无机化学
2012	李　波	化学与材料科学学院	无机化学
2012	袁成飞	化学与材料科学学院	物理化学
2012	刘　彬	化学与材料科学学院	物理化学
2012	马素兰	化学与材料科学学院	物理化学
2012	郑　傲	化学与材料科学学院	应用化学
2012	陈　曼	化学与材料科学学院	应用化学
2012	刘　姿	化学与材料科学学院	有机化学
2012	杨真真	化学与材料科学学院	有机化学
2012	张　珥	化学与材料科学学院	有机化学
2012	陈殿峰	化学与材料科学学院	有机化学
2012	杨志伟	化学与材料科学学院	有机化学

附 录

续表

年份	姓名	基层单位	专业
2012	唐 林	化学与材料科学学院	有机化学
2012	余 彬	火灾科学国家重点实验室	安全科学与工程
2012	袁必和	火灾科学国家重点实验室	安全科学与工程
2012	高子鹤	火灾科学国家重点实验室	安全科学与工程
2012	丁 超	火灾科学国家重点实验室	安全科学与工程
2012	赵学娟	火灾科学国家重点实验室	安全科学与工程
2012	王 禹	火灾科学国家重点实验室	安全科学与工程
2012	袁海霞	火灾科学国家重点实验室	安全科学与工程
2012	陈龙飞	火灾科学国家重点实验室	安全科学与工程
2012	谷天波	计算机科学与技术学院	计算机技术
2012	王 涛	计算机科学与技术学院	计算机技术
2012	王兆育	计算机科学与技术学院	计算机软件与理论
2012	张 硕	计算机科学与技术学院	计算机软件与理论
2012	胡鹏飞	计算机科学与技术学院	计算机软件与理论
2012	张 琛	计算机科学与技术学院	计算机软件与理论
2012	程文华	计算机科学与技术学院	计算机软件与理论
2012	杨矫云	计算机科学与技术学院	计算机软件与理论
2012	缪海波	计算机科学与技术学院	计算机软件与理论
2012	石 亮	计算机科学与技术学院	计算机系统结构
2012	杨文辉	计算机科学与技术学院	计算机应用技术
2012	李 波	计算机科学与技术学院	计算机应用技术
2012	包亚飞	计算机科学与技术学院	计算机应用技术
2012	杨 禹	计算机科学与技术学院	计算机应用技术
2012	隋志强	计算机科学与技术学院	计算机应用技术
2012	胡益清	计算机科学与技术学院	信息安全
2012	蔡立英	人文与社会科学学院	传播学
2012	杨春勇	人文与社会科学学院	传媒管理
2012	陈昌富	人文与社会科学学院	科学技术史
2012	李 黎	人文与社会科学学院	新闻学

续表

年份	姓名	基层单位	专业
2012	谢广岭	人文与社会科学学院	新闻与传播
2012	王华锋	软件学院	电信软件工程
2012	刘 埔	软件学院	软件系统设计
2012	赵海兵	软件学院	软件系统设计
2012	蒋 琛	软件学院	软件系统设计
2012	张开恒	软件学院	系统芯片设计
2012	张 帅	软件学院	信息安全
2012	于海龙	生命科学学院	结构生物学
2012	孙爱爱	生命科学学院	结构生物学
2012	何 垚	生命科学学院	结构生物学
2012	邵 辰	生命科学学院	结构生物学
2012	陈 鹏	生命科学学院	神经生物学
2012	王 莉	生命科学学院	神经生物学
2012	时美玉	生命科学学院	神经生物学
2012	任大龙	生命科学学院	神经生物学
2012	曹冬冬	生命科学学院	生物化学与分子生物学
2012	赵新春	生命科学学院	生物化学与分子生物学
2012	何雨珂	生命科学学院	细胞生物学
2012	吴 阳	生命科学学院	细胞生物学
2012	马兆云	生命科学学院	细胞生物学
2012	谷汪鹏	生命科学学院	细胞生物学
2012	唐甜甜	生命科学学院	细胞生物学
2012	姚 晗	生命科学学院	细胞生物学
2012	江 龙	生命科学学院	细胞生物学
2012	张德凯	数学科学学院	基础数学
2012	连政星	数学科学学院	基础数学
2012	黄 腾	数学科学学院	基础数学
2012	宋基建	数学科学学院	基础数学
2012	卢键方	数学科学学院	计算数学

附 录

续表

年份	姓名	基层单位	专 业
2012	王睿旻	数学科学学院	计算数学
2012	李亚民	微尺度物质科学国家实验室（筹）	高分子化学与物理
2012	江申龙	微尺度物质科学国家实验室（筹）	化学物理
2012	王梓翔	微尺度物质科学国家实验室（筹）	量子信息物理学
2012	陈昊泽	微尺度物质科学国家实验室（筹）	量子信息物理学
2012	许祥坤	微尺度物质科学国家实验室（筹）	量子信息物理学
2012	秦 维	微尺度物质科学国家实验室（筹）	凝聚态物理
2012	张小强	微尺度物质科学国家实验室（筹）	凝聚态物理
2012	王胜楠	微尺度物质科学国家实验室（筹）	凝聚态物理
2012	袁 龙	微尺度物质科学国家实验室（筹）	物理化学
2012	唐亚国	微尺度物质科学国家实验室（筹）	原子与分子物理
2012	朱逸伦	物理学院	等离子体物理
2012	李 迪	物理学院	光学
2012	王建平	物理学院	光学
2012	陈漪恺	物理学院	光学
2012	许剑飞	物理学院	理论物理
2012	金芳洲	物理学院	粒子物理与原子核物理
2012	崔相利	物理学院	粒子物理与原子核物理
2012	刘 哲	物理学院	凝聚态物理
2012	叶国俊	物理学院	凝聚态物理
2012	王利近	物理学院	凝聚态物理
2012	丁怀义	物理学院	凝聚态物理
2012	杨盛玮	物理学院	凝聚态物埋
2012	潘 震	物理学院	天体物理
2012	连建辉	物理学院	天体物理
2012	程心一	物理学院	物理电子学
2012	秦 熙	物理学院	物理电子学
2012	崔 珂	物理学院	物理电子学
2012	沈 奇	物理学院	物理电子学

续表

年份	姓名	基层单位	专业
2012	刘 畅	物理学院	原子分子物理
2012	康 旭	物理学院	原子分子物理
2012	陈 昊	信息科学技术学院	导航、制导与控制
2012	潘金文	信息科学技术学院	导航、制导与控制
2012	常 欢	信息科学技术学院	电路与系统
2012	贾 非	信息科学技术学院	电路与系统
2012	朱 光	信息科学技术学院	电路与系统
2012	卢 薇	信息科学技术学院	电子与通信工程
2012	陆 平	信息科学技术学院	电子与通信工程
2012	段秀华	信息科学技术学院	检测技术与自动化装置
2012	翟弟华	信息科学技术学院	控制理论与控制工程
2012	马 山	信息科学技术学院	控制理论与控制工程
2012	朱亚萍	信息科学技术学院	控制理论与控制工程
2012	周 舟	信息科学技术学院	控制理论与控制工程
2012	刘丁瑜	信息科学技术学院	控制理论与控制工程
2012	郭浩明	信息科学技术学院	模式识别与智能系统
2012	韩坤鹏	信息科学技术学院	模式识别与智能系统
2012	陆小双	信息科学技术学院	模式识别与智能系统
2012	江海洋	信息科学技术学院	模式识别与智能系统
2012	王 乾	信息科学技术学院	生物医学工程
2012	邹 亮	信息科学技术学院	生物医学工程
2012	成 娟	信息科学技术学院	生物医学工程
2012	张 峰	信息科学技术学院	通信与信息系统
2012	刘畅畅	信息科学技术学院	通信与信息系统
2012	徐 飞	信息科学技术学院	通信与信息系统
2012	孙欢欢	信息科学技术学院	通信与信息系统
2012	李索恒	信息科学技术学院	信号与信息处理
2012	张 博	信息科学技术学院	信号与信息处理
2012	李 礼	信息科学技术学院	信号与信息处理

附 录

续表

年份	姓名	基层单位	专业
2012	叶根红	信息科学技术学院	信号与信息处理
2012	乔 伟	信息科学技术学院	信号与信息处理
2012	胡 南	信息科学技术学院	信号与信息处理
2012	麻常莎	信息科学技术学院	信息安全
2012	颜至声	信息科学技术学院	信息安全
2013	刘庆源	数学科学学院	计算数学
2013	金 磊	数学科学学院	基础数学
2013	金希深	数学科学学院	基础数学
2013	孙 超	数学科学学院	基础数学
2013	鲁仲杰	数学科学学院	计算数学
2013	邓 方	数学科学学院	计算数学
2013	周 辉	物理学院	粒子物理与原子核物理
2013	杨 钱	物理学院	粒子物理与原子核物理
2013	陈 冲	物理学院	粒子物理与原子核物理
2013	谢冠男	物理学院	粒子物理与原子核物理
2013	谷冰川	物理学院	粒子物理与原子核物理
2013	张 琪	物理学院	原子分子物理
2013	彭裔耕	物理学院	原子分子物理
2013	徐 亮	物理学院	等离子体物理
2013	罗明诚	物理学院	物理电子学
2013	李 登	物理学院	物理电子学
2013	张德良	物理学院	物理电子学
2013	郁 菁	物理学院	凝聚态物理
2013	陈 波	物理学院	凝聚态物理
2013	程正旺	物理学院	凝聚态物理
2013	李心悦	物理学院	凝聚态物理
2013	陈洁文	物理学院	天体物理
2013	郑 振	物理学院	光学
2013	熊 霄	物理学院	光学

续表

年份	姓名	基层单位	专业
2013	龚 雷	物理学院	光学
2013	吴 凡	物理学院	光学
2013	张 铖	物理学院	光学
2013	黄一敏	化学与材料科学学院	材料物理与化学
2013	石 朕	化学与材料科学学院	材料学
2013	孙书杰	化学与材料科学学院	材料物理与化学
2013	王振斌	化学与材料科学学院	材料学
2013	胡 衍	化学与材料科学学院	材料物理与化学
2013	鞠立成	化学与材料科学学院	材料学
2013	王仲涛	化学与材料科学学院	材料学
2013	王中磊	化学与材料科学学院	物理化学
2013	吴天敏	化学与材料科学学院	化学物理
2013	华 赞	化学与材料科学学院	化学物理
2013	刘吕丹	化学与材料科学学院	物理化学
2013	葛 进	化学与材料科学学院	无机化学
2013	程秀芬	化学与材料科学学院	有机化学
2013	陶忠林	化学与材料科学学院	有机化学
2013	吴振禹	化学与材料科学学院	无机化学
2013	朱小姣	化学与材料科学学院	无机化学
2013	卢秀利	化学与材料科学学院	无机化学
2013	杨 珍	化学与材料科学学院	有机化学
2013	卢倩倩	化学与材料科学学院	有机化学
2013	尹培群	化学与材料科学学院	分析化学
2013	刘丹卿	化学与材料科学学院	分析化学
2013	龙琭璐	化学与材料科学学院	应用化学
2013	王黎丽	化学与材料科学学院	无机化学
2013	张 琪	化学与材料科学学院	有机化学
2013	杨广西	化学与材料科学学院	有机化学
2013	赵玉梅	化学与材料科学学院	有机化学

附 录

续表

年份	姓名	基层单位	专业
2013	蒋晨啸	化学与材料科学学院	应用化学
2013	李 盼	化学与材料科学学院	无机化学
2013	柏 彧	化学与材料科学学院	无机化学
2013	胡文龙	化学与材料科学学院	高分子化学与物理
2013	王瑞鹍	化学与材料科学学院	高分子化学与物理
2013	丁 月	化学与材料科学学院	高分子化学与物理
2013	李军杰	化学与材料科学学院	高分子化学与物理
2013	郝 翔	化学与材料科学学院	高分子化学与物理
2013	孙 晨	地球和空间科学学院	环境科学
2013	韩於利	地球和空间科学学院	空间物理
2013	刘志洋	地球和空间科学学院	固体地球物理
2013	夏静雯	地球和空间科学学院	大气物理
2013	郝宇飞	地球和空间科学学院	空间物理
2013	阮海炳	地球和空间科学学院	空间物理
2013	徐 倩	地球和空间科学学院	环境科学
2013	齐 玥	地球和空间科学学院	地球化学
2013	丁 玮	地球和空间科学学院	环境科学
2013	邵 达	地球和空间科学学院	环境科学
2013	周振军	地球和空间科学学院	空间物理
2013	黄俊宇	工程科学学院	工程力学
2013	李 涛	工程科学学院	流体力学
2013	范 煜	工程科学学院	流体力学
2013	刘晓毅	工程科学学院	固体力学
2013	葛 琳	工程科学学院	固体力学
2013	王 超	工程科学学院	测试计量技术与仪器
2013	张尚斌	工程科学学院	测试计量技术与仪器
2013	张海滨	工程科学学院	测试计量技术与仪器
2013	陈 兵	工程科学学院	机械电子工程
2013	朱志强	工程科学学院	精密仪器及机械

年份	姓名	基层单位	专　业
2013	琚　斌	工程科学学院	精密仪器及机械
2013	汪湘湘	工程科学学院	精密仪器及机械
2013	年永乐	工程科学学院	动力工程及工程热物理
2013	李同同	工程科学学院	热能工程
2013	龙林爽	工程科学学院	动力工程及工程热物理
2013	陈龙祥	工程科学学院	制冷与低温
2013	张明洋	信息科学技术学院	信息与通信工程
2013	陈小良	信息科学技术学院	通信与信息系统
2013	龚　龙	信息科学技术学院	信息与通信工程
2013	吴春靓	信息科学技术学院	通信与信息系统
2013	白子龙	信息科学技术学院	信息与通信工程
2013	宫　灿	信息科学技术学院	信号与信息处理
2013	周　翔	信息科学技术学院	通信与信息系统
2013	章　亮	信息科学技术学院	通信与信息系统
2013	钱　岑	信息科学技术学院	通信与信息系统
2013	丰　慧	信息科学技术学院	信号与信息处理
2013	姚远志	信息科学技术学院	信息与通信工程
2013	严　烨	信息科学技术学院	信息与通信工程
2013	季　灵	信息科学技术学院	电磁场与微波技术
2013	袁　坤	信息科学技术学院	控制理论与控制工程
2013	欧阳波	信息科学技术学院	控制理论与控制工程
2013	向文辉	信息科学技术学院	模式识别与智能系统
2013	刘　羽	信息科学技术学院	控制科学与工程
2013	柯小路	信息科学技术学院	控制科学与工程
2013	张逸成	信息科学技术学院	模式识别与智能系统
2013	李振兴	信息科学技术学院	控制科学与工程
2013	胡龙珍	信息科学技术学院	控制理论与控制工程
2013	朱锐意	信息科学技术学院	控制科学与工程
2013	卫勋勋	信息科学技术学院	控制工程

附 录

续表

年份	姓名	基层单位	专业
2013	王振东	信息科学技术学院	控制理论与控制工程
2013	李艳玲	信息科学技术学院	模式识别与智能系统
2013	张乐华	信息科学技术学院	检测技术与自动化装置
2013	刘元宁	信息科学技术学院	电子与通信工程
2013	彭 辰	信息科学技术学院	生物医学工程
2013	龚良泉	信息科学技术学院	生物医学工程
2013	王 荞	信息科学技术学院	生物医学工程
2013	竺贵强	信息科学技术学院	电子科学与技术
2013	吴 婷	信息科学技术学院	电路与系统
2013	梁新乐	计算机科学与技术学院	计算机应用技术
2013	赵冬冬	计算机科学与技术学院	计算机软件与理论
2013	周金红	计算机科学与技术学院	计算机系统结构
2013	王 浩	计算机科学与技术学院	计算机应用技术
2013	邹燕燕	计算机科学与技术学院	计算机系统结构
2013	娄 健	计算机科学与技术学院	计算机软件与理论
2013	何孟华	计算机科学与技术学院	计算机应用技术
2013	吴 翔	计算机科学与技术学院	计算机应用技术
2013	苗成林	计算机科学与技术学院	计算机应用技术
2013	董齐兴	计算机科学与技术学院	计算机应用技术
2013	李千元	计算机科学与技术学院	计算机应用技术
2013	孙光福	计算机科学与技术学院	计算机应用技术
2013	黄川林	计算机科学与技术学院	计算机应用技术
2013	王 飞	计算机科学与技术学院	信息安全
2013	张海博	计算机科学与技术学院	计算机技术
2013	施 玮	计算机科学与技术学院	计算机应用技术
2013	郭 琼	生命科学学院	生物化学与分子生物学
2013	谢 进	生命科学学院	生物学
2013	杨冬冬	生命科学学院	细胞生物学
2013	丛靖婧	生命科学学院	细胞生物学

续表

年份	姓名	基层单位	专业
2013	余立艳	生命科学学院	生物化学与分子生物学
2013	周永刚	生命科学学院	细胞生物学
2013	江 雅	生命科学学院	细胞生物学
2013	于红美	生命科学学院	生物化学与分子生物学
2013	樊岁兴	生命科学学院	遗传学
2013	王小蓉	生命科学学院	遗传学
2013	王宪伟	生命科学学院	细胞生物学
2013	孔 昕	生命科学学院	细胞生物学
2013	王秀兰	生命科学学院	遗传学
2013	曹林艳	生命科学学院	生物化学与分子生物学
2013	吴 杰	生命科学学院	生物化学与分子生物学
2013	华 艳	生命科学学院	细胞生物学
2013	李冰冰	生命科学学院	生态学
2013	朱 赟	人文与社会科学学院	传媒管理
2013	郭 辰	人文与社会科学学院	教育技术学
2013	王秀伟	人文与社会科学学院	科学技术史
2013	罗文伯	人文与社会科学学院	哲学
2013	王昌忠	人文与社会科学学院	科学技术史
2013	谢建辉	管理学院	管理科学与工程
2013	俞仁智	管理学院	工商管理
2013	陈 亚	管理学院	管理科学与工程
2013	周盛超	管理学院	管理科学与工程
2013	雷西洋	管理学院	管理科学与工程
2013	王成园	管理学院	管理科学与工程
2013	王 帅	管理学院	管理科学与工程
2013	魏少波	管理学院	管理科学与工程
2013	韩 宇	管理学院	金融工程
2013	李敬飞	管理学院	工商管理
2013	单洁含	管理学院	工商管理

附　录

续表

年份	姓名	基层单位	专　业
2013	王阿静	管理学院	工商管理
2013	俞小孟	管理学院	工商管理
2013	张　翔	管理学院	工商管理
2013	邓雅静	管理学院	工商管理
2013	孙累累	管理学院	行政管理
2013	蔡　昭	管理学院	管理科学与工程
2013	朱　雯	管理学院	金融学
2013	蓝润荣	管理学院	金融工程
2013	王子豪	管理学院	工商管理
2013	张靖曼	管理学院	工商管理
2013	方　坤	管理学院	管理科学与工程
2013	郑晓峰	管理学院	工商管理
2013	赵富国	管理学院	管理科学与工程
2013	周光明	核科学技术学院	核科学与技术
2013	毛兰方	核科学技术学院	核能科学与工程
2013	李书舟	核科学技术学院	核能科学与工程
2013	李坤锋	核科学技术学院	核能科学与工程
2013	祝曹祥	核科学技术学院	核能科学与工程
2013	胡文超	核科学技术学院	核科学与技术
2013	李伟伟	国家同步辐射实验室	核技术及应用
2013	程超才	国家同步辐射实验室	核技术及应用
2013	范其瑭	国家同步辐射实验室	同步辐射及应用
2013	崔胜涛	国家同步辐射实验室	同步辐射及应用
2013	苏凤梅	国家同步辐射实验室	同步辐射及应用
2013	施永乾	火灾科学国家重点实验室	安全科学与工程
2013	唐　伟	火灾科学国家重点实验室	安全科学与工程
2013	焦玲玲	火灾科学国家重点实验室	安全科学与工程
2013	冯夏明	火灾科学国家重点实验室	安全科学与工程
2013	王苏盼	火灾科学国家重点实验室	安全科学与工程

续表

年份	姓名	基层单位	专业
2013	李 晔	火灾科学国家重点实验室	安全科学与工程
2013	何 松	火灾科学国家重点实验室	安全科学与工程
2013	王凤丽	火灾科学国家重点实验室	安全科学与工程
2013	尹华磊	微尺度物质科学国家实验室(筹)	量子信息物理
2013	刘 东	微尺度物质科学国家实验室(筹)	化学
2013	朱 青	微尺度物质科学国家实验室(筹)	纳米化学
2013	徐诚绎	微尺度物质科学国家实验室(筹)	高分子化学与物理
2013	张玉祥	微尺度物质科学国家实验室(筹)	量子信息
2013	李 洋	微尺度物质科学国家实验室(筹)	凝聚态物理
2013	耿建培	微尺度物质科学国家实验室(筹)	量子信息物理学
2013	黄 远	微尺度物质科学国家实验室(筹)	冷原子物理
2013	陈 锟	微尺度物质科学国家实验室(筹)	冷原子物理
2013	林 玲	微尺度物质科学国家实验室(筹)	纳米化学
2013	葛章志	公共事务学院	公共管理
2013	段玉珍	公共事务学院	公共管理
2013	张立雪	公共事务学院	法律硕士
2013	陈 辉	软件学院	软件工程
2013	涂继业	软件学院	软件应用系统设计
2013	方 超	软件学院	软件工程
2013	冀中浩	软件学院	信息安全工程
2013	马全增	软件学院	软件工程
2013	冯 铮	软件学院	软件工程
2014	刘子舜	数学科学学院	计算数学
2014	王谢平	数学科学学院	基础数学
2014	熊诗尧	数学科学学院	计算数学
2014	徐海清	数学科学学院	基础数学
2014	张明威	数学科学学院	基础数学
2014	赵建丽	数学科学学院	计算数学
2014	刘佳靖	物理学院	物理电子学

续表

年份	姓名	基层单位	专 业
2014	孙 彦	物理学院	等离子体物理
2014	王建龙	物理学院	等离子体物理
2014	张生辉	物理学院	粒子物理
2014	徐菊萍	物理学院	粒子物理
2014	黎才昌	物理学院	理论物理
2014	刘 冲	物理学院	物理电子学
2014	刘宇哲	物理学院	物理电子学
2014	倪冬冬	物理学院	原子分子
2014	王东刚	物理学院	天体物理
2014	胡 宁	物理学院	天体物理
2014	王轶韬	物理学院	光学
2014	朱良富	物理学院	光学
2014	韩云光	物理学院	光学
2014	张 伟	物理学院	光学
2014	于 涛	物理学院	凝聚态物理
2014	王芳彬	物理学院	凝聚态物理
2014	胡芳芳	物理学院	凝聚态物理
2014	童声群	物理学院	物理电子学
2014	何 嵘	化学与材料科学学院	化学物理
2014	曹 天	化学与材料科学学院	物理化学
2014	汪 栩	化学与材料科学学院	高分子化学与物理
2014	高亚婷	化学与材料科学学院	化学物理
2014	许 云	化学与材料科学学院	高分子化学与物理
2014	张瑞奇	化学与材料科学学院	物理化学
2014	杨 雷	化学与材料科学学院	材料物理与化学
2014	曾林超	化学与材料科学学院	材料学
2014	鄢志萍	化学与材料科学学院	材料学
2014	于杏杏	化学与材料科学学院	材料学
2014	邹邦坤	化学与材料科学学院	材料学

续表

年份	姓名	基层单位	专业
2014	陈鹏作	化学与材料科学学院	无机化学
2014	李 双	化学与材料科学学院	无机化学
2014	胡应立	化学与材料科学学院	无机化学
2014	高惠惠	化学与材料科学学院	有机化学
2014	孙妍妍	化学与材料科学学院	有机化学
2014	戴玉梅	化学与材料科学学院	无机化学
2014	王伟娟	化学与材料科学学院	分析化学
2014	程秋实	化学与材料科学学院	无机化学
2014	姚传志	化学与材料科学学院	有机化学
2014	李 宠	化学与材料科学学院	有机化学
2014	周玉晓	化学与材料科学学院	无机化学
2014	姚子露	化学与材料科学学院	应用化学
2014	陈雅丽	化学与材料科学学院	应用化学
2014	李忠原	化学与材料科学学院	有机化学
2014	谢佳芳	化学与材料科学学院	应用化学
2014	时 琛	化学与材料科学学院	化学
2014	李 阳	化学与材料科学学院	高分子化学与物理
2014	夏宏燕	化学与材料科学学院	高分子化学与物理
2014	杨 光	化学与材料科学学院	高分子化学与物理
2014	艾克热木·牙生	化学与材料科学学院	高分子化学与物理
2014	姚家园	地球和空间科学学院	固体地球物理
2014	方洪健	地球和空间科学学院	固体地球物理
2014	赵若灿	地球和空间科学学院	空间物理
2014	张全浩	地球和空间科学学院	空间物理
2014	李迎新	地球和空间科学学院	大气科学
2014	陈凤娇	地球和空间科学学院	大气科学
2014	张鞠琳	地球和空间科学学院	地球化学
2014	贾祖冰	地球和空间科学学院	地球化学
2014	王 姣	地球和空间科学学院	环境科学

续表

年份	姓名	基层单位	专业
2014	徐倩	地球和空间科学学院	环境科学
2014	刘洋	生命科学学院	生物化学与分子生物学
2014	陈敏	生命科学学院	神经生物学
2014	金泽宇	生命科学学院	微生物学
2014	王颖辉	生命科学学院	细胞生物学
2014	魏晴涛	生命科学学院	生物化学与分子生物学
2014	陈佳婧	生命科学学院	生物化学与分子生物学
2014	蒋绪光	生命科学学院	生物化学与分子生物学
2014	陈泉	生命科学学院	神经生物学
2014	程傲星	生命科学学院	细胞生物学
2014	李文婷	生命科学学院	细胞生物学
2014	郑培义	生命科学学院	生物化学与分子生物学
2014	屈小亚	生命科学学院	生物化学与分子生物学
2014	吕梦琪	生命科学学院	生物化学与分子生物学
2014	邓璐	生命科学学院	细胞生物学
2014	刘兆积	生命科学学院	细胞生物学
2014	李洪军	生命科学学院	生物化学与分子生物学
2014	彭俊辉	生命科学学院	生物化学与分子生物学
2014	袁帅	工程科学学院	动力工程及工程热物理
2014	王勇	工程科学学院	动力工程及工程热物理
2014	洪晓强	工程科学学院	动力工程
2014	胡名科	工程科学学院	动力工程及工程热物理
2014	李英琪	工程科学学院	力学
2014	陈杰	工程科学学院	力学
2014	李博	工程科学学院	力学
2014	汪昱	工程科学学院	力学
2014	蔡洋	工程科学学院	力学
2014	王志远	工程科学学院	动力工程
2014	陈建	工程科学学院	仪器科学与技术

续表

年份	姓名	基层单位	专业
2014	丁晓喜	工程科学学院	仪器科学与技术
2014	王雪艳	工程科学学院	测试计量技术及仪器
2014	许艳艳	工程科学学院	测试计量技术及仪器
2014	李 艳	工程科学学院	机械电子工程
2014	李 伟	工程科学学院	测试计量技术及仪器
2014	刘夏荷	信息科学技术学院	信息与通信工程
2014	嵇 瑶	信息科学技术学院	信息与通信工程
2014	贾强槐	信息科学技术学院	信息与通信工程
2014	徐杨飞	信息科学技术学院	信息与通信工程
2014	潘滢炜	信息科学技术学院	信息与通信工程
2014	陈志勇	信息科学技术学院	信息与通信工程
2014	王 璐	信息科学技术学院	电子科学与技术
2014	毛晓艳	信息科学技术学院	信息与通信工程
2014	何鱼行	信息科学技术学院	电子科学与技术
2014	王贵杭	信息科学技术学院	信息与通信工程
2014	陈 立	信息科学技术学院	电子与通信工程
2014	张义飞	信息科学技术学院	电子与通信工程
2014	郑 琴	信息科学技术学院	控制科学与工程
2014	汪玉洁	信息科学技术学院	控制科学与工程
2014	殷保才	信息科学技术学院	控制工程
2014	钟 华	信息科学技术学院	控制科学与工程
2014	杨开红	信息科学技术学院	控制科学与工程
2014	杨恩众	信息科学技术学院	控制科学与工程
2014	曹 杰	信息科学技术学院	控制科学与工程
2014	周 翕	信息科学技术学院	控制科学与工程
2014	杨 林	信息科学技术学院	控制工程
2014	张 慧	信息科学技术学院	控制科学与工程
2014	陈玉全	信息科学技术学院	控制工程
2014	刘淑梅	信息科学技术学院	控制工程

附 录

续表

年份	姓名	基层单位	专业
2014	吴 娜	信息科学技术学院	控制科学与工程
2014	易静如	信息科学技术学院	生物医学工程
2014	邹丽丽	信息科学技术学院	生物医学工程
2014	李伟力	信息科学技术学院	生物医学工程
2014	张云程	信息科学技术学院	集成电路工程
2014	乐 翠	信息科学技术学院	生物医学工程
2014	何晓璐	信息科学技术学院	生物医学工程
2014	李 丰	计算机科学与技术学院	计算机科学与技术
2014	王喆锋	计算机科学与技术学院	计算机科学与技术
2014	常 标	计算机科学与技术学院	计算机科学与技术
2014	沈 瑶	计算机科学与技术学院	计算机科学与技术
2014	陆潇榕	计算机科学与技术学院	计算机科学与技术
2014	钟锦红	计算机科学与技术学院	计算机科学与技术
2014	杨 鹏	计算机科学与技术学院	计算机科学与技术
2014	杨程程	计算机科学与技术学院	计算机科学与技术
2014	李昌龙	计算机科学与技术学院	计算机科学与技术
2014	张凤娟	计算机科学与技术学院	计算机软件与理论
2014	王 君	计算机科学与技术学院	计算机应用技术
2014	王汉超	计算机科学与技术学院	计算机应用技术
2014	赵 聪	计算机科学与技术学院	计算机软件与理论
2014	孙文君	计算机科学与技术学院	计算机应用技术
2014	都 江	计算机科学与技术学院	计算机应用技术
2014	江 炎	计算机科学与技术学院	计算机技术
2014	符津铭	人文与社会科学学院	文物与博物馆学
2014	杨天坛	人文与社会科学学院	科技哲学
2014	张致远	人文与社会科学学院	新闻与传播
2014	赵 嫚	人文与社会科学学院	科技考古
2014	吴云飞	管理学院	管理科学与工程
2014	吴勇刚	管理学院	管理科学与工程

续表

年份	姓名	基层单位	专业
2014	李乐池	管理学院	管理科学与工程
2014	王平春	管理学院	管理科学与工程
2014	焦慧芳	管理学院	工商管理
2014	王海玲	管理学院	管理科学与工程
2014	李 军	管理学院	工商管理
2014	周 钰	管理学院	管理科学与工程
2014	胡 立	管理学院	管理科学与工程
2014	陈 帅	管理学院	工商管理
2014	唐 宵	管理学院	管理科学与工程
2014	武 灿	管理学院	工商管理
2014	曹开颖	管理学院	管理科学与工程
2014	戎彦珍	管理学院	工商管理
2014	王玉霞	管理学院	管理科学与工程
2014	毕 盛	管理学院	工商管理
2014	李 璐	管理学院	工商管理
2014	杨书春	管理学院	工商管理
2014	韦 伟	管理学院	金融工程
2014	李 龙	管理学院	金融工程
2014	潘灵婧	核科学技术学院	核科学与技术
2014	钱新元	核科学技术学院	核科学与技术
2014	杨亚婷	核科学技术学院	核科学与技术
2014	韦 俊	核科学技术学院	核科学与技术
2014	霍万里	核科学技术学院	核能科学与工程
2014	曾美容	国家同步辐射实验室	同步辐射及应用
2014	朱晓娣	国家同步辐射实验室	同步辐射及应用
2014	郑佳俊	国家同步辐射实验室	核技术及应用
2014	王 洁	国家同步辐射实验室	核技术及应用
2014	李 静	国家同步辐射实验室	同步辐射及应用
2014	王 冬	火灾科学国家重点实验室	安全科学与工程

附　录

续表

年份	姓名	基层单位	专　业
2014	郭亚飞	火灾科学国家重点实验室	安全科学与工程
2014	汪　标	火灾科学国家重点实验室	安全科学与工程
2014	姜　林	火灾科学国家重点实验室	安全科学与工程
2014	付阳阳	火灾科学国家重点实验室	安全科学与工程
2014	丁彦铭	火灾科学国家重点实验室	安全科学与工程
2014	冯俊杰	火灾科学国家重点实验室	安全科学与工程
2014	温馨月	火灾科学国家重点实验室	安全科学与工程
2014	赵宋焘	微尺度物质科学国家实验室(筹)	凝聚态物理
2014	富　尧	微尺度物质科学国家实验室(筹)	量子信息物理学
2014	孔　飞	微尺度物质科学国家实验室(筹)	量子信息物理学
2014	吴　莎	微尺度物质科学国家实验室(筹)	高分子化学与物理
2014	谈军军	微尺度物质科学国家实验室(筹)	物理化学
2014	王梁炳	微尺度物质科学国家实验室(筹)	纳米化学
2014	杨正坤	微尺度物质科学国家实验室(筹)	化学
2014	王乃舟	微尺度物质科学国家实验室(筹)	凝聚态物理
2014	李　周	微尺度物质科学国家实验室(筹)	纳米化学
2014	卢秀芳	微尺度物质科学国家实验室(筹)	材料物理化学
2014	许斌丰	公共事务学院	公共管理
2014	陈宏波	公共事务学院	公共管理
2014	戴帅举	公共事务学院	物流工程
2014	邢昆明	研究生院科学岛分院	精密仪器及机械
2014	赵文贤	研究生院科学岛分院	检测技术与自动化装置
2014	高　阳	研究生院科学岛分院	核能科学与工程
2014	胡文慧	研究生院科学岛分院	核能科学与工程
2014	刘　强	研究生院科学岛分院	凝聚态物理
2014	钱　欧	研究生院科学岛分院	材料物理与化学
2014	李文凯	研究生院科学岛分院	核能科学与工程
2014	曹贤斌	研究生院科学岛分院	生物物理学
2014	彭秀球	环境科学与光电技术学院	光学

续表

年份	姓名	基层单位	专业
2014	贾发慧	软件学院	软件工程
2014	李栋一	软件学院	软件工程
2014	龚 煜	软件学院	软件工程
2014	陈明阳	软件学院	软件工程
2014	沈 林	软件学院	软件工程
2014	周启航	软件学院	软件工程
2014	周 可	软件学院	软件工程
2015	姚昌园	物理学院	理论物理
2015	刘萱文	物理学院	理论物理
2015	王 昕	物理学院	理论物理
2015	王 勇	物理学院	粒子物理学
2015	田红春	物理学院	原子分子物理
2015	王力威	物理学院	物理电子学
2015	丁 星	物理学院	原子分子物理
2015	张光宇	物理学院	物理电子学
2015	陈晓阳	物理学院	天体物理
2015	王 超	物理学院	光学
2015	秦 金	物理学院	光学
2015	王茹雪	物理学院	光学
2015	方宏威	物理学院	凝聚态
2015	袁振亨	物理学院	凝聚态物理
2015	张文婷	物理学院	凝聚态
2015	任亚飞	物理学院	凝聚态物理
2015	黄家崑	物理学院	光学
2015	张王宇	数学科学学院	计算数学
2015	万喆彦	数学科学学院	基础数学
2015	尚世界	数学科学学院	概率统计
2015	司家佳	数学科学学院	基础数学
2015	付 培	数学科学学院	计算数学

附 录

续表

年份	姓名	基层单位	专业
2015	柴双明	数学科学学院	计算数学
2015	王世花	数学科学学院	计算数学
2015	邱 榆	数学科学学院	应用数学
2015	刘 闯	工程科学学院	力学
2015	叶会林	工程科学学院	力学
2015	冯佳宾	工程科学学院	力学
2015	逄浩明	工程科学学院	力学
2015	何倩云	工程科学学院	力学
2015	陆宇阳	工程科学学院	力学
2015	欧阳可赛	工程科学学院	测试计量技术及仪器
2015	吴 强	工程科学学院	精密机械与精密仪器
2015	金雪莹	工程科学学院	仪器科学与技术
2015	宋鹏飞	工程科学学院	测试计量技术与仪器
2015	杨懿琨	工程科学学院	机械工程
2015	陈 华	工程科学学院	动力工程及工程热物理
2015	张 赣	工程科学学院	热能工程
2015	胡中停	工程科学学院	动力工程及工程热物理
2015	宋澜波	工程科学学院	动力工程及工程热物理
2015	李 越	工程科学学院	热能工程
2015	梁伟浩	计算机科学与技术学院	计算机科学与技术
2015	吴润泽	计算机科学与技术学院	计算机科学与技术
2015	郭寒松	计算机科学与技术学院	计算机科学与技术
2015	王英子	计算机科学与技术学院	计算机科学与技术
2015	张良鹏	计算机科学与技术学院	计算机科学与技术
2015	仲小伟	计算机科学与技术学院	计算机应用技术
2015	李亦锬	计算机科学与技术学院	计算机应用技术
2015	高 臻	计算机科学与技术学院	计算机应用技术
2015	程昊宇	计算机科学与技术学院	计算机应用技术
2015	吴重亮	计算机科学与技术学院	计算机应用技术

续表

年份	姓名	基层单位	专业
2015	何化钧	计算机科学与技术学院	计算机技术
2015	怀梦迪	计算机科学与技术学院	计算机技术
2015	孙经纬	计算机科学与技术学院	计算机软件与理论
2015	史潇潇	计算机科学与技术学院	计算机软件与理论
2015	刘东阳	地球和空间科学学院	大气物理与大气环境
2015	田 野	地球和空间科学学院	地球化学
2015	张亦凡	地球和空间科学学院	地球化学
2015	贺治伟	地球和空间科学学院	地球化学
2015	陈箫翰	地球和空间科学学院	固体地球物理
2015	杨连娇	地球和空间科学学院	环境科学
2015	党 童	地球和空间科学学院	空间物理
2015	苟廷玉	地球和空间科学学院	空间物理
2015	冯 璐	地球和空间科学学院	大气物理与大气环境
2015	郑小艺	地球和空间科学学院	大气物理与大气环境
2015	万红琼	地球和空间科学学院	地球化学
2015	贾 哲	地球和空间科学学院	固体地球物理
2015	周福顺	地球和空间科学学院	空间物理
2015	陈 琪	地球和空间科学学院	地球化学
2015	张晓愿	国家同步辐射实验室	核科学与技术
2015	邵 琰	国家同步辐射实验室	核科学与技术
2015	周 宇	国家同步辐射实验室	核科学与技术
2015	徐延辉	国家同步辐射实验室	核科学与技术
2015	文鹏权	国家同步辐射实验室	核科学与技术
2015	张 科	国家同步辐射实验室	核科学与技术
2015	王颖红	人文与社会科学学院	考古学及博物馆学
2015	杨 正	人文与社会科学学院	新闻与传播
2015	马 超	人文与社会科学学院	马克思主义哲学
2015	汪 梅	人文与社会科学学院	媒介文化与哲学
2015	吕 游	人文与社会科学学院	科学技术史

附 录

续表

年份	姓名	基层单位	专业
2015	朱苗苗	环境科学与光电技术学院	光学
2015	王晶晶	环境科学与光电技术学院	环境科学与工程
2015	张晓磊	火灾科学国家重点实验室	安全科学与工程
2015	李 曼	火灾科学国家重点实验室	安全科学与工程
2015	万华仙	火灾科学国家重点实验室	安全科学与工程
2015	黄沛丰	火灾科学国家重点实验室	安全科学与工程
2015	邱水来	火灾科学国家重点实验室	安全科学与工程
2015	曹 卫	火灾科学国家重点实验室	安全科学与工程
2015	潘露露	纳米科学技术学院	材料工程
2015	吕彬彬	纳米科学技术学院	材料工程
2015	方智成	微尺度物质科学国家实验室(筹)	物理化学
2015	江文雅	微尺度物质科学国家实验室(筹)	无机化学
2015	赵 旭	微尺度物质科学国家实验室(筹)	纳米化学
2015	苏虹阳	微尺度物质科学国家实验室(筹)	物理化学
2015	汪冬冬	微尺度物质科学国家实验室(筹)	材料物理与化学
2015	周建斌	微尺度物质科学国家实验室(筹)	材料物理与化学
2015	黄 浩	微尺度物质科学国家实验室(筹)	化学
2015	黄伟川	微尺度物质科学国家实验室(筹)	凝聚态物理
2015	刘 颖	微尺度物质科学国家实验室(筹)	量子信息物理学
2015	徐学哲	研究生院科学岛分院	光学
2015	杨 骋	研究生院科学岛分院	凝聚态物理
2015	周彬斌	研究生院科学岛分院	材料物理与化学
2015	苗守葵	研究生院科学岛分院	光学
2015	蒋科成	研究生院科学岛分院	核能科学与工程
2015	房 震	研究生院科学岛分院	核能科学与工程
2015	龚万兵	研究生院科学岛分院	材料物理与化学
2015	崔庆哲	研究生院科学岛分院	光学
2015	胡广骁	研究生院科学岛分院	光学
2015	王开荣	研究生院科学岛分院	计算机应用与技术

续表

年份	姓名	基层单位	专业
2015	冯铿	核科学技术学院	核科学与技术
2015	陈有华	核科学技术学院	核科学与技术
2015	何 欣	核科学技术学院	核科学与技术
2015	张 岩	核科学技术学院	核科学与技术
2015	韩曼芬	核科学技术学院	核科学与技术
2015	樊文远	核科学技术学院	核科学与技术
2015	汪 琦	软件学院	软件工程
2015	张恒华	软件学院	软件工程
2015	常一曼	软件学院	软件工程
2015	唐国泽	软件学院	软件工程
2015	禹晓博	软件学院	软件工程
2015	彭惠东	软件学院	软件工程
2015	李灿润	软件学院	软件工程
2015	关 静	生命科学学院	微生物学
2015	周 康	生命科学学院	细胞生物学
2015	赵长隆	生命科学学院	微生物学
2015	马 骁	生命科学学院	神经生物学
2015	赵志斌	生命科学学院	细胞生物学
2015	安建成	生命科学学院	生物化学与分子生物学
2015	薛 璐	生命科学学院	生物化学与分子生物学
2015	刘永瑞	生命科学学院	生物化学与分子生物学
2015	成天元	生命科学学院	结构生物学
2015	张 鹏	生命科学学院	细胞生物学
2015	魏浩然	生命科学学院	细胞生物学
2015	韩倩倩	生命科学学院	细胞生物学
2015	宋 浩	生命科学学院	细胞生物学
2015	王继龙	生命科学学院	生物材料
2015	文 明	生命科学学院	生物化学与分子生物学
2015	熊贝贝	管理学院	管理科学与工程

附　录

续表

年份	姓名	基层单位	专　业
2015	李　峰	管理学院	管理科学与工程
2015	吕　林	管理学院	管理科学与工程
2015	丛日飞	管理学院	工商管理
2015	冷宗阳	管理学院	工商管理
2015	朱庆缘	管理学院	管理科学与工程
2015	储军飞	管理学院	管理科学与工程
2015	张保丰	管理学院	管理科学与工程
2015	徐　佳	管理学院	管理科学与工程
2015	程赵锐敏	管理学院	工商管理
2015	陆姗姗	管理学院	工商管理
2015	刘亮亮	管理学院	工商管理
2015	余玲玲	管理学院	工商管理
2015	宋　君	管理学院	工商管理
2015	吴文娣	管理学院	金融工程
2015	张洪刚	管理学院	金融工程
2015	郦博文	管理学院	金融工程
2015	谢其军	公共事务学院	公共管理
2015	徐润雅	公共事务学院	公共管理
2015	孙子君	材料科学与工程系	材料学
2015	江　玉	材料科学与工程系	材料学
2015	周万丰	材料科学与工程系	材料学
2015	伏　启	材料科学与工程系	材料物理化学
2015	隋学林	高分子科学与工程系	高分子化学
2015	周　操	高分子科学与工程系	高分子化学与物理
2015	杨玉芬	高分子科学与工程系	高分子化学与物理
2015	李　敏	高分子科学与工程系	高分子化学与物理
2015	张　雷	化学物理系	物理化学
2015	陈　微	化学物理系	物理化学
2015	易　洪	化学物理系	物理化学

续表

年份	姓名	基层单位	专业
2015	宋王琴	化学物理系	高分子化学与物理
2015	刘 研	化学物理系	物理化学
2015	付明臣	化学系	有机化学
2015	裴丹妮	化学系	应用化学
2015	李兴宇	化学系	有机化学
2015	邱圣祺	化学系	有机化学
2015	侯之国	化学系	无机化学
2015	海子娟	化学系	分析化学
2015	杨其浩	化学系	无机化学
2015	李丽君	化学系	有机化学
2015	张东阳	化学系	有机化学
2015	李晓港	化学系	无机化学
2015	贺玉彬	化学系	应用化学
2015	李 坤	化学系	无机化学
2015	沈 忱	化学系	有机化学
2015	陈 岑	信息科学技术学院	信息与通信工程
2015	童仁杰	信息科学技术学院	信息与通信工程
2015	马守江	信息科学技术学院	电子与通信工程
2015	洪佳楠	信息科学技术学院	信息与通信工程
2015	薛娜娜	信息科学技术学院	电子与通信工程
2015	李 亚	信息科学技术学院	信息与通信工程
2015	姚菁菁	信息科学技术学院	信息与通信工程
2015	郑梦策	信息科学技术学院	信息与通信工程
2015	李晟如	信息科学技术学院	信息与通信工程
2015	李 威	信息科学技术学院	电子与通信工程
2015	杨露露	信息科学技术学院	信息与通信工程
2015	郭 聪	信息科学技术学院	信息与通信工程
2015	董 哲	信息科学技术学院	信息与通信工程
2015	董广忠	信息科学技术学院	控制科学与工程

附 录

续表

年份	姓名	基层单位	专 业
2015	戴 一	信息科学技术学院	控制工程
2015	胡扬声	信息科学技术学院	控制科学与工程
2015	王叶文	信息科学技术学院	控制科学与工程
2015	王大艳	信息科学技术学院	控制科学与工程
2015	马国旗	信息科学技术学院	控制科学与工程
2015	刘 畅	信息科学技术学院	控制科学与工程
2015	段云鹏	信息科学技术学院	控制科学与工程
2015	王陆洋	信息科学技术学院	控制科学与工程
2015	王汉成	信息科学技术学院	控制科学与工程
2015	孙翠敏	信息科学技术学院	控制科学与工程
2015	陈茂启	信息科学技术学院	生物医学工程
2015	金乐乐	信息科学技术学院	集成电路工程
2015	姜玉杰	信息科学技术学院	生物医学工程
2015	王 震	信息科学技术学院	生物医学工程
2015	习佳宁	信息科学技术学院	生物医学工程
2015	杨家琪	信息科学技术学院	电子科学与技术
2016	王春雨	研究生院科学岛分院	光学
2016	朱 涛	研究生院科学岛分院	材料工程
2016	王 朔	研究生院科学岛分院	光学
2016	徐 标	研究生院科学岛分院	光学
2016	刘 霞	研究生院科学岛分院	材料物理与化学
2016	栗 翔	研究生院科学岛分院	动力工程
2016	李君才	研究生院科学岛分院	凝聚态物理
2016	臧一鹏	研究生院科学岛分院	材料物理与化学
2016	陈昉初	研究生院科学岛分院	凝聚态物理
2016	陶茜茜	研究生院科学岛分院	凝聚态物理
2016	刘章洋	研究生院科学岛分院	材料工程
2016	李遗祥	研究生院科学岛分院	材料物理与化学
2016	彭 伟	研究生院科学岛分院	控制科学与工程

续表

年份	姓名	基层单位	专业
2016	晏秀男	研究生院科学岛分院	材料物理与化学
2016	李 鑫	研究生院科学岛分院	生物物理
2016	王立志	研究生院科学岛分院	核能科学与工程
2016	陈小璇	研究生院科学岛分院	材料物理与化学
2016	王 露	研究生院科学岛分院	材料物理与化学
2016	边 鸽	材料科学与工程学院	材料加工工程
2016	东家慧	材料科学与工程学院	材料加工工程
2016	毛鹏燕	材料科学与工程学院	材料学
2016	张泽荣	材料科学与工程学院	腐蚀科学与防护
2016	崔路卿	材料科学与工程学院	材料学
2016	靖利军	材料科学与工程学院	材料物理与化学
2016	李 俊	材料科学与工程学院	材料加工工程
2016	李克强	材料科学与工程学院	材料物理与化学
2016	弓 亮	火灾科学国家重点实验室	安全科学与工程
2016	孙 琦	火灾科学国家重点实验室	安全科学与工程
2016	姚勇征	火灾科学国家重点实验室	安全科学与工程
2016	严佳佳	火灾科学国家重点实验室	安全科学与工程
2016	邝 辰	火灾科学国家重点实验室	安全科学与工程
2016	李 权	火灾科学国家重点实验室	安全科学与工程
2016	陈逸伦	地球和空间科学学院	地球物理学
2016	徐 娟	地球和空间科学学院	地质学
2016	毕 垚	地球和空间科学学院	地质学
2016	王程程	地球和空间科学学院	地质学
2016	李新阳	地球和空间科学学院	地球物理学
2016	孙宁宇	地球和空间科学学院	地球物理学
2016	钱韵衣	地球和空间科学学院	地球物理学
2016	刘浩然	地球和空间科学学院	环境科学与工程
2016	涂路遥	地球和空间科学学院	环境科学与工程
2016	李芳芳	地球和空间科学学院	环境科学与工程

附 录

续表

年份	姓名	基层单位	专业
2016	孙陆乐宁	地球和空间科学学院	环境科学与工程
2016	陈雪涛	地球和空间科学学院	地球物理学
2016	黄福庆	地球和空间科学学院	地球物理学
2016	陈 俊	地球和空间科学学院	地球物理学
2016	吴 涛	软件学院	软件工程
2016	赵玉萍	软件学院	软件工程
2016	雷惠芳	软件学院	软件工程
2016	夏佳伟	软件学院	软件工程
2016	汤澜澜	软件学院	软件工程
2016	俞文俊	软件学院	软件工程
2016	孙大安	软件学院	软件工程
2016	曹瑞娟	软件学院	软件工程
2016	高雄智	软件学院	软件工程
2016	邰泽仁	工程科学学院	固体力学
2016	王鲁庆	工程科学学院	工程力学
2016	王璐瑛	工程科学学院	流体力学
2016	王云鹏	工程科学学院	固体力学
2016	吴 杰	工程科学学院	固体力学
2016	夏 骏	工程科学学院	固体力学
2016	黄芳胜	工程科学学院	仪器科学与技术
2016	任艺军	工程科学学院	仪器科学与技术
2016	杨懿琨	工程科学学院	仪器科学与技术
2016	张泽树	工程科学学院	仪器科学与技术
2016	钱 云	工程科学学院	机械电子工程
2016	方 涛	工程科学学院	精密仪器及机械
2016	章 振	工程科学学院	精密仪器及机械
2016	刘启予	工程科学学院	动力工程及工程热物理
2016	余本东	工程科学学院	动力工程及工程热物理
2016	刘 建	工程科学学院	动力工程及工程热物理

续表

年份	姓名	基层单位	专业
2016	王其梁	工程科学学院	动力工程及工程热物理
2016	戚云龙	公共事务学院	公共管理
2016	谢 玮	公共事务学院	公共管理
2016	陈 敏	管理学院	工商管理
2016	胡啸天	管理学院	工商管理
2016	闫振斌	管理学院	管理科学与工程
2016	马嫣然	管理学院	管理科学与工程
2016	周丽娟	管理学院	管理科学与工程
2016	秦 兵	管理学院	工商管理
2016	毛云娇	管理学院	工商管理
2016	方文培	管理学院	工商管理
2016	刘敞明	管理学院	工商管理
2016	付丽华	管理学院	工商管理
2016	马 冰	管理学院	管理科学与工程
2016	程倩倩	管理学院	工商管理
2016	石 磊	管理学院	工商管理
2016	陈慧茹	管理学院	工商管理
2016	王 杰	管理学院	管理科学与工程
2016	何浩楠	管理学院	金融工程
2016	邰越越	管理学院	金融工程
2016	杨晓东	物理学院	粒子物理与原子核物理
2016	伍 旸	物理学院	粒子物理与原子核物理
2016	吴启鑫	物理学院	等离子体物理
2016	杨晨飞	物理学院	物理电子学
2016	刘金鑫	物理学院	物理电子学
2016	胡任翔	物理学院	原子分子
2016	唐骐杰	物理学院	物理电子学
2016	谢一进	物理学院	物理电子学
2016	闫星廷	物理学院	等离子体物理

附 录

续表

年份	姓名	基层单位	专业
2016	杨 飞	物理学院	凝聚态物理
2016	韩玉磊	物理学院	凝聚态物理
2016	蔡佳佳	物理学院	凝聚态物理
2016	冯兰天	物理学院	光学
2016	邱 冬	物理学院	光学工程
2016	贾治安	物理学院	光学
2016	陈 元	物理学院	光学
2016	林泽森	物理学院	天体物理
2016	刘佳明	核科学技术学院	核能与核技术工程
2016	陈 俊	核科学技术学院	核科学与技术
2016	潘 磊	核科学技术学院	核科学与技术
2016	金 成	核科学技术学院	核科学与技术
2016	余冠英	核科学技术学院	核科学与技术
2016	汪广怀	核科学技术学院	核科学与技术
2016	阳成强	环境科学与光电技术学院	物理学
2016	田 鑫	环境科学与光电技术学院	环境科学与工程
2016	王 雪	环境科学与光电技术学院	环境科学与工程
2016	高国举	计算机科学与技术学院	计算机科学与技术
2016	徐 超	计算机科学与技术学院	计算机软件与理论
2016	郭浩然	计算机科学与技术学院	计算机软件与理论
2016	赵翔宇	计算机科学与技术学院	计算机应用技术
2016	吴 珊	计算机科学与技术学院	计算机软件与理论
2016	甘 泉	计算机科学与技术学院	计算机应用技术
2016	曾宪宇	计算机科学与技术学院	计算机软件与理论
2016	胡 昶	计算机科学与技术学院	计算机技术
2016	邹 山	计算机科学与技术学院	计算机技术
2016	杨二坤	计算机科学与技术学院	计算机技术
2016	陈 艳	计算机科学与技术学院	计算机应用技术
2016	宫志晨	计算机科学与技术学院	计算机应用技术

续表

年份	姓名	基层单位	专业
2016	孙小山	计算机科学与技术学院	计算机软件与理论
2016	余卓隆	计算机科学与技术学院	计算机软件与理论
2016	鞠见竹	同步辐射实验室	核科学与技术
2016	黄顺立	同步辐射实验室	核科学与技术
2016	王昌达	同步辐射实验室	核科学与技术
2016	韦隽昊	同步辐射实验室	核科学与技术
2016	赵江涛	同步辐射实验室	核科学与技术
2016	林运祥	同步辐射实验室	材料科学与工程
2016	刘 锐	纳米科学技术学院	材料工程
2016	季必发	纳米科学技术学院	材料工程
2016	唐小兵	纳米科学技术学院	材料工程
2016	周永明	纳米科学技术学院	材料工程
2016	杨 正	人文与社会科学学院	新闻与传播
2016	陈 淇	人文与社会科学学院	科技哲学
2016	江可可	人文与社会科学学院	马克思主义哲学
2016	郭延龙	人文与社会科学学院	媒介文化哲学
2016	宋怡然	人文与社会科学学院	媒介文化哲学
2016	何同亮	人文与社会科学学院	文化哲学
2016	陈雅雯	生命科学学院	细胞生物学
2016	李洋洋	生命科学学院	细胞生物学
2016	罗 烨	生命科学学院	生物化学与分子生物学
2016	王 栋	生命科学学院	细胞生物学
2016	韩书婧	生命科学学院	生物化学与分子生物学
2016	杨淑涵	生命科学学院	细胞生物学
2016	龚华锐	生命科学学院	神经生物学
2016	朱 霞	生命科学学院	神经生物学
2016	苏兰鸿	生命科学学院	细胞生物学
2016	徐 政	生命科学学院	结构生物学
2016	武玉伟	生命科学学院	细胞生物学

附 录

续表

年份	姓名	基层单位	专业
2016	张欣欣	生命科学学院	神经生物学
2016	李雯倩	生命科学学院	细胞生物学
2016	肖　聪	生命科学学院	生物化学与分子生物学
2016	詹重轮	生命科学学院	细胞生物学
2016	葛强强	生命科学学院	生物化学与分子生物学
2016	周好月	生命科学学院	神经生物学
2016	罗回春	苏州生物医学工程技术研究所	生物医学工程
2016	袁承宗	微尺度物质科学国家实验室（筹）	无机化学
2016	彭　晶	微尺度物质科学国家实验室（筹）	无机化学
2016	焦　龙	微尺度物质科学国家实验室（筹）	无机化学
2016	丁美丽	微尺度物质科学国家实验室（筹）	无机化学
2016	赵浩雨	微尺度物质科学国家实验室（筹）	纳米化学
2016	苗宪兵	微尺度物质科学国家实验室（筹）	材料物理与化学
2016	王　辉	微尺度物质科学国家实验室（筹）	量子信息物理学
2016	沈　奎	微尺度物质科学国家实验室（筹）	高分子化学与物理
2016	钱　朋	微尺度物质科学国家实验室（筹）	有机化学
2016	曾梦露	信息科学技术学院	信息与通信工程
2016	邹荻凡	信息科学技术学院	信息与通信工程
2016	方文坚	信息科学技术学院	信息与通信工程
2016	朱　静	信息科学技术学院	信息与通信工程
2016	王　辉	信息科学技术学院	信息与通信工程
2016	王　敏	信息科学技术学院	信息与通信工程
2016	胡道允	信息科学技术学院	电子与通信工程
2016	秦　旻	信息科学技术学院	信息与通信工程
2016	何　洋	信息科学技术学院	电子科学与技术
2016	赵　斌	信息科学技术学院	电子与通信工程
2016	韦进强	信息科学技术学院	信息与通信工程
2016	汪子锐	信息科学技术学院	电子与通信工程
2016	钟方盛	信息科学技术学院	信息与通信工程

续表

年份	姓名	基层单位	专 业
2016	蒲俊福	信息科学技术学院	信息与通信工程
2016	黄智颖	信息科学技术学院	信息与通信工程
2016	钱婷婷	信息科学技术学院	电子科学与技术
2016	李泽瑞	信息科学技术学院	控制科学与工程
2016	付维明	信息科学技术学院	控制科学与工程
2016	李方圆	信息科学技术学院	控制科学与工程
2016	刘亚楠	信息科学技术学院	控制科学与工程
2016	侯赛辉	信息科学技术学院	控制科学与工程
2016	刘耀华	信息科学技术学院	控制科学与工程
2016	陈玉全	信息科学技术学院	控制科学与工程
2016	陈蒙西	信息科学技术学院	控制科学与工程
2016	杜 斌	信息科学技术学院	控制科学与工程
2016	杨 朵	信息科学技术学院	控制科学与工程
2016	苗 慧	信息科学技术学院	生物医学工程(专)
2016	黄敬雷	信息科学技术学院	电子科学与技术
2016	臧启光	信息科学技术学院	生物医学工程
2016	王冰花	信息科学技术学院	生物医学工程
2016	刘 畅	信息科学技术学院	电子科学与技术
2016	李海春	信息科学技术学院	生物医学工程
2016	王梦琳	化学物理系	物理化学
2016	王恒伟	化学物理系	物理化学
2016	薛佳伟	化学物理系	物理化学
2016	李 丹	化学物理系	物理化学
2016	阮 政	化学物理系	物理化学
2016	李一航	材料科学与工程系	材料学
2016	夏国良	材料科学与工程系	材料物理与化学
2016	胡 乔	材料科学与工程系	材料学
2016	吴 影	材料科学与工程系	材料学
2016	崔胜胜	材料科学与工程系	材料学

附 录

续表

年份	姓名	基层单位	专业
2016	宦道明	材料科学与工程系	材料学
2016	杨其浩	化学系	无机化学
2016	刘正立	化学系	有机化学
2016	么艳彩	化学系	分析化学
2016	丁 辉	化学系	分析化学
2016	李洪超	化学系	应用化学
2016	凌丽丽	化学系	应用化学
2016	杨 芮	化学系	分析化学
2016	王坤华	化学系	无机化学
2016	朱 瑞	化学系	生物质化学
2016	吴炜鹏	化学系	可再生能源
2016	丁占岭	化学系	分析化学
2016	杨成龙	化学系	无机化学
2016	焦星辰	化学系	无机化学
2016	徐正阳	化学系	有机化学
2016	查增仕	高分子化学与工程系	高分子化学与物理
2016	高 昭	高分子化学与工程系	高分子化学与物理
2016	符腾飞	高分子化学与工程系	高分子化学与物理
2016	邹文平	高分子化学与工程系	高分子化学与物理
2016	张 驰	数学科学学院	基础数学
2016	邱 榆	数学科学学院	组合图论
2016	杨宏伟	数学科学学院	计算几何
2016	张婷婷	数学科学学院	概率统计
2016	刘兴鹏	数学科学学院	基础数学
2016	许 跃	数学科学学院	基础数学
2016	付钟奇	数学科学学院	计算数学
2016	胡远洋	数学科学学院	基础数学
2016	李 威	数学科学学院	计算数学
2016	杨 洁	苏州纳米技术与纳米仿生研究所	微电子学与固体电子学

续表

年份	姓名	基层单位	专业
2016	张青青	南京地质古生物研究所	矿床学
2017	张芃	软件学院	软件工程
2017	李鑫	软件学院	软件工程
2017	孟繁琛	软件学院	软件工程
2017	潘文爽	软件学院	软件工程
2017	孙玉强	软件学院	软件工程
2017	王军	软件学院	软件工程
2017	夏瑞瑞	软件学院	软件工程
2017	赵金镛	软件学院	软件工程
2017	张继云	纳米学院	材料工程
2017	秦盼盼	纳米学院	材料工程
2017	张家民	环境科学与光电技术学院	光学工程
2017	黎旺	材料科学与工程学院	材料加工工程
2017	吕熙睿	材料科学与工程学院	材料学
2017	宁方强	材料科学与工程学院	腐蚀科学与防护
2017	陈纯缙	材料科学与工程学院	材料物理与化学
2017	崔刊	材料科学与工程学院	材料工程
2017	高军	材料科学与工程学院	腐蚀科学与防护
2017	牛梦超	材料科学与工程学院	材料加工工程
2017	魏凌楠	材料科学与工程学院	材料物理与化学
2017	何雨	火灾科学国家重点实验室	安全科学与工程
2017	周侠	火灾科学国家重点实验室	安全科学与工程
2017	李洲	火灾科学国家重点实验室	安全科学与工程
2017	黄莉莉	火灾科学国家重点实验室	安全科学与工程
2017	蔡炜	火灾科学国家重点实验室	安全科学与工程
2017	刘晓云	苏州纳米技术与纳米仿生研究所	细胞生物学
2017	谭子婷	苏州纳米技术与纳米仿生研究所	物理化学
2017	史鑫尧	苏州纳米技术与纳米仿生研究所	物理化学
2017	张雨晨	中科院南京地质古生物研究所	古生物学与地层学

附 录

续表

年份	姓名	基层单位	专业
2017	华 健	微尺度物质科学国家实验室(筹)	物理化学
2017	杨 康	微尺度物质科学国家实验室(筹)	材料物理与化学
2017	王玉康	微尺度物质科学国家实验室(筹)	有机化学
2017	李梦俏	微尺度物质科学国家实验室(筹)	无机化学
2017	李璐妍	微尺度物质科学国家实验室(筹)	无机化学
2017	程 晗	微尺度物质科学国家实验室(筹)	化学系
2017	李洪良	微尺度物质科学国家实验室(筹)	凝聚态物理
2017	张建树	信息科学技术学院	信息与通信工程
2017	孙 磊	信息科学技术学院	信息与通信工程
2017	陈光霁	信息科学技术学院	信息与通信工程
2017	夏 洁	信息科学技术学院	信息与通信工程
2017	陈涵洁	信息科学技术学院	信息与通信工程
2017	李 庆	信息科学技术学院	信息与通信工程
2017	孙 璐	信息科学技术学院	信息与通信工程
2017	周楷雄	信息科学技术学院	信息与通信工程
2017	孙延欢	信息科学技术学院	信息与通信工程
2017	孙全影	信息科学技术学院	电子与通信工程
2017	薛颖杰	信息科学技术学院	电子与通信工程
2017	尹 杰	信息科学技术学院	电子与通信工程
2017	胡淑萍	信息科学技术学院	信息与通信工程
2017	李少华	信息科学技术学院	信息与通信工程
2017	王芷阳	信息科学技术学院	信息与通信工程
2017	吴方舟	信息科学技术学院	信息与通信工程
2017	韩江萍	信息科学技术学院	电子与通信工程
2017	潘 瑞	信息科学技术学院	控制科学与工程
2017	于灵云	信息科学技术学院	控制科学与工程
2017	李孟林	信息科学技术学院	控制科学与工程
2017	王 杰	信息科学技术学院	控制科学与工程
2017	盛 典	信息科学技术学院	控制科学与工程

续表

年份	姓名	基层单位	专业
2017	张娇娇	信息科学技术学院	控制科学与工程
2017	崔荣芝	信息科学技术学院	控制科学与工程
2017	陈雅明	信息科学技术学院	控制工程
2017	杨朵	信息科学技术学院	控制科学与工程
2017	袁启锋	信息科学技术学院	控制科学与工程
2017	魏仲清	信息科学技术学院	生物医学工程
2017	郑元	信息科学技术学院	生物医学工程
2017	周雅文	信息科学技术学院	生物医学工程
2017	苑福泉	信息科学技术学院	生物医学工程
2017	闫旭	信息科学技术学院	电子科学与技术
2017	邱钊凡	信息科学技术学院	控制科学与工程
2017	李炳辰	微电子学院	集成电路工程
2017	吴俊峰	微电子学院	集成电路工程
2017	刘世隆	物理学院	光学
2017	吴康达	物理学院	光学
2017	董明新	物理学院	光学工程
2017	张立言	物理学院	光学
2017	朱昌盛	物理学院	凝聚态物理
2017	赵张美	物理学院	凝聚态物理
2017	曹强	物理学院	物理电子学
2017	王融坤	物理学院	粒子物理与原子核物理
2017	王鑫鑫	物理学院	物理电子学
2017	陈冶蕲	物理学院	粒子物理与原子核物理
2017	纪媛婧	物理学院	粒子物理与原子核物理
2017	董若石	物理学院	物理电子学
2017	胡佳栋	物理学院	物理电子学
2017	戴希兵	公共事务学院	公共管理
2017	黄楷	地球和空间科学学院	地球物理学
2017	李秋阳	地球和空间科学学院	地球物理学

附 录

续表

年份	姓名	基层单位	专 业
2017	王文忠	地球和空间科学学院	地球物理学
2017	柯阳光	地球和空间科学学院	地球物理学
2017	万 鑫	地球和空间科学学院	地质学
2017	王珊珊	地球和空间科学学院	环境科学与工程
2017	李子昂	地球和空间科学学院	地球物理学
2017	陈远强	地球和空间科学学院	地球物理学
2017	刘孝艳	地球和空间科学学院	环境科学与工程
2017	张孟夏	管理学院	工商管理
2017	付晓霞	管理学院	管理科学与工程
2017	孙 莹	管理学院	工商管理
2017	崔琬涓	管理学院	工商管理
2017	吴瑞瑞	管理学院	工商管理
2017	章亚琴	管理学院	物流工程
2017	鲁 晨	管理学院	工商管理
2017	王雨婷	管理学院	管理科学与工程
2017	邓曼婷	管理学院	工商管理
2017	朱建涛	管理学院	物流工程
2017	杨倩文	管理学院	物流工程
2017	武 琳	管理学院	工商管理
2017	沈 磊	管理学院	工商管理
2017	张子豪	管理学院	物流工程
2017	陈松松	管理学院	金融工程
2017	王榴燕	管理学院	金融工程
2017	邢 路	管理学院	金融工程
2017	王 莹	管理学院	工商管理硕士
2017	王 书	研究生院科学岛分院	光学
2017	杨太平	研究生院科学岛分院	光学
2017	赵绪尧	研究生院科学岛分院	光学
2017	王征云	研究生院科学岛分院	仪器仪表工程

续表

年份	姓名	基层单位	专业
2017	宋 伟	研究生院科学岛分院	控制工程
2017	毛哲华	研究生院科学岛分院	精密仪器及机械
2017	朱凯若	研究生院科学岛分院	核能科学与工程
2017	李守志	研究生院科学岛分院	控制科学与工程
2017	储志伟	研究生院科学岛分院	控制工程
2017	顾 悦	研究生院科学岛分院	材料物理与化学
2017	魏梦俊	研究生院科学岛分院	凝聚态物理
2017	童明玉	研究生院科学岛分院	材料物理与化学
2017	姜 朋	研究生院科学岛分院	凝聚态物理
2017	江诗礼	研究生院科学岛分院	控制工程
2017	刘咏璐	研究生院科学岛分院	控制工程
2017	迟 雨	研究生院科学岛分院	材料物理与化学
2017	黄学龙	研究生院科学岛分院	核能科学与工程
2017	何 静	研究生院科学岛分院	材料工程
2017	王艳艳	研究生院科学岛分院	材料工程
2017	王 磊	化学与材料科学学院	高分子化学与物理
2017	孟 婧	化学与材料科学学院	有机化学
2017	陈佩瑶	化学与材料科学学院	分析化学
2017	吴 耕	化学与材料科学学院	无机化学
2017	杨 静	化学与材料科学学院	无机化学
2017	赵长明	化学与材料科学学院	无机化学
2017	蒋华杰	化学与材料科学学院	有机化学
2017	廖家英	化学与材料科学学院	材料学
2017	钱满满	化学与材料科学学院	材料学
2017	章轩语	化学与材料科学学院	物理化学
2017	师晓宇	化学与材料科学学院	物理化学
2017	高宗春	化学与材料科学学院	高分子化学与物理
2017	刘轶男	化学与材料科学学院	环境工程
2017	周天培	化学与材料科学学院	无机化学

附 录

续表

年份	姓名	基层单位	专 业
2017	姚 雨	化学与材料科学学院	材料学
2017	温力先	化学与材料科学学院	有机化学
2017	吴澄帆	化学与材料科学学院	分析化学
2017	凌丽丽	化学与材料科学学院	应用化学
2017	彭 湃	化学与材料科学学院	分析化学
2017	黄晓惠	化学与材料科学学院	物理化学
2017	刘立岩	化学与材料科学学院	有机化学
2017	史 萧	化学与材料科学学院	材料物理与化学
2017	杨帮培	化学与材料科学学院	高分子化学与物理
2017	朱哲圣	化学与材料科学学院	材料学
2017	杨 峥	核科学学院	核科学与技术
2017	尚 云	核科学学院	核科学与技术
2017	齐雅平	核科学学院	核科学与技术
2017	汪 爽	核科学学院	核科学与技术
2017	杨 晨	苏州生物医学工程技术研究所	生物医学工程
2017	何 群	国家同步辐射实验室	核科学与技术
2017	田富成	国家同步辐射实验室	核科学与技术
2017	王 岍	国家同步辐射实验室	核科学与技术
2017	梁林波	国家同步辐射实验室	核科学与技术
2017	郭延龙	人文与社会科学学院	文化哲学
2017	朱梓强	人文与社会科学学院	新闻与传播
2017	伍翠翠	人文与社会科学学院	马克思主义哲学
2017	周川云	人文与社会科学学院	科技哲学
2017	年问问	人文与社会科学学院	马克思主义哲学
2017	钟博超	人文与社会科学学院	科学技术史
2017	赵晴晴	人文与社会科学学院	新闻传播
2017	陈泽艺	人文与社会科学学院	科学技术史
2017	王 慧	生命科学学院	生物化学与分子生物学
2017	张国荣	生命科学学院	生物信息学

续表

年份	姓名	基层单位	专业
2017	陈万标	生命科学学院	生物化学与分子生物学
2017	曹晓聪	生命科学学院	生物化学与分子生物学
2017	程爱民	生命科学学院	结构生物学
2017	李思宇	生命科学学院	生物化学与分子生物学
2017	赵言言	生命科学学院	生物化学与分子生物学
2017	王庆功	生命科学学院	生态学
2017	粘志刚	生命科学学院	细胞生物学
2017	成 赢	生命科学学院	细胞生物学
2017	杨 丰	生命科学学院	生物化学与分子生物学
2017	鲁晓飞	生命科学学院	细胞生物学
2017	李奇奇	生命科学学院	细胞生物学
2017	申思远	生命科学学院	生物化学与分子生物学
2017	钟 山	生命科学学院	神经生物学
2017	廖靓欢	生命科学学院	细胞生物学
2017	马 龙	工程科学学院	固体力学
2017	王永超	工程科学学院	固体力学
2017	曹赛赛	工程科学学院	固体力学
2017	梁 煜	工程科学学院	流体力学
2017	丁 丽	工程科学学院	固体力学
2017	何泽洲	工程科学学院	固体力学
2017	姜添曦	工程科学学院	仪器科学与技术
2017	蔡 泽	工程科学学院	仪器科学与技术
2017	姬生云	工程科学学院	仪器科学与技术
2017	杨超宇	工程科学学院	精密仪器及机械
2017	钟 斌	工程科学学院	精密仪器及机械
2017	彭朝阳	工程科学学院	精密仪器及机械
2017	单思宇	工程科学学院	精密仪器及机械
2017	王晋东	工程科学学院	动力工程及工程热物理
2017	赵 斌	工程科学学院	动力工程及工程热物理

附 录

续表

年份	姓名	基层单位	专业
2017	丁 淼	工程科学学院	动力工程及工程热物理
2017	朱谢飞	工程科学学院	动力工程及工程热物理
2017	朱远帅	工程科学学院	动力工程及工程热物理
2017	穆 林	计算机科学与技术学院	计算机科学与技术
2017	王桂凤	计算机科学与技术学院	计算机科学与技术
2017	姜 皓	计算机科学与技术学院	计算机科学与技术
2017	杜 扬	计算机科学与技术学院	计算机科学与技术
2017	赵功名	计算机科学与技术学院	计算机科学与技术
2017	杨佳佳	计算机科学与技术学院	计算机应用技术
2017	陈坦访	计算机科学与技术学院	计算机应用技术
2017	陈世瑜	计算机科学与技术学院	计算机软件与理论
2017	余卓隆	计算机科学与技术学院	计算机软件与理论
2017	黄训蓬	计算机科学与技术学院	计算机应用技术
2017	陈无忌	计算机科学与技术学院	计算机软件与理论
2017	舒扬扬	计算机科学与技术学院	计算机技术
2017	贺云天	计算机科学与技术学院	计算机系统结构
2017	陈玉莹	计算机科学与技术学院	计算机技术
2017	高 暠	紫金山天文台	天体物理
2017	杨文锦	紫金山天文台	天体物理
2017	陈小发	数学科学学院	基础数学
2017	董智超	数学科学学院	计算数学
2017	胡 鑫	数学科学学院	计算数学
2017	刘 洋	数学科学学院	基础数学
2017	杨 阳	数学科学学院	计算数学
2017	翟晓雅	数学科学学院	计算数学
2017	邢欢欢	长春应用化学研究所	分析化学
2017	刘照贺	长春应用化学研究所	高分子化学与物理
2017	方清华	长春应用化学研究所	高分子化学与物理
2017	李 茜	长春应用化学研究所	应用化学

附录 22　中国科学技术大学重点学科建设一览表

类　　别		学科代码	学科名称
国家级重点学科	一级学科国家重点学科（批准时间：2007年8月29日）	0701	数学（所含二级学科：基础数学、计算数学、概率论与数理统计、应用数学、运筹学与控制论）
		0702	物理学（所含二级学科：理论物理、粒子物理与原子核物理、原子与分子物理、等离子体物理、凝聚态物理、声学、光学、无线电物理）
		0703	化学（所含二级学科：无机化学、分析化学、有机化学、物理化学（含化学物理）、高分子化学与物理）
		0708	地球物理学（所含二级学科：固体地球物理学、空间物理学）
		0710	生物学（所含二级学科：植物学、动物学、生理学、水生生物学、微生物学、神经生物学、遗传学、发育生物学、细胞生物学、生物化学与分子生物学、生物物理学、生态学）
		0712	科学技术史（所含二级学科：科学技术史）
		0801	力学（所含二级学科：一般力学与力学基础、固体力学、流体力学、工程力学）
		0827	核科学技术（所含二级学科：核能科学与工程、核燃料循环与材料、核技术及应用、辐射防护及环境保护）
	二级学科国家重点学科（批准时间：2007年8月29日）	070401	天体物理
		070902	地球化学
		081001	通信与信息系统
		081202	计算机软件与理论
	国家重点培育学科（批准时间：2007年11月19日）	081903	安全技术及工程
		120100	管理科学与工程
省级重点学科	一级学科省级重点学科	0101	哲学
		0704	天文学
		0709	地质学

附 录

续表

类　　别		学科代码	学科名称
省级重点学科	一级学科省级重点学科	0713	生态学
		0714	统计学
		0803	光学工程
		0804	仪器科学与技术
		0805	材料科学与工程
		0807	动力工程及工程热物理
		0809	电子科学与技术
		0810	信息与通信工程
		0811	控制科学与工程
		0812	计算机科学与技术
		0830	环境科学与工程
		0831	生物医学工程
		0835	软件工程
		1202	工商管理
		1204	公共管理

附录 23　中国科学技术大学一级学科学位授权点一览表

序号	学科门类代码名称	一级学科代码	一级学科名称	授权批次
1	01 哲学	101	哲学	N
2	02 经济学	202	应用经济学*	L
3	03 法学	301	法学*	N
4	05 文学	503	新闻传播学*	L
5	06 历史学	601	考古学*	R
6	07 理学	701	数学	F
7		702	物理学	G
8		703	化学	G

续表

序号	学科门类代码名称	一级学科代码	一级学科名称	授权批次
9	07 理学	704	天文学	N
10		706	大气科学*	L
11		708	地球物理学	G
12		709	地质学	N
13		710	生物学	H
14		712	科学技术史	G
15		713	生态学	O
16		714	统计学	O
17	08 工学	801	力学	G
18		802	机械工程*	R
19		803	光学工程	Q
20		804	仪器科学与技术	J
21		805	材料科学与工程	J
22		807	动力工程及工程热物理	J
23		809	电子科学与技术	H
24		810	信息与通信工程	G
25		811	控制科学与工程	J
26		812	计算机科学与技术	H
27		827	核科学与技术	H
28		830	环境科学与工程	L
29		831	生物医学工程	G
30		835	软件工程*	O
31		837	安全科学与工程	O
32		839	网络空间安全	P
33	12 管理学	1201	管理科学与工程	G
34		1202	工商管理	L,N
35		1204	公共管理*	L

注：1. 带"*"代表一级学科硕士学位授权点，共计 8 个；未带"*"代表一级学科博士学位授权点，共计 27 个。

2. "A～N"表示国务院学位委员会批准的授权时间，具体如下：

A：1981.11.03；B：1984.01.03；C：1986.07.28；D：1990.11.20；E：1993.12.11；F：1996.04.15；G：1998.06.19；H：2000.12.28；I：自主设置 2003.01；J：2003.07.01；K：自主设置 2004.12；L：2006.01.25；M：自主设置 2005.12；N：2011.03.03；O：2011.08.05；P：2016.1.28；Q：2016.9.23；R：2018.03。

附录 24 中国科学技术大学专业学位授权点一览表

序号	类别	专业代码 （工程领域代码）	专业名称 （工程领域名称）	授权年度
1	0251	025100	金融	2010
2	0252	025200	应用统计	2010
3	0254	025400	国际商务	2014
4	0351	035100	法律	2009
5	0551	055100	翻译	2010
6	0552	055200	新闻与传播	2010
7	0651	065100	文物与博物馆	2010
8	0852 （工程）	085201	机械工程	2002
		085202	光学工程	2014
		085203	仪器仪表工程	2001
		085204	材料工程	2009
		085206	动力工程	2001
		085208	电子与通信工程	1999
		085209	集成电路工程	2009
		085210	控制工程	2001
		085211	计算机技术	1999
		085212	软件工程	2002
		085216	化学工程	2001
		085217	地质工程	2006
		085224	安全工程	2006
		085226	核能与核技术工程	2004
		085229	环境工程	2010
		085230	生物医学工程	2009
		085238	生物工程	2003
		085239	项目管理	2009
		085240	物流工程	2004
		085271	工程博士生(电子与信息)	2011
		085274	工程博士生(能源与环保)	2011

续表

序号	类别	专业代码 (工程领域代码)	专业名称 (工程领域名称)	授权年度
9	1251	125100	工商管理	1996
			高级管理人员工商管理硕士(EMBA)	2009
10	1252	125200	公共管理	2000
11	1256	125600	工程管理	2010

注：另有高校教师在职攻读硕士学位（发科学学位证书）。

附录25 我校研究生院团队近年承担的教育部、国务院学位委员会办公室、中国研究生教育学会重点课题

课题名称	课题性质	申获年份	资助单位
研究生教育体制改革研究	重大专项	2010	国务院学位委员会办公室、中国学位与研究生教育学会
学术型学位研究生教育改革与制度创新研究	重大课题	2013	中国学位与研究生教育学会
协同创新环境下研究生联合培养机制研究	重点课题	2013	中国学位与研究生教育学会
工程硕士学位研究生教育规律与培养模式研究	重点委托	2014	全国工程专业学位研究生教育指导委员会
国内外一流大学研究生教育信息化调查研究	委托课题	2015	教育部
基于协同效应的研究生创业教育理论与实践研究	重点课题	2015	中国学位与研究生教育学会
学位与研究生教育主动服务需求的调控机制研究	面上课题	2015	中国学位与研究生教育学会
我国工程专业学位硕士研究生能力素质结构与培养体系改革研究	重点委托	2017	全国工程专业学位研究生教育指导委员会
世界一流大学建设评价体系与推进机制研究	重大专项 (子课题)	2017	教育部
我国研究生教育公平研究	重点课题	2017	中国学位与研究生教育学会
世界一流大学建设评价体系研究	重点课题	2017	中国学位与研究生教育学会
世界一流学科评价体系研究	面上课题	2017	中国学位与研究生教育学会

附录26 我校《研究生教育研究》编辑部团队 2010～2018年出版著作一览

名　　称	作者/编者	完成单位	出版时间	出版社
思与行——中国科学技术大学学位与研究生教育创新发展的探索与实践	张淑林(主编)	中国科学技术大学	2010-12	中国科学技术大学出版社
中国研究生教育体制改革研究	"研究生教育体制改革研究"课题组	中国科学技术大学等	2013-1	高等教育出版社
中国研究生教育研究进展报告(2012)	中国学位与研究生教育学会进展报告编写组	中国科学技术大学等	2013-4	中国科学技术出版社
中国研究生教育研究进展报告(2013)	中国学位与研究生教育学会进展报告编写组	中国科学技术大学等	2014-1	中国科学技术出版社
中国研究生教育研究进展报告(2014)	中国学位与研究生教育学会进展报告编写组	中国科学技术大学等	2015-1	中国科学技术出版社
中国研究生教育研究进展报告(2015)	中国学位与研究生教育学会进展报告编写组	中国科学技术大学等	2015-10	中国科学技术出版社
协同创新环境下的研究生联合培养机制改革研究	张淑林、李金龙、裴旭(编著)	中国科学技术大学	2016-7	中国科学技术大学出版社
产教融合　协同育人——第一届"全国示范性工程专业学位研究生联合培养基地"建设成果巡礼	全国工程专业学位研究生教育指导委员会	中国科学技术大学	2016-3	清华大学出版社
中国研究生教育研究进展报告(2016)	中国学位与研究生教育学会进展报告编写组	中国科学技术大学等	2016-10	中国科学技术出版社

续表

名称	作者/编者	完成单位	出版时间	出版社
工程专业学位研究生教育理论与实践问题探索：2014～2015年工程专业学位研究生教育研究成果选编	全国工程专业学位研究生教育指导委员会	中国科学技术大学	2016-12	清华大学出版社
产教融合 协同育人：第二届"全国示范性工程专业学位研究生联合培养基地"建设成果巡礼	全国工程专业学位研究生教育指导委员会	中国科学技术大学	2017-3	清华大学出版社
中国研究生教育研究进展报告(2017)	中国学位与研究生教育学会进展报告编写组	中国科学技术大学等	2017-8	中国科学技术出版社
献给中国科大研究生的记忆——《中国研究生》合肥通联站十年文萃	张淑林 裴旭 李金龙(主编)	中国科学技术大学	2018-1	中国科学技术大学出版社
理与路——研究生教育综合改革的理论与路径	张淑林(主编)	中国科学技术大学	2018-2	中国科学技术出版社

后　记

　　四十年，对于自然人而言，已是"四十而不惑"。孔夫子曰"知者不惑，仁者不忧，勇者不惧"，意教人至中年须有不惑世情流俗之智慧、不惑是非成败之定力；四十年，对于宇宙体而言，不过"白驹之过隙"，淮南子云"圣人不贵尺之璧，而重寸之阴"，诚告有涯人生当怀惜时胜金之感惧、砥砺奋进之情怀。当两代人的岁月弹指一挥、两代人的足迹日渐模糊、两代人的记忆业已泛黄时，无论年逢四十的个人还是组织，都有必要静下来梳理一番，明辨何谓生命之坚守、何谓去日之殷鉴、何谓往业之迁革、何谓来日之景行，以此躬省自厚，疾行致远。今年，适逢中国科大研究生院的"不惑之年"，作为新中国首个研究生院，有责任、有义务承接岁月齿年交付的使命，在举校"甲子大庆"之际完成研究生院的纪年史乘，以此作为校庆献礼，也作为与中国科大研究生教育有过生命交集的每一个个体的珍贵回忆，更作为新时代中国科大学位与研究生教育未来改革与内涵发展的资鉴之书与灵感之源。

　　此结绳之作始于本年初召开的校庆专项工作会议。2018年2月25日下午，包信和校长主持召开了校庆专项工作"中国科大学位与研究生教育四十周年系列纪念活动准备情况调研会"，原副校长、中国学位与研究生教育学会副会长张淑林介绍了学校研究生教育发展历程并提出了纪念活动方案。纪念活动方案的重要部署之一就是包信和校长委托张淑林同志领衔编写《中国科学技术大学学位与研究生教育编年史稿（1978～2018）》（简称《编年史稿》）。张淑林同志欣然受命之后，此书即正式立项。

　　次日上午，张淑林同志即召集学校研究生院、博物馆、档案馆、出版社、宣传部等相关部门召开校学位与研究生教育四十周年纪念活动筹备会议。会议确定由中国学位与研究生教育学会会刊《研究生教育研究》编辑部相关同志推进落实《编年史稿》具体事宜，确立"以我为主，讲好中国科大研究生院自己的故事；以史为据，纪录中国科大研究生教育完整历程"基本原则,鉴于"时间紧、任务重、标准高、要求严",会议要求编写团队"奉献担当、协同奋进"。自此,《编年史稿》编写工程正式开启。

史料搜集与史实采信工作是史稿成书的最大困难。其间,团队共查及中国科学技术大学学位与研究生教育历史档案凡500余条、《中国科大研究生教育》(1994~2017)凡70余册、《中国科学技术大学年鉴》(1999~2016)凡18册、《中国科学技术大学研究生手册》凡10册、《中国科学技术大学学位与研究生教育质量报告》凡2册、《中国科大报》及中国科大官网历16年、中国科大学位与研究生教育官网历11年,以及《中国科学技术大学(1958~1988)》《中国科学技术大学大事记(1958~1997)》《中国科学技术大学庆祝建校四十周年(1958~1998)》《中国科学技术大学编年史稿》(1958~2007)《中国科学技术大学2016年研究生教育年鉴》《思与行——中国科学技术大学学位与研究生教育创新发展的改革与实践》《理与路——研究生教育综合改革的理论与路径》《中国科学院教育发展史》《中华人民共和国教育大事记(1949~1982)》等相关材料各1册,其他研究生院内部存档文件、照片及公开发表论文、著作无算。当我们打开或因年代久远而泛黄或因记叙详实而厚重的各类历史材料和封尘档案时,一次又一次油然而生的感动和感恩萦于怀间,是一代又一代的中国科大前行者为我们留下了如此之多的珍贵典籍史料,才让我们在如此之短的时间里完成了如此之大的工程! 在此,我们首先要感谢的是那些默默无闻却在孜孜记载中国科大历史点点滴滴的一切工作者,谢谢你们!

部门协同与信息确证工作是《编年史稿》成稿的关键环节。编写期间,中国科大研究生院副院长陈伟同志给予了我们极大政策支持,并在学科建设信息确认上给予了我们长期无私的指导;研究生院学科建设办熊文同志将历年"211工程""985工程"重要材料悉数交予我们,供《编年史稿》编写团队查询所用;研究生院学位办李兴权、李芳平同志为我们提供了1985~2017年历年博士学位授予名单,并协助确认了部分年份的学位授予数据;研究生院招生办朱玉春同志对部分年份的招生数据做了准确核实;研究生院学籍办万洪英、刘海清同志为我们提供了中国科大校级优博、国家奖学金获得者等确切名单。学校相关部门也给予了我们最大的支持:校博物馆张志辉教授、张居中教授、汪喆同志、刘培副研究员、汪明辉硕士、叶瑞环硕士将其现有材料与我们做了毫无保留的分享,并与我们一道赴中科院档案馆开展了为期一天的档案查询工作;学工处夏晶同志为我们提供了"求是研究生奖学金"历年名录;校史馆丁兆君同志协助我们对学校导师社会兼职等信息做了最终确认,并协助我们对部分重要史料进行了搜集,校史馆其他同志也给予了我们查询档案的最大便利;党政办马壮同志协助编写团队出具赴中科院档案馆查档公函并指出了书稿部分语词之误,何昊华同志也参与了一些讨论,蒋文娟同志为我们提供了部分所需材料;出版社领导和编辑对初稿提出了诸多完善建议并协助修订。除此之外,安徽省直工委党校李宪奇教授在百忙之中拨冗对此书做了认真细致的版前审读,中科院办公厅、中科院档案馆相关负责同志亦为此书成稿提供了无私帮助。在此,我们要真诚地向上述各位同志说声感谢,谢谢你们!

文字编写与史实校对工作是《编年史稿》成稿的核心工作。编写期间,张淑林同志对

后　记

本书编写团队寄予了厚望,希望团队每一位同志能够全力以赴,为学校、为研究生院、为那一段光辉的岁月做好编写工作。她多次参与讨论、给予指导并亲自将书名定为《勇立潮头 扬帆前行:中国科学技术大学学位与研究生教育编年史稿(1978~2018)》,并给予了编写团队最大的政策支持和思想支撑,她是团队前行步伐的最坚强的后盾!中国科大研究生院科教融合办主任、《研究生教育研究》编辑部主任裴旭同志做了总体安排,确定此书采用编年体例,要求力争做到"万事俱备、万无一失",以对历史负责、对未来负责的光辉使命感着手开展此项工作。其间,根据张淑林同志的具体要求,裴旭同志和《研究生教育研究》编辑部编辑李金龙同志,组织来自公共事务学院、人文学院、《研究生教育研究》编辑部的张学谦博士、陈宏波博士、崔育宝博士、赵强强博士、钱亚林博士、李璐博士、刘春能硕士、刘华硕士、李芹娜硕士、袁玉硕士、胡小丽硕士、钱霜霜硕士、李娜硕士、沈圣硕士、王筱萌同志、张静同志,一起开展文字编写和史实校对工作。7个月内,多少次废寝忘食、多少次挑灯夜战、多少次讨论争辩、多少次汇报修订已然不可胜数,但大家相信当《编年史稿》付梓并带着书香来到校友和读者手中的那一刻,所有的往日峥嵘都必将化为团队每一位参与者的会心一笑。在此,我们要由衷地感谢这些"小伙伴",谢谢你们!

随着"中国科学技术大学建校六十周年"这一历史时刻日渐临近,我们愈发期待此书的诞生和发行。我们希望此书发行后,每一位研究生校友和关心学校研究生教育事业的读者都能够在书中看到中国科大学位与研究生教育的改革步伐和创新决心、看到中国科大学位与研究生教育的科教使命与育人初心、看到中国科大学位与研究生教育的光辉岁月与远航信心!

鉴于时间仓促、水平有限,如果各位校友和读者在书中发现了重大错讹与疏漏之处,请一定不吝赐教、批评指正!

编　者

2018 年 3 月于中国科大研究生院建院四十周年之际